Frau im Spiegel: Die Selben und die Andere zwischen Welt und Text
Von Herren, Fremden und Frauen, ein 16. Jahrhundert

Teil 2

Elisabeth Tiller

Frau im Spiegel:
Die Selben und die Andere zwischen Welt und Text

Von Herren, Fremden und Frauen, ein 16. Jahrhundert

Teil 2

Frankfurt am Main · Berlin · Bern · NewYork · Paris · Wien

Die Deutsche Bibliothek - CIP-Einheitsaufnahme

Tiller, Elisabeth:
Frau im Spiegel: die Selben und die Andere zwischen Welt und Text : von Herren, Fremden und Frauen, ein 16. Jahrhundert / Elisabeth Tiller. - Frankfurt am Main ; Berlin ; Bern ; New York ; Paris ; Wien : Lang, 1996
  Zugl.: Tübingen, Univ., Diss., 1994
  ISBN 3-631-49429-7

Teil 2 (1996)

D 21
ISBN 3-631-49429-7
© Peter Lang GmbH
Europäischer Verlag der Wissenschaften
Frankfurt am Main 1996
Alle Rechte vorbehalten.

Das Werk einschließlich aller seiner Teile ist urheberrechtlich geschützt. Jede Verwertung außerhalb der engen Grenzen des Urheberrechtsgesetzes ist ohne Zustimmung des Verlages unzulässig und strafbar. Das gilt insbesondere für Vervielfältigungen, Übersetzungen, Mikroverfilmungen und die Einspeicherung und Verarbeitung in elektronischen Systemen.

Printed in Germany 1 2 3 4 6 7

Inhalt

1. Einleitendes.. 7

2. Übergänge. Das 16.Jahrhundert.. 9

2.1 Zur Genese frühneuzeitlicher Staatlichkeit. Absolutismus und höfische Gesellschaft.. 9
2.2 Der Andere, das Böse und der Tod. Bedrohung und Zerstörung.................. 25
    a. Die Eroberung Amerikas.. 26
    b. Die Bedrohung durch die Osmanen.. 57
    c. Der Umgang mit Juden.. 72
    d. Der Umgang mit Krankheit und Tod. Armut und Wahnsinn......................... 82
2.3 Denken und Weltbild. Raum - Zeit - Körper.. 110
    a. Denken, Rezeption, Innovation.. 111
    b. Humanismus - Neuplatonismus - Medizin.. 141
    c. Befindlichkeiten.. 184

3. Diskurse und Lebenswelt - die Frau/en im 16.Jahrhundert.................. 235

3.1 Normierung und Unterweisung: die Diskursivierung der Frau und der Weiblichkeit.. 242
    a. Theologie.. 242
    b. Zwei theologisch motivierte Neubewertungen der Rolle der Frau: Luthers Mutter- und Ficinos Spiegelbild.. 268
    c. Medizin.. 317
    d. Die Matrix-Frau bei Paracelsus und Paré: Uterozentrismus und soziale Determination in zwei Exempeln.. 376
3.2 Die Lebenswelt der Frau im 16.Jahrhundert.. 436
    a. Theorie und Praxis: Utopien, ethische Entwürfe, Rechtslage und Verhaltensmodelle.. 436
    b. Theorie und Praxis: zu Ehe und Kloster, Bildung und Lohnarbeit, der weiblichen Schönheit und dem Hexenwahn.. 508

4. Die Frau als Autorin - der Eintritt weiblicher Sprecher in den Raum der Diskurse.. 669

4.1 Weibliches Sprechen: Aneignung, Assimilation und Überschreitung........... 669
   a. Optionen am Beispiel des petrarkistischen Modells................. 669
   b. Die Entwicklung in Italien.. 693
   c. Die Entwicklung in Frankreich.. 759
   d. Zur "Autorin" in Deutschland.. 814
4.2 Die Autorin und die Andere: der vernünftige Körper und das authentische Ich - Spiegelwelten   833

Danksagung.. 843

Anmerkungen..

Anhang I-III... 939

Bibliographie... 961

4. Die Frau als Autorin - Der Eintritt weiblicher Sprecher in den Raum der Diskurse

4.1 Weibliches Sprechen: Aneignung, Assimilation und Überschreitung

a. Optionen am Beispiel des petrarkistischen Modells

Die Entdeckung und Ergründung des Raumes, geographisch wie ideell, präsupponiert eine Besetzbarkeit mit Sprache, eine Verortung im Netz der Signifikanten und Konnotate. Die sich allerdings ganz ungleichzeitig und mit je unterschiedlicher Durchschlagskraft vollziehende Ablösung des Lateinischen als Hoch- und Gelehrtensprache durch die jeweiligen Nationalsprachen während des 16.Jahrhunderts wird zu einem eminent politischen Ausdruck der gesellschaftlichen Bewegungen und Veränderungen. Das wachsende Bewußtsein für die Differenz der Sprachen, schließlich die regional differenten Dialekte und ihre konsensstiftende Bedeutung, ihre Funktionalisierbarkeit in den strategischen Spielen der Macht sowie den Abgrenzungen und Auseinandersetzungen der gesellschaftlichen oder ideologischen Gruppen, der Völker, Nationen und Religionsgemeinschaften, trägt seinen Teil bei zur veränderten Wahrnehmung von Raum und Zeit, der Differenz sozialer, lokaler, nationaler und geschichtlicher Räume. Raumerfahrung und damit die Erfahrung von Grenzen, von Trennendem, wird zur Erfahrung einer auch in dieser Hinsicht neuartig dimensionierten hierarchischen Struktur, die wesentliche Konturen aus der ebenso hierarchisch strukturierten Sprache gewinnt - welche ganz analogistisch jene Räume erst erfahrbar, da beschreibbar, benennbar, besetzbar macht. Die Entdeckung der Neuen Welt, Paradigma der real vollzogenen Raumerfahrung, mündet in die Besetzung des Raumes, die Kolonisierung unter dem Banner der abendländischen Suprematie der Werte, in die systematische Installation von Ordnungssystemen, welche diesen Raum begehbar, beherrschbar und lenkbar machen - ihn jenem hierarchischen Muster angleichen, welches für Lebenswelt, Denken und Sprache des Abendlandes steht: in durchaus maßgeblicher Form auch qua sprachlichem Handeln, so Todorov, schlußfolgernd, "daß sich die westliche Zivilisation unter anderem Dank ihrer Überlegenheit im Bereich der menschlichen Kommunikation durchgesetzt hat; aber auch, daß sich diese Überlegenheit auf Kosten der Kommunikation mit der Welt offenbart hat"[1]. Der Prozeß der Kolonisierung des Fremden, des fremden Raumes und des fremden Anderen, der diesem Raum zugehört, durch Assimilation an Bekanntes, also implantierte Normen der Selben, welche in die Sprache als explikationslose Gebote, Verbote, Kodierungen von Konventionen und Abstrahierungen kultureller Standards einfließen - in ihrer vorgängigen Gesetzmäßigkeit den Raum und den Anderen verfügbar, da besetzbar, bestrafbar machen - vollzieht sich unter anderem als eine Art monologischer Kommunikation der Selben: die sich ihrer kommunikativen Macht über die Anderen im einbeziehenden Ausschluß, in der integrativen Ausgrenzung qua instrumenteller Funktionalisierung der Sprache als Medium taktischer Machtstrategien im Raum durchaus bewußt sind. Die Besetzung des Anderen und des fremden Raumes durch Sprache, dessen subjektive Diskursivierbarkeit zugleich Vorbedingung seiner Existenz ist, ist damit keineswegs identisch mit dem Einbezug der Alterität, mit dem partiellen Verzicht auf Eigenes, um dialogische Offenheit zu schaffen. Der Andere als Teil eines Raumes unterliegt jenen Modalitäten, welche das Selbst zur Erschließung dieses Raumes qua Benennung einführt, unterliegt damit zugleich den Vorgaben an Fremdheit respektive Differenz, die aus der Perspektive des benennenden Subjekts besagtem Raum zugehören: im Falle der Neuen Welt ist Alterität als Fremdheit der konsequenten Negation zum Opfer gefallen. Das Selbst aber, welches die diskursive Genese eines Raumes erst ermöglicht, usurpiert den Raum, soweit die eigene Sprache ihn zu erfassen, zu umfassen, zu gliedern weiß; das nicht domestizierbare Fremde hingegen, jenes vom eigenen Ordnungsraster, von der Ordnung des Denkens der Selben nicht Greifbare, wird zum Fremden im Subjekt, zum Ausdruck von Irritation und Spaltung, zur Erfahrung fehlender Einheit, möglicherweise zum Inbegriff des Mangels - im Falle der Suprematie zum Objekt gewaltsamer Assimilation, der Negation oder der Vernichtung:

Ein "In-der-Welt-Sein" des Menschen ist nur insofern vorstellbar, als der Mensch nur Raum haben kann, wenn er sich diesen selbst verschafft, diesen nach seiner Ordnung der Natur abringt und zu "seinem" Ort umorganisiert. Die Wesensbestimmung der Räumlichkeit ist in dem Sinne anthropomorph, als in ihr menschliche Ordnung und Daseinszweck im Raum projiziert und am Raum exemplifiziert werden. Der geschichtliche Modus dieser anthropomorphen Gleichung ist dann dieses wirksame Gesetz, wonach der Mensch sich mehr und mehr Platz einräumt und sein Dasein als fortschreitendes "Aufräumen" deklariert. Der Versuch des Menschen ins Bodenlose ein Fundament seines Daseins zu legen, ein Achsenkreuz von Horizontale und Vertikale als menschliche Wohnstätte im freien Raum zu implantieren, dimensioniert diesen auf menschliche Maßstäbe. Bezogen auf den Raum wird damit aber das Sein des Menschen so verräumlicht, daß Raumerfahrungen nur noch in der Art eines "Raum-Habens" sinnvoll sind. Ein Anderes, ein Fremdes des Raumes, in der der Raum mehr ist als seine Verräumlichung, als seine anthropomorphe Annektion, ist somit nicht möglich. 2

Ein Dasein, gegründet auf die Dimension des Räumlichen: zumindest seit über die humanistische Rezeption der Antike der Raum der Geschichte ins Bewußtsein eingeholt, über die Institutionalisierung der Linearperspektive und des Primats des Visuellen das Blickfeld räumlich gefaßt, über die Entdeckungs- und Eroberungsfahrten der geographische Raum sukzessive erkundet und gestaltet, über den Eingang des Maßes nicht allein der Raum der Zeit, sondern auch des Materiellen und Ökonomischen immer stärker gerastert, der Raum des Denkens und des Denkbaren schließlich immer deutlicher in die Strukturen der rational-neuzeitlichen Analyse überführt wird; ein räumliches Sein, das einerseits selbsttätig perspektiviert, mit Grenzen und Ordnungen versieht, andererseits, je nach Standort, gerade die Erfahrung von Grenzen, die Erfahrung des Fremden und des Anderen beinhaltet - eine Dimension des beständigen Mangels, deren Sublimierung, abgesehen von der Gewaltanwendung, dem Imaginären übermittelt, sich als Sehnsucht und Hoffnung, Schmerz und Unvollkommenheit, in einem weiteren Raum bündelt, der nicht zu besetzender, sondern undimensioniert, Ereignisort von Projektionen, von zu Geschehendem ist, der "Raum" der Liebe: "Erst durch die Liebe, die nichts haben will, die sich des Raumes nur bedient, um sich in ihm wie an einem heiligen Ort zu ereignen, wird diese zerstörerische Praxis der Verräumlichung aufgehoben und geändert"[3]. Der Ort der Liebe im Raum ist Begegnung mit einem Anderen, ist die Öffnung eines Raumes der Innerlichkeit, die im äußeren Raum nur Projektion ist, eines Selbst im Innenraum, welches qua Imagination und Schmerz den Anderen erfahren, vergessen, erinnern, zurichten, zuweilen auch besitzen will: ist die historisch notwendig männlich imaginierte Projektion einer harmonischen Einheit, die im Konflikt mit den Gegebenheiten des realen Raumes die Subjektivität des Selbst konturiert.

Von "Beginn" an, in der Tiefe der kollektiven Erinnerung, in Mythen gefaßt, in Erzählungen, wird der textualisierte Raum der Liebe, der Raum des Erfahrens und Empfindens eines männlich-sprachlichen Subjekts, des Individuums in seiner Relation zum Anderen, der Raum der Subjektkonstitution über die Kollision von Begehren und sozialen Normen, begleitet von einem Diskurs über die Liebe - von Theorien und Kultischem, von Normenkatalogen und Bildergalerien, von festgefügten Ereignisfolgen und vorgeformten Orten der Begehrlichkeit: ein Diskurs über die Liebe, der ein "Phänomen" menschlicher Befindlichkeit an Worte zu binden, in Metaphorisches zu überführen und durch Sprache zu systematisieren sucht, die "Kunst" des Liebens vermittelbar, lehrbar zu machen trachtet, das Komplement des Liebesleids soziologisierend zu überformen bemüht ist. Eine Sprache der Liebe formiert sich innerhalb des stetig beweglichen Liebesdispositivs, die, in ein kodifiziertes System mündend, sprachlich vorgegebenes Empfinden als Rückkoppelung zum normativen Empfinden, zum normativen Imaginären und zugleich zum Verhaltenskodex für den Einzelnen, zum "wahren Gefühl" werden läßt, dessen Begehren einem festen Raster einverleibt, dessen Projektionen auf einer festgefügten Matrix wachsen läßt. Der solcherart diskursivierte Raum der Liebe besitzt eine eigene Dynamik, eine Struktur, die über Prinzipien der Unvernunft und des Begehrens ausgesteuert, nicht diskursiv als über räumliche Grenzen dimensioniertes Volumen zu fassen ist, vielmehr als Unendlichkeit um einen Mittelpunkt, als offener Ereignisraum, Raum der subjektiven Mannigfaltigkeit, der Wünsche, Konditionen, Prämissen, Energien, Befindlichkeiten und Imaginationen: Faktoren, welche dem a priori nicht Vereinnahmbaren als Basis, nicht als Gesetz zugrundeliegen. Der Diskurs über die Liebe ist diachronisch strukturiert, den historischen Veränderungen und synchronischen Überschneidungen differenter Ereignislagen, dem lebensweltlichen wie dem sprachlichen Wandel unterworfen, um je neue Systemprägungen zu entwerfen, die sich anschicken, den Un-Raum der Liebe zu er-grenzen, einzufangen, zumindest aber das Begehren zu lenken, Reglementierungen zu entwerfen, die scheinbar die Gestalt ethischer Normativität annehmen: ideologisch zu überformen, zur Nächstenliebe, zur Gottesliebe, zur Vaterlandsliebe, zur elterlichen, zur kindlichen, zur ehelichen, zur partnerschaftlichen, zur zwischen- und gleichgeschlechtlichen Liebe, zur romantischen, zur neurotischen und zur Haßliebe zu wenden, zu fragmentieren, zu minimieren, überschaubar zu machen, in standardisiertes und pflichterfüllendes Begehren zu überführen. Der genuin nicht faßbaren Unendlichkeit wird mit der Institutionalisierung von Idealen begegnet, die sich, eingebunden in feste Regelsysteme, mit Kontrollmechanismen versehen lassen, welche Systemimmanenz durch soziale und strafrechtliche Sanktionen gewährleisten wollen. Die Liebe wird zum Konstrukt überformt, das be-sprechbar, mit Sprache faßbar, durch Sprache bebildert, schematisiert und hierarchisiert ist, die Idee der Liebe als kollektives Erleben zur Systemkonformität zu rastern sucht, der gesellschaftlichen, der patriarchalen Ordnung und ihren Regeln einverleibt.

Bereits die höfische Liebe des 10. bis 12.Jahrhunderts begründet ein literarisches System des textualisierten Liebeserlebens, dessen Konzept die leidenschaftliche heterosexuelle Liebe vor der Folie des Verbots sinnlicher Befriedigung, der Unerreichbarkeit der Geliebten, der Achtung und Treue als Erotik der Blicke und der Worte, des Leidens an der Distanz und der Macht des Begehrens jenseits der Ehe institutionalisiert. Das konstitutive Merkmal der Liebe gründet in der Abwesenheit, der Unerreichbarkeit der (sozial höherrangigen) Dame - das System ist in seiner Anlage geschlechtsspezifisch strukturiert, der liebende Protagonist ist, entsprechend der ständischen, der sozialen Konventionen im höfischen Ambiente der mittelalterlichen Minne, eingebunden in den Rahmen des Zivilisationsprozesses, der fortschreitenden Affektdisziplinierung, der beginnenden Disziplinierung der Sexualität, der Domestizierung der zwischengeschlechtlichen Relationen, definitv männlich[4]: Voraussetzung für Unerfüllbarkeit und Leidenschaft, Prämisse für den Diskurs über die Liebe, der die Geliebte gleichsam als in der Imagination erstandenes Bild zur Anwesenheit bringt. Die Anbetung gilt der Projektion, deren Schweigen die Imagination des Liebenden, darüber sein Befinden stimuliert oder schwächt, ihn immer neue Worte in der Auseinandersetzung mit dem Bild finden läßt, im Versuch, die Beziehung zu verorten, das Ich hinsichtlich der Geliebten, des Bildes der Geliebten zu lokalisieren. Die Andere, die Geliebte, wird in der Abstraktion als Bild zum Schweigen verurteilt, desexualisiert, erhöht, idealisiert, zum Spiegel des liebenden Ichs, schließlich, nach abgeschlossener Selbsterkundung, im Zeichen einer erkenntnisbedingt "reineren", wertvolleren Liebe verlassen, zurückgelassen, überwunden und überstiegen. Die Sprache ist Form und Vollzug zugleich, installiert das Andere, die Geliebte, zum Objekt des Diskurses, des eigenen Sprechens, des Erkenntnisweges des Selbst, dessen Identität so gewährleistet bleibt: dem sprechenden Subjekt "bleibt jedes AUßEN immer Bedingung der Möglichkeit des Bildes von sich und der Reproduktion seiner selbst"[5]. Der höfische Diskurs über die Liebe wird zum Monolog, welcher das Sprechen des Anderen ausgrenzt, das Bild des Anderen aber ins System integriert: "Die Formen der Klassifizierungen können variieren, aber sie alle sind paradox insofern, als sie das, was notwendig ein HETEROGENES, ANDERES ist, der selben Repräsentation - der des Selben - unterwerfen"[6]. Das Subjekt macht den Anderen, die Andere zum Medium der Autoreferentialität, zum statischen Spiegel, in welchem die Erstellung eines sprachlich-normativ vorgegebenen Ideals vollzogen wird. Von der trobadorischen Liebeslyrik über die Sizilianische Schule bis zum Dolce Stil Novo konstituiert sich im Mittelalter ein System von Liebesdichtung mit einer festgelegten Metaphorik, die unter dem Leitbegriff des *amor gentile* den antiken Amor-Mythos mit christlichen Normen und zeitgenössischen ständischen Konventionen, der höfischen Verhaltens- und Geschlechtsethik respektive den affektiven Disziplinierungsstrategien[7], die auch und im besonderen über das Medium der Literatur transportiert, vermittelt und eingeübt werden, fusioniert: die *donna*, die Herrin, ist Medium Amors, welcher durch die Angebetete zum Mann, zum Liebenden tritt und ihn zum Dichten inspiriert, der Liebe lyrische Form, der Textualisierung entsprechenden Stil verleiht. Die Stadien der Liebe, die inhaltliche Topographie der lyrischen Textualisierung, sind genau festgelegt, die Liebeserfahrung einem Prozeß der inneren Reifung des Liebenden analogisiert, einer Entwicklungsgeschichte, deren Orte im Außen ein formales Raster für das innere Fortschreiten des liebend monologisierenden

Protagonisten abgeben: die visuelle Wahrnehmung der Schönheit der Dame bewirkt eine affektive Überwältigung des fortan Liebenden, dessen Bitte um Erhörung seiner Liebe das Objekt der Liebe, die Dame abweisend gegenübersteht; es folgen Klagen über die Unnahbare, ein verehrendes Leiden bis hin zum Todeswunsch, schließlich die Überwindung der Liebe als Prozeß der inneren Reifung des Liebenden, als progressive Verfeinerung des Seelenadels. Die Textualisierung berücksichtigt allein die überhöhte Innerlichkeit des Protagonisten, die Bewegungen seiner seelischen Disposition, das Fortschreiten seiner "psychischen" Gesundung - die Dame hingegen, Anlaß der Liebe, der liebenden Gefühlszustände, scheint lediglich als passives Objekt der Seelenaktivität des Liebenden auf, als abstrakter Symbolort, den der Protagonist anfänglich betritt und abschließend wieder verläßt, übersteigt. Der Kontext der triebaufschiebenden Disziplinierungsstrategien im höfischen Ambiente ist offenkundig, zugleich der mentalitätsgeschichtliche Übergang zur Entwicklung einer Innerlichkeit, welche dem Komplex der "individuellen" Erfahrung fortan immer größeres Gewicht zumessen wird; die Rollenverteilung ist evident, die Dame, deren ablehnende Haltung sich allein über ihren sozial höheren Rang ableiten läßt, ist präsent als weitgehend desexualisiertes Objekt visueller Perzeption sowie affektiver Ereignisstrukturen, die unabhängig von der Individualität der Angebeteten, welche keinerlei Belang hat - auch hier ist die Frau nur Imago, zu besetzender Funktionsraum, Medium - ein vorgegebenes Eigenleben führen, eine Bewältigung des männlichen Zugriffsverbots ableisten, dessen bereits diszipliniertes Begehren schließlich in religiöser Überformung thematisiert werden darf.

Francesco Petrarca (1304-1374)[8] schuf mit seiner seit der Spätrenaissance als *Canzoniere*, ursprünglich stilisiert despektierlich *Rerum vulgarium fragmenta* (1374) betitelten Lyriksammlung in italienischer Sprache, die sich mit ihren 366 Gedichten als einem strengen Kompositionsschema unterliegender Zyklus präsentiert[9], jenes Paradigma der Liebesdichtung, das über Jahrhunderte maßgeblichen Einfluß auf die europäische Lyrik ausüben wird. Die von Petrarca den beibehaltenen Strukturgrundlagen der Liebesdichtung des Dolce Stil Novo hinzugefügten innovatorischen Elemente konstituieren im wesentlichen jenes *imitatio*-orientierte petrarkische Lyriksystem, dessen Liebesbegriff inhaltlich und formal vor allem im 16.Jahrhundert als Petrarkismus, als mehr oder weniger präsente Folie der Darstellung von Liebe auch in den darauffolgenden Jahrhunderten Lyrik prägen wird. Die von Petrarca beibehaltenen Phasen der Liebe, der lineare Ablauf von Hoffnung, Huldigung, Schmerzerfahrung, Schwermut und Weltabkehr, finden sich nun eingebunden in eine polyform facettierte Darstellung der einzelnen Stadien, welche sich als Variationen der seelischen Disposition des Liebenden, aber auch als sprachlich-stilistische Differenzierungen manifestieren: der Innenraum, die Psyche des Liebenden, wird als alleiniger Gegenstand der Textualisierung von Petrarca gegenüber der Tradition erheblich aufgewertet, die Introversion markiert den Ort der Handlung. Elemente der antiken Liebesdichtung finden Eingang, platonisierendes Gedankengut wird aufgegriffen, der Tenor abgehobener Geistigkeit beibehalten: Lusterleben entsteigt der Reflexion des Leidens an der unerwiderten Liebe, eine Lust, die umgehend zum ästhetischen Begehren transformiert wird, eine stilistisch-formal explizierte Ästhetik, welche zur Manifestation der desexualisierten Geistigkeit gerät. Die

Schmerzliebe, die von Petrarca im *Secretum* (1343) und vor allem in *De Remediis* (1366) erläuterte *dolendi voluptas*, findet sich reichlich ausgestaltet, polyform begründet, schließlich im Preis der Dame in ihrer genuinen Positivität dargelegt:

> Der Leidgenuß beinhaltet vor allem auch ein Auskosten der inneren Unruhe, die den Liebenden erfüllt. Diese Unruhe ist reich an Schattierungen. Sie resultieren etwa - um nur einiges Weniges zu benennen - aus der unauflöslichen Verschränkung von Hoffen und Bangen, aus dem ethisch-religiös grundierten Schuldempfinden ob des Verfallenseins an eine irdische Liebe bei gleichzeitiger Bejahung derselben, oder aber aus dem Wissen um die Notwendigkeit von beherztem und entschlossenem Handeln bei gleichzeitigem Ausweichen vor jeglichem Entschluß. 10

Petrarcas antinomisch-paradoxales Liebeskonzept findet seine stilistische Ausprägung insbesondere in Gestalt einer facettenreichen Verwendung von Oxymora und Antithesen, deren Implantation vor allem in die vor Petrarca mit niederer Wertigkeit belegte Form des Sonetts - im *Canzoniere* finden sich 317 Sonette - den fortan "klassischen" formalen Rahmen prägt[11]. Petrarcas ausgiebige Verwendung antiker Mythen, eine weitere Neuerung gegenüber seinen Vorgängern, erhält konstitutive Bedeutung im wesentlichen in der Bindung an den Namen Lauras, der Geliebten, der in der paronomastischen Instrumentalisierung etwa über den "lauro" neben dem Daphne-Mythos vor allem den Dichter-Gott Apoll evozieren läßt, mit welchem der Laura-Liebe ein zentraler Aspekt zugewiesen wird: die Funktionalisierung der Liebeserfahrung nämlich zur Inspirationsquelle des vorgängig intendierten Dichtens, als Motiv sowie Agens einer lyrischen Textualisierung, welcher das eigentliche (nach Dichterruhm trachtende) Sehnen und Streben gilt, wie Petrarca selbst dies im *Secretum* ausführt[12]. Die Inszenierung einer Liebe zum Zwecke des Fortlebens im Werk, Ausdruck des neuen, rinascimental-säkular sich formenden Weltbildes im Kontrast zur mittelalterlichen Jenseitszentrierung, unterstreicht den zentralen Stilisierungszwang hinsichtlich der Figur der Geliebten, deren Reduktion auf einen dechiffrierbaren Symbolgehalt notwendige Prämisse der Selbstinszenierung des Protagonisten, des Liebenden ist. Die Figur Amors wird bei Petrarca auf ein literarisches Hilfsmittel zur Darstellung der Verfaßtheit des Liebenden verknappt, dessen Innerlichkeit in Form der Korrespondenzlandschaft, des *locus amoenus* wie des *locus horridus*, eine Entsprechung im Bereich des Materiellen, der Außenwelt findet: Natur- und Landschaftsbilder erlangen bei Petrarca herausragende Bedeutung, werden in vielschichtigen Vernetzungen an den Liebenden sowie an das Abstraktum Laura rückgebunden - deren Absenz vermittels ihres vor allem paronomastischen Symbolwertes Vorbedingung der vielfältigen Evozierbarkeit am Gegenständlichen, in der Phantasie des Liebenden, wie auch der variantenreichen poetischen Ausgestaltung weniger vorgegebener Situationen und Zustände ist. Die dem *Canzoniere* unterlegte fragmentarische *histoire* spannt sich über einen explizit markierten Zeitraum vom Einleitungssonett und dem *innamoramento* über die irdische Liebe zu Laura und deren Tod zur Himmelsliebe sowie der abschließenden religiösen Wendung, eine Komposition, die zahlreiche perspektivische Möglichkeiten wie etwa den erinnernden Rückgriff oder die visionäre Vorschau in sich birgt. Die dominante Rolle der Erinnerung bereits im *in vita*-Teil, ermöglicht durch die vielfältigen Trennungssituationen, verdeutlicht die konstitutive Rolle der Imagination, der es obliegt, Glück aus der Illusion und dem dialektisch angelegten Gefühlshorizont zu extrahieren, mittels Reflexion schließlich zu einer höheren Einsicht zu führen, wie sie die Schlußwendung nahelegt. Die Akzentuierung der intellektuellen Komponente in

Verbindung mit dem explizierten Kunstwillen, die Inszenierung einer exemplarischen Konfliktbewältigung unter dem Vorzeichen wenn auch antithetisch, weitgehend desexualisiert definierter Lust gekoppelt mit ästhetisch-stilistischer Meisterschaft, die Thematisierung bewußter Erfahrung und Ausleuchtung des Innenraumes bei gleichzeitiger Stilisierung zum Kunstwerk, verweisen auf eine veränderte Wahrnehmung des Selbst und seiner Relation zur Außenwelt, der Instanz des Ich und seiner Wertigkeit im öffentlichen Raum, zu dessen Ausdruck der Kunstraum wird. Der Öffnung des Referenzhorizonts hin zur Antike korrespondiert eine Ausweitung des sprachlich-stilistischen Horizonts, welcher die thematisierte Komplexität und Widersprüchlichkeit kongenial wahrnehmbar, sprachlich und stilistisch faßbar werden läßt. Die innovative Einbindung des Naturraumes ist Ausdruck jenes Perspektivenwandels, der mit der Genese einer reflektierten Innerlichkeit zugleich dem Außen, dem nunmehr über ein Trennendes, über eine Grenze wahrgenommenen Außenraum eine Bedeutung zukommen läßt, welche für die Verortung des Ich in der Welt, des Ich-Raumes im Außenraum, der über das Auge des Betrachters räumlich strukturierten Welt, die Hilfskonstruktion des Spiegels notwendig macht: die Be-Spiegelung des Selbst in einer unbelebten Natur, welche der monologischen Erkundung der Innenwelt lediglich als Kulisse, als korrespondierende oder kontrastierende Spiegelwelt Prolongation der inneren Topographie sein kann - gleichsam Visualisierung einer Innenwelt, die ihrerseits zu besetzten, zu vermessen, zu perspektivieren, der visuell strukturierten Wahrnehmung zugänglich zu machen ist.

Die eigentliche Rezeption des *Canzoniere* beginnt mit der ersten Drucklegung im Jahre 1470, die Wirkungsgeschichte fällt auch in diesem Falle mit der Ausbreitung des Buchdrucks, mit dem Zerfallen des klösterlich-universitären Monopols im Bibliothekssektor zusammen, jener textuellen Popularisierung des Wissens, welche die Diskurse der elitären Zensur zu entheben ansetzt. Bei Pietro Bembo (1470-1547), der 1501 eine Neuausgabe des *Canzoniere* besorgt hatte, erhält Petrarca bereits in den *Asolani* (1505) zusammen mit Ficinos Neuplatonismus systemische Autorität für die Diskursivierung der Liebesthematik zugesprochen, schließlich im Kontext der Auseinandersetzungen um die Nationalsprachigkeit, der "questione della lingua", die im Plädoyer für die Landessprache und gegen das Gelehrtenlatein einen weiteren Pfeiler der esoterischen Abgrenzung elitärer Diskurse ins Wanken bringt, in den *Prose della volgar lingua* (1525), die maßgebliches Gewicht für die Dichtungstheorie erhalten werden, neben Boccaccio (für die Prosa) den Zuschlag als zentrale Autorität im Bereich der italienischsprachigen Versdichtung, die programmatisch der antiken Dichtung als ebenbürtig entgegengestellt wird[13]. Petrarcas *Canzoniere* wird von Bembo zum Sprachmodell erklärt, dessen Imitation zur Maxime, bei Bembo stark formal orientierten Dichtens ernannt: Bembos eigene *Rime* (1530) zeigen sich als wenig inspirierte, orthodoxe Nachahmungen petrarkischer Vorgaben, deren mehr oder minder offener Zitatcharakter das propagierte Prinzip der traditionalistischen *imitatio* unterstreicht. Die systematische Nachahmung, Variation und Kombination petrarkischer Vorgaben fügt sich im Konnex mit den höfischen *ragionamenti d'amore*, wie sie im *Cortegiano* (unter anderem durch den fiktionsinternen Bembo) vorgeführt werden, zur literarischen Mode, die sich weit über den italienischen Sprachraum hinaus erstreckt, als Petrarkismus zur maßgeblichen

Spielart zeitgenössischer Liebesdichtung gerät. Die wachsende Akzeptanz des "volgare", der Volkssprache, als intellektuellem, wesentlich aber als literarischem Ausdrucks-Medium erleichtert in nicht unbedeutendem Maße die vermehrte Teilnahme auch von (des Lateinischen, nicht aber des Lesens unkundigen) Frauen der gesellschaftlichen Elite zuallerlerst an der Rezeption, schließlich am literarischen Diskurs selbst. Der "natürliche" Zugang zur Sprache der "Wissenden", der literarischen "Kunst", ermöglicht im Konnex mit der explosionsartigen Ausbreitung des Buchdrucks, einer Bedeutungssteigerung der Bildung im Konkurrenzkampf von Adel und Bürgertum, den sich herausbildenden Ritualen der höfischen Gesellschaft und der Urbanisierung der Kunst, gleichzeitig eine Bedeutungssteigerung im gesellschaftlichen Kontext, welche weibliche Lektüre und weibliche "Kenntnis" in bestimmten Kreisen zur Pflicht, in einem weiter gefaßten Ambiente zur mehr oder minder gepflegten Konvention, schließlich und endlich zur subversiven Handlung macht - deren tugendverderbende Wirkung, vor allem, was Liebesdichtung anbetrifft, in (männlichen) Erziehungs- und Verhaltensschriften mannigfach beschrien und verteufelt, deshalb verboten wird[14]. Nichtsdestotrotz ist die Leserin im expandierenden Buchgeschäft ein wichtiger Marktfaktor, ökonomische Erwägungen und Normen des sozialen Geschlechts durchkreuzen sich und öffnen gelegentliche Freiräume, die als zuvor inexistente Nischen nicht allein die Lektüre, sondern den Eintritt der Frau in den literarischen Diskurs ermöglichen, das öffentliche Sprechen - und damit bald auch die Autorin zum Marktfaktor erheben. Der Eintritt der Frau in den kreativen, den produktiven, den aktiven Bereich der Kultur respektive der Literatur, der Schritt aus dem ausschließlich reproduktiv (bzw. zusätzlich repräsentativ, sofern der Hof betroffen ist) diskursivierten Privat-Raum der Frau, der idealiter (wie der entsprechend strukturierte Kloster-Raum) ein Raum der Subordination unter den Ehemann, der Willenlosigkeit, der Haushaltsführung, der Mutterpflichten und des Schweigens ist, ein familiärer Isolations-Raum, in den ansonsten allein die Religion oder eben gelegentliche Lektüre zu dringen vermag (wenn sich dies auch im Einzelfall je different präsentieren wird) - der Griff also zur Feder, der Schritt an den Schreibtisch, die subjektive Abkehr von den familiären Pflichten, vollzieht sich in Italien, in Frankreich, in England und vereinzelt auch andernorts im Abendland weniger über eine Öffnung der üblichen Bildungs- und Valorisationsmodalitäten für die Frau, ebensowenig wie über eine Modifikation der Normen des sozialen Geschlechts, die sich vielmehr in den relevanten Diskursen rund um das Dispositiv Frau rigidisieren: sondern resultiert unter anderem aus den Gesetzmäßigkeiten, welche der Bereich der Literatur und seine Konventionen, genauer der Liebesdichtung (respektive der Liebesprosa), auf die sich im 16.Jahrhundert anfangs Texte von Frauen im wesentlichen beschränken, in seiner Institutionalisierung im gesellschaftlichen Raum, dem höfischen respektive dem großbürgerlich-urbanen Ambiente, mit sich führt.

Die in Italien während des 16.Jahrhunderts vornehmlich gepflegte Form der Liebesdichtung ist jenes Dichten in petrarkischer Tradition, das, über Bembo lanciert, im Verlauf des Jahrhunderts die Grenzen überschreiten und zu einem europaweit gepflegten (und ridikülisierten) Genre der Vertextung von Liebe wachsen wird: wobei gegen Ende des 15./zu Beginn des 16.Jahrhunderts die Herausbildung des höfischen Rituals der *ra-*

gionamenti d'amore, des *intertenimento*, des Sprechens über Liebe (wie es, wie gesehen, paradigmatisch in Castigliones *Cortegiano* vorgeführt wird) mit seinen Konventionen spezifischer Sprechtechniken, die vor dem Hintergrund einer sorgfältigen literarischen Bildung die Präsenz von weiblichen Ansprechpartnern notwendig erforderlich machen, den idealen Fusionsort mit dem "System" der petrarkistischen Liebesdichtung abgeben kann[15]. Die Formelhaftigkeit des höfischen Sprechens über Liebe gerät zur konventionsbeladenen Geste der Ehrerbietung und der "Höflichkeit", wie die männliche Selbstdarstellung sich selbst stilisiert, innerhalb einer sich konstituierenden Etikette, die zugleich den systematisierten und erlernbaren, dabei aber stets unerfüllten zwischengeschlechtlichen Liebes-Dialog zum Ausdruck neuer ständischer Erfordernisse formt: zum Ausdruck einer innerständischen Wertschätzung, welche die literarisierte Liebe zur Signatur ihrer elitären Befindlichkeit funktionalisiert, zu einem Signifikanten, der nicht Gefühlsdenotat, sondern Bedeutungsträger von gruppeninternen Spielregeln der Kommunikation ist. Liebe als emotionale Befindlichkeit ist hier verdrängt, zum Sprachspiel überformt, welches ständische Kommunikation in einen kollektiven Rahmen der Äußerlichkeit, der normierten, erlernten, von allen beherrschten Sprachhülsen überführt, welche Emotionalität, Affekt und Innerlichkeit vollständig ausgrenzt, zum Tabu erklärt, zum ästhetisch überhöhten Ausdruck der sich herausbildenden höfischen Abhängigkeitsstrukturen und Hierarchiefigurationen gerät - zum Ausdruck der elitären "Insel", die weit abgehoben von sozialer Realität, weit entfernt von den Anderen, der unterständischen Bevölkerung und den gesellschaftlichen Abläufen, unverbindlich den Kult des Schönen und der Liebe betreibt. Die in der petrarkistischen Liebesdichtung für die Konstitution der Liebe, ihren Ablauf sowie ihre Vertextung zentrale Distanz des leidenden Liebenden zum Objekt seiner Liebe, des liebenden Mannes zur geliebten "Dame" respektive deren statischem Bild, erfüllt einen wesentlichen Faktor der zwischengeschlechtlichen Konventionen. Diese unterliegen im höfischen Rahmen einer strengen Normierung, ganz konkret die umfassende Subordination der passiven (Ehe)Frau unter den aktiven (Ehe)Mann betreffend, die den rituellen Anforderungen entsprechend repräsentativ umkleidet und modifiziert ist, nicht aber die hierarchische Prämisse von weiblicher Passivität und männlicher Aktivität außer Kraft setzt; vielmehr, wie gesehen, auch hier ein entsprechendes Regelwerk von Verhaltensmaximen entwerfen läßt: ein kodiertes Raster von weiblicher Unterwerfung (die Bewunderung der männlichen Perfektion ist) und männlicher Ehrerbietung (die männliche Selbstdarstellung ist) an eine statische Präsenz-Funktion (die als weibliche Schönheit ideologisiert ist), welche gleichsam diametraler Spiegel der Unterwerfungs-Relation der Höflinge unter den Fürsten ist.

Die literarische Matrix der *ragionamenti d'amore*, die ihrerseits stark über die Rezeption des Neuplatonismus geprägt sind und solcherart die Überhöhung der rituell formalisierten intersubjektiven Kommunikation zur männlichen Seelenreifung über das Medium der weiblichen Schönheit philosophisch unterlegen, diese Matrix ist über die Rekurrenz auf die petrarkische Vorlage zuallererst als *imitatio* einer genau bezeichneten und eng begrenzten Zahl von Etappen der Ereignishaftigkeit angelegt. Gleichzeitig gilt die *imitatio* der formelhaften sprachlichen Darstellung der jeweils den Zuständen zugeordneten Sprecherbefindlichkeit, reduziert auf ein exakt festgelegtes Kompendium von erlernbaren und streng kodifizierten dialogischen Elementen (welche allerdings in der Petrarca-Vorlage monologisch ausgesteuert sind, die Dame ist abwesend, der Sprecher reflektiert seine innere Befindlichkeit), die ohne Gefahr eines Verstoßes gegen die Konventionen der sozialen Geschlechter im öffentlichen Raum ausgetauscht werden können: mit dem Unterschied, daß nunmehr auch die Dame Sprachformeln zu beherrschen und zu *reproduzieren* hat, ohne allerdings, und hier leistet die Struktur der petrarkischen, ebenso wie jene der neuplatonischen Liebeskonstellation zuzüglich zur formalen Gesprächsordnung erheblichen Vorschub, ihre passiv diskursivierte Rolle zu verlassen. Die Reproduktion literarischer Konventionen wird solcherart zu einem notwendigen Repräsentationswissen der weiblichen Adeligen, das sich mit rituellen und konzeptimmanenten Prämissen wie der weiblichen Schönheit und der hierüber sich verselbständigenden Bestimmung der Frau zur Liebe respektive der Stilisierung zum permanenten Stimulans der männlichen Liebe überlagert, bis schließlich auch die schriftliche Niederlegung (respektive der mündliche Vortrag) reproduzierter Liebes-Situationen repräsentativen Gehalt erhält: zu einem Attribut der ständischen Repräsentation gerät und über die Koppelung mit Elementen ihres sozialen Geschlechts der Frau die ihr ohnehin unterlegten geschlechtsspezifischen Eigenschaften der Demut, der Leidensfähigkeit, des Mitleids, der Imaginationsfähigkeit, des Strebens nach der männlichen Perfektion und der Gefühlsbetontheit als natürliche Affinität des Weiblichen zum Affektiven, damit zur Liebe zuordnet - als der Natur einer (adeligen) Frau inhärente Disposition, die zugleich zum Inhalt ihrer ständischen Pflichten erhoben wird. Während die adelige Frau, die Hofzugehörige über Liebe sprechen und Liebe vertexten darf, wohlgemerkt als Reproduktion genormter Formeln, läßt die Imitation der höfischen Konventionen durch das Stadtpatriziat die rezipierte adelige Frauenkultur in der Folge auch im gehobenen Bürgertum Nachahmung finden: zu einem Ausweis weiblicher Bildung geraten, der immer weitere Kreise ergreift - und schließlich Tendenzen der Verselbständigung an den Tag legen wird. Der Übergang vom weiblichen Schweigen zum liebenden Sprechen ist keineswegs konfliktarm, bestimmte Erfordernisse der literarisch-systemischen Vorgabe und solche des sozialen Geschlechts sind kaum zu vereinbaren, machen Modifikationen sowohl an literarischen Systemelementen wie auch an solchen der Rollennorm notwendig: die zugleich reduzieren und Freiräume schaffen, denen eine ganz spezifische Dynamik innewohnt. In diesem Sinne scheint es angebracht, zuallererst einmal jenes petrarkistische System der Liebesdichtung mit seinen Elementen, Strukturen und Bildern in Augenschein zu nehmen, wie es zur mehr oder weniger präsenten Folie der kanonisierten Liebesdichtung des 16.Jahrhunderts in Italien und, entsprechend verzögert und gebrochen[16], weiteren europäischen Nationalliteraturen wird - jene genormte Affektivität, der ein gleichermaßen genormtes stilistisches und semantisches Kompendium zur Seite steht. Die Verortung der einzelnen Texte und Textsammlungen im weitgefaßten Kontext des Petrarkismus, die Suche nach Spezifika und Abweichungen, erscheint in erster Linie sinnvoll als Relationierung bezüglich der Systemkonstituenten, wie sie eine Reduktion des Systems auf ein idealtypisches Modell hervortreten läßt: was in diesem Falle als durchaus zulässig gelten darf, als Abstraktion einer in der Tat als Fundus betrachteten und funktionalisierten petrarkischen Vorlage, die in sich bereits das systemische Element zum Strukturprinzip erklärt - zumal die Praxis der Rezeption, der Imitation, der Variation, der Ironisierung und der Überschreitung im

16.Jahrhundert auf ebendiesem systemischen Charakter basiert. Die folgende Darstellung eines solchen idealtypischen Modells (welches bereits auf die Rezeption rekurriert), wie es Gerhard Regn für das italienische Cinquecento erstellt hat[17], dient den anschließenden Ausführungen in diesem Sinne als begriffliche wie inhaltliche Referenzfolie.

Das petrarkistische System, so Regn, läßt sich als eine Menge von Elementen definieren, die sich beliebiger Kombination durch die Relationierung mit einer Systemdominante entziehen, als welche das von Petrarca geprägte antinomisch-paradoxale Liebeskonzept fungiert. So lassen sich *systemkonstitutive* Merkmale, also das zentrale Liebeskonzept und diesem direkt angebundene Elemente, *systemmögliche* Merkmale, die sich zum Liebeskonzept nicht oppositiv verhalten, und *systeminkompatible* Merkmale unterscheiden, welche gegenüber den Systemkonstituenten als konträr festzumachen sind: beispielsweise das Motiv der Erfüllung sexuellen Begehrens. Abweichungen von einer imitativen Systemrealisierung können sich als Kombinationen von sytemkonstitutiven und -inkompatiblen Merkmalen innerhalb eines konkreten Textes oder einer Textgruppe manifestieren, aber auch als unvollständige Abbildung der Konstituenten innerhalb des prototypischen formalen Rahmens. Der idealtypische formale Rahmen im 16.Jahrhundert ist ein *canzoniere*, ein Textkorpus, der einer wenigstens angedeuteten Ordnung unterliegt. Zugleich aber findet sich die häufig praktizierte Publikation von Anthologien petrarkistischer Texte, deren Anbindung an das System lediglich rudimentär, über punktuelle Zitate des Referenzhorizonts verläuft. Im Rekurs auf Petrarcas *Canzoniere* als Modell der Liebesdichtung läßt sich der semantische Kern der petrarkistischen Liebesdichtung als "Affektmanifestationen eines 'liebenden Ich'"[18] kennzeichnen, deren Struktur von den im Sinne der Schmerzliebe dominierenden *affetti dogliosi* geprägt ist. Die Lust am Schmerz gestaltet sich als vielschichtig figurierte und durchgängig beibehaltene Variation des Leidthemas, dem allerdings komplexe Ergänzungen beigegeben sind. Dabei wird nicht ein unspezifisches Leiden in lyrische Gestalt gegossen, sondern die Befindlichkeit jenes Liebesmelancholikers, dessen Präferenz für die *affetti dogliosi* kontrastiert wird von gelegentlich benannten *affetti lieti*, einem *diletto*, der nicht allein die Lust am Schmerz wiedergibt, sondern Ausbrüche einer umfassenden Liebeslust vergegenwärtigt. Das ursprüngliche Erstehen der Liebe in Form eines dann beibehaltenen *compiacimento della bellezza* der angebeteten Dame, der zentralen Pose der nachmalig neuplatonischen Seelenästhetik, dessen Umsetzung, je stimuliert durch deren Präsenz respektive, im Falle einer Abwesenheit, der Erinnerung an die Dame, sich als Hoffnung auf Erfüllung des Liebesverlangens artikuliert, ist - affektisch positiv konnotiert - zentrale Bedingung der Beibehaltung der Liebe: eine Liebe, die allein das liebende Ich umfaßt, dessen affektisches Begehren diszipliniert respektive sublimiert werden muß, die allein Fortsetzung finden kann, weil ihre Einlösung, die Vereinigung, nicht statthaben darf. Die Genese der dominierenden Leidthematik ist gebunden an die abweisende Haltung der Dame, an die Konstituierung einer inneren Distanz, der eine solche des äußeren Raumes korrespondiert, eine lokale Distanz, welche erst das *pensare*, das Denken an die Dame, die Liebesmeditation notwendig macht. Die Dame, das Objekt des Begehrens, ist in zweifacher Hinsicht abwesend, sowohl affektiv als auch physisch: der Objektcharakter erhält solcherart seine eigentliche Gestalt, wird zum entsubjektivierten

Bild, das als Erinnerung an die Wahrnehmung einer äußerlichen weiblichen Schönheit den Gehalt der Liebe, des Begehrens und des Leidens mit der Innerlichkeit des Liebenden gleichsetzt, während die Dame zur statischen, stets abrufbaren Allegorie ebendieser Liebe funktionalisiert wird. Konstitutiv für die Beibehaltung der melancholischen Verfaßtheit des Liebenden ist das Prinzip der regelmäßigen Repetition von Ereignissen und Zuständen, welche diese Liebe erst in Gang gesetzt haben, des ursprünglichen *compiacimento della bellezza* mitsamt seiner positiven affektiven Folgeerscheinungen, den *affetti lieti* und der *speranza*, um, solcherart neuerlich stimuliert, in die Grundhaltung des leidenden Liebenden zurückfallen zu können. Das Wissen um die Möglichkeit des positiven Empfindens im Zustand des Leids, der dynamischen Dialektik von Glück und Schmerz, prolongiert das Liebesverhalten des Protagonisten, dessen Affektstruktur sich damit als grundsätzlich paradox kennzeichnen läßt, in der linear-repetitiven Abfolge die semantische Gestalt eines affektiven *circulus vitiosus* annimmt, welcher schließlich, in der moralisch-religiösen Überhöhung, seinerseits dialektisch überwunden werden wird. Diese Affektstruktur läßt sich allerdings nicht mit jener der *dolendi voluptas* gleichsetzen, "die Lust am Leid ist vielmehr eine - wiewohl höchst bezeichnende - zusätzliche Spezifikation der allgemeinen petrarkistischen Affektparadoxie"[19]. So richten sich denn die petrarkistischen Entwürfe des Cinquecento auch primär an der antinomisch-paradoxalen Affektstruktur aus, deren Prinzip der Affektdisziplinierung, die zu den obrigkeitlichen Strategien der rigiden Diskursivierung und Überwachung des Begehrens höchst konform verläuft, gleichzeitig Konstituens anderer zeitgenössischer liebestheoretischer Entwürfe ist, während das Spezifikum der *dolendi voluptas* mit einer sekundären Funktion behaftet bleibt.

Die idealtypische Bindung dieser Ereignishaftigkeit an den petrarkisch vorgegebenen Rahmen eines *canzoniere*, einer "zyklisch gefügten Gedichtsammlung, welcher eine rudimentäre Geschichte unterliegt"[20], gewährleistet in der traditionellen Form das kohärenzstiftende Moment über die dauernde Präsenz eines einzigen und identischen Protagonisten, dessen Erleben, Reflektieren und Imaginieren als Liebender inhaltliche Maßgabe für die Gedichte ist. Der Protagonist definiert sich als Ich-Sprecher, fungiert also zugleich zu seiner Rolle als Protagonist der Liebeserfahrung als Vermittlerinstanz der Ereignishaftigkeit: die reflektierende respektive stilisierende Distanz zum unmittelbar Erlebten ist damit vorgängig eingebracht, die Perspektive als eine rückblickende, als eine erinnerte markiert. Textualisiert wird die Distanz über selbigen Ich-Sprecher in einem Einleitungsgedicht, gefügt zur Ankündigung der selbsterfahrenen Liebes-Geschichte, wobei der Protagonist und Ich-Sprecher eine weitere Funktion übernimmt, sich als Herausgeber der eigenen Lyrik zu erkennen gibt und die poetische Stilisierung der erfahrenen Liebe transparent macht: der Dreiteilung der "Funktion" des Ichs entspricht eine Dreiteilung der Zeitebenen, des erlebenden Ichs auf einer temporalen Ebene der Gleichzeitigkeit in ferner Vergangenheit, des "dichtenden" Ichs, welches das Erleben zu einem späteren Zeitpunkt, nach Ablauf einer temporären Distanz der Reflektion (des Erinnerns, des Imaginierens) textualisiert, sowie jenes Ichs, welches als Herausgeber der eigenen poetischen Substrate den Zyklus geordnet und inszeniert hat - neuerlich auf einer Ebene der Gleichzeitigkeit diesen nunmehr dem Publikum präsentiert, nach Ablauf einer weiteren temporären Distanz, welche die primäre Stilisierung der Liebessituationen in der Textualisierung um eine weitere der ordnenden Reihung ergänzt. Das unmittelbare Liebeserleben erscheint als zweifach "gebrochenes", wobei die Herausgeberinstanz allerdings lediglich im Einleitungsgedicht präsent ist, für den nachfolgenden Zyklus, abgesehen von der Explikation der Stilisierungsebenen, allein strukturelle Relevanz in sich trägt. Die Vermittlung der Geschichts-Fragmente durch den Ich-Sprecher in den nachfolgenden Einzeltexten kann sowohl über eine narrative als auch eine nicht-narrative Sprechsituation erfolgen, wobei die jeweilige Sprechinstanz als derjenigen des Einleitungsgedichtes untergeordnet erscheint. Die Strukturierung der petrarkistischen Geschichte im Rahmen eines *canzoniere*, unter Vorgabe also einer Herausgeberstrategie, welche für die Inszenierung der Sammlung verantwortlich zeichnet, impliziert die selektive Reihung von Geschichtsfragmenten unter Vernachlässigung bindender Erlebnissequenzen, wobei die ausgewählten Themenbereiche einer seriellen Repetition unterzogen werden; jeder thematische Komplex findet Ausgestaltung in einer ganzen Gruppe von Gedichten, die ihrerseits den zentralen Inhalt je variierend repetieren, damit den makrostrukturellen Rahmen reflektieren:

Nach dem Modell des *Canzoniere* wird in den petrarkistischen Zyklen ein beträchtlicher Teil der syntagmatischen Achse zum Manifestationsort eines dominant paradigmatischen Prinzips, als dessen Konsequenz sich immer wieder auch eine Suspension des Ereignisfortgangs einstellt. Der Wiederholungsmechanismus ist also nicht nur von Belang für den Abfolgerhythmus der Ereignissequenzen, die sich zum übergreifenden Ganzen eines Geschichtstyps zusammenschließen, dem ein Zirkulärschema wesentlich ist; dieser Mechanismus durchwirkt vielmehr schon den Konstituierungsprozeß der einzelnen, elementaren Ereignissequenzen selbst, die durch das beständige Ausspielen des Verfahrens paradigmatischer Reihung in ihrer "narrativen" Konsistenz aufgebrochen werden. 21

So wird mitunter die übergreifende semantische Klammer, die Liebeserfahrung des Protagonisten, durch die blockbildende Konfiguration der einzelnen Themen immer wieder in den Hintergrund abgedrängt, eine unter ästhetischer Zielsetzung intendierte Strategie, welche stilistische "Etuden" und "Variationen" gegenüber dem sematischen Gehalt zuweilen explizit zum Zentrum des Diskurses erheben kann. Die Relationierung mit dem vorgängigen Liebeskonzept manifestiert sich solcherart in konnotativen Rückkoppelungen, deren möglicherweise ambivalenter Gehalt in der Fortentwicklung petrarkistischen Dichtens mehr und mehr an Bedeutung gewinnt, der Überwindung der Systemorthodoxie im Secondo Cinquecento schließlich zum generativen Moment gereicht.

Während in Petrarcas *Canzoniere* dem durchgängig identischen Liebenden und Ich-Sprecher noch eine einzige Geliebte als Objekt der Liebe dient, so ist in der petrarkistischen Praxis des 16.Jahrhunderts das Liebeserleben nicht mehr normativ an ein einziges Objekt gebunden, hier können durchaus zwei oder mehrere *donne* figurieren, der Objektstatus der *donna* ist damit konsequent als funktionell begriffen und entsprechend auch pluralisiert dem monologischen und Ich-zentrierten Liebeserleben spiegelnd beizuordnen. Die Darstellung des Liebenden beschränkt sich auf Elemente des "Innenraumes", eine Innerlichkeit, der ausschließlich Aussagekraft für die Kennzeichnung des Ich-Sprechers sowie die Darstellung der Ereignishaftigkeit zukommt, die affektische und im weitesten Sinne moralische Faktoren einer äußerlich nicht gekennzeichneten, somit impersonellen, überindividuellen, nicht sozialen Person formt - während die *donna* gerade über ihr Äußeres und daran angebundene, geschichtsrelevante Eigenschaften eingebracht ist, über primär visuell Wahrnehmbares, welches in zweiter Instanz ins Affektive transponiert, schließlich reflektiert wird: explizit die vorgängig notwendige und ebenfalls überindividuelle, objekthafte Schönheit der Dame, welche den Prozeß des *innamoramento* stimuliert, sowie unter Umständen einige Gegenstände (sic!), einige Objekte aus ihrer Umgebung. Der Beginn der prototypisch petrarkistischen "Geschichte" ist markiert vom *innamoramento*, während den Abschluß der geschichtskonstituierenden Liebeswirren entweder eine (geläuterte) Abkehr von denselben, oder aber eine Hinwendung zu anderen, deutlich höher valorisierten moralisch oder religiös gekennzeichneten Zielen bildet: der Protagonist durchläuft stets eine "Entwicklung", deren Erkenntnisgehalt auf einer vor der Folie der Tugendsuche notwendig höher bewerteten Ebene angesiedelt ist, zumindest aber die affektive Bindung an die Schönheit der *donna* in eine innere Reifung des Protagonisten transformiert. Die Thematik der notwendig topisch implizierten Zeit in ihrem Verlauf unterliegt einer spezifischen Akzentuierung über eine Streuung chronologisierender Jahrestagsgedichte, welche die Ereignishaftigkeit unterbrechen, sowie eine integrierte Semantik des Alterns, wobei der zur Darstellung gebrachte Innenraum des Liebenden an den äußeren Ereignisablauf rückgebunden wird. Dieser wiederum unterliegt in erster Linie den An- und Abwesenheiten der Dame, deren systemkonstitutive Absenzen als Reise respektive Krankheit, oder aber in der Entfaltung der Todesthematik textualisiert werden. Nämlichem Prinzip ist die innerliche "Ereignishaftigkeit" des Protagonisten verpflichtet: die Absenz der Dame, die Trennungssituation, sei sie nun temporär oder über den Tod der Dame als absolut gesetzt, macht für den Ich-Sprecher ein willentliches Erinnern notwendig, ebenso wie die Bewältigung der Absenz Traumvisionen auslöst, die selbigem Zwecke, der Überwindung der Distanz, der Evokation der Dame im Imaginären zu dienen haben. Die lokale Dimension der Geschichte unterliegt einer der Befindlichkeit des Liebenden assimilierten Evokation ebenjene affektive Disposition denotierender Orte, beispielsweise der traditionellen topischen Naturräume des *locus amoenus* oder des *locus horridus*, seltener des städtischen Ambientes oder des Hauses - wobei der Wechsel von unterschiedlich ausgestalteten und funktionalisierten Orten wesentlicher Faktor für die Konstitution einer Ereignisabfolge ist. Die Präsentation der Geschichte durch den Ich-Sprecher im Modus scheinbar autobiographischen Erlebens mit Realitätsbezug wird vermittelt über die Einbindung von "Realitätsreferenzen, welche auf den empirischen Autor zurückverweisen, und welche die historisch intendierten Leser in ihrer Referenzhaltigkeit dechiffrieren konnten und sollten"[22], beispielsweise als gelegentliche, aber seltene Textualisierung realer, dem Umfeld des Autors oder jenem der Dame entstammender Personen - eine Rückbindung der Ereignishaftigkeit der Geschichte an eine reale Ebene, die als Ambiente des Autors dekodiert werden und solcherart einer Stilisierung der textimmanenten Biographie sowohl *verisimilitudo* verleihen als auch die intendierte und pädagogisch funktionalisierte Überhöhung zum Repräsentativen und Typischen, zum Überindividuellen und Paradigmatischen befördern soll:

In ihrer integralen Struktur lassen sich die petrarkistischen *canzonieri* als "pseudoreferentielle" Texte rubrizieren, in denen ein autobiographisches Substrat den Relevanzfilter des Typischen passiert und gegebenenfalls sogar sichtbar fiktional überformt wird. Die autobiographischen Referenzen sind dabei parallel zu ihrer Funktion als Faktoren der Selbststilisierung des Autors konstitutiver Teil jener Strategie der Individualisierung und der Partikularisierung, mit der dem Allgemeinen zu einer rhetorisch-persuasiven Effizienz verholfen werden soll. 23

Punktuelle autobiographische Verweise sind damit notwendig systemkonstitutiv, sind der Fiktion der Liebes-Geschichte und deren festgelegtem systemischen Charakter implantiert, um jenen semantischen Gehalt zu erzeugen, der innerhalb des Systems scheinbar Individuelles und zugleich Exemplarisches referieren soll; niemals also ist innerhalb des petrarkistischen Systems eine autobiographische oder authentische Liebeserfahrung festgehalten, vielmehr werden vorgängig genormte Elemente miteinander kombiniert und gegebenenfalls erweitert, gerade um eine scheinbar autobiographische Fiktion nach festen Regeln zu textualisieren: ein Faktor, der im Falle weiblicher Autorenschaft ambivalente Folgen mit sich führt.

Das textualisierte affektische Geschehen im Innenraum des Liebenden, dessen Auslöser je im äußeren Geschehen angesiedelt sind, welches über die Präsenz oder Absenz der Dame ausgesteuert wird, befindet sich von Beginn an in einem deutlich gekennzeichneten Konflikt mit einem Normbewußtsein des Protagonisten, das mit zunehmender Dauer des Liebesverhaltens zur Dominanz gelangt: dasselbe an die Norm assimiliert oder aber als Erkenntnisleistung beendet repektive überwindet, den Protagonisten auf eine normativ wertvoller veranschlagte Bewußtseinsebene überwechseln läßt, den *canzoniere*, dessen Struktur die zyklische Repetition antithetischer Befindlichkeiten konstituiert, nunmehr linear beschließt. Die jeweils relevanten Normen entstammen christlich-peripatetischer sowie und in erster Linie neuplatonischer Liebestheorie, rekurrieren primär auf das Ficino'sche Liebesmodell respektive dessen höfisch überformter Rezeption, wie sie paradigmatisch im *Cortegiano* vorgeführt wird[24]. Die formale Umsetzung der normkonformen "Reifung" erfolgt durch eine fortschreitende Häufung von der Liebesthematik fremden Inhalten, welche einerseits der Forderung nach ästhetischer *variatio*, andererseits der Evokation autobiographischer Referenzen nachkommt. Über eine Akkumulation solch thematisch differenter Gedichte beispielsweise in Form von normkonformem Tugendpreis respektive weltabgewandter Meditation asketisch-religiösen Inhalts gegen Ende des *canzoniere* wird die abgeänderte Haltung des Protagonisten gegenüber der erfahrenen Liebe markiert, die, eng korreliert mit der Thematik des Alterns, das Liebeserleben im gereiften Zustand, der zugleich einer des fortgeschrittenen Alters, der *età matura* ist, als *giovenil errore*, als jugendliche Verirrung abtun läßt: womit der Höhepunkt der stilisierten Biographie und zugleich das idealtypische Ende des *canzoniere* erreicht ist, das affektiv-sinnliche Hingerissensein des Protagonisten und die hierüber evozierte Macht des "fleischlichen" Begehrens - das ja im *Cortegiano* dem jungen Hofmann durchaus zugestanden worden war - nach abgeschlossenem Reifeprozeß in einem geistig-kontemplativ markierten Bewußtseinsschritt auf eine höher veranschlagte Ebene im durchaus neuplatonischen Sinne des Weges zu Gott überschritten wird. Hinsichtlich der moralischen Verortung des petrarkistischen Systems ist in der zeitgenössischen Diskussion unter anderem die Zuordnung zu den drei neuplatonischen Liebeskategorien von Belang, in dessen bei Ficino bereits aufgeführter dreifacher Typisierung als *amore contemplativo* (bei Ficino *amore divino*), *amore onesto* (Ficinos *amore humano*) und *amore lascivo* (*amore bestiale* bei Ficino)[25] die Petrarca-Rezeption das petrarkistische System tendenziell unter den *amore onesto* faßt, der dezidiert kontemplativen Schönheitserfahrung zuschlägt - die zwar noch nicht das vollends kontemplative Stadium der weltabgewandten Schönheitsliebe zu Gott erreicht hat (welcher sich der Protagonist petrarkisch zu Ende des *Canzoniere* wenigstens anzunähern scheint), doch die sittliche Tugend und die körperliche Enthaltsamkeit im Schönheitsgenuß durch die Fernsinne textualisiert; womit bereits eine latente Konfliktlage zwischen petrarkistischem System und neuplatonischen Kategorien benannt ist: beispielsweise das petrarkistische Affektgefälle zwischen Liebendem und Objekt der Liebe betreffend, während im neuplatonischen Kontext die Liebe zumindest nominell eine gegenseitige ist, desweiteren die inneren Werte der Dame, die petrarkistisch zuvorderst als grausam, da ablehnend und unerreichbar gekennzeichnet wird, im Gegensatz zur neuplatonischen Schönheit des Körpers und der Tugend im geliebten Wesen, welches den Liebenden befruchtet und beflügelt - wie auch der petrarkistische Norm-Affekt-Konflikt[26] im neuplatonischen Kontext keine vollständige Verankerung findet. Das *imitatio*-Prinzip des Petrarkismus gestattet vielmehr gleichwohl eine wenigstens konnotative oder punktuelle Einbeziehung der *amore lascivo/bestiale*, körperlich-sexueller Aspekte, die sich als Überbietung Petrarcas in Form einer Ausgestaltung und Akzentuierung angelegter sinnlich-erotischer Komponenten durch wenn auch begrenzte Einbindung genuin apetrarkistischer Elemente legitimieren: dem übergeordneten Systemkontext allerdings entweder zu assimilieren sind, also in petrarkistische Kategorien verpackt zu werden haben, oder aber nur ansatzweise Eingang ins System finden dürfen - hierunter wäre beispielsweise eine sexualisierte Konstellation der Begegnung zu fassen, welche die petrarkistische Vorgabe der Unerreichbarkeit der Dame als scheinbar zu überwindende anzitiert, dem sinnlichen Begehren einen nicht allein impliziten und zu verdrängenden Stellenwert zumißt. Die definitive Überschreitung der Grenzen der Systemkompatibilität innerhalb eines petrarkistischen Ansatzes bis hin zur Autonomie ist somit nicht allein prinzipiell möglich, vielmehr konstitutiv für das petrarkistische System an sich, ist konsequenter Ausdruck jenes dynamischen Momentes, welches dem System im Spannungsfeld von Imitation, Kombination und Überschreitung innewohnt - die potentielle Überwindung des Systems mit dessen eigenen Mitteln. So kommen denn in der zweiten Jahrhunderthälfte immer stärker Tendenzen zum Tragen, das vorgängig konstitutive petrarkistische Liebeskonzept mit Präferenzen für konzeptuell Systemfremdes zu überlagern und die *imitatio* allein auf die stilistisch-lexikalische Ebene zu konzentrieren, eine Entwicklung, die im Barock zu voller Entfaltung finden wird.

Nichtsdestotrotz ist die Nähe von petrarkistischem System und neuplatonischem Konzept nicht allein in "formaler" Hinsicht von einiger Bedeutung für die Praxis des petrarkistischen Dichtens, gemeint ist die institutionelle Nähe über das höfisch-elitäre Ambiente, dessen *ragionamenti d'amore* Petrarkistisches mit Neuplatonischem explizit verschränken; vielmehr sind, über die genannten Divergenzen hinaus, insbesondere die strukturellen Analogien inhaltlicher Natur sowohl für die Liebesthematik an sich als auch für deren textuelle Umsetzung von einiger Bedeutung: insofern nämlich die dezidiert kontemplative Struktur der neuplatonischen Liebe in Fusion mit dem literarischen System des Petrarkismus vielfältige Systemausweitungen und -überschreitungen ermöglicht. In diesem Sinne nochmals ein kurzer Rekurs auf das Ficino'sche Liebeskonzept[27]: die neuplatonische Liebe ist, wie gesagt, ausschließlich kontemplativ sowie außerehelich strukturiert, Körperlichkeit und Sexualität finden sich (mit Ausnahme der sozialen Fortpflanzungsdetermination, der funktionalen Vereinigung der Gegensätze) negiert, als Gegenteil von Liebe, Schönheit und Gutheit diffamiert, scheinen lediglich in der ästhetischen Überhöhung der körperlichen Schönheit des Geliebten - bei Ficino ist die Liebe noch nicht zwischengeschlechtlich strukturiert, diese Wendung wird das Konzept explizit erst in der Rezeption nehmen - des schönen Körpers als Zeichen Gottes auf. Das Begehren des Liebenden ist nicht auf das geliebte Objekt, sondern als geistig-seelisches Begehren auf Gott gerichtet, das Liebesobjekt ausschließlich ästhetisch-denotativ strukturiert, Medium der distanziert-kontemplativen Gotteserfahrung, welche über die visuelle Rezeption der Schönheit, die Schönheitserfahrung eingeleitet wird und eine fortschreitende Verähnlichung des Menschen mit Gott nach dem Prinzip der Liebe und der Schönheit intendiert - als individuelle Geistsuche nach der Perfektion. Die (antihierarchische) "Verähnlichung" der Liebenden in der Gleichheit ist idealer Modus der individuellen Perfektionierung, der allerdings über die individuelle Struktur relativiert wird, über das Ziel der individuellen Gotteserfahrung, nicht des gemeinsamen "Glücks". Die Frau ist innerhalb dieses Konzeptes als notwendiger Bestandteil der zweigeteilten Natur des Menschen immanent präsent, als Gottgeschaffene dem Mann über den göttlichen Willen prinzipiell gleichgestellt, in der funktionalen Charakterisierung der differenten Geschlechternaturen allerdings traditionell passiv strukturiert, dipolar-hierarchisch valorisiert und explizit lediglich über die Fortpflanzungsdetermination als letztem Ziel der Liebe aufgerufen - so das konzeptuelle Zugeständnis an das christliche Raster, eine passive Valorisierung, welche über die genuin männliche Geistigkeit begründet ist, jene ausschließliche Ebene der kontemplativen Liebeserfahrung. Das Fortschreiten zu Gott auf dem Geistweg bleibt so dem männlichen Geschlecht vorbehalten, über die diskursivierte Identität von Schönheit (und darüber auch innerer "Gutheit", dies zur exzeptionellen, marianischen Valorisierung der überindividuell projektierten Frau im neuplatonischen Konzept, der Schönheitsikone, die kosmische Signatur Gottes ist) und weiblichem Geschlecht allerdings wird die Frau zum unabdingbaren primären visuell-ästhetischen Medium der Erkenntnis: der Erfahrung Gottes in der Schönheit, die als Ähnlichkeitsform des Geistigen konzipiert ist, als spirituelle Erscheinungsform des Prinzips der Liebe, zu jenem Spiegel, welcher die Liebe des Liebenden auf den Liebenden zurückwirft. Die ideale Konstellation der kontemplativen Liebe allerdings ist auf einer bereits höheren, ausschließlich geistig-vergeistigten Ebene eine solche zwischen Männern, als körperlose Relation der Schönheit des männlich-perfekten Geistes jenseits aller "niederen" Instinkte, innerhalb derer sich die Verähnlichung der Liebenden prototypisch vollziehen kann, Gott nahe ist. Das Primat des Visuellen ist primäre Funktion sowie ethische Maßgabe des Liebesgenusses, einer distanziert-geistigen Liebe, deren Objekt nicht der/die Geliebte, sondern Gott ist. Im *Cortegiano* schließlich wird die (affektdisziplinierende und Außenwirkung kalkulierende) Vernunft zum dominierenden Terminus der dezidiert männlich strukturierten und sozial überformten kontemplativen Liebe, neben welcher die körperliche Liebe als Option des jugendlichen Liebenden einen pragmatisch begründeten Ort erhält; die Schönheit, jetzt explizit an die Frau gebunden, wird reduziert auf die

Schönheit des weiblichen Antlitzes, also noch entschiedener desexualisiert, die Bedeutung der Distanz im Schönheitsgenuß gewinnt weiter an Raum, der Geistweg zu Gott wird eng verknüpft mit der Topik des Alterns. Die gleichzeitige Wahrung der höfischen Konventionen wird in das Konzept eingebunden, das Konzept selbst nach höfischen Kriterien überformt: die Dame ist insbesondere als Spiegel der Manieren des Hofmanns aufgerufen, welcher seinerseits als "sittlicher" Lenker der Dame aufscheint; das Gefallenwollen, die Selbstdarstellung ist Triebfeder der kontemplativen Annäherung, die pragmatischen Rituale der *ragionamenti d'amore* absorbieren das idealistische neuplatonische Konzept.

Abgesehen von einigen prinzipiellen Differenzen zwischen petrarkistischem und neuplatonischem Konzept - um diese zu wiederholen: petrarkistisches Affektgefälle vs. neuplatonische Verähnlichung der Liebenden, petrarkistisch grausame und ablehnende Dame vs. neuplatonische Verkörperung von Schönheit und Gutheit, petrarkistischer Norm-Affekt-Konflikt vs. neuplatonisch-kontemplative Gottsuche - Differenzen, die in der Überlagerung zu neuen Systemprägungen führen werden, sind in beiden Konzepten durchaus analoge Strukturen verankert, wie sie die pragmatische Annäherung innerhalb der höfischen Konventionen bedingen. Insbesondere das visuelle Primat des Liebesgenusses aus der Distanz, des petrarkistischen *compiacimento della bellezza* und der neuplatonisch-visuellen Schönheitsrezeption, treffen, an der Seite der außerehelichen Struktur beider Konzepte, auf analoge soziale Anforderungen - dies zur Integration in die höfischen Rituale. Die über den Schönheitsgenuß petrarkistisch bedingten *affetti lieti* lassen sich durchaus mit Momenten der neuplatonischen Liebeserfahrung kombinieren, die topischen *affetti dogliosi* der Schmerzliebe, bedingt über die grausame Dame, bleiben allerdings petrarkistisches Spezifikum: insofern wird der gleichwohl schematisierten Dame im petrarkistischen Kontext weitaus größere "Individualität" respektive "Realitätsnähe" zugestanden, ein Handlungspotential konzediert, wie es im neuplatonischen Kontext über die lediglich Göttliches denotierende Funktion der Schönheit inexistent sein muß. Die in beiden Konzepten verankerte Gotteserkenntnis ist mithin eine "ungleichzeitige": im petrarkistischen Konzept als finale Wendung des gereiften Übersteigens irdischer Bedürfnisse des Liebenden gekennzeichnet, als erkenntnisbedingter Aufbruch zur kontemplativen Gottsuche nach vollzogener Bewältigung des affektischen Verharrens in den Niederungen der personengebundenen Sinnlichkeit - während das neuplatonische Konzept gleichsam den Raum jenseits dieser Erkenntnisleistung projektiert, die dezidiert kontemplativ-geistige Gottsuche und ihr Fortschreiten, die sich bereits von allen irdisch-sinnlichen "Verirrungen" gelöst hat, die körperliche Schönheit nicht mehr als affektisches Stimulans, vielmehr als kosmische Signatur des göttlichen Prinzips der Liebe begreift. Dergestalt verkörpern die beiden Konzepte eine komplementäre Struktur der Liebe, der vom Ausgangspunkt des körperlichen Begehrens über die Bewältigung affektischer "Zerrissenheit" und das geistig-kontemplative Fortschreiten der Suche nach dem harmonistischen Prinzip der Liebe eine lineare Dynamik der Erkenntnissuche innewohnt, die über das Prinzip Gott als universeller Struktur dieser Liebe organisiert ist: als Struktur einer ethischen Idee, die Sexualität affektdisziplinierend zur erkenntnistheoretisch zu überwindenden Aufgabe der asexuellen Gottsuche des Mannes durch das Medium der abstrahierten "Frau" sublimiert - den Raum der Liebe als Raum der universellen Befreiung (von der menschlichen/männlichen Sterblichkeit, Unvollkommenheit, Begrenztheit, von den Lockungen des Weibes) strukturiert. In diesem Sinne wird über eine Annäherung der beiden Konzepte innerhalb des höfischen Raumes die passiv-statische Rolle der Frau, wie sie bereits im petrarkistischen System angelegt ist, noch um ein Vielfaches akzentuiert, über die neuplatonische Verklärung zum Prinzip die rituelle Funktionalisierung der *donna* vorangetrieben. Andererseits wird über das im neuplatonischen Kontext angelegte Moment der Verähnlichung der Liebenden im Konnex mit petrarkistischen Strukturen eine weitere Ebene in die Liebesthematik eingeführt, die ihrerseits insbesondere dem weiblichen Sprecher, vorgängig über das soziale Geschlecht wie das literarische System passiv normierten Sprecherinnen Möglichkeiten der literarischen Ausgestaltung einer solcherart enthierarchisierten Liebesrelation eröffnet - welche beispielsweise über eine Aktivierung der neuplatonisch attestierten "Gutheit" der schönen Frau gänzlich neue, allerdings genuin apetrarkistische Dimensionen gewinnen kann. Womit die Problematik des Geschlechtswechsels des Protagonisten innerhalb des petrarkistischen Systems - das im italienischen Raum primäres literarisches Genre einmal der höfisch-elitären Kulturbeflissenheit, zum anderen und darob notwendig der literarischen Produktion von Autorinnen ist, jedenfalls bis in die Sechziger Jahre des Cinquecento - aufgerufen wäre, die es im folgenden andeutungsweise aufzuzeigen gilt.

Die Übernahme des petrarkistischen Systems durch weibliche Autoren bedingt partiell weitreichende Modifikationen von Systemimplikaten, deren wesentlichste den Wechsel der Protagonistenrolle von einem männlichen zu einem weiblichen Ich-Sprecher betrifft: damit den Wechsel auch des sozialen Geschlechts, ein grundlegender, da dipolar diskursivierter Perspektivenwechsel, der Auswirkungen auf die gesamte Struktur des Systems mit sich führt. Die Perspektive muß gewechselt werden, da das System beibehalten, nicht also die Perspektive der abweisenden *donna* (zumindest in der Anfangsphase nicht) eingenommen wird, sondern jene des Liebenden, der eine Frau liebt, der als aktiv sozialisierter Mann eine passiv und subordiniert sozialisierte Frau liebt (die über die mittelalterlichen Wurzeln dieses Liebessystems gleichwohl einer höherrangigen sozialen Position zugehört, dies als ursprüngliche Begründung für die Zurückweisung des Liebenden, das genuin *soziale* Gefälle der Liebeskonstellation dieses Typs). Die Dimension dieses Perspektivenwechsels macht über das unbedingte Primat des sozialen Geschlechts theoretisch eine diametrale Umwertung der systemischen Konstellation notwendig, eine systemkonservativ nicht mögliche Umwertung: weshalb zum einen das prototypische System durch eine normkonform strukturierte Ich-Sprecherin partiell aufgebrochen werden muß, bestimmte Systemelemente nicht thematisiert werden können - zum anderen aber bei grundsätzlicher Beibehaltung der systemischen Struktur (im Falle der Adaption eines durchgängigen Ereignisfortgangs, einer *canzoniere*-Struktur, nicht lediglich der fragmentarischen Ausgestaltung einiger "typischer" Situationen) eine Ich-Sprecherin sich notwendig mit einem gewissen Aktivitätspotential ausgestattet findet, welches dem sozialen Geschlecht wenigstens punktuell zuwiderlaufende Konstellationen eröffnet. Unter Beibehaltung des zentralen antinomisch-paradoxalen Liebeskonzepts, den Affektmanifestationen eines Ich-Sprechers nach dem Muster einer dominanten

Schmerzliebe, erweist sich der Geschlechtswechsel des Protagonisten als grundsätzlich systemmöglich. Auch der systemkonstitutive Topos der ablehnenden Haltung der Dame respektive der Trennung von derselben, Stimulans des Schmerzempfindens wie dann der Liebesmeditation, läßt sich erst einmal ohne Kollision mit sozialen Normen verwirklichen. Der prototypische männliche Protagonist allerdings begreift sich als Werbender um eine begehrenswerte, aber unerreichbare *donna*, ein mit aktivem Potential besetzter Werbender, dessen Innerlichkeit zwischen Hoffnung und Leiden eine spezifische Entwicklung durchläuft, die von der Außenwelt, zumal von sozialen Relationen gänzlich abgetrennt ist; auch die Geliebte ist lediglich überindividuelles und funktionell-statisches Medium, anhand dessen sich das Ich konturiert. Im Falle eines weiblichen Ich-Sprechers allerdings greifen gerade die Normen des sozialen Geschlechts, die Fiktionalisierung der weiblichen Liebe berührt einen Bereich, der genuin über die Geschlechter*differenz* strukturiert ist: insbesondere das weibliche Keuschheitsgebot sowie die bindende Passivitätsnorm, die Subordination unter den Mann, begründet über eine soziale Norm, welche das Sexualwesen Frau und dessen Domestizierung aufruft. Der petrarkistische Konflikt zwischen Affekt und (männlich-christlicher) Norm erhält solcherart eine zusätzliche, nunmehr primär relevante Dimension beigesellt. Die normative Maßgabe der Vertextung definiert sich nicht mehr allein als das affektische Empfinden des Liebenden übergreifende und schlußendlich dominierende idealtypische Instanz liebestheoretischer Provenienz, im Petrarkismus das geläuterte Überschreiten der Liebe in eine höher valorisierte erkenntnistheoretische Dimension, sondern primär als dialektisch-dialogisches Moment: konstituiert über das für die Liebende sozial relevante, lebensweltlich normierte Rollenmuster von erheblicher Konflikträchtigkeit hinsichtlich geltender binnenpetrarkistischer Konventionen. So erweist sich notwendig jene der petrarkistisch präsentierten Liebes-Geschichte immanente autobiographische Dimension als Problemfaktor: als genuin außereheliche Liebe konzipiert, provozieren autobiographisierende Realitätsreferenzen einer prototypisch petrarkistisch Liebenden soziale Sanktionen für die Autorin, die, ob unverheiratet, Ehefrau oder Witwe, in jedem Fall die Keuschheitsnorm durchbricht, ihren "Ruf" gefährdet - eine latente "Gefahr", die stets auch der inhaltlichen Ausgestaltung des affektischen Erlebens immanent ist. Vollzieht sich das zur Darstellung gebrachte Liebesgeschehen allerdings im Raum der Ehe, agiert die Protagonistin der sozialen Norm konform als Ehefrau, ist der Ehemann Objekt der Liebe, so impliziert dies notwendig eine zumindest formale Übereinkunft der Liebenden; die petrarkistische Distanz zum abweisenden Objekt der Liebe entfällt, damit das für die Konstitution der affektischen Befindlichkeit zentrale Moment des prototypisch petrarkistischen Systems. Auch eine äußerliche Distanz durch Trennung vom Ehemann kann lediglich eine Liebesmeditation auslösen, die als Erinnern vormalig glücklicher Vereinigung gekennzeichnet ist, sich damit ebenfalls als systeminkompatibel erweist. Darüberhinaus bedingt die eheliche Konstellation die Abwesenheit sexueller Anziehung - der Ehemann darf seine Frau nicht begehren, die Ehe dient ausschließlich der lustfreien Fortpflanzung - eine sexuelle Anziehung, die sich topisch allein unter dem Vorzeichen des Illegalen, des Verbots, der Außerehelichkeit thematisieren läßt: womit die (eheliche) Liebe lediglich auf den Bereich der tugendvollen Perfektion des Liebesobjekts, die tugendvolle Bewunderung des Ehepartners, die moralisierte Portraitierung abheben kann. Das Keuschheitsideal selbst findet seine konsequenteste Ausgestaltung in der religiösen Lyrik, der Liebe zu Gott, eine Wendung, die ihrerseits grundsätzlich von Petrarca vorgegeben ist. Eine weitere Konstellation zur Vermeidung der prototypischen Grundverfassung, jener der männlich-werbenden, der aktiv begehrenden Liebenden, eröffnet sich im Rückgriff auf das traditionelle Bild der verlassenen Frau als Ausgangspunkt der weiblichen Liebesklage - eine Position, die zumindest eine partielle Anerkennung über den sozialen Normenkatalog präsupponiert, zugleich aber nahezu identisch mit jener des vergeblich werbenden, des zurückgewiesenen Liebenden strukturiert ist, den Einbezug der systemkonstitutiven inneren wie äußeren Distanz zum Geliebten ermöglicht: das erinnernde Meditieren rekurriert allerdings zwangsläufig auch in diesem Falle auf eine ehemals glückliche Vereinigung, die sich damit erneut als systeminkompatibel erweist. Auch die visuell-sinnliche Wahrnehmung der geliebten Person, im petrarkistischen System in Form des *compiacimento della bellezza* gleichzeitig Auslöser wie Motor der fortbestehenden Liebe, Stimulans jener *affetti lieti*, die notwendig die Hoffnung auf eine Erfüllung des Liebesverlangens nähren, sind ihrerseits angelegentlich ihres erotischen Gehalts aus Gründen der Schicklichkeit nicht problemlos auf das andere Geschlecht übertragbar. Sowohl die Darstellung des Geliebten als auch die über ihn aktivierten Gefühlslagen haben sorgfältig abgewägt zu werden, die bei Petrarca noch omnipräsente, allerdings abstrakt-fragmentierte Körperlichkeit Lauras kann nicht übernommen werden (zumal kein etablierter Kanon der Schönheitsbeschreibung männlicher Körperlichkeit zur Imitation bereitsteht), die Thematisierung der (tugendvoll-keuschen) Innerlichkeit der Liebenden muß folglich noch größeres Gewicht erhalten. Die Aussparung respektive das lediglich reduziert eingebrachte *compiacimento della bellezza* bedingt nunmehr, unter Beibehaltung einer dominant antinomisch-paradoxalen Affektstruktur, eine kausale Umwertung jener systemkonstitutiven *affetti lieti*, die sich nicht mehr als Wahrnehmung oder Erinnerung der sinnlichen Erscheinung des Geliebten, sondern als abstrahiertes Glücksempfinden ob einer vergangenen oder zukünftigen Zusammenkunft manifestieren. Die Grundverfassung der verlassenen Liebenden ist folglich mit einer doppelten Funktion besetzt, die einerseits der normativen Absicherung der Autorin, zum anderen der textimmanenten Restitution solcher konnotativer Leerstellen innerhalb der Systemrelationen dient, die ursprünglich gerade durch normative Prämissen ob des Geschlechtes der Ich-Sprecherin entstanden sind. Der annähernd dem sozialen Geschlecht der Frau konforme Protagonistenwechsel von einem männlichen zu einem weiblichen Ich-Sprecher präsentiert sich so zwar als grundsätzlich systemmöglich, impliziert aber gleichzeitig Modifikationen von Systemkonstituenten, die über das prototypische Modell als systeminkompatibel zu verbuchen sind: der modellhafte petrarkistische Komplex läßt sich von einer normkonformen Autorin also lediglich partiell abbilden, findet sich aber zugleich um die soziale und damit eine dialogische Komponente angereichert, deren Akzentuierung ein beliebiger Spielraum offensteht - eine Ausgangssituation, die stets ein Überschreiten des prototypischen Systems bedingt. Nichtsdestotrotz finden sich im 16.Jahrhundert zahlreiche Autorinnen, die unter Vernachlässigung der Passivitäts- und Keuschheitsnorm sowie des Eheprimats Liebes-Geschichten respektive Konstellationen textualisieren, innerhalb derer die Ich-Sprecherin durchaus eine männlich-aktive Position einnimmt, zuweilen Konstellationen, die auch die genuin kontemplative Struktur der Distanz weit hinter sich lassen.

Die Aneigung der Subjektrolle durch die Frau, die Aneignung der Sprechinstanz und damit der Sprache, des Sprechens im öffentlichen Raum, über das Medium des gedruckten, öffentlich zugänglichen Buches, unterliegt einer polyformen Problemkonstellation. Auf allen Ebenen Objekt der Diskurse, versetzt sich die Autorin in einen Raum, der nach den Maßgaben des Dispositivs Frau vorgängig systematisiert ist, einer Ordnung unterliegt, deren Strukturen sich einer "Umwertung" entziehen: als normativ objekthaft diskursivierte Andere, als subordinierte, devalorisierte und funktionalisierte Frau partizipiert die Autorin als Andere am Diskurs der Selben, an einem Sprechmuster, welches gerade die Subordination, die Devalorisierung wie die Funktionalisierung transportiert, beschreibt und denotiert - eine Sprachordnung, die scheinbar nur die mimetische Übernahme gestattet, eine Mimesis der festgelegten Perspektiven, Dimensionen, Strukturen, Schemata und Konnotationen. Auch der nunmehr geöffnete Liebes-Diskurs präsentiert sich als vorgängig kodifiziertes System, ein männliche kodifiziertes System, welches der "Subjektwerdung" enge Grenzen setzt, Rollenmuster vorgibt, den Ablauf, die möglichen Situationen festlegt, die männlich geprägte affektische Struktur, Bilder (Frauenbilder, Männerbilder) und Vokabular normiert. Ebensowenig, wie innerhalb der Diskurse ein weiblicher Wille, weibliches Begehren, weibliche Bedürfnisse abseits der vorgegebenen, vermittelten, zugeordneten Bildlichkeit und Metaphorik existent sind, abseits des Dispositivs Frau, ebensowenig stellt die Struktur der Sprache, die Ordnung der Konstellationen abseits der männlich organisierten und kodifizierten Repräsentation *andere* Ausdrucksmittel zur Verfügung. Maßgabe ist die Reproduktion, die Rekombination, die variierende Emphase, die Wiederholung, nicht als "natürlicher" männlicher, sondern als "anderer" weiblicher Sprecher. Die formale Subjektrolle der Sprecherin präsupponiert solcherart stets in einer ersten Instanz die Reproduktion des Objekthaften, der Passivität, der Subordination, sofern nicht die männliche Sprechhaltung imitiert wird, sofern der Erwartungshaltung, dem sozialen Geschlecht entsprochen wird. Die Ordnung der Sprache ist restriktiv, eine Modulation der Perspektive in einer zweiten Instanz lediglich über ein Maß an Analyse und Selbst-Konturierung denkbar, wie sie die primäre Imitation eines normierten Systems, etwa des petrarkistischen Systems und seiner Regeln, notwendig ausschließt: authentisch versprachlichte "Weiblichkeit" ist damit inexistent, die subjektive textuelle Manifestation lediglich Reflex der Diskurse, mehr oder minder konforme Spiegelung. In diesem Sinne referieren Texte von Autorinnen keineswegs "weibliche" Befindlichkeit, präsentieren sich diese Texte vielmehr als Adaptionen vorgegebener Muster, als diskursive Assimilationen, die sich lediglich durch partielle formale Modifikationen, die subordinierte Perspektive beispielsweise, aufgrund der Prämissen des sozialen Geschlechts der Frau spezifizieren lassen: nicht aber über ein *anderes* Sprechen, die Sprache selbst schließt dies aus, verlängert stumm das weibliche Schweigegebot, die normative Inexistenz eigenständiger weiblicher Befindlichkeit, spart eine solche aus - sofern ein derartiger Komplex überhaupt denkbar ist (mit Wittgenstein jedenfalls nicht - könnte auch die Frau sich nur als Objekt denken, be-sprechen, um im Nichtsprachlichen weiter zu schweigen). Und um mit Luce Irigaray zu sprechen, allgemeiner:

Die Frau hat weder einen Blick noch einen Diskurs für ihre spezifische Spiegelung, die es ihr erlauben würde, sich sowohl mit sich selbst (als Selbst) zu identifizieren - zu sich zurückzukehren - wie auch sich freizumachen von ihrer unmittelbaren Einbindung in einen natürlichen Spiegelungsprozeß, also aus sich selbst herauszutreten. Die Frau hat daher in dem Werden der GESCHICHTE keinen Ort, an dem sie handeln kann, denn sie ist niemals etwas anderes als die noch undifferenzierte Undurchdringlichkeit der sinnlichen Materie gewesen, Reserve- (der) Substanz für die Erhebung des Selbst oder für das Sein, wie es (und also auch er) hier und jetzt ist: Verdoppelung eines im Aussagevorgang gegenwärtigen, das es aber, auf dem Wege zum Allgemeinen, schon nicht mehr ist, das nicht mehr gegenwärtig ist, wenn sie dort in jene *Quasi-Subjektivität* eintritt, die die ihre sein soll, die sie sich jedoch nicht als Selbstbewußtsein aneignen kann. Für sie ist ich niemals gleich ich, wird es niemals sein; sie ist nur jenes einzelne Wollen, das der Herr sich aneignet, jener widerständige Rest einer Körperlichkeit, die noch sensibel ist gegenüber seiner Leidenschaft nach dem ihm Gleichen; oder sie ist, wiederum auf andere Weise, seine nach innen gewendete Seite. Und weil sie dies ist, macht sie den Aussageprozeß des Diskurses der GESCHICHTE nicht durch, sondern bleibt der weibliche Knecht, ohne eigenes Selbst. Und da sie die Anschauung ihres wirklichen Selbst - ihres Ichs - nur durch einen anderen hat, ein Du, das spricht und Er ist, bleibt sie jener Diskursivität ebenso fremd wie ihrem Herrn. Ihr eigenes Wollen löst sich auf in der Furcht, die sie vor diesem ihrem Herrn verspürt hat, in der inneren Wahrnehmung der eigenen Negativität. Und ihre Arbeit im Dienst eines anderen, dieses Anderen, macht die Unwirklichkeit eines Begehrens aus, das für sie spezifisch wäre. 28

Die ge-bildete und be-bilderte Frau, die im 16.Jahrhundert zur Feder greift und Texte produziert, konstituiert nichtsdestotrotz zumindest formal sich "selbst" als Subjekt der Rede, auch wenn dies in mimetischer Übernahme vorgeprägter Sprechmuster vollzogen wird - eingebettet in ständische Konventionen, die selbiges von einer gebildeten Frau der Elite immer expliziter erwarten, als Rolle gleichsam in einem vorgängig formierten Modell, als rasch ökonomisiertes Kulturprodukt, was jedenfalls die Situation in Italien betrifft. Zur gleichen Zeit, seit den Dreißiger Jahren, beginnen Frauen auch in Frankreich literarische Texte zu produzieren, eingebunden in eine differente literarische Tradition, die über die kulturelle Rezeption italienischer Konventionen sich gerade erst der italienischen "Mode" öffnet. Auch in Deutschland erstellen einige wenige Frauen Texte, die ihrerseits auf einer gänzlich differenten Ermöglichungsbedingung basieren, in die vielschichtige Dynamik der Reformation eingebunden sind. Subjekte einer Rede machen sich bemerkbar, von denen einige die Freiheit des Sprechens in eigener Sache funktionalisieren, manifeste *Sozial*kritik betreiben, weibliche Zweiteilung zwischen Subjekt- und Objekthaftigkeit durchaus reflektieren - Aspekte der Stellung der Frau in der Gesellschaft, Aspekte des sozialen Geschlechts der Frau, der lebensweltlichen Subordination, der Geschlechterhierarchie, zuweilen auch explizit die Diskursmechanismen zum Thema Frau thematisieren: als Beschreibung der Realitäten und Mechanismen, als Reproduktion "frauenfreundlicher" Diskurse im Kontext der Debatte zur "Frauenfrage", selten als Forderung nach sozialer Veränderung, als Forderung nach Modifikation der Normen des sozialen Geschlechts, niemals als umfassender Entwurf. Auch in der Perspektivierung sozialer Realität ist der Reflex Prämisse, die dipolare Perspektivierung vorgeprägter Kriterien, die diametrale Stellungnahme, zumeist eingebunden in einen kanonisierten literarischen Rahmen - nichtsdestotrotz aber als wenn auch seltene Forderung nach Veränderung, als Forderung nach Achtung und Rechten artikuliert. Das sprechende weibliche Selbst gewinnt schnell partielle Eigenständigkeit, wird zum assimilierten "vernünftigen" Individuum, das sich selbst verortet - sich dabei aber stets nur dipolar verorten kann, in Relation zum Mann und dessen Regeln, in Relation zum sozialen Geschlecht der Frau, vor einem Spiegel, der nichts als die unendliche Wiederholung der Diskurse zurückwirft. Der folgende Überblick über Autorinnen und Texte im Italien (weil kulturelles "Epizentrum" der Alten Welt), Frankreich (weil kulturell eng mit Italien vernetzt und zugleich stark in einer eigenen Tradition wurzelnd) und Deutschland (als gleichsam "außenstehendes" Vergleichsparameter) des 16.Jahrhunderts ist weder vollständig noch repräsentativ, wenn auch um eine möglichst umfassende Präsentation bemüht. Die Wahl der Perspektive, die Annäherung anhand des petrarkistischen Systems, erscheint dabei über eine Vielzahl von Faktoren plausibel und sinnvoll: zum einen über die feste Verankerung der petrarkistischen Liebesdichtung innerhalb der höfischen Konventionen Italiens, die schließlich vermittels des *Cortegiano* respektive des kulturellen Austausches europaweite Verbreitung finden, insbesondere in die sich konstituierende höfische Gesellschaft des französischen Absolutismus Eingang finden werden und solcherart über die literarische eine historische Kontinuität gegeben ist. Weil desweiteren Liebesdichtung über die Ermöglichungsbedingungen der höfischen Konventionen hinaus zumindest in Italien bevorzugtes Feld weiblicher Textproduktion ist, zum anderen anhand des Systemcharakters der petrarkistischen Dichtung selbst Abweichungen, Ausweitungen, Assimilationen, Funktionalisierungen, Modifikationen unterschiedlichster Art in inhaltlicher wie formaler Hinsicht, insbesondere auch bezüglich einer weiblichen Sprecherrolle, festgemacht werden können. Weil Vergleiche und Kontrastierungen mit anderen Genres erleichtert, die "Eigenständigkeit" unterschiedlicher Entwürfe unter Umständen genauer perspektiviert werden kann. Weil der Eintritt der Frau in die Diskurse gleichsam Differenz inszeniert: im Raum der Liebe, der laut System ein Raum der Selbsterkenntnis jenseits der (irdischen) Liebe ist, eines Selbst, welches den Anderen übersteigt, eines männlichen Selbst, welches jenen Raum kolonisiert und der Ordnung des Selbst, der Selben unterstellt. Während die Frau nicht kolonisieren kann, weil sie als Objekt, als Andere diesem Raum bereits integriert ist, lediglich eine Spiegelung dieser Objekthaftigkeit möglich ist: weshalb für die subjektive Objekt-Frau der soziale Raum primäres Referenzraster bleiben muß, weil sie weder sich selbst noch den Anderen übersteigen kann - außer in der mystischen Vereinigung mit Gott, im ultimativen Raum der Liebe, aus dem der Andere ausgegrenzt ist, die Unmittelbarkeit die Distanz aufhebt, die Hierarchie, das soziale Geschlecht.

Abseits der spezifischen kulturellen Erwartungshaltung bestimmter höfischer oder urbanpatrizischer Kreise in Italien, zuweilen auch in Frankreich, verletzt die Autorin nichtsdestotrotz unmißverständlich eine zentrale Norm, wie sie die Rezeption außerhalb der geneigten Kreise bestimmt: jene *Keuschheitsnorm* nämlich, die in den Erziehungs- und Verhaltensschriften (ganz abgesehen vom dort gewöhnlich verbreiteten Verbot, weltliche Literatur, im besonderen aber Liebesdichtung überhaupt als Lektüre heranzuziehen) unmittelbar mit dem weiblichen *Schweigegebot* gekoppelt ist[29], explizit weibliches Sprechen und wie auch immer unzüchtiges Handeln korreliert; den weiblichen Sprechakt zur subversiven Handlung erklärt, zu einer Verletzung der Subordinationspflicht sowie einer solchen der Tugendnorm, die unmittelbar mit der männlichen Ehre vernetzt ist.

Texte von Autorinnen lassen sich dergestalt in erster Linie zu ungehörigen Manifestationen der Unzucht und des Ungehorsams fügen - so stets der Tenor der männlich-maßregelnden Kritik, die Humanistinnen des 15.Jahrhunderts haben diesen Prozeß bereits durchlaufen[30] - machen den weiblichen Sprechakt an den sexualisierten Körper der Frau rückbindbar: lassen über die öffentliche Infragestellung der sexuellen Integrität (die bereits durch das öffentliche Sprechen *über* eine Frau, auch dies kanonisierte Signatur der mangelnden Tugendhaftigkeit der *Frau*, die prinzipiell *unsichtbar* und *unhörbar* zu sein hat, abwesend aus dem öffentlichen Raum, abseitig-privates Medium der Reproduktion, durch den Akt der tugendüberwachenden Kritik selbst also bereits unwiderruflich in Frage gestellt ist) neuerlich Schweigen als soziale Sanktion einfordern. Das Keuschheitsgebot in seiner Funktion als Passivitäts-, Subordinations-, Willensentzugs- und Schweigegebot wird restituiert, autonomes weibliches Handeln diffamiert, bestraft und in nicht wenigen Fällen werden Autorinnen, die über ihre Herkunft respektive ihre ständische Umgebung nicht ausreichend geschützt sind, tatsächlich ins Schweigen zurückgeholt - in die passive Körperlichkeit, welche die Frau verborgen zu repräsentieren hat.

b. *Die Entwicklung in Italien*

Der Eintritt der Frau in den literarischen Diskurs vollzieht sich in Italien mit dem ausgehenden 15.Jahrhundert: in Florenz finden sich in diesem Zeitraum zwei Autorinnen, deren Umfeld bereits aussagekräftige Hinweise auf jene Kriterien zu geben vermag, die wenigstens in der ersten Hälfte des 16.Jahrhunderts weitgehend den Zugang zum literarischen Diskurs, zur Textproduktion, schließlich zur Veröffentlichung der literarischen Produkte von Frauen bestimmen. Lucrezia Tornabuoni ist Ehefrau Piero di Cosimo de' Medicis, einem elitären höfischen und platonisch durchdrungenen Kontext zugehörig, Antonia Pulci mit dem Dichter Bernardo Pulci verehelicht[1] - damit einem Literatenambiente verbunden, dessen gleichfalls mehr und mehr ritualisierte Konventionen, die im 16.Jahrhundert schließlich die Gründung literarischer Akademien nach sich ziehen werden, das stilisiert-kommunikative Element in sich tragen, ähnlich den höfischen *ragionamenti d'amore* die systemtragende Scheinkommunikation mit der explizit einbezogenen Frau/Autorin pflegen lassen. Beider "Werke", auch dies ein aussageträchtiges Moment, sind religiösen Inhalts, einem Paradigma verpflichtet, das, als den Tugendanforderungen an die Frau gemäß gesetzt, eigenmächtige Elaborate zumindest in ein versöhnlicheres Licht zu rücken vermag, als die Instrumentalisierung anderer Genera dies vermöchte. Erstere dichtete religiöse Hymnen (*laudi*), letztere religiöse Aufführungswerke (*sacre rappresentazioni*), dramatisch ausgestaltete Heiligenviten, die im 16.Jahrhundert mehrfach aufgelegt werden[2]. Bereits in der ersten Hälfte des 15.Jahrhunderts hatten jedoch einige Töchter aus humanistisch inspiriertem Hause begonnen, sich über öffentlich gemachte Manifestationen ihres Wissens hervorzutun[3] - Töchter von Vätern, welche den humanistischen Impetus auf die Erziehung der Kinder übertragen und dabei die Töchter nicht ausgespart hatten, einen "Traditionsstrang" begründend, der sich bis ins 16.Jahrhundert ziehen wird. Allesamt über ihre Herkunft der adeligen respektive der bürgerlich-humanistischen Elite zugehörig und hierüber dem aufkeimenden Phänomen jener Bildungspflege einverleibt, die sich zum vorgängig bürgerlich-intellektuellen, schließlich ständischen Ehrgeiz der Selbstdarstellung entwickelt, als Leistungswissen zu einer Komponente der Etablierung im sozial immer beweglicheren Gefüge zugerichtet wird, bilden die "gelehrten" Frauen regelrechte Familiendynastien: wird weibliche Bildung zur familiären Tradition gewendet, zum Ausweis eines neu definierten "Reichtums", der Kulturelles im weitesten Sinne, Kunst und Wissen stetig höher veranschlagen läßt: Costanza Varano Sforza und Cecilia Gonzaga als Enkelinnen Battista Montefeltro Malatestas, schließlich die Urenkelin, die bereits petrarkistisch dichtende Vittoria Colonna, fügen sich zu einem Exempel solch familiengebundener Frauenbildung; ein weiteres findet sich in Angela Nogarola und ihre Nichten Isotta und Ginevra Nogarola, endlich der Petrarkistin und Enkeltochter Veronica Gambara in dritter Generation. Vittoria Colonna (1490-1547)[4] - um mit einer ob ihrer Herkunft, dem persönlichen Umfeld (die Dame kannte Michelangelo) und dem keuschen Inhalt ihrer Werke bevorzugt tradierten Gestalt, der auch Burckhardt entsprechend huldigt, zu beginnen - entstammt einem der ältesten und traditionsreichsten römischen Adelsgeschlechter. Sie wird im Jahre 1509 mit Ferrante Francesco d'Avalos, marchese de Pescara, verheiratet, welcher, im Dienste Karls V. stehend, als Mitglied des spanisch-habsburgischen Herrschaftsgefüges den politischen Ambitionen der Familie Colonna Einfluß verschaffen soll. Nach seinem Tode im Jahre 1525, die Ehe war kinderlos geblieben, führt Vittoria Colonna die diplomatischen Geschäfte ihres verstorbenen Mannes ebenso wie diejenigen ihrer Familie fort, unterbrochen von zahlreichen Rückzügen in die klösterliche Einsamkeit, die ihr gestatten, ihren literarischen Ambitionen nachzugehen. Die Ich-Sprecherin ihrer petrarkistisch geprägten Liebesdichtung ist als verlassene Ehefrau gekennzeichnet, die ihren verstorbenen Gatten besingt, von der Literaturkritik umgehend und entgegen der Regeln des petrarkistischen Systems, zum authentischen Bekenntnisakt gewendet - eine langlebige Tradition in der Rezeptionsgeschichte weiblicher Dichtung. Francesco Flora beispielsweise spricht von einem "monumento funebre al marito"[5], eine Charakterisierung, die, abgesehen von der zutreffenden inhaltlichen Kennzeichnung - Colonnas Dichten ist im Topos weiblicher Bescheidenheit inspiriert von panegyrischer Stilisierung des Liebes-"Objektes" (welches hierüber dem Objektstatus enthoben wird) - zugleich einem weiteren Zug der Rezeption entspricht: die das Schwergewicht keineswegs auf die innere Erkenntnissuche des vernünftigen Liebenden, wie im Falle männlicher Dichtung, zu legen gewillt ist, vielmehr den von einer Ich-Sprecherin geliebten Mann (respektive die Männer) zu einem zentralen Paradigma der inhaltlichen Beurteilung erhebt (und damit immanent die moralische Integrität der Ich-Sprecherin, die mit der Autorin gleichgesetz wird, auf den Prüfstand stellt); einem Werk, so Flora weiter, dessen Verse "son dignitosi e un po' freddi come si addice a donna di alti natali e di fama illustre"[6]: ein mittelbarer Verweis auf die zeitgenössischen Anforderungen an weibliches Dichten, den Anforderungen nämlich des sozialen Geschlechts und darüber hinaus der ständischen Reputation assimilativ Genüge zu tun. Vittoria Colonna ist lebensweltlich fest eingebunden in ein mit strengen Konventionen durchzogenes aristokratisches Ambiente, welches sich den im *Cortegiano* kodifizierten Normen verpflichtet weiß - Castiglione hatte ihr seinerzeit die endgültige Fassung des *Cortegiano* vor der Publikation zur Beurteilung übermittelt, Vittoria Colonna äußerte Gefallen am dritten Buch, enthielt sich jedoch, der weiblichen Norm gemäß (nämlich als Spiegel zu reflektieren, weibliches Dekor im Spiel der männlichen Selbstdarstellung zu sein), jeder Kritik ("determino tacere", im Brief v. 20.9.1524[7]). Sie ist als Aristokratin höchsten Ranges mit bestmöglichen Referenzen geschmückt, verweigert, gleichsam als Inkarnation der weiblichen Passivität, Bescheidenheit, Selbstzurücknahme und Demut, zeitlebens den Autorenstatus - von den zahlreichen zu ihren Lebzeiten edierten Ausgaben der *Rime* ist nicht eine von Vottoria Colonna autorisiert, lediglich drei "Sammlungen" gelangen durch ihre Hand an Außenstehende, an Marguerite de Navarre, Francesco della Torre und Michelangelo[8]. Ihr Lebenswandel ist leuchtendes Vorbild, von erlesener Bildung, das gesellschaftliche Rollenbild exakt internalisiert, wird sie zur idealen Autorin, von den Zeitgenossen gefeiert, von Burckhardt schließlich in den Himmel gehoben: "Die berühmteste Dame von Italien, Vittoria Colonna, war vollends eine Heilige"[9]. Die makellose Erfüllung der Pflichten des sozialen Geschlechts, der gesellschaftlichen Idealvorstellung, die moralische Unantastbarkeit, ist im Falle einer Autorin über die Jahrhunderte primärer Maßstab der literarischen Wertigkeit, welche ihrerseits, über das Primat des biographischen Voyeurismus und der moralisierenden Urteilslust, sekundäre Bedeutung zuerkannt erhält. Vittoria Colonnas *Rime*, welche die Normen des sozialen Geschlechts, fusioniert mit den ständisch-höfischen Konventionen, "vorbildlich" reproduzierend assimilativ der orthodoxen Handhabung stilistisch-thematischer petrarkischer Vorgaben eingliedern - ein so kunstvoller wie starrer Akt des Jonglierens mit moralischen wie literarischen Vorgaben - werden zum in der Rezeption umgehend hochgelobten Ideal weiblicher Dichtung, das, über die Identifikation von Autorin und Werk per se "geadelt", zum unerreichbaren Maßstab alles Kommenden stilisiert wird. Die untadelige Fama erhält von Burckhardt folgende Gestalt:

Vittoria Colonna kann sogar unsterblich heißen. Wenn irgend etwas unsere obige Behauptung beweist, so ist es diese Frauenpoesie mit ihrem völlig männlichen Ton. Liebessonette wie religiöse Gedichte zeigen eine so entschiedene, präzise Fassung, sind von dem zarten Halbdunkel der Schwärmerei und von allem Dilettantischen, was sonst der weiblichen Dichtung anhängt, so weit entfernt, daß man sie durchaus für die Arbeiten eines Mannes halten würde, wenn nicht Namen, Nachrichten und bestimmte äußere Andeutungen das Gegenteil besagten. 10

Weil die Autorin scheinbar *wie ein Mann* dichtet, kann sie unsterblich heißen, sie dichtet wie ein Mann, weil weder Dilettantismus noch Schwärmerei für Burckhardt zu erkennen sind - seiner Charakterisierung für sonstige Dichtung von Frauen, die im 16.Jahrhundert bereits zur Etikettierung, zur proklamierten (und oftmals berechtigten, da self-fullfilling-prophecy) Erwartungshaltung, zum zugleich devalorisierenden Moment der Textkritik erhoben wird: Dilettantismus im Text nämlich als genuinen (über die mangelnden mentalen Fähigkeiten notwendigen) Ausweis von Weiblichkeit zu begreifen - weil, so Burckhardt, die Dichtung *präzise*, damit vernunftnah sich gibt. Womit er beispielsweise Tasso[11] das Wort redet, der Prämisse herrschaftlicher Geburt die Valenz entnimmt, das Fehlen des dem sozialen Geschlecht attribuierten affektiven Primats dem rinascimentalen Kanon kongenial mit der Enthebung der Autorin aus dem Sektor des Weiblichen und

Minderwertigen belohnt - ein Verfahren, welches dem Modus der Rezeption und Literarisierung weiblicher Biographien seit Boccaccio innewohnt: "Außerordentlichkeit" einer Frau läßt sich entweder auf einen Fehler der Natur zurückführen, einen gleichsam männlichen Geist (respektive ein männliches Tugendvermögen) nämlich offensichtlich fälschlicherweise in einen weiblichen Körper verbracht zu haben, oder aber - bei Vittoria Colonna finden beide Komponenten zumindest partiell zusammen - die dem weiblichen Geschlecht zugemessenen normativen Formen eben *weiblicher* Tugendhaftigkeit auf eine überweiblich-ideale - nachgerade "heilige" - Weise zu verkörpern.

Vittoria Colonnas Dichtungen lassen sich in drei Schaffensperioden unterteilen: während bis 1538 vornehmlich Liebesdichtung die inhaltliche Ausrichtung kennzeichnet, beginnt in den Jahren 1538-40 die Auseinandersetzung mit religiösen Themen, die nach 1540 das Schaffen dominieren[12]: dem entspricht die thematische Anordnung der Werkausgabe in *Rime amorose*, *Rime spirituali* und *Rime epistolari*[13]. Das Schwergewicht auf den religiösen Dichtungen, der chronologische Rückzug vom "öffentlichen", säkularen, sozialgeschlechtlich wie literarisch normierten Bereich der zwischengeschlechtlichen Liebe in jenen Raum der nurmehr rudimentär über soziale Maßgaben zensierbaren Liebe zu Gott, der benennbaren *Hingabe* - auch dies ein weiblich-passives Attribut - an ein Objekt, welches normativ kaum faßbar, unendlich perspektiviert sowie durch das Ich des Sprechers scheinbar individuell erfahrbar und beschreibbar ist, in seiner allgegenwärtigen Abwesenheit zum Spiegel der Selbsterfahrung abseits sozialer Kodierung gefügt wird, präsentiert sich als ein Ausweg aus den Zwängen des sozialen Geschlechts, den Autorinnen im Verlauf des Jahrhunderts in wachsender Zahl suchen werden. Das vermeintlich authentische Sprechen zu Gott im Gebet, die Substitution des petrarkistischen Geliebten durch einen Namen, der zwar religiöser Kodierung (und damit nichtsdestotrotz mittelbar über das Dispositiv Frau die Perspektive festlegend) unterworfen, als transzendenter Begriff aber der Rekonstruktion, dem Zugriff des individuellen Imaginären überantwortet ist, verleiht dem Ich der Sprecherin eine Schein-Autonomie im Sinne eines "gewünschten", eines notwendig zu formulierenden Begehrens, welches die Stelle eines sozial negierten, im Dispositiv Frau ideologisch funktionalisierten und gelenkten weiblichen Begehrens übernehmen kann; welches zum Medium einer Selbstmanifestation im Zeichen imaginierter Sensitivität erhoben wird - der "Manifestation" eines weiblichen Selbst, das sich neuerlich einer hierarchischen, der christlichen Glaubensordnung und deren Regeln einzufügen hat, einer Ordnung, in welcher die Rolle der Frau auf unterster hierarchischer Stufe festgeschrieben ist. Der unerfüllbaren Liebe des gesellschaftlichen Raumes, wie sie im Petrarkismus kodifiziert ist, wird die Inkarnation potentiell nicht endender Liebe, das Prinzip der Liebe per se entgegesetzt. Der petrarkistische Schmerz als notwendiges Komplement der prototypisch unerfüllten Liebe sowie die reale Außenwelt respektive ein rudimentär anzulegender sozialer Raum mit entsprechenden Regeln und Konventionen der zwischengeschlechtlichen Relation entfallen, der be-sprochene Raum ist der monologische eines Ichs, welches sich der Gegenliebe des Geliebten als Ursprung aller Liebe und allen Seins sicher sein kann. Ohne Restriktionen durch liebestheoretische, systemische Konventionen und scheinbar losgelöst von lebensweltlicher Normativität kann solcherart ein "weibliches" Affektpotential zur Ausgestaltung verbracht werden, welches per se als religiöses Sprechen sanktioniert, den sozialgeschlechtlichen Tugendnormen enthoben scheint, den Raum des Religiösen über die Gottesliebe perspektiviert - das Primat der Liebe bildet hier die Maßgabe - als Freiraum in Besitz nimmt, um die Beschränkungen des sozialen Raum zu überwinden (eine von Grund auf paradoxe Wendung, zumal ebenjenes Regelwerk des sozialen Raumes über biblische Theoreme und theologische Theorien legitimiert wird, ein neuerlicher Verweis auf die zirkulär-passive Struktur der oktroyierten weiblichen Befindlichkeit). Auch hier allerdings begrenzen ideologische Maximen die Beweglichkeit des Imaginären, die Regeln des Glaubensgebäudes normiert das liebende Begehren: Marguerite de Navarres *Miroir de l'âme pécheresse* (1531)[14] beispielsweise wird 1534 auf den Index gesetzt (Teresa de Avilas *Libro de su vida* [1580] widerfährt beinahe selbiges[15]), religiöse Normen lassen die ausführlich textualisierte Hingabe der Ich-Sprecherin zur Blasphemie erklären. Religiöse Texte von Frauen sind als eine Konstante weiblicher Schriftlichkeit im 16.Jahrhundert festzumachen, erfreuen sich im posttridentinischen Italien wachsender Beliebtheit, um, weitab von petrarkisierendem Denken, eine Rückkehr zum Wissensdiskurs zu vollziehen: gelehrte Exegese dominiert nunmehr auch die religiösen Texte von Frauen, fundiertes Wissen wird zum Ausweis einer intellektuellen Fertigkeit, die berechtigt, als Autorin auch in anderen Sparten tätig zu werden[16]. Petrarkistische Lyrik von Frauen findet sich zum Ende des Jahrhunderts, entsprechend einer allgemeinen Tendenz der manieristischen Ablösung vom rinascimentalen Klassizismus (im Bereich der Lyrik bembesker Prägung), immer seltener, Texte entstehen, die weitab des Rollenspiels petrarkistischer Liebe religiöse ebenso wie gesellschaftliche Themen perspektivieren. Das weibliche Sprechen hat sich von den Konventionen der *ragionamenti d'amore* gelöst, die normative Sprache der Liebe überwunden, das petrarkistische Korsett gesprengt und sich anderer Diskurse und Diskursformen bemächtigt.

Die *Rime amorose* Vittoria Colonnas allerdings bewegen sich in den Dreißiger Jahren noch dezidiert im Kanon des petrarkistischen Systems, wenngleich bereits das Einleitungsgedicht die Umwertung petrarkischer Vorgaben deutlich werden läßt: als Folge der Spezifik des weiblichen Ich-Sprechers wie der Normen des sozialen Geschlechts, der Ehefrauen-, Keuschheits- und Bescheidenheitstugend. V. Colonna fusioniert das Eheparadigma mit der außerehelichen petrarkistischen Liebe, auch dies eine paradoxale Wendung, deren Notwendigkeit sich ob der Normen des sozialen Geschlechts ergibt:

> Scrivo sol per sfogar l'interna doglia
> ch'al cor mandar le luci al mondo sole,
> e non per giunger lume al mio bel Sole,
> al chiaro spirto e a l'onorata spoglia. (1, 1-4)

Anders als Petrarca, dessen Eingangssonett auf den didaktischen Charakter der folgenden Liebes-Geschichte aus der Rückschau-Perspektive des Geläuterten abhebt[17], thematisiert V. Colonna im Schreibakt den präsentischen therapeutischen Wert (V.1), negiert gleichzeitig den Anspruch Petrarcas, über die bedichtete Liebe dem Dichterruhme zuzuarbeiten: Ruhm gebührt allein dem von ihr nur unzureichend Besungenen, dem verstorbenen

Ehemann - die privatime Norm der Ehefrau unterstreicht den Bescheidenheitsgestus zusätzlich - welcher in der Sonnensymbolik entsprechend konnotiert wird[18], die im Zeichen der Wortliebe stehende Laura-Symbolik ersetzend (V.2-4)[19]. Die Trauer wird zum panegyrischen Dienst am Verstorbenen gewendet, die Witwe arbeitet ihrer (Keuschheits- und Subordinations)Pflicht gemäß weiterhin an der Ehre ihres verstorbenen Gatten. Nicht die innere Verfaßtheit einer abgewiesenen Liebenden zwischen Schmerz und Freude wird thematisiert, vielmehr eine Affektdisposition der Trauer, die allein den sozialen Normen entsprechen kann:

> Giusta cagion a lamentar m'invoglia;
> ch'io scemi la sua gloria assai mi dole;
> per altra tromba e più sagge parole
> convien ch'a morte il gran nome si toglia. (V.5-8)

So unterstreicht sie denn auch die Unmittelbarkeit, die Authentizität des Trauergefühls, welche der Distanznahme Petrarcas "sul mio primo giovenil errore" (I, V.3) im Sinne der Witwenpflicht diametral entgegensteht:

> La pura fe', l'ardor, l'intensa pena
> mi scusi appo ciascun; ché 'l grave pianto
> è tal che tempo né ragion l'affrena. (V.9-11)

Ganz im Sinne der Erwartungen bleibt sie so den Maximen ihres Dichtens treu; nicht unangemessener Ehrgeiz, Streben nach Perfektion, eine männlich diskursivierte Grundhaltung, vielmehr die ihren Fähigkeiten gemäß dargestellte Größe ihres demütigen Schmerzes um den verstorbenen Ehemann werden zu ihrem zutiefst weiblich konnotierten Ruhme gereichen:

> Amaro lacrimar, non dolce canto,
> foschi sospiri e non voce serena,
> di stil no ma di duol mi danno vanto. (V.12-14)[20]

Der von Petrarca eingebrachte Bescheidenheitstopos wird mehr oder minder subtil variiert, rekurriert dabei allerdings primär auf die Maßgaben der sozialen Normen, der Konventionen des sozialen Geschlechts, denen der Status der Protagonistin als adelige Witwe unbedingt angebunden ist: stilisiert zur liebenden Gattin, die sich allein ihrem Ehemann verpflichtet fühlt. So ist es in der Folge die Erinnerung an den Verstorbenen, jene "bella tua memoria" (4, V.6), welche die Ich-Sprecherin dessen Taten besingen, den Lobpreis vollführen läßt. Die "forte tua vittrice mano" (5, V.2), "l'invitto tuo valor, via più ch'umano" (5, V.6), machen ihm, dem Soldaten, alles untertan: "Non fortuna d'altrui, né propria stella / virtù, celerità, forza ed ingegno / diero a l'imprese tue felice fine" (5, V.9-11). Auch der männliche Tugendkatalog ist prototypisch strukturiert, folgt den Kriterien des adeligen Kriegers und Höflings, wobei die Zuordnung des "ingegno", des Intellekts, zum männlichen Paradigma die Bescheidenheitsgeste der Autorin nachdrücklich und idealtypisch normkonform verabsolutiert. Der Besungene ist in den Versen lediglich über seine Taten, seine moralische wie seine soziale Wertigkeit präsent, das

Äquivalent zum petrarkistischen Preis der statisch-passiven Schönheit der Dame findet sich folglich im dynamischen Bild des martialischen Eroberers, der idealtypischen adeligen Männlichkeit traditioneller Couleur:

> l
> a spada, la virtù, l'invitto core
> fur i ministri tuoi la state e l'inverno. (6, V.3/4)
> [...]
> Viva gente, real animi alteri,
> larghi fiumi, erti monti, alme cittadi
> da l'ardir tuo fur debellate e vinte. (6, V.9-11)

Den irdischen Triumphen müssen unweigerlich ebensolche im Himmel folgen, Konsequenz der inkarnierten Tugendhaftigkeit auf Erden ("or godi in Ciel d'altri trïonfi veri"; 6, V.13), während die Zurückgebliebene gleichzeitig um jene verlorene Liebe trauert, die "così nobil fiamma" (7, V.1), eine keusche Liebe also, welche ihre Liebesfähigkeit für immer vereinnahmt hat: "né temo novo caldo, ché 'l vigore / del primo foco mio tutt'altri estinse" (7, V.3/4). Die Trauerarbeit wird über den Schreibakt abgeleistet ("Tento i gravi martir dogliosi e cari / narrar piangendo, e disfogarli in rima"; 51, V.5/6), die Autorintention ist somit als eine zugleich therapeutische gekennzeichnet, auch dies zum Äquivalent der petrarkistischen Reifung gewendet, der prätendierten Überwindung des "primo giovenil errore" assimiliert, allerdings zutiefst weiblich-demütig markiert. Die mit den "martir dogliosi e cari" eingebrachte Rekurs auf die *dolendi voluptas* hat im Gesamtbild der *Rime amorose* lediglich punktuellen Zitatcharakter, die dominierenden *affetti dogliosi* finden kaum Ausgleich durch prototypische *affetti lieti*, der Kreislauf zwischen Schmerz und Hoffnung hat nicht statt. Die Erinnerung gilt einem Toten, wird zum Lobpreis des Geliebten, darüber zur Therapie der trauernden Ich-Sprecherin funktionalisiert; Hoffnung auf eine Fortsetzung dieser Liebe ist irrelevant, vielmehr ist die Beibehaltung der Liebe im Andenken inbegriffen, konstituiert die Basis des Schreibaktes. Die zugrundeliegende affektische Struktur manifestiert sich nicht als Oszillation zwischen Schmerz der Enttäuschung und Hoffnung auf Erfüllung der Liebe, sondern als eine solche zwischen erfüllter Liebe und Schmerz ob des verlorenen Geliebten, der prototypischen petrarkistischen Grundverfassung diametral entgegengesetzt. So unterliegt den *Rime amorose* auch keine retrospektiv motivierte rudimentäre Geschichte, vielmehr präsentiert sich die Sammlung als serialisierte Variation des Schmerzthemas aus einer präsentischen Verfaßtheit heraus, welche Erinnertes mit einer sekundären Funktion belegt. Bei V. Colonna entfällt die im prototypisch petrarkistischen Einleitungssonett eingebrachte Instanz des Herausgebers, damit die Markierung der Transparenz der poetischen Stilisierung der Liebeserfahrung, ersetzt durch die Insistenz auf authentischer Gleichzeitigkeit von Schreibakt und Erleben: das Motiv der transparenten Stilisierung wird vielmehr auf die Darstellung des Verstorbenen übertragen, vom Subjekt also auf das Objekt, damit weiterhin dem männlichen Paradigma zugeordnet. Auch in dieser Zurücknahme der Gewichtigkeit des Subjektiven zugunsten eines übergeordneten männlichen Objekts des Diskurses entspricht V. Colonna in idealer Weise sozialen Normen, zumal in Ermangelung einer wenigstens rudimentären Geschichte sowie über die Akzentuierung der Gleichzeitigkeit ein sichtlicher Erkenntnisakt ausgeschlossen ist, die textualisierte Situation eine statische, eine passive ist, der jedes intellektuelle oder tugendhafte Fortschreiten fehlt: die Aktivität des Schreibaktes wird über die inhaltliche Passivität relativiert.

Mit den *Rime spirituali* schließlich erfolgt ein Sprung im Selbstverständnis der Ich-Sprecherin: die Abkehr vom Verstorbenen inszenierend, stilisiert zum keuschen Übergang von der irdischen zur Gottesliebe - dies wiederum ein prototypischer petrarkistischer Topos - eine Gottesliebe, die endlich Linderung und Heilung zu verschaffen vermochte, beginnt die Protagonistin das zu tun, was ihr in den *Rime amorose* versagt war, nämlich *zu schreiben nur noch für sich*:

> Poi che 'l mio casto amor gran tempo tenne
> l'alma di fama accesa, ed ella un angue
> in sen nudrio, per cui dolente or langue
> volta al Signor, onde il rimedio venne,
> i santi chiodi omai sieno mie penne,
> e puro inchiostro il prezioso sangue,
> vergata carta il sacro corpo exsangue,
> sì ch'io scrivo per me quel ch'Ei sostenne. (1, V.1-8)

Aber auch dieses "Schreiben für sich" findet sich gleichzeitig relativiert, nicht die eigenen Leiden, sondern die Leiden Gottes sollen Inhalt des Schreibaktes sein - die eigene Subjektivität ist neuerlich beinahe vollständig zurückgenommen, die Inspiration der göttlichen Kraft übertragen, die Ich-Sprecherin zum Medium funktionalisiert: vom "mio basso intelletto" (2, V.6) ist nun die Rede, von "mia rozza incolta rima" (4, V.4), der normativen weiblichen Minderwertigkeit im mental-kreativen Sektor, die sich als weibliche Unwissenheit dem hehren und damit potentiell unangemessenen Gebiet des göttlichen Lobpreises zuwendet. Die Ich-Sprecherin, das passive Medium, überantwortet sich folglich ganz dem "alto Signor" (2, V.1), welcher ihre Sprache lenken wird, jene Verse, die ihm zur Ehre gereichen - jede Eigenständigkeit, jede produktive Potenz wird negiert, die Verantwortung wird übertragen, das Medium ist vollstandig dem weiblichen Paradigma der Passivität wie der Reproduktion subsumiert:

> Parrà forse ad alcun che non ben sano
> sia il mio parlar di quelle eterne cose
> tanto a l'occhio mortal lontane, ascose,
> che non sovra l'ingegno e corso umano. (3, V.1-4)
> [...]
> Lui, che sol il può far, prego che mandi
> virtù che scioglia e spezzi i duri nodi
> a la mia lingua, onde Li renda onore. (3, V.12-14)

Der monologisch ausgesteuerte Dialog mit Gott, der geliebt wird und der wiederliebt, wird schließlich zur Flucht aus dem irdischen, dem sozialen Raum gewendet, der Welt des Scheins und der Sünde ("saprò in tutto fuggir dal falso mondo"; 2, V.14), zur Flucht in die Wahrhaftigkeit sowie die unmittelbare Anerkennung - denn Gott liegt am Inneren des Menschen, nicht an der Form des Gebets, der Einhaltung der Konventionen: "Interrotto dal duol, dal pianger fioco, / esser de' il canto vèr Colui ch'ascolta / dal Ciel, e al cor non a lo stil risguarda" (179, V.12-14). Der Verzicht auf das sinnliche Moment, eine vor allem in den *Rime amorose* nur sehr reduziert eingebrachte Innerlichkeit, souveräne Handhabung petrarkistischer Stilistik, Metaphorik und Thematik, die nahezu perfekte Erfüllung eines weiblichen Rollenbildes, das mit der Wendung ins Religiöse idealtypisch normkonformen Zuschnitt erhält, dabei zudem das Ende einer prototypisch petrarkistischen Liebes-Geschichte in Form moralischer Reifung nachbildet und ausdehnt, macht Vittoria Colonna - ebenso wie die gleichzeitig und gleichartig ihr nachdichtende, ebenfalls adelige Veronica Gambara (1485-1550)[21] - zur "Integrationsfigur" zukünftigen Dichtens von Frauen - ein Paradigma initialisierend, welches in der Folge zur doppelt markierten Maßgabe gerät: nicht allein Gallionsfigur männlicher Kritik, sondern zugleich Initiantin weiblichen Sprechens zu sein. Die Korrelation von normativ-prototypischer Weiblichkeit und öffentlichem Sprechakt, des weiblichen Sprechens über Liebe als literarischer Produktion, von V. Colonna, der Hochadeligen, zur akzeptanzfähigen Synthese verbracht, läßt für andere Frauen die Grenze zwischen Ambition und Verbot herabsinken: wird zum Katalysator einer möglichen Ausdrucksform jenseits des normativen Schweigens, einer zugleich kreativ wie reproduktiv strukturierten Textualisierung, die nicht mehr als schwerwiegende Normverletzung verbucht wird, vielmehr, bei Berücksichtigung elementarer Bestandteile des sozialen Geschlechts, gar Applaus zu erzeugen vermag[22].

Noch Chiara Matraini (1514-1600)[23] rekurriert in ihren *Rime e prose* (1555) vornehmlich in stilistischer Hinsicht auf Vittoria Colonna[24], explizitert unter anderem in der Übernahme der Sonnensymbolik für den Geliebten. Die starke Petrarca-Orthodoxie in Form des bembesken *imitatio*-Postulats schlägt sich bei ihr darüberhinaus im thematischen Aufbau nieder: Witwe wie Vittoria Colonna, allerdings bereits der bürgerlichen Schicht entstammend, bedichtet sie einen Geliebten, der nicht mit dem Ehemann identisch ist, insofern dem Postulat der petrarkistischen Liebe als einer genuin außerehelichen entspricht, den sozialen Konventionen wie dem von V. Colonna gefügten Ideal weiblichen Dichtens allerdings erheblich kontrastiert. Analog zu Petrarca gestaltet sich die Liebesgeschichte von Chiara Matrainis Ich-Sprecherin nach dem *in vita*- und *in morte*-Verfahren, der Geliebte wird im Verlauf der *Rime*, eine im petrarkistischen Rahmen unerwartete Wendung, ermordet. Der Bereich der Innerlichkeit der Sprecherinstanz findet zu seiner prototypischen petrarkistischen Dominanz zurück, die Darstellung des Geliebten rückt wieder in den Hintergrund, beschränkt sich auf Verweise, welche die tugendhafte Verfaßtheit des Diskurs-Objektes, des Mannes benennen, nicht jedoch vom panegyrischen Duktus der Colonna getragen sind. Chiara Matraini setzt das inhaltliche Gewicht weit mehr auf petrarkistische Systemkonformität als auf die Normen der sozialen Konventionen, die literarische Fiktion, die prototypische inhaltliche, rhetorische und stilistische Ausgestaltung innerhalb des Systems rückt ins Zentrum; die Referenzen an das soziale Geschlecht der Sprecherin hingegen werden zur Systemkompatibilität hin überschritten, ihres normativen Primates für die Autorin zu Teilen enthoben. Die *affetti dogliosi* rekurrieren wie bei V. Colonna auf das durch Tod verlustig gegangene Objekt des Begehrens, ein Begehren jedoch, welches sich in Form der auf eine glückliche Liebe ausgesteuerten *affetti lieti*, die sich weitaus präsenter als noch bei V. Colonna zeigen, als ein erfülltes ausweist, womit in diesem Falle petrarkistische Konventionen gebrochen werden. Chiara Matraini spricht von gegenseitiger und gleicher Liebe, der petrarkistischen Affektdivergenz von Subjekt und Objekt zutiefst konträr: "Tu pur m'amasti, e di virtute ardente / fu qui 'l tuo amore, al mio pur sempre uguale"[25]. Die außereheliche und zugleich erfüllte Liebe, eine im Rahmen des sozialen Normenkomplexes damit zutiefst despektierliche, wenn nicht ehebrecherische Verbindung, wird als von Gott gegeben eingeführt. Die göttliche Instanz fungiert solcherart nicht als Bezugspunkt moralischer Läuterung eines Erkenntnisweges, vielmehr als Legitimierungsinstanz der Liebe selbst, als die sozialen Normen eliminierendes Moment: "Così l'alta cagion che prima diede / a le cose create ordine e stato / dispose a voi il mio core e la mia fede"[26], oder: "Padre, per quell'amor che mi creasti"[27]. Auch die glückliche Vereinigung findet eine Thematisierung, allerdings in Gestalt einer inhaltlich lediglich partiell petrarkistisch legitimierten Traumvision; das betreffende Madrigal rekurriert auf sexuelle Konnotate, die, verstärkt durch die eingebrachte Dialogisierung sowie deren Kommentierung, auch in der Stilisierung zur Traumvision das Postulat der petrarkistischen Unerreichbarkeit im Kontext erinnerten Glücks einer als erfüllt ausgewiesenen Liebe aufheben:

> Venuta era 'l mio sole al mio languire
> più che mai bello in sonno a consolarme,
> e vinto da pietà del mio martire,
> mi dicea con parole
> raro nel mondo o sole:
> Perché si mesta in fra sospiri e pianto,
> tutta la verde etade,
> senz'aver mai di voi stessa pietade,
> vi consumate tanto?
> Deh prendete di mia gioia conforto,
> ch'io son vivo e non morto:
> volgete il pianto in amoroso riso!
> E appressandomi il viso,
> mi diè fra dui rubin due fresche rose
> non mai nell'odorifero oriente
> viste più belle, o in terren paradiso:
> la cui sì bella vista
> e 'l disusato odore
> tornar subito al core
> la smarrit'alma sconsolata e trista:
> cose ch'appena in ciel veder si ponno.
> Deh perché non fu eterno un sì bel sonno? [28]

Um die Jahrhundertmitte ist weibliches Dichten bereits integrativer Bestandteil des literarischen Lebens, soweit es der männlichen Kontrolle genehm ist, sich dem männlichen Anspruch der "Zensur" aus der Position der eigentlichen Literaten, der Wissenden, der geistigen "Vollwertigkeit", der natürlich überlegenen und perfekten männlichen Position unterordnet, respektive, schnell zu einem Marktfaktor erwachsen, auf männliche Veranlassung und unter männlicher Führung erstellt wird. Veröffentlichungen sind in der

Regel an das Plazet eines "kompetenten" Korrektors gebunden, der nicht selten in Personalunion mit dem Herausgeber der Dichtungen zu finden ist (Lodovico Domenichi beispielsweise, der sich auch sonst der Frauenthematik verschrieben hat, tritt darüberhinaus als Herausgeber von Anthologien weiblicher Lyrik in Erscheinung[29], anerkannte Autoren sind begehrte Fürsprecher und Helfer). Die weibliche Minderwertigkeit, die Subordinationsprämisse sowie die Notwendigkeit männlicher Lenkung werden auf den Literaturbetrieb übertragen - ebenso wie die Prämisse der Reproduktion, die im Lyrikkanon über das *imitatio*-Postulat sozialgeschlechtlich funktionalisiert wird, über die innerliterarische Dynamik allerdings vielfach überschritten werden kann, immer häufiger weibliche "Kreativität" manifest werden läßt. Grosso modo allerdings werden soziale Konventionen vom Literaturbetrieb übernommen, eine eigenständige (Re)Präsentation weiblichen Dichtens ist kaum möglich. Die Übereinstimmung von Erwartungshaltung und unmittelbar wie mittelbar gelenktem oder um-gelenktem Schreibakt als Prämisse der Grenzüberschreitung in den Raum des Sprechens, des bereits mit vielschichtigen Regeln versehenen Sprechens über Liebe, hält weibliche Autorenschaft auf Distanz zum Status des genialen und gefeierten Dichters, macht weibliches Dichten zum erfolgsträchtigen da wohlgelenkten Dichten, zum Exotikum, zur hinlänglich beschriebenen "Ausnahmeerscheinung", zum stilisierten Manifest imaginierter Weiblichkeit.

Laura Terracina (um 1510-nach 1577)[30] erfährt als eine der ersten Frauen Aufnahme in eine literarische Akademie, die neapolitanische "Accademia degli Incogniti", eine Geste, die gleichermaßen als Reaktion auf den vermehrten weiblichen Zugriff auf die literarische Sprecherrolle, damit auch als Kontrollforum begriffen werden kann, ebenso wie als Einbindung einer notwendigen Dialoginstanz in ritualisierte Erörterungen liebestheoretischer Provenienz, wie sie in den Akademien in Nachbildung der höfischen *ragionamenti d'amore* auf literarischem "Niveau" praktiziert werden: eine ebenso wie vormals im höfischen Ambiente als vakant zu verzeichnende Position in männlich-akademischer Runde, wobei interne Zwänge gleichsam weitere formale Schranken für die literarisch produktive Autorin zu Fall bringen. Durch ihren exponierten Rang sich zunehmend aus der Vormundschaft des akademischen Kollektivs lösend, gewinnt Laura Terracina, wohl auflagenstärkste Autorin des Cinquecento, zunehmende "Autonomie", die begleitet von einem Anwachsen von Auftragsarbeiten in eine Form literarischer Professionalität mündet, welche sich als Spiel mit Normen und Topoi manifestiert, mechanisiertes Dichten einschließlich der Übernahme der männlichen Sprechinstanz wie in folgendem Beispiel hervorbringt:

> Tu sei signora mia bella e gentile,
> tu di natura sei mostro sì caro,
> tu pregio, tu splendor, tu lume chiaro,
> tu sei cagion d'ogni amoroso stile.
>   Tu l'onor sei del sesso femminile,
> tu sei nel mondo un suon sì dolce e raro,
> tu fai nomar il ciel crudo e avaro,
> poich'a te non trovo io cosa simile.
>   Tu sei l'arco d'Amor, tu la saetta,
> tu il fuoco pur, tu il ghiaccio e tu i martiri,

> tu il pianto, tu la gioia e tu l'aita.
> Tu sei del nostro cor triegua e vendetta,
> tu il gioco, tu il penar, tu i fier sospiri,
> tu ancor la morte e tu la dolce vita. 31

Laura Terracina fügt Erfahrung und Erfolg zur selbstbewußten Stellungnahme, thematisiert explizit den Anspruch auf weibliche Eigenständigkeit im intellektuellen Raum, wie sie durch die männliche Monopolisierung von Bildung und kultureller Produktivität systematisch verhindert wird (dies vor allem im *Discorso sopra tutti li primi canti d'Orlando Furioso*, erstmals 1549[32]) - eine öffentlich gemachte Einforderung ausgeweiteter weiblicher "Rechte", deren Veröffentlichung nicht unwesentlich den ökonomischen Gesetzmäßigkeiten des literarischen Marktes zu verdanken ist.

Nicht ohne Grund finden sich unter den italienischen Autorinnen des 16.Jahrhunderts auch zwei Schauspielerinnen, Frauen also, denen Repräsentation und Reproduktion, ebenso aber Selbstdarstellung sowie Selbstbewußtsein in der Konfrontation mit einer Öffentlichkeit ins Berufsbild eingeschrieben sind: der Zugang der Frau zur Bühne beginnt sich in Italien im Verlauf des Jahrhunderts zu öffnen, nachdem zuvor weibliche Rollen von männlichen Schauspieler übernommen worden waren (wie dies beispielsweise noch im elisabethanischen England die Regel ist). Rezitatives Sprechen auf der Bühne wird zum Anlaß, der eigenen Kreativität im literarischen Diskurs Ausdruck zu verleihen: auf Vincenza Armani (†1568), von der "Gelegenheitsdichtungen" erhalten sind[33], folgt, so Benedetto Croce, die "prima delle grandi attrici italiane"[34], Isabella Andreini (1562-1604)[35]. Ehefrau eines Schauspielers und Dichters, in Korrespondenz mit Tasso und dem jungen Marino stehend, widmet sie ihre *Rime* (1605) jenem Kardinal Aldobrandini, dem Tasso bereits seine *Gerusalemme conquistata* zugeeignet hatte und in dessen Dienste im Jahr 1604 ebenjener Marino eintritt. Wie Laura Terracina in eine Akademie aufgenommen (1601), die Paveser Akademie der "Intenti" (in der sich, erst 1593 gegründet, die ansässige gesellschaftliche, universitäre und geistliche Elite versammelt, unter anderem die Kardinäle Federico Borromeo und Cinzio Aldobrandini[36]), kann sie weitgehend unbehelligt sowie an höchster Stelle einen kultur- wie gesellschaftskritischen Anspruch propagieren, der von ihr als menschliches, deshalb auch weibliches und schichtunabhängiges Anrecht auf Wissen und Produktivität im literarischen Bereich gefaßt wird: als notwendiger weiblicher Eintritt in den Sprach-Raum, wie dies dem humanistischen Menschenbild, dem Anspruch auf auch, so Andreini, weibliche Selbstverwirklichung entspricht (so bereits in der Widmung an Herzogin Lavinia della Rovere, die ihrer 1588 veröffentlichten Pastorale *Mirtilla* voransteht[37], sowie zahlreichen Briefen); eine weibliche Forderung nach Selbst-Wertigkeit, die um 1600 in Italien noch mehrfach geäußert werden wird, Moderata Fonte und Lucrezia Marinella sind hier in erster Linie aufzurufen.
In den *Rime*, vornehmlich manieristisch-stilistisch modifizierte petrarkistische Liebesdichtung, wird denn auch normierten Schemata eine Absage erteilt: das Eingangsgedicht expliziert den Anspruch, die Bühne in den literarischen Raum zu übertragen, damit programmatisch vermeintlich "authentische" Subjektivität zu negieren. Die Sprechinstanz wird als beliebig männlich wie weiblich besetzbare Rolle ausgewiesen, die benannten Affekte als Fiktion, Dichtung als stilistisches Spiel; das Sprechen über Liebe

wird der moralischen Dimension entkleidet, der didaktischen ebenso wie der "therapeutischen" Komponente, der Legitimation wie zugleich jenes Anreizes, wie er bestanden haben mag, das Schweigen zu brechen, Schlüssel zu sein zum Sprechen an sich:

> S'alcun fia mai che i versi miei negletti
> legga, non creda a questi finti ardori;
> ché ne le scene imaginati amori
> usa a trattar con non leali affetti,
>   con bugiardi non men, con finti detti,
> de le Muse spiegai gli alti furori,
> talor piangendo i falsi miei dolori,
> talor cantando i falsi miei diletti.
>   E come nei teatri or donna ed ora
> uom fei, rappresentando in vario stile
> quanto volle insegnar Natura ed Arte;
>   così la stella mia seguendo ancora,
> di fuggitiva età nel verde aprile
> vargai con vario stil ben mille carte. 38

Sprechhaltung wie Bewußtsein haben sich im Vergleich beispielsweise zu Vittoria Colonna erheblich verändert, von der weiblichen Bescheidenheitsgeste, dem Erniedrigungsritual ist nichts mehr zu spüren, der Schein affektiver Authentizität ist explizit als Schein funktionalisiert zum leeren Formalismus, dem keinerlei retrospektives Erkenntnispotential innewohnt. So ist es mit Isabella Andreini bezeichnenderweise eine Schauspielerin, welche die letzte nennenswerte Gedichtsammlung in petrarkistischer Tradition aus weiblicher Feder erstellt.

Um 1600 findet sich in einem Sonett von Francesca Turrini[39] das thematisiert, was Dichtung, was eigenständiges Dichten für viele Frauen bedeutet haben mag. Vor jenem zweiten Schritt der Reflexion auf den eigenen Status (als Frau, als Ehefrau, als gebildete Frau, als Objekt, als Subjekt, als Medium, als Spiegel, als Mensch ohne Rechte etc.) haltmachend, einer Reflexion, die, beipielsweise unternommen und ausformuliert von Laura Terracina, Moderata Fonte und Lucrezia Marinella, in einem weiteren Schritt Ansprüche und Forderungen artikulieren läßt, welche auf der Basis eines behaupteten Selbst den (sozialen) Status der Frau im allgemeinen oder im besonderen perspektivieren, damit stets verändern wollen, führt Francesca Turrini eine Gestimmtheit vor, die ein Licht auf jenen Stellenwert werfen mag, den Dichten nunmehr für die gebildete, wohlsituierte und "müßige" Frau einnimmt[40]:

> Cara, fida, secreta cameretta,
> in cui passai dolente i miei verd'anni,
> da cui la notte e 'l dì piansi i miei danni,
> mentre in te mi vedea chiusa e soletta; 41

Das positiv konnotierte Zimmer, welches gleichzeitig als Gefängnis der Jugendjahre ausgewiesen ist, als ein Gefängnis, das über die Normen weiblicher Erziehung Schicksal fast aller Töchter aus den Oberschichten gewesen sein dürfte, zum Raum der Einsamkeit, des Schmerzes, aber auch der Geborgenheit gefügt wird, figuriert als Welt für sich, wird Welt an sich. Bei Francesca Turrini ist das eigene Zimmer Lebensraum, Einsamkeit ohne Außenwelt, nicht von innen, sondern von außen verschlossen:

> quanto in ogni stagion fosti diletta,
> alternando a me stessa i fregi e i panni,
> et a' vari pensier spiegando i vanni,
> o sonando e leggendo opera eletta!

Der beschränkten materiellen und physischen Variationsbreite wird der Freiraum des Denkens entgegengesetzt, das Spiel der Gedanken und Träume, die sich stets einen *eigenen* Außenraum schaffen, oktroyierte Grenzen scheinbar überwinden lassen, ein Leben im Außen, im Wechselhaften, im Ereignishaften jenseits der Einsamkeit und Gleichförmigkeit simulieren. Gleichzeitig aber, und dies ist Verweis auf den Stellenwert, den Lektüre im Leben einer gebildeten Frau nun einnehmen darf, sorgfältig ausgewählte, zensierte Lektüre, wird dem Lesen gefrönt, dem Genuß "erlesener" Werke, die ihrerseits er-lesen, dem weiblichen Imaginationsraum, der Lebensraum ist, integriert werden, die man im eigenen Schreibakt reproduziert, imitiert, kreativ überformt, variiert. Traum und Leseerlebnis werden in der Fusion zum Zeitvertreib, zu Konstituenten einer imaginierten Welt, welche die Schranken der realen Welt überschreitet, als die hier die Mauern des Zimmers eingezeichnet sind:

> or con trapunti il giorno iva passando,
> or con le Muse al fonte d'Elicona,
> ponendo in tutto ogn'altra cura in bando.
>
> Ché a questo ogn'altro ben non paragona,
> né dolcezza è maggior di quella, quando
> con lor dove si canta e ragiona.

Der Alltag zwischen Handarbeit und Aufenthalt im Reich der Musen wird vergessen, der Raum der (rezipierten, reflektierten, imitativ-kreativ funktionalisierten) Literatur zum Ort höchsten Glücksempfindens: Glück aus einer fiktiven Welt, fusioniert mit dem Anspruch, an der Kunst teilzuhaben, aus ihrer Wertigkeit zu schöpfen. Die gern geführte Rede vom weiblichen Dilettantismus in literarischen Dingen mag sich an derartigen Manifestationen festhalten, ebendiese "weibliche" Form des Dichtens ist jedoch Produkt der diskursiven wie normativen Rückkoppelungen. Sie ist Ergebnis der Wechselwirkung von im Kritikermund als "reizvoll" - da dem sozialen Geschlecht konform - rezipierten und ermunterten Dichtens von Frauen, die ihr normatives Frau-Sein schriftlich wiederspiegeln, sowie jenem von manchen Frauen als reizvoll - da das Schweigegebot überwindend - empfundenen und vollführten Dichten, welches die literarische Valenz über oppositive Kausalitäten auf einer Ebene nivelliert, die aus beiden Perspektiven Normkonformität garantiert: sich zu den polyformen Anforderungen an die Frau, den sozialen wie den männlich-monopolistischen Literaturkonventionen, jedenfalls nicht oppositiv verhält. Von Francesca Turrini finden sich immerhin zwei Werke veröffentlicht, bereits 1595 ein im Trend der Zeit liegendes religiöses Werk, das *Sopra i misteri del SS.*

Rosario, sowie schließlich 1628 die *Rime*: die Autorin hat ihre literarische Produktion durchaus ernst genommen.

Das bei Francesca Turrini partiell und pragmatisch ins "Positive" umgedeutete Gefängnis in seiner gefälligen Gestaltung als Muße- und Musenraum findet sich zahlreich von Autorinnen textualisiert und durchaus unterschiedlich perspektiviert. Die wenigen *Rime* der Isabella di Morra (1520-1546) beispielsweise[42] trafen und treffen auf ein gesondertes Interesse, welches sich am biographischen Hintergrund festmacht - eine Konstante in der (männlichen) Rezeption von Texten aus der Hand von Frauen, die zugleich dem Topos der gesteigerten Affektivität und der hierob geminderten Geisteskraft des weiblichen Geschlechts, wie auch einer Art Voyeurismus verbunden ist, welcher die männlich-kritische Rezeption primär ob des weiblichen "Schicksals", in zweiter Instanz erst ob der Texte Interesse konstatieren läßt: dem Diktum vom weiblichen Autobiographismus folgend (der mangelnden weiblichen Abstraktionsfähigkeit, ein Ableger der abgesprochenen Vernunftfähigkeit), welches seinerseits der tradierten Suche nach Normverletzungen, nach Verletzungen der Regeln des sozialen Geschlechts verpflichtet ist. In der südlichen Basilicata beheimatet, steht Isabella di Morra - der Vater befindet sich in Frankreich im Exil - unter der Aufsicht ihrer Brüder, welche sie im väterlichen Schloß gefangenhalten. Die Entdeckung einer durch den Hauslehrer zu überbringenden Nachricht des im benachbarten Schloß residierenden, verheirateten, ebenfalls dichtenden Diego Sandoval De Castro an Isabella di Morra veranlaßt die Brüder, die drei, auch den Hauslehrer, zu ermorden. In Kenntnis der tragischen Ereignisse steigt bereits das zeitgenössische Rezeptionsinteresse, finden die *Rime*, ungeachtet respektive gerade aufgrund des massiven Konventionsbruches durch die scheinbar ehebrecherischen Verbindung, Eingang selbst in Domenichis *Rime diverse d'alcune nobilissime e virtuosissime donne* (1559) und andere derartige Anthologien[43], obsiegt das voyeuristische Interesse respektive das marktstrategische Kalkül über die programmatische, idealtypische Normkonformität - wird die Normverletzung über die Strategien der etablierten Doppelmoral zum tragischen Schicksal überformt. Wie Francesca Turrini, thematisiert auch Isabella di Morra die Flucht in den Raum der Musen:

> I fieri assalti di crudel Fortuna
> scrivo, piangendo la mia verde etate,
> me che 'n sì vili e orride contrate
> spendo il mio tempo senza loda alcuna.
>   Degno il sepolcro, se fu vil la cuna,
> vo procacciando con le Muse amate,
> e spero ritrovar qualche pietate
> malgrado de la cieca aspra importuna;
>   e, col favor de le sacrate Dive,
> se non col corpo, almen con l'alma sciolta,
> essere in pregio a più felici rive.
>   Questa spoglia, dove or mi trovo involta,
> forse tale alto re nel mondo vive,
> che 'n saldi marmi la terrà sepolta. [44]

Die Einsamkeit ebenso wie die gefängnisartige Abgeschlossenheit, die sie an anderer Stelle von einem "carcer duro"[45], einem "inferno solitario e strano"[46] sprechen läßt, sind Konstituenten eines Leidens, welches in einer scheinbar autobiographisch motivierten Dimension - von den dekodierbaren Referenzen auf ein reales Umfeld als Instrumentarien zur Konstitution einer scheinbar autobiographischen Dimension im prototypisch petrarkistischen Kontext war bereits die Rede[47] - in die *Rime* eingebracht wird: ein Leiden an der Einsamkeit und der kommunikationslosen Isolation, dem grausamen Schicksal, das zu erleichtern die "Muse amate" (V.6) als Seelenbalsam aufgerufen werden; als Begleiterinnen im Schreibakt, der, wenn nicht den Körper, so doch den Geist dem Gefängnis entheben und in glücklichere Gefilde befördern kann: der Schreibakt ist auch hier als Trauerarbeit, zugleich aber als Akt der (geistigen) Befreiung gekennzeichnet, wenngleich lediglich einer hypothetischen Befreiung, die für die endgültige (körperliche) Erlösung letztendlich den Todeswunsch aktivieren läßt. Der Todeswunsch als Erlösung vom Leiden, ein petrarkistischer Topos, hier allerdings nicht als Folge unerfüllte Liebe, vielmehr existentieller Motive mobilisiert, findet bei Isabella di Morra eine vielfache Thematisierung: als vermeintlich einzig denkbarer Ausweg wie gleichzeitig unabwendbares Schicksal eingeführt (etwa "piangete meco a voci alte interrotte / il mio più d'altro miserando fine"[48]), wird so ein religiös motiviertes Glück im Sinne von Erlösung, von gnädiger Befreiung im Tod perspektivierbar. Zugleich aber findet sich ein weiteres Moment der Hoffnung thematisiert, neben den aufgerufenen monologischen Leiden der Ich-Sprecherin enthalten die *Rime* auch Partien, die explizit den abwesenden Vater apostrophieren, Nachricht erwarten, ihm Kunde vom Leid der Tochter geben wollen:

> D'un alto monte onde si scorge il mare
> miro sovente io, tua figlia Isabella,
> s'alcun legno spalmato in quello appare,
> che di te, padre, a me doni novella 49

Die Hoffnung auf Rettung expliziert sich solcherart nicht allein über die Erlösung im Tod, sondern gleichzeitig im Versuch der Kommunikation mit dem irdischen Vater, von dem gleichfalls Linderung des Schicksals zu erwarten ist:

> Torbido Siri, del mio mal superbo,
> or ch'io sento da presso il fine amaro,
> fa' tu noto il mio duolo al padre caro,
> se mai qui 'l torna il suo destino acerbo.
>
> Dilli com'io, morendo, disacerbo,
> l'aspra fortuna e lo mio fato avaro,
> e, con esempio miserando e raro,
> nome infelice a le tue onde io serbo. 50

Der Todeswunsch respektive das erahnte nahe Ende überlagern jedoch den Kontaktversuch mit dem Vater, der als ein "immaterieller" gestaltet ist, als post-mortem-Nachricht, welche das eigene Schicksal überliefert: in diesem Sinne nimmt der Vater die Position des petrarkistischen Geliebten ein, wenngleich die inhaltliche Relation sich ungleich komplexer gestaltet; auch er ist Objekt der Liebe und des Begehrens, nicht aber Liebeserfüllung ist das Ziel des Sehnens, sondern Befreiung aus einem lebensweltlichen, sozialen Gefängnis. Ebendiese Lebenswelt findet sich denn auch nicht nur als subjektiv perspektivierter Ausschnitt privater Lebenswelt in Rückbindung an die Innenwelt der Protagonistin eingebracht, sondern im Kontext einer globalisierten Anklage des Schicksals Ausweitung über den persönlichen Raum hinaus, in geographischer wie in gesellschaftlicher Hinsicht: jener "alto re" aus dem Sonett *I fieri assalti di crudel Fortuna* (s. oben, V.13) verweist laut Benedetto Croce auf François Ier, den französischen König, in dessen Reich der Vater sein Exil verbringt (in einer weiteren canzone, dem *Poscia ch'al bel desir*, scheint dieser erneut als "Re di Francia" [V. 63] sowie als "gran Re" [V.71] auf) und der darob "guter" König ist, ganz im Gegensatz zum obersten Dienstherrn der spanischen Besatzer ihrer Heimat, des spanisch-habsburgischen Königreichs Neapel, Kaiser Karl V., dem "Cesar", dessen Macht den Vater vertrieben hat ("Cesar gli vieta il poter darmi aita"[51]). Das persönliche Schicksal wird in übernationale machtpolitische Konstellationen eingebunden, gründet eine wenn auch persönlich motivierte realpolitische Dimension, wie sie weiblicher Lyrik ansonsten fremd ist. Reflexionen auf das gesellschaftliche Umfeld finden Eingang in die Leidens-Lyrik, die "gente irrazional, priva d'ingegno"[52] wird thematisiert, die provinziellen Lebensbedingungen, die heimatliche Abgelegenheit im Vergleich zum positiv konnotierten Raum der Stadt ("se nodrita già fossi in cittade"[53]), schließlich allgemeine Zeitbetrachtungen, die ihrerseits Bestandteil des petrarkistischen Kanons sind: das Leiden des Ich-Sprechers wird auf die Rezeption der Außenwelt übertragen, als Aussagen zu "questo mondo errante"[54], dem "triste secol sì noioso"[55], dem "vil secol fallace"[56]. Mit einer religiösen Wendung finden die *Rime*, die "miei verginei fiori"[57], schließlich auch zur Liebesthematik, der Liebe zu Gott, zu Jesus:

> Signor, che insino a qui, tua gran mercede,
> Con questa vista mia caduca e frale
> Spregiar m'hai fatto ogni beltà mortale,
> Fammi di tanto ben per grazia erede
> Che sempre ami te sol con pura fede
> E spregie per innanzi ogni altro oggetto,
> Con sì verace affetto
> Che ognun m'additi per tua fida amante
> [...] 58

Die Vergegenwärtigung des Geliebten wird ihr zum innersten Anliegen ("Questa grazia, Signor, mi sia concessa / Ch'io mostri col mio stil te a me stessa", V.21/22), ein weiteres Mal wird die Wendung zu Gott, die Liebe zum ewigen Geliebten, die zugleich normkonforme wie blasphemisch besetzte überirdische Liebe einer weiblichen Ich-Sprecherin zum Weltenlenker im Schreibakt zur Flucht aus den sozialen, den irdischen Zwängen gewendet - zu einem Trost, welcher das Gefängnis der Normen und Konventionen, der außenbestimmten Negation eines Selbst übersteigen läßt, zu einem Glück für sich allein, ein Glück des isolierten und korsettierten Selbst jenseits aller irdischen Relationen. Die Vergegenwärtigung des Geliebten rekurriert in der Folge auf Elemente der petrarkistischen Verbildlichung der *donna*, deren Applikation auf ein männlich diskursiviertes Wesen über die Aura des Göttlichen legitimiert scheint: von der Schönheit der Hände ist die Rede, des Antlitzes, der Brauen, der Augen, der Haare, des Mundes, der Wangen, der Füße, selbst sexuelle Konnotate finden Eingang. Isabella di Morra ruft eine Körperlichkeit auf, die sich als religiös überhöhte Vereinigung unter dem Deckmantel der frommen Keuschheit eröffnet:

> Corpo in cui si rinchiuse il Cielo e Dio,
> A te consacro il mio:
> La mente mia qual fu la tua statura
> Con gli occhi interni già scorge e misura. (V.52-55)

Die Thematisierung der erotischen Imagination, des sexuell konnotierten Traumes, eines leidenschaftlichen und darob der Keuschheitsnorm entschieden zuwiderlaufenden Begehrens, findet denn auch eine Rückführung in die Gebührlichkeit des irdischen Raumes, der Schicklichkeit, der Konventionen, der Normen des sozialen Geschlechts - als eine Selbst-Rüge, welche die mindere Zurechnungsfähigkeit des weiblichen Geschlechts aufruft sowie im selben Zuge das thematisierte Begehren akzentuiert:

> Canzon, quanto sei folle,
> Poi che nel mar de la beltà di Dio
> Con sì caldo desio
> Credesti entrare! Or c'hai 'l cammin smarrito,
> Réstati fuor, chè non ne vedi 'l lito. (V.67-71)

In der Canzone *Quel che più giorni a dietro* ist es die Mutter Gottes, Maria, "la Reina / Del Ciel" (V.8/9), welcher die Ich-Sprecherin ihre Liebe erklärt: "E lei, per ch'io d'amor m'infiammo ed ardo" (V.52); wiederum petrarkistisches Versatzstück, führt diese Liebe zurück zur Ich-Sprecherin, zum Wunsch nach Ruhe und Glück, zum Todeswunsch:

> De la madre, del padre e del suo Dio
> Spero vedermi anch'io
> Sgombrata tutta del terrestre nembo,
> E fra l'alme beate
> Ogni mio bel pensier riporle in grembo (V.99-103)[59]

Die empirische Basis des Leidens an den Bedingungen des konkreten Da-Seins der Ich-Sprecherin der Gedichte Isabella di Morras entfernt die Inhalte von orthodoxer Systemhaftung, läßt Petrarkistisches lediglich fragmentarisch aufscheinen, gleichwohl die Dichtungen diesem System entsteigen. Das empirische Ich, im sozialen Raum hinter Mauern verbannt, findet sich übertragen auf eine Ich-Sprecherin, die den Zwängen zu entkommen sucht, deren textualisierter Monolog Selbstzweck, dem Zwecke der Erhaltung des Selbst ver-schrieben ist - den Schreibakt, wie so viele andere Autorinnen auch, als Befreiungsakt begreift, der soziale Konventionen übersteigen läßt und eine Art der Selbst-Verwirklichung, der selbsttätig versprachlichten Manifestation ermöglicht, die zugleich Flucht in den Traum wie Bannung der empirischen Selbst-Beschränkung ist.

Neben Autorinnen, welche den Normen des sozialen Geschlechts mehr oder minder genügen, in die adelige oder bürgerliche Gesellschaft integriert sind, denen Bildung über familiäre Interessen zugänglich und Dichten durch soziale Zwänge zumindest nicht unmöglich ist, findet sich eine weitere Gruppe von Autorinnen, die, allesamt bürgerlicher Herkunft, jedenfalls nicht verheiratet sind: damit einem sozial diffusen Zwischenbereich angehören und, als ins gesellschaftliche Leben integrierte Frauen, zwangsläufig - mit derselben Zwangsläufigkeit, welche dem sozialen Zwang zur Verehelichung anhaftet - dem engeren oder weiteren Bereich der *cortigiane oneste*[60] zuzurechnen sind; jenen Edelprostituierten, die, über ihren Status von strikten sozialen Zwängen befreit, als gebildete Nachbildungen der Hofdame eine über die sozialen Konventionen geöffnete Leerstelle ausfüllen, den Platz der ob normativer Erfordernisse in die häusliche Abgeschiedenheit verbannten Ehefrauen des Patriziats einzunehmen haben - den Damen der städtischen Elite, die zur Wahrung ihrer Reputation, der keusch-schweigsamen Tugendhaftigkeit und damit der Ehre des Ehemannes, die häusliche Abgeschiedenheit lediglich zu unumgänglichen Anlässen wie einschneidenden Familienfesten oder dem Kirchgang verlassen, in der männlichen Geselligkeitskultur und damit den *intertenimento*-Ritualen aber auf keinen Fall in Erscheinung treten dürfen. Die systemischen Erfordernisse der männlichen Gesellschaftsereignisse verlangen Surrogate, welche die männliche Ehre nicht verletzen sowie zugleich eine den Ehefrauen, die ob ihrer Ehe diesem Erfordernis nicht nachkommen können, adäquate Rolle auszufüllen bereit sind. Eine Form der Weiblichkeit nämlich zu repräsentieren, die aufgrund der geschlechtsspezifischen und ständischen Normen von keiner Frau ausgefüllt werden dürfte, die aber von Frauen ausgefüllt werden muß, um das System funktionieren zu lassen: "Schauspielerinnen" erforderlich macht, welche sich den notwendigen Verzicht auf gesellschaftliche Achtung entsprechend vergüten lassen, gelernte Unterhaltungsdamen, die bereit sind, sowohl ihr Wissen als auch ihren Körper in den Dienst der männlich-elitären Rituale zu stellen, selbst systemisch zugerichtete Weiblichkeitsrituale zu verkörpern, eine Frauenrolle zu spielen, die nicht existieren darf, zugleich aber existieren muß - professionell eine imaginierte Weiblichkeit zu verkaufen, eine Weiblichkeit, die sowohl geistreiche Gespräche zu führen als auch mit ihrem Körper der Rolle gemäß zu sprechen vermag. In der professionellen Ausgestaltung der durch das mittelalterliche Minneideal wie das petrarkistische System kodierten außerehelichen Liebe, die sich in dieser Form im männlichen Konsens, einem gleichsam männerbündisch-hedonistischen "Ehrenkodex", entgegen den theoretischen Normen und in Außerkraftsetzung des Tugendkanons durchaus auch in sexueller Hinsicht verwirklichen läßt, eröffnet sich gewillten und geeigneten Frauen ein Marktsektor, der abgesehen von den ökonomischen und sozialen Aufstiegschancen eine relative Unabhängigkeit im außerehelichen Bereich eröffnet: die *cortigiana onesta* zur freien Unternehmerin macht, deren Geschäftseinlage die Beherrschung höfischer Manieren und Konventionen, ein ausreichendes Maß an literarischer Bildung sowie der eigene Körper sind. Dies sind die Vorbedingungen für den Eintritt in einen Einzugskreis hochrangiger Gönner und Künstler, in allen übrigen Frauen unerreichbare Räume elitärer männlicher Salon-Geselligkeit respektive literarischer Künstlertreffs, hierüber zuweilen zwangsläufig ein Milieu, welches schließlich nicht allein die orale Literaturpraxis pflegen läßt, sondern den eigenständigen Schreibakt befördert - einer Motivation folgend, die keineswegs weit von jener der tugendvollen Ehefrauen und Töchter mit literarischen Ambitionen entfernt liegt. Neben Dichterinnen wie Francesca Baffa, Ippolita Mirtilla, Tullia d'Aragona und Veronica Franco, die zweifelsfrei dem Kreis der *cortigiane oneste* zuzurechnen sind, zu den beiden letzteren später mehr, gehört Gaspara Stampa jenem Kreis von Frauen an, deren Status retrospektiv keine eindeutige Zuordnung (nach dem Tugendkanon respektive dem Beruf) erlaubt. Gaspara Stampa (1523-1554)[61] übersiedelt nach dem Tod des Vaters im Alter von acht Jahren mit ihrer Mutter und den beiden Geschwistern Cassandra und Baldassare von Padua nach Venedig. Das Vermögen des Vaters ermöglicht den Kindern eine überdurchschnittliche Erziehung, die sowohl Fremdsprachen und Literatur, als auch eine musikalische Ausbildung umfaßt, zumindest, was die Töchter betrifft, insofern der weibliche Vortrag von Tanz, Gesang oder Instrumentalstücken als ein zentrales Element der ins Erotische hinein stilisierten adelig-patrizischen Geselligkeiten gepflegt wird[62]. Während die Schwestern sich mit musikalischen Darbietungen einen Namen machen, bewegt sich der Bruder in den Kreisen der literarischen "cenacoli" und "accademie", die Mutter führt eines der elegantesten "ridotti" der Stadt. Das über den 1544 verstorbenen Bruder zugänglich gewordene Künstlermilieu ermöglicht Gaspara Stampa (literarische) Bekanntschaften mit dessen Bewunderer Francesco Sansovino[63], mit Girolamo Molin, Trifone Gabriele, Sperone Speroni, Giovanni Della Casa und Girolamo Parabosco, unter dessen Schriften sich ein an Gaspara Stampa adressierter "Brief" findet, die *Lettera alla Virtuosissima Madonna Gaspara Stampa*, der einen Einblick in die umfassend formalisierten und ritualisierten Konventionen solch "literarisch" motivierter zwischengeschlechtlicher Kommunikation zu geben vermag:

Chi vide mai tal bellezza in altra parte? chi tanta grazia? e chi mai sì dolce maniere? e chi mai sì soavi e dolci parole ascoltò? chi mai sentì più alti concetti? che dirò di quell'angelica voce, che qualora percuote l'aria de'suoi divini accenti, fa tale e sì dolce armonia, che [...] infonde spirto e vita nelle più fredde pietre, facendole per soverchia dolcezza lacrimare? Potete adunque, bellissima signora Gasparina, esser sicura, ch'ogni uomo che vi vede, v'abbia da rimaner perpetuo servitore. De' quali, benché io sia forse il più indegno per virtù, non sarò già per amore; e da ora innanzi in ogni cosa ch'io conoscerò poterti piacere, ne mostrerò chiarissimo segno. [64]

Die Sprechhaltung, die zwischen Minnedienst und petrarkistischer Floskelhaftigkeit um Gunst wirbt, ein formalisiertes Frauenlob textualisiert, welches, abgesehen von der Namensnennung, jeder Individualität entbehrt, verdeutlicht den rein rituellen Charakter der Liebesbekundungen und des Schönheitspreises: von Bedeutung ist lediglich die Möglichkeit, einer Dame standardisierte Texte dieser Art zuzueignen oder zukommen zu lassen. Die Dame ist Objekt einer literarischen Übung und Selbststilisierung des Autors, ist Medium in der Literatenrunde ritualisierter Liebeskonversation, die eines weiblichen Adressaten bedarf - einer zu verehrenden *donna*, welche ob der sozialen Konventionen keinesfalls verheiratet sein darf, die außereheliche Struktur des Liebessystems zur (textuellen) Ausgestaltung verbringen läßt. Gaspara Stampa steht darüberhinaus in Korrespondenz mit Luigi Alamanni, sie frequentiert den Salon des Dichters und Mäzens Domenico Venier, wo sie 1548 den Geliebten ihrer Dichtungen, den Grafen Collaltino di Collalto kennenlernt, welcher seinerseits in Verbindung mit Aretino, G. Muzio, Dolce und Domenichi (der ihm 1544 seine *Rime* gewidmet hatte) steht. Durch das kontaktierte Ambiente, dessen Konventionen wie die eigene Vorbildung zum eigenständigen Schreibakt motiviert, erstellt Gaspara Stampa einen formal nahezu prototypisch petrarkistischen *canzoniere*[65], der 1554 von der Schwester Cassandra, posthum und mit einer Widmung an Giovanni Della Casa versehen, unter dem obligatorischen Titel *Rime* veröffentlicht wird. Neben dem vorangestellten Geleitwort *Allo illustre mio Signore* findet sich eine Unterteilung in die *Rime d'amore* (245 Gedichte, welche den eigentlichen *canzoniere* bilden) und die *Rime varie* (66 Gedichte). Bereits im Vorwort, besagtem *Allo illustre mio Signore*, also noch außerhalb der eigentlichen petrarkistischen Sequenz, findet sich die prototypische petrarkistische Unerreichbarkeit des Geliebten im Gestus des Liebesleids thematisiert, eine Unerreichbarkeit, die sich zu wesentlichen Teilen aus der in ostentative Höflichkeitsformeln übertragenen sozialen Distanz des angebeteten Objekts ableitet:

Poi che le mie pene amorose, che per amor di V.S. porto scritte in diverse lettere e rime, non han possuto, una per una, non pur far pietoso V.S. verso di me, ma farla né anco cortese di scrivermi una parola, io mi son rissoluta di ragunarle tutte in questo libro, per vedere se tutte insieme lo potranno fare. 66

Die geschickt mit der Herausgeberstrategie verknüpfte Hoffnung auf eine Aufgabe der Unerreichbarkeit durch den Signore, welche "sua fidissima ed infelicissima Anassilla" - so die Namenssymbolik für die Ich-Sprecherin, abgeleitet vom lateinischen Namen des Piave, Anaxum, des Flusses, an welchem die Besitzungen des Conte gelegen sind - als Motiv sowohl des Schreibaktes als auch der Veröffentlichung angibt, verbindet sich mit einer die gesamten *Rime d'amore* durchziehenden Demutsgeste vor dem hohen Herren, welche explizit das soziale Gefälle aufruft. Eine mehrfach konnotierte Verfügbarkeit findet so Eingang in die Konstellation der Liebes-Geschichte, einmal auf den subordinierten Status als Frau, darüberhinaus auf die soziale Minderwertigkeit der Bürgerlichen gegenüber dem Adeligen, schließlich das unterlegene Leiden der abgewiesenen Liebenden, der zurückgewiesenen, affektbeladenen Frau rekurrierend, der vollständig von der Liebe zum Mann gefangengenommenen, der um Liebe bittenden Frau. Die Unterwerfung unter den Geliebten mobilisiert alle zur Verfügung stehenden Register der Hierarchisierung, eine ostentative Unterwerfung, deren Momente jeweils über das Geschlecht der Sprecherin zusätzlich akzentuiert werden, die explizit als "servitù" zur Hörigkeit, zur absoluten Verfügbarkeit stilisiert wird:

Rimettendomi dunque ad esse [die *Rime*], farò fine, pregando V.S., per ultimo guiderdone della mia fedelissima servitù, che nel ricever questo povero libretto mi sia cortese sol di un sospiro, il quale refreschi così lontano la memoria della sua dimenticata ed abbandonata Anassilla. E tu, libretto mio, depositario delle mie lagrime, appresentati nella più umil forma che saprai, dinanzi al signor nostro, in compagnia della mia candida fede. 67

Die nicht allein über den petrarkistischen Unnahbarkeitstopos, sondern zugleich sozial ausgedeutete Unerreichbarkeit des Geliebten erhält als Komplement die weibliche Bescheidenheitsgeste zur Seite gestellt, die programmatische Thematisierung der weiblichen Unzulänglichkeit, wie sie in so vielen Texten von Autorinnen nachgerade zwanghaft aufzufinden ist: jenen Dilettantismus akzentuierend, wie er von der männlichen Kritik so sehr geschätzt wird, wie er zur Versicherung der männlichen Perfektion, damit der Konzession zur Veröffentlichung der Werke von Frauen, so unumgänglich scheint –

als Affirmation der Internalisierung jener Normen des sozialen Geschlechts, welche die weibliche Minderwertigkeit in den sozialen Raum umsetzen, notwendig verlangt wird. Nicht der subversive, der sozialkritische Akt hat im Vordergrund zu stehen, vielmehr die normkonforme Bestätigung defizitärer und subordinierter Weiblichkeit: obgleich zahlreiche Autorinnen diese Maxime unterlaufen werden. Bei Gaspara Stampa ist die notwendig geschlechtsspezifisch funktionalisierte Bescheidenheitsgeste, die demonstrative Selbst-Relativierung und -Erniedrigung zahlreich aufzufinden: von "me bassa e vile" (III, V.6) ist die Rede, dem "così come sono abietta e vile / donna" (VIII, V.1/2), "In me, signor, non è pur una parte / che non sia tutta indegna e tutta vile" (CXVI, V.12/13), "A lui convien regnare, a me servire / vil donna e bassa" (CXLVIII, V.9/10), "egli è nobile e bel, tu brutta e vile; / egli larghi, tu hai li cieli avari" (CL, V.10/11), sowie, in den *Rime varie*, "vil donna" (CCXLVI, V.13), "io, donna e vil" (CCXLVIII, V.13 und CCLI, V.5), "la bassezza mia" (CCLI, V.8), "una donna umil" (CCLVII, V.3). Die unmittelbare, unablässig repetierte Korrelation von "donna" und "vile" bis hin zur automatisierten Synonymität im Begriff "Frau", der seinerseits Synonym des Ichs ist, und dem Niedrigen, Wertlosen, läßt auf eine durchaus bewußte und ostentative Funktionalisierung des sozialen Geschlechts der Frau schließen, welche keineswegs lediglich die petrarkistische oder die weibliche Bescheidenheitsgeste umsetzt, vielmehr im Sprechakt auf der eingeführten sozialen Ebene ex negativo die subordinierte Stellung der Frau in der gesellschaftlichen Hierarchie nicht allein als ständische, sondern ebenso als geschlechtshierarchische thematisiert: wird so einerseits petrarkistischen Erfordernissen sowie den Spielregeln der weiblichen Adaption des Systems Rechnung getragen, so läßt die in den *Rime varie*, von denen zahlreiche an Künstler oder sonstige Persönlichkeiten gerichtet sind, fortgeführte Isotopie von der niedrigen und wertlosen Frau die These von der inhärenten Rollenkritik erhärten, wenn diese auch in der Mehrfachkodierung stets normkonform rückgebunden werden kann. Nicht von ungefähr findet sich in den *Rime varie* denn auch eine kritische Reflexion der sozialen (Ehe)Frauenrolle eingebracht (CCXCVIII): kurz nach dem Tode des Bruders (1544), also vor den *Rime d'amore* entstanden, in einer Zeit, als Gaspara Stampa mit einer Mailänder Nonne, Angelica Paola Antonia de' Negri (die selbst 1563 respektive 1576 veröffentlichte *Lettere spirituali* erstellt hat[68]), in Kontakt stand und offensichtlich den Eintritt ins Kloster in Erwägung zog, rekurriert das Gedicht auf den von sozialen Zwängen befreiten Nonnenstand. Apostrophiert wird die "felice anima, tu, che qui ti spogli / e de le nostre pene non ti dogli" (V.7/8), die vom weltlichen Leben und dessen Nöten zurückgezogene Nonne, welche die Leiden der übrigen Frauen, die im folgenden benannt werden, die "nostri maritali affanni" (V.15), nicht zu durchleben braucht:

>Qui s'odon sol al fin con gran tormenti
>o querele di figli o di consorte,
>e mai de l'esser tuo non ti contenti.
>Infelice colei...
>[...]
>ch'in vita sa che cosa è inferno e morte! (V.22-27)
>[...]
>Infelici noi povere e meschine,

> serve di vanità, figlie del mondo
> lontane, aimè, da l'opre alte e divine! (V.31-33)
> [...]
> Infelice quell'altra move a' sdegni
> il marito o l'amante, e s'affatica
> di tornar grata e far che lei non sdegni. (V.37-39)
> [...]
> Infelice colei, che sol attende
> da mezzo dì, da vespro e da mattina,
> e tutto 'l giorno a la vaghezza spendi; (V.43-45)
> [...]
> Infelice quell'altra, che sospira,
> ché sa che 'l suo marito poco l'ama,
> e di mal occhio per mal far la mira! (V. 67-69)
> [...]

Die Beschreibung der unterschiedlichen Leiden und des Unglücks der Ehefrauen und Mütter wird schließlich rückgeführt zum idealisierten Nonnenstand, der hier explizit mit einer weiblichen Bedürfnisbefriedigung gleichgesetzt wird, weibliche Bedürfnisse benennt, die nach den Regeln des sozialen Geschlechts kein Existenzrecht haben ("Felice chi sue voglie ha vòlte e sparte / al sommo Sole, al ben del paradiso", V.79/80). So ruft auch Gaspara Stampa den Raum des Religiösen als einen der erfüllten Liebe und der glücklichen Vereinigung mit Gott auf, als weiblichen Fluchtraum, welcher die sozialen Beschränkungen zu übersteigen erlaubt[69].

Die im Vorwort der *Rime* formulierte Position der Ich-Sprecherin zielt denn entgegen orthodoxer petrarkistischer Systemkonformität auch nicht auf eine reuevolle Haltung aus der Rückschauperspektive, aus der Distanz der Läuterung ab, sondert präsentiert sich als in fortgesetzter Werbung begriffen, Werbung um den unerreichbaren Geliebten. Nicht die pädagogisch unterlegte Retrospektion ist Motivation der Veröffentlichung, vielmehr die Hoffnung auf zukünftige Veränderungen, Veränderungen, die keineswegs ein Abklingen der Liebe, sondern deren Erfüllung meinen. Der Ablauf der Liebes-Geschichte selbst orientiert sich am traditionellen petrarkistischen Muster: auf das Einleitungsgedicht folgt das *innamoramento* (II) - wobei nicht Petrarcas Karfreitag, sondern ein Tag kurz vor Weihnachten angesetzt wird, was durchaus im Rahmen des petrarkistisch Gebräuchlichen angesiedelt ist - schließlich die Ausgestaltung der beginnenden Liebe bis hin zur Rückkehr des Geliebten nach einer längeren Abwesenheit, soweit der erste Teil des *canzoniere* (I-XCIX). Das Einleitungsgedicht (I) selbst führt die im Vorwort umrissene Haltung der Ich-Sprecherin in die *Rime d'amore* ein:

> Voi ch'ascoltate in queste meste rime,
> in questi mesti, in questi oscuri accenti
> il suon degli amorosi miei lamenti,
> e de le pene mie tra l'altre prime,
>   ove fia chi valor apprezzi e stime,
> gloria, non che perdon, de' miei lamenti
> spero trovar fra le ben nate genti,
> poi che la lor cagione è sì sublime.

> E spero ancor che debba dir qualcuna:
> - Felicissima lei, da che sostenne
> per sì chiaro cagion danno sì chiaro!
> Deh, perché tant'amor, tanta fortuna
> per sì nobil signor a me non venne,
> ch'anch'io n'andrei con tanta donna a paro?

Ganz im Gegensatz zu Petrarca suggeriert Gaspara Stampa eine positive Bewertung der Liebe, sogar - hier findet sich eine erste Wendung an eine explizit weibliche Leserschaft, die Ich-Sprecherin nimmt die erwünschte Reaktion in der stilisierten Paraphrase vorweg - Bewunderung und Neid. Das als paradigmatisch aufgerufene Erleben folgt Bembo, ohne jedoch die prototypische und pädagogisch obligatorische Wendung zur Reue nachzuvollziehen. Der Verweis auf die "ben nate genti" (V.7) führt die Isotopie der Inferiorität fort, deren Verkörperung nunmehr der fiktiven Leserin übertragen wird, findet sich allerdings gleichzeitig verknüpft mit dem Streben nach Ruhm, nicht dem (männlichen) Dichterruhm (etwa formal-stilistischer Natur wie bei Bembo), vielmehr einem der Frau angemessenen affektiven Ruhm, der ob der durchlittenen Schmerzen, der Größe des Leidens und Liebens geerntet werden will: eines geschlechtsspezifischen Ruhmes also, der auf prototypisch Weibliches rekurriert. Im Gegensatz zum Vorwort wird über die eingebrachte Opposition von erlebendem und erzählendem Ich nunmehr doch die petrarkistische Rückschau-Perspektive eingebracht, wie sie einen *canzoniere* traditioneller Prägung notwendig einleitet. Die Ich-Sprecherin übernimmt formal die Rolle des petrarkistischen Liebenden (gleichwohl permanente Verweise auf das Geschlecht der Sprecherin diesen Rollenwechsel im Sinne der Normen stets zu relativieren suchen), damit auch die Position des Werbenden, des aktiven Parts, ein Verhalten, welches der Sprecherin sozialgeschlechtlich keineswegs zusteht: nicht ein gesellschaftlich sanktionierter Verlust wie im trauernden Witwenduktus der Colonna wird bedichtet, sondern eine petrarkistische Schmerzliebe mit den ihr eigenen prototypischen Systemabläufen wird thematisiert, der Norm-Modell-Konflikt paradigmatisch vorgeführt. Die Beschreibung des Geliebten knüpft an Elemente der petrarkistischen Darstellung der *donna* an, wobei die sinnlich-erotische Komponente mit der bereits umfassend aufgerufenen sozialen Divergenz fusioniert wird (etwa dem "sangue illustre, agli alti re vicino" (VI, V.5) des Geliebten), währenddessen prototypisch männliche Prädikate nicht fehlen dürfen: der "intelletto angelico e divino" (VI, V.1) ist hierfür ein Beispiel. Die Verknüpfung von weltlicher Valenz und männlicher Schönheit (eine Beschränkung lediglich auf die Schönheit, wie dies im Falle der *donna* üblich ist, scheint dem Manne nicht angemessen) wird in Sonett VII vorgeführt, kontrastiert mit der petrarkistisch überformten Selbstdarstellung der Ich-Sprecherin - wiederum eine Kodierung, welche nicht allein auf die traditionelle Akzentuierung der petrarkistischen Binnenthematik, des *compiacimento della bellezza* und seiner prototypischen Leid-Folgen abzielt, sondern zugleich, über die Thematisierung des Geschlechts der Sprecherin (die sich suggestiv an verständige Geschlechtsgenossinnen wendet), in der als unmöglich markierten Erfüllungshoffnung das Leid der sozial(geschlechtlich) Unterlegenen als doppeltes einführt, die antinomisch-paradoxale Affektstruktur damit über zwei Bedeutungsebenen konnotiert:

> Chi vuol conoscer, donne, il mio signore,
> miri un signor di vago e dolce aspetto,
> giovane d'anni e vecchio d'intelletto,
> imagin de la gloria e del valore:
>   di pelo biondo, e di vivo colore,
> di persona alta e spazioso petto,
> e finalmente in ogni opra perfetto,
> fuor ch'un poco (oimè lassa!) empio in amore.
>   E chi vuol poi conoscer me, rimiri
> una donna in effetti ed in sembiante
> imagin della morte e de' martiri,
>   un albergo di fé salda e costante,
> una, che, perché pianga, arda e sospiri,
> non fa pietoso il suo crudel amante.

Die direkte Anrede der "donne", der weiblichen Leserschaft, wiederholt sich mehrfach in den *Rime* der Stampa, stets getragen vom Appell an das Verständnis, das Mitgefühl der Geschlechtsgenossinnen, damit explizit nicht der Männer: etwa in LXIV, wo die Ich-Sprecherin sich zum warnenden Beispiel stilisiert, in LXXXVI, wo sie sich nach ihrem Tode bewundernd beweint wissen will, in XC, wo sie Verständnis für ihr Verhalten erbittet; in CXLIII, wo sie wiederum vor Nachahmung warnt, in CLI, erneut das verständige Beweinen nach ihrem Tod thematisierend, in CCXLI, einem Exkurs zum Wesen der Liebe, schließlich in CCXLV, dem Schlußgedicht der *Rime d'amore*, als Warnung vor den Schmerzen der Einsamkeit der Liebenden. Der Geliebte, wie er oben beschrieben ist, Abbild des idealen Hofmanns und damit zum männlichen Gegenstück der *donna* gefügt, wird nicht allein zum Anlaß des Liebesleids, sondern darüberhinaus zum eigentlichen Subjekt des Schreibaktes erklärt, die Ich-Sprecherin stilisiert sich zum Medium, wie es der neuplatonische Gestus verlangt: "Però s'avien ch'io scriva e ch'io favelli, / narrando l'amorosa mia fatica, / non son io no, son gli occhi vaghi e belli" (LXXIV, V.12-14). Die so indirekt beibehaltene weibliche Position des Schweigens legt das Hauptgewicht der Aussage auf die transparent gemachte Gefühlswelt der Ich-Sprecherin, deren dominante Affektbewegung der Hingabe und Treue im Gegensatz zur Kälte und Grausamkeit des Geliebten in der Folge allerdings einen vom Geliebten autonomen Status zugesprochen erhält: den des narzistischen Genusses der Erfüllung sinnlichen Verlangens, den der freien Wahl eines anderen Objektes des Begehrens. In diesem Sinne wird an späterer Stelle die Rolle des weiblichen Schweigens im zwischengeschlechtlichen Umgang auch explizit als männliches Redeverbot thematisiert, als ein normativer, als "ungerecht" konnotierter Mechanismus der Subordination, welcher die Frau nach Meinung der Ich-Sprecherin ihrer "natürlichen" (Menschen)Rechte entkleidet, sie auf eine Stufe mit einem Säugling stellt (wobei in den entsprechenden Diskursen ja in der Tat die Gleichsetzung der Frau mit einem unmündigen Kind gängige Praxis ist). Zusätzlich akzentuiert wird dies über eine vorgängige falsche Beschuldigung durch den Geliebten, ob deren Richtigstellung der Frau der Mund verboten wird, das Gesetz der absoluten Suprematie des männlichen Willens greift (der als Geliebter nichtsdestotrotz über die solcherart allerdings leicht ironisierte Sonnenmetaphorik, wie sie bereits bei Vittoria Colonna aufgeschienen ist, aufgerufen wird):

> Qual fu di me giamai sotto la luna
> donna più sventurata e più confusa,
> poi che 'l mio sole, il mio signor m'accusa
> di cosa ov'io non ho già colpa alcuna?
>   E per farmi dolente a via più d'una
> guisa, non vuol ch'io possa far mia scusa;
> vuol ch'io tenga lo stil, la bocca chiusa,
> come muto, o fanciul picciolo in cuna.
>   A qual più sventurato e tristo reo
> di non poter usar la sua difesa
> sì dura legge unqua si dèo? (CXXX, V.1-11)

Im abschließenden Terzett wird diese für einen petrarkistischen Kontext doch sehr ungewöhnliche Thematisierung zwischengeschlechtlicher Machtspiele nach den Konventionen der sozialen Geschlechter, der geschlechtlichen Hierarchie, in einen petrarkistischen Kontext rückgebunden, in einer Apostrophe Amors nämlich, dem die Ich-Sprecherin mit diesem Beispiel vorhält, in welch grausames Schicksal er sie geführt habe: in das typische Schicksal der (Ehe)Frau (dies sagt die Stampa allerdings nicht).

Auf eine Phase lediglich sporadischer Begegnungen mit dem Geliebten folgt eine der längerwährenden Abwesenheit desselben (LXIV-XCIX), der Geliebte weilt kämpfend um Ruhm und Ehre in Frankreich, Anlaß, die Eifersuchtsthematik hinsichtlich der "Belle donne, onde la Francia è piena" (LXXVIII, V.4) zu entfalten. Die "altra donna"-Thematik findet wiederholt Einbindung in den Ablauf der Liebes-Geschichte: im Gegensatz zur Unnahbarkeitsforderung, der Keuschheitsnorm für eine umworbene Dame, gilt für den Mann kein Keuschheitsgebot - das gesellschaftliche Idealbild der vollendeten Persönlichkeit des Mannes gebietet ausdrücklich einen reichen Schatz an Liebeserfahrung(en). Die von Gaspara Stampa thematisierte Untreue des Geliebten rekurriert somit auf gesellschaftlich legitimierte Verhaltensweisen, die Eifersuchtsthematik wird neuerlich nicht allein über die petrarkistische Systematik, sondern zugleich über soziale Konventionen kodiert. Das prototypische Leiden an der Trennung, der Abwesenheit des Geliebten, erhält nunmehr auch eine körperliche Ebene angebunden: "Deh perché, com'io son con voi col core, / non vi son, conte, ancor con la persona, / com'io vorrei, tanto 'l disio mi sprona" (XCVI, V.1-3) - das Sehnen wird zum Begehren, die Liebe sukzessive sexuell konnotiert. Die Sonette C-CIV bringen den Umschwung, eine längerwährende Phase des "Glücks" bricht an, der petrarkistische Kanon des Liebesleidens wird durchbrochen, die Liebe gelangt zur sexuellen Erfüllung. Auf eine kurze Phase hoffnungsvoller Vorfreude hinsichtlich der angekündigten Rückkehr des Geliebten ("Osarò io con queste fide braccia / cingerli il caro collo, ed accostare / la mia tremante a la sua viva faccia?"; CI, V.9-11) folgt die retrospektiv referierte und in einer Apostrophe an die Nacht mythologisch metaphorisierte sexuelle Vereinigung:

> O notte, a me più chiara e più beata
> che i più beati giorni ed i più chiari,
> notte degna da' primi e da più rari
> ingegni esser, non pur da me, lodata;
>   tu de le gioie mie sola sei stata

> fida ministra; tu tutti gli amari
> de la mia vita hai fatto dolci e cari,
> resomi in braccio lui che m'ha legata.
>   Sol mi mancò che non divenni allora
> la fortunata Alcmena, a cui stè tanto
> più de l'usato a ritornar l'aurora.
>   Pur così bene io non potrò mai tanto
> dir di te, notte candida, ch'ancora
> de la materia non sia vinto il canto. (CIV)

Die Akzentuierung des erotischen, gar des sexuellen Moments bis hin zur "Erfüllung", zum Vollzug des Koitus, ist ein mit dem prototypisch petrarkistischen System inkompatibles Element, sofern es sich um einen männlichen Liebenden handelt. Im Falle eines weiblichen Subjektes/Objektes allerdings ist es als Unterwerfung unter das männliche Postulat sexueller Verfügbarkeit der Frau ausdeutbar, des männlichen Verfügungsrechtes, wie es die sozialen Konnotate präsupponieren - welches aus der normierten Perspektive der Frau aber entweder dem ehelichen Rahmen, oder aber der käuflichen Liebe zugeordnet werden muß, in letzter Konsequenz jedoch immer gegen das primäre Keuschheitsgebot verstößt. Insofern thematisiert Gaspara Stampa hier die maximale Verletzung sozialer Normen sowie weiblicher Verhaltensregeln, das Eingeständnis körperlicher Bedürfnisse, den außerehelichen Geschlechtsverkehr sowie den Genuß desselben - die sexuelle Erfüllung findet jedoch nichtsdestotrotz eine geschickte Einbindung in den petrarkistischen Kontext. Als genuin apetrarkistisches Element im Rekurs auf die antike Mythologie gekennzeichnet, der Forderung nach *dissimulatio* bedingt durch die Retrospektive sowie das Vermeiden einer expliziten Benennung nachkommend, findet die Thematik sich dem petrarkistischen Kanon durch eine Akzentuierung des formalen Aspektes petrarkistischer Dichtung als "modello di lingua", in stilistischer, syntaktischer wie metrischer Hinsicht also, durchaus assimiliert[70]. Neben den Dialog von sozialer Normierung und petrarkistischen Vorgaben tritt hier zusätzlich ein solcher zwischen der petrarkistischen und einer anderen, der antiken Liebessprache, der eine weitere Dimension der Intertextualität eröffnet. Alkmene, schönste und klügste aller Frauen, die Figur ist auch in dieser Hinsicht mit Bedacht gewählt, wird von Zeus auserwählt, ihm einen Heldensohn zu gebären. Er nähert sich ihr in der Gestalt des abwesenden Amphitryon, ihres Geliebten, um mit Alkmene die Nacht im Bett zu verbringen, nicht jedoch ohne zuvor qua göttlichem Befehl die Dauer der Dunkelheit erheblich verlängert zu haben - eine Tatsache, deren Fehlen die Ich-Sprecherin zutiefst bedauert. Den zweiten Teil der Geschichte, die Rückkehr nämlich Amphitryons in derselben Nacht und dessen Entdeckung der Täuschung seiner Frau (die er umgehend mit einer nunmehr authentischen Penetration ungeschehen machen will), läßt Gaspara Stampa unerwähnt: womit explizit in erster Linie der Aspekt einer "göttlichen" Nacht aufgerufen wird, der Gesichtspunkt der Täuschung immanent aber sehr wohl mitschwingt, mit einem Mann sexuellen Verkehr gehabt zu haben, der nicht eigentlich der ist, den sie kennt, der zuvor ablehnend war und dies auch bald wieder sein wird. Das in der Folge nämlich bald abklingende Glücksgefühl weicht der Furcht vor einem Verlust des zunehmend kälter reagierenden Geliebten, der sich schließlich tatsächlich einer anderen Frau zuwendet

(CLXIX). Neben die affektische Distanz tritt erneut eine lokale, der Geliebte entfernt sich auf seinen Landsitz, die verletzte Liebende wird zur gedemütigten Liebenden, der Geliebte verkörpert, wenn auch erst jetzt, die petrarkistische Unerreichbarkeit. Die unglücklich Liebende des Beginns, ob der sexuellen Vereinigung wie der darauffolgenden Trennung "entehrt", wird zur verlassenen Liebenden, deren affektische Disposition nunmehr im vollen Spektrum der prototypischen antinomisch-paradoxalen Affektstruktur des petrarkistischen Systems zur Darstellung gebracht werden kann. Die Dynamik der Affektbewegung führt allerdings keineswegs prototypisch zu einer Auflösung derselben in Form reuevoller Abkehr, sondern mündet, nach einer kurzen Phase emotionaler Beruhigung - bezeichnenderweise, was die weibliche Sprechhaltung angeht, sowie systemkonform, was das Anzitieren der petrarkistischen Wendung zur kontemplativen Gottesliebe betrifft, expliziert in der kurzfristigen Wendung zu Gott, in der Abkehr von den sinnlichen Bedürfnissen (CCII ff.) - die Affektbewegung also mündet in eine neue Liebe: "Amor m'ha fatto tal ch'io vivo in foco, / qual nova salamandra al mondo" (CCVIII, V.1/2). Es ist der Ich-Sprecherin ein "natürliches" Bedürfnis, weltlicher Liebe und nicht geistlicher Kontemplation zu frönen - womit sie einerseits der Diskursivierung der Frau als unersättlichem Sexualwesen entspricht, andererseits allerdings den sozialen Normen neuerlich eine gravierende Absage erteilt, sich ein zweites Mal über das Keuschheitsgebot wie das Verbot außerehelicher Relationen hinwegsetzt. Die "Erkenntnis" der Sinnlichkeit des eigenen Ichs, der Liebes-Bedürfnisse (auch dies dem Dispositiv Frau konform) wird zum Bekenntnis ("Le mie delizie son tutte e 'l mio gioco / viver ardendo e non sentire il male"; ebd., V.5/6), zum bestimmenden Faktor des neuen, des scheinbar noch größeren Liebesempfindens und zugleich des wachsendes Unglücks:

> Un foco eguale al primo foco io sento,
> e, se in sì poco spazio questo è tale,
> che de l'altro non sia maggior, pavento.
>   Ma che poss'io, se m'è l'arder fatale,
> se volontariamente andar consento
> d'un foco in altro, e d'un altro in male? (CCXXI, V.9-14)

Die abschließenden Variationen der Leben-Liebe-Tod-Thematik (CCXXII-CCXLV) führen zurück zu Collalto, führen zurück zum Vorwort, zur Hoffnung auf eine Überwindung der Distanz, eine Rückkehr des eigentlichen, des ersten Geliebten, die neuerliche Erfüllung des nunmehr doch dominanten ursprünglichen Liebesverlangens: eine Strategie, die einerseits die zweite Liebe in ihrer Bedeutung relativiert respektive "psychologisiert", andererseits aber eine lineare Auflösung des Ereignissubstrates in Gestalt einer Beilegung des affektischen Konfliktes verhindert, vielmehr eine potentielle Unendlichkeit des objektgebundenen Verlangens als Zirkulärschema installiert. Die Negation der prototypischen Läuterung, der Abkehr von den Liebeswirren, erscheint solcherart als sublimer Verweis auf die soziale Hierarchie (der ständischen Zugehörigkeit ebenso wie der geschlechtlichen): als von gesellschaftlich geringerem Rang und zudem als Frau, als von geschlechtlich geringerem Rang, gesteht sie dem adeligen Geliebten eine Souveränität zu, welche durch moralische Läuterung und Abkehr, durch die

Deklassierung zum Medium einer Erkenntnis, die normativ dem Erreichen einer höheren kontemplativen Stufe der (männlichen) Gottessuche gleichzusetzen ist, nicht angetastet werden darf, in der Abhängigkeitsgeste einen zuallererst dem Geschlecht der Liebenden angemessenen Ausdruck findet. Die Funktionalisierung des Mannes zum Medium einer weiblichen Erkenntnisleistung, wie dies unter umgekehrten geschlechtlichen Vorzeichen sowohl im petrarkistischen als auch im neuplatonischen Kontext systemnotwendig und - konstitutiv ist, wird von der Autorin nicht umgesetzt, im Gegensatz zur Textualisierung der Tabuverletzung hinsichtlich außerehelicher Liebe und Sexualität sind die Grenzen der geschlechtlichen Hierarchie hier unantastbar, erfährt die Aneignung der männlichen Sprechhaltung ihre deutlichste Einschränkung - eine vollständige Umkehrung des Aktiv-Passiv-Schemas scheint außer Reichweite, eine Diskursivierung des Mannes zum funktionalisierbaren Objekt nicht denkbar oder nicht opportun. Konventionsverstöße wie insbesondere die zweite Liebe werden so auf einer geschlechtsspezifischen Ebene (die Schwäche der Frau, insbesondere die moralische Schwäche wird immanent aufgerufen, die uterozentrische Willenlosigkeit, die Körperhaftigkeit) an Konstanten des Dispositivs Frau, damit eine spezifische Form der Normkonformität rückgebunden, die Akzentuierung der erotischen wie sexuellen Verfügbarkeit, gekoppelt mit dem Anspruch *sinnlicher* Selbst-Erfahrung, so die textualisierte *weibliche* Erkenntnisleistung, zum adäquaten Komplement der Übernahme der Sprecherrrolle durch eine weibliche Ich-Sprecherin innerhalb des vorgeprägten petrarkistischen Systems gefügt. Gleichwohl Gaspara Stampa Normen und Konventionen, wie sie dem Tugendmodell für die Frau inhärent sind, zum Teil massiv verletzt (dies jedoch stets formal über Aspekte petrarkistischer Systemkonformität legitimiert), gleichwohl innerhalb der *Rime* die soziale Rolle der Frau vielgestaltig und durchaus reflektiert-kritisch, explizit wie implizit, in den wohlgemerkt souverän gehandhabten petrarkistischen Rahmen eingeflochten wird, bettet die Schlußwendung (im Konnex mit dem Vorwort zum Zirkel gefügt, zur symbolisch-weiblichen Zirkularität) den gesamten *canzoniere* und damit die weibliche Sprechhaltung gerade in eine plakative Gestalt weiblicher Inferiorität und Abhängigkeit: eine möglicherweise taktisch (und marktstrategisch) notwendige Variante der weiblichen Bescheidenheitsgeste, oder aber Überzeugungstat (obgleich dies im Hinblick auf die souveräne Mehrfachkodierung der Inhalte nicht zur Gänze glaubhaft scheint), jedenfalls ein weiteres Exempel unausweichlicher Reproduktion.

Während der soziale Status Gaspara Stampas keineswegs eindeutig festzulegen ist, zählen Tullia d'Aragona und Veronica Franco zweifelsfrei zu jenen *cortigiane oneste*[71], die über ihre literarische Bildung, ihren Kontakt zu höchsten gesellschaftlichen und Künstlerkreisen, ihre "sprechende" Rolle innerhalb der *intertenimento*-Rituale sowie den notwendigen, selbst-tätigen Unternehmergeist befähigt, zur Feder gegriffen und als Autorinnen an die Öffentlichkeit getreten sind - als Autorinnen, die sich ob prominenter Protektion sowie unzweideutiger Erwartungshaltungen einer gewissen Aufmerksamkeit, damit eines nicht unerheblichen Werbeeffektes für das verkörperte Unternehmen, durchaus gewiß sein konnten. Die in Rom zu *cortigiana*-Ruhm gelangte Tullia d'Aragona (1508-1556)[72] führt ein unstetes und wohl immer wieder durch Diffamierungen ob ihres Berufes bestimmtes Leben, Venedig, Siena, Ferrara und Florenz sind weitere Station dieses Weges, bis sie schließlich völlig verarmt in Rom stirbt. Während ihr Aufenthalt in Venedig mittelbar in Sperone Speronis *Dialogo dell'amore*, in dem sie als Dialogpartnerin Bernardo Tassos figuriert, festgehalten ist, wird sie vor allem in Florenz literarisch aktiv: über die dortige Literatenrunde in engem Kontakt mit Girolamo Muzio und Benedetto Varchi, welchem sie ihre literarischen Elaborate zur Korrektur überläßt; ein Verfahren, das, als auch unter männlichen Literaten gerade im Umfeld der literarischen Akademien gebräuchlich, bereits Veronica Gambara mit Bembo praktiziert hatte, welches in Personalunion mit der *cortigianìa* nun aber literatur- respektive rezeptionsgeschichtlich ganz im Tenor der diskursivierten geistigen Minderbemitteltheit der Frau, der weiblichen Schwäche wie des im weiblichen Geschlecht stets dominanten sexuellen Komplexes, zur männlichen Verfügungsgewalt über Körper und Schrift umgedeutet wird: Körper und Schrift einer *cortigiana*, die ihren Körper wie ihre Bildung verkauft, deshalb scheinbar keine authentischen Rechte auf ein Selbst, auf "Eigenes" besitzt, noch weniger Rechte jedenfalls als jede tugendvolle Frau. Tullia d'Aragona präsentiert 1547 ihre petrarkistischen *Rime* (mit 105 Gedichten, von denen lediglich 49, darunter 39 Sonette, der eigenen Feder entstammen und zumeist als Antwortgedichte respektive als Bitten um Lobgedichte an jene Autoren gefaßt sind, deren 55 Lobedichte auf Tullia d'Aragona, ihre Schönheit wie ihre Eloquenz, den zweiten inhaltlichen Block bilden, wobei eine lange Ekloge Girolamo Muzios zu Ehren der Autorin das Mittelstück abgibt - der dialogische Lobpreis ritualisierten panegyrischen Inhalts also explizites Leitmotiv der Sammlung ist[73]) sowie den stark von Varchis Petrarca-Auslegungen geprägten *Dialogo della infinità d'amore* als Ergebnis der in ihrem Salon praktizierten akademischen Gespräche. Der Schritt von der Professionalität des *intertenimento* zu derjenigen der anerkannten Literatin scheitert jedoch am umgehend moralisierten Status der *cortigiana*, auch eine 1543 geschlossene Scheinehe vermag obrigkeitliche Angriffe auf ihre moralische, damit ihre soziale Integrität nicht zu verhindern, welche sie schließlich zum Verlassen von Florenz zwingen. Während Tullia d'Aragona als erste große "cortigiana" eine Umsetzung des gesellschaftlichen Rituals des *intertenimento* vor dem Hintergrund praktischer Erfahrung sowie überdurchschnittlicher Bildung in petrarkisierende Dichtung, die schließlich einer Öffentlichkeit zugänglich gemacht wird, unternommen hatte, folgt mit der Venezianerin Veronica Franco (1546-1591)[74] einige Jahrzehnte später die letzte Vertreterin dieses Berufsstandes, die eigene Dichtungen veröffentlicht. Jung verheiratet mit einem Arzt, findet sie sich nichtsdestotrotz zusammen mit ihrer Mutter als gewöhnliche Prostituierte im etwa 1565 erstellten, unter der Hand weitergereichten, erst 1574 veröffentlichten *Catalogo di tutte le principal et più honorate Cortigiane di Venetia*[75] aufgeführt, um in der Folge eine außerordentliche Karriere als *cortigiana onesta* zu machen - deren formaler Höhepunkt die Dienstleistungen für den zukünftigen Henri III gewesen sein mögen, welcher unterwegs zu seiner Krönung nach Frankreich 1574 in Venedig Station gemacht und dabei Veronica Franco aus dem von der Stadt präsentierten Angebot von *cortigiane oneste* als Intimbegleitung ausgewählt hatte[76]. Veronica Franco bewegt sich als literarisch gebildete, mit den elitären Verhaltensregeln vertraute, die *intertenimento*-Rituale des Wortes und des Körpers beherrschende freie Unternehmerin in den Venezianer Künstlerkreisen - das literarische Leben Venedigs hatte seit Beginn des

Jahrhunderts, nachdem die Stadt bis 1520 auch im Bereich der Druckindustrie eine führende Stellung in Europa eingenommen hatte, mit Aretino, N. Franco, F. Doni, L. Dolce und anderen die ersten Berufsschriftsteller hervorgebracht[77], gleichzeitig Venedig zu einem literarischen Zentrum mit zahlreichen Akademien und Salons werden lassen, ebensolches ist für die bildenden Künste festzumachen; Veronica Franco steht offensichtlich in Kontakt mit Tintoretto (dem einer ihrer Briefe aus den *Lettere famigliari a diversi*, 1580[78], zugeeignet ist), sowie, unter den Literaten, in erster Linie mit Marco und Domenico Venier. Letzterer gilt in der Literaturgeschichte als Korrektor der Werke Veronica Francos, dies als weiterer Beitrag zur männlichen Rezeption der literarischen Produktion von Frauen. Francesco Flora beispielsweise folgt dieser Tradition noch im Jahre 1972, seine Vermutung wohl auf das in der Salza-Ausgabe der *Terze Rime* (1575) Veronica Francos unter XVIII geführte capitolo gründend, in welchem die Ich-Sprecherin in einer Liebesangelegenheit einen "illustre signor" (V.1) bittet, sie auch in der Korrektur der diesbezüglich erstellten Verse zu unterstützen: "e vi so grado che mi consigliate / di quello c'ho da far, quando a voi vengo / perché i miei versi voi mi correggiate" (V.7-9). Flora erklärt Domenico Venier zum letzten Supervisor einer Komposition, die er Veronica Franco und zugleich Marco Venier zuschreibt, gleichsam als Fortsetzung der Liebesspiele zum intellektuellen Nachwuchs formt, jenen Marco Venier als Ko-Autor und gleichzeitig Geliebten der Franco benennend (um die Analogisierung der zeitgenössischen Zeugungstheorie explizit voranzutreiben, als Samenspender, dessen produktive Kraft der weibliche Nährboden, das reproduktive Gebärgefäß zur Frucht ausbildet), welchem das erste von sieben den *Terze Rime* beigefügten, von männlichen Autoren erstellten capitoli ("D'incerto autore"), die sich in der Salza-Ausgabe finden[79], zugerechnet wird: Lobgedichte auf eine umworbene Dame, die explizit als die Ich-Sprecherin der übrigen capitoli zu dechiffrieren ist, deren Einfügung in den Textkorpus einer durchaus üblichen zeitgenössischen Praxis folgt. Tullia d'Aragonas *Rime* sind hier nicht das einzige Beispiel, auch Autorinnen wie Louise Labé oder die Nonne Anne de Marquets befleißigen sich dieser Werbung in eigener Sache, einer Praxis, die bestrebt ist, den Wert weiblicher Texte ob männlicher Lobeshymnen auf die Autorin zu unterstreichen. Flora also unterstellt folgendes: "...sospettiamo che tutte le rime della Franco, se si eccettui qualche più faticoso sonetto, siano state ridotte dal Venier o da altri per lui alla lezione che ora leggiamo: e che insomma quella specie di romanzo epistolare in versi sia stato dai due amanti concepito in collaborazione, redatto dall'uno e dall'altra, corretto magari da Domenico Venier e finalmente composto in quella forma oggettiva e lesta"[80]. Während er Veronica Franco lediglich einige wenig gelungene Sonette zuschreiben will, wird die Erstellung der *Rime* zum originären Liebesspiel, die *cortigiana* Veronica Franco unmittelbar zur weiblich-abhängigen Liebenden erklärt, die nicht etwa berufsmäßig zu den ritualisierten *ragionamenti d'amore* als notwendiger weiblicher Part ihren Beitrag leistet, geschweige denn als eigenständige Autorin selbsttätig ihre literarische Routine aus den Gesprächsritualen in Lyrik umzusetzen vermag, die vielmehr gemeinsam mit dem Geliebten die gegenseitigen affektiven Verwicklungen zu einem "romanzo epistolare in versi" fügt - welcher sich im übrigen durch die *Terze Rime* keineswegs belegen läßt. Dieser bedarf anschließend einer dreifachen Redaktion, um durch sorgfältige männliche Korrektur endlich jene Form zu erhalten, wie sie sich in der Publikation präsentiert: die Aberkennung eigenverantwortlicher Autorenschaft, die Attestierung weiblicher Minderbemitteltheit, mangelnder literarischer Fähigkeit der Frau, der Hure, der Liebenden, führt zurück zum Bild der umfassenden Verfügbarkeit der *cortigiana*, der berufsmäßigen Verkörperung des weiblichen Körpers, die im intellektuellen Bereich auf eine identische Bestimmungsgewalt der "Gönner", der elitären Freier ausgeweitet wird. Benedetto Croce hingegen möchte in seiner Einleitung zu den *Lettere* der Franco[81] die Autorin, welcher er durchaus einen autonomen Autorenstatus zuerkennt, literaturgeschichtlich höher bewertet wissen als Tullia d'Aragona, Gaspara Stampa und selbst Louise Labé[82], ohne in seiner werkbezogenen Begründung jedoch auf eine ebenso maßgebende Bewertung der jeweiligen Lebensumstände, wie sie denn tradiert werden, zu verzichten:

In verità, Veronica Franco merita nella storia letteraria italiana un posto più largo di quello che fu dato nella francese alla "belle Cordière", Louise Labé, quasi sua contemporanea e molto italianizzante, non di certo cortigiana ma pari forse a lei nell'ardenza amorosa, sebbene inferiore per ingegno, arte e cultura, oltreché per significato storico. Sotto quest'aspetto, la Franco impersona veramente in una sua particolare manifestazione lo spirito del Rinascimento, meglio di Tullia d'Aragona, che cercava di nascondere quanto più poteva il suo carattere di cortigiana, e le cui rime sono scialbe e forse rifatte dai suoi amici, ai quali è probabile che appartenga, per lo meno in gran parte, il dialogo dell'*Infinità d'amore*; e più spiccatamente di Gaspara Stampa, che pare fosse una musicista e cantatrice di costumi liberi, ma non propriamente cortigiana se non nelle ingiurie di qualche suo nemico, e ci ha lasciato il canzoniere della sua relazione con un alto personaggio e signore feudale, ed è tutta sentimento e in ciò più intensa della Franco, la quale in compenso era più di lei ricca di svariati interessi intellettuali e più rappresentativa del tempo suo. Ciò lo avvenne perché seppe parlare di sé con verità... 83

Während hier nun Tullia d'Aragona der Autorenstatus weitgehend entzogen wird, wobei sich negativierend auswirkt, daß selbige in ihren Texten bestrebt war, die wenn auch gehobene Prostitution zu verbergen (was ihr ja augenscheinlich nichts nutzte, sie aufgrund des Berufes gleichwohl ins gesellschaftliche Abseits getrieben wurde) - die von Croce gewählte Begrifflichkeit eines *carattere di cortigiana* zudem einen tiefgreifenden Mangel moralischer Integrität insinuiert, den Beruf zur ganzheitlichen Verkörperung wendet - geraten Kategorien wie das "wahre" Sprechen über sich selbst sowie die "repräsentative Verkörperung des Geistes der Epoche" zu Bewertungsmaßstäben, welche mit der literaturkritischen Bestandsaufnahme zumindest eng verknüpft werden (Enzo Giudici, Herausgeber und Kommentator der Werke Louise Labés, verwirft Croces Urteil über die französische Autorin im übrigen mit - siehe da - dem Verweis auf eine offenkundige Unkenntnis von deren Texten[84]). Gaspara Stampa kann Veronica Franco ebenfalls nicht standhalten, weil sie, lediglich als Musikerin und Sängerin zu verorten, zwar eine reichere Affektivität in ihren *canzoniere* einbringt (der selbstverständlich, ungeachtet aller petrarkistischen Systemhaftigkeit und aller systemnotwendigen Fiktionalisierungen von Authenztizität, eine wahre Liebesgeschichte wiedergibt), nicht aber in dem Maße als Inkorporation des Zeitgeistes gelten kann, wie Croce dies für Veronica Franco reklamiert: die *cortigiana* ist und dies auch offen zugibt, scheinbar facettenreichere intellektuelle Interessen zu textualisieren vermag und ihren bei Tullia d'Aragona bereits aufgerufenen Charakter "wahrheitsgemäß" wiedergibt (nach dem von Croce angelegten Primat die Wahrheit über eine ge-bildete Person, welche berufsmäßig eine marktorientierte Fassade verkauft). Weil sie für Croce ein "Ich" textualisiert, welches ein *cortigiana*-Ich ist, also kein individuelles, eigenes, kein weibliches Selbst - wobei im Umkehrschluß das *cortigiana*-Ich zum authentischen Ich gewendet wird, ein authentisch textualisiertes Ich, kein fiktionales, kein fiktional verfremdetes - sondern eine Geisteshaltung, welche zugleich den Zeitgeist allegorisiert, über die Bildlichkeit jede andere Perspektivierung überlagert, die *cortigiana* schlechthin textualisiert: was den anderen genannten Autorinnen ja nicht gelungen ist oder nicht gelingen konnte - und in der autobiographischen Hypostasierung zur perfekten Allegorie gerät, zur Allegorie von Beruf, Text, Geschlecht und Zeitgeist. Die Spiegelungen sind polyform, ebenso wie die Kriterien, die ein "literarisches" Urteil zu fällen herangezogen werden, Rezeption erweist sich als offene Intertextualität. Die zeitgenössischen Versuche eines Autonomieentzugs bewegen sich in eine andere Richtung: wie vordem bereits Chiara Matraini, gegen die der Vorwurf der *cortegianìa* und der Hexerei erhoben worden war, wie Tullia d'Aragona, welche die Literatenkollegen Aretino und Firenzuola der Hexerei bezichtigten, entgeht auch Veronica Franco nicht einer solchen Anschuldigung, die ihr 1580 sogar ein gerichtliches Verfahren einträgt, welches jedoch bald eingestellt wird[85]. Die Kombination von angezweifelter moralischer Integrität sowie öffentlich gemachten Sprechens, der Veröffentlichung von Texten, zumal über eine Sprechhaltung, welche den Status der gehobenen Prostituierten nicht verbirgt, legt offensichtlich, nachdem der Vorwurf der Hurerei, der Übertretung des Keuschheitsgebotes, wie er gemeinhin zur Rückholung einer Autorin in die private Schweigsamkeit appliziert wird, wirkungslos geworden ist, eine weitere Steigerung der Diffamierungskategorien nahe: ist die Frau bereits Hure, muß sie zur Hexe geformt werden, um dem öffentlichen Raum entzogen werden zu können - Elena Cornaro wird im 17.Jahrhundert dieser Mechanismus in seiner nunmehr bereits modifizierten und modernisierten Version zuteil werden, die Hexe wird durch die Wahnsinnige ersetzt[86]. Die im Jahr des Prozesses publizierten *Lettere* der Franco sind denn auch Kardinal Luigi d'Este gewidmet, ein Hinweis auf die nötig gewordene Protektion. Wie den Prozeßakten zu entnehmen ist[87], war Veronica Franco Mutter von sechs Kindern, welche von ihren Vätern, unter ihnen prominente Persönlichkeiten der Stadt, versorgt wurden. Nach 1580 scheint sie nichts mehr publiziert zu haben, der Prozeß hat seine Wirkung getan, die so gerne kolportierte Anekdote von der reuigen Veronica Franco, die in ihren letzten Lebensjahren ein Versorgungsheim für gealterte Prostituierte gegründet habe, ist historisch nicht belegbar.

Neben Gaspara Stampa ist Veronica Franco die zweite bedeutende Venezianer Autorin des 16.Jahrhunderts, eine Autorin, die nicht allein eigene Texte zu publizieren vermochte, die vielmehr darüberhinaus, im Jahr der Veröffentlichung der *Terze Rime*, auf die sich die Analyse im folgenden beschränken wird, auch als Herausgeberin einer jener Lyrik-Anthologien an die Öffentlichkeit tritt, wie sie im 16.Jahrhundert so beliebt sind, zusammengestellt aus Anlaß des Todes von Estor Martinengo Conte di Malpaga: die *Rime di diversi Eccellentissimi Auttori nella morte dell'Illustre sign. Estor Martinengo Conte di Malpaga...* (1575)[88]. Veronica Franco selbst steuert als Herausgeberin, scheinbar im übrigen der einzige Fall im 16.Jahrhundert, in dem eine Frau selbiges unternimmt, neun Sonette bei, ein Verweis auch auf die *Terze Rime* respektive die dort beigefügten capitoli anderer Autoren - den *Terze Rime* mag solcherart nicht allein ein dialogischer Charakter eingesetzt werden, sondern zugleich ein Aspekt des literarischen Wettbewerbs, wie er beispielsweise für derartige Anthologien kennzeichnend ist, das identische Erscheinungsjahr vermag eine solche Querverbindung nur zu bestärken. Darüberhinaus legt die Herausgeberrolle eine feste Verankerung Veronica Francos im Venezianischen Literatenmilieu nahe, eine Einbindung, die sie zur Instanz, selbst zur Redakteurin einer derartigen Anthologie erhebt, eine Position, die durchaus Hinweise auf das Selbstverständnis, das Selbst-Bewußtsein als Autorin zu geben vermag. Die *Terze Rime* widmet sie Guglielmo Gonzaga, dem Herzog von Mantua, voller Ehrerbietung im notwendigen Gestus des weiblichen Bescheidenheitsrituals:

...nondimeno in quello, dove mi sono mancate le forze e i convenevoli concetti di celebrarla ed essaltarla, m'è sopravanzato l'animo d'esprimerle questo mio virtuoso, se ben impossibile desiderio, in tanto che non mi sono potuta astenere, ch'io non ne l'accertassi col debile testimonio di queste poche terze rime, che le dedico, non in modo che trattino il singolar merito delle sue richissime doti, ché queste non cadono sotto la povertà del mio incapace stile, ma in maniera che, dando al suo discreto giudizio alcun leggier gusto della mia bassa musa, con questa esperienza quasi mostrando la mia insufficienza, perché poi mi vaglia per buona scusa s'io non ardisco por bocca nel cielo del suo gloriosissimo nome comparire nella presenza del secolo, e liberamente appresentarsele con assoluta dependenza dall'arbitrio della Vostra Altezza... 89

Wie bei Gaspara Stampa finden sich in der unterwürfigen Bitte um Gunstbezeugung sowohl Verweise auf die untergeordnete Stellung in der sozialen Hierarchie, auf die geringe Qualität der Texte sowie die (intellektuelle) Unzulänglichkeit der Autorin, eine Kombination aus traditioneller literarischer Bescheidenheitsgeste, spezifisch weiblicher "Bescheidenheit" in Anbindung an die diskursivierte Minderwertigkeit des weiblichen Geschlechts sowie jener sozialhierarchischen Unterordnung, die im Falle weiblicher Funktionalisierung doppeltes Gewicht erhält: aus der Feder einer *cortigiana*, als welche sich die Franco in den Texten zu erkennen gibt, eine zusätzliche Konnotierung erfährt. Als dem Berufsbild gleichsam eingeschrieben, wird die Bitte um fürstliche Würdigung zugleich zum Spiel, welches die unterschiedlichsten Ebenen von Hierarchie und Abhängigkeit im Spannungsfeld von sozialen und zwischengeschlechtlichen Normen sowie der inkorporierten Normübertretung in Gestalt der *cortigiana* zu funktionalisieren weiß: einen Spannungsrahmen zwischen Verfügbarkeit und Werbung aktivierend, der jenseits aller sozialen Distanz und Normen Unmittelbarkeit zu erzeugen weiß. Die Sprechhaltung der elitären *cortigiana*, sofern die Profession explizit oder implizit aufgerufen wird, der Schauspielerin für die männliche Elite, birgt solcherart ein Konnotationspotential, welches in Ermangelung einer ähnlichen normativen "Freiheit" Texten von "ehrbaren" Frauen fehlen muß. Von den 25 capitoli der *Terze Rime* entstammen achtzehn der eigenen Feder, die übrigen sieben, allesamt Werbungen eines männlichen Ich-Sprechers um eine *donna*, finden sich, explizit als von anderen Autoren erstellt gekennzeichnet, in loser Folge den capitoli Veronica Francos beigeordnet[90]. Die achtzehn capitoli der Franco sind, mit einer Ausnahme, jeweils einem männlichen Adressaten zugeordnet, der Briefform angeglichen sowie als Antwort respektive als Anliegen konzipiert. Die Adressaten lassen sich in vier Gruppen unterteilen: ist in zwei Fällen der Adressat Ziel von Anklage- und Verteidigungsreden, als "Feind" zu begreifen, so richten sich drei weitere capitoli an Freunde und Gönner, die übrigen an Werbende oder Geliebte; einzig cap. XXV, mit 565 Versen das umfangreichste der Sammlung (die übrigen capitoli variieren im Umfang von 22 Versen bis zur genannten Verszahl), weicht vom üblichen Modus ab: dominiert von deskriptiven Elementen, findet sich eine eingehende Natur- und Ortsbeschreibung eines Landsitzes des Conte Marcantonio della Torre textualisiert, welche letztendlich in ein Lob Gottes mündet, ein Adressat ist nicht existent. Als Metrum ist die an Dante anknüpfende Terzinenform gewählt (formalstilistisch damit eine explizite Distanz zu petrarkistischen Konventionen geschaffen), je nach Thematik variiert das Vokabular ein Spektrum von petrarkisierender und mythologisierender Diktion über Naturdeskriptionen bis hin zur Diktion des Streitgesprächs. Einheitlichkeit hinsichtlich eines durchgängigen Ereignissubstrates wie einer stilistischen Dominante ist nicht gegeben. Abgesehen von der Distanznahme zur Tradition des *intertenimento* sowie der petrarkistischen Liebesdichtung bereits durch die Wahl des capitolo als lyrischer Form, variieren die Gedichte Themenbereiche, die sich gelegentlich weit von einer petrarkistischen Sprechhaltung entfernen - die nichtsdestotrotz zahlreich im Zitat explizit als Folie aufgerufen ist. So erfolgt denn auch bereits in cap. II, dem ersten Gedicht aus der Feder Veronica Francos, unter Klarstellung des Status der Ich-Sprecherin als derjenige einer *cortigiana*, die Enttarnung jener Wortwerbung, wie sie in der petrarkistischen Sprechhaltung angelegt ist. Sexuelles Entgegenkommen, dem petrarkistischen System genuin inkompatibel, wird einem im Gestus des kodifizierten Frauenlobs Werbenden von der Ich-Sprecherin unter der Voraussetzung wechselseitiger Zuneigung offeriert, einer affektiven Konstellation, wie sie die Konventionen sowohl der ritualisierten Liebesdiskurse im Zeichen der Affektdisziplinierung als auch diejenigen der käuflichen Liebe nicht vorsehen. Die Gewährleistung der von der Ich-Sprecherin vermittelten Kunst, der explizit sexualisierten Kunst des Liebens, wird von einer tugendvollen Absicht des Werbenden, eines aufrichtigen und authentischen Begehrens im Gegensatz zu den konventionalisierten und leeren Liebesbekundungen abhängig gemacht:

> Aperto il cor vi mostrerò nel petto,
> allor che 'l vostro non mi celerete,
> e sarà di piacervi il mio diletto;
>   e, s'a Febo si grata mi tenete
> per lo compor, ne l'opere amorose
> grata a Venere più mi troverete.
>   Certe proprietati in me nascose
> vi scovrirò d'infinita dolcezza,
> che prosa o verso altrui mai non espose, (V.46-54)
> [...]
>   più mi giovi con fatti, e men mi lodi, (V.58)
> [...]
>   E però quel, che da voi cerco adesso,
> non è che con argento over con oro
> il vostro amor voi mi facciate espresso;
>   perché si disconvien troppo al decoro
> di chi non sia più che venal, far patto
> con uom gentil per trarne anco un tesoro.
>   Di mia profession non è tal atto;
> ma ben fuor di parole, io 'l dico chiaro,
> voglio veder il vostro amor in fatto. (V.94-102)

> [...]
> E poi da me volete farvi amare?
> quasi credendo che, così d'un salto,
> di voi mi debba a un tratto innamorare? (V.127-129)
> [...]
> E, qual ella si sia, la mia bellezza,
> quella che di lodar non sète stanco,
> spenderò poscia in vostra contentezza:
>   dolcemente congiunta al vostro fianco,
> le delizie d'amor farò gustarvi,
> quand'egli è ben appresso innamorarvi.
>   e 'n ciò potrei tal diletto recarvi,
> che chiamar vi potreste pur contento,
> e d'avvantaggio appresso innamorarvi.
>   Così dolce e gustevole divento,
> quando mi trovo con persona in letto,
> da cui amata e gradita mi sento,
>   che quel mio piacer vince ogni diletto,
> sì che quel, che strettissimo parea,
> nodo de l'altrui amor divien più stretto. (V.145-159)
> [...]
> ond'io instrutta a questi so dar opra
> sì ben nel letto, che d'Apollo a l'arte
> questa ne va d'assai spazio di sopra,
>   e 'l mio cantar e 'l mio scriver in carte
> s'oblia da chi mi prova in quella guisa,
> ch'a'suoi seguaci Venere comparte. (V.166-171)
> [...]

Die Sprechhaltung der Ich-Sprecherin ist von einem Selbst-Bewußtsein, einem eigenständigen Willen und einer Form der Unabhängigkeit gekennzeichnet, wie sie bislang, in den herangezogenen Texten anderer Autorinnen, nicht festzumachen war: die Sprecherin setzt die Konditionen, sie fordert den Liebenden, dem gegenüber sie sowohl die Perfektion ihrer selbstverfaßten Texte wie die noch unübertrefflichere Perfektion ihrer Liebeskünste herausfordernd vorhält, zu jener offenen und ehrlichen Affektivität auf, die konventionalisierte Lobpreisung nach petrarkistischem Muster nicht zu ersetzen weiß - zumal die Berufsehre eine begehrende Sexualität, und keineswegs einen unbeteiligten, kapitalisierten Sexualverkehr vorsieht, vielmehr beiderseitiges Engagement verlangt: zu dem nicht allein der Werbende willens zu sein hat, sondern ebenso die Gewährende, die über ihre Gunst unabhängig und eigenverantwortlich befindet. Eine Körper-Macht, die zugleich Willens-Macht ist, wird demonstriert, unabhängige Entscheidungsbefugnis proklamiert, wie sie der normativen weiblichen Passivitäts- und Abhängigkeitsnorm gänzlich zuwiderläuft - im Gegenzug, so die Werbung der *cortigiana* in eigener Sache, im Falle eines ihrerseits positiven Entscheids, nie beschriebene und nicht zu erahnende Liebesfreuden verspricht. Obgleich der Schreibakt hier in Umkehrung der petrarkistischen Wortliebe dem Liebesakt untergeordnet wird, erfährt er dennoch keine Devalorisierung im Sinne der üblichen/weiblichen Bescheidenheitsgeste, vielmehr proklamiert die Sprecherin nicht allein eine Körper- sondern zugleich eine Text-Macht, die keinen Vergleich zu scheuen braucht. In cap. XVI, einer agressiven Verteidigung gegen eine in Verse gefaßte Verleumdung als *meretrice*, als gewöhnliche Prostituierte also, fordert die Ich-Sprecherin den Autor in einer umfangreichen, von Kriegsmetaphorik durchwirkten Anklagerede gar zum literarischen Duell:

> La spada, che 'n man vostra rade e fora,
> de la lingua volgar veneziana,
> s'a voi piace d'usar, piace a me ancora:
>   e, se volete entrar ne la toscana,
> scegliete voi la seria o la burlesca,
> ché l'una e l'altra è a me facile e piana.
>   Io ho veduto in lingua selvaghesca
> certa fattura vostra molto bella,
> simile a la maniera pedantesca:
>   se voi volete usar o questa o quella,
> ed aventar, come ne l'altre fate,
> di queste in biasmo nostro le quadrella,
>   qual di lor più vi piace, e voi pigliate,
> ché di tutte ad un modo io mi contento,
> avendole perciò tutte imparate. (V.112-126)

Von Bescheidenheit und diskursivierter Minderwertigkeit ist nichts zu spüren, die Ich-Sprecherin mißt sich mit dem Mann auf einer Ebene der Gleichen, der gleichen Fähigkeiten. Sie tut dies selbst- und siegesbewußt, in einem rundum "männlichen" Gestus, zumal vom Schwertkampf die Rede ist, vom literarischen Duell der Federn, ein intellektueller Kampf, wie er jeder Frau nach der in den Diskursen transportierten geistigen Minderbemitteltheit des weiblichen Geschlechts niemals zustehen dürfte - ganz zu schweigen von der Übernahme der aktiven Position, derjenigen der Herausforderin: die Sprechhaltung verstößt eklatant gegen die Normen des sozialen Geschlechts der Frau, die rundum übergangen, vielmehr gegen die Selbstverständlichkeiten der Männlichkeit eingetauscht, für die Frau reklamiert werden. Auch in der Beurteilung der eigenen Schönheit zeigt die Ich-Sprecherin eine ausgesprochen selbstbewußte Haltung: cap. XXI, in welchem in petrarkisierender Diktion die schmerzvolle Liebesklage in der Abwesenheit des Geliebten, der zurückgeblieben ist - die Sprecherin hat sich in Umkehrung des petrarkistischen Topos entfernt - variiert wird, findet sich folgende Selbstcharakterisierung: "- Tal - dico, è 'l mio bel viso, in cui ripose / tutti i suoi doni il cielo, e la natura / la sua eccellenza più ch'altrove espose. -" (V.64-66). Die Verteidigungsreden ebenso wie die Selbst-Präsentationen (der für sich werbenden *cortigiana*, als welche die Ich-Sprecherin agiert) beschränken sich keineswegs auf die Person der Protagonistin, finden sich vielmehr an zahlreichen Stellen auf das gesamte weibliche Geschlecht ausgeweitet. Obgleich keines der capitoli an eine Frau adressiert ist, findet die Thematik des weiblichen Geschlechts in der Kontrastierung mit männlichem Habitus mehrfach Eingang in den jeweiligen Sprechverlauf - einzig in cap. XX, einer Variation petrarkisierender Werbung um einen in diesem Falle grausamen und abweisenden Geliebten, welcher sich, während sich die Ich-Sprecherin vor Schmerz verzehrt, mit einer anderen Frau im Bett vergnügt, findet sich ein Rekurs auf den Topos des zum Exemplum stilisierten (überindividuellen, paradigmatischen) Schicksals, dessen teilhaftig andere Frauen Trost wie Mitgefühl empfinden mögen: "benché da l'altro canto le mie pene / forse consolan altra donna, e 'l pianto / con piacer del mio amante al cor perviene", V.64-66). Die Anklagerede der Ich-Sprecherin im bereits zitierten cap. XVI thematisiert demgegenüber explizit die Normen des sozialen Geschlechts der Frau, die zwischengeschlechtliche Hierarchie, welche, analog der in der Selbstdarstellung repräsentierten Valenz, zur Disposition gestellt werden. Auf die referierte Minderwertigkeit und Objekthaftigkeit der Frau, wie sie die Diskurse und die sozialen Normen präsentieren, führt die Ich-Sprecherin, obgleich dem "schwachen Geschlecht" zugehörig, ihren Unwillen bezüglich des "schlechten Traumes" in Kampfbereitschaft über, neuerlich eine Gleichwertigkeit der Geschlechter einführend, welche dem Passivitätsdogma gänzlich zuwiderläuft:

> ...le donne, da natura fatte
> per l'uso, che più d'altro a l'uom diletta:
> imbecilli di corpo, ed in nulla atte
> non pur a offender gli altri, ma se stesse
> dal difender col cor timido astratte. (V.11-15)
> [...]
> Quasi da pigro sonno poi svegliata,
> dal cansato periglio animo presi,
> benché femina molli opere nata;
> e in man col ferro a essercitarmi appresi,
> tanto ch'aver le donne agil natura,
> non men che l'uomo, in armeggiando intesi (V.31-36)

Der Wille zur Überwindung von Subordination und Funktionalisierung der Frau ist individuell gefaßt, die Ich-Sprecherin stilisiert sich zur Vorkämpferin gegen die patriarchalen Mechanismen der Subordination, mit der Absicht, den keineswegs einheitlich perfekten Männern nicht allein eine Gleichwertigkeit der Anlagen und Vermögen, vielmehr die Überlegenheit des weiblichen Geschlechts vor Augen zu führen - eine Überlegenheit jener Frauen, die sie zur Gefolgschaft aufruft, zur selbsttätigen Befreiung aus der Unmündigkeit:

> Quando armate ed esperte ancor siam noi,
> render buon conto a ciascun uom potemo,
> ché mani e piedi e core avem qual voi;
> e, se ben molli e delicate semo,
> ancor tal uom, ch'è delicato, è forte;
> e tal, ruvido ed aspro, è d'ardir scemo.
> Di ciò non se ne son le donne accorte;
> che, se si risolvessero di farlo,
> con voi pugnar porìan fino a la morte.
> E per farvi veder che 'l vero parlo,
> tra tante donne incominciar voglio io,
> porgendo essempio a lor di seguitarlo. (V.64-75)
> [...]
> e le donne a difender tutte tolgo
> contra di voi, che di lor sète schivo,
> sì ch'a ragion io sola non mi dolgo. (V.79-81)

> [...]
> vi mostrerò quanto al vostro prevaglia
> il sesso femminil... (V.94/5)

Diese zumindest für den Bereich der Lyrik in Italien ungewöhnliche Thematisierung der geschlechtlichen Hierarchie aus der Perspektive der subordinierten Frau, die nicht länger gewillt ist, sich der verfügten Minderwertigkeit und Objekthaftigkeit zu beugen, die darüberhinaus alle Frauen dazu aufruft, die Normen des sozialen Geschlechts zu durchbrechen und die Gleichwertigkeit (respektive Überlegenheit) des weiblichen Geschlechts unter Beweis zu stellen - als explizite Aufforderung zum sozialen Ungehorsam aufgrund als ungerechtfertigt und ungerecht deklarierter geschlechtlicher Funktionalisierung - hindert die Ich-Sprecherin nicht daran, das subtile Spiel mit den weiblichen "Reizen", wie sie der männliche Diskurs geformt hat, in die referierte geschlechtliche Interaktion einzubeziehen. Im Rekurs auf den Bereich der Körperlichkeit zieht die Protagonistin zwar die männliche Verfügungsgewalt für den Adressaten des Textes ob seiner Übertretung der Regeln von Achtung und Höflichkeit als verwirkt ab, ohne aber die im männlichen Liebesdiskurs entworfene Stilisierung der Frau (einschließlich derjenigen der eigenen Liebeskünste) zu durchbrechen:

> Certo d'un gran piacer voi sète privo,
> a non gustar di noi la gran dolcezza;
> ed al mal uso in ciò la colpa ascrivo.
>   Data è dal ciel la femenil bellezza,
> perch'ella sia felicitate in terra
> di qualunque uom conosce gentilezza. (V.82-87)

Die hier lediglich angedeutete Verschränkung von "Weiblichkeit" und "Liebe" findet in cap. XXII, einer an den grausamen Geliebten adressierten Liebesmeditation der unglücklichen Liebenden, welche sich aufs Land zurückgezogen hat, eine differenziertere Ausdeutung. In einer ironischen Funktionalisierung der in der Schöpfungsgeschichte delegierten geschlechtlichen Rollen sowie der hierüber errichteten Diskursivierung der geschlechtlichen Vermögenheiten erscheint die Frau als zur Liebe prädestiniertes Wesen, zumal dem ohnehin einfältigen weiblichen Geist jede Freiheit genommen wird, die Frau hierüber nurmehr in der Liebe Engagement zeigen kann, aber darob auch alle Freuden der Liebe zu ernten vermag - wohingegen der Mann, der vernünftige, intelligente und, so er will, perfekte Weltenherrscher, sich der Liebe aufgrund seiner Verpflichtungen nicht mehr hingeben, nur Schmerzvolles, keine Befriedigung aus seinen Ausflügen ins Liebesleben ernten kann; dies als zynische Spitze gegen das in der mittelalterlich-höfischen sowie der petrarkistischen Liebesdichtung kodifizierte und damit als explizit männlich gekennzeichnete Liebesleid:

> e l'uom, dal cielo a dominar eletto
> tutti gli altri animali de la terra,
> dotato di ragione e d'intelletto;
>   l'uom, che, se non vuol, rado o mai non erra,
> fa, nei desir d'amor dolci, a se stesso
> così continua abominosa guerra,

> sì ch'a lui poi d'amar non è concesso,
> senza trovar di repugnanti voglie
> de la persona amata il core impresso.
>   In ciò contrario a le donne si voglie
> più ch'agli uomini il ciel; ch'amano senza
> sentir quasi in Amor altro che doglie.
>   Far non può de le donne resistenza
> la natura sì molle ed imbecilla,
> di Venere del figlio a la potenza;
>   picciol'aura conturba la tranquilla
> feminil mente, e di tepido foco
> l'alma semplice nostra arde e sfavilla.
>   E, quanto avem di libertà più poco,
> tanto 'l cieco desir, che ne desvia,
> di penetrarne al cor ritrova loco;
>   sì che ne muor la donna, o fuor di via
> esce de la comun nostra strettezza,
> e per picciolo error forte travia. (V.61-84)

Während hier die Rollenbilder in ironischer Manier in ihrem normativen Fundament belassen werden, die Dominanz des Affektiven im diskursivierten Erscheinungsbild des weiblichen Geschlechts als doppelbödig-subversive Affirmation der Erwartungshaltung modelliert ist, wird in cap. XXIV der Versuch unternommen, die Subordination der Frau in moralische Überlegenheit umzudeuten. Die "Enttarnung" patriarchaler Kriterien von Valenz und Hierarchie vollzieht sich im Rahmen einer ebenso höflichen wie ausführlichen Vorhaltung, welche die Ich-Sprecherin einem ansonsten ehrbaren Mann zuteil werden läßt, der zuvor eine andere Frau auf ungerechtfertigte Weise (körperlich) angegriffen und erniedrigt hatte. Als Fürsprecherin des Opfers bindet die Ich-Sprecherin den Vorfall erneut an übergeordnete Mechanismen der zwischengeschlechtlichen Hierarchie an, thematisiert die Objektrolle des weiblichen Geschlechts im Kontext der patriarchalen Valenzkriterien und Devalorisierungsstrategien:

> Povero sesso, con fortuna ria
> sempre prodotto, perch'ognor soggetto
> e senza libertà sempre si stìa!
>   Né però di noi fu certo il diffetto,
> che, se ben come l'uom non sem forzute,
> come l'uom mente avemo ed intelletto.
>   Né in forza corporal sta la virtute,
> ma nel vigor de l'alma e de l'ingegno,
> da cui tutte le cose son sapute:
>   e certa son che in ciò loco men degno
> non han le donne, ma d'esser maggiori
> degli uomini dato hanno più d'un segno. (V.55-66)

Während die körperliche Differenz der Geschlechter jedenfalls in Hinblick auf die physische Kraft des Mannes beibehalten, letztere dabei aber devalorisiert wird, reklamiert die Ich-Sprecherin eine gleichwertige intellektuelle und seelische Potenz des weiblichen Geschlechts, welches, stets subordiniert und jeder Freiheit beraubt, dennoch zahlreiche

Beweise für seine Überlegenheit über den Mann geliefert hat. Trotz der eingeforderten Prämisse der Gleichwertigkeit geistiger und seelischer Anlagen von Mann und Frau führt die Ich-Sprecherin auch in diesem Fall die Denkbewegung nach dem Schema der etablierten dipolaren Struktur umgehend über in eine verkehrte Hierarchie, in die Überlegenheit des weiblichen Geschlechts, dessen diskursivierte Minderwertigkeit ja im selben Zuge als ungerechtfertigt deklariert wird - Gleichwertigkeit ist auch in diesem Falle nicht denkbar, nach einem identischen Schema wird das männliche Geschlecht devalorisiert, die weibliche Überlegenheit allerdings primär moralisch begründet. In diesem Sinne erfährt die passive Objektrolle der Frau eine Aufwertung, welche weibliche Fügsamkeit und Unterordnung, den schweigenden Gehorsam zum "besseren Wissen" stilisiert, ein "weises" Wissen, das im Bewußtsein der "natürlichen" Überlegenheit ein scheinbar friedliches Gleichgewicht der Hierarchie nicht zerstören will. Der kämpferische Impetus läßt sich hier scheinbar nicht auffinden, die Subordination wird zum Schicksal gewendet, das geduldige Ausharren in der sklavischen Objektrolle zur pazifistischen Geste, zum Akt der vernünftig-wohlwollenden Überlegenheit, die männliche Unterdrückung der Frau - mit einer Ausnahme, jener des Liebesdienstes - allerdings heftigst attackiert:

> E così noi, che siam di voi più sagge,
> per non contender vi portamo in spalla,
> com'anco chi ha buon piè porta chi cagge.
>   Ma la copia degli uomini in ciò falla;
> e la donna, perché non segua il male,
> s'accomoda e sostien d'esser vassalla.
>   Ché, se mostrar volesse quanto vale,
> in quanto a la ragion, de l'uom saria
> di gran lunga maggiore, e non che eguale.
>   Ma l'umana progenie mancheria,
> se al donna, ostinata in sul duello,
> foss'a l'uom, com'ei merta, acerba e ria.
>   Per non guastar il mondo, ch'è sì bello
> per la specie di noi, la donna tace,
> e si sommette a l'uom tiranno e fello,
>   che poi del regnar tanto si compiace,
> sì come fanno 'l più quei che non sanno
> (ché 'l mondan peso a chi più sa più spiace),
>   che gli uomini perciò grand'onor fanno
> a le donne, perché cessero a loro
> l'imperio, e sempre a lor serbato l'hanno. (V.76-96)

Die solcherart innerhalb der *Terze Rime* mehrfach thematisierte Stellung der Frau, die Benennung der Subordination sowie der Mechanismen zur Aufrechterhaltung der hierarchischen Geschlechterrelation, schließlich die Proklamation einer notwendigen Überwindung derselben, mündet jeweils zurück in den status quo: die kritischen Ein- und Ansichten der Ich-Sprecherin, die Aufforderungen zum weiblichen Widerstand, die Stilisierungen zur weiblichen Überlegenheit, werden keineswegs explizit einer weiblichen Leserschaft anvertraut, in einer Apostrophe der *donne*, wie dies andernorts geschieht, zur geschlechtspolitischen Programmatik gefügt. Textimmanent ist vielmehr stets ein männlicher Adressat der Rede aufgerufen, der thematisierte Umgang mit dem weiblichen Geschlecht, die Textualisierung weiblicher Valenz, die hypothetische Androhung weiblicher Rache geraten zum Appell an den Mann, die Mechanismen des Umgangs mit dem weiblichen Geschlecht zu überdenken. Nicht der Aufstand wird geprobt, sondern die Vernunft mobilisiert, nicht die Einsicht der Frauen steht im Vordergrund, sondern diejenige der Männer - zu denen sich die Ich-Sprecherin in selbigem Gestus der Überlegenheit in Relation setzt, voller Selbst-Bewußtsein Korrekturen des Herrendogmas einfordert. Auch in cap. XXIV mündet besagter Vorwurf in diesem Sinne in die Zurechtweisung des Adressaten, eine Rüge, welche die Besinnung auf Regeln der Höflichkeit und des Anstandes, gewaltfreie Verhaltensnormen anmahnt, wie sie dem Adressaten ob seiner Herkunft bekannt sein sollten, insofern dem körperlich schwachen und schutzlosen, dafür aber geistig und moralisch um so stärkeren weiblichen Geschlecht Referenz, Lob und Verehrung gebührt (als deren Ausdruck hier unter anderem wertvolle Kleidung und Schmuck aufgerufen werden, dies als Anmerkung zur Funktionalisierbarkeit der Symbolkraft von Kleidung[91]):

> Quinci sete, ricami, argento ed oro,
> gemme, porpora, e qual è di più pregio
> si pon in adornarne alto tesoro;
>   e, qual conviensi al nostro senno egregio,
> non sol son ricchi i nostri adornamenti
> d'ogni pomposo e più prezzato fregio,
>   ma gli uomini a noi vengon riverenti,
> e ne cedono 'l luogo in casa e in strada,
> in ciò non punto tardi o neglegenti.
>   Per questo anco è ch'a lor portar accada
> berretta in testa, per trarla di noi
> a qualunque dinanzi ei se ne vada:
>   e, s'ancor son tra lor nimici poi,
> non lascian d'onorar, sempre ch'occorre,
> l'istesse donne de' nemici suoi.
>   Da questo argumentando si discorre
> quanto l'offesa fatta al nostro sesso
> la civiltà de l'uom gentile aborre.
>   Né ch'io parli così crediate adesso
> con altro fin, che di mostravi quanto
> l'offender donne sia peccato espresso. (V.97-117)
> [...]
>   Cessin l'offese omai, cessin gli sdegni,
> e tanto più che d'uom nato gentile
> questi non sono portamenti degni;
>   ma è profession d'uom basso e vile
> pugnar con chi non ha diffesa o schermo
> se non di ciance e d'ingegno sottile. (V.124-129)

Die streitbaren capitoli XVI und XXIV richten sich an Adressaten, welche, im Falle von cap. XVI die Ich-Sprecherin, in letzterem eine andere Frau beleidigend und entwürdigend angegangen hatten (ein ähnlicher Fall findet sich in cap. XIII, in welchem sich die Ich-

Sprecherin zu Unrecht vom Geliebten verraten fühlt - "tradito a torto m'hai", V.15 - und darob zornig jenseits aller Worte auf brutale Rache sinnt, neuerlich todesmutig ein Duell herausfordert, in welchem sie dem Geliebten im Kampf das Herz aus der Brust schneiden will, aber schließlich dennoch auf Versöhnung im Bett hofft[92]); die Ich-Sprecherin agiert also jeweils in eigener Person als Interessenvertreterin. In cap. XXIII und XVIII hingegen wendet sie sich an einen Freund oder Gönner, um ihrerseits Rat einzuholen. Während in cap. XXIII die betreffende Angelegenheit, welche Rat verlangt, neuerlich eine Verteidigung der Ich-Sprecherin aufgrund einer Beleidigung betrifft, tendiert die Protagonistin in diesem Fall eher zu einer friedlichen Lösung, obgleich das Dilemma keine Lösung erlaubt:

> Del mio avversario, für primieri acquisti
> sparger detti, in mia assenza, di me falsi,
> da nulla verità coperti o misti. (V.70-72)
> [...]
>   Così fec'io, che, d'ogni dritto fuori
> infamiata e biasmata da un uom vile,
> mi confortai co' miei pensier migliori:
>   e farei più che mai ora il simile,
> se per la mia pazienza quel villano
> non discendesse a via peggiore stile.
>   Ma con armata e minacciosa mano
> m'importuna, e mi sfida, e quasi sforza
> il pensier di star quete a render vano. (V.91-99)
> [...]
>   E poi di me qual cosa si direbbe?
> Ch'io non sia buona per un uom codardo,
> cui con la verga un fanciul vincerebbe:
>   un, che fa l'invincibile e 'l gagliardo
> contra una donna, che sopporta e tace,
> senza pur minacciarlo con lo sguardo. (V.148-153)
> [...]
>   Forse la sete fia che 'n tutto io spenga
> di quel sangue maligno, e non diletto
> senza contrasto alcun vittoria ottenga.
>   Dunque commetterò sì gran diffetto
> di bruttar di quel sangue queste mani,
> ch'è di malizia e di viltate infetto?
>   Cessin da me pensieri così strani.
> Ma che farò? S'io taccio, mal; e poi
> s'io faccio, peggio. Oh miei discorsi vani!
>   Datemi, signor mio, consiglio voi. (V.169-178)

Die betreffende Anschuldigung meint zweifelsohne den Vorwurf, eine gemeine Prostituierte zu sein, dem Munde eines nichtswürdigen, aber gefährlichen Angebers entwichen, so die Ich-Sprecherin - und hier gibt die *cortigiana* die Beleidigung postwendend zurück, dessen Penisgröße von jedem kleinen Jungen übertroffen würde - eine Beleidigung, die sie schweigend hingenommen habe: das Sinnen nach brutaler Rache wird als erniedrigend respektive als die Situation verschlimmernd verworfen. Aber auch ein fortgesetztes Schweigen läßt die Beleidigte in einem schlechten Licht erscheinen: die gefährliche Gratwanderung der *cortigiana* zwischen relativer Ehrbarkeit und moralisch begründeter Verdammung wird offen formuliert und reflektiert, zu einem Dilemma gefügt, welches, im Falle einer aus männlichem Munde geäußerten ausgesprochen diffamierenden Behauptung, nicht aufzulösen ist; die Wiederherstellung der Reputation erscheint unmöglich, läßt keinen anderen Weg als die Suche nach Rat - nach Protektion - bei einem Freund oder Gönner offen. In cap. XVIII hingegen ist es eine streitige Liebesangelegenheit, die mit dem Austausch von Versen verbunden ist. Der um Rat befragte männliche Adressat soll durch geschickte Korrektur einiger Verse sowie persönliche Einflußnahme (der Adressat scheint mit dem Geliebten eng vertraut) den verärgerten Geliebten zur Versöhnung bewegen helfen, eine Mittlerrolle übernehmen, der nach Ansicht der Ich-Sprecherin kraft seines Ansehens Erfolg beschieden sein muß. Die affektische Befindlichkeit der Ich-Sprecherin ist hierbei als keineswegs ausgeglichen, sondern als zwischen Leidenschaft und Eifersucht oszillierend gekennzeichnet, eine Befindlichkeit immerhin, welche dem Geliebten gegenüber stolz jede Unterwürfigkeit ablehnen läßt: Intention der Operation ist vielmehr dessen Rückholung in einen Zustand reuevoller Unterordnung ("ch'umil l'amante mio divenga", V.30), in eine Position, welche der Ich-Sprecherin affektisch wie hierarchisch subordiniert ist. Mit cap. XV findet sich ein weiterer Freund oder Gönner als Adressat, ebenso wie die beiden anderen im Verlauf des Textes apostrophierten "signori" als einer gesellschaftlich elitären Position zugehörig gekennzeichnet, denen sich die Sprecherin mit entsprechender Kenntnis der Konventionen und Ehrerbietungen nähert. Der apostrophierter "signor" wird als "Akademiker" vorgestellt, um den sich ein Kreis von Literaten und Gelehrten schart:

> In quel vostro sì celebre concorso
> d'uomini dotti e di giudicio eletto,
> da cui vien ragionato e ben discorso,
> come senza poter formar un detto,
> dovev'io ne la scola circostante
> uom tal visitar egro infermo in letto? (V.97-102)

Diesem "signor" wird eine Entschuldigung (ob unterlassener Aufwartungen, unterlassenem Krankenbesuch) offeriert: "Signor, ha molti giorni, ch'io non fui / (come doveva) a farvi riverenza / di che biasmata son forse d'altrui" (V.1-3), neuerlich steht der Ruf der Ich-Sprecherin auf dem Spiel. Die als Brief gekennzeichnete Erläuterung der Umstände, zur Rechtfertigung gefügt ("Io so pur troppo che de la brigata / far mal giudizio de le cose s'usa, / senza aver la ragion prima ascoltata", V.16-18), führt die unterlassene Besuchshandlung auf die affektische Befindlichkeit der Ich-Sprecherin zurück, deren Zustand sich nach einer reisebedingten Trennung vom leidenschaftlich verehrten Geliebten als erbärmlich erweist:

> benché quest'è mia scusa, che l'amore,
> ch'io porto ad uom gentile a maraviglia,
> mi confonde la vita e toglie il core;
> anzi pur dal girar de le sue ciglia
> la mia vita depende e la mia morte

> e quindi gioia e duol l'anima piglia.
> Permesso alfine ha la mia iniqua sorte
> che 'n preda del suo amor m'abandonassi,
> di che fien l'ore del mio viver corte:
> ed ei, crudel, da me volgendo i passi,
> quando più bramo la sua compagnia,
> fuor de la nostra comun patria vassi (V.28-39)

Während Trennung, Leid an der Distanz sowie die obligatorische Hoffnung auf Rückkehr ("Ed ora a stato tal io son ridutta, / che, s'ei doman non torna, com'io spero, / fia la mia carne in cenere distrutta. / Di rivederlo ognor bramosa pèro", V.109-112) petrarkistischer Motivik nahestehen, ist die textualisierte Liebe in antipetrarkistischer Manier als eine gegenseitige markiert ("perché tanto da lui mi sento amato", V.134; "e fortunata del suo amor mi chiamo", V.162). Besagter Geliebter, "mio colonello" (V.122), ein Soldat, wird von der Ich-Sprecherin ganz im Duktus der Colonna portraitiert, die ja ihrerseits einen heldischen und strahlenden Soldaten zu beschreiben suchte. Veronica Francos Version darf ob expliziter Anleihen und ironischer Sexualisierung dabei durchaus als Zitat verstanden werden:

> Del suo nobil valor la chiara fama
> fa che quivi ciascun l'ama e 'l desia,
> e come esperto in guerregiar il brama. (V.142-144)
> [...]
> sì che con l'onorata invitta spada
> a la sua illustre immortal gloria ei faccia
> con l'inimico sangue aperta strada. (V.148-150)
> [...]
> A lui servir e compiacer sol bramo,
> valoroso, gentil, modesto e buono; (V.160/1)

Dieser edle Soldat respektive die Liebe zum colonello ist Grund für die unterlassenen Besuche, zumal die Ich-Sprecherin vormals mit dem signor liiert gewesen zu sein scheint, sich ihm zumindest "hingegeben" hatte und sich eigentlich von dessen Liebe verlassen wähnte, aus Gründen der Schicklichkeit also ein Erscheinen vermieden hatte:

> benc'ho mutato in parte fantasia,
> e in ciò ch'io mi ritoglio, o ch'io mi dono,
> non sarà quel, che tal crede che sia.
> Questo dico, perché dar in man buono,
> venendo, non vorrei di chi perduta
> mi tenne del suo amor, che non ne sono:
> così la sorte ora offende, ora aiuta. (V.208-211)

Die im petrarkistischen oder im neuplatonischen Liebeskonzept in der moralischen Valorisierung so hoch verortete (kontemplative) Liebe wird bei Veronica Franco trotz adäquater poetischer Stilisierung auf eine Relativität reduziert, welche sich jeder Affinität zu einem "göttlichen" Moment entzieht, moralische Integrität vielmehr auf den respektvollen Umgang mit affektischen Bedürfnissen beschränkt: die poetische Thematisierung der Liebe vollzieht sich im Kontext einer primär lancierten Körperlichkeit, das in der petrarkistischen oder platonisierenden Dichtung zwischengeschaltete und allein maßgebende Moment der Reflexion, des geistigen Erlebens der (unerfüllten) Liebe, findet sich zugunsten affektisch-körperlicher Unmittelbarkeit ausgeblendet. Das Subjekt des Sprechaktes, ein weibliches Subjekt, wird markiert als eigenverantwortliche und nach einem freien Willen agierende Frau, die Respekt und Höflichkeit ebenso wie ein Streben nach Erfüllung der eigenen Bedürfnisse reklamiert, ohne sich als umfassend dem männlichen Willen und der männlichen Suprematie subordiniert zu begreifen, die Normen des sozialen Geschlechts umzusetzen.

Neben der Gruppe der "Feinde" und derjenigen der Freunde oder Gönner scheint im Kreis der Adressaten desweiteren eine Gruppe von Werbenden auf, wobei die Ich-Sprecherin notwendig die Position der Umworbenen, der topisch unnahbaren Dame einnimmt: im Hinblick auf den monologisch organisierten petrarkistischen Diskurs käme dieser Schritt einer Dialogisierung der Perspektive gleich, eine Sprechaktgestaltung, wie sie in der Tat über die zahlreich aufgerufenen petrarkistischen Systemelemente nahegelegt wird. Unter den Lyrikerinnen des 16.Jahrhunderts wird sich lediglich Louise Labé in einem Sonett in die Nähe dieser Sprecherposition begeben[93], die Position der gemeinhin überindividuell idolisierten Dame, die über das Schicksal der Werbenden bestimmt, in der topischen Zurückweisung die Liebenden mit tiefem Leid erfüllt. Während dem Werbenden aus cap. II die Prämissen eines hypothetischen affektiv-sexuellen Entgegenkommens der Ich-Sprecherin zurechtweisend nahegebracht werden, finden sich die Werbenden aus cap. VIII, X und XII in der Tat zurückgewiesen: in cap.VIII erweist sich die Ich-Sprecherin als bereits anderweitig liiert und verpflichtet, wobei die Verbindung als für sie unglücklich und schmerzvoll gekennzeichnet wird ("Del mio amante non dico ché 'l mio strazio / è 'l dolce cibo, ond'ei mentre si pasce / divien nel suo digiun manco ognor sazio", V.58-60; "forse con lui fa un altra donna quello, / ch'egli fa meco; e qual dà, tal ritoglie", V.65/6), das Verhältnis entbehrt einer positiven affektischen Grundlage. Der Werbende (in diesem Falle scheint es sich um einen Maler zu halten: "Anch'io so quanto val vostra virtute / e de le rare eccellenti vostr'opre / molte sono da me state vedute", V.118-120), dem Wohlwollen zugesichert ist, wird auf die Zukunft vertröstet:

> posso bramar che chi cinta mi tiene
> d'indegno laccio in libertà mi renda,
> sì ch'io mi doni a voi, come conviene; (V.103-105)
> [...]
> Tra tanto l'esser certo di mia cura
> conforto sia, ch'al vostro dolor giovi,
> e mi faccia stimar da voi non dura,
> fin che libera un giorno io mi ritrovi. (V.130-133)

Der Werbende aus cap. X hingegen wird schlichtweg abgewiesen, die Ich-Sprecherin hat sich seinetwegen aus der Stadt entfernt ("In disparte da te sommene andata, / per frastonarti da l'amarmi", V.1/2). Die Zurückweisung der Nachstellungen des Werbenden mündet schließlich in verächtliche Abschätzigkeit:

> ché, s'io mossi da te fuggendo 'l piede,
> fu perché le presenti mie repulse
> m'eran de la tua morte espressa fede. (V.55-57)
> [...]
> So che la lontananza il suo furore
> mitiga; e quando tu, del viver sazio,
> pur vogli amando uscir di vita fuore,
> te, con quest'occhi, e me insiem non strazio. (V.79-82)

In cap. XII wird der auch hier vergeblich Werbende, der sein Ansinnen in petrarkisierenden (vgl. V.17) Versen niedergelegt hatte, auf eine anderes lyrisches Objekt verwiesen:

> Questa materia del vostro ingegno era,
> e non gir poetando vanamente,
> obliando la via del ver primera.
> Senza discorrer poeticamente,
> senza usar l'iperbolica figura,
> ch'è pur troppo bugiarda apertamente,
> si poteva impiegar la vostra cura
> in lodando Vinegia, singolare
> meraviglia e stupor de la natura. (V.13-21)

Die Bloßstellung der deutlich als petrarkistisch gekennzeichneten Werbung als Lüge, als formalisierte Nichtigkeit, findet im Verlauf weitere Präzisierung:

> ma, poi la benda agli occhi Amor vi pose,
> dal costui foco il vostro cor combusto,
> vi mandò agli occhi de la mente il fumo
> che vi fece veder falso e non giusto,
> Ned io di me tai menzogne presumo,
> quai voi spiegate, ben con tai maniere,
> che dal modo del dir diletto assumo;
> ma non perciò conosco per non vere
> le trascendenti lodi, che mi date,
> sì che mi son con noia di piacere. (V.51-60)

Auch in diesem Falle befindet sich die Ich-Sprecherin fern von der Stadt, ohne dem Adressaten in absehbarer Zeit wiederbegegnen zu wollen ("ma, come sia, non ritornerò in fretta", V.88). Der Topos der abweisenden Umworbenen wird durchgängig beibehalten, gleichwohl durch den Bruch des Schweigens (der prototypischen *donna*) den Abweisungsmodalitäten Variantenreichtum eröffnet wird: die topische Grausamkeit der Dame findet sich bis hin zum Wohlwollen modifiziert, die Ich-Sprecherin präsentiert sich als letztendlich stets maßgebende Instanz der Entscheidung. Der weibliche Wille ist ausschlaggebend für die Art der Beziehung, nicht das männliche Begehren, die normative zwischengeschlechtliche Hierarchie der Lebenswelt wird im Modus der Liebeskonzepte, nach dem Muster der abweisenden *donna*, in ihr (fiktionales, dabei aber lebensweltlich durchformtes) Gegenteil verkehrt.

Die Gruppe der Geliebten stellt die weitaus größte Anzahl von Adressaten der *Terze Rime*, cap. III, V, XIII, XIX, XX, XXI und XXII zeigen die Ich-Sprecherin in der Sprechhaltung einer Liebenden "klassischer" Prägung. Cap. III etwa entfaltet die petrarkistische Trennungsthematik, die unter Beibehaltung petrarkistischer Wendungen und Lexik in der Briefform ausgestaltet wird ("Questa la tua fedel Franca ti scrive, / dolce, gentil, suo valoroso amante; / la qual, lunge da te, misera vive", V.1-3). Insbesondere die Schmerzthematik findet hier reichliche Thematisierung: vom "pallida e lagrimosa ne l'aspetto, / mi fei grave soggiorno il dolore" (V.8/9) bis zum "del pianger sol trassi alto diletto" (V.12) reiht sich ein breites Spektrum von Schmerzbekundungen in manieristischer Überbietungsmanier[94], auch die Eifersuchtsthematik findet sich in petrarkisierendes Sprechen verpackt ("la gelosia / che, da voi lontan, m'arde a poco a poco / con la gelida sua fiamma atra e ria!", V.55-57). Die Beschreibung des Geliebten beschränkt sich auf einen Apollo-Vergleich ("mio Apollo in scienzia ed in sembianza", V.63), sowie die folgende Charakterisierung: "Quest'è l'amante mio, ch'ogni altro passa / in sopportar gli affanni, e in fedeltate / ogni altro più fedel dietro si lassa" (V.67-69). Cap. V zeigt die Ich-Sprecherin als nach einer "Verirrung" sich einem anderen zuwendend, der ob seiner Tugenden und seines Wissens weit eher ihre Liebe verdient:

> Signor, la virtù vostra e 'l gran valore
> e l'eloquenzia fu di tal potere,
> che d'altrui man m'ha liberato il core; (V.1-3)
> [...]
> Misera me, ch'amai ombra mortale,
> ch'anzi doveva odiar, a voi amare,
> pien di virtù infinita e immortale! (V.10-12)

In cap. XIII (s. oben) mündet ein Verlangen nach Rache am Geliebten in den Wunsch nach Versöhnung, in cap. XVII macht die Ich-Sprecherin dem "amante ingrato" (V.71), den sie beim Bedichten einer anderen Dame überrascht hatte ("poi che pensar ad altra donna osasti, / e limar versi de le lodi sue: / farlo celatamente ti pensasti, / ma io ti sopragiunsi a l'improviso, / quando manco di me ti dubitasti", V.32-36), in einer Entfaltung der Eifersuchtsthematik Vorhaltungen, die schließlich doch wieder in Liebesbekundungen münden ("Contra mia voglia scriverti mi sforza / Amor", V.109/110). Cap. XIX ist als ein umfangreicher Brief in Versen an den "primo amor" (V.87) der Ich-Sprecherin gestaltet, ein Mann, welcher die Klerikerlaufbahn eingeschlagen hatte und sich nun, nach langen Jahren der Abwesenheit, wieder in der Stadt befindet. Die Beschreibung der geliebten Person und ihrer Wirkung auf die Ich-Sprecherin, dieses Klerikers, dessen Darstellung sich keineswegs auf Tugenden, Umgangsformen und Wissen beschränkt, sondern körperliche Schönheit einbezieht, ist die ausführlichste einer männlichen Person in den *Terze Rime*:

> Or sicura ho 'l pericolo a la mente,
> quando da' be' vostr'occhi e dal bel volto
> contra me spinse Amor la face ardente:
> ed a piagarmi in mille guise vòlto,
> dal fiume ancor de la vostra eloquenza

>   il foco del mio acendio avea raccolto.
>   L'abito vago e la gentil presenza,
>   la grazia e le maniere, al mondo sole,
>   e de le virtù chiare l'eccellenza,
>   fûr ne la vista mia lucido sole, (V.16-25)
>   [...]
>   Quanto cangiato in voi da quel di prima
>   veggo 'l bel volto! (V.88/9)
>   [...]
>   e dal bel vostro sguardo ebbi soccorso! (V.93)
>   [...]
>   E, se ben in viril robusta etate,
>   l'oro de la lanugine in argento
>   rivolto, quasi vecchio vi mostrate;
>   benché punto nel viso non s'è spento
>   quel lume di beltà chiara e serena,
>   ch'abbaglia chi mirarvi ardisce intento. (V.121-126)
>   [...]
>   e, pensando a le vostre immense doti, (V.149)
>   [...]
>   de le vostre virtù gustar il frutto, (V.155)
>   [...]
>   da la vostra bontà voglio sperarlo;
>   da la vostra infinita cortesia, (V.174/5)

Obwohl sie ihre Liebe nie gestanden hatte ("E, se ben il mio amor non vi mostrai", V.94), blieb sie nach der Abreise des heimlich Geliebten lange Zeit im Liebesleid verfangen. Selbst nach wechselvollen Jahren ("Mesi ed anni trascorsero da poi, / ond'a me variar convenne stile", V.109/110) fühlt sie noch jetzt tiefe Zuneigung ("Del mio passato amor de la potenza / queste faville in me sono rimaste", V.142/3), welche sie, nunmehr in demütige Freundschaft gewandelt ("In amicizia il folle amor trasformo", V.148), dem lange Verehrten tugendvoll nahebringen zu dürfen ersucht:

>   poi ch'a servirvi io son pronta ad ogni ora. (V.225)
>   [...]
>   Non tengo ad altro il mio pensier rivolto,
>   se non a farvi di mia fede certo,
>   e mostravi 'l mio cor simile al volto,
>   senza richieder da voi altro in merto,
>   se non che 'n grado il mio affetto accettiate,
>   a voi da me pien d'osservanzia offerto:
>   e che innanzi al partir mi concediate
>   ch'io vi parli e v'inchini; e, quando poi
>   siate altrove, di me vi ricordate,
>   perch'io 'l farò con usura con voi. (V.235-244)

Der Geliebte aus cap. XX (vgl. oben), der sich einer anderen Frau zugewendet hat ("Oimé! che, d'altra standosi nel letto, / me lascia raffreddar sola e scontenta, / colma d'affanni e pien di dispetto", V.217-219), läßt die Ich-Sprecherin eine umfassende Liebesklage vortragen, welche schließlich in eine Todesankündigung mündet ("attender voglio / al mio dolor da voi schermo e riparo, / poi che di grand'onor il mio cordoglio / esser vi può, se pronto a sovenirmi / sarete, mentre a voi di voi mi doglio: / se non, vedrete misera morirmi", V.263-268). Der Geliebte aus cap. XXI (vgl. oben), von dem sich die Liebende unbedachterweise entfernt hatte, wird mit einer petrarkisierenden Trennungsklage überschüttet. Jener aus cap. XXII hingegen (vgl. oben), als "mio crudo amante" (V.29), als "uom crudel" (V.147) ausgewiesen, der sein Interesse an der Ich-Sprecherin verloren und diese darob zum Verlassen der Stadt bewogen hatte, wird über die ländliche Umgebung der nach Vergessen trachtenden Ich-Sprecherin stets aufs Neue schmerzlich ins Gedächtnis gerufen - evoziert über das topische Wandeln der Protagonistin durch in petrarkistischer Manier gestaltete Korrespondenz- und Divergenzlandschaften. Die petrarkistische Folie findet sich mehrfach explizit aufgerufen, die Referenzen insbesondere auf Petrarcas "Solo e pensoso..." (XXXV) treten deutlich hervor, um im gleichen Zuge einer beinahe parodistischen Brechung respektive Überformung unterzogen zu werden, beispielsweise wie folgt:

> E pur tra questi fiori e queste piante
> la vo cercando, e di quell'empio l'orme,
> ch'ovunque io vada ognor mi sta davante.
>   E par ch'io 'l vegga, e poi ch'ei si trasforme
> or d'un abete, or d'un faggio, or d'un pino,
> or d'un lauro, or d'un mirto in varie forme;
>   parmelo aver negli occhi da vicino,
> e le mani a pigliarlo stendo,
> e la bocca a basciarlo gli avicino:
>   in questo lo mio error veggio e comprendo,
> ché, da l'imaginar e da la speme
> delusa, un tronco o un sasso abbraccio e prendo. (V.31-42)
> [...]
>   per monti e valli e selve e piagge,
> quinci e quindi congiunta in modo stretto
> coppia sen va di due bestie selvagge. (V.58-60)

In den Variationen der Sprechhaltung einer Liebenden wird durchweg die prototypisch-petrarkistische Distanz zum Geliebten in lokaler oder affektischer Hinsicht aufrechterhalten, wenngleich die jeweils thematisierte und dabei fast durchgängig an petrarkistischen Themen orientierte spezifische Situation durch variantenreiche Konfiguration systemorientierte Grenzen mühelos übersteigt. Die exemplarischen Variationen Veronica Francos, die sich jeder Serialisierung, jeder semantischen Systematisierung entziehen, lassen sich zwar durchaus in den Kontext einer Liebesdichtung, die sich in formalsemantischer Hinsicht zahlreich aufgerufen findet, einbinden; andererseits aber fügen sich die capitoli der Franco zu einer ganz eigenen Einheit, die sich einer formalen Kategorisierung entzieht: dominiert von Brüchen und eigenwilligen Setzungen, formieren die *Terze Rime* eine Lyriksammlung, deren dominant narrativer Charakter eine Polyperspektivik zu Darstellung zu bringen vermag, wie sie systemorientiertem Dichten notwendig fremd sein muß. Die Reihung der achtzehn capitoli Veronica Francos entbehrt jeden Organisationsprinzips, ein Handlungsverlauf ist nicht gegeben - die Aussagen der einheitlichen Ich-Sprecherin assimilieren sich dem jeweils aufgegriffenen Thema, die Sprechhaltung variiert je nach Thematik ganz erheblich. Die von Veronica Franco thematisierten Aspekte der Liebe finden sich nahezu durchgängig explizit einem sexuellen Substrat verhaftet, wie es das projektierte Selbst-Verständnis der Ich-Sprecherin, einer Frau voller Bedürfnisse sowie *cortigiana*, einer Frau, die Respekt einfordert und Befriedigung sucht (ein semantischer Komplex, der für eine weibliche Sprecherin, zumal in der weiblichen Lyrik des Cinquecento, einzigartig ist), einen fiktionalen Kosmos umreißt, der in seiner "aktiven" Dimensionierung allen Konventionen des sozialen Geschlechts der Frau zuwiderläuft. Der Wechsel der Tonlagen und Stimmungen findet eine Entsprechung im Wechsel der Geliebten oder Werbenden, der Zurechtgewiesenen und Abgewiesenen, der Umworbenen und Verehrten, der Freunde und Feinde, der Themenvarianz von der Naturbeschreibung bis zur streitbaren Verteidigung persönlicher Integrität und Rechte, Verteidigungen des weiblichen Geschlechts: die erhebliche Variationsbreite entzieht sich einer Schematisierung. Eine Reflexion allerdings des weiblichen Schreibaktes, eine Problematisierung des weiblichen Diskurseingriffes ist, anders etwa als bei Louise Labé, bei Veronica Franco nicht aufzufinden, die Adressaten der capitoli sind durchweg männlich, die über die *cortigianìa* geprägte Relation zu den Adressaten verbleibt stets Prämisse von Inhalt und Sprechakt - sofern eine zwischengeschlechtliche Relation Maßgabe der Thematisierung ist: hinsichtlich der hier beispielsweise nicht berücksichtigten Naturbeschreibungen oder jener Venedigs bewegt sich Veronica Franco darüberhinaus auf einem Terrain, welches weibliche Autoren im 16.Jahrhundert nur selten betreten haben. Während Veronica Franco ob der Wiedergabe eines Selbst-Bewußtseins, welches sich der Tätigkeit als professionelle *cortigiana* verdankt, als freie Unternehmerin in einer elitären Männerwelt, einen höchst ungewöhnlichen weiblichen Diskurseingriff zu vollziehen vermochte, eine Lyriksammlung zu erstellen wußte, deren Tenor eine provokante Normverletzung transportiert, die sich ausschließlich über das Geschlecht der Autorin respektive die Normen ihres sozialen Geschlechts begründet (eine Normverletzung allerdings, die zugleich über den Beruf, die thematisierte, dabei aber im sozialen Raum durch die elitäre Gruppe jener fiktionalen Adressaten sanktionierte Profession der *cortigiana* relativiert wird) - so scheint ebenjener Beruf von der Autorin zugleich "verflucht" zu werden, als destruktive physische und psychische Ausbeutung, als permanenter Gefahrenherd, als Sklaverei, die Preis der vermeintlichen "Freiheit" ist, gesteht man der folgenden Passage aus den *Lettere* eine autobiographische Dimension zu:

Troppo infelice cosa e troppo contraria al senso umano è l'obligar il corpo e l'industria di una tal servitù che spaventa solamente a pensarne. Darsi in preda di tanti, con rischio d'esser dispogliata, d'esser rubbata, d'esser uccisa, ch'un solo un dì ti toglie quanto con molti in molto tempo hai acquistato, con tant'altri pericoli d'ingiuria e d'infermità contagiose e spaventose; mangiar con altrui bocca, dormir con gli occhi altrui, muoversi secondo l'altrui desiderio, correndo in manifesto naufragio sempre delle facoltà e della vita; qual maggiore miseria? quai richezze, quai commodità, quai delizie posson acquistar un tanto peso? Credete a me: tra tutte le sciagure mondane questa è l'estrema; ma poi, se s'aggiungeranno ai rispetti del mondo quei dell'anima, che perdizione e che certezza di dannazione è questa? 95

In der ersten Hälfte des 16.Jahrhunderts präsentieren Autorinnen in Italien nahezu ausschließlich petrarkistische Lyrik, seit der Jahrhundertmitte wandelt sich das Bild jedoch:

neben der Versepik (insbesondere das *poema eroico*) und der Pastoraldichtung, seltener dramatischen Texten sowie den in wachsender Zahl veröffentlichten Briefsammlungen (ein Genre, das in den folgenden Jahrhunderten zur "frauentypischen" Textform mutieren sollte), gewinnen im Kontext der Gegenreformation insbesondere religiös-mystische Texte (in Gestalt zahlreicher Heiligenviten, religiöser Lyrik etc.) bei Autorinnen (und damit wohl auch dem Publikum) an Beliebtheit[96]. Zuweilen allerdings bemächtigen sich Frauen auch der Textform des Traktats, insbesondere zwei Autorinnen, deren um 1600 veröffentlichete Versuche auf diesem Feld höchst Erstaunliches präsentieren: gemeint sind Moderata Fonte (1555-1592) und Lucrezia Marinella (1571-1653), auch sie, wie zuvor Gaspara Stampa oder Veronica Franco, in der freien Republik Venedig beheimatet. Nachdem in den Achtziger und Neunziger Jahren neuerlich einige zutiefst misogyne Schriften in Padova und Vendig publiziert werden und eine weitere Debatte zur "Frauenfrage" auslösen, relevant sind insbesondere Onofrio Filarcos *Vera narratione delle operationi delle donne* (Padova: Lorenzo Pasquati, 1586) sowie Giuseppe Passis *I Donneschi Diffetti Nuovamente riformati, e posti in luce* (Venezia: Jacobo Antonio Somascho, und: Milano: P. Pontio, 1599)[97], nehmen nunmehr auch zwei Traktate von Autorinnen Stellung: Moderata Fontes zu Ende der Achtziger/zu Beginn der Neunziger Jahre entstandenes und von der Tochter posthum veröffentlichtes *Il merito delle Donne, scritto da Moderata Fonte in due giornate. Oue chiaramente si scuopre quanto siano elle degne, e più perfette de gli Huomini [...]*, Venetia: Domenico Imberti, 1600 (die Tochter widmet die Schrift Livia Feltria Della Rovere, Duchessa d'Urbino), sowie Lucrezia Marinellas, explizit auf Passi bezugnehmedes *Le Nobiltà et Eccellenze delle Donne: et i difetti, e mancamenti de gli huomini*, Discorso di Lucretia Marinella. In due parti diviso, Venetia: Giovan Battista Ciotti Senese, 1600 (in erweiterter Form als *La Nobiltà, et l'eccellenza delle Donne, co' diffetti, et mancamenti de gli Huomini*, Discorso di Lucretia Marinella, in due parti diviso. Nella prima si manifesta la nobiltà delle Donne co' forti ragioni, e infiniti essempi, & non solo si distrugge l'opinione del Boccaccio, d'amendue i Tassi, dello Sperone, di Monsig. di Namur, e del Passi, ma d'Aristotile il grande anchora ... Ricorretto, e accresciuto in questa seconda Impressione..., Venetia: Gio. Battista Ciotti Sanese, 1601, 1621; Venezia: Gio. Battista Combi, 1621)[98]. Moderata Fonte, eigentlich Modesta Pozzo de' Zorzi (das Pseudonym gibt als Sprachspiel bereits Auskunft über die symbolisch-spielerische Struktur des Traktats), Ehefrau und Mutter, die 37-jährig bei der Geburt ihres fünften Kindes wohl im Jahre 1592 stirbt, wird während des Heranwachsens mit einer umfassenden Bildung versehen, als deren noch vorehelicher Manifestation die 1581 publizierten *Tredici Canti del Floridoro* zu gelten haben[99]. Sie veröffentlicht vor dem posthumen *Merito* noch *La Feste. Rappresentazione avanti il Serenissimo Prencipe di Venetia Nicolo da Ponte il giorno di S. Stefano* (Venezia: D. et G.B. Guerra, 1581), ein Aufführungswerk, ein weiteres solches religiöser Natur, mit Musik unterlegt, eine Kantate mit dem Titel *La Passione di Christo descritta in ottava rima da Moderata Fonte. Con una Canzone e nell'istesso soggetto della medesima* (Venezia: D. et G.B. Guerra, 1582), sowie eine Fortsetzung hierzu, *La Resurretione di Giesù Christo nostro Signore. Che segue alla Santissima Passione descritta in ottava rima da Moderata Fonte* (Venezia: G.D. Imberti, 1592). Auch in Moderata Fontes Fall dominiert dem zeitgenössischen Tenor gemäß die religiöse Thematik, zumal präsentiert in Gestalt von Aufführungswerken im Gestus der gegenreformatorischen "Öffentlichkeitsarbeit", ein Moment, welches aus dem *Merito* weitgehend ausgeblendet sein wird. Moderata Fonte formt aus dem enormen Material der Texte und Textmodelle zur Frauenfrage ein gänzlich eigenständiges Konstrukt, welches sich keineswegs darauf beschränkt, vorgegebene Diskurs- und Argumentationsmuster aus einer weiblichen Perspektive zu reproduzieren, vielmehr zur ungewöhnlichen Neugruppierung zwischen diskursiver Assimilation und Provokation ausgerichtet wird. Die "Rahmenhandlung" ist in der ähnlich wie bei Veronica Franco im Kontext der Selbstmythisierung der *Serenissima* idealisierten Republik Venedig verortet,

> La pompa e grandezza di questa terra è inestimabile, le sue ricchezze non hanno fine, la sontuosità delle fabbriche, la splendidezza del vestire, la libertà del vivere, e l'affabilità delle persone quanto sia rara, e stimata, non si può imaginar, né descrivere [...] È città libera pur come è il mare, e senza leggi dà leggi ad altri. [...] Evvi però una pace e equità incredibile. Il che tutto procede dalla accurata providenza, e valor di chi la governa [...] a gara 100,

in einem Idealraum der Freiheit, des Wohlstandes, der Künste und des Glanzes, innerhalb dessen sich der Schauplatz des Gespräches einbettet: in einem weiteren (im Außen gelegenen, zugleich aber privaten) Innenraum der "Freiheit", einem klassischen *locus amoenus*, dem Garten nämlich einer der sieben Protagonistinnen des aufgezeichneten, zwei Tage währenden Gesprächs, welches ungestört, *in Abwesenheit von Männern*, als "domestica conversatione", als privat-weibliche Unterhaltung geführt wird. Die anwesenden Damen sind

> Adriana, che era vecchia e vedova; la seconda era una sua figliola da marito nominata Virginia; la terza era una vedova giovane, che si nomava Leonora; la quarta era detta Lucretia, donna maritata di assai tempo; la quinta Cornelia giovene congiunta a marito; la sesta Corinna giovene dimessa, e la settima Helena; ma costei, per esser di fresco maritata, havea come interlasciata tal compagnia [...] spesse volte si pigliavano il tempo e l'occasione di trovarsi insieme in una domestica conversatione, e senza haver rispetto di huomini, che le notassero, o l'impedissero, tra esse ragionavano di quelle cose, che più loro a gusto venivano... 101

Nach freiem Belieben, nach dem eigenen Willen und momentanen Bedürfnissen, ohne von Männern beaufsichtigt und gestört zu werden, diskutiert man hier unter Frauen, versammelt sich in diesem Garten[102] eine Gesellschaft von Damen, die auch temporal nahezu alle weltlichen "Stationen" des weiblichen Lebensweges inkorporiert: die Jungfrau, die Ehefrau und die Witwe, deren Namen zudem in der Mehrzahl an das gängige Repertoire tugendvoller Exempla-Protagonistinnen rückgebunden sind. Diese Gesellschaft von Damen sucht ihre freie Zeit möglichst angenehm und unterhaltsam, dabei aber geist- und sinnvoll miteinander zu verbringen; man ist auf der Suche nach einer "nuova e dilettevole maniera d'intratenersi alla giudicosa e intendente compagnia"[103], weshalb man für das angesetzte Konversations-Spiel eine Spielleiterin bestimmt, die auch das Thema der Unterhaltung festzulegen hat: eine "regina", welche die Älteste der Runde - die anwesenden Frauen finden sich auch in diesem Falle, ebenso wie im *Cortegiano*, im Kreis sitzend angeordnet - Adriana, zu verkörpern hat. Diese bestimmt das Thema folgendermaßen: "Piacemi (poiché tutt'hoggi non fate altro, che lamentarvi de gli huomini e dirne) che 'l ragionamento nostro sia apunto in questa materia"[104]. Wie im *Cortegiano* (oder aber bei Jeanne Flore, auch dort treffen sich tugendvolle und gebildete Damen, um sich gegenseitig, allerdings mit Erzählungen, zu unterhalten) findet sich eine formal harmonisch angeordnete Runde in einem symbolbeladenen Raum zum Zwecke der gegenseitigen Unterhaltung zusammen; geplant sind spielerische "ragionamenti", deren Moderation einer bestimmten, autoritätsbeladenen Person übertragen wird, die zugleich Thema - in diesem Falle die Kritik an den Männern - wie Perspektive vorgibt: "perciò dò il carico a Leonora di dire di loro quanto male può dire liberamente; in favor della quale voglio, che Cornelia e Corinna possino ragionare. Et perché mi par che Helena da i vezzi del novello sposo, pieghi alquanto dalla lor parte, le dò licentia, che gli scusi, se le aggrada, e per compagne le assegno Verginia e Lucretia"[105]. Anklägerinnen sind eine Witwe, eine Ehefrau und eine Heiratsunwillige/"Jungfrau", die allesamt als "jung" gekennzeichnet sind - Verteidigerinnen eine frisch Verheiratete, eine zu Verheiratende und eine seit längerer Zeit Verheiratete, womit das Eheparadigma als Primat der weiblichen Lebensgestaltung zumindest formal wie proportional in voller Gänze in die modellhafte Runde integriert ist. Das zentrale Thema aber des Gespräches, die Fehler der Männer, als Gegenstand eines Traktates zur Frauenfrage, welches prototypisch entweder Fehler oder Vorzüge der Frauen abzuhandeln pflegt, ist gänzlich neuartig. Das im Titel bereits angekündigte Ziel, den "merito", den Verdienst der Frauen aufzuzeigen, wird solcherart im ursprünglichen Sinne "unkonventionell" präsentiert, als eine veritable Ver-Kehrung der Perspektive, als diametrale Bespiegelung, welche die Prämisse aller dichotomisch-dipolaren Normen und Konventionen, die männliche Perfektion, schlichtweg außer Betracht läßt - vielmehr die männlichen Schwächen thematisiert, eine Perspektive, die aus jeder diskursiven Strategie zum Thema ausbricht: die weibliche Subjekthaftigkeit im Diskurs nach männlichem Vorbild konsequent funktionalisiert, die Männer zu Objekten der Kritik formt - jedenfalls an der Oberfläche. Der erste Tag beschränkt sich denn auch auf die Ausgestaltung der Dipolarität Mann-Frau entsprechend des übergeordneten Themas, als Aufzählung der Laster von Vätern, Brüdern, Geliebten, Ehemännern und Söhnen, die schließlich über die Liebesthematik mit dem "merito delle donne" - nicht der kanonisierten "Überlegenheit" der Frau - zusammengeführt werden (Folie sind dabei notwendig nicht theoretische Modelle, wie sie die Frauenfrage traditionell beherrschen, sondern lebensweltlich-praktische Maßgaben); jenem *merito*, dem die Männer nur mit Neid und darob ihrem Zerstörungswahn begegnen können: "Noi siamo loro (agli uomini) aiuto, honor, allegrezza, e compagnia; ma essi conoscendo molto bene quanto vagliamo, invidendo al merito nostro, cercano di distruggerci"[106]. Der zweite Tag hingegen weitete das Gespräch über die fließend ineinander übergehende Thematisierung von Freundschaft, Zwietracht, Erdbeben, Himmelskörpern, deren Bewegungen und Effekten, der Astrologie also, Vögeln, Fischen, Meeren und Flüssen, Tieren, Bäumen, Kräutern, Früchten, Blumen und so fort, durchsetzt von Ausführungen zu Kochrezepten und Düften, zur Verdaulichkeit und zur Heilkunst (ein "weibliches" Medizinwissen referierend, welches mit der männlichen Schulmedizin nichts gemein hat, die männliche Monopolisierung der Medizin vielmehr ablehnt: "saria ben fatto, che vi fussero anco delle Donne addottrinate in questa materia, acciò essi non havessero questa gloria di valer in ciò più di noi, e che convenimo andar per le man loro"[107]); von Astrologie und Medizin schwenkt man zu Alchemie und Magie: die Ausführungen fügen sich zum kosmisch-harmonischen

Welten- und Wissensmodell, welches schließlich, wobei der thematische Referenzpunkt "Mann" stets punktuell aufgerufen und zwischengeschoben wird, zum eigentlichen Thema zurückkehrt, desweiteren die Künste abhandelt, um gegen Ende nochmals das Eheparadigma in den Vordergrund zu rücken.

Insbesondere der erste Tag greift auf weibliche Lebenswelt und damit in erster Linie die eheliche Realität zurück, welche in polyformer Gestalt einer harschen Kritik unterzogen wird: den männlichen Part nämlich betreffend, der sich über die Frau erhebt und sich unwillig zeigt, anzuerkennen, ohne die Stützfunktion der Frau jeder Lebensbasis enthoben zu sein - wobei, dies als Verweis auf den Charakter eines "Gegenentwurfes", Moderata Fonte die Frau als Mutter, damit die in den Diskursen üblicherweise zur zentralen Funktion der Frau erhobene Reproduktion zumindest explizit ausspart, keiner positiv funktionalisierten Erörterung unterzieht, (abgesehen von der gelegentlichen Überformung zur ehelichen Last): die Gebärfähigkeit, die "Mutterschaft" als unumstößliche Signatur der Differenz der Geschlechter, die zentrale Begründung für das Körperwesen Frau, für die nach Besamung gierende weibliche Sexualität, für die Normen des sozialen Geschlechts, die Tugendkataloge, das Ehemodell, die Privatisierung der Frau, in letzter Konsequenz die Subordination unter den Mann, einen Komplex also, der zu wesentlichen Teilen das diskursivierte Bild der Frau, das Dispositiv Frau der patriarchalen Ideologisierung konstituiert und stützt - und, über die Auslassung, einen Raum eröffnet, welcher in letzter Konsequenz eine Gleichwertigkeit, gar eine Überlegenheit der Frau thematisieren läßt. Während die männlichen Laster sich stets mit weiblicher Befindlichkeit korreliert finden, etwa dergestalt, daß vermeintlich weibliche, jedenfalls derart diskursivierte Laster wie die Affinität zur Unzucht konsekutiv begründbar werden ("gli huomini co'l moto proprio sono causa efficiente, e cagion principale di svegliar in loro [le donne] i sensi [...] [le donne] peccano per accidente, non per natura, ne per volontà determinata, e propria? ma essendo così molestate da essi"[108], noch deutlicher: "non è dubbio, che quando una vergine devien Donna di poco honore è solo per cagion dell'huomo, che non ha vergogna a lusingarla"[109]), wird die Perspektivierung der Ehe folgendermaßen vollzogen. Abgesehen von Corinna, die es vorzieht, unabhängig und ehelos zu leben ("Libero cor nel mio petto soggiorna, / Non servo alcun, né d'altri son che mia"[110]) sind alle übrigen Frauen mit der Ehe in Berührung gekommen respektive auf die Ehe fixiert, was die junge Witwe Leonora beispielsweise zu folgender Schlußfolgerung bewegt: "noi stiamo mai bene se non sole, e beata veramente quella Donna, che può vivere senza la compagnia di verun'huomo. Parmi [...] che io senta una somma felicità nel ritrovarmi senza, considerando quanto sia bella cosa la libertà"[111]; sowie, wenig später: "Più tosto mi affogherei, che sottopormi più ad huomo alcuno; io sono uscita di servitù, e di pene, e vorresti, che io tornassi da per me ad avvilupparmi? Iddio me ne guardi"[112]. Das Motiv der Freiheit scheint innerhalb der *ragionamenti* explizit als Freiheit vom "Joch" der Ehe auf, als weibliche Unabhängigkeit, als Freisein von der Relationierung an einen Mann, von der ehelichen Sklaverei. Einer heiratswilligen Frau nämlich steht folgendes bevor:

Quelle Donne, che vanno poi a marito, ò al martirio (per meglio dire) infiniti sono i casi della loro infelicità [...] di modo, che quando credono esse [le donne], con l'haver preso marito, haversi acquistata una certa donnesca libertà di prender qualche ricreatione honesta si trovano le misere esser più soggette, che mai; & a guisa di bestie, confinate tra le mura, essersi sottoposte, in vece d'un caro marito, ad un odioso guardiano... 113

Jede der anwesenden Ehefrauen und Witwen wird in der Folge zum lebenden Objekt einer bestimmten Form der ehelichen Tyrannei geformt, wie sie vielgestaltig zu erleiden ist, als Ehefrau von Männern, die "tengono tanto in freno le mogli loro, che a pena vogliono, che l'aria le veggia" oder "impazziscono dietro qualche infame donna", die der Spielleidenschaft verfallen sind oder solche, die "non fanno mai altro che gridar in casa; e se non trovano tutte le cose fatte a lor modo le villaneggiano, & battono anco per minima cosa", schließlich die Geizkrägen oder jene, die ihr Geld sinnlos verschleudern[114]; weshalb Corinna jeder Frau die Vermeidung der Versuchung, die gänzliche Eheabstinenz anrät: "Io consiglio ciascuna Donna savia, honorata, e virtuosa: che per assicurar la sua honestà, & buona fama, quando le vien qualche occasione di alcuno, che le si ponga a far servitù, quantunque notabile, non debba in modo alcuno tenerne conto, ne crederli, per non li poner amore; ne accettar sue ambasciate, ne suoi favori per non li remaner obligata"[115]. Auch lebensweltlich für die Frau ausgesprochen relevante Aspekte wie die Mitgift respektive deren Verlust bei Eintritt in die Ehe, die ökonomische Handlungsunfähigkeit bei voller Verfügungsgewalt des Mannes über das weibliche Guthaben, werden diskutiert, wobei die Verteidigerinnen der Ehe und somit auch dieser Praxis argumentieren, daß die Mitgift dem Ehemanne überantwortet werde, "perché pigliando egli moglie viene a torsi una gran spesa alle spalle, che quelli che hanno poca robba non potriano mantenere casa senza il suffragio della dote..."[116] - als Lastenausgleich gewissermaßen, als Entschädigung für die zusätzlichen Kosten, wohingegen die Anklägerinnen folgendes erwidern:

Voi non la pigliate per lo verso [...] poiché anzi la Donna pigliando marito entra in spese in figliuoli e in fastidi, e ha più bisogno di trovar robba, che di darla; poiché stando sola senza marito, con la sua dote può viver da Regina secondo la sua condizione. Ma pigliando marito e per aventura povero come spesso accade, che altro viene ad acquistar di gratia, salvo che di compatrice e patrona diventi schiava e perdendo la sua libertà, perde insieme il Dominio della sua robba, e ponga tutto in preda e in arbitrio di colui che ella ha comprato? 117

Der Vorwurf an die Verteidigerinnen beläuft sich auf Verdrehung der Tatsachen; die Ehe selbst wird in ein Kapitalmodell überführt, in welches sich die Frau, anstatt ein wohlsituiertes Leben allein zu führen, mit ihrer Mitgift einkauft, um nicht nur jene, ihr gesamtes Eigentum, sondern ebenso ihre Freiheit zu verlieren - den Eintritt in die Sklaverei, die Entbehrungen, den Gebärzwang auch noch zu bezahlen hat, weshalb der Segen der Ehe für die Frau wie folgt zu veranschlagen sei: "Mirate, che bella ventura d'una Donna è il maritarsi; perder la robba, perder se stessa, e non acquistar nulla, se non li figliuoli, che le danno travaglio, e l'imperio d'un'huomo, che le la domini a sua voglia"[118]. Solcherart den weiblichen Part im patriarchalen Ehemodell aus Sicht der subordinierten Ehefrauen referierend, explizit in einer zum männlich-positivierten Modell diametral entgegengesetzten praktischen Zustandsbeschreibung aus Sicht der Objekte, ist es an Leonora, einen pragmatisch-sarkastische Lösungsvorschlag zu offerieren, bevor man in der Diskussion den Ehemännern die Verfügungsgewalt über die Mitgift entzieht: "innanzi che tuor marito, comprare un bel porco ogni carnevale, che starebbon grasse tutto l'anno, havendo chi le ungesse, e non chi le pungesse del continuo"[119]. So findet sich zu Ende des ersten Tages der eigentliche Verdienst der Frauen aufgerufen, sich trotz dieser Unbillen nämlich unter das eheliche Joch zu begeben und den Ehemännern ein geregelte Leben zu ermöglichen, als gutwillige, freundliche, liebende, tugendvolle, zarte und gehorsame Begleiterin Haus und Leben des Mannes zu ordnen, die Ehe als Korrektiv der männlichen Unzulänglichkeiten möglich zu machen: "Fate conto [...] di veder una carozza tirata da dui cosieri, l'uno generoso, bello ben avezzo, e ubbidiente al morso, e che sempre camini per la via dritta; l'altro bizzarro, restio, terribile, capriccioso, e che sempre esca di strada, e tenda di rovinar ne' fossati, e di rompersi l collo, se non fusse il buon, che ne lo distrahe, e ritira al dritto, e buon viaggio"[120]. Das weibliche Valenzmodell wird als ein Komplementärmodell vorgestellt, in welchem die Ehefrauen exakt jene Rekreations- und Subsistenzsicherungsaufgaben übernehmen, wie sie im patriarchalen Modell vorgesehen sind, wobei die Vorzeichen jedoch verkehrt werden: nicht der Mann usurpiert Perfektion wie Valenz, sondern die Frau; die weibliche Stützfunktion fordert adäquate Valorisierung ein, die ordnungstragende Funktion der anderen Hälfte, des weiblichen Geschlechts, will diese Leistung honoriert wissen - Umdenken bewirken, nicht umstürzen, kein Gewaltmodell, sondern unausgesprochen eines der Vernunft. In Replik auf die gängigen misogynen Diskurse fügt sich dies wie folgt: "questo è l mal, che riceve il marito dalla moglie, che lo ritira dal mal operare, e arreca su la via del far bene"[121]. So wird denn notwendig durch die *regina* der *ragionamenti*, Adriana, resümierend die geläufige Zuordnung von (nunmehr weiblicher) Ordnung und (darob notwendig männlichem) Chaos ebenso wie die geschlechtliche Hierarchie in biblischer Symbolik verkehrt:

veramente [...] gli huomini hanno tutti i torti del Mondo a volersi prezzar tanto di noi, e non riconoscer il nostro gran merito; e in fine un'huomo senza Donna è pur una mosca senza capo 122 [...] Io mi son così abbatuto a questo proposito di andar in molte case de miei parenti e amici che stavano senza Donne, che la lor casa pareva un'hospitale, più lorda, più intricata, una cosa qua, l'altra là, che non casa di gentilhuomo, ma più tosto havea mostra d'una bottega di strazzarolo, come si suol dire. 123

Nicht die Ordnung selbst, die Strukturen der Ordnung werden in Frage gestellt, sondern die ordnungsimmanente und per definitionem zwischengeschlechtliche Hierarchie. Thematisiert werden Mechanismen der geschlechtlichen und damit funktionellen Valorisierung, deren Perspektivenabhängigkeit vor Augen geführt, deren Arbitrarität evident gemacht wird - eine antithetische Konstellation, welcher, bereits zu Beginn des zweiten Tages und damit zu Beginn des kosmischen Harmonieentwurfs der *ragionamenti*, ein (prototypisch stilisiertes, gleichsam paradiesisches und insbesondere ausschließlich männlich perspektiviertes) Synthese-Modell im Rekurs auf den Kosmos der Korrespondenzen und Analogien entgegengestellt wird: ein Modell der Freundschaft, ein antimacchiavellisches Friedens-Modell, ein Modell der Gleichwertigkeit, wie es zwar als abstrakte Freundschaft, als Harmonievision mannigfalt durch rinascimentale Entwürfe zu Ethik und Philosophie wandert, niemals jedoch als zwischengeschlechtlich-*hierarchiefreies* Modell, als losgelöst von der geschlechtlichen Hierarchie, als Modell der bedingungslosen Gleichwertigkeit der Geschlechter thematisiert wird, wie es der Kontext in diesem Fall scheinbar suggeriert. Moderata Fonte "relativiert" dieses Modell jedoch in der Folge durch eine verstärkte Akzentuierung der werthierarchischen Divergenz von Frau und Mann und ironisiert es spätestens solcherart - die Minderwertigkeit des Mannes wieder und wieder aufrufend, das Modell zum satirischen Spiegel der männlichen Unvollkommenheit erhebend (während bereits zu Beginn des ersten Tages der *ragionamenti* die weibliche Affinität zu einer derartigen egalitären Harmonieordnung expliziert worden war: "noi che fra le altre qualità, & buone parti, siamo tanto di natura humili, pacifiche, e benigne, per viver in pace sofferimo tanto aggravio, & sofferiressimo più volentieri, se pur havessero essi un poco di discretione, che volessero almanco, che le cose andassero egualmente, & vi fusse qualche parità"[124]):

> In somma [...] la vera amicitia è cagion d'ogni bene, per amicitia si mantiene il mondo, si fanno i matrimoni, con cui si conserva l'individuo nelle spetie, per l'amicitia e union de gli elementi ne i nostri corpi si mantien la sanità; nell'aria i tempi chiari, nel mar la bonaccia, in terra le Città per la pace se costruggono, i Regni si accrescono; e tutte le creature si consolano. Se l'huomo ha pace co'l prossimo camina sicuro, mangia sicuro, e dorme sicuro, e il tutto opera con quiete dell'animo e riposo della sua vita: per questi rispetti dovrebbe sforzarsi l'huomo per viver pacificamente, per non s'aggiunger miseria da se stesso alle molte miserie che apporta da se il mondo e non voler per ogni cosuccia e bagatella inimicarsi con le persone e sopportare qualche cosetta, dissimulando l'imprudentia altrui, commiserando la sciocchezza di chi vive alla cieca e far ogni suo sforzo per schivar rissa e scandali e star in concordia e pace più che può. 125

Der in der Folge anhebenden Konstitution eines (genuin männlich monopolisierten) kosmischen Wissens- und Weltenmodells findet sich besagte männliche Unvollkommenheit, der praktische Hinderungsgrund für die Verwirklichung einer egalitären Geschlechterrelation, wie sie als "gutwillige" und idealistische weibliche Vision über die rhetorische Infragestellung zu Ende des ersten Tages ex negativo lanciert worden war ("Se sono questi huomini tali, quali tutt'hoggi havete provato, da che dunque siamo disposte ad amarli? qual è la cagion, che ci fa loro donation del cuore, e schiave volontarie fin alla morte?"[126]) - findet sich besagte Unvollkommenheit immer wieder eingebunden, in Form korrektiver Eingriffe in den Wissensdiskurs über thematische Analogisierungen als Paralleldiskurs regelmäßig aufgerufen, etwa in der folgenden, das referierte Harmoniemodell stets kontrastierenden Art:

> Voi uscite de termini, perdonatemi. Havemo da ragionar contra gli huomini, materia così a proposito e che non ha fine e volete che si parli di luna, di nebula, di uccelli e di si fatte fillastrocche; hoe se volete dir di cosa instabile, qual cosa è più de gli huomini? se di discorde il simile? se di cosa che voli per aria, non vi partite da ragionar di loro cervelli, che son fatti a punto simili a gli uccelli, che vanno attorno, parlando de tali, e quali, e non sanno ove si vadano, che tante astrologie? a noi non appartengono tali discorsi no, ne si fatte studi... 127

Zuweilen findet sich der Rückgriff auf die Grundthematik gleichsam spielerisch mit dem Wissensdiskurs vernetzt, als *Anderes* in das referierte Universum integriert:

> A questi mali huomini, io non saprei che sapor farci per farli perder quel cattivo gusto c'hanno; perché son come gli arbori vecchi, c'hanno fatto radici, e son sempre ad un modo; [...] Voi [...] già poco fa diceste che non vi era acqua al mondo, che potesse haver virtù per guarirli delle indispositioni c'hanno in loro, provate un poco se poteste trovar almeno alcuna herba, che lor giovasse, poiché ci dite che la virtù sta nell'herbe [...] Voi trovate tanti rimedij contra il mal sangue, e la colera; e pur questi stomachi, & questo sangue di questi huomini non si purga mai, che sempre sono infermi del cuor, e del cervello; ò almanco si trovasse una medicina, per guarir noi dalla simplicità, dalla pietà, e dall'amore, che indegnamente portiamo a questi malati... 128

Das männliche Geschlecht ist eigentlicher Grund für die Uneinigkeit, die gestörte Harmonie, das Gegenteil der harmonischen Freundschaft, eine Zwietracht, derenthalben "ogni cosa va in desolatione; per la disunion de gli huomini, le guerre suscitano [...] le provincie, & le famiglie s'esterminano, gli stati si mutano, e i popoli si consumano: nell'aria le contrarietà cagionano tuoni, e saette; le tempeste nel mare, e i terremoti nella terra"[129]. Nachdem allerdings nicht allein den Kräutern und Steinen, den Elementen Wirkkraft innewohnt, sondern auch den Worten, die Teil des Kosmos der Analogien und Sympathien, der Korrespondenzen und Antipathien sind, Signaturen des universellen Zusammenhangs der Wesen, Ideen und Elemente, will die versammelte Gesellschaft der *Sprecherinnen* auf die Kraft des Wortes vertrauen, die Harmonievision mit Hilfe der Sprache, des Diskurses propagieren; Überzeugungsarbeit leisten (wie dies ja bereits Veronica Franco ihren kritischen Äußerungen als intentionale Struktur unterlegt hatte), an die Vernunft der (unvernünftigen) Männer appellieren, nämlich "in genere deliberativo, persuadendo gli huomini in nome di tutte le Donne, che ci amino, e tenghino conto di noi"[130] - sich selbst also, das weibliche Geschlecht repräsentierend, verbal Interessen vertreten, einen politischen Akt unternehmen, um wertbesetzt wahrgenommen zu werden, Anerkennung zu erhalten, die männliche Verdrängung des weiblichen Verdienstes zu beenden, dies explizit und in der direkten Anrede einzufordern:

Che voi, come ben sapete, fino hora ci sete stati sempre così contrarij, che sempre havete cercato di abbassare, e offenderci a' tutto vostro potere in parole, e in fatti: & perché non vi habbiamo colpa alcuna, né vi diamo occasione di esserci tali; vogliamo però persuadervi, che mediante la nostra innocentia, e i nostri meriti pur troppo da voi conosciuti, ma dissimulati, & l'obligo che ci havete, con i preghi, & l'oblation, che siamo per farvi & altre ragion che havemo, voi vi moviate hormai a degna pietà di noi, e ci teniate in quella stima, che richiede la grande istima che noi facciamo di voi, e il grande vero amor, che vi portamo... [131]

Die Macht der Sprache wird nunmehr zu weiblichen Zwecken funktionalisiert, so die Intention der Rede, die allerdings, im Rückgriff auf die Rahmenfiktion, auf das Verhalten der Gesprächsrunde, in ihrer Ernsthaftigkeit relativiert, als Teil der Vision, als Utopie dechiffrierbar, als Moment des *divertimento* innerhalb der *ragionamenti* erkennbar wird, als realitätsübersteigende Projektion: wenn nämlich die Gesprächsrunde unmittelbar im Anschluß an diese Aussage sich (gleichwohl anarchischen) Lachstürmen kaum enthalten kann und noch lange Zeit später im (befreienden) Lachen sich dieser Rede erinnern wird, "tutte le Donne, che con fatica si tenevano di ridere, le s'acconciarono intorno [...] di questi ragionamento [...] si presero le Donne un grandissimo solazzo e molto dopo se ne risero"[132]. Nichtsdestotrotz bleibt die Frage nach der Berechtigung jener arbiträren Geschlechterhierarchie der männlichen Perspektive im Rückgriff auf die abschließende Fragestellung des ersten Tages als rhetorische Frage im Raum stehen:

Essendo noi dunque, giustissimi, e prudentissimi huomini così a voi simili di sostanza, di figura, & di qualità naturali, come è detto, & come ben sapete; & se ogni cosa ama il suo simile, deh di gratia perché ancor voi non amate noi? & havendo per legge divina, per decreto humano, per obligo di natura, & per legge di gratia, voi obligo di amarci, e di tenerci care, donde nasce, che voi non amate noi? & se noi vi amamo, & se amore a' nullo amato amar perdona, deh perché non amate noi? [133]

Nachdem die Macht der Sprache als Thema eingeführt ist, finden die Künste Erörterung in der Gesprächsrunde, wird der Einstieg in den Raum der Kunst mit der *ars oratoria* angegangen, der zentralen Disziplin des humanistischen Wissenskanons, die bei Moderata Fonte nicht mehr primär mit dem Humanismus, sondern mit den Juristen korreliert wird - den "avvocati", denen die rhetorische Kunst ins Berufsbild eingeschrieben ist, weshalb der Erörterung eine Liste der hervorragendsten Juristen Venedigs beigegeben ist[134], zum

Lobe nämlich dieser großartigen Stadt, "nòstra gloriosa città, dove son leggi santissime, degne di esser abbracciate, & essequite da qualunque Dominio"[135]. Aber auch die Thematik der männlichen Unzulänglichkeiten findet weiterhin Einbindung in den Kontext, beispielsweise als lateinische "Grammatik" des männlichen Verhaltens, wie sie Corinna referiert:

perché essi nel lor latino errano le concordanze, non accordano mai il relativo con l'antecedente, che se hieri vi fecero buon viso, e vi diedero buone parole, hoggi discordano dal passato, e vi si mostrano nemici. Hanno il passivo del primo verbo, ma non l'attivo, che è proprio di noi; perché noi amamo, & essi sono amati; hanno le note delle lor colpe, ma son senza regola ne' loro apetiti; de' generi hanno il mascolino, e l'incerto; dei casi l'accusativo è loro, perché sempre ci accusano. Il Dativo, perché tall'hor anco ci percuoteno, l'Ablativo perché sempre rimovono loro stessi, & ogni ben da noi. Ma all'incontro noi havemo il nominativo del nomarli con honore, il genitivo dell'esser tutte di loro, e 'l Vocativo del chiamarli sempre con amore... [136]

Das Aktiv-Passiv-Schema wird mit einer Ausnahme durchgängig beibehalten, der weibliche Bereich findet sich als zurückgenommen, subordiniert und beherrscht gekennzeichnet; die Gewalt liegt beim männlichen Gegenpol, dessen Aktivitätsmonopol lediglich in einem Punkt zur Manifestation der Passivität gewendet wird: an das Verb "amare" gebunden, die Liebe betreffend (und damit das Hauptanliegen der um Anerkennung ihres Verdienstes ringenden Frauen), welche lediglich von den Frauen praktiziert wird, während die Männer passive Liebesobjekte sind, nicht wiederlieben - in einem lebensweltlichen Kontext jene Rolle zugesprochen erhalten, wie sie die *donna* in den literarischen Kodifizierungen der Liebe einzunehmen hat. Über die Macht der Sprache begründet, ist es aber gerade wichtig, das *Schweigen* zu brechen und die "Wahrheit" (über die Geschlechterrelation) zu benennen, einer abstrakten Richterinstanz (die über die Anlage des Traktates im männlichen Gewissen angesiedelt werden muß) auch die weibliche Befindlichkeit aufzuzeigen: "Si è taciuto pur troppo [...] e più che si tace, essi fanno peggio, anzi per mover il Giudice a dar giusta sentenza bisogna dir liberamente la verità, e non tacer alcuna delle sue ragioni"[137]. Zur intendierten Überzeugungsarbeit trägt auch die Eloquenz ihren Teil bei, nach der *ars oratoria* die zweite Kunst, welche die Damen erörtern: "Certo, disse la Regina, che la bella espression delle parole disposte con affetto d'animo, e con naturale eloquenza d'ingegno, se ben ancor non vi concorressero tutte quelle parti, che al vero orator si convengono, ha una grandissima forza, e quasi divina per mover, e disponer gli animi de gli discutanti"[138]. Von hier gleitet die Unterhaltung zur Erörterung der Dichtung, welche Schönheit, Anmut und Tugend der Frauen besingt, Grund, sich der weiblichen Schönheit zu widmen (sowie den diversen Formen der künstlerischen Umsetzung dieser stets maßvoll zu denkenden Schönheit), einschließlich einer Liste der "molte Donne insieme belle, e virtuose nel mondo"[139], angereichert durch enkomiastische Sonette (petrarkistischen Musters), gefolgt von einer Liste der Poeten, Maler und Bildhauer des Veneto[140], schließlich Musik und Gesang einzubeziehen, korreliert zur Pluralität der Sprachen, um Welt explizit zu machen, um auch jenseits des Wortes Verständnis zu erzeugen: "molti sono i lenguaggi, che s'intendino senza parlare"[141]. Die Struktur des Gespräches wird zu Ende des zweiten Tages immer weiter aufgebrochen, abgesehen von den Namenskatalogen häufen sich die Einfügungen von Gedichten, die über ein Aufgreifen der neuplatonisch getönten Liebesthematik, sowie, anknüpfend an einen petrarkistischen Topos, die Thematik des Ruhmes und der

Unsterblichkeit, das Traktat parallel zur Gesprächsequenz beenden werden. Die letzte lyrische Botschaft an die Frauen, die *donne*, fügt denn endgültig die Männer-Thematik zum kanonisierten Liebessystem und lautet in diesem Sinne wie folgt:

> Però voi Donne a questi, che sapete,
> Che vi chiamano ingrate, empie, e crudeli
> Gli occhi, gli orecchi, e 'l cor sempre chiudete
> Poi che non son più gli huomini fedeli.
> Cercan di farvi cader nella rete
> E di voi si lamentano, e d'i cieli.
> E quando pur gli usate alcun favore
> Per tutta città s'ode 'l romore.
> [...]
> Cingete il vostro cor d'aspra durezza
> Sì, che lor falsità mai non v'inganni,
> Che son del vero Amor le forze dome,
> E sol riman d'Amor nel mondo il nome.
> [...]
> E rivolgendo il vostro alto desire
> a' miglior opre, e à più bei studi intorno,
> Ornatevi d'un nome eterno, e chiaro
> A'onta d'ogni cuor superbo e avaro. 142

Ganz im Gegensatz allerdings zur hier als Ratschlag zur Vision gefügten weiblich-eigenmächtigen Befreiung von Passivität und Subordination im männlichen Herrschaftsprimat, der selbsttätigen, unabhängigen und frei von Liebeswirren vollzogenen Aneignung männlicher Monopolbereiche (womit die Liebe zum Hindernis weiblicher Selbstentfaltung, jedenfalls in Anbindung an die gültigen lebensweltlichen Normen, gefügt ist), der Selbst-Valorisierung als Verwirklichung der weiblichen Produktivkraft abseits eines männlichen Machtanspruches, damit auch abseits der Ehe - gänzlich gegensätzlich also wird schließlich ebenjene Eheproblematik zu Ende der Gespräche des zweiten Tages aufgelöst. Leonora nämlich will als Lösung der vorliegenden Unversöhnlichkeit von männlichem und weiblichem Geschlecht zum einen den einseitigen weiblichen Friedensschluß in Betracht ziehen, ein Vorschlag, der umgehend als die weibliche Leidensfähigkeit und Geduldsspanne überfordernd zurückgewiesen wird,

perché dalla discordanza, che hanno con le Donne, udite che tristo suono ne riesce loro, che non si ode se non biasimo, vergogna, dispreggio, e mille mali, che siamo sforzate à trattar di essi con bestemmiarli, maledirli, e dishonorarli contro il nostro genio, costume, & volontà, che è solita di sofferir ogni cosa, & passar con silentio le nostre calamità, ma sono essi tanto infesti, & importuni, che al fine ci fanno perdere in gran parte la patientia 143,

zum anderen als Reaktion den gegensätzlichen Weg ins Auge fassen, den bewaffneten Kampf mit den Männer suchen ("vorrei che noi Donne tutte si armassimo come quelle antiche Amazzone, & andassimo a combattere contra questi huomini in ogni modo è opinion comune, che vi siano al mondo più Donne, che huomini; & in quello, che mancarebbe la nostra delicatezza [...] suppliressimo co'l maggior numero"144). Schließlich stellt eine der Gesprächsteilnehmerinnen als Fazit aus den aufgeführten Fehlern und Machtansprüchen der Männer insbesondere innerhalb der Ehe eine hypothetische

Befreiung vom Mann, von der männlichen Gewalt zur Diskussion (sucht also ebenjene Freiheit zu denken, wie sie das abschließende Gedicht thematisiert),

> E possibile, che non si potrebbe un tratto metterli un poco da banda con tutti i loro scherni, e soie, che si fanno di noi, si che non ci dessero più noia? non potressimo noi star senza loro? procacciarsi el viver, e negotiar da per noi senza il loro aiuto? Deh di gratia svegliamoci un giorno, e ricuperamo la nostra libertà, con l'honor, e dignità, che tanto tempo ci tengono usurpate 145

Endlich findet sich auch die noch unverheiratete und zur Verteidigung der Ehe bestimmte Virginia, die Tochter der *Regina del gioco*, von der ablehnenden Haltung gegenüber der Ehe überzeugt: "ne ho udite tante hieri, e ne odo tante hoggi, di questi huomini, che son quasi convertita alle tante ragioni di Leonora, e di quest'altre, che mi hanno posto il cervello a partito, si che penso di non voler altrimenti farmi soggetta ad huomo veruno, potendo star liberamente in pace"146. Über diese Aussage wird nunmehr Adriana, die *regina del gioco* und Mutter Virginias, in ihrer Funktion als lebensweltlich "verpflichtete" Mutter aktiviert, versucht sie, die ablehnende Haltung der Tochter über das Versprechen, einen "guten" Ehemann für sie zu wählen, an die Normkonformität rückzubinden, worüber sich ein längerer Disput zwischen den beiden entspinnt:

> e s'egli fusse superbo che farò io? E tu vagli con humiltà, disse la Regina; perché poi che pur convenimo di star loro soggette, è di necessità andar loro con le carezze [...]. E se egli fusse rigoroso, e terribile, come farei? disse Verginia. E tu patiente, e tacita lo soporta, ripigliò la madre. [...] Essendo savio, disse la Regina, facilmente, e presto darà loco alla ragione, tanto più se tu non irriti, rispondendogli, la sua ira a maggior furore; E se fusse geloso, come haverei da governarmi? aggiunse la figlia. Non gli darai occasione di esservi disse la Regina; e poi che non hai da piacer ad altri che a lui, se egli non vole, che tu ti lisci, e tu rimanti di farlo; se non vuole, che tu esci di casa, e tu contentato: potrai con questi mezi mover così l'animo suo, & affidarlo di maniera, che ti lasciasse poi far tutto quello che tu volessi. [...] Se egli non si mutasse, disse Verginia, troppo amara vita sarebbe la mia. Se questa vita non ti piace, ripigliò la Regina, imaginati, che se non ti marito, medesimamente ti converrà star sempre in casa, e vestir sobria senza tanti strisci, né pratiche, come fai hora, poiché non è lecito a una donzella, che non voglia accasarsi, far altrimente; e sarai priva di quella compagnia, che nel rimanente potrebbe esser tutto il tuo bene. E se egli fusse vitioso, che rimedio vi havrei? disse Verginia. A questo disse la Regina; bisogna con gran giudicio, e destrezza, che tu procuri di sviarlo dalle male pratiche; ricordarli destramente il timor de Dio, e l'honor del mondo porgerli essempio de altri suoi pari, che si governan bene, riprendendo, e toccando con essempio altrui i suoi proprij difetti. 147

So also ist die Erziehung beschaffen, welche die Mütter den Töchtern als Vorbereitung auf die Ehe angedeihen zu lassen haben, eine Anleitung zur demütigen Unterordnung, zum Gehorsam und zum Ertragen, um sich über die Willfährigkeit Freiheiten zu erarbeiten - zumal das Schicksal unumgänglich ist, weil andernfalls, bei fortgesetzter Ehelosigkeit (ein Los, für das sich innerhalb der Runde Corinna entschieden hatte), eine noch strengere und freudlosere Klausur zwangsweise einzuhalten ist; womit, in der pragmatischen Perspektivierung des weiblichen Schicksals, die Diskussion der beiden Tage in die Realität zurückgeholt wäre, die *ragionamenti* endgültig ihrem spielerischen Charakter überantwortet werden: das Spiel als Illusion, als *divertimento* konturiert wird, als veritables Gedanken-Spiel, welches, abgelöst von den lebensweltlichen Zwängen, zwar ein Modell zu projektieren vermag, dieses Modell als konträrer Gegenentwurf zu den realen Machtverhältnissen aber keinerlei Verankerungsmöglichkeit erhält, ohne Ort ist, Utopie. Die dipolare Hierarchie der Geschlechter wird spiegelverkehrt abgebildet, zwar voller Sehnsucht, aber ohne Leben, ohne Macht - ist Traum, Stoff zur Erbauung, zur Zerstreuung, ein weiblicher Diskurs. Endgültig der Gültigkeit enthoben werden die *ragionamenti* durch die *Regina del gioco*, die damit ihrer Aufgabe kongenial nachkommt, zum Abschluß des Traktats - als sie die junge Witwe Leonora, die sich im Gespräch, über ihre ehelichen Erfahrungen begründet, als vehemente Verfechterin eines unabhängigen weiblichen Lebens hervorgetan hatte, auffordert, ihre Position zu überdenken ("che mutandosi d'animo, poichè ancora è così giovanetta, procuri anch'essa di trovarsi una degna, & gratiosa compagnia, con la qual viva, & mora consolatamente, e non porga occasione a maldicenti di ragionar di lei cosa, che non si deve"[148]): um nämlich falschen Verdächtigungen, Zweifeln an der sexuellen Integrität, zuvorzukommen, die allein durch ein normkonformes und damit eheliches Leben zu verhindern sind, durch die demütige Unterordnung unter den Ehemann, die einen tadellosen Ruf garantiert. Womit die Zirkularität der Normen des sozialen Geschlechts der Frau in ihrer Unausweichlichkeit exemplarisch affirmiert, die Unmöglichkeit der realen "Befreiung", des Übersteigens jenseits der Diskurse besiegelt wird - eine "Wahrheit" der sich schließlich auch Leonora zu fügen gedenkt: "tra tanto vi penserò sopra, & forse che mi disporrò ad accettare il vostro consiglio con quelli saggi, e santi ricordi, che voi mi havete dati"[149].

Moderata Fontes Traktat zur Frauenfrage konstituiert einen gänzlich eigenständigen Komplex, was Perspektive, Ordnung, Komplexität und Aussage betrifft, formt einen Entwurf, der deutlicher als jede Assimilation an konventionelle Diskursformen zur Befindlichkeit der Frau Stellung zu nehmen vermag. Eine kritische Perspektivenänderung bei gleichzeitiger Affirmation des Status quo, eine "spielerische" Kritik des männlichen Diskursmusters wird unternommen, ein kosmisches Weltbild vor der Folie der lebensweltlich unterlegten Geschlechterpolarität entworfen und damit zugleich eine Manifestation vernünftig-eigenständigen weiblichen Wissens präsentiert: ein Entwurf, der, obgleich seinerseits intertextuelles Extrakt des Schrifttums zu Frauenfrage, zuvorderst durch seine Originalität zu kennzeichnen ist. Demgegenüber unternimmt Lucrezia Marinella (1571-1653) mit ihrem *La nobiltà et l'eccellenza delle donne* (1600) einen formal-assimilativen, konventionellen Diskurseingriff, der sich vor allem durch seine "Gelehrsamkeit" auszeichnet. Lucrezia Marinella, auch sie Venezianerin, Ehefrau und zweifache Mutter, ist Tochter eines Mediziners und Philosophen, der selbst einige Texte verfaßt hat - eine Autorin, die in ihren übrigen Schriften im gegenreformatorischen Duktus in erster Linie der religiös-mystischen Thematik verpflichtet ist, insbesondere den Lebensgeschichten und Heldentaten von Heiligen, die sie vielfach vertextet, sowie der mystisch geprägten Lyrik[150]. Lucrezia Marinellas Traktat, welches bereits im Titel Anbindung an gleichartige Schriften des frühen Cinquecento, insbesondere an Agrippa findet, damit (weitab von egalitären, synthesesuchenden Visionen) explizit den Topos von der Überlegenheit der Frau lanciert ("incominciando dall'eccellenza delle Donne, mostrerò, che quelle trapassano i maschi nella nobiltà de' nomi, delle cause, della propria natura, delle operationi, & de' detti de' maschi verso di quelle, & finalmente risponderò alle leggierissime ragioni, che tutto giorno sono da i poco prudenti, & poco saggi huomini contra noi addotte"[151]), versteht sich als Replik auf Passis misogynes Pamphlet, die *Donneschi Diffetti* von 1599 sowie alle gleichartigen Schriften, als *Verteidigung* der Frau. Der Text ist solcherart als dipolares Gegenstück konzipiert (wobei Passi selbst mit herablassender Verächtlichkeit gestraft wird: "Finalmente io penso, che si sia mossi a scrivere un libro intitolato i *Donneschi diffetti* Giuseppe Passi Ravennate Academico informe, se invidia, o sdegno od altro lo habbia mosso, io non saprei ben dire; ma Dio gli perdoni"[152]), findet sich in zwei Teile unterteilt. Der erste Teil mit fünf Kapiteln exponiert formallogisch und unter Berufung auf Poeten und Autoren, welche das weibliche Geschlecht besungen haben, dem Genre traditionell immanente Themen wie die "nobiltà de' Nomi", die dem *res et verba*-Kanon verpflichtete etymologische Begründung der Überlegenheit des weiblichen Geschlechts, eine Umkehrung, ein dipolares Gegenstück zu Passis erstem Kapitel (wobei Lucrezia Marinella besonderes Gewicht auf die Reproduktionsfähigkeit der Frau legt, die Gebärfähigkeit, wie sie von Moderata Fonte gänzlich ausgespart wurde); zum zweiten die "cause", von denen das weibliche Geschlecht bestimmt wird (schlußfolgernd, daß "più nobili sono l'Idee delle donne, che non sono quelle de' maschi; come argomenta la beltà, e bontà loro pur da ogn'uno conosciuta; percioché non si trova Philosopho, ò Poeta, che non attribuisca quella à loro & non à maschi"[153]). Im dritten Kapitel wird die "natura, et essenza del Donnesco sesso" erörtert, wobei explizit die gängige Meinung einer "seelischen" Gleichwertigkeit von Mann und Frau zugunsten einer weiblichen Überlegenheit verworfen wird (und ganz neuplatonisch die weibliche Schönheit als Signatur der Überlegenheit gilt: "la beltà senza dubbio è un raggio, & un lume dell'anima, che informa quel corpo, in cui ella si ritrova"[154]): eine These, deren Beleg anhand von literarischen und neuplatonischen Texten, insbesondere aber über petrarkische und petrarkistische Lyrik 16 Seiten in Anspruch nimmt. Im folgenden, dem vierten (zu den "nobil operationi" der Frauen) und fünften Kapitel (mit dem Titel: "Delle nobili attioni, et virtù delle donne, le quali quelle de gli huomini di gran lunga superano, come con ragioni et essempi si prova"), führen elf Sequenzen jeweils eine (christlich kanonisierte, demütige) Tugend des weiblichen Geschlechts auf - Darstellungen, die nicht mehr, wie noch in der ersten Hälfte des Jahrhunderts, unmittelbar dem Fundus der *exempla* entnommen und adäquat ausgestaltet werden, sondern ausschließlich bereits literarisch fiktionalisierte Frauengestalten (einschließlich einiger Autorinnen des 16.Jahrhunderts, die lediglich in männlichen Lobgedichten aufscheinen) der antiken wie der zeitgenössischen Literatur bemühen; Allegorien also imaginierter Weiblichkeit, Ikonen ideologischer Projektionen, Topoi der Literaturlandschaft, sanktionierte Spiegel-Bilder der männlichen Diskurse, männlich diskursivierte Frauenbilder, die in erklärter polemischer Intention über ihre symbolbeladenen Namen und Eigenschaften aufgerufen und aufgelistet, damit einmal mehr zu Spiegeln bestimmt werden - Bespiegelungen der paradoxalen patriarchalen Ideologie, der dipolaren Funktionalisierung von Weiblichkeit: auf daß "cessino adunque la querele, i lamenti, i sospiri, & le esclamationi de gli huomini, che vogliono al dispetto del mondo essere riamati dalle donne, chiamandole crudeli, ingrate, & empie"[155].

Während der erste Teil insbesondere der argumentativen (vor allem antiaristotelisch-historizistischen) Beweisführung verpflichtet ist, der Widerlegung misogyner Gemeinplätze mit deren eigenen, dipolar funktionalisierten Mitteln, ist der zweite Teil des Traktates der Marinella der Auflistung, der Bebilderung weiblicher Tugenden gewidmet, wobei nunmehr die *exempla* respektive Namenskataloge die Überhand gewinnen: "discenderò à gli essempi delle donne dignissime di Poema chiarissimo & d'historia"[156]. Die Darstellung der ausgewählten *exempla* wird auch im zweiten Teil weitestgehend männlichen Autoren überantwortet, genauer: als autoritätsbehaftetes, genuin männliches, "legitimiertes" Zitat übernommen, um eine weibliche "Perfektion" zu belegen - die nicht weibliche, sondern männlich imaginierte Perfektion ist, ein normativer Spiegel, welcher der gleichermaßen normativen "Schlechtigkeit" des misogynen Diskurses entgegengehalten wird. Insbesondere der Rekurs auf die modische *zeitgenössische* Lyrikproduktion (im Gegensatz zu Passi, der vor allem biblische, patristische und klassische Quellen, das "klassische" misogyne Repertoire heranzieht), das neuplatonisch durchsetzte petrarkistische Frauenlob, untermauert die Korrelation von Weiblichkeit, weiblicher Schönheit und spiritueller Gottesnähe: damit eine weitere diskursive Funktionalisierung imaginierter Weiblichkeit zum Medium der Erkenntnis, welche in diesem Falle zwar auf die Gotteserkenntnis verweist, primär aber die abstrakte Qualität des Mediums selbst zum Zentrum formt; jene *nobiltà et eccellenza* des weiblichen Geschlechts, wie sie sich im literarischen Diskurs kodifiziert findet: der sich solcherart selbst bespiegelt, die zeitgenössischen, landessprachigen und höchst geläufigen Metaphern der "Weiblichkeit" reflektiert. Im zweiten Teil treten hierzu - im Konnex mit Verweisen auf die antike wie die neuplatonische Philosophie, die lateinische Klassik, die klassische wie zeitgenösische Geschichtsschreibung, vor allem aber den Petrarkismus - weibliche Figuren der klassischen Versepen, der ovidianischen Mythologie, solche der zeitgenössischen Ritterepik sowie einige wenige Namen "realer" Frauen: seltene Verweise auf die Ebene weiblicher Lebenswelt, die in Marinellas Traktat zwar zuweilen kritisch aufgerufen wird (auch sie thematisiert beispielsweise den männlichen "Mißbrauch" der weiblichen Mitgift in der zeitgenössischen Ehepraxis), zumeist aber an der Oberfläche des Diskurses nicht aufscheint. Es handelt sich dabei bereits im ersten Kapitel des zweiten Teils, welches den "donne scientiate, e di molte arti ornate" gewidmet ist, um die Evokation von Autorinnen des Cinquecento, um Lucrezia d'Este, Veronica Gambara und Vittoria Colonna (die noch einmal als leuchtendes Beispiel der ehelichen Liebe aufgerufen werden wird) - Evokationen über enkomiastische Sonette männlicher Autoren, die beiden letzteren besungen durch Ariost - sowie die nunmehr unmittelbare Zitation von Texten Vittoria Colonnas und einer weiteren zeitgenössischen Autorin, Moderata Fontes nämlich; oder aber um verallgemeinernde Verweise auf die alltägliche und perfekte Ableistung der weiblichen Rollennorm: "Ma si scuopre la prudenza tutto il giorno non dirò di alcuna Reina, o Signora, ma d'ogni vil donniciuola nel reggimento delle case, e delle famiglie loro, conservando la robba, e le facultà da maschi acquistate, e distribuendola secondo i bisogni, e i tempi con sommo antivedere"[157]. Ein Katalog nicht nur der kodifizierten Weiblichkeit, literarisierter Weiblichkeitsimagines und diskursivierter weiblicher Tugend, sondern zugleich eine autoreferentielle Präsentation weiblicher Lektüre und weiblichen Wissens, der Subjekt-Haftigkeit im kulturellen Raum, auch wenn hierüber nahezu ausschließlich männliche Diskurselemente und männliches Wissen reproduziert wird: in einer Art und Weise aber reproduziert und rekombiniert, die als Aneignung in eigener Sache explizit den Part der Frau, der *idealisierten Frau* herausgreift, fokussiert und pädagogisch-polemisch, *ideologisch* funktionalisiert - auch in diesem Falle als

Anregung zum Perspektivenwechsel, mit Blick auf das weibliche Geschlecht, als vorbildliche Aneignung eines Wissens- und Argumentationsstandes, welcher Veränderung der bestehenden Verhältnisse nahelegt. Auch in diesem Traktat, so der Schlußpassus der Marinella, eine Art *Befreiung* des weiblichen Geschlechts erhoffen läßt:

Ma se le Donne, come io spero, si sveglieranno dal lungo sonno dal quale sono oppresse, diverranno mansueti e humili questi ingrati et superbi. Sarebbono senza dubbio tutte le risposte verissime da me in questo caso date all'autorità e alle ragioni de' Poeti, de' Sacri Dottori, de' Filosofi narrate e di Aristotile [...] buonissime per rispondere ad ogn'uno, che havesse in qualque modo biasimato il sesso femminile. 158

Während einige Autorinnen auf die Mitte des 16.Jahrhunderts zu, vorgängig nobilitiert über ihre adelige Geburt, mit normkonformer petrarkistischer Lyrik (der Markt trägt diesen Aspekten im Falle Vittoria Colonnas mit zahlreichen Neuauflagen Rechnung, wie sie in diesem Umfang nur noch der "automatisierten" Dichtung Laura Terracinas zuteil werden) im Sinne der elitären Kulturkonventionen weibliche Autorenschaft "salonfähig" machen, das petrarkistische Dichten als Ausweis elitärer weiblicher Kulturbeflissenheit institutionalisieren - ein Phänomen, welches über die zahlreichen Anthologien petrarkistischer Lyrik mit großer weiblicher Beteiligung nachvollziehbar ist[159] - beginnt sich die schriftliche Autorepräsentation eines weiblichen Selbst, eines weiblichen Ich bald zu verselbständigen: den adeligen sowie den petrarkistischen Rahmen zu überschreiten, sich alle erdenklichen Genres und zahlreiche Wissensdiskurse anzueignen, insbesondere aber, der gegenreformatorischen Stimmung konform, die religiöse Thematik zu pflegen; zuweilen Originalität zu manifestieren und gegen Ende des Jahrhunderts vereinzelt immer selbst-bewußter zur Sache der Frau Stellung zu nehmen, ein weibliches "Bewußtsein" nach außen zu tragen. Weibliches Sprechen, anfangs orthodoxe Reproduktion männlicher Diskurse, die lediglich hinsichtlich der Normen des sozialen Geschlechts der Frau modifiziert werden, wird bei einigen Autorinnen schnell zum intertextuellen Sprechen, zur Rekombination, zur Perspektivenweitung, zur Dialogisierung, zur Polylogisierung unterschiedlichster Diskurse und Ebenen - der sozialen Realität und der imaginierten Weiblichkeit, des Dispositivs Frau und der eigenen Befindlichkeit, des literarischen Systems und des sozialen Geschlechts, der kulturellen Rolle und der Wissensdiskurse, zum "Neuentwurf": währenddessen andere Autorinnen norm- und systemkonforme Texte erstellen, der männlichen Erwartungshaltung, wie dies der zentralen Maßgabe des sozialen Geschlechts der Frau entspricht, zu Gefallen sind, die Normen affirmierend reproduzieren. Konformität im weitesten Sinne ist stets Maßgabe einer Veröffentlichung, Konformität zur patriarchalen Ideologie oder aber zur Marktstrategie der Verleger; die männliche Zensur muß unausweichlich passiert werden: nichtsdestotrotz öffnet sich ein heterogenes Bild weiblicher Textproduktion, wie es dem uniformen Normenkatalog für das (minderwertige, minderbemittelte, oder aber idealisierte, allegorisierte, stets jedoch funktionalisierte) weibliche Geschlecht, der passiven Diskursivierung ganz erheblich widerspricht - wenn auch die textualisierte "Weiblichkeit" eine reproduzierte ist, eine bereits der Sprache, den Diskursen eingeschriebene Weiblichkeit, eine normierte Weiblichkeit, jenseits derer Sprachlosigkeit herrscht, weibliches Schweigen. Mit der Ausweitung des Buchmarktes, der "Popularisierung" höfischer Kulturstandards und damit auch der Bildungsanforderungen an das weibliche Geschlecht, der Etablierung der landessprachigen

Literatur, der Kanonisierung weiblicher Autorenschaft, werden Veröffentlichungen von Frauen im Cinquecento immer zahlreicher, gleichwohl das weibliche Schweigegebot hierdurch massiv verletzt wird; die textuelle Kompensation dieser Überschreitung fällt dabei, wie gesehen, ganz unterschiedlich aus. Dieses Phänomen beschränkt sich jedoch keineswegs auf Italien, sondern folgt der Rezeption rinascimentaler Kultur im Ausland: findet sich beispielsweise auch in Frankreich (oder in England), wie der folgende Überblick über die französischen Autorinnen des 16.Jahrhunderts zeigen wird.

c. Die Entwicklung in Frankreich

Aus der Perspektive des 16.Jahrhunderts manifestiert sich in der französischen Literatur bereits eine längere Tradition weiblicher Autoren, die von Marie de France, einer Epikerin des 12./13.Jahrhunderts, über die *trobairitz*[1] zur italienischstämmigen Christine de Pisan (1365-1429) reicht: der ersten "Berufsschriftstellerin", die als alleinstehende Witwe und Mutter dreier Kinder mit der Erstellung von Texten unterschiedlichster Art den Lebensunterhalt für die Familie verdient[2]. Petrarkistischer und neuplatonischer Einfluß macht sich in der französischen Literatur des 16.Jahrhunderts erstmals ansatzweise bei Clémont Marot bemerkbar, dem Schöpfer der Mode der Blasons, jener lyrischen Ergüsse ob der (positiven oder negativen, sofern es sich um Contre-Blasons handelt) Sensation angesichts eines weiblichen Körperfragments - Clément Marot (1469-1544) also, ein Literat im Einzugskreis von Marguerite de Navarre, der in den Dreißiger Jahren die ersten Sonette in französischer Sprache erstellt: erste Manifestationen eines italienischen Einflusses, der innerhalb der Ecole lyonnaise zum Durchbruch, bei den Pléiade-Dichtern schließlich zur vollen Entfaltung gelangt. Die lyrische Produktion der ersten drei Jahrzehnte hatte die national-literarische Tradition der vorangegangenen Jahrhunderte ungebrochen fortgeführt; stilisierte oder parodierte Nachklänge der höfischen Lyrik des Mittelalters respektive Assimilationen an die lateinische Elegiendichtung prägen das Bild, eine Tradition, die augenscheinlich für Autorinnen keinen Anreiz zu bieten vermochte - die ersten französischen Autorinnen des Jahrhunderts bewegen sich abseits der Lyrik: ohne eine der italienischen vergleichbare höfisch-patrizische Kultur, den höfischen Hintergrund ritualisierter *ragionamenti d'amore*, ohne kulturelle Konventionen des Sprechens über Liebe, welche ritualisiertes weibliches Sprechen innerhalb elitärer Geselligkeiten notwendig machen, ist eine Petrarkismus-Rezeption in Frankreich lediglich auf einer sekundären Ebene möglich. Der *Cortegiano* wird 1538 ins Französische übersetzt, die erste systematische Übersetzung von Petrarcas *Canzoniere* unternimmt Vasquin Philieul im Jahre 1548. Die kulturelle und die temporäre Distanz zu den italienischen Konventionen des höfisch-literarischen Ambientes konzentrieren die Rezeption auf die formal-"mechanischen" Komponenten des Systems, ohne dem doktrinären Gleichgewicht des Systemganzen Rechnung zu tragen. Eine weitere "Brechung" erfährt die Übernahme des petrarkistischen Systems in eine andere Nationalliteratur im Sinne des *imitatio*-Gedankens hinsichtlich der Auseinandersetzungen um die

Nationalsprachigkeit, die *questione della lingua*, in deren Kontext Bembo für die italienischsprachige Literatur im Bereich der Lyrik Petrarcas *Canzoniere* zum Sprachmodell der *volgare*-Dichtung erklärt hatte - eine Dimension, die im Sprach-Wechsel verloren gehen muß respektive einem anderen Paradigma einverleibt wird: die je eigene literarische Tradition nämlich in die Rezeption des Petrarkismus einbezieht und solcherart einen Komplex der Intertextualität (zweier oder mehrerer Liebessprachen) einführt, welcher seinerseits dem italienischen Petrarkismus notwendig fehlt - den rezipierten Petrarkismus in der Assimilation einer systemüberschreitenden Komplexitätssteigerung unterzieht[3] (welche schließlich nochmals potenziert wird durch die Übernahme der Sprechinstanz durch eine Frau). Die französische Rezeption des Petrarkismus als kodifiziertes System von Liebesdichtung, wie sie sich beispielsweise auf formaler Ebene in der Übernahme jener der eigenen Lyriktradition fremden, prototypisch petrarkistischen Gedichtform des Sonetts wiederspiegelt, auf der notwendig intertextuellen Ebene mithin funktionalisiert zum reduzierten Zitat an sich, bedingt aus der distanzierten Perspektive der eigenen, der französischen Sprach-Diskussion (und damit der Stilisierung der nationalen Literaturtradition) sowie des zeitlichen Abstands zur orthodoxen Kanonisierung des Petrarkismus in Italien gleichzeitig eine Akzentuierung des dialogischen Moments hinsichtlich des thematischen Gebäudes; insofern nämlich die sukzessive vorangetriebenen Überwindungen der Systemorthodoxie in der italienischen Literatur bereits in die Rezeption einbezogen werden können, die Übernahme an zusätzlicher Dynamik gewinnt: eine Dynamik, die zugleich Rezeption und Überwindung des petrarkistischen Systems, Intertextualisierung mit nationalen Literaturtraditionen sowie den gleichzeitig rezipierten antiken Texten einbegreift, die Konturierung einer sich neu formierenden Nationalsprachigkeit begleitet und schließlich in die Konstitution einer eigenständigen "Literatur" münden wird[4]. Die Bedeutung des Petrarkismus für den Eintritt der Frau in den literarischen Diskurs, wie sie in formaler Hinsicht im Konnex mit den höfischen Konventionen für die italienische Literatur festzumachen ist, entfällt in Frankreich, wird vielmehr im Zuge der Rezeption des Petrarkismus nicht hinsichtlich der konstitutiven Kausalität wahr-, sondern, in zweiter Instanz, bereits explizit als Komponente des Phänomens der Frauendichtung aufgenommen. Petrarkisierendes Dichten formiert denn in Frankreich lediglich eine Variante literarischer Manifestationen von Frauen, an deren Seite, analog zur polylogischen Umsetzung des Petrarkismus selbst, zahlreiche weitere Genres gepflegt werden.

In Frankreich findet sich zu Beginn des Jahrhunderts eine Erziehungsschrift aus weiblicher Feder, Anne de Beaujeus um 1504/5 entstandenes *A la requeste de Treshaulte et Puissante Princesse ma dame Susanne de Bourbon Femme de Tresillustre et puissant Chastellerault: Contestable Per et Chambrier de France: et Fille de desdictes du chez: Fille et Seur des Royes Louys. VI (XI) et Charles. VIII. Lyon.* (entst. 1504/5, publ. vor 1521, 1535 erneut als *Doctrinal ou Instruction des Filles, Fait à la requeste de Madame Susanne Duchesse de Bourbon*, Tholose 1535, später Lyon: N. Rigaud)[5], eine Verhaltensanleitung für den weiblichen Nachwuchs des Königshauses; Anne de Beaujeu (1461-1522) kennt die Anforderungen, sie ist, wie im Titel wiedergegeben, Tochter von Louis XI und hatte von 1483-1491 stellvertretend für ihren Bruder Charles VIII die

Regentschaft inne. Nichtsdestotrotz referiert sie klassische Normen des weiblichen Geschlechts für herrschaftliche Töchter, Subordination unter den Mann, Selbstbeherrschung, Schweigsamkeit und Gottesfürchtigkeit bei gleichzeitigem, allerdings maßvoll handzuhabendem politischen sowie Standesbewußtsein. Erst in der zweiten Hälfte des 16.Jahrhunderts folgen weitere "Erziehungsschriften" weiblicher Autoren, eine *Instruction pour les Jeunes Dames, par la mère et la fille d'alliance* (Paris, sur la copie imprimée à Lyon par J. Dieppi, 1597), die Cathérine und Madeleine Des Roches[6], sowie eine weitere *Instruction pour les Jeunes Dames* (1573?, Lyon 1583?, 1597), die Marie de Romieu[7] zugeschrieben wird. Augenscheinlich aber handelt es sich um ein einziges, identisches Werk, so André Winandy[8], dessen Erstveröffentlichung bei Jean Dieppi, Lyon, im Jahre 1573 den folgenden Titel trug: *Instruction pour les jeunes dames, par la mère et la fille d'alliance, par M.D.R.*, in der Pariser Neuausgabe von 1597 ist jenes *par M.D.R.* entfallen, eine dritte Ausgabe von 1607 trägt den Titel *Les Devis amoureux de Mariande et de Florimonde, par la mere et fille d'alliance, par M.D.R.P.* (Paris 1607), eine weitere Ausgabe im Jahre 1612 erscheint als *La messagere d'amour, ou instruction pour inciter les jeunes dames a aymer. en forme de dialogue, par la mere et fille d'Alliance. s.l., 1612*[9]. Jenes M.D.R., Marie de Romieu oder Mesdames des Roches, ist aber insofern von nachgeordnetem Interesse, als es sich um kein "authentisches" Werk handelt, sondern um eine Übersetzung respektive eine wohl recht enge Adaption (die selbstverständlich ihrerseits durchaus relevant ist, insofern der Bildungsstand der Adeptin solcherart als durchaus ungewöhnlich, da des Italienischen mächtig zu verzeichnen ist), eine Übersetzung nämlich, so Winandy, von Alessandro Piccolominis *Dialogo della bella creanza de le donne de lo stordito intronato* (1538, ed. 1540, mit insg. neun Editionen bis 1574): ein explizit an Frauen adressierter (komödienhafter) Dialog zwischen der alten Kupplerin Raffaella und der jungen Margarita, stilisiert zum petrarkistisch-neuplatonisch getönten "Lob" der Frau respektive zum Liebes-Traktat; zum Traktat über die "Kunst" der Liebe, die unterschiedlichen Notwendigkeiten hinsichtlich Kleidung, Kosmetik, Schmuck, Wissen, Weitblick, Verhalten und Konversation etc., um das höfisch-galante Liebesritual (professionell) praktizieren zu können.

Der eigentlichen Auftakt aber der Literaturproduktion französischer Autorinnen des 16.Jahrhunderts ist in den Dreißiger Jahren festzumachen, eines der gewählten Genres die Narrativik, in Gestalt zweier Werke, denen im Verlauf des Jahrhunderts zahlreiche Neuauflagen beschieden sein sollten: Jeanne Flores *Comptes Amoureux* (um 1537)[10] sowie Hélisenne de Crennes *Angoysses Douloureuses qui Procedent d'Amours* (1538)[11]. Die Identität Jeanne Flores, es handelt sich um ein Pseudonym, ist noch immer ungeklärt, dem Text eingeschriebene Momente, die spezifische Ausgestaltung der Liebesthematik sowie die Nähe zu italienischen Quellen deuten jedoch auf eine Verwurzelung im Lyoneser Raum[12]. Die sieben Erzählungen der *Comptes Amoureux*, die, neben den primären Referenztexten aus der französisch-mittelalterlichen Tradition sowie insbesondere Boccaccios *Decameron*, zugleich auf antike Quellen, vor allem Ovid und Vergil rekurrieren, weisen innerhalb des übergreifenden Rahmens der Liebesthematik je formale Heterogenität auf. Im Kanon der Ritterepik "phantastisch-imaginär" motivierten Erzählungen stehen solche dominant "realistischer" Motivik gegenüber, andererseits ist eine semantische Homogenität in der durchgängigen Thematisierung sozialer Zwänge verankert, wie sie der lustbetonten Grundhaltung der Erzählungen entgegenstehen: die Autorin proklamiert ein weibliches Recht auf Lust, Begehren und Befriedigung, welches beispielsweise in den üblichen Vertragsehen zwischen jungen Frauen und alten Männern keineswegs eingelöst werden kann; ein weibliches Recht auf persönliches "Glück", welches es umfassend anzustreben gilt, um im Alter nicht die verpaßten Träume zu bedauern - wobei Jeanne Flores Darstellungsmodus einer stets antinomisch-superlativischen Perspektivierung verpflichtet ist, einer "'sémiotique' du paroxysme"[13], welche dem plakativen Extrem den Transport der Aussage überschreibt. Die Thematisierung des ehelichen Unglücks aus weiblicher Perspektive in zugleich überschreitender Fortführung des mittelalterlich-topischen Ehekrieges sowie die programmatisch vorgestellte Körperlichkeit unter dem Vorzeichen eines lustbetont-sinnlichen Anspruches in oft stark fiktional-phantastisch überformtem Rahmen lassen den *Comptes Amoureux* eine Sonderstellung innerhalb literarischer Texte von Autorinnen des 16.Jahrhunderts zukommen: auch Marguerite de Navarres *Heptaméron*, jene explizit an Boccaccio angelehnte Novellensammlung, innerhalb derer gleichfalls zahlreich die Eheproblematik sowie das Thema der sexuellen Befriedigung aufgerufen wird, findet in der prätendierten Gesamtaussage nicht im mindesten zu jener von Jeanne Flore unverblümt propagierten und jeder *weiblichen* Keuschheitsnorm hohnlachenden Genuß-Moral unter dem Zeichen der wahren, damit auch sexuell erfüllten Liebe - sondern hebt vielmehr über die menschlichen Irrungen ab auf eine christlich-platonisch motivierte Moralebene, die den irdischen Verfehlungen werthierarchisch übergeordnet wird. Im Gegensatz zu Marguerite de Navarre beharrt Jeanne Flore denn auch nicht auf dem "être vrai", sondern explizit die Erzählungen als poetische Fiktion, um fiktionsextern nichtsdestotrotz sozialpolitische Forderungen zu textualisieren - etwa beharrlich eine Eherform einzuklagen, wie dies beispielsweise im "Nachwort" an den Leser ausformuliert wird:

>JEANNE FLORE AU LECTEUR
>Madame Fusque aiant fourny son compte
>D'Amour, lequel les cœurs endurciz dompte,
>Je t'ay voulu pour la conclusion
>Bien advertir que tout ce est fiction
>De poësie. Et pour ce donc ne gloses
>Point aultrement en mon œuvre les choses
>Qu'elles ne sont, à mon desadvantaige.
>
>Je blasme icy l'impareil mariaige:
>Aussi de vray est il bien à blasmer,
>Quand il en vient ung fruict tant fort amer
>Que le solas, par la disconvenance
>Des Mariez, se tourne en desplaisance. [14]

Rahmenfiktion, Intention, Motivation des Schreibaktes und der Veröffentlichung sowie die obligatorische, in der dargebrachten Form in Kontrastierung mit der referierten Bildung und Freude ob des Textualisierten allerdings reichlich ironisch anmutenden weibliche Bescheidenheitsgeste finden sich bereits im den Erzählungen vorangestellten Grußwort an die Cousine Minerve dargelegt: die Niederschrift der Erzählungen ist Einlösung eines Versprechens, welches die Ich-Sprecherin der Cousine gegeben hatte, jene "comptes de la punition de ceulx qui contemnent et mesprisent le vray Amour"[15] nämlich schriftlich niederzulegen und zu übersenden, welche man sich anläßlich der letzten Weinernte in einem Kreise edler und gebildeter Damen erzählt hatte. So das Grußwort:

...lesquelz comptes bien à propos furent racomptez en vostre compaignie à ces vendanges dernieres, où estoient nos bonnes cousines et amyes, madame Melibée, madame Cebille, madame Hortence, madame Lucienne, madame Salphionne, madame Sapho, madame Andromeda, madame Meduse, et aultres nos voisines (pour certain toutes de bonne grace et sçavoir, toutes, dis je, de gentille noblesse aornées), j'avais prinse la plume en main pour le vous mettre par escript. Puis tout soubdain je me suis advisée que je feroys chose tres agreable et plaisante aux jeunes Dames amoureuses, lesquelles loyaulment continuent au vray service d'Amour, et lesquelles se delectent de lire telz joyeulx comptes, si je les faisois tout d'un train gecter en impression, Ce que j'ay faict presentement: neantmoins soubs espoir que vous, et les humains lecteurs excuserez le rude et mal agencé langaige. C'est œuvre de femme, d'où ne peult sortir ouvraige si limé, que bien seroit d'ung homme discretz en ses escriptz. 16

Schon die Motivation der Veröffentlichung nach dem *delectare*-Prinzip (welches ja zugleich fiktionsimmanent die erzählende, ausschließlich weibliche Runde kennzeichnet), der autonome Entschluß zur Edition durch einen weiblichen Autor (aufgrund ebendieser Motivation), unterscheidet Jeanne Flore erheblich von der etwa zur selben Zeit dichtenden Vittoria Colonna, macht die differente soziokulturelle Disposition der beiden Autorinnen ebenso wie jene der nationalen Literaturen deutlich: eine Differenz, die offensichtlich die Projektion ebenso differenter "Frauenbilder" bedingt - respektive eine Sprechhaltung zu konstituieren ermöglicht, die im Falle Vittoria Colonnas insbesondere den Normen des sozialen Geschlechts, der sozialen Position der Adeligen sowie den systemischen Zwängen des petrarkistischen Dichtens entspricht, im Falle Jeanne Flores hingegen gerade eine explizit weibliche Normkritik artikuliert, in lediglich loser Anlehnung an bestehende narrative Muster eine eigenständige Textform entwirft. Die Ich-Sprecherin Jeanne Flores erweist sich zumindest an der Oberfläche der sozialen wie literarischen Konventionen als "autonom", die Ich-Sprecherin Vittoria Colonnas hingegen auf beiden Ebenen prototypisch normkonform, reproduktiv-affirmativ - Jeanne Flore hingegen bevorzugt, diametral entgegengesetzt, die Forderung nach freier "Verwirklichung". Die Akzentuierung der sinnlich-sexuellen Komponente führt eine raumgreifende Textualisierung von Körperlichkeit mit sich, wie sie im 16.Jahrhundert für Texte aus weiblicher Feder gleichsam, und dies in doppeltem Sinne, "undenkbar" ist - eine noch "undisziplinierte" Körperlichkeit, die nach verschiedensten Registern eingebracht wird; in der *Compte premier* beispielsweise wird, anhand des traditionellen Schönheitskatalogs, die körperliche Schönheit der beiden jugendlichen Liebenden geschildert:

La belle Dame, qui auparavant se mouroit entre les impotens et sans chaleur accollemens de Pyralius, maintenant s'esjouyt de manier les membres refaictz et en bon poinct de son nouvel amy, et de veoir sa belle et bien coulourée face: ses vers yeulx: sa blonde barbe: sa poictrine forte, et plaine de chaleur: ses bracs non rudes au delicieux exercice d'amours. [...] D'ailleurs le chevalier Andro de son cousté n'en faisoit pas moins. Car ses deux yeulx estoyent si detenuz à considerer la parfaicte beaulté de son amye, que à peine sçavoit il si songeoit ou si de verité il appercevoit point chose celeste, ou humaine. En premier lieu il consideroit l'amplitude et spaciosité de son clair front bien arondy, les surcilz plus noircissans que nul jayet faictz en manière de l'arc d'amour. Après, s'arrestoit sus la splendeur de ses deux beaulx yeulx relucens, et semblans droictement en leur aspect deux estoilles celestes: où entre deux estoit posé ung joly nez traictifz. Consideroit aussi la fresche couleur et le beau tain de sa face, la rotondité de ses joües vermeilles, la petitesse de sa riante bouche, avec l'elevation des lefvres coralines, et si bien jointces qu'elles sembloient à tous coups semondre ung soüef et amoureux baiser. Je me tais icy de vous racompter plus avant quelle elegance il trouvoit au fosselu menton, et en la blancheur delicieuse de sa gorge. Mais encores trop luy plaisoit d'asseoir le regard attentif sur la rondeur des petitz tetons loing l'ung de l'aultre bien demy pied, sur la gracilité du faulx de son corps, la fermeté de ses bracs massifz, et sur la beaulté de ses mains délicates, et blanches comme albastre. Puis il estoit merveilleusement resjouy de luy manier le ventre uny et dur, comme on veoit es statues de l'ouvraige de Phidias, excellent tailleur d'ymaiges. Il gettoyt doulcement aussi la main sus ses cuisses bien tournées et sus la plaine charnure de ses molletz genoux. Quant à la vuydure de ses jambes, rien n'eust sceu estre plus elegant, joinct que ses piedz demonstroient je ne sçay quelle mignotise amyable. 17

Die Aufzählung der Schönheiten der Dame folgt jener Abfolge, wie sie beispielsweise in den Blasons gängig ist, die beschriebenen Körperteile entsprechen ebenfalls exakt der konventionellen Kodierung, die eingebrachte Körperlichkeit reproduziert vorgegebene Schemata, welche von der Ich-Sprecherin ohne Modifikationen übernommen werden: gleiches gilt für die geschlechtsspezifische Vergegenwärtigung; die Beschreibung der männlichen Schönheit fällt, wie dies für alle Autorinnen des 16.Jahrhunderts kennzeichnend ist, sehr knapp aus (und bezüglich der literarischen Tradition kennzeichnend sein muß: der männliche Diskurs gibt den Körper der Frau als Objekt des Begehrens, der entsprechend reichhaltigen Beschreibung vor, die Schönheit der traditionell männlichen Sprecher ist nicht relevant respektive selbstverständlich). Zugleich trägt die Darstellung der weiblichen Schönheit dem Primat des Visuellen Rechnung, wie es für die - liebende - Wahrnehmung der Frau so zentral ist; der Geliebte läßt textimmanent seinen Blick über den Körper der Frau gleiten, die Beschreibung des weiblichen Körpers wird explizit als eine des männlich-visuell perspektivierten Begehrens textualisiert. In der *Compte troysiesme* hingegen findet die "abstoßende" Körperlichkeit zur Darstellung, eingebunden in eine Ausgestaltung jener beiden thematischen Komplexe, welche die gesamte Sammlung leitmotivisch durchziehen: die Anklage nämlich gegen die "ungleiche", verordnete Ehe, die von Eltern geschlossene Vertragsehe, welche junge Mädchen aus ökonomisch-machttaktischen Gründen um ein Vielfaches älteren Herren, genauer siechen Greisen, zur Ehefrau bestimmt, eine von Jeanne Flore wiederholt aufgerufene Sozialkritik[18] - sowie die Notwendigkeit des "Dienstes" für die wahre Liebe, dessen Unterlassung, wie im folgenden Falle geschildert, unmittelbar die "gerechte" Strafe auf dem Fuße folgt; so die Warnung an die (allzu keuschen) Damen:

Gardez-vous donc soigneusement cheres dames, d'offenser le vray Amour, ne desprisez les celestes dispositions, et causes ordonnées, lesquelles font, en temps opportun et deu, eschauffer les jeunes creatures en amours. Car il appartient seul aux folles garces de faire à ces venerables misteres rigoureuse resistance: et si ne considerent (ô chose nefaste!) qu'elles injurient le Ciel, et trop offensent la benigne nature. 19

Eine solche Zuwiderhandlung gegen die göttlichen Gebote dieser Liebesreligion gibt die geschilderte Fallstudie wieder, ein junges Mädchen nämlich, nach allen Regeln des zeitgenössischen (und dabei recht großzügigen, idealtypisch höfisch-italienischen) Erziehungskanons für Töchter der Elite, notwendigerweise auch nach der zentralen Maxime der weiblichen Keuschheit herangebildet, enseignée en tous genres d'estude feminin: de manière qu'en bien dire elle surpassoit Hortensia romaine, en poesie la noyrette Sapho, en bien chanter et jouer du leut le filz d'Apollo et les Sereines, à basler et dancer Hebe la jeune fille de Juno. Aussi s'il eust convenu dresser une contention de triste et besogner de l'esguille, jà n'eust elle esté vaincuë, ne receu la peine de l'arrogante Arachnes 20,

gibt ihr Desinteresse an der Liebe, an den Gaben des Liebesgottes, durch Zurückweisung aller jugendlichen Verehrer zu erkennen, verweigert das "convenir en esgualité d'amour adolescente"[21]: "elle coucha seulette chargée de celle faulse erreur d'esperit en son lict froid et non accompagnée jusques à l'an vingt huictiesme de son aage"[22]. Die Protagonistin, bereits "reife" Dame, hat damit als "alte Jungfer" zu gelten, der Zeitpunkt scheint erreicht, die Unwillige beispielsweise im Kloster zu verbergen. Plötzlich aber beginnt ein unbezwingbares Begehren in ihr zu brennen (das männergierende Gebärmuttertier), sie verzehrt sich gequält nach Liebe, das vormalige "cœur miserable"[23], nunmehr mutiert zur "droicte fornaise embrasée"[24], verlangt schmachtend nach einem wie auch immer beschaffenen männlichen Körper:

Finablement la noble matrone excessivement amoureuse, languissante, exagitée en la chaleur des haultes flammes, esguillonnée des illecebres desirs, et de pruriants appetitz, de lasciveté intemperée incrediblement commeuë [...], elle eust retenu aussi sa complexion libidineuse, ne pouvant plus supporter telles oppressions, dolente et esperduë cheut au lict malade. 25

Die zu Rate gezogenen Ärzte diagnostizieren umgehend die bereits nahezu komatöse Liebeskrankheit, worauf die Eltern ihre Tochter stante pede mit einem angesehenen und wohlhabenden Mann verheiraten, der allerdings bereits das Greisenalter erreicht hat. Beinahe rasend vor Wollust stürzt sich die Jungvermählte in der Hochzeitsnacht auf den Angetrauten, dessen Kräfte sich allerdings nach einigen Küssen erschöpfen, ohne daß ihre Bemühungen um erneutes Aufwallen zu einem anderen Ergebnis als einem schleimigen Hustenanfall geführt hätten:

Celluy ord vieillart avoit la bouche grande et fendue presque jusques aux oreilles, les levfres pasles, la voix grosse, indistincte: et à peine luy estoient restées en la gueule quatre dens pourries et caverneuses, comme pierre de ponce: troys dessus, et une dessoubz. Il avait la barbe dure, comme le poil d'ung vieulx asne, et poignante comme si ce fussent chardons, longue, mal peignée, et blanchissante. Ses yeulx rouges estoyent larmoyans, et moillés, son né estoit camu, gros, et hiulque, plein de long poil, morveux, rendant quand il parloit tousjours ung son enroué: si qu'il sembla toute nuict à l'infelice mariée, qu'il feit sonner une vessie pleine de vent, et poys. Son visage estoit ord et salle, la teste chaulve, les joues plattes et pleines de taches et verrues: et sur les yeulx estoient posez les sourcilz gros et enflez. Il eust la gorge hispide et resgrillée comme celle d'une torture pallustre. Et ses trementes mains estoyent sans vigueur aulcune, le reste du corps pourry, maladif, et sans vertu: et en son marcher il estoit si caducque, qu'à chascun pas chopper luy convenoit. Et quand il rehaulsoit ses vestemens, de là exhaloit une pueur d'urine abhominable. Par laquelle cause, cheres compaignes, povez considerer en quelle melancolie estoit la dolente espousée: laquelle estant totallement frustrée de son intention, ne luy peult oncques, tant sceut elle bien user des actes que font les amoureuses couchées avec leurs jeunes amys, exciter les membres prosternez et endormis de sa vieillesse enorme et sans vigueur. Dont advint après que par long temps ne pouvant aultre fruict recepvoir de ce mary, maulvais, facheux, vieillard, ocieux, inutil, sans force, plus jà loux que le boiteux Vulcan, sinon bastures, debatz, injures: et recogneust qu'elle estoit deceue de son effrené desir, et qu'elle recepvoit par ce moyen le merite de ses obstinez reffuz. 26

Die Melancholie der selbstverschuldet-frustrierten Dame mündet schließlich in eine Phase autodestruktiver Handlungen, die notwendig im Freitod enden, welchen die Protagonistin eines Nachts mit einem Messer vollführt. Die Beschreibung des abstoßenden, ekelhaften und siechen alten Mannes ist wohlgemerkt Teil einer im Sinne der übergeordneten hedonistischen Maxime pädagogisch funktionalisierten Erzählung, die in einem ausschließlich weiblichen Kreise vorgetragen wird, so die Rahmenfiktion; in einem Kosmos, der, wie zu Ende des Jahrhunderts bei Moderata Fonte, in der Erörterung "weiblicher" Belange die männliche Präsenz explizit ausschließt, weibliche "Authentizität" fingiert, die "Wahrheit" präsupponiert, obgleich sich lediglich bestehende Diskursstränge respektive literarische Traditionen reproduziert finden: mit jenem Unterschied, der gerade die weibliche Perspektive hervorhebt und darob dem Referierten einen veränderten Bedeutungsgehalt zuordnet - welcher im Falle der Erzählungen Jeanne Flores explizit sozialkritisch funktionalisiert wird, eine Forderung nach Veränderung gesellschaftlicher Konventionen transportiert, wie sie im 16.Jahrhundert von Autorinnen nur in seltenen Fällen vorgebracht wird. Diese Erzählung, im Gegensatz zu manch anderen Erzählungen der Sammlung in einem weitgehend "realistischen" Modus gestaltet, ohne also Elemente des Phantastischen wie Drachen und Feen in die Handlung einzubinden, transportiert über die immer wieder erneuerte Anklage der Ehekonventionen hinaus eine Affektstruktur, die in ihrer "offenen", keineswegs nach zeigenössischen Normen weiblicher Tugend und Keuschheit gestalteten Darstellung (im engen Rekurs auf antike Quellen) zumindest unter den Autorinnen des 16.Jahrhunderts eine singuläre Stellung einnimmt: die im Zeichen der "wahren" Liebe ausschließlich als Begehren und Erfüllung thematisierte Sexualität, die Identifikation von wahrer Liebe, von Liebesglück und lustvoller sexueller Erfüllung - wobei selbstredend eine scharfe Gerenze zur Prostitution gezogen wird ("...la Dame laquelle ainsi villainement se prostitue, n'y intervenant la saincte affection d'amours..."[27]). Eine sexuelle Erfüllung im übrigen, die stets im ehelichen Rahmen gedacht wird, dabei in explizitem Gegensatz zur höfischen Verzichtsliebe, vor allem aber zu kirchlichen Sexualnormen steht, wobei in der Tat an keiner Stelle religiöse Referenzen in den Text eingebracht sind. Der offenen Benennung von Sexualität und Körperlichkeit wird im weiteren Verlauf des Jahrhunderts allein bei Veronica Franco noch einmal ein bedeutender Stellenwert zukommen; die Textualisierung explizit sexuellen Begehrens respektive sexueller Erfüllung durch andere Autorinnen erfolgt hingegen gewöhnlich, so etwa bei Gaspara Stampa, eingebunden in literarische Konventionen und lediglich punktuell sowie indirekt evoziert, oder aber, so im mystischen Kontext, einem scheinbar asexuellen Rahmen eingeschrieben. Die Sprecherinnen der sieben Erzählungen Jeanne Flores jedenfalls entwerfen ein "Tugendideal" (in Relation zur Liebesreligion), welches sich der in den normativen Diskursen installierten Verfügbarkeit und (reproduktiven/rekreativen) Funktionalisierung der Frau entzieht: ein Recht auf affektive Entscheidungsfreiheit sowie sexuelle Bedürfnisbefriedigung einfordert, das wohl dem Eheparadigma integriert ist, dabei aber Aspekte eines "Eigenlebens", individueller Bedürfnisse der Frau akzentuiert, wie sie der normativen Ehefrauen- und Mutterrolle in der vollständigen Subordination unter die Gewalt des Mannes entzogen sind.

Hélisenne de Crenne[28], eigentlich aus Abbeville gebürtige Marguerite de Briet (1500/1510 - um 1560), verheiratet mit Philippe Fournel, seigneur de Crenne, und spätestens seit 1552 von diesem getrennt lebend (es existiert eine Akte über eine juristische Gütertrennung[29]), hat mit ihren Texten zahlreiche Neuerungen in die französische Literaturlandschaft eingeführt: neben den *Angoysses Douloureuses qui Procedent d'A-*

mours (1538, dem nach Neubert "*ersten originalen* französischen Roman der Neuzeit"[30]), dessen erstem Teil als "sentimentalem" Roman im 17.Jahrhundert Madame de La Fayettes *Princesse de Clèves* nachfolgen wird[31], erstellt sie mit den *Epistres Familieres et Invectives* (1539) eine Art Briefroman, der mitunter erstmals veröffentlichte französische Privatbriefe enthält und gleichsam als Komplement der *Angoysses* gelten kann (wobei die *IIIe* und *IVe Epistre Invective* eine Verteidigung der Frau beinhalten, also zu einem frühen Zeitpunkt Stellung zur Frauenfrage nehmen). Auf den die heterogene "Trilogie" vervollständigenden *Songe* (1539), ein religiös-philosophisch-moralisch-allegorisches Traktat, dem trotz vehement antikisierender Tendenzen noch jeder Platonismus fehlt, folgt 1541 die erste französische Prosaübersetzung der *Aeneis* Vergils, genauer der ersten vier Bücher derselben, die Hélisenne de Crenne mit dem ihr eigenen latinisierenden Sprachduktus paraphrasiert[32]. Die *Angoysses Douloureuses qui Procedent d'Amours*, der narrative Teil des Werkes, auf den sich die nachfolgenden Bemerkungen beschränken werden, setzen sich aus drei Teilen zusammen: der erste Teil als "roman vécu"[33] textualisiert den "realistisch" präsentierten Bericht einer Ich-Sprecherin, die Geschichte der Protagonistin, die verheiratet ist, sich jedoch in eine leidenschaftliche Liebe mit dem unsteten Jüngling Guenelic verliert - eine Liebesleidenschaft, die sich, oszillierend zwischen moralischen Bedenken der Protagonistin und der sich sukzessive steigernden Eifersucht des Ehemannes, zur Geschichte des Leidens fügt; die Protagonistin nämlich, die Liebende, wird von ihrem eifersüchtigen Ehemann in einem Burgturm gefangengesetzt. Der zweite und dritte Teil des Textes führen die Geschichte nach dem Muster einer mittelalterlichen Heldenerzählung fort; im zweiten Teil, Ich-Sprecher ist jetzt der Geliebte, Guenelic, befreit dieser, nunmehr als rundum positiv gezeichneter Held, zusammen mit seinem ihn selbst an Heldenhaftigkeit noch übertreffenden Freund Quezinstra unter langwierigen Mühen die Geliebte aus dem Turm, in den ersten zehn Kapiteln des dritten Teils stirbt die Geliebte, Guenelic schließlich folgt ihr bald nach[34]. Nach einem erneuten Sprecherwechsel, Quezinstra berichtet in der Folge, steigt der Ich-Sprecher in die Unterwelt hinab, wo Jupiter ihm schlußendlich das Manuskript der *Angoysses* übermittelt, um es in Paris veröffentlichen zu lassen. Der offenkundige Kontrast zwischen dem ersten und den beiden nachfolgenden Teilen läßt über die Gesamtdistanz eine fundamentale Inkohärenz der *histoire* wie des *discours* zutagetreten: den kaum stilisierten, in Verhalten und Rede realistisch durchformten "alltäglichen" Charakteren des ersten Teils, die Protagonisten einer bürgerlichen Ehebruchgeschichte sind, stehen im zweiten und dritten Teil typische Figuren der Heldenepik gegenüber, deren Geschichte in einen traditionell-phantastischen Rahmen überführt wird, zur konventionellen Adaption eines beliebten Genres gerät[35]. Der autobiographisch durchsetzte erste Teil hingegen (die Kohärenzen mit Passagen der *Epistre Familieres* wie des *Songe* belegen das autobiographische Substrat hinreichend) beschreitet insbesondere in thematischer Hinsicht Neuland: das Leiden in und an der Ehe nämlich aus weiblicher Sicht, die Funktionalisierung dieser narrativen Grundlage zum Entwurf einer paradigmatischen Fallstudie betreffend, anhand derer soziale Realitäten ebenso wie eine (notwendig weiblich perspektivierte) Ebene des Begehrens, der Hoffnungen und Träume thematisiert werden. Die folgenden Betrachtungen beschränken sich auf den ersten Teil der *Angoysses*, dessen Handlung zwischen sechs Personen verläuft: Ehemann, Ehefrau und Ich-Sprecherin, der Geliebte Guenelic, der gemeinsame Freund Quezinstra, ein verräterischer Spion und die Schwester des Ehemannes.

Auf die kurze Vorrede der *Angoysses*, die sich explizit an die "lisantes", die Leserinnen, ein ausdrücklich weibliches Zielpublikum wendet, dem sich die Autorin - das autobiographische Element wird in traditioneller Manier zum pädagogischen Exempel stilisiert - als warnendes Beispiel präsentiert,

>Helisenne aux Lisantes
>Dames d'honneur et belles nymphes
>Pleines de vertu et doulceur,
>Qui contemplez les paranymphes
>Du regard, de cueurs ravisseur:
>L'archier non voyant et mal seur
>Vous piquera, prenez y garde.
>Soyez tousjours sur vostre garde,
>Car tel veult prendre, qui est pris.
>Je vous serviray d'avantgarde
>A mes despens, dommage et pris.

folgt eine "Epistre Dedicative de Dame Helisenne / A toutes Honnestes Dames / Leur Donnant Humble Salut. / Et Les Enhorte par Icelle A Bien / et Honnestement Aymer, en Evitant Toute Vaine / et Impudicque Amour", in welcher die Ich-Sprecherin der Damen Mitgefühl erbittet - ohne jedoch auf einen wohlmeinenden Ratschlag zu verzichten, der bereits auf die Ehethematik vorausdeutet, einmal mehr die "müßige" Frau zum Gegenstand hat:

Les anxietez et tristesse des miserables, comme je peulx penser et conjecturer, se diminuent quand on les peult declarer à quelque sien amy fidele. Par ce que je suis certaine par moymesmes que les dames naturelement sont inclinées à avoir compassion, c'est à vous, mes nobles dames, que je veulx mes extremes douleurs estre communicquées. Car j'estime que mon infortune vous provocquera à quelques larmes piteuses; qui me pourra donner quelque refrigeration medicamente. Helas, quand je viens à rememorer les afflictions dont mon triste cueur a esté et est continuellement agité, par infiniz desirs et amoureulx aguillonnemens, cela me cause une douleur qui excede toutes aultres, en sorte que ma main tremblante demeure immobile. O trescheres dames, quand je considere qu'en voyant comme j'ay esté surprinse, vous pourrez eviter les dangereulx laqs d'amours, en y resistant du commencement sans continuer en amoureuses pensées, je vous prie de vouloir eviter ociosité, et vous occuper à quelques honnestes exercices. 36

Erneut ein Schreibakt stilisiert zum Akt der Selbsttherapierung, der Schmerzlinderung durch das Aussprechen des Leidens, zumal "natürliches" Mitgefühl des weiblichen Publikums präsupponiert wird, wobei die Selbststilisierung der Ich-Sprecherin zur Inkorporation des Unglücks, des Liebesleids, das sich bereits in körperlichen Symptomen äußert, von pädagogischem Impetus begleitet wird: den Damen nämlich antragend, nicht dem Müßiggang zu verfallen (vor dem die Verhaltensschriften so sehr warnen), sondern durch tugend- und sinnvolle Beschäftigung (wie dies selbige Schriften mit Nachdruck anmahnen, durch religiöse Lektüre nämlich und Handarbeiten) die Gefahren der aus der Langeweile geborenen Liebe zu vermeiden; jene Imaginationen und Träume, welche der "müßigen", im Haus kasernierten Ehefrau zum Fluchtraum werden: zur topischen Basis der natürlichen weiblichen "Unzucht", wie sie die männlichen Diskurse referieren. Womit der Einstieg in die Erzählsequenz, zum weiblichen "Schicksal" stilisiert, einen gängigen Gemeinplatz des Dispositivs Frau der weiblichen Mangelhaftigkeit konform referiert - um im Verlauf der Erzählung nichtsdestotrotz eine subtile Normenkritik zu vollziehen, Aspekte weiblicher Lebenswelt zu thematisieren, die einmal mehr die eheliche Subordination der Frau problematisieren.

Als einziges Kind ihrer Eltern, verliert die Protagonistin und Ich-Erzählerin einjährig ihren Vater, um nach bester Erziehung in den "bonnes mœurs et honnestes coustumes"[37] im Alter von elf Jahren verheiratet zu werden:

> Et quand je fuz parvenue à l'aage d'unze ans, je fuz requise en mariage de plusieurs gentilz hommes; mais incontinent je fuz mariée à ung jeune gentil homme, à moi estrange par ce qu'il avoit grand distance de son pays au mien, mais nonobstant qu'il n'y eust eu frequentation ny familiarité aulcune, il m'estoit si tresaggreable que me sentoys grandement tenue à fortune, en me reputant heureuse, et aussi j'estoys le seul plaisir de mon mary, et me rendoit amour mutuel et reciproque. [...] En perseverant en telles amours ma personnage croissoit, et premier que pervinse au treiziesme an de mon aage, j'estoye de forme elegante, et de tout si bien proportionnée que j'excedoye toutes aultres femmes en beaulté de corps; et si j'eusse esté aussi accomplye en beaulté de visage, je m'eusse hardiment osé nommer des plus belles de France.[38]

Nicht, wie in den Oberschichten Usus, mit 14-18 Jahren wird die Protagonistin verheiratet, sondern bereits mit elf, bevor die körperliche, die Persönlichkeitsentwicklung abgeschlossen ist; dies vollzieht sich innerhalb der Ehe mit dem jungen Edelmann, mit dem sich die junge Dame in gegenseitiger Liebe verbunden weiß. Völlig normkonform bildet der Ehemann die Ehefrau erst heran, was Burckhardt ja so sehr bewunderte, eine Ehefrau, die sich bereits mit dreizehn Jahren als elegante Erscheinung beschreibt, als eine Frau, deren Schönheit besticht, was den Bau des Körpers betrifft, nicht aber das Gesicht, wie die Protagonistin verrät: damit das zentrale Objekt des literarischen Frauenlobs, der visuellen Perzeption - ein wichtiger Hinweis auf einen bedeutenden (in der Darstellung den einzigen) "Mangel". Eines Tages, das junge Ehepaar - Kindersegen scheint sich noch nicht eingestellt zu haben, ein weiterer, so elementarer wie subtiler Verweis auf einen Mangel - hatte sich vorübergehend vom üblichen Aufenthaltsort entfernt, einen befristeten Ortswechsel vorgenommen, erblickt die glückliche Ehefrau im gegenüberliegenden Fenster einen schönen Jüngling, in den sie sich - der petrarkistische Augenkontakttopos, das blitzartige *innamoramento*, die Pfeile Amors werden hier stillschweigend aufgerufen - auf der Stelle verliebt:

> ... en m'habillant vins ouvrir la fenestre, et regardant à l'autre part de la rue, je veis ung jeune homme aussi regardant à sa fenestre, lequel je prins à regarder ententivement. Il me sembla de tresbelle forme, et, selon que je povoye conjecturer à sa phisionomie, je l'estimoys gracieux et amyable; il avoit le visage riant, la chevelure creppe, ung petit blonde, et sans avoir barbe, qui estoit manifeste demonstration de sa gentile jeunesse. Il estoit assez honneste en son habit, toutesfois sans user d'accoustremens superfluz. [...] mais par force estoye contraincte retourner mes yeulx vers luy. Il me regardoit aussi [...] J'avoys accoustumée de prendre et captiver les hommes, et ne me faisoye que rire d'eulx; mais moymesmes miserablement je fuz prise.[39]

Der Aspekt der Überwältigung, des Gepackt-Werdens, wie ihn die Protagonistin hier beschreibt, des Erleidens der Liebe respektive der schönen und anmutigen Erscheinung des Jünglings, verweist auf einen Moment, welcher das gesamte Er-Leben der Protagonistin beherrscht: die Liebe wird in der Folge immer eine im Sinne des Erleidens körperliche sein, nicht nur neuplatonisch den Geist, die Seele betreffen, deren Leidäußerungen sich auf topische melancholische Befindlichkeiten beschränken. Bei Hélisenne de Crenne ist Liebeserfahrung - der sexuelle Aspekt allerdings findet sich stets ausgegrenzt - immer auch körperliches Mit-Erleben, eine Form alltäglicher, unkodifizierter sensitiver Körperlichkeit, wie sie Texten von Frauen sonst fremd ist; so etwa, diese Sequenz ist einige Zeit später angesiedelt, im Anschluß an eine arglose Äußerung des Ehemannes zum noch heimlichen Geliebten:

Ainsi qu'il proferoit telles parolles, mon amoureux cueur se debatoit dedans mon estomach; en muant couleur, du principe devins palle et froide, puis après une chaleur vehemente licenca de moy la palle couleur, et devins chaulde et vermeille, et fuz contraincte me retirer pour l'affluence des souspirs dont j'estoye agitée, comme le monstrois par indices evidens, gestes exterieurs et mouvemens inconstans. Et quand je voulois prononcer quelque propos par manieres de plainctes et exclamations, l'extreme destresse de ma douleur interrompit ma voix. Je perdis l'appetit de manger, et de dormir m'estoit impossible. 40

Zurück zum primären Blickkontakt, dem Ansichtigwerden des schönen und offenbar wohlerzogenen jungen Mannes im gegenüberliegenden Fenster: das bereits skizzierte Geschehen nimmt nun seinen Verlauf, die beiden Liebenden erregen zwangsläufig die Aufmerksamkeit des Ehemannes; die Protagonistin gesteht diesem ihre Liebe zum anderen, verzichtet aber nicht auf weitere - flüchtige - Begegnungen mit dem Geliebten sowie die Fortführung eines Briefwechsels, wobei sie ebenso zwangsläufig eines Tages vom Ehemann überrascht wird. Innerhalb der folgenden heftigen Auseinandersetzung zwischen den Eheleuten ("Helas mon amy, qui vous meult d'estre si cruel pour la lettre que vous aveu trouvée, laquelle a esté composée seulement par exercice, et pour eviter oysiveté? Parquoy ne me debvez ainsi injurier ne molester sans avoir ouy mes raisons"[41]) erklärt die Protagonistin den entdeckten Brief zur literarischen Fingerübungen (literarische Neigungen der Frau scheint also bereits als Argument hoffähig), darüberhinaus zur Beschäftigungstherapie, zur Vermeidung des Müßiggangs (laut Vorrede Leitmotiv des Schreibaktes, der Warnung vor ähnlichen Verhängnissen), wobei sie die Berechtigung zur Verteidigung (auch dies ein stets aufgerufenes Motiv weiblicher Thematisierungen der Geschlechterbeziehungen) beim Ehemann erst einfordern muß. Die Auseinandersetzungen jedenfalls führen schließlich, unter Vernachlässigung der weiblichen Verteidigungsrede, zur Sanktionierung der unbotmäßigen Betätigung, zur Verhängung eines Hausarrests für die Protagonistin, der Manifestation männlicher Befehlsgewalt im ehelichen Raum (ein noch glimpflicher Ablauf, für Isabella di Morra führte die Entdeckung eines solchen Briefwechsels ja augenscheinlich in den Tod): die Protagonistin darf ihr Zimmer zwei Wochen lang nicht verlassen, eine Zeit der Kasernierung, des expliziten Gefangenendaseins, innerhalb derer die unglückliche Ich-Sprecherin massive Selbstmordgedanken entwickelt. Die Haftzeit verstreicht, anschließend wird neuerlich der Ort gewechselt, die Protagonistin darf sich wieder frei bewegen, über drei Wochen hinweg aber findet kein Treffen mit dem Geliebten statt:

Pendant ce temps que je languisse en telle calamité, toutes choses m'estoient tristes et odieuses, et ne prenoye delectation es choses de ce monde. Et encores fortune non rassasié de me prester matière d'angoisseuses douleurs, les voulant augmenter, s'efforça d'appareiller une infortune dont le remenorer m'est triste, et ayant horreur de le relater, toutesfoys en plorant et lamentant mon infelicité je m'efforceray de l'escripre. 42

Neuerlich wird der Schreibakt zur Therapie erklärt, als Therapie, als einziger Ausweg, als Heilmittel inszeniert, die Leiden eines Ich im Schnittpunkt des sozialen Raumes und des Raumes der Liebe fixiert, memoriert, neu durchlebt. Die Art der Darstellung beschränkt sich nun aber keineswegs auf die Innenwelt respektive die subjektive Perspektive eines empirischen Empfindens, welches die Ereignisse durch den Filter der eigenen Affekte festhält, sondern reiht die Ereignisabfolge in zuweilen sehr nüchterner Art aneinander. Eine erneute flüchtige Begegnung mit dem Geliebten findet schließlich in einer Kirche statt, die beiden werfen sich Blicke zu, welche in der Liebenden höchstes Glücksempfinden hervorrufen, dessen Beschreibung als Vergleichsparameter die Mutterfreuden heranzieht - wobei in der Koppelung von Mutterfreuden und verbotenem Liebesempfinden, zwei sozial gänzlich gegensätzlich konnotierten Affektzuständen, die über die Exzeptionalität des (im Falle des Gebärens ausschließlich weiblichen) Gefühls zusammenfinden, das intendierte Mitgefühl der *dames*, denen die Erzählung zugeeignet ist, als ein geschlechtsspezifisches geschickt provoziert wird: "mais comme une femme enceinte, laquelle est persecutée de griefves et excessifves douleurs devant la naissance de l'enfant, mais incontinent qu'elle voit son fruict, la parfaicte joye et liesse où est reducte luy faict oublier les peines precedents, et aussi la suavité et doulceur intrinseque que je recepvoye du delectable regard de mon amy me faisoit oublier tous mes travaulx et fatigues preteritz"[43]. Der Blickkontakt wird jedoch vom Ehemann entdeckt, die Folge ist, sobald man nach Hause zurückgekehrt war, eine der zahlreichen Auseinandersetzungen mit dem Ehemann, die in der Mehrzahl der Fälle von massiven Gewaltäußerungen begleitet sind - im vorliegenden Streit wird die Protagonistin vom Ehemann ohnmächtig geschlagen und verliert zwei Zähne, was sie noch im Nachhinein zu höchstem Zorn beflügelt:

Et quand feusmes parvenuz en la maison, mon mary commença à m'increper et injurier, en disant: «O meschante et malheureuse creature remplie d'iniquité, qui ne desire que l'execution de ton appetit desordonnée, comment t'ose tu trouver en ma presence? N'as tu crainte que je convertisse mon espée par juste ire en ta poictrine?» En proferant telz motz, par si grand fureur et impetuosité me donna si grand coup qu'au cheoir je me rompiz deux dentz, dont de l'extreme douleur je fuz longue espace sans monstrer signe d'esperit vital. Et quand je fuz revenue de pasmoison, toute palle et descoulourée, je commençay à regarder autour moy sans dire mot, car, à l'occasion des griefves et insuperables douleurs interieures, la parolle m'estoit forclose; mais peu après grand multitude de souspirs vuydoient de mon estomach, et m'intervint diverses et merveilleuses fantasies si cruelles et ignomineuses que la recente memoire rend ma main debile et tremblante, en sorte que par plusieurs foys y laissay et infestay la plume; mais pensant qu'il me seroit attribué à vice de pusillanimité, je me veulx efforcer de l'escripre. 44

Keineswegs verzagt, schreibt die Protagonistin ihre Qualen nieder, die Frau ist nicht gebrochen; daß in diesem Sinne ihrer Niederlegung der Ereignisabfolge nicht nur ein therapeutischer Selbstzweck unterliegt, macht die Ich-Sprecherin im Verlauf des Textes wiederholt deutlich:

O mes nobles dames, considerant l'extremité où je suis reducte, pour ne vouloir ressembler aux miserables desquelz est le souverain refuge veoir les aultres de semblables passions oppressez, mais au contraire je me letifie à rediger par escript mon infortune, affin qu'il passe en manifeste exemple à toutes dames et damoyselles, en considerant que de noble et renommée dame je suis devenue pediseque et subjecte. Car combien que celluy qui est possesseur de mon cueur ne soit egual à moy en noblesse ny opulence de biens et richesses, il m'est sublime, et je suis basse et infime. 45

Die Funktionalisierung der eigenen Leiden zum warnenden Exempel gerät zur Freude, zum Kontrapunkt der negativen Empirik, Freude, die nicht allein sozialen Normen, sondern ebenso sozialer Hierarchie entgegenläuft: im Zeichen der Liebe kann sie den sozial inferioren Liebenden - eine Konstellation also, wie sie (einschließlich der Außerehelichkeit) der mittelalterlichen Minne eingeschrieben ist - nobilitieren (was nunmehr zeitgenössischen Konventionen der Liebesdichtung entspricht), den Raum der Liebe nach den (normativ-demütigen) Vorgaben ihres eigenen Gefühls hierarchisieren; die Legitimation errechnet sich aus der Selbstmanifestation im Zeichen der Erfahrung: "Helas, je n'en parle comme ignorante, mais comme celle qui a le tout experimenté"[46].

Die Auseinandersetzungen mit dem Ehemann mehren sich in der Folge, Selbstmord- und Mordgedanken der Protagonistin treffen auf Morddrohungen des Ehemannes, der seine Frau schließlich mit Hilfe eines Geistlichen zur Raison zu bringen gedenkt. Währenddessen brüstet sich der ihr gegenüber immer nachlässiger werdende Geliebte öffentlich mit seiner Eroberung. Der Höhepunkt der ehelichen Konfrontation schließlich wird erreicht durch den Verrat einer Dienerin, welche dem Ehemann von der Existenz von *écritures*, von schriftlichen Aufzeichnungen der Ich-Sprecherin Mitteilung macht, die er in rasender Wut verbrennt, um im Anschluß seine Frau ihrem zukünftigen Gefängnis zu überantworten, dem Zimmer im Burgturm:

> Parvenuz au lieu qui pour perpetuelle habitation m'estoit deputé, je veis que c'estoit le lieu qui aultrefoys m'avoit esté plus plaisant et delectable: par ce que c'est ung petit chasteau situé et assis en ung fort beau lieu, et à tout à l'entour et circuyt dudict chasteau de petites tournelles, dont entre les aultres y en a une qui est assez grande et spacieuse, il est nommé ledict chasteau Cabasus, qui porte le nom principal du pays et terre de Cabase. [...] Incontinent que je fuz arrivée, dedans la plus grosse tour je fuz mise et enfermée, accompaignée seulement de deux damoyselles dont l'une estoit fort anticque... 47

Solcherart interniert, überdenkt die Protagonistin immer und immer wieder die Geschichte ihrer Liebe; sie findet in ihrem Unglück Trost bei der alten Dienerin, welche ihr die Liebe des Geliebten fortwährend bestätigt, auf dessen Person sich nun das Hoffen konzentriert:

> Mais après plusieurs et diverses ymaginations, je ne trouvay moyen plus convenable que de reduire en ma memoire la piteuse complaincte que paravant j'avoye de ma main escripte, laquelle mon mary avoit bruslée par l'impetuosité de son yre; et me sembla, si elle povoit estre consignée entre les mains de mon amy, que cela pourroit estre cause de mettre fin à mes peines, et donner principe au vivre joyeulx, Moy estant en telle deliberation, subitement je donnay commencement à l'œuvre presente, estimant que ce me sera tresheureux labeur. 48

Die *Angoysses* also sind *ré-écriture* einer zerstörten *écriture*, sind fiktionsimmanent Hilferuf an den Geliebten als erwartetem Befreier, sie sind gleichzeitig Selbstmanifestationen eines "moy estant prisonniere en la fleur de ma jeunesse"[49] (auch dies fester Topos weiblicher Selbstdarstellung), eines Ich, dem kein anderer Bewegungsraum als jener der Erinnerung, der Reflektion und der Imagination gegeben ist, dem Schreiben zur Freude wird. Und sie sind, wie in der "Conclusion du Livre" nochmals hervorgehoben wird, nicht allein Selbstzweck, sondern Mahnung, Mahnung an die zur Überheblichkeit neigenden edlen Damen, sich vor den gefährlichen Verwicklungen und Verstrickungen der (außerehelichen) Liebe in Acht zu nehmen - welche in ihrem pädagogisch motivierten Enthüllungscharakter bei gleichzeitiger

Ergebenheitsgeste an die werten Damen und deren Tugendvorstellungen durchaus an petrarkistische Leseranreden gemahnt:

Treschieres et honnorées Dames, admiration aulcune voz chastes cueurs n'emouve en considerant dont me procede la hardiesse de m'ingerer d'intituler l'œuvre presente, faisant mention d'amours impudicques, ce que, selon l'opinion d'aulcunes Dames timides, se pourra juger plus digne d'estre conservé en profonde silence que d'estre publié ne vulgarisé; mais si bien sçavez avec quelle force Amour m'a contraincte et parforcée, de nulles je ne seroys increpée; et avec ce, comme j'ay predict, et ayant par plusieurs foys laissé <et infesté> la plume, l'affectueux desir que j'ay envers vous, mes nobles dames, a esté occasion que me suis evertuée de vous declarer le tout sans rien reserver; car par l'experience de ma furieuse follie vous puis adviser et donner conseil qui vous sera utile et proffitable pour de tel embrasement vous conserver. 50

Hat die Protagonistin textimmanent zahlreiche ihrer Schwierigkeiten, nicht zuletzt ihre Turmhaft, der Entdeckung ihrer schriftlichen Niederlegungen zu verdanken, so erhält der Schreibakt dennoch eine zentrale Bedeutung für die Befindlichkeit des Ich der Protagonistin, wird zu einem "Gegenentwurf" gefügt, über welchen sich das Ich in seiner fremdbestimmten Zwangslage selbsttätig manifestiert. Hélisenne de Crenne rekurriert denn in ihrer abschließenden Variation der weiblichen Bescheidenheitsgeste nicht ausschließlich auf die lebensweltliche, zugleich aber literarisch sowie die Bildung im allgemeinen betreffend inferiore Position der Frau (deren Formulierung deutlich ins Ironische tendiert), sondern setzt sich (obgleich neuerlich im Modus der selbstauferlegten Bescheidenheit) bereits in Relation zur Riege der zeitgenössischen Autorinnen (die weibliche Inferiorität hebt sich solcherart gleichsam selbst auf), deren "Qualität" wie "Intelligenz" für sie außer Frage stehen. So mündet der Gestus der Bescheidenheit folgerichtig in die Konstatierung eines weiblichen Bildungsdefizits - ein fester Topos der "Querelle des Femmes" seit Christine de Pisan - ein Bildungsdefizit, welches die Bescheidenheit relativiert, das mangelnde Wissen, die mangelnde Praxis (doppelt relativiert über den erklärtermaßen "totalen" Willen zur Perfektion) der fremdbestimmten Subordination der Frau einverleibt und dergestalt den textimmanenten Zwängen der ehelichen/zwischengeschlechtlichen Subordination solche bildungspolitischer Determinanten hinzufügt:

Bien suis certaine que ceste mienne petite œuvre se trouvera de rude et obnubilé esperit au respect de celles que povez avoir leu, qui sont composées par les Orateurs et Hystoriographes, lesquelz par la sublimité de leurs entendemens composent livres dont les matieres ne sont moins jocundes que difficiles et ardues; mais en cela me doibt servir d'excuse que nostre condition foeminine n'est tant scientifique que naturellement sont les hommes. Et encores ne suis ny ne veulx estre si presumptueuse que j'estime superer, ne seulement m'apparier à aulcunes Dames en science de literature; car, comme je croys, il y en a qui sont de si hault esperit douées qu'elles composeroient en langaige trop plus elegant, qui rendroit aux benevolles Lecteurs l'œuvre plus acceptable. Mais si mon debile sçavoir est cause qu'il n'est en langaige plus aorné et modeste, à luy se doibt attribuer la faulte et non au deffault de mon vouloir et aspirant desir, comme celle qui totallement est studieuse et affecté pour vous faire congnoistre mon affection. 51

In der Überlagerung von autobiographischen, fiktionalen, liebessystemischen und pädagogischen Substraten formt Hélisenne de Crenne ein Gewebe, welches einmal über die ereignisreiche (Liebes-)Handlung die fiktionalen Bedürfnisse der zeitgenössischen Leser zu befriedigen weiß, zum anderen Einblicke in die Modalitäten zeitgenössischer Geschlechterbeziehungen im ehelichen Raum zu gewähren vermag (was das Gewaltpotential, die Verfügungsmacht des Ehemannes etc. betrifft) - schließlich demonstriert, in welcher Form über öffentliches weibliches Sprechen während der ersten Hälfte des 16.Jahrhunderts in Frankreich mehr oder minder subtile Normenkritik geübt werden kann. Scheinbar normkonform (was die Inferiorität der Frau, die Konformität bezüglich literarischer Muster betrifft), wird die Geschichte als eine spezifisch weibliche Leidensgeschichte präsentiert, welche die Unbillen der lebensweltlichen weiblichen Subordination referiert: gleichwohl das Motiv der ehebrecherischen Beziehung - der Normbruch par excellence, der nichtsdestotrotz über das literarische System der außerehelichen Liebe "fiktional" abgesichert ist - zu einem Mann auch in diesem Falle scheinbar dem Ehemann jedes Recht zuspricht. Über die Thematisierung jedoch der weiblichen "Freiheit" (respektive Unfreiheit), über die Akzentuierung jener Freiheit, die lediglich in der Imagination, im Geist (und hierüber auch im Schreiben) aufgrund ebendieser Zwänge gefunden werden kann, finden sich die Normen des sozialen Geschlechts der Frau im allgemeinen (und im besonderen hinsichtlich der ehelichen Subordination) einer umfassenden Kritik unterzogen, wie sie der abschließende Verweis auf das männliche Bildungsmonopol lediglich ergänzt: als Konstatierung einer totalitären Entrechtung, welche der Frau kaum eine Möglichkeit zur Selbst-Entfaltung beläßt (das Kokettieren mit dem anderen Mann, die Flucht in den Raum der Liebe wird mit Schlägen, mit Kerkerhaft geahndet, die *écritures* werden verbrannt - Richter ist stets der Ehemann). Der Wille der Protagonistin ebenso wie jener der sich als Autorin präsentierenden Ich-Sprecherin zu Ende der *Angoysses* ist allerdings und über die lebensweltlichen Zwänge notwendig auf genau jene Freiheit des Geistes zentriert, deren Unterstützung in Form von Bildung schließlich zur offensten Kritik an den bestehenden Verhältnissen gefügt wird: auf eine Freiheit des Geistes, die selbst im lebensweltlichen Gefängnis (der Ehe, des Turmes) geistige Autonomie zu gewähren vermag, die Subordination übersteigt, den Ehemann nicht mehr spiegelt, ihm nicht zu Gefallen ist, selbsttätig entwirft - Fiktionen, Gedanken, Reflektionen, Träume, Systemexternes, Normfremdes - und dabei ungeachtet aller möglichen Sanktionen Befriedigung erfährt. Die normative weibliche Willenlosigkeit ist damit außer Kraft gesetzt, ebenso die Mechanismen der Subordination, welche durch den weiblichen Willen zum Selbst, zur Freiheit gebrochen werden - womit Hélisenne de Crenne eine in ein wohlgefälliges fiktionales Kleid gewandete Manifestation weiblicher "Eigenständigkeit" offeriert, die zwar nahezu vollständig den geltenden Konventionen assimiliert ist (was die Beliebtheit dieses "Romans" beim Publikum erklären mag), die auch im fiktionalen "Scheitern", in der pädagogischen Stilisierung, in der Bescheidenheitsgeste beibehalten werden, nichtsdestotrotz aber eine ausgesprochen ungewöhnliche Botschaft transportieren: die aus der rechtlosen Position der Frau stets mögliche und zugleich befriedigende Überwindung aller lebensweltlichen/männlichen Zwänge im Geiste (und in der literarischen Umsetzung), in einer anderen, einer kreativen und autonomen Welt, im eigenen Raum, dessen Konstitution durch die keineswegs natürlich inferiore Frau notwendige Konsequenz der lebensweltlichen Unfreiheit ist.

Im Vergleich zu Italien, wo über die langewährende Dominanz des petrarkistischen Systems in literarischen Texten von Frauen solches über das System begründet kaum relevant ist, findet sich in Frankreich weibliche Kritik an den Normen des sozialen Geschlechts der Frau respektive an den Konventionen der geschlechtlichen Hierarchie weit öfter in literarischen Texten präsent: öffnet die Abwesenheit derart dominanter literarischer Zwänge, der freie Raum der Intertextualität, welcher zugleich zu den spezifischen Dispositionen der weiblichen Sprecherrolle, darüber den Diskursen rund um das Dispositiv Frau sowie den polyformen literarischen Konventionen die soziale Ebene, das soziale Geschlecht der Frau weit intensiver einbegreift, als dies aus petrarkistischer oder petrarkistisch geprägter, systemisch geordneter Sicht möglich ist, öffnet dieser freie Raum der Intertextualität Möglichkeiten der Thematisierung weiblicher Subordination, die in unterschiedlichster Gestalt abgeleistet wird. Die geringe Verhaftung weiblicher Autoren in einem dominierenden Genus ebenso wie das lediglich (und auch dies überformt durch je regional-punktuelle Bedingungen) zumeist rudimentär nach höfisch-elitären Kriterien und Kodifikationen italienischer Provenienz organisierte kulturelle Leben, die Fortführung nationaler Literaturtraditionen und die Offenheit hinsichtlich der Rezeption antiker respektive zeitgenössischer fremdsprachiger Literatur- und Philosophieformen, die Pluralisierung und Heterogenisierung des Horizonts vor der Folie des spezifisch französischen Hintergrundes (gesellschaftlicher, politischer, ökonomischer Natur, der Folie der Religionskriege, jener der umkämpften Monarchie, der Genese des Absolutismus, der aufstrebenden europäischen Macht), expedieren offenkundig bereits früh ein "Bewußtsein" für die soziale Subordination, die Rechtlosigkeit der Frau, wie sie in Texten von Autorinnen immer wieder aufscheint. Jeanne Flores Plädoyer für eine erfüllte weibliche Sexualität respektive die freie Wahl des Ehepartners und Hélisenne de Crennes Ruf nach weiblicher Selbstverwirklichung zumindest auf intellektuellem Gebiet fallen bereits in die Dreißiger Jahre, die reformatorisch beflügelte Streitschrift Marie Dentieres, die *Défense pour les Femmes*, die einen freieren Zugang der Frau zur Bildung wie eine weibliche Teilhabe am religiösen Diskurs einfordert[52], entstammt ebenfalls bereits dem Jahre 1539 (als in Italien gerade einmal die ersten Veröffentlichungen Vittoria Colonnas auf den Markt gelangen). Abgesehen von Louise Labés Stellungnahme zum Thema um die Jahrhundertmitte, von der später noch zu sprechen sein wird, finden sich erst in den letzten Jahrzehnten des Jahrhunderts wieder vermehrt Texte von Autorinnen, die entweder unmittelbar in die "Querelle des Femmes" eingreifen oder zumindest die Stellung der Frau, Aspekte des sozialen Geschlechts der Frau problematisieren. Beispielsweise in den Dichtungen der Dames des Roches aus Poitiers (wo sie zwischen 1570 und 1587 einen literarischen Salon mit zuweilen illustren Gästen führen[53]), Madeleine (um 1520-1587) und Cathérine (1542-1587): Mutter und Tochter[54], denen ja unter Umständen auch die *Instruction pour les Jeunes Dames, par la mère et la fille d'alliance*, die Piccolomini-Übersetzung (vgl. oben) zuzuschreiben ist, deren Œuvres ("aux dames" so die Widmung[55]) erstmals 1578 (1579, 1604), die *Secondes Œuvres* 1583 (1604), die *Missives* schließlich 1586 veröffentlicht werden - Lyrik, philosophierende Prosadialoge, Briefe, Übersetzungen aus dem Lateinischen, darunter eine Claudius-Übersetzung ("De raptu Proserpinae"/"L'Enlèvement de Proserpine") von Cathérine Des Roches, sowie zwei Theaterstücke ("Panthée" und "Tobie", letzeres eine "tragi-comedie") enthaltend. In den Dichtungen von Mutter und Tochter finden sich wiederholt die Zwänge des sozialen Geschlechts der Frau insbesondere in Gestalt der ehelichen/weiblichen Pflichten mit einem "eigentlichen" Wollen, vor allem der "Selbstverwirklichung" auf intellektuellem Gebiet kontrastiert, als paradoxale Grundbefindlichkeit der (gebildeten und verheirateten) Frau aufgerufen. Madeleine Des Roches, die Mutter, thematisiert dies in ihrer ersten Ode in Gestalt der Divergenz zwischen selbsttätigem Streben nach Wissen, nach Literatur, nach dem eigenen Schreiben, sowie erst einmal der jugendlichen Kasernierung im Haus, die als Vorbereitung auf den nachmaligen *Beruf* als Ehefrau insbesondere das Spinnen als Beschäftigung vorsieht, schließlich, nachdem dieser relative Raum der jugendlichen Freiheit mit dem Eheschluß, der Unterwerfung unter die männliche Verfügungsgewalt verloren ist, dem Verbot einer Beschäftigung mit geistigen Dingen, begründet über die Pflichten dieses Berufes: eine Projektion, wie sie prototypisch dem weiblichen Pflichtenkatalog entspricht, dessen Primat über die ironische Präsentation allerdings als dem Ich fremdbestimmt, keineswegs internalisiert, willensfern realtiviert wird. Wie in so vielen Texten von Autorinnen scheint dabei die Ehe als Gefängnis auf, welches die Freiheit der Jugendjahre ablöst, als Beruf, auf den man vorbereitet wird, als hierarchischer und gewaltreicher Pflichten-Raum, innerhalb dessen der subordinierten Ehefrau und Mutter keine Selbstverwirklichung möglich ist. Gleichzeitig allerdings wird die Beschäftigung mit geistigen Dingen als "natürlicher" Drang eingebracht, den man schon in der Jugend zu ersticken droht, der aber dennoch gepflegt werden kann, bis spätestens die Ehe respektive das ehefrauliche Gewissen dies einstellen läßt - paradigmatisch und bereits topisch versinnbildlicht über die antithetische Metaphorik von Spindel und Feder: nichtsdestotrotz bleibt ebenjene Verankerung im Geistigen, im machtvollen Intellekt der Frau, ähnlich wie bei Hélisenne de Crenne (in anderen Texten Madeleine Des Roches ist explizit vom Schreiben die Rede, von der literarischen Produktion eines Selbst, wie auch Louise Labé dies propagiert, vom Schreiben als der einzig möglichen selbsttätigen Form, als Frau Ruhm und Ehre zu erlangen, so etwa in der "Epistre à ma fille", denn "pour mon pays je n'ay point de puissance, / Les hommes ont toute l'autorité, / Contre raison et contre l'équité"[56]) - bleibt die Verankerung im Geistigen einzige Möglichkeit, die Unbillen des (weiblichen) Lebens zu ertragen, zu übersteigen, sich selbst zu manifestieren:

[...]

Noz parens ont de louable coustume
Pour nous tollir l'usage de raison
De nous tenir closes dans la maison
Et nous donner le fuzeau pour la plume. [57]

Traçant nos pas selon la destinée
On nous promet liberté et plaisir:
Et nous payons l'obstiné déplaisir
Portant la dot sous des lois d'hyménée.

Bientôt après survient une misère
Qui naît en nous d'un désir mutuel
Accompagné d'un soin continuel
Qui suit toujours l'entraille de la mère.

> Il faut soudain que nous changions l'office
> Qui nous pouvait quelque peu façonner
> Où les maris ne nous feront sonner
> Que l'obéir, le soin et l'avarice.
>
> [...]
>
> Mon Dieu, mon Dieu combien de tolérance,
> Que je ne veux ici ramentevoir
> Il me suffit aux hommes faire voir
> Combien leurs lois nous font de violence.
>
> Les plus beaux jours de nos vertes années,
> Semblent les fleurs d'un printemps gracieux
> Presse d'orages et de vents pluvieux
> Qui vont borner les courses terminées. 58
>
> Au temps heureux de ma saison passée,
> J'avoy bien l'aile unie à mon costé:
> Mais en perdant ma jeune liberté,
> Avant le vol ma plume fût cassée.
>
> Je voudroy bien m'arester sur le livre,
> Et au papier mes peines souspirer:
> Mais quelque soing m'en vient tousjours tirer,
> Disant qu'il fault ma profession suivre. 59
>
> [...]
>
> Dames, faisons ainsi que l'Amarante
> Qui par l'hiver ne perd sa belle fleur:
> L'esprit imbu de divine liqueur
> Rend par labeur sa force plus duisante. 60
>
> Pour supporter les maux de nostre vie,
> Dieu nous feit part de l'intellect puissant
> Pour le reduire à l'intellect agent
> Maugré la mort, la fortune, et l'envie. 61

Bei Cathérine de Roches, der Tochter, welche der stolzen Mutter steter Anlaß, steter Kraftquell für den Schreibakt ist ("ma Fille, qui par le vol de ta plume, sans mendier l'aide d'autruy, prends peine de me tirer hors des nuitz Cimeriens, où l'ignorance et la viellesse me tenoient ensevelie, tu ressembles au vert rameau, qui n'oublie jamais la vielle souche qui luy a donné un peu de matiere sans forme [...] Ta force m'encourage de parler en public"[62] - die Tochter äußert sich im übrigen, als Tochter, ähnlich über die Mutter, die Synthese von Mutter und Tochter vollzieht sich - zuweilen mythisiert - in den Texten) hat sich die Opposition zwischen weiblichen Pflichten und geistiger Betätigung bereits "verwischt": finden sich beide Bereiche in gleichwohl ironischer Manier "übereinandergelagert", synthetisiert zur Gleichzeitigkeit, die eines mit dem anderen absichern, zugleich aber legitimieren und darob relativieren läßt. Das zuvor von der

Mutter beschriebene Gewissen wird sublimiert, zur wohlgefälligen weiblichen Fusion von Spinnrad und Schreibakt stilisiert - eine Fusion, die allerdings die Norm nicht überschreitet, den geistigen Raum auf ein Minimum, ein häusliches "Universum" ohne Außen eingrenzt. Im Sonett "A ma quenoille" (auch Ronsard besingt im übrigen "La Quenoille" als Adaption eines gleichnamigen Textes von Theokrit, Geschenk für eine Frau, wobei die "quenoille" mit Pallas Athene korreliert [V.1 und 30] und als "chansonniere" [V. 30] gekennzeichnet wird, der Konnex zur Poesie, zum Schreibakt also bereits gezogen ist[63]), in "A ma quenoille" also, eine Apostrophe an ihren Spinnrocken, wird das Spinnen dem Schreiben als ebenbürtig vorgestellt (die Mutter denkt hier anders, setzt Prioritäten: "j'aime mieux escrire que filer"[64]). Zumal, wenn die Ich-Sprecherin denn mit Schreiben beschäftigt sei, so wird dem lieben Spinnrocken versichert, dies ausschließlich zu seinem Lobe geschehe, daß dem Spinnen niemals abgeschworen werden, daß die häusliche Beständigkeit Konstante des weiblichen Seins bleiben wird - nicht die Suche nach vergänglichen Werten im Außen, die Suche also nach literarischem Ruhm: der Gefahr von Angriffen und Verleumdungen wird durch Verweilen am Spinnrad entgegengewirkt, den Schutz der Normkonformität für die gleichzeitig Schreibende aufrufend, um der Projektion des dritten Geschlechts, der (asexuellen respektive unzüchtigen, jedenfalls monströsen) gebildeten Frau mit männlichem Geist im weiblichen Körper zu begegnen, den normativen Zwang des Schweigegebots durch perfekte Ausübung der Hausfrauenrolle, durch literarische Idealisierung derselben zu unterlaufen - über den gleichwohl konformen (und darob doppelt paradoxalen) Kompromiß, im unendlichen einsamen Dialog mit der "quenoille":

>   Quenoille, mon souci, je vous promets et jure
>   De vous aimer tousjours, et jamais ne changer
>   Vostre honneur domestic pour un bien etranger,
>   Qui erre constamment et fort peu de temps dure.
>   Vous ayant au costé, je suis beaucoup plus seure
>   Que si ancre et papier se venoient à ranger
>   Tout à l'entour de moy, car pour me revanger
>   Vous pouvez bien plutost repousser une injure.
>   Mais quenoille m'amie il ne faut pas pourtant
>   Que pour vous estimer, et pour vous aimer tant
>   Je delaisse du tout cest'honneste coustume
>   D'escrire quelquefois; en escrivant ainsi
>   J'escris de vos valeurs, quenoille mon souci,
>   Ayant dans la main le fuzeau, et la plume. 65

Cathérine Des Roches fügt auch anderweitig die normative Tätigkeit der Frau, die Hausfrauentätigkeit, zum gleichsam antiaristokratisch-bürgerlichen Lob der tüchtigen Hausfrau, in einer Adaption jener biblischen Passage, die alleinig ein längeres Lob der Frau transportiert, der tüchtigen Ehefrau, Mutter und Hausfrau aus den Sprichwörtern 31, 10-31[66] - adaptiert in "La femme forte descritte par Salomon", in einer Art und Weise, wie sie in der Idealisierung entsprechenden Aspekten des Dispositivs Frau kongenial harmoniert, weibliche Schönheit durch spezifisch weiblichen (Hausfrauen)Fleiß erstehen läßt:

> Vous la verriez parfois r'accourcir sa vesture,
> Troussée proprement d'une forte ceinture,
> Et revirer apres ses manches sur les bras
> Qui paroissent charnus, poupins, douïllets et gras:
> Car il ne faut penser que la delicatesse
> Se trouve seulement aveques la paresse.
> [...]
> La femme ménagère est plus belle cent fois
> Que ne sont ces Echo qui n'ont rien que la voix. 67

Der antiaristokratische Gestus akzentuiert die bürgerliche Norm, die zum Gegenstück der adeligen Norm erhoben wird; bürgerliche Selbstbehauptung der Autorin bewegt sich bereits innerhalb des weiblichen Normenrasters, welches, ständisch fraktioniert und funktionalisiert, die übergeordneten Normen für das weibliche Geschlecht um so nachdrücklicher affirmiert. Ganz im Gegensatz zu ihrer Mutter, welche die Unvereinbarkeit von sozialem Geschlecht der Frau und weiblicher Selbstverwirklichung thematisiert, folgt Cathérine Des Roches einer Strategie der normativen Assimilation zur Gewinnung eines belobigten Freiraumes, aus dem die Kategorie "Freiheit" allerdings verschwunden ist, eine Überwindung der Rollennorm, der Subordination, der Entrechtung keine Relevanz mehr hat. Nichtsdestotrotz imaginiert auch Cathérine Des Roches eine (recht "flache", lediglich "Mann" und "Frau" vertauschende, darüber das männliche Geschlecht - mit dem Spinnen - größtmöglich demütigende) Umkehrung der Rollennorm, allerdings in Gestalt des fernen Mythos, eines von der Lebenswelt gänzlich abgehobenen mythischen, in den zeitgenössischen Diskursen allegorisierten Substrats, welches, als "Chanson des Amazones" (im übrigen nicht die einzige lyrische Adaption dieses Themas, es findet sich auch eine "Masquerade des Amazones" in den Œuvres), zur gefälligen, flüssigen, tugendaffirmierenden (die Keuschheit ist wichtigstes Kennzeichen der Besungenen) literarischen Übung gerät:

> Nous faisons la guerre
> Aux Rois de la terre
> Bravant les plus glorieux,
> Par votre prudence
> Et notre vaillance,
> Nous commandons en maints lieux,
> Domptant les efforts
> Des plus hardis et forts
> D'un bras victorieux.
>
> Nous chassons les vices
> Par les exercices
> Que la vertu nous apprend:
> Fuyant comme la peste
> Le brandon moleste
> Qui autour du cœur se prend:
> Car la pureté
> De notre chasteté
> Pour jamais le défend.

> Nous tenons les hommes
> Des lieux où nous sommes
> Tous empêchés a filer:
> Leur lâche courage
> D'un plus belle ouvrage
> N'est digne de se mêler:
> Si quelqu'un de vous
> S'en fâche contre nous
> Qu'il vienne quereller. 68

Eine weitere Mythisierung Cathérines schließlich fügt den weiblichen Schreibakt zum Anlaß der Unterdrückung sowie zugleich zum Medium der Befreiung der subordinierten Frau, vermittelt über die Figur der *Agnodice*, so der Titel eines langen Gedichtes mit narrativer Struktur[69]: wieder einmal ist es der Neid, der zum Anlaß der tyrannischen Unterdrückung der Frau gefügt wird, Neid ob des Wissens und der poetischen Fähigkeiten der Frauen, kompensiert im Verbot der Wissensaneignung, dem Schlüssel zur Macht; die Männer werden "les tyrans de leurs femmes / Qui leur deffendant le livre et le sçavoir / Leur osteront aussi de vivre le pouvoir / [Et] leur ostent le plaisir où l'ame se recree". In der Folge verlieren die Frauen an Lebenskraft, "Mais surtout la douleur de leurs enfantements / Leur faisoit supporter incroyables tourmens" (das schmerzvolle Gebären wird hier zum Ausdruck des Macht*verlustes*, der Unterdrückung), nicht einmal mehr untereinander können sich die geschwächten und privatim subordinierten Frauen helfen, "Les Femmes (ô pitié!) n'osoient plus se mesler / De s'aider l'une l'autre, on les faisoit filer" (auch die inexistente weibliche Solidarität ist fest im Bewußtsein verankert, eine Solidarität, die im übrigen während des 16.Jahrhunderts von Autorinnen meines Wissens ausgesprochen selten als "Kraftquelle", als Machtpotential eingefordert wird - die große Ausnahme bildet hier Louise Labé, mit Einschränkungen auch Veronica Franco - lediglich eben zuweilen als mythische Evokation aufscheint). Deshalb verkleidet sich eine schöne und intelligente Frau, Agnodice ("Die Unbekannte"), als Mann, um Medizin studieren (die männliche Monopolisierung der Medizin ist gleichfalls bereits internalisiert) und solcherart die Schmerzen ihrer Schwestern - mit dem Kraut der Poesie - lindern zu können, "guerir les douleurs de ses pauvres voisines / D'une herbe mesmement qui fut cueillie au lieu / Où Glauque la menageant d'homme devint un Dieu" - was denn auch geschieht. Der Neid der Männer ist wieder geschürt, Agnodice soll umgebracht werden, doch, fasziniert von ihrem Wesen und ihrer Botschaft, halten die Männer ein und gestatten ihren Frauen wieder, sich der holden Muse zu ergeben, "sans envier la gloire / Que l'on a pour servir les filles de Memoire". Diese Kulanz währt aber nicht lange, den Neid löst der Haß ab, der seither erbarmungslos die tugendvollen, dichtenden Frauen verfolgt: "L'envie cognoissant ses efforts abattus / Par les faicts d'Agnodice, et ses rares vertus / A poursuivy depuis d'une haine immortelle / Les Dames qui estoient vertueuses comme elle". Poesie als Heilmittel, durch eine als Mann verkleidete Frau dem männlichen Monopol entrissen, den Frauen *zurück*gebracht, auf daß sie wieder schmerzfrei gebären, die Solidarität zum Bewußtsein wird, die Ketten fallen, das Spinnen ein Ende hat, die männliche Unterdrückung zerfällt, weibliches Wohlgefallen und weiblicher Ruhm den Erdkreis erfüllen. Der Zugang zum Wissen also als Befreiung der Frau, als Wissen zur Macht, als Macht-Wissen in (stets passiver) poetischer Umkleidung: allerdings nicht aus eigener Kraft zu erlangen, sondern durch ein mythisiertes weibliches Wesen, welches das Geschlecht wechselt, die Dipolarität überwindet, den Graben mühelos übersteigt; dann zurückkehrt, heilt, die männliche Macht bricht, so die Hoffnung - eine Göttin - und darob nichts als Vision: Haß löst den männlichen Neid ab, nicht Bewunderung und Verehrung, die Unterdrückung wächst, die "Selbstverwirklichung" wird erschwert. Nicht Erlangung ökonomischer Potenz nährt die Veränderungs-Träume, die Vision von der Befreiung vom Spinnen, der omnipräsenten Metapher der weiblichen Subordination und Machtlosigkeit, sondern die Vereinnahmung von Wissen und Literatur, geistiger Schlüssel zu tugendvollem weiblichem Ruhm: eine aktive Teilhabe am öffentlichen (ökonomischen, politischen) Leben ist noch nicht denkbar, das Haus weiterhin (reproduktive) Maßgabe des tugendvollen weiblichen (paradoxalen, dichtenden *und* spinnenden) Da-Seins.

Die *Premieres Œuvres Poétiques...* der Marie de Romieu (nach 1555-?)[70], der zweiten Kandidatin für die *Instruction pour les Jeunes Dames*, eine Autorin, deren Leben, abgesehen von ihren Texten, so wenigstens der Herausgeber André Winandy[71], sich im Gegesatz zu jenem des Bruders, auch er Autor, über Zeitzeugnisse nicht nachweisen läßt, jene *Premieres Œuvres*, sind Marguerite de Lorraine Duchesse de Joyeuse gewidmet. Sie enthalten - neben zahlreichen Lobgedichten auf die Autorin zu Beginn und am Ende der Sammlung sowie den 50 Texten Marie de Romieus, in der Mehrzahl Lobgedichte auf zumeist namentlich genannte Personen männlichen und weiblichen Geschlechts sowie Auftrags-Lobgedichte, in denen oftmals die Perspektive eines männlichen Ich-Sprechers eingenommen wird; weiter einige lyrische Fingerübungen nach dem Zeitgeschmack sowie Adaptionen französischsprachiger Lyrik, ebensolche aus dem Italienischen (Petrarca, Sannazaro) und dem Lateinischen: glatte und wenig inspirierte Texte, die in der Mehrzahl der Fälle (es finden sich lediglich ein Gedichte, innerhalb dessen der Status der Autorin indirekt anklingt, als nämlich eine dichtende Dame gegen Beleidigungen eines Mannes verteidigt wird [XXII], sowie ein Gedicht, das an den Sohn adressiert ist [XXIII], eine persönliche Konstellation aufruft) höchst unpersönlich und niemals im Sinne einer Problematisierung der Stellung der Frau gängige Muster variieren. Darüberhinaus ist ein *Brief Discours Que l'excellence de la femme surpasse celle de l'homme, autant recreatif que plein de beaux exemples* von 356 Versen eingefügt, dem Titel nach ein "klassischer" Beitrag zur "Querelle des Femmes", der sich in der Tat als klassisch erweist: als wenig variierte Adaption nämlich eines Textes von Charles Estienne, dem "Pour les Femmes Declamation XXIIII" aus den *Paradoxes* (Paris 1553), seinerseits eine Übertragung aus dem Italienischen, des "Che la donna è di maggior eccellentia, che l'huomo. Paradosso XXV" aus den *Paradossi, ciò sententie fuori del comun parere nouuellamente venuto in luce...* von Ortensio Landi (Lyon 1543)[72], neuerlich eine wenig innovative literarische Fingerübung. Etwas anders verhält es sich mit dem Beitrag einer weiteren Autorin zur Querelle des Femmes, Nicole Estiennes *Les Misères de la femme mariée, où se peuvent voir les peines et tourmens qu'elle reçoit durant sa vie, mises en stances par Madame Liébaut*, Paris: Claude le Villain, um 1595 (Rouen 1597, Lyon 1619)[73] - die augenscheinlich explizit als Antwort auf Philippe Desportes *Stances du mariage* (1573), einer misogynen Schrift in der Nachfolge der *Quinze Joies de Mariage*[74], erstellt wurden, unter Umständen also bereits den Siebziger Jahren zuzuschlagen sind. Nicole Estienne bemüht zu Beginn ihrer insgesamt 210 Verse die Musen, erbittet Beistand bei der Beschreibung - der Ansatz ist als ein desktiptiv-realistischer eingebracht - des unendlichen ehelichen Martyriums der Frau, der unvergleichlichen Tyrannei der lieblosen Männer und ihrer Gesetze, welche Körper und Willen der Frau unterwerfen (Nicole Estienne behält für die - universale - Frau den Singular bei, die Männer hingegen erscheinen im Plural):

> Muses, qui chastement passez votre bel âge
> Sans vous assujettir aux lois du mariage,
> Sachant combien la femme y endure de mal
> Favorisez-moi tant que je puisse décrire
> Les traveaux continus et le cruel martyre
> Qui sans fin nous talonne en ce séjour nuptial
>
> Du Soleil tout voyant la lampe journalière
> Ne saurait remarquer en faisant sa carrière,
> Rien de plus misérable et de plus tourmenté
> Que la femme sujette à ces hommes iniques
> Qui, dépourvus d'amour, par leurs lois tyranniques
> Se font maîtres du corps et de la volonté. 75

Gegen den gütigen Willen Gottes ist der Grund für diese Konstellation ausschließlich im männlichen Geschlecht zu verorten ("Tout ce malheur nous vient des hommes seulement"[76]); Gesetze liegen vor, für welche keine letzte Rechtfertigung besteht, ein hierarchisches Ungleichgewicht, in welches die Frau in ihrer Jugend "hineinschlittert", in die ehelichen Leiden und Schmerzen, ins Unglück, in die Armut:

> Ainsi donc nous laissons la douceur de nos mères
> La maison paternelle et nos sœurs et nos frères,
> Pour à votre vouloir pauvreté consentir,
> Et un seul petit mot promis à la légère
> Nous fait vivre à jamais en peine et en misère,
> En chagrin et tourment par un tard repentir. 77

Ausgangssituation ist der unwissende Traum von den Vorteilen der Ehe ("On songe seulement aux biens et au lignage / Sans connaître les mœurs et les complexions"[78]), verbunden werden jedoch, so der Rekurs auf die Humoralpathologie, "Deux contraires humeurs à tout jamais ensemble / Dont viennent puis après mille dissensions"[79]: Frau und Mann sind nicht komplementär, sondern konträr verfaßt, die Union fügt sich nicht zur Synthese, sondern zum Dissens, insbesondere, wenn der (wieder einmal von einer Autorin problematisierte) Altersunterschied der Ehepartner groß ist ("On ne saurait penser combien la jeune femme / Endure de tourmens, et au corps et à l'âme, / Sujette à un vieillard rempli de cruauté"[80]). Die junge Frau ist den fleischlichen Gelüsten respektive der Eifersucht der Greise ausgeliefert:

> La femme prend le soin d'accomoder les viandes
> Qui au goût du vieillard seront les plus friandes,

> Sans prendre aucun repos ni la nuit ni le jour.
> Et lui, se souvenant de sa folle jeunesse,
> Si tant soit peu sa femme aucunes fois le laisse,
> Pense qu'elle lui veut jouer un mauvais tour.
>
> Et lors c'est grand pitié car l'âpre jalousie
> Tourmente son esprit, le met en frénésie
> Et chasse loin de lui tout humain sentiment,
> Les plus âpres tourments des âmes criminelles
> Ne sont pour approcher des peines moins cruelles
> Que cette pauvre femme endure injustement. 81

Nicole Estienne korreliert die männliche Grausamkeit gegenüber ehrbaren Frauen mit Ignoranz ("Comme la cruauté suit toujours l'ignorance"[82]), wohingegen vernünftige Männer, "bien rare ici-bas"[83], ein solch wertvolles Geschenk eigentlich zu schätzen wissen müßten. Aber auch ein junger Ehemann ist kein Garant für eheliches Glück,

> S'elle en épouse un, jeune en plaisir et liesse
> En délices et jeux passera la jeunesse
> Despendra son argent sans qu'il amasse rien.
> Bien que la femme soit assez gentille et belle
> Si aura-t-il toujours quelque amie nouvelle
> Et sera réputé de plus hommes de bien. 84,

ebensowenig wie ein armer,

> Si c'est quelque pauvre homme, hélas qui pourrait dire
> La honte, le mépris, le chagrin, le martyre
> Qu'en son pauvre ménage il lui faut endurer
> Elle seule entretient la petite famille
> Élève les enfants, les nourrit, les habille
> Contregardant son bien pour le faire durer. 85,

oder ein reicher:

> S'elle épouse un riche, il faut qu'elle s'attende
> D'obéir à l'instant à tout ce qu'il commande
> Sans oser s'enquérir pourquoi c'est qu'il le fait,
> Il veut faire le grand et superbe dédaigne
> Celle qu'il a choisie pour épouse et pour compagne
> En faisant moins de cas qu'un simple valet.
>
> Mais que lui peut servir d'avoir un homme riche
> S'il ne laisse pourtant d'être vilain et chiche?
> S'elle ne peut avoir ce qui est de besoin?
> Pour son petit ménage: ou si vaincu de honte,
> Il donne quelque argent, de lui en rendre compte
> Comme une chambriere il faut qu'elle ait besoin.
>
> Et cependant, Monsieur étant en compagnie
> Alors prodiguement ses écus il manie,

> Et hors de son logis se donne du bon temps
> Puis quand il s'en revient fâché pour quelque affaire
> Sur le seuil de son huis laisse la bonne
> Sa femme a tous les cris, d'autres le passe temps. 86

Alter, soziale Schicht und Vermögensverhältnisse geben hinsichtlich der subordinierten Stellung der Frau innerhalb der Ehe keinerlei Ausschlag, die Ehefrau ist Spielball der männlichen Launen, übt im Haus eine Aufgabe aus, die bestenfalls derjenigen eines Dienstmädchens entspricht; sie hat zusätzlich der Rekreationspflicht nachzukommen, ohne jemals eigene Bedürfnisse befriedigen zu können, ohne in ihrer Bedeutung für den Bestand der Familie, des Hauses und des Vermögens gewürdigt zu werden, im Gegenteil:

> Et toutes fois encore que l'homme se glorifie
> Que c'est par son labeur que sa femme est nourrie,
> Et qu'il apporte seul le pain à la maison.
> C'est beaucoup d'acquérir mais plus encore le prix
> Quand l'on sait sagement garder la chose acquise
> L'un dépend de fortune et l'autre de raison. 87

Dem männlichen Werteraster (das sich ja über Jahrhunderte nicht verändern sollte) wird ein weibliches gegenübergestellt, die häusliche Ökonomie der Frau zu Vernunftarbeit erklärt, zur eigentlichen ökonomischen Kunst, während der männliche Verdienst im Außen sich auf eine Sache des Glücks reduziert findet: eine an sich aber unerhebliche Richtigstellung angesichts der Gesamtheit der weiblichen Unterdrückung, Mißhandlung und Mißachtung in der Ehe - jener Mühsal, die neben der Haushaltsführung, der Unterwerfung unter Willen, Geld, Herrschsucht, Selbstgefälligkeit und Launen des Mannes noch zahlreiche weitere Aspekte einbegreift, wie sie beispielsweise als grausame Freiheitsberaubung, als schmerzvolle und auszehrende Mutterpflicht oder als männliche Promiskuität im abschließenden Passus aufgerufen sind; eine ungerechte und ausweglose eheliche Befindlichkeit, aus der die Frau lediglich durch den Tod entkommen kann:

> Ainsi de tous côtés la femme est misérable.
> Sujette à la merci de l'homme impitoyable
> Qui lui fait plus de maux qu'on ne peut endurer,
> Le captif est plus aise, et le pauvre
> Encore en ses malheurs et l'un et l'autre espère
> Mais elle doit sans plus à la mort éspérer.
>
> Ne s'en faut ébahir puisqu'eux, pleins de malices
> N'ayant d'autre raison que leur seule injustice
> Font et rompent les lois selon leur volonté.
> Et usurpant tous seuls à tort la seigneurie,
> Qui de Dieu nous était en commun départie
> Nous ravissent cruels, la chère liberté.
>
> Je laisse maintenant l'incroyable tristesse
> Que cette pauvre femme endure en sa grossesse
> Le danger où elle est durant l'enfantement
> La charge des enfants si pénible et fâcheuse

> Combien pour son menu elle se rend soigneuse
> Dont elle ne reçoit pour loyer que tourment.
>
> Je n'aurais jamais fait si ne veux entreprendre
> O Muses par mes vers de donner à entendre
> Et notre affliction, et leur grand cruauté;
> Puis en renouvelant tant de justes complaintes
> J'ai peur que de pitié vos âmes soient atteintes
> Voyant que notre sexe est ainsi maltraité.
>
> Et quoi? Voyons-nous pas qu'ils confessent eux-mêmes
> Si l'on sent épris de quelque amour extrême,
> Pour en être délivré, il se faut marier,
> Puis sans avoir égard à serment ni promesse
> Faire ensemble l'amour à diverses maîtresses
> Et non en un endroit sa volonté fier. [88]

Die Absicht, wie die Ich-Sprecherin erklärt, hinter diesen Versen, die explizit als eine Zusammenfassung nur allzu gerechter Klagen zum Thema deklariert wird, ist eine *"aufklärerische"* (gleichwohl lediglich die Musen apostrophiert werden), eine politische im weitesten Sinne, eine Zusammenstellung von Leiden der Ehefrau, die auf eine umfassende Anbindung an gängige Topoi ebenso wie die Verwendung der entsprechenden Metaphorik der Eheschriften weitgehend verzichtet; vielmehr, wie zu Anfang angekündigt, relativ unstilisiert, also realistisch die Befindlichkeit, die Situation der Ehefrau referiert: gleichwohl lediglich jene Aspekte aufgerufen werden, welche dem Leitmotiv der Freiheitsberaubung, Unterdrückung und Instrumentalisierung der Ehefrau zu subsumieren sind - jene Aspekte, die, aus entgegengesetzter Sicht formuliert, fester Bestandteil der normativen Eheschriften sind, nunmehr allerdings aus der Perspektive der "Erfahrung" des ehelichen Objektes Darstellung finden. Eine Darstellung, deren kompakte Aussage, die Anklage ist, Forderung nach Gerechtigkeit, nach *Gleichberechtigung* - denn die Herrschaft ist Mann und Frau gleichermaßen von Gott übertragen worden - nach Freiheit, in ähnlich deutlicher Form aus der Feder einer Autorin während des 16.Jahrhunderts kaum zu finden ist.

Kurz nach der Jahrhundertwende, zur selben Zeit, als Moderata Fontes und Lucrezia Marinellas Traktate in Italien veröffentlicht werden, erscheinen auch in Frankreich nochmals zwei Schriften, die sich, bevor Marie de Gournay[89] in den Zwanziger Jahren des 17.Jahrhunderts die Frauenfrage vor der Folie der Gleichberechtigung präsentieren wird, in die Querelle des Femmes einklinken: Jacqueline de Miremonts *Apologie pour les dames où est monstré la précellence de la femme en toutes actions vertueuses* (Paris: Jean Gesselin, 1602)[90], sowie Charlotte de Bracharts *Harengue Faicte par Damoiselle Charlotte de Brachart surnommee Aretuze qui s'adrese aux Hommes qui veulent deffendre le science aux Femmes: Avec quelques Poësies faictes par la ditte Damoiselle, sur la blessure, mort, et tombeau du Baron de Chautal. Ensemble une Elegie sur la mort de Mademoiselle de Montaignerat* (Chalon sur Saone: Jean des Preyz, 1604). Jacqueline de Miremonts *Apologie*[91], die in erster Linie für eine Ausweitung der weiblichen Bildung streitet, greift strukturell, der Titel gibt dies bereits wieder, auf die Dipolarität der

Geschlechter zurück, wobei in diesem Falle einmal mehr die Überlegenheit der Frau lanciert werden soll. Topische Versatzstücke des Diskurses zur Frauenfrage werden zu diesem Zwecke aufgerufen, Eva beispielsweise zum Urbild weiblicher Intelligenz gefügt, eine Intelligenz, welche die lediglich vernünftig-logische männliche Intelligenz durch die zusätzliche weibliche Komponente der transzendierenden spirituellen Erkenntnisfähigkeit übertrifft; eine intellektuelle Anlage, zu deren Schulung die Autorin die Leserinnen dringend zu geistiger Betätigung auffordert, zu einer Überwindung der Subordination unter den Mann durch den entschiedenen und normüberschreitenden aktiven Erwerb von Bildung und Selbstbewußtsein, welches sich, als männliches, schließlich durch die Erniedrigung der Frau konstituiert. Die Überlegenheit des weiblichen Geschlechts wird in der Argumentation auch in diesem Falle normativ weiblich diskursivierten Eigenschaften des sozialen Geschlechts zugeschlagen, der weiblichen Bescheidenheit etwa und der weiblichen Demut als Basis eines geschlechtsspezifischen Wissenspotentials, welches dem tyrannisch strukturierten männlichen Macht- und Unterwerfungswissen übergeordnet ist. Charlotte de Bracharts *Harengue*[92], ebenfalls, wie im Titel bereits annonciert, insbesondere um den Zugang der Frau zu Bildung und Wissen bekümmert, definiert Wissen als moralisch neutrale Kategorie, die in einem "guten" Geiste nur prosperieren kann, durch einen "schlechten" Geist angeeignet mit höchster Wahrscheinlichkeit diesen jedoch zu tugendvolleren Taten treiben wird; Unwissenheit aber ist Sünde insofern, als Verhalten solcherart ohne Urteilsvermögen vonstattengeht, keinesfalls jedoch Basis jener Einfachheit und Einfalt, wie sie als männliches Argument für die weibliche Unwissenheit so oft bemüht wird: Einfachheit sei vielmehr eine Kategorie des Herzens oder des Willens, nicht aber des Verstandes. In diesem Sinne erscheint Wissen als geschlechtsneutrale, positive Kraft von sozialer Relevanz, eine kritische, kreative und notwendige Kraft insbesondere aus der Perspektive der Frau, wie sie bislang aus dem sozialen Kontext, aus der Sphäre der Macht und der Autorität, ausgeschlossen worden ist - einmal mehr begründet über den männlichen Neid ob der weiblichen Potenz, welcher die tyrannische Subordination des weiblichen Geschlechts durch die vorgeblich perfekteren Männer begründet. Eine Subordination und Marginalisierung, welche nun ihrerseits den "schärferen" Blick der Frau auf die bestehenden Verhältnisse produziert, Komplement der größeren auch politischen und ökonomischen Kraft (dies als erstaunliche Feststellung für eine Autorin), wie sie, obgleich unterdrückt, dem weiblichen Geschlecht innewohnt:

Je vois ce qui les offense et qui leur cause cet ennui contre celles qui ont les yeux un peu clairs aux affaires du monde, c'est que pour peu de soin qu'elles y apportent elles se rendent plus capables de raison, plus prudentes en toutes choses, mieux tempérées en leurs affections et qui conduiraient avec un jugement plus solide, ce dont elles entreprendraient la charge, que si une misérable subjection, à laquelle ils nous ont tyranniquement soumises, ne nous ôtait tous moyens de pratiquer les sciences, ils seraient contraints de quitter le maniement des affaires plus importantes, pour nous en laisser l'autorité. 93

Die werthierarchische Dipolarität von männlichem und weiblichem Geschlecht, die qualitativ-dipolare Struktur des Diskurses zur Frauenfrage, scheint im 16.Jahrhundert nur selten zu überwinden. Den definitiven Schritt zur Denkbarkeit einer Gleichheit von Mann und Frau vollführt Marie de Gournay, nachdem ihr narratives Frühwerk, der *Proumenoir* (1594), in seiner Idealisierung der liebenden Frau noch der Tradition des 16.Jahrhunderts verpflichtet war[94], erst weit im 17.Jahrhundert, als die Strukturen des Denkens bereits einer anderen Ordnung zustreben[95] - was für die faktische Subordination der Frau allerdings keine Auswirkungen mit sich führt.

Anders als in Italien finden sich in Frankreich, vornehmlich in Adelskreisen, einige Aufzeichnungen von Frauen, welche zum einen der Geschichtsschreibung im weitesten Sinne zuzurechnen sind - nicht allerdings in jener "überpersönlichen" Perspektive, wie sie die Nonnen der Reformationszeit wiedergeben[96], sondern in Form von "familiärer" Geschichtsschreibung, der Wiedergabe des Familienschicksals durch die Wirren eines bestimmten Zeitraumes, etwa als adelige Selbstmythisierung im Geiste der "idée de race"[97]; zum anderen unterschiedliche Formen der "persönlichen Zeitgeschichtlichkeit", die partiell bereits Frühformen der Autobiographie zuzurechnen sind[98]. Charlotte Arbaleste beispielsweise, calvinistische Adelige, Ehefrau von Philippe de Plessis de Mornay, einer zentralen politischen Figur im Frankreich des späten 16.Jahrhunderts, beginnt 1595 Aufzeichnungen zur jüngeren Geschichte der eigenen wie der Familie ihres zweiten Mannes, welche, der politischen Überzeugung des Ehemannes, dem die Schrift schließlich gewidmet wird, verpflichtet, in den Ereignissen der Bartholomäusnacht gipfeln: ihr eigenes Leben schildert die Autorin bis zur zweiten Eheschließung, von diesem Zeitpunkt an dominiert die Portraitierung des Ehemannes (die Autorin selbst tritt nurmehr im Hintergrund in Erscheinung, als Organisatorin der Familie, als Stütze des Ehemannes), welcher dem Sohn leuchtendes Vorbild sein soll; die Memoiren enden denn auch mit dem Tod des Sohnes, für den die Aufzeichnungen ursprünglich bestimmt waren. Das Manuskript wird 1606 als *Mémoires de Madame de Mornay* veröffentlicht[99] und 1624 in die *Mémoires* des Ehemannes aufgenommen (!). Auch die Korrespondenz der Louise de Coligny (1555-1620) referiert nämlichen Zeitraum, sie selbst muß im Gefolge der Bartholomäusnacht, die ihrem Vater das Leben gekostet hatte, nach Deutschland fliehen und heiratet nach dem Tod von dessen dritter Frau, Charlotte de Bourbon († 1582), Wilhelm von Oranien. Von Jeanne du Laurens sind ebenfalls Aufzeichnungen zur Familiengeschichte erhalten (als *Généalogie de Messieurs du Laurens*[100]), eine im Alter von 71 Jahren niedergeschriebene Darstellung ihrer Eltern, insbesondere ihrer Mutter, die, als Ehefrau eines aus Savoyen stammenden Arztes, der in Arles erfolgreich praktiziert, aber früh stirbt, über die Geschicke der acht Söhne und zwei Töchter wacht, welche allesamt einen gleichermaßen erfolgreichen Weg gehen werden: die Söhne machen Karriere, die beiden Töchter werden verheiratet - Jeanne du Laurens selbst bringt sich erst zu einem späten Zeitpunkt in die Darstellung ein, Vorrang haben die männlichen Familienmitglieder sowie die Mutter. Den zweifelsohne originärsten Beitrag nicht nur zur adeligen Selbstdarstellung aber vermitteln die *Mémoires de la Reine Marguerite* (enst. 1597/8), die Autobiographie (eine der ersten weltlichen Autobiographien, zumal aus der Feder einer Frau) der Marguerite de Valois (1553-1615)[101], Tochter von Henri II und Catarina de' Medici, eine Katholikin, deren Heirat mit dem Hugenotten Henri de Navarre, dem nachmaligen Henri IV, im Jahre 1572 den formalen Anlaß der Bartholomäusnacht abgibt, von dem sie sich allerdings im Jahre 1599 wieder scheiden läßt. Die Autorin schildert ihre Kindheit, die als Konkurrenz mit dem Bruder, dem späteren Henri III, um die Zuneigung der verwitweten Mutter aufscheint, die Jugend, die Vergnügungen wie Tanz und Jagd zum wichtigsten Inhalt hat, schließlich die Ehe, die eine politische ist und die ihre Mutter später annullieren möchte: eine Konstellation, innerhalb derer Marguerite politische Macht zuwächst, die sie als Schlichtungspolitik zwischen Bruder und Ehemann funktionalisiert.

Neben vielgestaltigen Darstellungen der Jugendzeit, des Ehefrauendaseins oder des Familienschicksals durch weibliche Autoren finden sich im Bereich der Lyrik auch Texte und ganze Sammlungen, welche den Witwenstand zum Inhalt haben: eine Perspektive, wie sie beispielsweise durch die auch in Frankreich kursierenden Dichtungen der Vittoria Colonna ausgestaltet wird, eine Perspektive zudem, welcher die Trauer eingeschrieben ist, die Trauer um den verstorbenen Ehemann. Philiberte de Fleurs besingt in ihren *Soupirs de Viduité* (um 1540)[102] ihren verstorbenen Ehemann im Gestus einer Trauernden, die nicht des Objektes einer petrarkistisch durchformten Liebe verlustig gegangen ist (zu diesem frühen Zeitpunkt hat petrarkistisches Dichten noch kaum Einzug in die französische Literatur gehalten), sondern eines auf vielen Gebieten herausragenden Beschützers und Freundes - so die idealisierte Darstellung einer ehelichen Verbindung. In den Versen Madeleine Des Roches scheint der verstorbene Ehemann beständig auf, Gabrielle de Coignard aus Toulouse huldigt ihrem verstorbenen Ehemann mit einer religiös geprägten Lyrik, veröffentlicht in den *Œuvres Chretiennes de Feue Dame Gabrielle de Coignard, Veuve a Feu M. de Mansencal Sieur de Miremont* (Toulouse: B. Jagourt/B. Charles, 1594)[103]. Die religiöse Thematik übt auch in Frankreich Anziehung auf weltliche Autorinnen aus, die Thematisierung der Liebe zu Gott, das Verlassen des irdischen Lebens- und Liebesraumes, jenes Übersteigen der sozialen und zwischengeschlechtlichen Konventionen hin zur liebenden Hingabe an Gott, ein wiederliebendes Gegenüber, findet variantenreiche Umsetzung. Zum einen der katholischen "Sache" verpflichtet, Cathérine d'Amboise (?-1550) liefert mit ihren *Dévotes Epîtres*[104] hier ein frühes Beispiel, zum anderen der protestantischen Glaubensrichtung verbunden, so die adelige Georgette de Montaney (1540-1581), deren *Emblemes ou Devises Chrestiennes* 1571 in Lyon veröffentlicht werden, oder die Hugenottin Marie de Brabant (um 1540 - um 1610), deren *Annonces de l'Esprit et de l'Ame Fidèle, Contenant le Cantique des Cantiques de Salomon en Rime Françoise...* (1602)[105] zu Beginn des 17.Jahrhunderts publiziert werden, finden sich religiöse Texte oder Textsammlungen von Autorinnen in Frankreich doch in weit geringerer Zahl, als dies im gegenreformatorisch durchströmten Italien der zweiten Jahrhunderthälfte der Fall ist. Der Glaubenskampf prägt in Frankreich die politische Szenerie, der politische Aspekt des Glaubens steht im Vordergrund, nicht die religiöse Stilisierung, die literarische Umsetzung. Die herausragendste Autorin religiöser Dichtungen ist denn auch der ersten Jahrhunderthälfte zuzuordnen, Marguerite de Navarre (1492-1549)[106], die Schwester von François Ier, die ihrerseits durchaus engagiert und über ihre Herkunft an prominenter Stelle der protestantischen Seite verpflichtet ist: rund um Marguerite de Navarre scharen sich die ersten französischen Reformierten, in einem humanistisch durchwirkten Ambiente in unmittelbarer Nähe zur politischen Macht, welches großen Einfluß auf die Verbreitung des protestantischen Glaubens innerhalb der gesellschaftlichen Elite nehmen wird - Marguerite de Navarre, bereits früh mit reformatorischen Kreisen in Berührung gekommen und insbesondere durch Bischof Guillaume de Briçonnet mit deren Gedankengut vertraut gemacht, tritt zeitlebens als Protektorin sowie

Mentorin reformatorischer Ideen und Parteigänger auf. Der familiäre Hintergrund, die exponierte soziale Stellung, die sie als weibliches Mitglied des Herrscherhauses zum Medium machtpolitischer Strategien bestimmen, prägen ihren Lebensweg, ebenso wie das große literarische Interesse, der intensive (auch mäzenatische, Marot zählt zu ihren Schutzbefohlenen) Kontakt mit dem literarisch-humanistischen Ambiente der ersten Jahrhunderthälfte: über welches ihr eine Vielzahl von Ideen, Denkgebäuden, literarischen Traditionen und stilistischen Neuerungen vor allem auch italienischer Provenienz zugänglich werden, unter denen der Neuplatonismus wohl die größte Rolle spielt. All diese Punkte finden als Momente der Erfahrung, der Reflektion und der Kreation in ihrem Werk, dem umfangreichsten und vielgestaltigsten einer französischen Autorin des 16.Jahrhunderts[107], zusammen: Lyrik, Prosa und die Komödien kreisen um das zentrale literarische Thema, die Liebe, im Spannungsfeld von sozialer Realität und ideeller, neuplatonischer und insbesondere mystischer Projektion. Bekanntester Text der Autorin (ähnlich wie im Falle der gleichfalls hochadeligen Vittoria Colonna über die Jahrhunderte tradiert und memoriert) ist der seit 1542 enstandene und erst 1559 posthum veröffentlichte *Heptaméron*, eine Novellensammlung nach dem Vorbild Boccaccios (der *Decameron* wird 1542 ins Französische übersetzt), allerdings mit dem ausdrücklichen Hinweis versehen, im Gegensatz zum Vorbild nur *wahre* Geschichten zu referieren. Die Rahmenhandlung: eine Gesellschaft von je fünf Damen und Herren der gesellschaftlichen Elite wird durch ein Unwetter für zehn Tage in einem Kloster festgehalten; zum Zeitvertreib - als topisches Konversations-Spiel - erzählt man sich zumeist (mitunter nach zeitgenössischen Tugendstandards geradezu skandalöse) Liebes-Geschichten aus den unterschiedlichsten sozialen Milieus, deren Handlungsmuster, deren Protagonisten einschließlich ihrer Motive, deren "Lehrhaftigkeit" im Anschluß an den Vortrag stets diskutiert werden - dies als Umsetzung der didaktischen ebenso wie der "soziologischen" Intention der Autorin. Die Rahmenhandlung bietet gerade über diese Diskussionen, die Frauen und Männer im übrigen als "gleichberechtigte" Diskutanten aufzeigen, aufschlußreiche Einblicke unter anderem in den Facettenreichtum geschlechtlicher Rollennormen und Kommunikationskodices[108] (in diesem Sinne liefert die Rahmenhandlung eine Art Gegenstück zum - wohlbekannten - *Cortegiano*, obgleich hier nicht die Konstitution eines elitären Verhaltensideals, vielmehr die Auslotung menschlicher Tugendfähigkeit im Vordergrund steht - wobei selbstredend die Selbst-Darstellung der Diskutanten dem bestmöglichen Eindruck verpflichtet ist, der Fassade). Auch die idealtypische weibliche Rollennorm findet Eingang; bereits am ersten Tag, im Anschluß an die erste Novelle (eine verheiratete Frau hat zwei Liebhaber, wovon sie einen schließlich ermordet, ihr Ehemann stürzt ins Unglück, sie aber "sündigt" weiter bis an ihr Lebensende), leitet deren Erzähler, Simontaut, das erste kommentierende Gespräch - eine äußerst exponierte Verortung im Text also - mit folgender Bemerkung ein, dem Rückgriff nämlich auf die erste Frau (die Diskussionen rufen explizit gängige Gemeinplätze der Diskurse rund um das Objekt Frau auf): "Je vous supplie, mesdames, regardez quel mal il vient d'une méchante femme, et combien de maux se firent pour le péché de cette-ci. Vous trouverez que depuis qu'Eve fit pécher Adam toutes les femmes ont pris possession de tourmenter, tuer et damner les hommes"[109]. Die wollüstig-zerstörerische Weiblichkeit ist also eingebracht - wohingegen die idealtypische Rollennorm im Verlauf des Textes durch eine

Frau referiert wird, durch Longarine, eine der Sprecherinnen: "Bienheureuses celles en qui la vertu de Dieu se montre en chasteté, douceur, patience et longanimité"[110] - "Quoi qu'il y ait, dit Longarine, la patience rend enfin la femme victorieuse, et la chasteté louable"[111] - "Les femmes de bien, dit Longarine, n'ont besoin d'autre chose que l'amour de leurs maris, qui seulement les peuvent contenter"[112]. Auch von Marguerite de Navarre geht im übrigen eine kleine Dynastie gelehrter und dichtender Frauen aus, ganz in der humanistischen Tradition des Quattrocento: auf die Tochter aus zweiter Ehe, Jeanne d'Albret (1528-1572), die unter anderem Sonette als Replik auf du Bellay erstellt[113], folgt deren Tochter Cathérine de Bourbon (1570-1605), von der gleichfalls Dichtungen erhalten sind[114].

Marguerite de Navarres Erstlingswerk, der *Miroir de l'Ame Pécheresse* von 1531[115], wird bereits 1534 auf den Index gesetzt: in einem stark mystisch durchwirkten (und damit einer katholischen Tradition verpflichteten) Monolog wird Gott der Ich-Sprecherin zum Spiegel, durchläuft das suchende Ich ein Spektrum vom Gewissenskonflikt der Sünderin bis hin zum umfassend-absoluten Empfinden der Einheit mit Gott - der Vereinigung mit dem Geliebten, der mystischen Klimax in der Hingabe, wie sie so oft in der weiblichen Vision Gottes wiedergegeben ist; tritt jenes "moy, qui suis ver de terre tout nud"[116] ein in die "union de nostre mariage"[117], die seelische Lust, welche alle Körperlichkeit, die Welt hinter sich gelassen hat ("C'est l'Ennemy, et le Monde, et la Chair / [...] / [...] / Moy, qui par eux long temps avois esté / Dens la prison, esclave..."[118]). Die Seele, "elle povrette, ignorante, impotente, / Se sent en vous riche, sage et puissante"[119], gelangt zur grenzüberschreitenden, befreienden Erkenntnis der göttlichen Gnade, findet Eingang in eine Unendlichkeit der friedlichen Ruhe, des Eins-Seins ("Et de laisser le plaisir de la terre / Pour l'infiny, là où est paix sans guerre"[120]): das Fehlen von Angst und Strafe, die ruhende Sicherheit in der Vereinigung mit Gott wird im Verlauf mehrfach thematisiert, als Entdeckung des gnädigen Gottes, welcher den strafenden Gott (der Kirche) ersetzt ("En lieu d'avoir par vous punition, / Vous m'asseurez de ma salvation"[121]), als allgegenwärtiges Prinzip der Ver-Sicherung, in der (männlichen) Gestalt der All-Gegenwart als Vater, Bruder, Sohn und Ehemann ("Or vous ay je, mon Père, pour defense / Des folies de ma trop longue enfance, / Or vous ay je, mon Frere, pour secours / De mes ennuyz que je ne trouve courtz. / Or vous ay je, mon Filz, de ma vieillesse / Le seul baston, support de ma foiblesse. / Or vous ay je, l'espoux sans fiction, / De tout mon cœur la satisfaction"[122]. An dieser Stelle wird zum wiederholten Male im Kontext mystischer Texte von Frauen die Bedeutung der *Männlichkeit* Gottes deutlich, die weibliche Vision der uneingeschränkten Einigkeit mit einer männlichen Allmacht, die als liebende Einheit gedacht wird - als Vollendung von Hingabe und Gegenliebe des starken Prinzips, als Vollendung einer Schwäche-Stärke-Harmonie, als Gleichzeitigkeit zwischengeschlechtlicher *Familien*relationen in der diskursivierten geschlechtlichen Hierarchie, als Gegenbild zur lebensweltlichen Distanz: welches nichtsdestotrotz zutiefst der dipolaren Diskursivierung der Geschlechter verpflichtet ist. Oder ganz einfach als Vater, vor dem man keine Angst zu haben braucht, "Vous appelant Pere (parlant à vous / sans crainte avoir)..."[123]. Durch das erfahrende Erkennen des in Gott projizierten allumfassenden Prinzips der (selbstverständlich sexualisierten, neuplatonisch sublimierten) gnädigen Liebe,

> O quel honneur, quel bien et quelle gloire
> A l'ame qui sans cesse ha la memoire
> Qu'elle de vous est fille! Et vous nommant
> Pere, elle fait vostre commandement.
> Qu'y a il plus? est ce tout? Helas! non:
> Il voust plaist bien luy donner autre nom,
> Vostre Espouse nommer, et de vous,
> Vous appeler son mary et espoux;
> Luy declarant comme de franc courage
> Avez juré d'elle le mariage.
> Fait luy avez au Baptesme promesse
> De luy donner vostre bien et richesse 124,

werden Ängste überwunden, werden (lebens)weltliche Kategorien außer Kraft gesetzt, Mechanismen der zwischengeschlechtlichen Hierarchie; wird durch den Eheschluß mit Gott irdische Gesetzmäßigkeit überstiegen - eine lebensweltliche Wirklichkeit, die gleichwohl stets präsente Folie der Vision ist. Die referierte Rückkehr der sündigen Ich-Sprecherin in den Schoß Gottes - die Ich-Sprecherin verweist explizit auf eine Zeit, in welcher sie, irdischen Sünden verfallen, Gottes Worte und Botschaften mißachtet hatte - wird im Kontext der Ehe-Metaphorik, des zwanghaften weiblichen Primates der ehelichen Subordination, mit einer gänzlich irdischen (weiblichen) Konstellation analogisiert, die (den gütigen) Gott explizit mit einem "betrogenen" Ehemann der irdischen Wirklichkeit kontrastiert:

> Si pere a eu de son enfant mercy,
> Si mere a eu pour son filz du soucy,
> Si frere à sœur a couvert le peché,
> Je n'ay point veu, ou il est bien caché,
> Que nul mary, pour à luy retourner,
> Ayt à sa femme onc voulu pardonner.
> Assez en est qui pour venger leur tort,
> Par jugement les ont fait mettre à mort.
> Autres, voyans leur peché, tout soudain
> A les tuer n'ont espargné leur main.
> Autres, voyans leurs maux trop apparentz,
> Renvoyées les ont chez leurs parentz.
> Autres, cuydans punir leur mauvais tour,
> Enfermées les ont dens une tour.
> Bref, regardez toutes complexions,
> La fin n'en tend qu'à grands punitions.
> Et le moins mal que j'en ay peu sçavoir,
> C'est que jamais ilz ne les veulent voir.
> Plus tost feriez tourner le firmament
> Que d'un mary faire l'appointement,
> Quand il est seur du peché qu'elle a fait,
> Pour l'avoir veüe ou prinse en son meffait. 125

Die Liste männlich-strafender Reaktionsweisen auf weibliche Verstöße gegen die Ehefrauennorm, genauer die Tugend- und Keuschheitsgesetze für das weibliche Geschlecht ist variantenreich: von der öffentlichen Anklage wegen Ehebruchs, auf welche notwendig die Todesstrafe folgt, über die unmittelbare Ermordung (einem überkommenen Gewohnheitsrecht bei Ehebruch der Frau, welches allerdings, ebenso wie die Verstoßung, rechtlich im 16.Jahrhundert nicht mehr gedeckt wird), die Rückgabe an die Eltern, die Einkerkerung (in den Turm der Hélisenne de Crenne) bis zur Verstoßung, der "mildesten" Form der Bestrafung. Neben der plakativen Kontrastierung göttlichen und männlichen Verständnisses von Sünde und Strafe (eine an sich paradoxale Kontrastierung, um dies zu wiederholen, zumal die Todesstrafe bei Ehebruch ältestes biblisch-"gottgegebenes" Gesetz ist, allerdings genau über diesen Widerspruch exakt das "Göttliche" der stets offerierten Gnade Gottes beschreibbar macht, den paradoxalen Kern der christlichen Ordnung), wird zugleich paradigmatisch jene "Entrückung" aus lebensweltlichen Gesetzmäßigkeiten inszeniert, wie sie der mystische Eingang in Gott offeriert: in erster Linie unterstreicht der Rekurs auf die soziale Wirklichkeit der Ehe-Frau die eminente Bedeutung jenes Raumes, dessen friedvoller Charakter ihn zum Fluchtort prädestiniert, zur Flucht aus der irdischen Ehelichkeit in eine himmlische, ohne die weibliche Determination zur Ehe als vollständig internalisierte zu verlassen. Die Vereinigung mit Gott im Zeichen der "gegenseitigen" Liebe[126], das Aufgehen im kosmischen Prinzip der Liebe, welchem der Herr, der *oberste Herr* vorsteht, dessen Zuneigung jede Subordination vergessen läßt, eine Liebe zudem, deren destruktiver Charakter durch die Eliminierung der Körperlichkeit überwunden ist, wird zur Projektion eines *passiven* Gegenentwurfes, der eben "lediglich" visionärer Fluchtort ist: über die "Einzigartigkeit" des Göttlichen von der Lebenswelt vollständig abgetrennt ist, für diese keinerlei (im weitesten Sinne politische) Relevanz hat - der Fluchtort driftet *von der Welt fort*. In die seelisch-kosmische Einsamkeit mit Gott. Der normativ statisch-handlungsunfähige, funktionalisierte weibliche Körper wird verlassen, die Befreiung liegt jenseits der Welt. Der Geist vollendet den lebensweltlichen Ausschluß von der Welt. Der Name des Geliebten, der Liebe, der Ruhe, *Gott*, wird zum Ausdruck eines Wissens um einen Ort, an dem sich das Ich dem Anderen entzieht - ebenso wie der kirchlichen Lehre, weshalb der *Miroir* sich umgehend auf dem Index wiederfindet. Die Selbsterfahrung im Zeichen einer "perfekten" Liebe, Suche um ein Wissen, das Beständigkeit sichert, wird zum Gebet, wird zu einer Sehnsucht, beschreitet einen Raum, der Gott heißt, der eine neue Sprache finden läßt: "Mon filz, mon DIEU, ô JESUS, quel langage!"[127], eine eigene Sprache, ein Besitz von Worten und Benennungen, von Denotaten einer ausschließlich dem Ich bekannten Ebene der Selbst-Spiegelung, der autistischen Reflexion, des unendlichen und unbenennbaren Begehrens - des "nur für sich allein". Des Bei-Sich-Seins in einem Gott, der nicht befehlender, verfügender Mann ist, sein soll, dabei aber stets als ein solcher benannt wird, mit Namen, über die nunmehr das Ich verfügt: "Nommer vous puis par amour hardiment / Filz, Pere, Espoux et Frere, entierement / Pere, Filz, Frere et Mary: ô quelz dous, / De me donner le bien de tous ces noms!"[128]. Und, darüberhinaus, Luce Irigaray:

Und die Metapher hat für sie nur dann eine Wirkung eines Abseits, das nicht verletzend ist, wenn sie, frei von allem bereits angepaßten Sinn, die Unendlichkeit aller Lustempfindungen offenhält, die ihr möglich sind: GOTT. Das könnte die Konzeption und die Absicht der Einführung einer "Figur" sein, deren Stärke sich nicht durch die Zugehörigkeit zu einem Individuum begründen läßt, einer Figur, die sich immer noch erweitert, ohne dabei in und durch Formen zu zerbrechen, die erst allmählich zu begreifen wären. GOTT, von dem noch kein Wissen eine Wissenschaft des Begehrens entwickelt hat. Er bleibt in seiner Unkenntnis, bleibt der Unkenntnis überlassen. Weil ER sich dem Haß verweigert? Ja, insofern dieser dem partikularen Charakter der Erkenntnis entspricht. Denn ein jeder, eine jede will durch die Erkenntnis einen Vorteil, ein *Ziel* erreichen und strengt sich an, durch die eigene Spekulation und Spiegelung die Repräsentation des anderen zu zerbrechen, um das Recht auf Wahrheit, den Wahrheitscharakter des Anblicks zu schützen, in dem er oder sie sich spiegelt. Aber für den, der alles wüßte, wäre die Rivalität, was den Besitz von Wissen und Erkenntnis angeht, unbedeutend. Die Frau weiß und erkennt sicher nicht alles, ja, sie weiß und erkennt sogar nichts. Doch ihre Beziehung zum Wissen und Erkennen vermittelt den Zugang zu einem Ganzen, von dem sie wissen könnte, in dem sie sich erkennen könnte: GOTT. 129

"Mystisches" Sprechen als sprachliche Umsetzung eines göttlichen Liebesbegriffes steht bei Marguerite de Navarre neben Erörterungen der weltlichen Liebe, in "populärer" Form etwa im *Heptaméron*, sowie solchen der neuplatonischen Liebeskonzeption, wie dies erstmals in *La Coche* (1542) geschieht: Eine Ich-Sprecherin, "une femme acoustré / comme la Royne de Navarre"[130], begegnet auf einem Spaziergang drei Frauen, welche in der nachfolgenden "Unterhaltung" der Ich-Sprecherin ihr Leid klagen. Die erste wurde von ihrem Geliebten verlassen, die zweite ist unglücklich mit dem ihren verbunden, die dritte hingegen, in einer glücklichen Liebe mit ihrem Geliebten vereint, will aufgrund ihrer neuplatonisch unterlegten Freundschaft und Verbundenheit mit den beiden anderen auf Glück und Liebe verzichten: alle drei sind sowohl nach neuplatonischem als auch nach mittelalterlich-höfischem Vorbild zwar verheiratet, die Geliebten sind jedoch nicht mit den Ehemännern identisch (zu den Quellen von *La Coche* zählen unter anderem *Le Livre du dit de Poissy* und der *Débat des deux amans* von Christine de Pisan, deren Werke Marguerite de Navarre also zumindest teilweise bekannt waren). Die drei Damen bitten die Ich-Sprecherin schließlich, das Gehörte, den Bericht der Liebes-Situationen sowie die Konsequenz des freundschaftlichen Zusammenhalts in neuplatonischem Geiste, das Gehörte also schriftlich niederzulegen, um es dem (mit Salomon verglichenen) König zu präsentieren: "Dames, le roy pour juge je demande, / Qui jugera à nostre affection / L'honneur, aussi à nostre fiction / Punition par honorable amende"[131]. Die Liebesthematik findet schließlich in Gestalt eines kosmischen Entwurfes zur höchstmöglichen Stilisierung, eines Entwurfes, der menschliches Sein allumfassend der Liebe des Schöpfers subsumiert - die neuplatonische wie die mystische Denkbewegung in einer allegorischen Dichtung zur spirituellen Synthese fügend, zu einer kosmischen Ordnung, welche sich selbst in der Harmonie reflektiert, den *Prisons*[132]. Der männliche Protagonist und Ich-Sprecher der Prisons durchläuft drei Gefängnisse: im Livre I dasjenige des "Tour d'amour" der höfischen Dichtung, gekennzeichnet durch den Widerstreit der Bedürfnisse von (noch dominierendem) Körper und Geist, ein Passus, der insbesondere über petrarkistische Versatzstücke gestaltet ist; im Anschluß daran, im Livre II, das "prison du corps, prison du monde"[133], die Versuchungen des Weltlich-Irdischen, die nunmehr über ein christlich-neuplatonisches Raster kontemplativ perspektiviert werden. Nachdem auch dieses Gefängnis schließlich überwunden ist, folgt im Livre III jenes der Wissensdisziplinen, die in aufsteigender Hierarchie zu durchlaufen sind, von der Philosophie (deren geringe Wertigkeit erstaunlich anmutet, es sei denn, die

Hierarchisierung ist über weibliche Kriterien der "Zugänglichkeit" gerastert, wobei in diesem Falle die Verortung der Musik bemerkenswert anmutet) über Poesie, Jurisprudenz, Mathematik, Musik, Medizin, die Historische Wissenschaft und die Rhetorik bis zur Theologie, welche letztendlich ebenfalls überstiegen wird, um schlußendlich in einer mystischen Schau Gottes die absolute Gottesliebe zu erfahren: die Erkenntnissuche im All-Einen zu vollenden - so die Vollendung der spirituellen Imaginationen Marguerite de Navarres.

Im Bereich der Lyrik hat sich unter den französischen Autorinnen des 16.Jahrhunderts insbesondere Pernette du Guillet (um 1520-1545) der neuplatonischen Liebeskonzeption verschrieben: als Mitglied des Lyoneser Dichterkreises um Maurice Scève, den Meister und Mentor der Pernette du Guillet (und einiger weiterer "gebildeter" Damen im Einzugskreis, Scèves Schwester Jeanne, eine Jeanne Gaillarde sowie eine Jeanne Faye, über deren Biographien respektive Dichtungen nichts bekannt ist - die rituelle Nachbildung italienischer *intertenimento*-Rituale, der Konventionen der *ragionamenti d'amore*, scheint solcherart, zumal im "italophilen" Ambiente Lyons, nahezuliegen); Scève ist dem Dichterkreis der Ecole lyonnaise zugehörig - zu der auch Peletier, Dolet, Sainthe-Marthe und Tyard gerechnet werden - dessen Italiaffinität der französischen Literatur zahlreiche Neuerungen einverleibt. Pernette du Guillet erstellt mit ihren zu Beginn der Vierziger Jahre entstandenen *Rymes* (posthum 1545)[134] eine vollständig neuplatonisch inspirierte Gedichtsammlung als "weibliches" Gegenstück zur (im Gegensatz zu den *Rymes* durchaus petrarkistisch durchsetzten) *Délie, objet de la plus haulte vertu* (1544) Maurice Scèves (dessen anagrammatischer Titel bereits auf den komplex-systemischen Charakter der Sammlung verweist, Délie = l'idée): die beiden Sammlungen sind gleichsam formales Komplement der textualisierten neuplatonischen Wechselbeziehung zweier vollständig vergeistigt-stilisierter Liebender, die sich als gegenseitige Inspiration höchst kontemplativ-abstrakt verbunden sind, mit den Worten Pernettes: "Fais donc aussi, que nous puissions avoir / En noz espritz contentement durable!" (Epig. XIII, V.7/8)[135]. Als Streben der Liebe, als liebendes Fortschreiten, reklamiert die Ich-Sprecherin zahlreich die Auflösung des Selbst in der Verschmelzung mit dem Geliebten[136], dem Prinzip des Geliebten, die vollständige Transformation in das Gegenüber ("Je tascheray faire en moy ce bien croitre, / Qui seul en toy me pourra transmuer", Epig. V, V.3/4[137]) - ein liebendes Fortschreiten, innerhalb dessen die Ich-Sprecherin Pernette du Guillets allerdings einen deutlich "weiblich" geprägten Part übernimmt. Die geschlechtliche Hierarchie, neuplatonisch gefügt zur vollständigen Abstraktion der Frau zum Medium, findet sich beispielsweise in der Thematisierung des Schreibaktes als gegenseitige Idealisierung aufgerufen; der "Austausch" ist weibliche "Anleihe" der männlichen Perfektion, die weibliche Offerte gilt der medialen, darob autoreferentiellen Spiegelung des perfekten Geliebten, des perfekten Dichters: "Preste moy donc ton eloquent sçavoir / Pour te louer ainsi que tu me loues" (Epig. V, V.9/10[138]). Die weibliche "Bescheidenheit", die funktionelle Imperfektion ist eingebracht als umfassende Zurücknahme des Selbst, als Selbst-Auflösung im Geist des Geliebten, der geistigen Perfektion des Gegenübers, der, als gleichsam göttliche Inkarnation von Geistigkeit und Intelligenz, als transzendierender Dichter, in seiner materiellen Hülle, im ungeistigen Körper, in der Welt gefangen, als Dichter aber "göttlich" ist (Epig. IV):

> Esprit celeste, et des Dieux transformé
> En corps mortel transmis en ce bas Monde,
> A Apollo peulx estré conformé
> Pour la vertu, dont es la source, et l'onde.
> Ton eloquence, avecques ta faconde,
> Et hault sçavoir, auquel tu es appris,
> Demonstre assez le bien en toy compris:
> Car en doulceur ta plume tant fluante
> A merité d'emporter gloire, et prys,
> Voyant ta veine en haut stille affluante. 139

Die *Rymes* der Pernette du Guillet sind allerdings keineswegs streng auf die enkomiastische Stilisierung des Geliebten zentriert, ein durchgängiges "Ereignissubstrat" ist nicht gegeben, gleichwohl die Liebesthematik das Leitmotiv formiert: sowohl in inhaltlicher wie in formaler Hinsicht herrscht vielmehr das Prinzip der *variatio* vor. Das thematische Spektrum ist reichhaltig, die Ich-Perspektive wechselt mit deskriptiv-narrativen Texten, die Länge der Texte variiert; Epigramme, Chansons, Episteln und Elegien finden sich, formal ausschließlich an französische Vorbilder rückgebunden, aneinandergereiht. Pernette du Guillets Texte werden schließlich nach ihrem frühen Tod vom *Ehemann* zur Veröffentlichung verbracht, Antoine de Moulin übergeben, der als Herausgeber der *Rymes* in seinem Vorwort an die Lyoneser "Dames vertueuses"[140] die Autorin als "vertueuse, gentile, et toute spirituelle Dame D. Pernette du Guillet"[141] vorstellt; als musikalisch bewandert und aller erdenklichen Instrumente mächtig sowie zahlreicher Sprachen kundig, eine vorbildliche Gestalt, deren Dichtungen allen Lyoneserinnen zur Ehre gereichten. Die Stilisierung einer städtischen, einer französischen "Frauenkultur" wird zum expliziten Anliegen des Herausgebers, die *Rymes* zu herausragenden Beispielen der städtischen Kultur gefügt, zum leuchtenden Beispiel weiblicher Tugend und Gelehrsamkeit, welches den Damen unter Verweis auf Ruhm und Ansehen italienischer Autorinnen, die gar einige gelehrte Kollegen in den Schatten stellen, zur Nachahmung anempfohlen wird; als Aufforderung, literarisches/öffentliches Ansehen zu erwerben - eine Anstiftung zur vehementen Verletzung der weiblichen Rollennorm - um die italienische Vorgabe möglichst zu *übertreffen*, gleichsam als interkulturelles *Spiel* (denn lediglich in der artifiziellen Konvention des "Spiels" - welches über die Attribute der Tugend und der Ehrbarkeit deutlich den höfisch-elitären Konventionen italienischer Provenienz angebunden wird - lassen sich normative Maßgaben des sozialen Geschlechts derart außer Kraft setzen):

Et quand ce ne seroit, qu'elles pourront inciter quelcune de vous, ou d'ailleurs, et l'animer aux lettres, pour participer de ce grand et immortel los, que les Dames d'Italie se sont aujourd'hui acquis, et tellement, que par leurs divins escrits elles ternissent le lustre de maints hommes doctes, et comme en France semblablement tant d'honnestes et vertueuses Dames et Damoiselles s'y adonnent avec une grande expectation de leur perpetuelle renommée au grand honneur, et louange de tout ce Royaulme. 142

Antoine du Moulin, Kammerdiener Marguerite de Navarres, Übersetzer zahlreicher klassischer lateinischer Texte, Herausgeber der Werke Marots, Des Périers und Lemaire de

Belges, konnte zu diesem Zeitpunkt lediglich von den Dichtungen Vittoria Colonnas, allenfalls noch jenen Veronica Gambaras, darüberhinaus von den Schriften einiger Humanistinnen des 15.Jahrhunderts (sowie möglicherweise den petrarkistischen Versuchen einiger weiterer adeliger Damen) unmittelbare Kenntnis haben respektive auf deren Ruhm rekurrieren: jener (im Falle der Dichterinnen) "idealen" adeligen Autorinnen, welche seiner Anregung als bestmögliche Referenz zu gelten haben - eine Anregung an "Bürgerliche" wohlgemerkt, an Stadtbürgerinnen Lyons. Das "Phänomen" weiblicher Autorenschaft ist solcherart als im französischen Raum noch durchaus "ungewöhnlich" aufgerufen, damit eine (dem höfisch-elitären Standard italienischer Provinienz kontrastierende) kulturelle Konvention referiert, die Frauen (einmal abgesehen von der Sonderstellung Marguerite de Navarres, sowie Jeanne Flore und Hélisenne de Crenne, deren Texte ebenfalls in Lyon veröffentlicht worden sind), anders als in Italien noch keineswegs programmatisch in ihre Rituale einbegriffen - die Ecole lyonnaise gibt hier die (italienisierende) Ausnahme ab - den weiblichen Schreibakt als für französische "Verhältnisse" höchst außergewöhnliche und individuelle Manifestation markiert. Der Widerstand gegen weibliches Dichten aus den Kreisen der männlichen "Gelehrten" tritt denn auch erst ein Jahrzehnt später offen zutage, als Louise Labé, auch sie Lyoneserin und damit Wunsch-Autorin du Moulins, ihre *Œuvres* (1555)[143] veröffentlicht, die unter anderem (nahezu zeitgleich zu den ersten Ausarbeitungen der petrarkistischen Thematik durch die Autoren der Pléiade) einen höchst inspirierten *canzoniere* petrarkistischer Prägung enthalten - die einzige Textsammlung dieser Art aus der Hand einer französischen Autorin.

Lyon, am Kreuzpunkt der Handelswege aus Deutschland und Italien, aus Paris und dem Midi gelegen, Truppenstützpunkt in den französisch-italienischen Kriegen, kulturelle Schnittstelle zwischen italienisch-rinascimentaler Kultur und Genfer Calvinismus, nimmt insbesondere in kultureller Hinsicht während der ersten Hälfte des 16.Jahrhunderts in Frankreich eine Sonderstellung ein. Um die Mitte des Jahrhunderts zählt Lyon 60.000 Einwohner - dies entspricht der weiblichen Einwohnerschaft Venedigs im erwerbsfähigen Alter - die Stadtwirtschaft "blüht" (obgleich mehr als 5% der Stadtbevölkerung auf die Hilfeleistungen der im Jahre 1534 gegründeten Aumône générale angewiesen sind, dies als Verweis auf die andauernde Pauperisierung im Gefolge von Bevölkerungswachstum und Landflucht während des 16.Jahrhunderts); Lyon gilt als bedeutendes Zentrum europaweiter Finanztransaktionen. Die zahlreichen Druckereien, die sich seit 1470 konstant mehren und Lyon neben Leipzig zu einer Kapitale des Buchmarktes befördern, führen etwa 600 Beschäftigte; die Seidenindustrie - im 15.Jahrhundert figuriert Lyon als wichtigster Absatzmark der Florentiner Seidenindustrie, die Handelsbeziehungen führen zu einer ständigen Florentiner Kolonie in Lyon[144] - die Lyoneser Seidenindustrie also, die seit ihrer Gründung im Jahre 1536 stetig expandiert, zählt 1559 bereits 6000 Arbeiter. François Ier und Marguerite de Navarre besitzen Residenzen in Lyon, in den Zwanziger und Dreißiger Jahren finden Clémont Marot und Luigi Alamanni zu längeren Aufenthalten in die Stadt, Agrippa (dessen *De nobilitate et praecellentia foeminei sexus*[145], diese für die Frauenfrage im 16.Jahrhundert außerordentlich "nachhaltige" Schrift, ein Jahr nach Verlassen Lyons 1529 in Antwerpen erscheint) lebt hier von 1524-

28; Rabelais wirkt einige Jahre als Arzt in Lyon, wo 1532 und 1534 auch die ersten beiden Teile von *Gargantua et Pantagruel* erscheinen, Autoren wie Dolet, Heroët, Champier, Des Periers und Scève leben in der Stadt. In den Dreißiger Jahren gelangen in Lyon die französischen "Übersetzungen" der italienischen "Klassiker" von Boccaccio über Petrarca bis zu Castiglione in Druck, die Rezeption des Petrarkismus gewinnt seit 1533 an Dynamik, als Scève das Grab Lauras - der Wortliebe - in Avignon entdeckt zu haben meint[146]. Louise Labé selbst scheint dem weiteren Kreis der Ecole lyonnaise zuzuordnen zu sein, einer elitär-städtischen Kultur, die, um dies zu wiederholen, über die offensichtlich nachweisbare Präsenz von Frauen im Literatenkreis auf eine Adaption italienisch-höfischer *intertenimento*-Rituale rückschließen läßt: wobei die durchweg bürgerliche Herkunft der gelehrten Damen die Verhaftung der (bürgerlichen) Literatenzirkel in einem kulturellen Ambiente nahelegt, welches sich über die nahezu zeitgleiche Rezeption humanistischen Gedankenguts und höfisch-elitärer Kulturbeflissenheit je italienischer Prägung, zugleich aber der Strömungen des nordeuropäischen Humanismus sowie der reformatorischen Bewegungen in der Fusion mit vorgegebenen französischen Traditionen ein gänzlich eigenständiges, polyform konstituiertes - interkulturelles - Gepräge verschafft. Bildungsbürgerlich-repräsentatives Leistungsdenken der städtischen Bourgeoisie scheint auch hier als Folge wirtschaftlicher Prosperität und des damit verbundenen Aufstiegs einer bürgerlichen Schicht mit einem im Sinne des rinascimentalen Bildungsgedankens geprägten Geltungswillen vorstellbar; auch in Lyon ist eine Entwicklung denkbar, welche sich, in geraffter, rezipiert-gebrochener Form, zur italienischen des 15. und frühen 16.Jahrhunderts analog verhaltend, unter anderem in einer vermehrten Berücksichtigung der weiblichen "Repräsentationsfähigkeit" äußert: eine umfassende "Erziehung" der Töchter mancher Familien opportun erscheinen läßt, die sich ihrerseits gelegentlich eigendynamisch, literarisch verselbständigt.

Louise Labé (um 1525-1568), fünftes Kind des vermögenden Seilers Pierre Labé und dessen zweiter Frau, erhält zusammen mit ihren Brüdern eine Erziehung nach italienischem Muster, wenn man der Selbststilisierung der Ich-Sprecherin aus Louise Labés Elégie III an die Lyoneser Damen glauben schenken möchte; eine (nach dem entsprechenden *Cortegiano*-Passus[147] geformte) Erziehung, die zugleich den (ebenso wie die Handarbeiten) besonders ausführlich gefaßten (männlichen) Umgang mit Pferden und Waffen einbegreift - während der musikalische Part bereits in der den *Œuvres* vorangestellten Widmung aufscheint ("Mais ayant passé partie de ma jeunesse à l'exercice de la Musique..."[148]):

> [...]
> Sur mon verd aage [...]
> Lors qu'exerçois mon corps et mon esprit
> en mile et mile euvres ingenieuses, (V.29-31)
> [...]
> Pour bien savoir avec l'esguille peindre
> J'eusse entrepris la renommee esteindre
> De celle là, qui plus docte que sage,
> Avec Pallas comparoit son ouvrage.
> Qui m'ust vu lors en armes fiere aller,

> Porter la lance et bois faire voler
> Le devoir faire en l'estour furieus,
> Piquer, volter le cheval glorieus,   (V.33-40)
> [...]
> mon cœur n'aymant que Mars et le savoir   (V.44)
> [...] 149

Um 1540 heiratet Louise Labé Ennemond Perrin, "cordier" wie ihr Vater, ohne allerdings fortan ein zurückgezogenes Ehefrauendasein zu führen: ihr Haus wird vielmehr zu einem Treffpunkt der kulturellen Elite der Stadt, Anziehungspunkt selbst für Künstler und Literaten auf der Durchreise; so beispielsweise für Olivier de Magny, der von Peletier du Mans bei Louise Labé eingeführt wird, als er 1553 auf dem Weg nach Rom in Lyon haltmacht. Der augenscheinlich auch für Lyoneser Verhältnisse "ungewöhnliche" Lebensstil, die exponierte Stellung einer (verheirateten) Frau im öffentlichen, im kulturell-elitären Leben, Liebesdichtungen, deren Adressat nicht zu identifizieren ist, eine Anhäufung von "außergewöhnlichen", normüberschreitenden Manifestationen, geben Louise Labé der üblen Nachrede der Zeitgenossen preis (und liefern den "Kritikern" der nachfolgenden Jahrhunderte reichlich Stoff für Spekulationen); massive Anschuldigungen nach hinlänglich erörtertem Muster, die zwangsläufig, im Sinne der Regeln des sozialen Geschlechts, über Verdächtigungen hinsichtlich der Texte (die auch im Falle Louise Labés gerne männlichen Figuren des Umfeldes zugeordnet wurden), im Bereich der Tugend- und Keuschheitsnormen zusammenfinden - im Vorwurf der zügellosen Unzucht, der infamen Promiskuität: Calvins Ausspruch von Louise Labé als einer "plebeia meretrix"[150], einer "gemeinen Hure", gibt hier die prägnanteste wie "populärste" Formulierung im Kontext der Legenden und anekdotischen Lebensberichte ab, welche die Person Louise Labés umranken.

Die *Œuvres* der Louise Labé, für die sie 1554 das von ihr selbst beantragte "Privilège du Roi" erhalten hatte - die Publikation wird selbsttätig vorangetrieben, ohne einen männlichen Gönner oder Mentor zwischenzuschalten - erscheinen im Jahre 1555: zusammengefügt aus einer einleitenden Widmung an Clémence de Bourges, einer offenkundig ob ihres hohen Ansehens in der Stadt beispielhaften Adressatin, dem fünfteiligen Prosadialog des *Débat de Folie et d'Amour*, drei Elegien, 24 Sonetten sowie einer abschließenden Gruppe von gleichfalls 24 enkomiastischen Sonetten anonymer Autoren auf Louise Labé, den "Escriz de divers Poëtes, à la louenge de Lovize Labé Lionnoize"[151] - ein, um dies zu wiederholen, sowohl in Italien als auch in Frankreich insbesondere von Autorinnen häufig praktiziertes Verfahren der "Werbung" respektive Absicherung in eigener Sache[152] - präsentieren sich die *Œuvres* als durchkomponiertes Werk, welches facettenreich die Liebesthematik variiert. Die Entstehungsdaten, die Enzo Giudici für den *Débat* nach 1548, für den lyrischen Teil nicht vor 1549-1552 ansetzt[153], verweisen wie gesagt auf eine Gleichzeitigkeit zu den ersten Produktionen der Pléiade, aber auch den Dichtungen der etwa gleichaltrigen Gaspara Stampa, von denen Louise Labé möglicherweise Kenntnis hatte[154]. Die Quellen der *Œuvres* begreifen nahezu den gesamten zeitgenössischen Fundus ein, reichen von der französischen Literaturtradition über zeitgenössische französische und italienische Texte, den in Lyon so beliebten

Neuplatonismus bis hin zur antiken Literatur, deren Relationierung im Zeichen von Dialogizität und Intertextualität unter anderem jene vielzitierte "Originalität" der Werke der Lyoneserin konstituiert[155]. In der vorangestellten Widmung *A M.C.D.B.L.* (Clémence de Bourges Lyonnaise) - neuerlich in einer Apostrophe an eine jener "dames", wie sie in so vielen Werken von Autorinnen vor der Folie einer präsupponierten weiblichen Verständnis- und "Solidaritäts"-Ebene zu intendierten Adressatinnen der Aussagen einer Ich-Sprecherin funktionalisiert werden - thematisiert Louise Labé explizit den weiblichen Autorenstatus, den weiblichen Schreibakt, dessen Bedeutung für eine Modifikation der sozialen Valenz des Weiblichen polyform zur Darstellung verbracht wird:

> Estant le tems venue, Madamoiselle, que les severes loix des hommes n'empeschent plus les femmes de s'apliquer aus sciences et disciplines: il me semble que celles qui ont la commodité, doivent employer cette honneste liberté que notre sexe ha autre fois tant desirée, à icelles aprendre: et montrer aus hommes le tort qu'ils nous faisoient en nous privant du bien et de l'honneur qui nous en pouvoit venir: Et si quelcune parvient en tel degré, que de pouvoir mettre ses concepcions par escrit, le faire songneusement et non dédaigner la gloire, et s'en parer plustot que de chaines, anneaus, et somptueus habits: lesquels ne pouvons vrayement estimer notres, que par usage. Mais l'honneur que la science nous procurera, sera entierement notre: et ne nous pourra estre ôté, ne par finesse de larron, ne force d'ennemies, ne longueur du tems. [156]

Die Möglichkeit der Teilnahme am literarischen Diskurs respektive den Wissensdiskursen wird in historischer Perspektivierung als neugewonnene und langersehnte Freiheit begriffen, als nicht mehr existentes männliches Verbot, sich als Frau dem "Wissen" zu widmen - womit Louise Labé einen sehr optimistischen Blick auf die Zeitgenossen wiedergibt, der nahezu das gesamte Schrifttum zur Frau ausblendet; eine Möglichkeit der weiblich-öffentlichen Manifestation, des "Qualitäts-Beweises", der Widerlegung männlicher Diffamierungen, die über den zu erlangenden Ruhm den Zugang zu einer Wertigkeit eröffnet, welche nach männlichen Kategorien als "unsterbliche" an höchster Stelle im Valenzraster rangiert: den Ruhm ob schriftlicher Manifestationen des weiblichen Genius gilt es keineswegs zu fliehen, vielmehr offensiv zu funktionalisieren, sich als begabte Frau anstatt mit prachtvollen Kleidern und Schmuck, den weiblichen Repräsentations-Attributen, die lediglich die ökonomische Potenz des Mannes spiegeln, mit unsterblichem Ruhm zu schmücken - einem *selbsterworbenen* Ruhm, der nicht männlich verfügt, der unwiderruflich *weiblich* ist. Louise Labé konzipiert ihre Perspektivierung der zeitgenössischen Situation der Frau in diesem Sinne als Aufforderung, zugänglich gewordene Privilegien, die sie durchaus als solche begreift, gewinnbringend zu nutzen, für die "Sache" der Frau, eine Veränderung der weiblichen Valorisierung, der Normen des sozialen Geschlechts zu nutzen, den Übergang von der Statik zur Dynamik, der passiven Rolle zur aktiven beherzt in Angriff zu nehmen:

> Mais ayant passé partie de ma jeunesse à l'exercice de la Musique, et ce qui m'a resté de tems l'ayant trouvé court pour la rudesse de mon entendement, et ne pouvant de moymesme satisfaire au bon vouloir que je porte à notre sexe, de le voir non en beauté seulement, mais en science et vertu passer ou egaler les hommes: je ne puis faire autre chose que prier les vertueuses Dames d'eslever un peu leurs esprits par dessus leurs quenoilles et fuseaus, et s'employer à faire entendre au monde que si nous ne sommes faites pour commander, si ne devons nous estre desdaignees pour compagnes tant es affaires domestiques que publiques, de ceus qui gouvernent et se font obeïr. [157]

Dieser programmatische Aufruf zur selbsttätigen Überwindung der etablierten Rollenmuster und geschlechtlichen Hierarchien bringt nicht allein die topische Überlegenheit des weiblichen Geschlechts über das männliche ein - höchst subtil eingeführt über die weibliche Schönheit, die ja bereits biblisch der Frau "Überlegenheit" attestiert - sondern macht zumindest eine Gleichheit fest (eine im 16.Jahrhundert durchaus nicht übliche Aufspaltung der dipolaren Logik): eine Aufforderung zur Überwindung der Mechanismen weiblicher Subordination durch Benennung derselben, durch ein öffentliches Sprechen, welches reflektiert Machtstrukturen zwischen den Geschlechtern thematisiert und Valenzraster durch Eingriff in die Diskurse der Macht egalisiert. Der Aufruf verweist in seiner ungewöhnlichen Vehemenz auf eine lebensweltliche Realität, welche sich derartigen Gedankengängen insbesondere von weiblicher Seite weitgehend verschließt: die Aufforderung gilt den "vertueuses Dames", jenen ehrbaren und zweifelsohne gebildeten Damen der gesellschaftlichen Elite, die gerade als Paradigmen des normativen Bildes von der Frau figurieren; als willige Adepten der Konventionen des sozialen Geschlechts der Frau, Vor-Bildern an demütiger Subordination, die ihr geistiges Potential, ihre Reflektionsfähigkeit, ihre geistige Kreativität ihrer Hauptbeschäftigung angeglichen haben: dem Spinnen, so Louise Labé, die symbolisch-allgegenwärtige Metaphorik von "quenoilles et fuseaus" diametral funktionalisierend, als Symbole der willigen Unterwerfung, der passiven Subordination unter jene, die herrschen und sich Gehorsam verschaffen. Diese recht rüde Kritik weiblicher Apathie zumal in einer sozialen Schicht, in welcher soziale Macht verankert ist, vergißt denn auch nicht, weibliche Gleichberechtigung im privaten wie im öffentlichen Raum einzufordern, dies zum weiblichen Anrecht zu fügen, dessen Durchsetzung einer weiblichen Solidarität bedarf, die sich gleichsam zur politischen Kraft formt - eine für die Mitte des 16.Jahrhunderts ausgesprochen ungewöhnliche weibliche Perspektive. Louise Labé unternimmt in der Folge Anstrengungen, die Grenzüberschreitung vom weiblichen Schweigen zum öffentlichen Raum des Sprechens nicht allein, aber in erster Linie, jenen ehrbaren Damen "schmackhaft" zu machen - in einer strategischen Funktionalisierung der männlichen Abwehrhaltung hisichtlich eines Diskurseingriffes des minderwertigen weiblichen Geschlechts wird Solidarität in dieser Frage zur fortschrittsförderlichen bildungs- und wissensgeschichtlichen Großtat gefügt: "Et outre la reputacion que notre sexe en recevra, nous aurons valu au publiq, que les hommes mettront plus de peine et d'estude aus sciences vertueuses, de peur qu'ils n'ayent honte de voir preceder celles, desquelles ils ont pretendu estre toujours superieurs quasi en tout. Pource, nous faut il animer l'une l'autre à si louable entreprise"[158]. Neben den bereits mehrfach thematisierten Prädikaten von Ehre, Ruhm und Ansehen, die Valenz im öffentlichen Raum denotieren, rekurriert Louise Labé nunmehr auch auf eine solche, welche das individuelle, das Selbst-Bewußtsein eines empirischen Ich, das Selbstbewußtsein der einzelnen Frau betrifft; Louise Labé greift in diesem Sinne eine Befindlichkeit auf, die in zahlreichen Texten von Autorinnen referiert wird, wenn von der Beschäftigung mit "Wissen" und Literatur, wenn vom eigenen Schreibakt als einer Freude die Rede ist, einem Empfinden, das eigene Kreativität zur Lust werden läßt. Sie fügt diese Befindlichkeit zum Agens einer veränderten weiblichen Selbstsicht: "le plaisir que l'estude des lettres ha accoutumé donner nous y doit chacune inciter"[159], die Freude, die Lust gerät zur singulären Befriedigung, welche der Vergänglichkeit anderer memorierter Gefühle enthoben ist, "celle de l'estude laisse un contentement de soy, qui nous demeure plus longuement"[160]. Kontinuierliche Befriedigung des Selbst durch die Dauer des schriftlich Fixierten, ganz im Gegensatz zur ephemeren Gefühlsintensität der lebensweltlichen Befindlichkeit, die Möglichkeit, Vergangenes adäquat nachzuempfinden: "Lors nous redouble notre aise, car nous retrouvons le plaisir passé qu'avons ù ou en la matiere dont escrivions, ou en l'intelligence des sciences où lors estions adonnez. Et outre ce, le jugement que font nos fecondes concepcions des premieres, nous rend un singulier contentement"[161]. Weiblich-individuelle, selbsttätige, autonome Befriedigung, die weder der normativen Ehefrauen- und Mutterrolle entspringt, noch dem auch im literarischen Kontext dominanten Raum der Liebe, das Männliche also ausblendet; die in ihrer Außer-Ordentlichkeit zusätzlich mit einem Aufruf zum Verstoß gegen Normen des sozialen Geschlechts versehen ist, einer Absage an die Verfügbarkeit des Weiblichen, worüber die abschließende Rücknahme der eigenen Person in Form der topischen weiblichen Bescheidenheitsgeste zur enttarnten Fassade mutiert: "Quant à moy tant en escrivant premierement ces jeunesses que en les revoyant depuis, je n'y cherchais autre chose qu'un honneste passetems et moyen de fuir oisiveté: et n'avoy point intencion que personne que moy les dust jamais voir"[162]. Von der geläuterten Distanz über den Zeitvertreib, der bereits bei Hélisenne de Crenne in seiner Funktion als Versatzstück transparent gemacht wurde, bis hin zur verweigerten Autorenschaft, die Vittoria Colonnas "Tugend" zitiert, jongliert Louise Labé mit Topoi der weiblichen Sprechhaltung, die in Kontrastierung mit der vorangegangenen Reflexion des weiblichen Schreibaktes hinsichtlich jenes "mien euvre rude et mal bati"[163] zur Propaganda geraten. Die Aufforderung zu übertreffender Nachahmung der eigenen schriftstellerischen Initiative, ein mithin polemisch funktionalisiertes Zitat Antoine du Moulins, fügt sich mit der plakativen Inszenierung weiblicher Solidarität in eins, wie sie die Schlußwendung an Clémence de Bourges formuliert: "Et pource que les femmes ne se montrent volontiers en publiq seules, je vous ay choisie pour me servir de guide, vous dédiant ce petit euvre..."[164].

Der erste Teil der Œuvres, der Débat de Folie et d'Amour, behandelt als allegorischer Dialog, anknüpfend an die Tradition des klassischen philosophischen Dialogs sowie jene des mittelalterlichen Streitgesprächs (und wie dieses als Gerichtsverfahren ausgestaltet), eine Auseinandersetzung zwischen Amour und Folie, die sich anläßlich eines von Jupiter veranstalteten Festes entfesselt. Das gleichzeitige Eintreffen führt zu einer wechselseitigen Beanspruchung des Vortritts, den beide mit Waffengewalt zu erlangen versuchen: Amours Pfeilen durch Unsichtbarwerden entgangen, läßt Folie diesen erblinden. Die anschließende Verhandlung des Falles vor Jupiter überträgt Apollo und Merkur die Verteidigung der beiden Parteien, deren jeweils überzeugende Argumentation hinsichtlich Notwendigkeit des Verhaltens sowie Überlegenheit ihrer jeweiligen Mandanten Jupiter den Rat der Götterversammlung einholen läßt: das Urteil lautet schließlich auf ein Verbleiben Amours in Blindheit, Folie jedoch wird ihm als Führerin zur Seite gestellt. Mit dem allegorischen Schema, der ideellen Verhandlung der Liebe verwoben sind Rekurse auf die lebensweltliche Liebe und ihre Konventionen; von der Ehe ist die Rede (Z.210-223, 842 ff), von der Instrumentalisierbarkeit der Kleidung in der liebenden Annäherung (Z.345-385, 961-964), das Ritual der "Werbung" findet eine detaillierte Beschreibung (Z.1050-1103), die Gefahren von notwendig außerehelichen

Liebesabenteuern vor allem für Frauen werden variantenreich aufgeführt (Z.422-430, 1151-1236). Schließlich gelten die Ausführungen der weiblichen "Liebesdichtung":

Plus elles ont resisté à Amour, et plus s'en treuvent prises. Elles ferment la porte à raison. Tout ce qu'elles creingnoient, ne le doutent plus. Elles laissent leurs occupacions muliebres. Au lieu de filer, coudre, besogner au point, leur est se bien parer, promener es Eglises, festes, et banquets pour avoir tousjours quelque rencontre de ce qu'elles ayment. Elles prennent la plume et le lut en main: escrivent et chantent leurs passions: et en fin croit tant cette rage, qu'elles abandonnent quelquefois pere, mere, maris, enfans, et se retirent où est leur cœur. (Z.1187-1197) 165

Ist in diesem Falle weibliches Dichten Teil des Liebes-Wahns, der Konventionen mißachtenden "folie", so ist in einem anderen die Berechnung Anlaß des Liebes-Schreibaktes: "Plusieurs femmes, pour plaire à leurs Poëtes amis, ont changé leurs paniers et coutures, en plumes et livres" (Z.1312-1314)[166]; die reflektiert-"gelehrte", die distanziert-intellektuelle Handhabung des literarischen Diskurses, wie sie in der Widmung propagiert wird, distanziert sich solcherart von Formen der "Frauendichtung", die sarkastisch weiblich diskursivierten Eigenschaften zugeordnet werden, welche sich topisch negativ valorisiert finden: der ungeheuerlichen weiblichen Affektivität, die im Konnex mit der überbordenden Einbildungskraft - denen die männliche Vernunft entgegensteht - dem Wahn zuneigt (sexualisiert: der uterozentrischen Hysterie), zum anderen der weiblichen Berechnung, der Gunst-Erschleichung, welche der topischen weiblichen Boshaftigkeit zu subsumieren ist. Nichtsdestotrotz ist die Liebe unmittelbar und notwendig verknüpft mit dem Sprechen über Liebe, Komplement der Liebes-Lust: "Brief, le plus grand plaisir qui soit après amour, c'est d'en parler" (Z.429/430)[167].

Louise Labés eigene Liebesdichtungen setzen mit den drei Elegien ein, Bindegliedern zwischen *Débat* und petrarkisierenden Sonetten; Elégie I, mit welcher die Ich-Sprecherin in Erscheinung tritt, thematisiert einleitend die anthropomorphe Unausweichlichkeit von Liebe und Schmerz, denen im Sinne des *Débat* eine dritte Konstante beigeordnet wird, die einer langen Tradition verpflichtete Liebesdichtung:

>   Au tems qu'amour, d'hommes et Dieus vainqeur,
>   Faisoit bruler de sa flamme mon cœur,
>   En embrasant de sa cruelle rage
>   Mon sang, mes os, mon esprit et courage:
>   Encore lors je n'avois la puissance
>   De lamenter ma peine et ma souffrance
>   Encor Phebus, ami des Lauriers vers,
>   N'avoit permis que je fisse des vers:
>   Mais meintenant que sa fureur divine
>   Remplit d'ardeur ma hardie poitrine,
>   Chanter me fait, non les bruians tonnerres
>   De Jupiter, ou les cruelles guerres,
>   Dont trouble Mars, quand il veut, l'Univers.
>   Il m'a donné la lyre, qui les vers
>   Souloit chanter de l'Amour Lesbienne:
>   Et à ce coup pleurera de la mienne. (V.1-16)

Tragende Pfeiler der systemischen Liebes-Dichtung werden errichtet, die temporale Distanz zum eigentlichen Liebes-Geschehen, die Legitimierung der Dichtungen durch Apollon, die petrarkistische Perspektive, deren Konzept der Schmerzliebe sich durch die Akzentuierung des eigenen Unglücks nachdrücklich aufgerufen findet; schließlich die *Selbst*stilisierung der Ich-Sprecherin zu einer neuen Sappho, eine gängige Belobigung von Autorinnen aus männlichem Kritikermund, die in diesem Falle eigenmächtig, als vorgängig und göttlich intendiert vorweggenommen, auktoriales Selbstbewußtsein demonstriert. Die im Schreibakt aufgefrischten Leiden, die "maus passez" (V.43), werden allerdings keineswegs traditionell in Form der pädagogisch motivierten Stilisierung der Ich-Sprecherin zum abschreckenden Beispiel eingebracht, vielmehr, gleichwohl in einer Apostrophe der "Dames" und ohne den systemischen Rahmen zu verlassen, ganz im Sinne des Vorwortes zum ermutigenden Vorbild, zur Anstiftung gewendet, deren eigene Liebesleiden nämlich ebenfalls in Liebesdichtung umzuwandeln:

> ... Dames, qui les lirez,
> De mes regrets avec moy soupirez.
> Possible, un jour je feray le semblable,
> Et ayderay votre voix pitoyable
> A vos travaus et peines raconter,
> Au tems perdu vainement lamenter. (V.43-48) 168

Elégie II leitet im Anschluß über zur Grundverfassung einer liebenden, aber verlassenen Ich-Sprecherin, die auch in den Sonetten beibehalten wird. "Comme j'attends, helas, de jour en jour / De toy, Ami, le gracieus retour" (V.4/5), solcherart mischt sich der Schmerz in die Rede der Ich-Sprecherin, findet die "altra-donna"-Thematik Einbindung: vom Geliebten, "me changeant pour prendre une autre Dame" (V.18) wird berichtet; der Schmerzäußerung folgt eine autobiographisierende (und neuerlich, gleichwohl in Form stilisierter Bescheidenheit, höchst selbstbewußte, mit dem eigenen Ruhm kokettierende) Selbstmanifestation, welche die *formal* analoge petrarkistische Dimension (der autobiographisierenden Rückbindung des Ereignissubstrates) bereits in den Elegien einbringt:

> Si say je bien que t'amie nouvelle
> A peine aura le renom d'estre telle,
> Soit en beauté, vertu, grace et faconde,
> Comme plusieurs gens savans par le monde
> M'ont fait à tort, ce croy je, estre estimee.
> Mais qui pourra garder la renommee?
> Non seulement en France suis flatee,
> Et beaucoup plus, que ne veus, exaltee.
> La terre aussi que calpe et Pyrenee
> Avec la mer tiennent environnee,
> Du large Rhin les roulantes areines
> Le beau païs auquel or'te promeines,
> Ont entendu (tu me l'as fait à croire)
> Que gens d'esprit me donnent quelque gloire.
> Goute le bien que tant d'hommes desirent:
> Demeure au but où tant d'autres aspirent:

> Et croy qu'ailleurs n'en auras une telle.
> Je ne dy pas qu'elle ne soit plus belle:
> Mais que jamais femme ne t'aymera,
> Ne plus que moy d'honneur te portera. (V.55-74)

Die verlassene Ich-Sprecherin spiegelt sich keineswegs im selbstgefälligen Leiden, sondern droht dem Geliebten im Falle einer Fortsetzung der neuen Liaison mit Reputationsverlust, darüberhinaus dem Verlust einer unvergleichlichen Geliebten, wie das Ich sich über die Meinung anderer präsentiert: in der Folge jedoch gewinnt die unvergleichlich Liebende die Oberhand, deren Schmerz topisch in den Todeswunsch mündet. Neben der prototypisch petrarkistischen Todesthematik findet auch die petrarkistische Zeitthematik Eingang, die Dauer der Trennung vom Geliebten beläuft sich auf zwei Monate:

> Ainsi, Ami, ton absence lointeine
> Depuis deus mois me tient en cette peine.
> Ne vivant pas, mais mourrant d'une Amour
> Lequel m'occit dix mille fois le jour.
> Revien donc tot, si tu as quelque envie
> De me revoir encor'un coup en vie. (V.89-94)

Diesem lyrischen Brief an den Geliebten folgt mit Elégie III ein solcher an die Lyoneser Damen, der nunmehr petrarkistische Einleitungsgedichte variiert:

> Quand vous lirez, ô Dames Lionnoises,
> Ces miens escrits pleins d'amoureuses noises,
> Quand mes regrets, ennuis, despits et larmes
> M'orrez chanter en pitoyable carmes,
> Ne veuillez pas condamner ma simplesse,
> Et jeune erreur de ma fole jeunesse,
> Si c'est erreur: mais qui dessous les Cieus
> Se peut vanter de n'estre vicieus? (V.1-8)

Der als petrarkistischer Topos aufgegriffene "giovenil errore" Petrarcas wird umgehend relativiert, in Frage gestellt, an die Stelle der petrarkistischen Reuethematik eine Diskussion des Tugendbegriffes plaziert, welchen die Ich-Sprecherin durchaus für ihre Person reklamiert. Die "Schuld" am Gang der Ereignisse erhält der bereits in Elégie I als allmächtig eingeführte Amor zugeschrieben, dessen Einwirken auf die Ich-Sprecherin anschließend in einem scheinbar autobiographischen Abriß von der Jugend bis zur Jetztzeit nachvollzogen wird - etwa in der folgenden Form, einem an petrarkisierende Jahrestagsgedichte gemahnenden Passus, welcher das Alter der Ich-Sprecherin zur Dekodierung freigibt:

> Je n'avois vu encore seize Hivers,
> Lors que j'entray en ces ennuis divers:
> Et jà voici le treiziéme esté
> Que mon cœur fut par amour arresté. (V.73-76)

Im Sinne des expliziten Aufbrechens der petrarkistischen Struktur über das apetrarkistisch konnotierte Zitat enthält die Schlußwendung an Amor denn auch dezidert antipetrarkistisches, wird die petrarkistische Unerreichbarkeit des geliebten Objektes mit der Forderung nach wenigstens gleichgewichteter Gegenliebe - ein Moment, welches auch bei Veronica Franco in den Vordergrund tritt - durch ein Motiv also, das dem neuplatonischen Gebäude zuzurechnen ist, gleichsam negiert:

> Mais si tu veus que j'ayme jusqu'au bout,
> Fay que celuy que j'estime mon tout,
> Qui seul me peut faire plorer et rire,
> Et pour lequel si souvent je soupire,
> Sente en ses os, en son sang, en son ame,
> Ou plus ardente, ou bien egale flame. (V.97-103)

Während die Elegien grundsätzliche "liebesstrategische" Positionen der Ich-Sprecherin abklären, etwa die Unterwerfung unter die Allmacht Amors als Rückbindung an den *Débat*, die Ankündigung der schriftlichen Niederlegung des Liebeserlebens, die Darstellung der Verfaßtheit der Ich-Sprecherin als die einer verlassenen Liebenden sowie die zitathafte Anbindung des vorgestellten Liebes-Raumes an das petrarkistische System, zugleich aber einen antipetrarkistischen Horizont - formieren die Sonette[169], als in der französischen Lyrik mit der Pléiade gerade erst einer Etablierung zustrebende Gedichtform mithin Zitat des italienischen Petrarkismus an sich, eine Art *canzoniere*, der sich bereits im Umfang von italienischen Vorbildern abhebt. Die 24 Sonette geben von Sonett II bis Sonett XXIII die Geschichte einer Liebe aus der Rückschauperspektive einer Verlassenen wieder - eine Liebe, die sich dominant als Schmerzliebe manifestiert, gleichwohl aber von apetrarkistischen Elementen durchzogen ist. Die Distanz zu einem sich versagenden Geliebten ist gewahrt, die Duplizität von erzählendem und erlebendem Ich durch einen Rückgriff auf die Elegien sowie durch Sonett XXIV deutlich gemacht, wobei der solcherart akzentuierte Verweis auf eine poetische Stilisierung unter Einbezug der Widmung eine doppelte Kodierung erhält: nicht allein Stilisierung im petrarkistischen Sinne, sondern zugleich gelehrte (und explizit weibliche) Handhabung topischer Elemente von Liebesdichtung (auch apetrarkistischer Provenienz); die scheinbar autobiographische Dimension des Petrarkismus ist entsprechend als eine vielfach gebrochene zu verstehen. In diesem Sinne entfallen auch Elemente eines Ereignissubstrates im Außenraum, die Darstellung beschränkt sich auf das affektische Geschehen im Innenraum der Protagonistin (deren "Äußeres", die topisch notwendige Schönheit, an keiner Stelle aufgerufen wird), welches unter Vernachlässigung des Norm-Affekt-Konfliktes (die Schlußwendung verzichtet auf eine tugendhafte Wandlung im Sinne eines geläuterten Erkenntnisschrittes) sowie der syntagmatischen Verknüpfung hinsichtlich eines Ereignisfortganges (bei nahezu vollständigem Verzicht auf Serialisierung aufgegriffener Themen), in Gestalt exemplarischer Fragmente zur Ausgestaltung kommt: die ohnehin diskontinuierliche Vermittlung einer petrarkistischen Geschichte findet sich reduziert auf einige "Momentaufnahmen" einer affektischen Befindlichkeit, deren Defizit an Ereignishaftigkeit auf den Präsentationsmodus des Zitats zurückverweist, dessen konnotative Rückbindung in den petrarkistischen Horizont dem Leser überlassen bleibt. So finden sich neben manieristischen Tendenzen (vgl. etwa die Überbietung in Son. III, einer Sannazaro-Adaption[170]) solche apetrarkistischer Provenienz wie die Thematisierung der Liebeserfüllung in Son. XIII, oder, so in Son. XVIII, ein Anknüpfen an die neulateinische Basiumdichtung - Manifestationen einer polylogischen Einbindung des petrarkistischen Diskurses in eine intertextuell begriffene Liebesdichtung.

Der gleichwohl dominant petrarkistische Horizont wird bereits mit dem in italienischer Sprache verfaßten Son. I aufgerufen, ein Rekurs auf die antinomisch-paradoxale Affektstruktur als Darstellung von Zerrissenheit und Liebesqual nach dem Angriff Amors auf den "innocente petto" (V.6) der Ich-Sprecherin. Son. II, den Beginn der Liebes-Geschichte markierend, thematisiert denn auch ein aus dem *compiacimento della bellezza* resultierendes *innamoramento*:

> O beaus yeus bruns, ô regars destournez,
> O chaus soupirs, ô larmes espandues,
> O noires nuits vainement attendues,
> O jours luisans vainement retournez:
>
> O tristes pleins, ô desirs obstinez,
> O tems perdu, ô peines despendues,
> O mile morts en mile rets tendues,
> O pires maus contre moy destinez.
>
> O ris, ô front, cheveus, bras, mains et doits:
> O lut pleintif, viole archet et vois:
> Tant de flambeaus pour ardre une femelle!
>
> De toy me plein, que tant de feus portant,
> En tant d'endrois d'iceus mon cœur tatant,
> N'en est sur toy volé quelque estincelle.

Die Quartette - im übrigen mit denjenigen eines Magny-Sonetts übereinstimmend[171], damit vermutlich dem rituellen Dichter-Wettstreit, dem spielerischen Umgang mit der systemischen Intertextualität zu subsumieren, ein erneuter Verweis auf die "gelehrte" Handhabung von Liebesdichtung - fügen sich mit dem ersten Terzett zu einer Bestimmung von Objekt, Ursache und Wirkung des *innamoramento*: das abgesehen von den braunen Augen (dies als Zitat des petrarkistischen Augenkontakttopos) sowie vom Lautenspiel (als Anklang an den Orpheus-Mythos) mit keinen weiteren Details charakterisierte Objekt des Begehrens - das *compiacimento della bellezza* beruft sich lediglich auf konnotativ funktionalisierte Gemeinplätze - wird mit V.11 als ein männliches ausgewiesen; die auf das *innamoramento* folgende Liebe wird mit dem letzten Terzett endgültig als unglückliche da einseitige gekennzeichnet, nachdem der vormals Werbende (V.12) sein affektisches Interesse von der Ich-Sprecherin abgezogen hat[172]. Die Beschreibung des Geliebten wird in der Folge noch ergänzt, so in Son. VII, wo von dessen Schönheit die Rede ist ("ta beauté", V.13), oder Son. X, in welchem sich neben dem neuen Merkmal der blonden Haare sowie dem Rekurs auf den Lorbeerkranz (des Dichters) erneut das Lautenspiel findet, eingebunden in die prototypisch männliche Tugendhaftigkeit, die als zur abweisenden Haltung des Geliebten konträr gesetzt wird - wobei die hier referierte Sprechhaltung durchaus als die einer Werbenden begriffen werden kann, der Wechsel der weiblichen Sprechhaltung von der Passivität zur Aktivität im Sinne des männlich Werbenden also auch von Louise Labé vollzogen wird (Veronica Franco war hierfür ein weiteres Beispiel):

> Quand j'aperçoy ton blond chef couronné
> D'un laurier verd, faire un lut si bien pleindre
> Que tu pourrois à te suivre contreindre
> Arbres et rocs: quand je te vois orné,
>
> Et de vertus dix mile environné,
> Au chef d'honneurs plus haut que nul ateindre,
> Et des plus hauts les louenges esteindre:
> Lors dit mon cœur en soy passionné:
>
> Tant de vertus qui te font astre aymé,
> Qui de chacun te font estre estimé,
> Ne te pourroient aussi bien faire aymer?
>
> Et ajoutant à ta vertu louable
> Ce nom encor de m'estre pitoyable,
> De mon amour doucement t'enflammer?

In Son. XI ist von den "dous regars", den "Yeus pleins de beauté" (V.1) die Rede, in Son. XIII vom "Beau sein ravie / De celui là pour lequel vois mourant" (V.1/2), in Son. XIV von "tes graces" (V.6). In Son. XX allerdings wird die prototypische Union von *compiacimento della bellezza* und *innamoramento* aufgebrochen, als systemischer Mechanismus vorgeführt; der Ich-Sprecherin wurde bereits vorhergesagt, sich eines Tages ob dessen (statisch-systemischer) Schönheit in den ihr noch Unbekannten zu verlieben, tatsächlich aber erfolgt das *innamoramento* schließlich als Reaktion auf dessen glühend-unglückliche Liebe. *Mitleid* wird der Ich-Sprecherin zum Anlaß der Gegenliebe, nicht Schönheit, Heldentum oder Tugendhaftigkeit des Mannes, sondern dessen jämmerliche affektische Befindlichkeit - eine zugleich petrarkistische (im Perspektivenwechsel den systemkonform unglücklich Liebenden betreffend) wie apetrarkistische (die angebetete Dame gibt ihre Unnahbarkeit auf), zugleich die männliche Perfektion unterwandernde wie ob des Mitleids normativ/normkonform *weibliche* Wendung:

> Predit me fut, que devoit fermement
> Un jour aymer celui dont la figure
> Me fut descrite: et sans autre peinture
> Le reconnu quand vy premierement:
>
> Puis le voyant aymer fatalement,
> Pitié je pris de sa triste aventure:
> Et tellement je forçay ma nature
> Qu'autant que luy aymay ardentement. (V.1-8)

Zurück zu Son. III: über die Basis der dargelegten Ausgangssituation, ein eingeführtes männliches Liebes-Objekt der Ich-Sprecherin, deren Liebe eine unglückliche ist, weil der vormals Werbende sich zurückgezogen hat, eine Ich-Sprecherin, die sich als verlassene Liebende vorstellt, folgt die Ausgestaltung der antinomisch-paradoxalen Affektstruktur nach dem Prinzip der *variatio* hinsichtlich formaler Strukturen, stilistischer Variationen sowie semantischer Perspektiven - wobei insbesondere die "Traumsonette" hier von Interesse sind. Die freudvolle Erwartung einer Rückkehr des Geliebten, auf welche die *affetti lieti* der Ich-Sprecherin dominant ausgesteuert sind, findet sich mehrfach konfiguriert: ist es in Son. VI die hypothetische Freude der Ich-Sprecherin im Konnex mit der Überzeugung der "Rückeroberung" des Geliebten, welche die imaginierte Rückkehr begleiten ("Mais le voyant, tant luy feray de feste, / Tant emploieray de mes yeus le pouvoir, / Pour dessus lui plus de credit avoir, / Qu'en peu de temps feray grande conqueste", V.11-14), so findet sich die Thematik in Son. VII als imaginierte Bitte um Rückkehr ausgestaltet, ganz im im petrarkischen Argumentationsduktus gehalten ("Je suis le corps, toy la meilleure part", V. 3; vgl. Petrarca, *Canzoniere*, XV, V.10/11), ersehnt die Ich-Sprecherin eine friedvolle Wiedervereinigung als Wiedergeliebte:

>   Mais fais, Ami, que ne soit dangereuse
>   Cette rencontre et revuë amoureuse,
>   L'accompagnant, non de severité,
>
>   Non de rigueur: mais de grace amiable,
>   Qui doucement me rende ta beauté,
>   Jadis cruelle, à present favorable. (V.9-14)

Während in Son. V noch der petrarkistische Topos der nächtlichen Unruhe der Liebenden thematisiert war ("Et quand je suis quasi toute cassee, / Et que me suis mise en mon lit lassee, / Crier me fault mon mal toute la nuit", V.12-14), so wird in Son. IX explizit der positiv konnotierte Traum als derjenige Fluchtraum benannt, welcher, wenngleich als Illusion wahrgenommen, der affektischen Befindlichkeit der Ich-Sprecherin dennoch jene Befriedigung verschafft, die ihr der Wachzustand, die Realität versagt:

>   O dous sommeil, o nuit à moy heureuse!
>   Plaisant repos, plein de tranquillité,
>   Continuez toutes les nuiz mon songe:
>
>   Et si jamais ma povre ame amoureuse
>   Ne doit avoir de bien en verité,
>   Faites au moins qu'elle en ait en mensonge. (V.9-14)

Die hier bereits thematisierte Liebeserfüllung findet schließlich in Son. XIII eine detaillierte Ausgestaltung, wiederum in Form eines Traumes, nicht wie bei Gaspara Stampa (CIV) aus der Rückschauperspektive vermittelt, sondern im Illusionären belassen:

> Oh si estois en ce beau sein ravie
> De celui là pour lequel vois mourant:
> Si avec lui vivre le demeurant
> De mes cours jours ne m'empeschoit envie:
>
> Si m'acollant me disoit, chere Amie,
> Contentons nous l'un l'autre, s'asseurant
> Que ja tempeste, Euripe, ne Courant
> Ne nous pourra desjoindre en notre vie:
>
> Si de mes bras le tenant acollé,
> Comme du Lierre est l'arbre encercelé,
> La mort venoit, de mon aise envieuse:
>
> Lors que souef plus il me baiseroit,
> Et mon esprit sur ses levres fuiroit,
> Bien je mourrois, plus que vivante, heureuse.

Paradigmatisch mit Zitaten unterschiedlichster Dichtungstraditionen durchsetzt[173] - unter anderem jenes neuplatonische "contentement" aufrufend, das im Umkreis der Ecole lyonnaise so beliebt ist, auch bei Pernette du Guillet Ausgestaltung findet[174] - entwirft der Traum ein Bild *gegenseitiger* Liebeserfüllung[175], deren Nachvollzug allerdings allein die Affekte der Ich-Sprecherin referiert: der Todeswunsch als Höhepunkt der Befriedigung wird ausschließlich auf die Ich-Sprecherin bezogen, nicht etwa in neuplatonische Gemeinsamkeit überführt, die sexuelle Verfügbarkeit letztendlich negiert. Nicht die Befriedigung des Geliebten, wie dies weibliche Maßgabe ist, sondern diejenige der Ich-Sprecherin, des Selbst, steht im Zentrum. Eine weitere Ausgestaltung des Todeswunsches in Son. XIV greift die Thematik des Alterns auf, fügt den Todeswunsch zur Konsequenz des körperlichen und geistigen "Verfalls", keineswegs aber der versagten Gegenliebe: "Ne pouvant plus montrer signe d'amante: / Prirey la Mort noircir mon plus clair jour" (V.13/14). Die vielfache Einbindung des Traumes als Hoffnungsträger an der Seite einer prototypisch melancholischen Verfaßtheit verweist einmal auf den fehlenden Konflikt mit einer übergeordneten Norm, worauf ja bereits in den Elegien in mehrfacher Hinsicht - etwa der Zurückweisung eines möglichen Vorwurfs mangelnder Tugendhaftigkeit unter Berufung auf die schicksalhafte Macht Amors, vor allem in Elégie III - hingewiesen wird, zum anderen auf die Schlußwendung der Sonette, die sich dezidiert vom petrarkistischen Rahmen distanziert. Vorverweise hierauf finden sich mehrfach, in Son. XVI etwa ergeht sich die Ich-Sprecherin in einer Anklage des Geliebten, dessen vormalige Werbung nach erfolgreicher Befriedigung des Ansinnens in Interesselosigkeit umgeschlagen ist:

> Un tems t'ay vu et consolé plaintif,
> Et defiant de mon feu peu hatif:
> Mais maintenant que tu m'as embrasee,
>
> Et suis au point auquel tu me voulois:
> Tu as ta flame en quelque eau arrosee,
> Et es plus froit qu'estre je ne soulois. (V.9-14)

Die Schlußwendung mit Son. XXIII greift diese Thematik neuerlich auf, um sie zur Abkehr vom Geliebten umzufunktionieren:

> Las! que me sert, que si parfaitement
> Louas jadis et ma tresse doree,
> Et mes yeus la beauté comparee
> A deus Soleils, dont Amour finement
>
> Tira les trets causez de ton tourment?
> Où estes vous, pleurs de peu de duree?
> Et Mort par qui devoit estre honoree
> Ta ferme amour et iteré serment?
>
> Donques c'estoit le but de ta malice
> De m'asservir sous ombre de service?
> Pardonne moy, Ami, à cette fois,
>
> Estant outree et de despit et d'ire:
> Mais je m'assure, quelque part que tu sois,
> Qu'autant que moy tu soufres de martire.

Die Ich-Sprecherin, ehemals Ziel explizit petrarkistischer Werbung, nach Aufgabe der Unnahbarkeit aber nicht mehr von Interesse, fügt dem Geliebten den Inhalt der Werbung zum Spiegel, türmt sarkastisch die Leere der rituellen Floskelhaftigkeit aufeinander, spiegelt die täuschende Konvention, demaskiert das Liebes-Spiel. In jenem Sinne, der auch Veronica Franco tatsächliche Gefühle, nicht systemische Liebesformeln einfordern läßt, manifestiert sie den Zorn der Betrogenen, des Mediums der männlichen Selbstdarstellung, wünscht sie den Betrüger gleichfalls im Leiden gefangen. Die Thematisierung petrarkistischer Werbung erfolgt aus der Perspektive des weiblichen Objektes derselben, eines Objektes, welches durch Re-Aktion auf den Diskurs, durch selbsttätiges (Liebes)Handeln, sowie auf einer zweiten Schiene, durch die Übernahme der Sprecherrolle, zum Subjekt geworden ist: aus dem monologischen petrarkistischen Diskurs einen dialogischen formierend, der schließlich zur Diskussion der Inhalte mutiert, solcherart die Basisopposition des ursprünglichen, des männlichen petrarkistischen Diskurses auflöst. Durch die Egalisierung der Subjekt- und Objektrolle seiner monologischen Befindlichkeit, der systemkonstitutiven und geschlechtszentrierten hierarchischen Distanz enthoben, damit zugleich auch seiner "moralischen" Legitimation, reduziert sich der petrarkistische Diskurs auf eine Formelhaftigkeit von Sprache, deren konnotative Ebene auf ein geschlossenes *literarisches* System zurückverweist, außerhalb dessen die Elemente zur leeren Phrase geraten[176]. Die Gewichtsverlagerung von der *histoire*- auf die *discours*-Ebene gerät dennoch nicht zum Meta-Diskurs, sondern vollzieht sich innerhalb der petrarkistischen Diktion: V.11-14 führen zurück zur Liebenden, die sich weiterhin als (wenngleich zornige) Leidende präsentiert, ein Leiden, das sich nicht mehr allein aus der nunmehr enttarnten Unnahbarkeit des Geliebten nährt, sondern eine reflektierte "Fehlleistung" des Ich, die im *Débat* diskutierte Blindheit, einschließt: leidend-liebendes Hoffen, petrarkistisches Sprechen also, wird durch eine apetrarkistische

Erkenntnisleistung der Ich-Sprecherin überstiegen, die petrarkistische Befindlichkeit de(kon)struiert.

Durch die antipetrarkistische Wendung von Son. XXIII ist die gesamte Sonettsequenz seit Son. II als Aneignung einer Sprechhaltung ausgewiesen, die sich als exemplarische Systemvariation zu erkennen gibt, als eine mehrfach gebrochene Übernahme der petrarkistischen Protagonistenrolle durch einen weiblichen Ich-Sprecher, eine Sprecherin, die sich umfassend petrarkistischer Systemimplikate bedient - ohne allerdings einer petrarkistisch fundierten Progression nachzukommen; die ihre gleichwohl vorhandene Erkenntnisleistung vielmehr als Enttarnung der petrarkistischen Formelhaftigkeit ableistet, als Infragestellung des semantischen Gehalts die rituelle Fassade des systemischen Spiels transparent macht: was die binnenpragmatische männliche Funktionalisierung, darüberhinaus die Literarizität des Modells selbst anbetrifft, den Sprechakt als reflektierte, höchst komplexe Bearbeitung eines zeitgenössischen Modells von Liebesdichtung präsentiert. Mit Son. XXIV folgt schließlich eine topische Variation, die Wendung an den Leser, genauer: die intendierten Leserinnen, die bereits mehrfach apostrophierten "Dames":

> Ne reprenez, Dames, si j'ay aymé:
> Si j'ay senti mile torches ardentes,
> Mile travaus, mile douleurs mordentes:
> Si en pleurant, j'ay mon tems consumé,
>
> Las que mon nom n'en soit par vous blamé.
> Si j'ay failli, les peines sont presentes,
> N'aigrissez point leurs pointes violentes:
> Mais estimez qu'amour, à point nommé,
>
> Sans votre ardeur d'un Vulcan excuser,
> Sans la beauté d'Adonis acuser,
> Pourra, s'il veut, plus vous rendre amoureuses:
>
> En ayant moins que moy d'ocasion,
> Et plus d'estrange et forte passion.
> Et gardez vous d'estre plus malheureuses.

Nicht die weibliche Tugendhaftigkeit respektive die exemplarische Überwindung einer moralischen Insuffizienz wird über die Stilisierung der Liebesleiden aufgerufen, wie dies der prototypischen Geste entspricht, vielmehr, in einer weiteren Umdeutung topischer Elemente, in der Überformung zum "Typischen" individuelle "Schuld" negiert, die Ereignishaftigkeit der Allmacht Amors übertragen - die jede der ehrbaren Damen treffen kann; die Warnung an die "Dames" und deren vorschnelle, überhebliche Urteile findet sich in diesem (und Jeanne Flores) Sinne an Elégie I rückgebunden:

> Quelque rigueur qui loge en votre cœur
> Amour s'en peut un jour rendre vainqueur.
> Et plus aurez lui esté ennemies,
> Pis vous fera, vous sentant asservies.

> N'estimez point que l'on doive blamer
> Celles qu'à fait Cupidon inflamer. (V.49-54)

Die Einbindung in den in Elégie I geknüpften Konnex zwischen der Macht Amors, dem Liebesleid und der Liebesdichtung führt über Son. XXIV zurück zur einleitenden Widmung, zur Thematisierung des Schreibaktes als weiblichem Kunst-Wollen, welches sich als Eingriff in die zwischengeschlechtliche Hierarchie versteht, zurück zur Übernahme der Sprecherrolle, deren gelehrt-geniale Handhabung Ruhm verspricht, Anerkennung, Reputation, Valorisierung des weiblichen Geschlechts: die *Œuvres* Louise Labés variieren die Liebe als (paganen) Mythos, als literarischen Gegenstand, präsentieren Liebesdichtung als Arbeit am Mythos, als "gelehrtes" Spiel, als intertextuelle Rekombination, als Dekonstruktion, als polylogischen Entwurf, dessen Formelhaftigkeit im "gardez vous d'estre plus malheureuses" ultimativ transparent wird. Dichten als Schreibakt hingegen erhält eine politische Dimension zugesprochen, sofern dieser Schreibakt ein (gelehrt-)weiblicher ist (eine unter den Autorinnen des 16.Jahrhunderts einzigartige Perspektivierung): geschlechtsspezifisches Medium der gesellschaftlichen Veränderung (bezeichnenderweise fehlt in den *Œuvres* jeder Rekurs auf den religiösen Komplex, den christlichen Glauben, die biblisch begründete Moral, den theologischen Diskurs, den Fluchtraum Gott), reduziert auf die Formel des *singulier contentement*, welches den Raum des empirischen weiblichen Ich neu definiert - der Fremdbestimmung, der Funktionalisierung ein Selbst, ein produktives Ich entgegensetzt. Louise Labé, bereits vor der Veröffentlichung der *Œuvres* weit über die Stadtgrenzen Lyons "bekannt", scheint als einzige der Lyoneser Damen der Aufforderung Antoine du Moulins nachgekommen zu sein, es wie Pernette du Guillet den dichtenden Italienerinnen gleichzutun. Nicht anders als in Italien konzentriert sich die zeitgenössische Rezeption der *Œuvres*, deren Komplexität und erudierte, höchst luzide Eigenständigkeit bemerkenswert erscheint, auf eine Diskussion der Tugendhaftigkeit der (bürgerlichen) Autorin, welche dieser keineswegs die erhoffte Reputation beschert, vielmehr das Schweigegebot, die Subordination affirmiert: Louise Labé wird keine weiteren Schriften veröffentlichen.

Während in Italien das Auftreten weiblicher Autoren vor einem humanistischen Hintergrund einsetzt, um sich dann im Konnex mit soziokulturellen Prämissen, den höfisch-elitären Konventionen der *ragionamenti d'amore*, eben der petrarkistischen Dichtung zuzuwenden, dem bis zum Jahrhundertende beliebtesten Genre der Autorinnen (die jedoch seit Mitte des 16.Jahrhunderts beginnen, den petrarkistischen Rahmen zu überschreiten und sich anderer Genres und Diskursformen zu "bemächtigen"), ist in Frankreich das Betätigungsfeld der zahlenmäßig weit geringeren Autorinnen - dies begründet durch die differente gesellschaftliche wie kulturelle Disposition - seit den Dreißiger Jahren ein breit gefächertes: Narrativik, Lyrik, Dramatik, religiöse Texte, Dialoge, Übersetzungen, zeitgeschichtliche und autobiographische Schriften etc. stehen nebeneinander, speisen sich aus unterschiedlichen Traditionen und Theorien - demonstrieren interkulturelle Intertextualität in weit höherem Maße, als dies in Italien, dessen Literatur, Philosophie und Kultur zum Ausgangspunkt so vieler im Ausland rezipierter "modischer"

Strömungen wird, möglich ist. Der humanistische Bildungsgedanke scheint auch in Frankreich weibliches Schreiben befördert zu haben, insbesondere insofern, als dessen Rezeption (die Rezeption des italienischen Humanismus und seiner Erscheinungsformen, nicht oder nur begrenzt der nordeuropäischen Variante) bereits weibliche "Gelehrsamkeit" einbegreift, die Rezeption der höfischen Modekultur einschließlich des hiermit bereits eng relationierten Neuplatonismus weibliche Einbeziehung in die Rituale, schließlich weibliche Autorenschaft als zeitgeschichtliches Faktum präsentiert: wobei weiblichem Schreiben durch die distanzierte und keineswegs mimetische, die "gebrochene" Rezeption aus der Perspektive einer eigenen kulturellen und literarischen Tradition weit weniger enge thematische Grenzen gesetzt sind, als dies in Italien durch die kulturelle Ritualisierung des Sprechens über Liebe und dessen Zentrierung auf den höfisch-elitären Raum der Fall ist. So entfällt in Frankreich auch das Phänomen der (dichtenden) *corti-giane oneste*, deren Existenz in Italien durch ein Zusammenspiel von gesellschaftlichen Normen und kulturellen Zwängen notwendig, möglich wird. Gesellschaftspolitische Konstellation sowie kulturelle und literarische Tradition expedieren in der Gesamtschau unterschiedliche Schwerpunkte, obgleich die Normen des sozialen Geschlechts der Frau in Italien wie in Frankreich identisch sind: so findet bei französischen Autorinnen durchgängig die spezifische Situation der Frau innerhalb der lebensweltlichen Normen und Konventionen partiell höchst kritische Thematisierung, gänzlich unabhängig von der Wahl des literarischen Genres oder der Diskursform - wird insbesondere die eheliche Subordination und die hiermit verknüpfte Rechtlosigkeit der Frau sowie der mangelhafte Zugang zu Bildung und Diskursen immer wieder aufgerufen, erscheint die Reflektion weiblicher Befindlichkeit im gesellschaftlichen wie im kulturellen Kontext weit selbstverständlicher und prägnanter, als dies in den Texten italienischer Autorinnen vermittelt wird. Bedingt durch die interkulturell-intertextuelle Maßgabe sowie die - selbstverständlich für die italienischen Autorinnen ebenso gültige - "Dialogisierung" literarischer Konzepte durch den Geschlechterwechsel des Ich-Sprechers, des Autors, den solcherart notwendigen Einbezug der Normen des sozialen Geschlechts der Frau in den literarischen Diskurs, die Durch-Brechung und Öffnung bestehender Diskurs-Regeln hin auf ein weiblich-lebensweltliches Substrat, eine Ausgangsposition, die durch keine feste, systemische Regelhaftigkeit schematisiert ist, geben Texte von französischen Autorinnen weit größere literarische "Eigenständigkeit" wieder, als dies in Italien die Regel ist. Ein weibliches Selbst, ein weibliches Ich findet sich weit prägnanter konturiert, als dies die stark systemgebundene Reproduktion oder Variation eines literarischen Schemas wie im Falle der petrarkistischen Dichtung oder des topisch geregelten Diskurses zur Frauenfrage erlaubt. Das "Gefängnis" der Frau wird schließlich nicht nur aufgerufen und beschrieben, sondern zur Überwindung freigegeben, als zu überwindendes gefaßt - ohne daß dies maßgebliche Auswirkungen auf den lebensweltlichen Raum der Frau befördert hätte: die gelehrte Frau, die bei Louise Labé noch idealistische Veränderungsträume transportiert, ist ein Jahrhundert später ihrerseits zum literarisierten Spottobjekt mutiert, zum Komödienstoff, wie ihn Molière mit den *Précieuses Ridicules* (1659) oder den *Femmes Savantes* (1672) auf die Bühne befördert. Gleichwohl Texten von Frauen in einer quantitativen Betrachtung des literarischen Gesamtproduktes in beiden Ländern lediglich ein marginaler Stellenwert zukommt, verweist die immerhin beachtliche Zahl weiblicher Autoren als ein in den vorangegangenen Jahrhunderten nicht gekanntes Phänomen zurück auf jene Veränderungen, die als Säkularisierung und zugleich als Ökonomisierung von Kultur "Kennzeichen" der Renaissance und deren Rezeption sind - eingebettet in weit umfangreichere und komplexere Veränderungen, das abendländische Weltbild, die Ordnung des Denkens, abendländische Gesellschaft im allgemeinen betreffend: obgleich in nämlichem Zeitraum die Normen des sozialen Geschlechts der Frau sich weiter verschärfen, über die Etablierung und moralisierende Rigidisierung des Eheparadigmas sowie den umfassenden Zugriff auf die Sexualität die totalitäre Determination der Frau zur gehorsamen und demütigen Ehefrau, Mutter und Hausfrau institutionalisiert wird. Wie sehr eine solche Entwicklung allerdings der politischen und gesellschaftlichen Verfaßtheit des Umfeldes, damit auch den kulturellen Konventionen verpflichtet ist, wird der Blick auf den deutschen Raum verdeutlichen, die Autorinnen im Deutschen Reich, das, politisch und konfessionell zerklüftet, von den italienischen Moden wenig berührt, im 16.Jahrhundert kaum nennenswerte literarische Texte von Frauen entstehen läßt.

d. Zur "Autorin" in Deutschland

Die Situation in Deutschland präsentiert sich, wie hinlänglich aufgerufen, während des 16.Jahrhunderts als politisch, gesellschaftlich und kulturell von derjenigen Italiens oder Frankreichs stark unterschieden[1]. Die Bildungsrate liegt weit niedriger als in beiden vorgenannten Ländern, ebenso der Anteil der Stadtbevölkerung an der Gesamtbevölkerung; die politische und konfessionelle Landkarte ist zersplittert, fortwährende konfessionelle Auseinandersetzungen im Reich sowie beständige Kriege mit anderen Nationen prägen das 16.Jahrhundert. In einer Gegenbewegung gegen die Konsolidierung staatlicher Macht distanziert sich der Adel streng vom Bürgertum, ein kreativer Austausch von adeliger und bürgerlicher Kultur findet nicht statt, das kulturelle Leben steht unter dem Schatten der allgegenwärtigen religionspolitischen Problematik. Säkulares kulturelles Leistungswissen hat wenig soziale Relevanz, lediglich im Umfeld des Patriziats der freien Reichsstädte wie Augsburg oder Nürnberg finden sich Ansätze zur Imitation der italienischen Konventionen höfisch-elitärer oder humanistischer Provenienz. Die Ermöglichungsbedingungen für eine Teilhabe von Frauen an den Diskursen präsentieren sich somit als denkbar schlecht - zumal sowohl das lutherische Eheparadigma als auch das Hexenbild des *Hexenhammers* hier ihren Ursprung haben. Während in Italien und Frankreich Autorinnen beginnen, literarische Systeme zu reproduzieren, Sprache aus der Perspektive weiblicher Ich-Sprecher zu instrumentalisieren, einen weiblichen Ich-Sprecher im literarischen Diskurs zu etablieren, eine weibliche Perspektive innerhalb der Sprechordnung, der Diskursordnungen zu ergründen, literarische Entwürfe öffentlich zu präsentieren, Wissen zu manifestieren, schließlich Diskurs- und Sozialkritik zu üben, findet sich im deutschen Raum während des 16.Jahrhunderts wenig Vergleichbares.

Die bis ins 16.Jahrhundert wichtigste außerfamiliäre Bildungsstätte für Töchter der Elite, das Kloster, hatte im deutschen Raum seit Jahrhunderten literarische und "wissenschaftliche" Werke von Nonnen entstehen lassen. Auf Hrotsvit von Gandersheim, deren lateinische Lesedramen und Legendendichtungen aus dem 10.Jahrhundert Conrad Celtis im Jahre 1501 stolz der humanistischen Öffentlichkeit präsentiert[2], folgt im 11.Jahrhundert Ava (Bibeldichtungen), im 12.Jahrhundert Elisabeth von Schönau (religiös-mystische Schriften), Herrad von Landsberg (enzyklopädische Werke) sowie schließlich Hildegard von Bingen (1098-1179): die neben naturwissenschaftlichen, medizinischen und kosmologischen Traktaten sowie religös respektive politisch motivierten Sendschreiben und Briefen jenes mystische Dichten einleitet, welches im folgenden Jahrhundert reiche Entfaltung finden wird. Die Frauenmystik des 13.Jahrhunderts führt Autorinnen wie die Nonnen Gebeno von Eberbach und Mechthild von Hackeborn, ebenso wie die gleichfalls dichtende, 1739 heiliggesprochene Gertrud die Große im Kloster Helfta tätig, eine den Beginen zuzuordnende Hadewijch, schließlich Mechthild von Magdeburg. Das 14.Jahrhundert weist eine Reihe von Nonnenviten auf, die in Form von Sammelschriften (so bei den Dominikanerinnen), aber auch als Einzeldarstellungen verfaßt sind: Textualisierungen der Gotteserfahrung als Gnaden-Vita finden sich bei Margarethe Ebner, Christine Ebner, Adelheid Langmann, Schwester Irmgard aus Kirchberg und Elsbeth von Oye; auch Elsbeth Stagel, an der *Vita* Heinrich Seuses beteiligt, zählt zu dieser Gruppe dichtender Nonnen[3]. Mit dem 14.Jahrhundert endet die literarische Produktion in den Nonnenklöstern, aus dem 15.Jahrhundert, seit die Klausur immer strenger befolgt zu werden hat, die kirchliche Überwachung der Nonnenklöster rigider gehandhabt wird, die Kompetenzen der Äbtissinen drastisch beschnitten werden[4], ist keine geistliche Dichtung mehr bekannt. Erst die Reformation läßt wieder Texte von Nonnen aus dem Klosterraum nach außen dringen, nunmehr allerdings nicht mehr im weitesten Sinne literarisch motiviert, als mystische Dichtungen, sondern als religionspolitische Stellungnahmen, Dokumentationen oder Streitschriften. Das höfische Liebessystem des Mittelalters, die Minnedichtung, hatte, im Gegensatz zum französischen Herkunftsaum, im deutschsprachigen Raum keine Adeptin gefunden, bereits die mittelalterlichen Kulturstandards weisen also zumindest zwischen französischer und deutscher Hofkultur manifeste Differenzen auf - zumal die Rezeption der höfischen Dichtung im deutschen Raum ganz allgemein eine lediglich fragmentarische ist, Minnekanzonen keineswegs zum etablierten Genre werden, die partielle Adaption darüberhinaus jede formale Relationierung des sozialen Raumes, der realen Hofdame, ausschließt[5]. Weltliche Autorinnen treten schließlich erst im 15.Jahrhundert mit literarischen Texten hervor: zwei von ihnen sind ausländische Fürstentöchter, die dritte Kammerfrau am Hof Albrechts V., des späteren böhmisch-ungarischen Königs. Elisabeth von Nassau-Saarbrücken (nach 1393-1456)[6], Tochter des Herzogs Friedrich V. von Lothringen, am dortigen Hofe, einem kulturellen Zentrum insbesondere für Literaten, erzogen, am Hofe des verstorbenen Ehemannes selbst über ein Jahrzehnt mit den Regierungsgeschäften betraut, erstellt vier Prosaromane in deutscher Sprache - die, als Adaptionen französischer *chansons de geste*, im 16. und 17.Jahrhundert zahlreiche Neuauflagen erfahren. Eleonore von Österreich (um 1433-1480)[7], Tochter von James I von Schottland, die am Tiroler Hof, wo auch sie nach dem Tode des Ehemannes über

Jahre die Regierungsgeschäfte führt, zur Förderin zahlreicher Literaten wird - Heinrich Stainhöwel etwa widmet ihr seine Teilübersetzung von Boccaccios *De mulieribus claris* (als *Von den fürnembsten Weibern*, Ulm: Joh. Zainer, 1473) - Eleonore von Österreich vertextet mit ihrem *Pontus und Sidonia* (Augsburg: Hans Schönsperger, 1483) eine Art Fürstenspiegel in Romanform: ein dem Ehemann gewidmeter Text in gleichfalls enger Anlehnung an französische Vorlagen, der eine höfische Liebesgeschichte in höchst moralisierendem Gestus als Manifestation höfischer Tugend präsentiert (und zwischen 1483 und 1792 24 Auflagen erreicht). Die Texte beider Fürstinnen, deutschsprachige und wenig inspirierte Reproduktionen französischer Vorlagen, werden mithin zu den Initialtexten des deutschen epischen Prosastils gerechnet. Helene Kottanner hingegen, seit 1436 Kammerfrau und Erzieherin bei Herzogin Elisabeth, Ehefrau von Herzog Albrecht V. von Österreich, erzählt mit ihren um 1450 entstandenen "Memoiren"[8] die Ereignisse der Jahre 1439 und 1440 nach, als sie sie zusammen mit der Königin die nach dem Tode des Königs schwelenden Intrigen um die ungarische Thronfolge beendet: indem sie im Auftrag der hochschwangeren Königin die Königskrone entwendet, um den schließlich tatsächlich geborenen Sohn - es handelt sich um die Geschichte des Ladislaus Postumus - entgegen der Absichten des Hochadels wenige Wochen später zum König krönen zu lassen[9]; ein Zeitzeugnis aus weiblicher Feder, welches Herrschaftsgeschichte als Bericht einer kenntnisreichen unmittelbar Beteiligten wiedergibt: vergleichbare Texte fehlen in der deutschsprachigen Literaturlandschaft, der Tatsachenbericht bewegt sich gänzlich abseits etablierter Muster, referiert selbst-bewußt eigenständiges weibliches Handeln auf höchster politischer Ebene - ein weibliches Handeln, wie es normativ undenkbar, als Herrschaftshandeln im Dienste der Krone aber legitimiert scheint. Zu Beginn des 16.Jahrhunderts schließlich ist es nochmals eine Angehörige des Hochadels, deren Texte zu den wenigen Zeugnissen schriftlich manifestierter weiblicher Bildung einer Autorin mit Anbindung an den deutschen Raum zählen: Margarethe von Österreich (1480-1530), Tochter von Kaiser Maximilian und Marias von Burgund, die jedoch gänzlich der französischen Kultur verbunden ist; nach Auflösung der Ehe mit Charles VIII und zweimaliger Witwenschaft wird sie im Jahre 1507 vom Vater zur Statthalterin der Niederlande bestellt, wo sie ihren Neffen, den späteren Karl V. erzieht und an ihrem Hofe als Mäzenatin Literaten und Gelehrten um sich schart (Lemaire de Belges etwa gehört zu den Günstlingen): von ihr findet sich ein umfangreicher, höfisch-politisch motivierter Briefwechsel in französischer Sprache erhalten[10], ebenso einige poetische Versuche, die der Regentin zugeschrieben werden.

Das literarische Leben in Deutschland hatte in den letzten Jahrzehnten des 15.Jahrhunderts zu einer bürgerlich-humanistischen Bewegung gefunden, deren Vertreter - im wesentlichen der 1487 als erster deutscher Dichter in Nürnberg von Kaiser Friedrich III. zum *Poeta laureatus* gekrönte Conrad Celtis (1459-1508)[11], Jakob Wimpheling, Heinrich Bebel und (der in deutscher Sprache schreibende) Sebastian Brant - bemüht sind, insbesondere den "nationalen" Aspekt einer deutschen Literaturtradition zu stilisieren; über den humanistischen Ansatz werden zugleich politische Elemente in das Programm einbezogen, gegen die päpstliche Politik in Rom agitiert, was im vorreformatorischen Deutschland auf breite Zustimmung treffen konnte. Während die Alphabetisierungsrate im deutschsprachigen Raum bei etwa 5-10% liegt, Niederdeutsch und Oberdeutsch je regional den Sprachgebrauch bestimmen - die von Luther geprägte neuhochdeutsche Schriftsprache wird erst gegen Ende des 16.Jahrhunderts zur Dominanz gelangen - bemüht sich der humanistische Kreis in erster Linie um eine gelehrt-lateinische Literatur (deutschsprachige Literatur wird im deutschen Raum die lateinische erst gegen Ende des 17.Jahrhunderts quantitativ überflügeln), die sich nach italienischem Vorbild an der Antike orientiert. Insbesondere Celtis tritt hier hervor und führt mit seinem Gedichtzyklus der *Quattuor libri amorum* (1502) einen hedonistisch strukturierten antiken Liebesbegriff in die von christlichem Tugend- und Moraldenken beherrschte deutsche Literaturlandschaft ein. Darüberhinaus pflegt man im Hinblick auf die im weitesten Sinne politischen Aspekte der Programmatik eine deutschsprachige, pädagogisch-didaktisch geprägte Literatur, die sich vornehmlich im Schuldrama niederschlägt. Die Literaturlandschaft des 16.Jahrhunderts zeigt sich dennoch, obgleich bereits 1472 Boccaccios *Decameron* sowie 1473 dessen *De mulieribus claris* übersetzt worden waren und Celtis 1497 Tacitus' *Germania* in deutscher Sprache ediert hatte, weitgehend unbeeinflußt von der literarischen Entwicklung in Italien und Frankreich, Spanien und England: insbesondere in den Zwanziger Jahren dominiert die religionspolitische Frage, Kirchenlieder gewinnen an Bedeutung, petrarkistische Elemente dringen jedoch erst mit Opitz, also bereits im 17.Jahrhundert, in die deutsche Literatur - die durch das 16.Jahrhundert hindurch mittelalterliche Züge beibehält, sich in der zweiten Jahrhunderthälfte aber zusehends von Fragen des Glaubenskampfes abwendet: Satiren, Streitgespräche, Novellen, Schwänke und Briefe bevorzugt, während zugleich zahlreiche Volksbücher entstehen (etwa *Ein kurtzweilig Lesen von Dil Ulenspiegel geboren uss dem Land zu Brunswick*, 1515, oder die *Historia von D. Johann Fausten / Dem weitbeschreyten Zauberer und Schwartzkünstler*, 1587). Auch die 1569 veröffentlichte Übersetzung des *Amadis* sowie Fischarts Nachdichtung von *Gargantua et Pantagruel* (erster Teil, 1575) bleiben ohne unmittelbare Auswirkungen. Im Gegensatz zu den höfischen oder urban-elitären Kulturzentren Italiens und Frankreichs versammeln sich die Intellektuellen in Deutschland im Einzugskreis der Universitäten, rekrutieren sich aus dem Bürgertum, von welchem sich der Adel weiterhin streng abschottet - bleiben also durchweg dem Mittelständischen verhaftet, ohne Bindung an Zentren herrschaftlicher Repräsentation, eine mäzenatische Hofkultur.

Die partielle Orientierung der Humanistenkreise um 1500 am italienischen Vorbild, das eher als Paradigma begriffen wird, von welchem es sich durch "eigene" Leistung abzuheben gilt, schließt in der Rezeption bereits die weibliche Gelehrsamkeit als abstraktes Phänomen ein (ohne den männlichen Widerstand respektive den Kampf um Reglementierungen im italienischen Kontext zu berücksichtigen, das Faktum an sich ist von Bedeutung, das ehrgeizige Programm verlangt nach Entsprechungen). Dies führt schließlich zu jenen exemplarischen Modellierungen weiblicher Gelehrsamkeit, wie sie die Humanisten im Familienkreis vollziehen, die Ehefrau Margarethe Peutinger in Augsburg und die Schwester Caritas Pirckheimer in Nürnberg betreffend - schließlich die umgehende Vereinnahmung der mit ihrem deutschen Ehemann ins Deutsche Reich übergesiedelten Italienerin Olimpia Fulvia Morata bewirkt: deren von jugendlichem Ruhm umgebenes Werk um die Mitte des 16.Jahrhunderts von den deutschen Humanisten stante pede zu einem Schatz der deutschen Gelehrsamkeit erhoben wird[12]. Begonnen hatten die zwanghaften Bemühungen der deutschen Humanisten um eine Symbolfigur weiblicher Gelehrsamkeit, eine *virgo*, keine *virago* - die selbstverständlich auch im Sinne der deutschen Humanisten den Normen des sozialen Geschlechts der Frau zu entsprechen hat (Gelehrsamkeit als weibliche ist relativ zu denken, Keuschheit, Tugendhaftigkeit, Frömmigkeit und weiblich-passive Bescheidenheit sind ebenso wichtig wie die Reproduktion humanistischen Wissens, die Beherrschung der lateinischen Sprache, die Fähigkeit, lateinische Texte zu verfassen, keusche, den männlichen Humanismus spiegelnde Reproduktion, nicht aktive Innovation gilt es heranzubilden) - begonnen also hatte diese Suche mit der Veröffentlichung der Padovaner Universitätsrede Cassandra Fedeles[13] als *Oratio Cassandre venete* durch den Humanisten Peter Danhauser 1489 in Nürnberg. Diese Ausgabe ist mit einem Titelbild von Dürer und unterschiedlichen Textbeigaben versehen, etwa dem Bericht, Isabella de Aragón habe 1488 versucht, Cassandra Fedele an ihren Hof zu holen, die Republik Venedig jedoch habe abgelehnt, um diese herausragende weibliche Gelehrte nicht zu verlieren - hochstilisiert zur philosophisch und rhetorisch gelehrtesten Frau, welche der Erdkreis jemals erblickt habe, zudem von unübertrefflicher Schönheit und Tugendhaftigkeit (die Rede, um dies zu wiederholen, bietet keine Glanzpunkte, die Ungeheuerlichkeit liegt in der Tatsache begründet, daß eine mental defizitäre Frau in der Lage ist, eine rhetorisch durchstrukturierte Rede in lateinischer Sprache zu verfassen und vorzutragen: der gleichzeitige Verweis auf Schönheit und Tugendhaftigkeit referiert die sexuelle Komponente der Rezeption weiblicher Gelehrsamkeit, die ja auch im Falle Cassadra Fedeles mit der Eheschließung ein jähes Ende findet); darüberhinaus ist eine Ode von Celtis an Apoll beigefügt, auf daß die gelehrte Cassandra dem hierin geäußerten Wunsch, ein Besuch Apolls in Deutschland, durch ihre eigene Person entspräche[14]. Die Suche nach einer deutschen Cassandra Fedele wird begleitet durch Celtis' Entdeckung jener Schriften der Hrotsvit von Gandersheim im Regensburger St. Emmeram-Kloster um 1494, die er im Jahre 1501 als *Opera Hrosvite* veröffentlicht[15] - wobei er sich anläßlich der Drucklegung seiner eigenen Werke in den Jahren 1501 und 1502 in Nürnberg, im Hause Pirckheimer aufhält, dessen Gastfreundschaft er in der Widmung zur Hrotsvit-Edition vermerkt: die ihrerseits Caritas Pirckheimer, welcher er die Werke zueignet, zur neuen *virgo docta* in der Nachfolge der Hrotsvit kürt, zur nunmehr gefundenen weiblichen Symbolfigur des deutsch-lateinischen Humanismus (zu der sie der Bruder sorgfältig herangebildet hatte), zur lange gesuchten Allegorie einer autoreferentiellen Programmatik[16]. 1502 verfaßt er nochmals eine panegyrische Ode auf Caritas Pirckheimer, in welcher die gebildete *virgo* in den Himmel gelobt wird[17]. Den Kreis schließen wird schlußendlich Christoph Scheurl, auch er, als Neffe Sixtus Tuchers und ehemaliger Student in Bologna, dem Nürnberger Humanistenkreis zugehörig, als er im Vorwort zu seinem Buch *Die Früchte der Messe* (Bologna, nach dem 1. Sept. 1506) explizit Caritas Pirckheimer, welcher er den Text zueignet, mit Cassandra Fedele gleichstellt[18]; eine weitere derartige Ehrung erfährt Caritas Pirckheimer 1511, als ihr Dürer und Chelidonius die Buchausgabe des Marienlebens widmen. Dem Bruder, der unablässig um humanistische Briefpartner für die Schwester wirbt, gelingt es schließlich, nachdem man ihm 1515 den Briefkontakt zu Erasmus vermittelt hatte, auch diesen von der Gelehrsamkeit seiner Schwester zu überzeugen, mittelbar wiedergegeben über eine kurze Andeutung in einem der Dialoge der *Colloquia Familiaria* - dem "Abbatis et eruditae", einem satirischen Streitgespräch zwischen einem misogynen Abt und einer gebildeten Frau[19]. Caritas Pirckheimer selbst, um dies zu wiederholen, seit 1503 Äbtissin des Nürnberger Klarissinnenklosters und im selben Jahr mit einem Verbot der Kirchenoberen hinsichtlich der Verwendung des Lateinischen, der Humanistensprache bedacht, die keusch-gelehrte Nonne, korrespondiert demütig bescheiden und stets christlich-sendungsbewußt als körperloser, asexueller Geist in strenger Klausur, als hinter den Klostermauern unsichtbare Gelehrte mit jenen Briefpartnern, welche ihr der Bruder vermittelt: denen sie in erster Linie dazu dient, das Symbol der *virgo docta* selbstgefällig zu stilisieren respektive theologische Themen auszutauschen; ein Problembereich, innerhalb dessen Caritas als Missionarin des tugendhaften Glaubens von plakativer Frömmigkeit mit den Jahren allerdings immer entschiedener Stellung nimmt (die Patristik etwa, insbesondere der verehrte Hieronymus, liegen ihr besonders am Herzen), sich gar in Glaubensfragen zu Worte meldet, was ihr eine harsche Kritik nicht nur der Stadtväter, sondern auch des Bruders einträgt[20]. Auch die *virgo docta* hat Spiegel zu sein, nicht eigenmächtiges Subjekt des Denkens, Handelnde. Im Kontext der religiösen Themenstellungen in den Briefen rückt denn die von Caritas Pirckheimer im humanistischen Briefwechsel reichlich frequentierte weibliche Bescheidenheitsgeste (selbstverständlich auch in ihrem topischen Gehalt, der vorgeblichen Bescheidenheit als oppositiver Stilisierung zur textuellen Perfektion) in den Hintergrund - hier ein Beispiel aus ihrem Dankschreiben an Conrad Celtis, der ihr eine Hrotsvit-Ausgabe übermittelt hatte (März 1502):

Domino Conrado Celti, philosopho et poetae, praeceptori suo observando, exigua alumna soror Charitas, professa ordinis sanctae Clarae, salutem dicit in eo, qui est omnium salus.

Egregie doctor, accepi litteras vestras utique odore suavissimo, mirificae humilitatis atque inopinatae benevolentiae flagrantes. Perlegi eas non mediocri admiratione et stupore; admirabilem namque stuporem mentis mihi ingerunt, dum insignis vestrae dominationis excellentiam, meamque rusticitatem, inertiam, ingenioli quoque mei imbecillitatem recolo, nec satis admirari possum tam praecipuum doctorem, tam peritum philosophum me idiotam, ignaram ac simplicem puellam, in qua nec scientia, nec facundia, nec quicquam laude dignum invenitur, suis dulcissimis litteris salutare dignari. Fateor tamen egisse vos secundum sapientis monita inquientis: Quanto maior es, tanto humilia te in omnibus. 21 -

Die obsessiv-demütige Selbststilisierung zur schwachen und ungebildeten Frau, deren Lateinkenntnisse und Schreibstil holprig und ungebildet sind, wird verdrängt, der Impetus des Glaubens rückt in den Mittelpunkt, der sich zuweilen zur strengen Maßregelung der Briefpartner formiert[22]: beispielsweise in einem zweiten Dankbrief an Celtis vom 25.April 1502, als sie im Kontext einer Suada gegen den "paganen" Humanismus die Urheberschaft Gottes hinsichtlich allen Seins und Denkens ausführt, folglich auch eine diesem gebührende Ehrerbietung einfordert - um schließlich, mit Berufung auf Hieronymus (einem der Ahnherren der theologischen Virginitätsobsession), gegen jene (gelehrten) Männer zu polemisieren, deren misogynes Urteil gegenüber jeglichen Worten und Taten von Frauen den gemeinsamen Ursprung beider Geschlechter im Willen Gottes, dessen Macht ungebrochen ist, mißachtete:

... manum summi artificis adhuc non esse abbreviatam. Ipse habet clavem scientiae, dividens singulis prout vult, non enim est acceptator personarum. Egregie vero vos, o sapientium sapientissime, imitamini divum Hieronymum, qui et ipse nostrum genus nequaquam sprevit nec horruit Deo dicatis virginibus sacras edisserere litteras ad earum requestam, quas viri inertes et desides ab eo investigare negligebant. 23

In diesem Sinne überwiegt in der Korrespondenz immer deutlicher das geistliche Dozieren einer theologischen Instanz, werden die Briefe zu Sendbriefen, stellt die "gereifte", die sich "verselbständigende" Äbtissin im Jahre 1528 schließlich aus Briefen und Urkunden jene *Denkwürdigkeiten* zusammen, welche ihre Perspektive der Reformationsereignisse, wie sie das Kloster betreffen, wiedergeben: diejenige der bedrängten, der kämpferischen Äbtissin, die sich gegen die Verordnungen des Rates der Stadt zur Wehr setzt und schließlich, mit erheblichen Zugeständnissen (jede Schwester kann aus freiem Willen das Kloster verlassen, Besuche können ohne Anwesenheit von Zeugen empfangen werden, das Sichtfenster wird eingeführt, ein Besitzinventar erstellt[24]), ein Fortbestehen des Klosters vorerst sichert - obgleich das Verbot von Neuaufnahmen das Kloster zu Ende des Jahrhunderts aussterben lassen wird. Einsetzend mit dem Jahre 1524, als die Stadtoberen beginnen, eine Auflösung des Klosters zu erzwingen, schildern die *Denkwürdigkeiten* als Chronik die Ereignisse jener Jahre, etwa den anfänglichen Ansturm der reformierten Angehörigen der Nonnen, um jene aus dem Kloster zu befreien:

Dann vill leut unter den gewaltigen und schlechten komen uber tag zu irn freuntyn, dy sy pey uns im closter hetten, den predigten und sagten sy von der newen lere und disputirten unaufhorlich, wy der closterstand so verdemlich und verfurisch wer und wy nit muglich wer, das man darinnen sellig kundt werden, dann wir wern all des Teuffels. Darumb wollten ettlich ir kind, swester und numen mit gewalt auß dem closter haben mit vill trowortten und auch mit großem verhayssen, des sy on zweiffel kaum halbs gelast hetten. Diß fechten und streytten weret lange zeit, offt mit großem zorn und schentwortten. 25

Die Ereignisse werden ergänzt durch Berichte über verwaltungstechnische Komplikationen, durch Briefe und theoretische Erörterungen der eigenen Einstellung, theologischen Ausführungen grundsätzlichen Charakters und Bibelzitate. Die Autorin verbleibt demütige Dienerin Gottes und ganz der katholischen Lehre verhaftet: in diesem Sinne erscheint auch die schließlich textualisierte Konzession an den freien Willen der Nonnen als Verweis auf das Gelübde, als Mahnung, die Verpflichtung gegenüber Gott zu achten, Mahnung an die Nonnen sowie die vom wahren Glauben abgefallenen Stadtväter: "Wir einer itlichen erlaubt haben, wo sy nit mit freyem, gutten willen pey uns beleiben woll, mug sy mit der hilf gottes, on die wir nichts vermugen, das zu halten verhoffen, das sy got gelobt haben und darvor wider iren willen genot wern, acht ich ye nit recht"[26]. Die gelehrte Nonne, nunmehr weitab vom Jahrzehnte zuvor inszenierten Lobgesang der Humanisten auf die Kultfigur, sucht jene Rechtfertigung, welche ihr von der lebensweltlichen Wirklichkeit, der zeitgeschichtlichen, der politisierten Umwelt, mit der sie sich erstmals umfassend und unmittelbar konfrontiert findet, versagt wird.

Im selben Jahr 1528, als Caritas Pirckheimer ihre *Denkwürdigkeiten* zusammenstellt, die allerdings nicht veröffentlicht werden, wird mit Luthers Hilfe eine Schrift publiziert, welche die entgegengesetzte Perspektive textualisiert - jene nämlich der ehemaligen Nonne Ursula von Münsterberg (um 1491-um 1534), die sich im selben Jahr aus dem

Kloster Freiberg in das Haus Luthers geflüchtet hatte - die mit einem Nachwort von Luther versehenen *Der durchleuchtigen hochgebornen F. Ursulen Herzogin zu Monsterberg [...] Gräfin zu Glotz [...] Christlich ursach des verlassen Klosters zu Freyberg*, (Wittenberg: Hans Luft, 1528; Nürnberg 1529)[27]. Die hochadelige Ursula von Münsterberg[28] wird als Vollwaise mit einer sehr geringen Mitgift früh ins Kloster abgeschoben, scheint auch aus gesundheitlichen Gründen dem Klosterleben nicht sonderlich verbunden, erhält Kenntnis von der neuen Lehre und bittet im Sommer 1528 Luther, beim Verlassen des Klosters behilflich zu sein; im Oktober entkommt sie mit zwei weiteren Nonnen und begibt sich umgehend zu Luther nach Wittenberg, wo sie für eine Weile versorgt wird. Noch im selben Jahr veröffentlicht Luther ihre religionspolitisch höchst nützliche Verteidigungsschrift: insbesondere ihre Herkunft prädestiniert die ehemalige Nonne zu einem Medium der reformatorischen Strategie - weshalb von katholischer Seite notwendig der Vorwurf laut wird, Luther habe der verführten Nonne die Verteidigung diktiert (datiert ist die gedruckte Schrift vom 28. April 1528, also lange vor der Flucht). Mit Verweisen auf die allzu strenge Ordensregel und ihre schlechte Gesundheit (deren Pflege aufgrund der geringen Mitgift offenkundig nur mangelhaft abgeleistet wurde) zieht die Verteidigung insbesondere (lutherisch vorgeprägte) religiöse Gründe heran, reformatorisch funktionalisiert zur Verurteilung des klösterlichen Rahmens, welcher der Heilserlangung hinderlich sei. Die Verteidigung, gerichtet an die nächsten männlichen Verwandten (des sächsischen Herrschaftsadels), die als Pfleger der Nonne fungieren, beharrt denn auch ganz lutherisch auf dem individuellen Gewissensentscheid in der Unmittelbarkeit zu Gott, welcher die weltliche Instanz der Verwandten außer Kraft setzt (ganz pragmatisch über deren Unverständnis und Interesselosigkeit respektive gegenläufige Interessen am eigenen Befinden begründet); das lutherische Gewissen wird für das selbsttätige Handeln der eingesperrten Frau als Fluchtgrund funktionalisiert:

> Auf das habe ich E.[uer] L.[ieben] mein Gemüthe und Wohlbedenken nicht wollen bergen und diese Schrift, so ich mit eigener Hand, aus meinem Herzen, ohne Hülfe, Rath oder Zuthun irgend eines Menschen auf Erden geschrieben habe [...] daß solches aus keiner Leichtfertigkeit geschehen sei, sondern dieweil ich schuldig bin vor Gottes Gericht Rechenschaft zu geben für meine Seele, und bin des gewiß daß weder E.L. noch keine Creatur unter dem Himmel mich vor Gott entschuldigen kann, muß auch meine Verdamniß allein tragen und niemand wird es für mich leiden, habe ich Gott mehr müssen fürchten, denn Menschen . [...] Wo mich aber E.L. in dem wollten schuldigen, daß ich ein solches heimlich ohne derselben E.L. Wissen und Willen vorgenommen, ist meine Antwort darauf, daß ich ein solches E.L. nicht habe dürfen offenbaren. Ursach, daß ich gewiß bin gewesen, daß solche meine anliegende Not, so hierinne angezeigt, E.L. nichts zu Herzen gangen wären, wie ich auch zuvor genugsamlich erkundet; hätte auch nichts anders damit ausgerichtet, denn daß ich samt andern frommen Kindern, nur härter wäre bestrickt worden, und damit E.L. und mir größer Beschwer aufs Gewissen geladen. 29

Die mittellose und unverheiratete ehemalige Nonne findet im Anschluß an den kurzen Aufenthalt bei Luther (der ja mit Katharina von Bora selbst eine zu ihm geflohene Nonne geheiratet hatte) wechselnden Unterschlupf bei Verwandten, bevor sie offenbar wenige Jahre später verstirbt: die innerklösterlichen Zwänge werden lediglich durch lebensweltliche (zumal die lutherischen) Regeln ersetzt, welche einer unverheirateten und mittellosen Frau keinen Platz in der Gesellschaft zugestehen.

Das explosionsartige Anwachsen von Druckerzeugnissen während der Dreißiger Jahre ist im Kontext der Reformationskämpfe insbesondere auf die nun allgegenwärtige Textform der Flugschriften zurückzuführen - religionspolitisch motivierten Kurztexten, unter deren Autoren sich auch zwei Frauen finden: Katharina Zell in Straßburg und Argula von Grumbach in Bayern[30]. Katharina Zell (1497/8-1562), Handwerkerstochter aus wohlhabender Familie, heiratet im Jahre 1523, zu einem sehr späten Zeitpunkt also, den zwanzig Jahre älteren Münsterprediger Mathias Zell, der ob seiner Heirat zusammen mit sechs weiteren Straßburger Priestern, die ebenfalls geehelicht hatten, im selben Jahre exkomuniziert wird. Die Sieben verfaßen 1524 ein lateinisches Traktat zu ihrer Verteidigung, Katharina Zell erstellt zum selben Zwecke eine Schrift an den Rat der Stadt, die *Entschuldigung Katharina Schützinn für M. Mathes Zellen jren Ehegemahel der ein Pfarher und dyener ist im wort Gottes zu Strassburg. Von wegen grosser lügen uff jn erdiecht* (Straßburg?/Augsburg? 1524): eine im reformatorischen Duktus gehaltene Verteidigung beider Eheschließung, woraufhin der Stadtrat umgehend den Ehemann herbeizitiert, um diesen aufzufordern, seiner Frau fürderhin zu untersagen, derartige Texte zu erstellen und zu publizieren - was sie denn auch erst wieder nach dessen Tod tun wird. Nichtsdestotrotz unterstützt sie ihren Mann jahrzehntelang nach Kräften in dessen reformatorischer Arbeit, organisiert im selben Jahr (und auch später immer wieder) die Unterbringung von 80 in die Stadt geflüchteten Protestanten: deren zurückgebliebenen Ehefrauen übersendet sie eine weitere Schrift, *Den leydenden Christglaubigen weybern der gemain zu Kentzingen meinen mit schwestern in christo Jhesu zu handen* (Straßburg? 1524), in welcher sie die Frauen auffordert, entgegen aller Prüfungen mit Festigkeit zu ihrem neuen Glauben zu stehen und ihren Männern solcherart eine Stütze zu sein. Nach dem Tod des Mannes (1548) publiziert sie ihre Grabrede als Gedenkschrift, die *Klagerede und Ermahnung Katharina Zellin zum Volk bei dem Grab M. Matheus Zellen*, führt auch weiterhin einen regen Briefwechsel mit Reformatoren und ist insbesondere weiterhin unermüdlich - was einer engagierten Frau auch im reformierten Ambiente allein offensteht - caritativ tätig. Im Jahre 1557 legt sie schließlich nochmals eine große, 170seitige öffentliche Schrift vor, den *Brief an die ganze Bürgerschaft der Stadt Straßburg betreffend Herrn Ludwig Rabus*, eine Verteidigung in eigener Sache gegen den lutherischen Prediger Rabus, der sie zuvor ob ihres losen Mundwerks und ihrer Umtriebigkeit heftig attackiert hatte: die reformierte Politik duldet mittlerweile keine weibliche Tatkraft mehr, wie sie noch zu Beginn der Reformation durchaus willkommen war - nunmehr gilt die lutherisch verschärfte Determination der Frau zur im Haus verpflichteten Ehefrau und Mutter, die ihrem Mann bedingungslos zu Gehorsam zu sein und dem Schweigegebot zu genügen hat. Zell's Schrift sucht insbesondere über theologische Beweisführungen das Unrecht des Herrn Rabus zu belegen, unternimmt aber auch eine Darstellung ihres aufopferungsvollen Lebens "nit nach dem Maß eines Weibes, sondern nach der eingeschenkten Maß, die mir Gott durch seinen Geist gegeben hat"[31] für die protestantische Sache, wobei die Autorin von ihrer theologischen Qualifikation im Sinne einer Berufung durchaus überzeugt ist: "Ich bin, seit ich zehen Jahre alt, eine Kirchen-Mutter, eine Ziererin des Predigtstuhls und Schulen gewesen, habe alle Gelehrten geliebt, viel besucht, und mit ihnen mein Gespräch, nit vom Danz, Weltfreuden, noch Faßnacht sondern vom Reich

Gottes, mit ihnen gehabt"[32]. Nichtsdestotrotz versteht sie sich in erster Linie als Dienerin ihres Mannes: was allerdings das (nach dem lutherischen Frauenbild notwendig erhebliche) Befremden der reformierten Männerwelt ob der eigenständig handelnden Frau nicht mindern konnte. Für einen kranken Bekannten stellt sie schließlich noch eine Psalmenparaphrase zusammen (*Den Psalmen Misere mit dem Khünig David bedacht gebettet und paraphrasiert...*, Straßburg? 1558). Auch Argula von Grumbach (um 1492- nach 1563), die, offensichtlich mit den Texten Luthers vertraut, in Bayern in den Jahren 1523/4 insgesamt sieben religionspolitische Schriften erstellt, wird schnell mundtot gemacht. Einer allerdings verarmten alten bayrischen Adelsfamilie enstammend, wirkt sie als Hofdame am Münchner Hof, um schließlich um 1518 mit einem fränkischen Landadeligen verheiratet zu werden, der zum Statthalter von Dietfurt ernannt wird. Ihre Texte gelten seit Ende 1523 der Verteidigung eines jungen Lutheraners, der an der Universität Ingolstadt wegen lutherischer Propaganda verhaftet, zum Widerruf verurteilt und schließlich ins Kloster Ettal verbannt worden war: sie kritisiert die katholische Geistlichkeit in einem Schreiben an die Universität Ingolstadt, ein weiteres gilt Herzog Wilhelm von Bayern; in der Folgezeit ergehen Schreiben an den Stadtrat von Ingolstadt, an Herzog Johann von Bayern und dessen Statthalter, sie publiziert ein Sendschreiben an "alle christlichen Stände und Obrigkeiten", und gibt schließlich eine *Antwort in gedichtweise* auf ein Spottgedicht eines Ingolstädter Studenten: dies bereits im Herbst 1524, zugleich ihr letzter öffentlich gemachter Text, den regen Briefwechsel mit reformierten Gesinnungsgenossen führt sie jedoch weiter. Ihre erste Stellungnahme zur Sache, im Brief an die Universität Ingolstadt (die ihr als Reaktion im übrigen einen Spinnrocken zukommen läßt, dies als weiterer Hinweis auf dessen hohe Symbolkraft hinsichtlich der Subordination der Frau), manifestiert sich ein keineswegs ehrfurchtsvolles weibliches Ich, welches die Herren Theologen mit Berufung auf die Gleichheit in Gott, wie sie von Frauen immer wieder herangezogen wird, selbstbewußt einer Zurechtweisung unterzieht (als Sendbrief gedruckt bei Philipp Ulhart in Augsburg, datiert vom 20.9.1523, als *Wie ain Christliche Fraw des Adels, in Bayern durch jren, in Götli- cher Schrift, wolgegründten Sendtbriefe die Hohenschül zu Ingolstadt vmb das sy aynen Ewangelischen Jüngling, zu widersprechung des wort Gottes, be- trangt haben, straffet*):

Der Herr sagt Johannis am zwölfften, Ich Licht komme in die Welt, daß ein jeglicher, der an mich glaubet, nicht bleibe in der Finsterniß [...] Solche Wort, von Gott selbs geredett, sind mir allezeit vor Augen; denn es werden weder Frauen noch Mann darinnen ausgeschlossen. Aus diesem werde ich gedrungen euch zu schreiben [...] Ach Gott, wie werdet ihr bestehen mit euer Hohen Schuhl, daß ihr so freuntlich und gewaltiglich handelt wider das Wort Gottes, und mit Gewalt zwinget das heilig Evangelium in der Hand zuhalten und dasselbige zu verläugnen [...] Ja, so ichs also betrachte, so erzittert mein Herz, und alle meine Glieder. Was lehrt dich Luther und Melanchthon anders als das Wort Gottes? Ihr verdammet sie unüberwunden [...] Zeiget mir, wo es stehet? Ihr hohen Meister, ich finde es an keinem Ort der Bibel, daß Christus noch seine Aposteln oder Propheten gekerckert, gebrennet noch gemördert haben, oder das Land verboten [...] Ich scheu mich nicht, vor euch zukommen, euch zuhören, auch mit euch zu reden, dann ich kann auch mit Teutsch fragen [...] Darum ich mir nicht förchte, so ihr anderst schrifftlich und nicht gewaltiglich mit Gefängniß oder dem Feuer unterweisen wollt [...] Ich kann kein Latein, aber ihr könnt teutsch, in dieser Zunge gebohren und erzogen. Ich habe euch kein Weiberzeug geschrieben, sondern das Wort Gottes als ein Glied der Christlichen Kirche. [33]

Die Machtmechanismen der Theologen, des Wissens im allgemeinen werden hier aufgerufen, was den unberechtigten Ausschluß der Frauen aus dem theologischen Diskurs betrifft, die Gewaltbereitschaft der katholischen Kirche, welche den Glauben mit tödlicher Strafgewalt zu behaupten pflegt, die politisch, nicht christlich begründete Gegnerschaft zum Luthertum - Machtmechanismen also, wie sie gerade die Reformationszeit beherrschen, darüberhinaus aber Kennzeichen der katholischen Kirche schlechthin sind (Argula von Grumbach wird sehr bewußt auf den Feuertod der Ketzer und Hexen angespielt haben): eine politische Stellungnahme, die als umfassende und ausgesprochen deutliche Machtkritik aus der Feder einer Frau wohl nur in den unmittelbaren Umwälzungen der Reformation entstehen konnte, in derartiger öffentlich gemachter, polemischer Deutlichkeit jedenfalls andernorts und zu anderer Zeit während des 16.Jahrhunderts nicht wieder aufzufinden ist. Der am selben Tag abgesandte Brief an Herzog Wilhelm von Bayern führt diese Kritik an der selbstherrlichen Kirchenmacht als Kritik an der Schwäche der weltlichen Macht fort, indem die Autorin das staatliche Gewaltmonopol im zeitgenössisch-modernen Sinne aufruft, die kirchliche Macht im Staate höchst polemisch paradigmatisiert - am Beispiel eines akuten Staatsnotstandes, die Bedrohung durch die Osmanen (ein politischer Faktor, der ja letztendlich tatsächlich die entscheidenden Impulse zur Etablierung der Reformation geben wird[34]); eine reformatorische Kritik, die ja zu wesentlichen Teilen den politischen Erfolg der Reformation trägt (ebenfalls 1523 bei Ulhart gedruckt als *Ain Christenliche schrifft ainer Erbarn frawen, vom Adel darinn sy alle Christeliche stendt vnd obrikayten ermant, Bey der warhait, vn dem wort Gottes zu belyben, vnd solchs auß Christlicher Pflicht zu zum ernstlichsten zu handtt- haben. Argula Staufferin. M.D. xxiii. Actuum 4. Richtent ir selb, obs vor gott recht sey, das wir euch mer gehorsam sein sollen denn gott.*):

Euch gehört das Schwerdt der Straffe und nicht den Geistlichen [...] Wollte Gott, es ließen sich Fürsten und Herren von den Geistlichen nicht länger am Affen-Seil führen. E.F.G. fände wohl eine Türken-Steuer, so E.F.G. würden verordnen bey allen Stifften und Klöstern, auch Pfarren und Messen, die Register aufzuheben, ihre Leute, so ihnen Zins und Gült geben, in die Gericht zu kommen und eigentlich ihr Vermögen erfahren, hätten wo zu viel, daß man es zum gemeinen Nutzen brauchet, auf deß der arme Mann nicht also beschwehret würde. 35

Diese subversiv-aufrührerischen Töne, adressiert an die Machthabenden selbst und zugleich öffentlich publiziert, aus der Feder einer Frau zudem, müssen selbstverständlich umgehend geahndet werden, wessen es keines großen Aufwandes bedarf. Argula von Grumbach, im Herbst 1523 auch zum Reichstag nach Nürnberg gereist, um dort für die protestantische Sache zu agitieren, findet keinerlei Gehör - der Adeligen begegnet man höflich, die theologisierende, politisierende Frau jedoch wird nicht ernst genommen. Auch die obrigkeitliche Reaktion auf die ungehörigen schriftlichen Stellungnahmen greifen lediglich auf das Geschlecht der Frau zurück (so der Spinnrocken, der die Absurdität eines öffentlichen weiblichen Anliegens symbolisiert), setzen Mechanismen in Gang, welche Argula von Grumbach notwendig von weiteren Aktivitäten abhalten werden: der Ehemann wird ob seiner mangelhaften Aufsicht über die Frau gerügt und im Frühjahr 1524 seines Amtes enthoben, die Familie, die beiden haben vier kleine Kinder, muß sich mittellos auf die verschuldeten fränkischen Güter des Mannes zurückziehen, deren Bewirtschaftung in der Folge die Ehefrau übernimmt, der Gatte scheint nicht interessiert;

die finanziellen Engpässe sind erheblich, die Arbeit nimmt die Ehefrau und Mutter ganz in Anspruch. Die schließlich im Herbst des Jahres 1524 veröffentlichte Antwort auf das Spottgedicht des Ingolstädter Studenten, dessen Reime lediglich die gängigen Normen des sozialen Geschlechts der Frau aufzurufen brauchen (darüberhinaus aber auf die im misogynen Kanon verankerte Analogisierung des weiblichen Geschlechts mit wilden Tieren nicht verzichten können):

> Fraw Argel arg ist ewer nam,
> Vil ärger / daß jr one scham,
> Und alle weyblich zucht vergessen,
> So frevel seyt vnd so vermessen.
> Daß jr ewer Fürsten und Herren,
> Erst wolt aynen newen glawben lernen
> [...]
> Daß jr nit solt Disputieren,
> Sonder das hauß dahaym Regieren.
> Vnd in der kirchen schweygen still
> Sehet nun mein liebe Sibill
> Wie ain frech vnd wildt thier jr seyt,
> Und wie jr euch dunckt so gescheydt
> [...] 36,

die Antwort also von Argula von Grumbach verwehrt sich unter anderem deutlich gegen die Zurückweisung an den heimischen Herd und das Sprechverbot, damit die Normen des sozialen Geschlechts, wie sie sie bereits mit ihren religionspolitischen Stellungnahmen vollständig mißachtet hatte; Rechtfertigung ist einmal mehr aus weiblichem Munde die göttliche Berufung, der Willen Gottes, dem das Wort zu reden Glaubenspflicht ist:

> Dieweyl jr gottes wort vertruckt
> Schendt got / die seel zum Teuffel zuckt
> Will ich es gar nit vndterlassen
> Zureden im hauß vnd auff der strassen
> So vil mir Got gnad drin gibt
> Will ichs taylen meym nächsten mit. 37

Trotz der erheblichen Inanspruchnahme auf den Gütern des Mannes verzichtet sie keineswegs auf weiteren Briefkontakt mit Reformatoren und besucht Luther 1530 in Coburg. Die Kinder werden auf Schulen in Nürnberg und Wittenberg geschickt, nach dem Tod des Mannes (1530) heiratet sie 1533 einen protestantischen böhmischen Adeligen, der jedoch bereits 1535 verstirbt. Drei der vier Kinder sterben ebenfalls früh, der vierte verpfändet 1560 die väterlichen Güter, die Mutter muß mittellos bei Verwandten unterkommen - um auch im hohen Alter unbeugsam weiter protestantisch zu agitieren: 1563 wird sie zum wiederholten Male in Straubing verhaftet, weil sie die Bewohner einiger umliegender Bauerndörfer für die Reformation gewinnt und solcherart zum Ungehorsam anstiftet. Auf eine strenge Bestrafung der alten Frau (die dafür bereits eine Gefängnisstrafe zu verbüßen hatte) verzichtet man jedoch aufgrund der Fürsprache adeliger Verwandter.

Auf katholischer Seite ist es um die Jahrhundertmitte nochmals eine Nonne, Elisabeth Gottgabs, Äbtissin von Oberwesel, die sich mit ihrem *Bericht, Christum Jesum im geist zu erkennen, Allen gläubigen und catholischen Christen zu nutz, Trost und Wolfart verfasset* (Mainz: Frantz Behem, 1550)[38] in Glaubensfragen öffentlich zu Wort meldet: neuerlich als Stellungnahme im Glaubenskampf, als Verteidigung des "wahren" Glaubens, welcher der "falschen" Lehre entgegengestellt wird - als öffentlich gemachte Schrift, da der Autorin, der Nonne, so deren Rechtfertigung, sonst kein Gehör gilt. Abgesehen von diesem späten Zeugnis weiblicher "Betroffenheit" im Glaubenskampf finden sich um die Jahrhundertmitte Frauen aus dem unmittelbaren öffentlichen Geschehen vollständig verdrängt: ihre Rolle als funktionalisierbare Medien des Glaubenskampfes in Gestalt der geflohenen Nonne oder der Ehefrau eines ehemaligen katholischen Geistlichen ist obsolet geworden, die Frau ist protestantisch nurmehr als private Ehefrau und Mutter, als Dienerin des Hausherrn relevant - im katholischen Kontext haben Frauen ohnehin keine politischen Rollen eingenommen, die Stellungnahmen einer Caritas Pirckheimer sind über individuellen Beruf und Berufung motiviert. Katharina Zell und Argula von Grumbach haben an zeitweiligen Bruchstellen der sozialen Ordnung das Wort ergriffen, Bruchstellen, die ihnen für eine kurze Zeit Öffentlichkeit, öffentliche, religionspolitische Stellungnahmen ermöglichen; zwei Ausnahmeerscheinungen, deren außerordentliche persönliche Motivation in einem hierfür günstigen Kontext ebenso wie die notwendig vorhandene Bildung (eine in Deutschland für Frauen viel seltener als in Italien und Frankreich gegebene Disposition) eine Mißachtung der Rollennorm herbeiführt. Andere Frauen äußern sich nicht schriftlich, mangels Schreibfähigkeit oder Gelegenheit, kraft der Normen des sozialen Geschlechts der Frau, die in Deutschland, anders als in Italien oder Frankreich, durch kulturelle Konventionen nur in Ausnahmefällen, etwa jenen der herangebildeten Humanistinnen, modifiziert werden. Literarische Texte von Frauen in deutscher Sprache sind in der ersten Hälfte des 16.Jahrhunderts nicht existent, Reformation sowie ständische und kulturelle Disposition stehen dem entgegen - auch eine individuell-private Manifestation weiblich-literarischen Ehrgeizes ist nicht gegeben, die kaum vorhandene Rezeption der kulturellen Entwicklung in Italien und Frankreich, damit auch jener neuen Erscheinung der literarischen Frauenbildung, läßt ähnliche Manifestationen in Deutschland nicht zu. Der kulturelle Ausschluß der Frau scheint sich in der zweiten Jahrhunderthälfte noch zu verstärken: mit Ausnahme der Herzogin Elisabeth von Braunschweig-Lüneburg, die um die Jahrhundertmitte einige Texte erstellt, ohne jedoch literarisch Innovatives zu präsentieren - auch in ihrem Falle ist kein *literarischer* Beweggrund für den Schreibakt gegeben - und einer niederbayrischen Schulmeisterin, Magdalena Heymeier, die in den Siebziger Jahren einige religiöse Gebrauchs- und Schulbücher verfaßt. Über den privaten Rahmen hinaus, so dieser überhaupt gegeben war, läßt sich kaum eine Texterstellung von Frauen festmachen, nicht einmal religiöse Texte, Heiligenviten, Psalmenparaphrasen und ähnliches, in der zweiten Jahrhunderthälfte in Italien und Frankreich bei Autorinnen so beliebt, sind in Deutschland aufzufinden. Das weibliche Schweigegebot sowie die Pflege der weiblichen Einfalt durch vorenthaltene Bildung wird in deutschen Landen offensichtlich vorbildlich umgesetzt, wobei auch die Literatur aus männlicher Feder in nämlichem Zeitraum wenig prunkt und glänzt: der politische Kampf gegen konfessionelle Gegner, Hexen und osmanische Bedrohung scheint die Kreativität zu lähmen.

Elisabeth von Braunschweig Lüneburg (1510-1558)[39] wird mit fünfzehn Jahren (nachdem sie augenscheinlich im Gefolge ihrer Brüder eine überdurchschnittliche Erziehung zumindest mitverfolgen durfte, des Lateinischen allerdings ist sie nicht mächtig) an den vierzig Jahre älteren Herzog Erich von Braunschweig-Calenberg verheiratet. Nach dessen Tod 1540 übt sie gegen die Ansprüche mehrerer männlicher Mitvormünder für fünf Jahre die vormundschaftliche Regentschaft für den noch minderjährigen Sohn aus - eine im 16.Jahrhundert im deutschen Reich ausgesprochen seltene Konstellation, Ehefrauen von Fürsten können gemeinhin keine Regierungsaufgaben mehr übernehmen - wobei sie innerhalb dieses Zeitraumes das Herzogtum dem protestantischen Glauben unterstellt, die Verwaltung neu ordnet, eine Kirchenordnung erstellen läßt, die Klosterordnung reformiert, mit Luther in Briefkontakt tritt und eine Hofgerichtsordnung erläßt. 1546 heiratet sie den protestantischen Grafen Poppo von Henneberg. Der Sohn, der inzwischen die Regierungsgeschäfte übernommen hat, tritt wieder zum katholischen Glauben und damit zum Kaiser über, zeigt wenig politische Fortune, entzieht seiner Mutter 1554 deren Leibzucht Münden, das ihr als Witwenversorgung zustehende Gebiet, aus dessen Einkünften sie ihren "Lebensunterhalt" bestreiten konnte und legt ihre Verbannung fest; die Mutter muß schließlich einwilligen und sich auf die Besitzungen ihres zweiten Mannes zurückziehen. Weiter beschließt der Sohn 1557, offensichtlich gegen den Willen der Mutter und vermutlich den der Betroffenen selbst, die Verheiratung seiner jüngsten Schwester mit dem böhmischen Burggrafen von Rosenberg - in den männlichen Machtspielen hat ein weiblicher Wille keinen Ort. 1544, noch während ihrer vormundschaftlichen Regentschaft, aber bereits als Witwe, stellt Elisabeth von Braunschweig-Lüneburg einen "Christlichen Sendbrief" an ihre Untertanen zusammen, der 1545 in Hannover als *Ein christlicher Sendbrief / der Durchleuchtigen Hochgebornen Fürstinnen und Frauen F. Elizabeth geborne Marggräfinnen zu Branden=burg [...] om alle jrer F.=G. vnd irer F.-G. hertz=lieben Sons Hertzogen Erichs Vn=dertanen geschrieben / Christli=che besserung vnd ein newes Gottseliges leben / so in dieser lesten bösen zeit / die hohe nod fordert / belangend. Mit einer vorede Antony Coruini. MDXLV* publiziert wird. Adressiert an alle Untertanen, den Klerus, die Ritterschaft und die Räte, ersucht sie diese um eine christlich-reformierte Besserung ihrer Lebensführung, ein mit zahlreichen Bibelsprüchen belegtes Anliegen: Gottesfürchtigkeit und Gehorsam werden zu sozialen Tugenden gewendet, der Adel wird zur Sparsamkeit angehalten, der Klerus zu strenger Schriftauslegung, die Städte werden ob ihres Wucherwesens gerügt, den Bauern führt sie die Notwendigkeit von Steuererhebungen aus. Anläßlich der Übergabe der Regierungsgewalt an ihren Sohn im Jahre 1545 erstellt sie als Geschenk ein für den privaten Gebrauch bestimmtes handschriftliches *Regierungshandbuch*[40], den ersten protestantischen Fürstenspiegel, in dem sie neuerlich auf die Achtung der religiösen Regeln abhebt, das Amt des Fürsten als "Landesvater" interpretiert, Regeln zur Ehe auflistet, Regierungsaufgaben beschreibt sowie eine Familienchronik anhängt (auch ihre Tochter Anna Maria von Preußen wird 1563 einen solchen Fürstenspiegel verfassen[41]). Ein

Handbuch, welches der Sohn an seine Erben weiterreichen sollte - der jedoch verstirbt kinderlos, ein Fall, für den die Mutter bereits vorgesorgt hatte:

> So du aber menliche erben, welchs got nach seinem veterlichen willen schicken wolle, nicht kriegen wurdest, so laß meinen tochteren, deinen lieben schwestern, in der erbschaft zukomen, damit mein vleis, muhe und mutterliche wolmeinung, so ich hirin zu forderung gotlicher ehre und zu wolfart dein lants regiments erzeigt, im gedechtnis bey den nachkomen pleiben und dir und allen jungen hern ein anfang zu christlicher regirung sein moge. 42

Die Autorin begreift sich durchaus als kompetente Regierungsfachfrau, als Dienerin ihres Landes wie als fürsorgliche Mutter des zur Herrschaft bestimmten Sohnes - während die Ratschläge der fürsorglichen Mutter an die zur Ehe bestimmte Tochter in ihrem ebenfalls handschriftlichen *Mütterlichen Unterricht*[43] höchst geschlechtsspezifisch den Ehestand an und für sich sowie die Pflichten der Frau in demselben erläutern: die Bibel und deren weibliche Protagonistinnen dienen als Verweisrepertoire, die lutherischen Regeln für die Ehefrau werden höchst normkonform wiedergegeben, die Tochter wird angewiesen, nach den gängigen Prinzipien von Keuschheit, Schweigsamkeit, Demut, Gehorsam, Freundlichkeit, Bescheidenheit, Fleiß und Frömmigkeit ihrem Ehemanne zu dienen und zu Gefallen zu sein. Insbesondere die (nahezu wörtliche) Anlehnung an die lutherischen Eheschriften tritt hervor[44], im folgenden Passus mit einer kleinen Nuance versehen, als nämlich die Perspektive der Ehefrau hervorgehoben wird, genauer deren "Leistungen" und Ansprüche als Ehefrau und Mutter:

> Wie durch den man der mensch komet, also komet der man durch geberung von dem weibe, und wirdt der man durch das weib also erfreuet, das ehr seines leibes frucht und seines fleisches bilde und gestalt sendt [...] Es sol jhe ein man seines weibes nit uberdrussig werden; sie in kranckheit und widerwerttickeit nit lassen, sonder sie naren, pflegen und warthen als seines eigen leibs [...] Dan das weib ist dem Man darumb nit underworfen, das ehrs mit biterkeit handeln solt, sonder das ers liben sol wie seinen eigen leib und wie der herre die gemeine. 45

Die Schrift referiert der Tochter die wichtigsten zeitgenössischen Eheregeln für die Frau, wie sie in der reichhaltigen Literatur der Eheschriften festgehalten sind. Die Mutter - der selbstverständlich wie jeder anderen Mutter auch die Heranbildung der Tochter zu einer "guten", einer gehorsamen und fleißigen Ehefrau und Mutter obliegt - verzichtet auf kritische Anmerkungen, selbst der Status der Fürstin, den die Tochter einnehmen wird, findet keinerlei Berücksichtigung (auch dies ja ein zeittypischer Zug, das weibliche Geschlecht wird überständisch und uniform perspektiviert); im Gegensatz zum Sohn sieht die fürstliche Mutter für die Tochter selbstverständlich keine öffentlichen Aufgaben, keinerlei Pflichten, die das gottgewollte Eheparadigma überschreiten könnten. Auch in der evangelischen Lieddichtung versucht sich Elisabeth von Braunschweig Lüneburg, Lieddichtung, die sich in der Regel Versmaß, Melodie und thematisches Leitmotiv eines Kirchenliedes oder eines Volksliedes zu eigen macht und variiert, innerhalb derer jedoch durchaus zuweilen autobiographische Reminiszenzen übermittelt werden - etwa in einem Gedicht an die jüngste Tochter Katharina aus dem Jahre 1554, dessen etwas holprigem Duktus das evangelische Kirchenlied "Allein Gott in der Höh sei Ehr" zugrundeliegt:

> Allein gott in der hohe sei ehr,
> Vnnd dannck fur seine gnade,
> Der mir das frewlin Catharina zart,

Zum tochterlin hat begnadet,
Inn seiner furcht sie lebet gar,
Getzieret mit gotseligkeit ist war,
Zu seinem lob vnnd ehrenn.

Das danck ich gott in ewigkeit
Vnnd preise seine gnade,
Die groß wolthat mir ertzeiget hat,
Lobet Ine ahnn alle maße,
Sie hilfft mir tragenn das Creutze schwer,
Lest die welt nicht abwendenn sich,
Das wollest Ir, herr, betzalenn.

O Jesu Christ Sohnn eingebornn
Deines himelschenn vaters,
Erbarm dich der verlassenn weisenn
Vmb Ires gehorsambs willenn,
Gib Ir from gemahel der dich furchtet,
Mit langem lebenn sie segne,
Als ein gott vnnd vater der weisenn.

[...] 46

Im folgenden Lied rückt die autobiographische Dimension gänzlich in den Vordergrund, in 24 Strophen wiedergegeben im Duktus einer christlichen Leidensgeschichte[47], die insbesondere auf die Widerstände während ihrer Regierungszeit sowie, so der folgende Passus, die anschließenden Unbillen durch ihren Sohn abhebt:

[13] Als man thett recht schreibenn,
Sechs vnnde viertzig Jar,
Wolt man mich gantz vertreibenn,
Vnnd lag Inn grosser gefahr,
Die kinder mich verliessenn,
Backennschleg trungenn herein,
Das thet dein fleisch verdriessen
Gots wortt was mein gewin,

[...]

[15] Daruber kam ich in diese krieg,
Meinn gott ist dir bekannt,
Der da obenn wonet im himelreich,
Der hats inn seiner hanndt,
Denn schadenn wirt er ergetzenn,
Beide hir vnnd dortt,
Auf In ich mein vertrawenn setze,
Trost mich mit seinem wordt

[...]

[17] Ich solt pillig nicht sagenn,
Was ich inn leidt gelittenn hab
Mit Bettlenn thet man mich plagen
So treib man mich hin ann,
Erbeit frost seufftzen vnnd schmertzenn,
Waren teglich mein Gast,
Must meidenn den liebstenn Im hertzen,
Das war mir die groste last,

[...[

[22] Es halff auch kein erinnerung,
Auch ganntz keine wolthatt,
Es geschach mit zur vercleinerung,
Es war Achitophels Radt,
Kein barmhertzigkeit auf erdenn,
Auch wenng Inn diesem Lanndt,
Was will noch daraus werdenn,
Es heufft laster vnnd schannde.

Das monologische Leiden an den widrigen Umständen wird keineswegs in eine melancholische Befindlichkeit überführt, wie dies den Konventionen des romanischen Raumes entspräche (oder aber in eine heftige Anklage, dies steht der Ich-Sprecherin noch ferner), vielmehr in der Be-Schreibung belassen, mithin aufgelöst in einem ungebrochenen Gottvertrauen - in einer Überantwortung des eigenen Schicksales, des Selbst an den Willen Gottes, die allem übergeordnete Instanz, der es zu dienen gilt. Nicht die Selbst-Findung respektive die Gottesfindung durch ein Selbst wird perspektiviert, sondern die Ergebenheit in die Außenlenkung, wenngleich sich das Ich sehr wohl in einer Außenwelt manifestiert - die Ergründung des eigenen Innenraumes aber scheint nicht von Belang, Außengefügtes wird er-lebt und er-litten, das Selbst aber von Gott geführt. In diesem Sinne findet sich auch die letzte Schrift der Elisabeth von Braunschweig Lüneburg gestaltet, *Der Widwen Handbüchlein...*[48], erstellt 1555 und 1556 publiziert: ein Trostbuch für Witwen, zugeeignet neben zwei verwandten Gräfinnen "allen ehrbaren und tugendsamen rechten Witwen im Fürstentum Braunschweig zwischen Deister und Leine, sonderlich den gottseligen Witwen zu Hannover"[49]. Neuerlich finden sich Bibelsprüche zusammengetragen und zu sieben Themenbereichen angeordnet, etwa zum tugendvollen Verhalten von Witwen oder zur Fürsorge Gottes; Trost wird insofern versprochen, als jener lebensweltlichen Haltung begegnet werden soll, "...also daß nichts verächtlicher sein kann unter der Sonnen, denn Witwen und Waisen"[50] - unversorgte, mittellose und rechtlose Personen, die der Gesellschaft zur Last fallen, mitunter der eigenen Familie, wie die Autorin dies höchstselbst erfährt: Ausgangspunkt ist wohl ein Wunsch nach Veränderung, thematisiert wird die Befindlichkeit einer Gesellschaftsgruppe, die am äußersten Rand der sozialen Gemeinschaft verortet wird, der Trost aber ergeht an die Witwen selbst. Transportiert wird einmal mehr die Aufforderung zum gottgefälligen, also normkonformen Leben sowie die Überantwortung des eigenen Schicksals in die Hände Gottes, das Vertrauen in eine überlebensweltliche Instanz: nicht Analyse und Kritik, sondern Trost eben, passiv-statisches Gottvertrauen. Die Schriften der Elisabeth von Braunschweig-Lüneburg sind zumeist privaten Charakters und nicht für die Veröffentlichung bestimmt, Ratschläge an Familienmitglieder oder Gelegenheitsdichtungen; die beiden Texte an die Untertanen und die Witwen enthalten ihrerseits Instruktionen, nicht literarisch Ergötzliches, stilistische Übungen, "Kunst" - zwischen pragmatischem Ratschlag oder Trost und Aufforderungen zum gottesfürchtigen Leben, zwischen herrschaftlichem Auftrag und Gotteslob manifestiert sich eine außengewendete Mutter und Landesmutter, die jede Innerlichkeit in ein außengelenktes Gottvertrauen projiziert.

Die niederbayrische Schulmeisterin Magdalena Heymair schließlich bearbeitet populäre Bibeltexte und Spruchsammlungen, wie sie im Schulunterricht gebräuchlich sind, und fügt diese zu vier für einige Zeit durchaus beliebten volkssprachigen Liedersammlungen für die Jugend (Vorbilder existieren, von der Autorin kopiert), die zwischen 1568 und 1580 veröffentlicht werden[51]: Sammlungen von einfachen und eingängigen Liedertexten zu bekannten Melodien (ohne poetischen Anspruch), welche die gängigen Liebeslieder ersetzen sollen, so der Wunsch der Autorin, die aber insbesondere, deshalb der streng-didaktische Unterton, für den Schulunterricht konzipiert sind. Der (schlechtbezahlte) Beruf der Schulmeisterin, den Magdalena Heymair in Straubing (im Privatunterricht für zwei Töchter eines wohlhabenden Hauses, durch dessen Einfluß - genauer jenem der Mutter, einer Frau Degenwerg - sie zum Protestantismus konvertiert), dann zusammen mit ihrem Mann an der deutschen Schule in Cham, weiter in Regensburg, schließlich im österreichischen Grafenwerth und im böhmischen Kaschau, an beiden letztgenannten Orten als Hofmeisterin in einem adeligen Haushalt, ausübt, der Beruf der Schulmeisterin also wird durchaus von Frauen ergriffen, läßt sich im 16.Jahrhundert immer wieder auffinden respektive nachweisen: zumal in Gegenden wie dem Niederbayrischen/der Oberpfalz, in denen öffentliche Schulen, gar Schulen für Mädchen, kaum vorzufinden sind. Auch der Ehemann ist Schulmeister, zur Zulassung genügt ein Plazet der städtischen Behörde, Voraussetzung ist Lesefähigkeit. Die Schulmeisterin scheint beständig von Gönner(inne)n umgeben gewesen zu sein, die unter anderem die hohen Druckkosten aufzubringen gewillt waren, die Veröffentlichungen erst ermöglichten; die Liederbücher selbst unterscheiden sich wenig von solchen männlicher Autoren (abgesehen vom Geschlecht der Autorin und ihrem Bildungsgang, als Autoren didaktischer Literatur treten vorzugsweise Theologen auf), alle Sammlungen sind Frauen gewidmet, Mütter und Töchter stets explizit als Leserinnen aufgerufen, was allerdings innerhalb der didaktischen Literatur der zweiten Jahrhunderthälfte nichts Außergewöhnliches darstellt. Auch in der Akzentuierung der strengen erzieherischen Zucht steht die Schulmeisterin ihren männlichen Kollegen wohl kaum nach, wie der folgende Passus belegt (*Das Büchlein Jesu Sirach...*, 1571, XXX, 1-2):

Ist dir dein Kind von hertzen lieb / halt es in zucht bey zeite: Schaff das es sich im guten ub / hast du frewd bey den leuten. [...] Wer seinem Kinde ist zu waich / thut seine striemen klagen: Erschrickt wann man jm gibt ainen straich / kan nit gnug davon sagen. Derhalb vernimm / schertzt du mit im / es wird dich sehr gerewen. Volg meiner lehr / so sihest Ehr / ich main dir das in trewen. [52]

"Gebrauchstexte" also oder religionspolitische Schriften werden von den wenigen Autorinnen in deutscher Sprache verfaßt, deren Texte im 16.Jahrhundert publiziert, zumindest aber überliefert wurden, einmal abgesehen von den humanistischen Modelltexten des Jahrhundertbeginns: auch in diesem Falle handelt es sich jedoch lediglich um zwei Autorinnen - von Briefen. Kein narratives, lyrisches oder dramatisches Werk, keine Heiligenviten oder Legenden, keine Heldenepen, keine Traktate, keine Übersetzungen, keine Stellungnahmen zur "Frauenfrage" und keine Dialoge, wie sie die Autorinnen in Italien und Frankreich in großer Zahl erstellen: die kulturelle ebenso wie die politische, die ökonomische, die gesellschaftliche Konstellation im Deutschland des 16.Jahrhunderts scheint der Literatur wenig zugetan, am wenigsten im weitesten Sinne literarischen Äußerungen von Frauen, geschweige denn eigenständigen weiblichen Eingriffen in die Wissensdiskurse. Literatur entbehrt des repräsentativen Gehaltes, wie er für die höfischpatrizische Kultur Italiens oder die anfangs eher bürgerlich geprägte urbane Kultur Frankreichs kennzeichnend ist. Frauen scheinen in Deutschland weit rigider aus dem öffentlichen, dem gänzlich different strukturierten kulturellen Leben ausgeblendet, als dies in den vorgenannten Sprachräumen der Fall ist, ohne symbolische Funktion für die "Kultur": dem Gebären, dem Haus, dem Herd überantwortet, auch innerhalb der bürgerlichen oder der adeligen Elite nur selten im Genuß einer Bildung, die über die bloße Alphabetisierung hinausreicht, gänzlich dem über die Glaubenskämpfe etablierten religiösen Primat unterworfen, welches dem weiblichen Geschlecht Gottesfürchtigkeit und damit die subordinierenden Tugenden der Keuschheit, der Schweigsamkeit, des Gehorsams, der Demut und der Bescheidenheit oktroyiert. Deutschland hat in nämlichem Zeitraum keinen Anteil am aufblühenden Imperialismus, der Inbesitznahme neuer Welten (abgesehen von der ökonomischen Ausbeutung derselben, die Fugger und Welser aus Augsburg sind diesbezüglich in der Neuen Welt vertreten), die südlichen Grenzen des Reiches werden von den Osmanen bedroht, auf die glaubens- und sozialpolitischen Unruhen der ersten Jahrhunderthälfte folgen seit 1560 die massiven Hexenverfolgungen, die im südwestdeutschen Raum mehr zuvorderst *weibliche* Opfer als im europäischen Ausland zusammen fordern. Die politische Struktur des Reiches ist zersplittert, weit entfernt von den Ordnungen der aufstrebenden "modernen" Staaten, das Reich ist mehrheitlich agrarisch strukturiert, die Standesgrenzen finden sich nicht gelockert, vielmehr konservativ akzentuiert, im Klerus hat die Apokalypse Konjunktur. "Repräsentation" scheint für Frauen eine sprachlose Ebene zu meinen, jene der Tugend und des Fleißes, der Pflichterfüllung. "Selbstdarstellung" im fassaden-, maskeradenhaften "modernen" Sinn, zwischen Spiegel, Portrait, Idealisierung, Ökonomisierung, Verachtung und Funktionalisierung, im Sinne von *Ruhm*, ist undenkbar, ebensowenig wie ein Begehren Worte findet, eine Befriedigung: die wenigen Andeutungen weisen auch hier auf Gott, auf einen lenkenden Gott allerdings, keinen selbsterfahrenen, auf einen jenseitigen Grund, eine noch größere Macht, die nicht hier ist, der man dient, der man Gehorsam schuldet und Disziplin. Jedenfalls darf man im 16.Jahrhundert als Frau in Deutschland nicht ungestraft laut sprechen, sofern man es denn wollte oder könnte, nichts schreiben, was öffentlich werden soll - die wenigen Versuche manifestieren streng geahndete Ausnahmen - nichts Eigenes nichts Fiktionales imaginieren, nicht *Ich* sagen - Utopie.

4.2 Die Autorin und die Andere: der vernünftige Körper und das authentische Ich - Spiegelwelten

> Das lebendige Gedächtnis wird der Frau entwunden, ein Bild, das andere von ihr sich machen, wird ihr untergeschoben: der entsetzliche Vorgang der Versteinerung, Verdinglichung am lebendigen Leib. [...] Ahnt man, ahnen wir, wie schwer, ja, wie gefährlich es sein kann, wenn wieder Leben in die "Sache" kommt; wenn das Idol sich wieder zu fühlen beginnt; wenn "es" die Sprache wiederfindet? Als Frau "ich" sagen muß?
>
> Christa Wolf, *Voraussetzungen einer Erzählung: Kassandra*, S.148.

Das Selbstbild findet sich im 16.Jahrhundert nicht nur mit wachsender Bedeutung für die kommunikative Interaktion, für die Perspektivierung des Anderen angereichert, immer umfassender stilisiert und reproduziert, so im Kontext der elitären Verhaltens- und Repräsentationsrituale der anhebenden "Leistungs"-Gesellschaft, innerhalb derer ökonomische Potenz einen festen Machtfaktor konstituiert (als deren Gegenstück sich eine über adelige Werte und veränderte Schichtungskriterien im Kontext der Affektdisziplinierung herausbildende elitäre Verhaltensethik mit einem kulturellen Leistungswissen manifestiert), sondern auch zunehmend hinterfragt, spiegelbildlich erforscht, nach innen gekehrt, zuweilen im Schreibakt festgehalten: die "moderne" Autobiographie ist im Entstehen begriffen. Aus der weltlichen Selbstbiographie des Mittelalters, den *res gestae*, Darstellungen des äußeren Lebens ohne Berücksichtigung eines Innenraumes, die im Spätmittelalter schließlich parallel zur systemischen Ausgestaltung eines Inneraumes des leidenden Liebenden im Kontext der Liebesdichtung sich einer Dimension der Innerlichkeit öffnen und im Genre der Memoiren fortgeführt werden, aus den mittelalterlichen Familienchroniken sowie den humanistischen "Gelehrten"-Autobiographien, die in einer Zweiteilung den öffentlichen Bereich der Lebens-, Bildungs-, Berufs- und Werkstationen noch vom privaten der Selbstanalyse scheiden, entstehen um die Mitte des 16.Jahrhunderts die ersten weltlichen Autobiographien, in denen Lebenswegs und Analyse des Innenraumes zur Einheit verschmelzen: etwa die *Vita* des Benvenuto Cellini (1500-1571), niedergeschrieben zwischen 1558 und 1566, ein unchronologischer Lebensbericht als Selbstportrait, der sich wohl auf Berufsweg und abenteuerliches Erleben konzentriert, dabei aber das Selbst als erlebendes ins Zentrum rückt, an das beobachtete oder imaginierte Ich heftet. Oder Girolamo Cardanos (1501-1576) *De propria vita*, zwischen 1574 und 1576 erstellt, eine Selbstanalyse, die gänzlich auf Chronologie verzichtet, sich auf den Bereich der Innenwelt konzentriert. Beider Persönlichkeitsdarstellungen vermeiden Stilisierungen, sind im Gegensatz zu früheren Selbstbiographien beherrscht von Brüchen und Reflexionen, suchen ein "Eigenes" zu formen, die Relation von Ich und Welt zu ergründen. Die in den letzten Jahren des Jahrhunderts entstandenen *Mémoires de la Reine Marguerite* der Marguerite de Valois[1], die ja als erste weiblich-weltliche Selbstbiographie geführt werden, referieren das Leben im Königshaus, Teresa de Avilas *Libro de su vida* (enst. 1562)[2] beschreibt in

Augustinus-Anlehnung die "religiöse" Reifung als mystisch erfahrenen Weg zu Gott, als klösterliche Entselbstung. Autorinnen von Familienchroniken nehmen sich selbst weitgehend aus der Darstellung aus, in literarischen Texten von Autorinnen sind autobiographisierende Referenzen hingegen sehr wohl aufzufinden, zumeist aber in einen fiktionalen Rahmen oder ein systemisches Modell eingebunden respektive angemessen fragmentiert, verfremdet oder stilisiert; in den religionspolitischen Schriften sind die Autorinnen mittelbar oder unmittelbar als Protagonistinnen präsent: eine unstilisierte Reflexion des weiblichen Ich jedoch, eine egozentrierte Problematisierung des Ich, eine Präsentation des Selbst außerhalb vorgegebener Genres und Kontexte ist nicht gegeben, kann nicht gegeben sein.

Das soziale Geschlecht der Frau normiert weibliche Minderwertigkeit, Passivität, Verfügbarkeit und Vernunftferne, perspektiviert die Frau als triebhaftes Körperwesen, dem disziplinierende Maßregeln als desexualisierende Tugendnormen auferlegt werden müssen: die das vollständig sexualisierte Körperwesen Frau durch weitestmögliche Entselbstung eines autonomen Handlungsraumes entheben, weibliches Da-Sein vielmehr instrumentalisieren, die Frau zum Medium männlicher Selbst-Verwirklichung funktionalisieren. Über die zentrale Maßgabe einer Gewähr der männlichen Filiation findet sich die Reproduktion zur Matrix weiblicher Präsenz erhoben, eingebunden in den privaten Raum der Ehe, innerhalb dessen die Frau um das Wohlbefinden des Ehemannes bemüht zu sein hat, dem Gebären verpflichtet ist und den Haushalt organisieren muß - während der als perfekt diskursivierte Mann im Privatraum uneingeschränkte Befehlsgewalt zugesprochen erhält, den Privatraum als Raum der Rekreation von seinen Aufgaben im öffentlichen Raum betrachtet, aus welchem die Frau ausgegrenzt ist: den Kategorien männlichen Wertes und männlicher Leistung enthoben und vollständig den passiven Tugendnormen des weiblichen Geschlechts unterstellt - Keuschheit, Schweigsamkeit, Demut, Gehorsam, Bescheidenheit, Anmut, Frömmigkeit, Fleiß, Freundlichkeit und so fort - deren perfekte Befolgung "Achtung" zur Folge hat, "Ehrbarkeit" als Ausweis perfekter Passivität gewährt. Zwischen der Dämonisierung als sündig-zerstörerisches Sexualwesen und der Idealisierung als Verkörperung statischer Schönheit oder Tugendhaftigkeit vollzieht sich die Diskursivierung des weiblichen Geschlechts als Inszenierung des minderwertigen Anderen, dessen "Differenz" im minderwertig ausgebildeten einen Leib des humoralpathologischen Konzeptes und darüber einem ebenso mangelhaften Geist ideologisiert wird - fusioniert mit der christlichen Tradition des sündigen Weibes als Inkorporation der Urschuld, deren strafende Subordination unter den Mann von Gott verfügt ist: dessen einzige körperliche "Funktion", die Gebärfähigkeit, die Determination zum Dienst am dipolar perfekt diskursivierten männlichen Geschlecht manifestiert; ein Körper-Dienst, ein Hilfs-Dienst, dessen elementare Minderwertigkeit einen weiblichen Willen, ein weibliches Selbst negiert, vielmehr, in der idealen und ausschließlichen Figur der Ehe, dem weiblichen Ort in der patriarchalen Ordnung, eine vollständige Assimilation an den Willen des Mannes verlangt. Die weltliche Ordnung entspricht dem mit einer kodifizierten Rechtlosigkeit und Handlungsunfähigkeit der Frau, die stets der Vormundschaft eines Mannes unterstellt wird, mit einer rechtlich verfügten Besitzlosigkeit der Frau, die passiv männliche Vermögenswerte transportiert, mit einer plakativen Unterbezahlung im Produktionssektor, welcher Frauen lediglich Zuarbeiten konzediert. Wertmaßstäbe und Leistungskriterien, wie sie für den "öffentlichen" Mann gelten, den in Ökonomie, Gesellschaft und Politik aktiv verankerten Mann, Konventionen also der männlichen Bewußtseins-Bildung, der Leistungs-Fähigkeit, der Kreativität, der männlich-individuellen Manifestation, sind für die Frau normativ nicht zugänglich - lediglich passiv zu rezipieren, unmittelbar eigenem Er-Leben verschlossen, mittelbar am Erfolgsmenschen, dem Mann, wahrnehmbar: dessen Spiegel die Frau zu sein hat, den es zu bewundern gilt, zu erhöhen, zu bestätigen, zu loben, zu unterstützen, dem man zuarbeiten muß, dem man zu dienen hat, den man erfreuen soll, dessen Willen man sich vollständig zu fügen hat; man: die unmittelbare Andere, die Tochter, die Schwester, vor allem die Ehefrau, die Frau. Die normative und faktische Fremdbestimmung, die Diskursivierung des Weiblichen und die hierüber konstituierten Bilder der imaginierten Weiblichkeit, prägen soziale wie individuelle Ideale von Verhalten, passivem, gefügigem Verhalten, den Lebensweg, prägen weibliche Wertigkeit, über die männlichen Diskurse verfügte weibliche "Werte", die Werte der Subordination sind, der Entselbstung, der Zurücknahme, der Bedürfnislosigkeit: einheitliche Werte für das andere Geschlecht, überständische Werte, zeitlose Werte, überindividuelle Werte; Werte der passiven Reproduktion, Spiegel-Werte, die Wertlosigkeit aus der Perspektive des perfekten Mannes festschreiben, dienstbar machen, das Körper-Geschlecht privat domestizieren und zum Objekt funktionalisieren. Die männlich-öffentliche Sphäre hingegen produziert Werte, fügt sich mehr und mehr zur Leistungs-Gesellschaft, innerhalb derer ständische Grenzen nach oben und unten durchlässig werden, in denen sich ein männliches Selbst zu etablieren und zu behaupten hat - der Eindruck des Anderen zur Maßgabe von Verhalten gerät, der Andere durchschaut werden muß, um dessen Reaktion vorhersehen zu können, eine Reaktion, einen Eindruck, den es zu manipulieren gilt, dem eine perfekte Fassade nach Maßgabe der relevanten Werte zu präsentieren ist: hinter welcher die Innerlichkeit des Selbst ein "wahres" Selbst entstehen läßt, ein von der Außenwelt, vom Anderen, von den Dingen, der Fassade, dem So-Tun-Als-Ob abgetrenntes Selbst, das diese Trennung, die Distanz zu reflektieren beginnt, sich als Individuum in Relation zur Außenwelt und zur Innenwelt zu setzen hat; sich im Netz der Diskurse, Strategien und Taktiken zu verorten sucht: als aktiv diskursiviertes Subjekt Werte zu bestätigen, zu negieren und zu produzieren hat, Willen zu äußern, Entscheidungen zu treffen, Leistung zu erbringen, schließlich zu reflektieren, in Sprache zu fassen, zu ergrenzen, zu usurpieren - in eine Ordnung zu fügen, das Selbst in eine Ordnung zu fügen. Die Frau ist traditionell von der Diskursproduktion, der Sinnproduktion, der Verwaltung der Ordnung ausgeschlossen, ist als anwesende Abwesende passive Stütze der Ordnung und reproduktives Medium der Filiation derselben. Der Ort der Frau ist Projektionsort von männlich verfügten Werten, die eine statische Wertigkeit diskursivieren, eine *andere* Wertigkeit, sei diese nun dipolar-hierarchisch oder dipolar-komplementär strukturiert, jedenfalls passiv, idealisierend oder dämonisierend, artifiziell, ob Allegorie, Ehefrau, Hure oder Hexe, immer versprachlichtes Bild: schweigend, verfügbar.

Dann weibliche Subjektkonstitution im Schreibakt: im 16.Jahrhundert allemal ein Akt, der Werte negiert, gleichzeitig andere Werte affirmiert. Aber zugleich von Werten ermöglicht wird, konventionsgetragenen, rituellen Werten, Werten der Repräsentation, darüberhinaus in erster Linie Werten Folge leisten muß - ein paradoxaler Akt, der eine mehrfach paradoxe Grundbefindlichkeit reflektiert, eine Befindlichkeit zwischen Norm, Sein und Wollen, einer verfügten und versprachlichten Norm, einem passiven, rechtlosen, normierten, subordinierten Sein und einem sprachlosen Wollen, welches in der patriarchalen Ordnung nicht vorgesehen ist, unbeschrieben und unbeschreibbar, undenkbar, in der (Sprach)Ordnung, in den Diskursen inexistent. Da authentisches weibliches Wollen negiert wird, das allein existente normative weibliche Wollen ein verfügtes, ein männlich imaginiertes, ein Wollen jener Frau ist, welche der Mann in Relation zu sich diskursiviert, aus der Perspektive des perfekten Selbst der minderwertigen Anderen zugesteht - der gefügigen Dienerin respektive dem triebhaften Sexualwesen, ein männlich imaginiertes Sexualwesen Frau, jenseits dessen eine selbstbestimmte weibliche Sexualität inexistent ist. "Subjektkonstitution" im Schreibakt durch Individuen, deren "Wertigkeit" sich an Kriterien wie Keuschheit, Schönheit, Gehorsam und Frömmigkeit errechnet, schließlich, in bestimmten elitären Kreisen, solchen frauenspezifischer Bildung, die ihrerseits idealiter der männlichen Repräsentation zu dienen hat - immer jedoch *anderen, funktionellen* Kriterien. Duch Individuen, zu deren Grundtugenden die Schweigsamkeit zählt, deren elitäre Sprech-Konzession ihrerseits zur passiven Spiegelung männlicher Perfektion funktionalisiert wird; Individuen, die fest gefügte Sprachmuster als erlernte assimilativ reproduzieren, deren Texte - jene Texte, die zur Veröffentlichung gefunden haben, die tradiert wurden - sich lediglich in einem Rahmen bewegen können, der legitimierbar ist und männliche Zensur passieren kann: mimetisches Dichten, hinsichtlich moralischer Raster, hinsichtlich diskursiver, literarischer Raster, "Anleihen" an den männlichen Diskursen, deren Ausgestaltung enge Grenzen gesteckt sind, wiewohl diese Grenzen zuweilen verschoben werden. Immer also zu sprechen, Texte zu erstellen, als ein Individuum, welches zuallererst diskursivierte Frau ist, dann Autorin, sofern der Autorenstatus nicht passivkeusch verweigert wird. Subjektkonstitution, die nicht im männlichen Konflikt von Wertproduktion und Wertnegation verwurzelt, vielmehr diesem passiv-reproduktiv nachgeordnet ist, deren Konflikt kein Werte- sondern ein Normenkonflikt ist, kein aktiver sondern ein passiver, kein produktiver, sondern ein reaktiver: kein Ich, welches sich als Ursprung aller Werte und Wahrheiten verorten muß, vielmehr verfügten Werten zu entsprechen hat, da Wert und weiblicher Ursprung, Wert und weibliche Wahrheit, Wert als gesellschaftliche Setzung und "Weiblichkeit" als gesetzte sich gegenseitig ausschließen. Der Konflikt des weiblichen Ich, das sich als Subjekt eines Sprechaktes zu behaupten hat, ist ein anderer: ein Ich auszufüllen, zu ergründen, zu ergreifen, zu beanspruchen, zu verteidigen, welches weder *authentisch* noch *wertursprünglich* im produktiven Sinne sein kann, welches stets, als Assimilation oder als Protest, die Sprache der Subordination reproduziert. Welches lediglich antreten kann, den Beweis zu führen, daß die Frau nicht allein Körper, sondern auch Geist ist, daß der Körper vernünftig ist, daß Vernunft im weiblichen Körper wohnt, ebenso wie im männlichen; daß Vernunft und Intellekt keine "natürlich" männlichen, sondern menschliche Vermögenheiten sind, welche der Frau nicht entzogen werden können. Dies als Manifestation eines weiblichen Subjektes im Schreibakt, das sich zuweilen, im Kontext der Glaubenskämpfe, in der Diskurskritik, der Gesellschaftskritik, auch als ein politisches Subjekt konstituiert: ein Schreibakt, innerhalb dessen gleichwohl das lebensweltliche "Gefängnis" der Frau so vielgestaltig aufscheint, ein Ehe-Gefängnis, ein privates Gefängnis im Haus, im Turm, aus dem heraus sich die Begegnung mit Welt als Blick aus dem Fenster, als Blick in ein Buch, als Erstehen der Welt in der Imagination vollzieht; als Raum der Liebe, als Begegnung mit Gott, als Wunsch nach Achtung, Anerkennung, Geltung und Ruhm, nach Selbstbestimmung, Selbstverwirklichung und Valenz - nach Befreiung, nach Freiheit.

Die Autorinnen (Frankreichs und Italiens) entstammen (abgesehen von den *cortigiane*) stets der adeligen oder bürgerlichen Elite, welche ihnen eine fundierte Bildung zugesteht: junge Damen, Ehefrauen und Witwen, Nonnen und *cortigiane*, Schauspielerinnen, Gelehrte, regierende Fürstinnen, Mitglieder von Dichterkreisen, von Akademien, im Privaten lebende wie in die elitären Geselligkeitsrituale einbezogene Frauen, Besucherinnen und Gastgeberinnen von bürgerlichen "Salons", katholischen oder protestantischen Glaubens. Diese Autorinnen erstellen im Verlauf des Jahrhunderts in nahezu allen denkbaren Genres, abgesehen von (natur)wissenschaftlichen Abhandlungen, Texte - im übrigen auch gänzlich unklassifizierbare Schriften, Erfahrungs-Vermittlungen, Gebrauchs-Texte, wie Isabella Corteses *I secreti de la signora Isabella Cortese. Ne' quali si contengono cose minerali, medicinali, arteficiose, et alchimiche, e molte de l'arte profumatoria, appartinenti a ogni gran Signora* (Venezia 1561, 1565, 1574, 1584, 1588, 1595, 1625, 1642)[3], oder das bereits dem 17.Jahrhundert angehörende *Ornamento nobile per ogni Gentil Matrona, dove si contiene bavari, frisi d'infinita bellezza, lavori per linzuoli traverse, e facuoli, piena di figure, ninfe, satiri, grotesche, fontane, musiche, caccie di cervi, uccelli, et altri animali, con ponti in aria fiamenchi, et tagliati [...] Opera per pittori, scultori et disegnatori giovevole alle lor professioni fatta da Lucrezia Romana, il quinto volume dei suoi lavori dedicato alle virtuose donne, [...]* (Venezia 1620)[4]; die gynäkologischen Schriften der Hebamme Louise Bourgeois, dite Boursier, Hebamme des französischen Königshauses, sind hierzu zu zählen, auch sie bereits dem 17.Jahrhundert zugehörig[5], oder Anna Weckers *Ein Köstlich new Kochbuch: Von allerhand Speisen an Gemüsen Obs Fleisch Geflügel Wildpret Fischen und Gebachens* (Amberg 1597)[6], das zum beliebtesten deutschen Kochbuch des 17.Jahrhunderts avancieren wird. Autorinnen also, welche die unterschiedlichsten Texte erstellen - wobei insbesondere die religiöse Thematik ebenso wie der Raum der Liebe als Leitmotive im Vordergrund stehen, zwei thematische Komplexe, die aus unterschiedlichen Gründen einem weiblichen Ich-Sprecher besonders "angemessen" sind.

Die religiöse Thematik als "natürlicher" Interessenraum der normativ stets nach größtmöglicher Frömmigkeit strebenden Frau läßt sich in eine "pragmatische" und eine mystische Schiene unterteilen: eine pragmatische Schiene, die im weitesten Sinne den reformatorischen und gegenreformatorischen Strategien zu subsumieren ist, seien diese nun religionspolitisch, so in der ersten Jahrhunderthälfte im Kontext der Reformation in Deutschland und Frankreich, oder aber, insbesondere in der zweiten Jahrhunderthälfte, "religionsmanifestierend" motiviert, als religiöse Dichtungen, Heiligenviten, Psalmenparaphrasen und ähnliches, damit die christlich-subordinierten Tugenden des weiblichen Geschlechts affirmierend; eine mystische Schiene schließlich, die sich von der vermittelten kirchlichen Lehre löst und in der Konstitution eines nunmehr in der Tat dezidert weiblichen Ich die Gotteserfahrung als Vereinigung textualisiert: als unendliche Befriedigung von Bedürfnissen, die von der lebensweltlichen Ordnung vollständig abgetrennt ist, jenseitig, in einem selbsterfahrenen Gottesraum, der Lustraum ist, subjektiver Lustraum der Liebe und der Einheit in einem Absolutum des Prinzips, welches lediglich dem weiblichen Ich mit dem Mann Gott erfahrbar ist. Losgelöst von aller Minderwertigkeit und Beschränkung, im haltlosen Verströmen, Transzendenz in der Totalität der Dienerschaft vor Gott, der höchst normativ-weiblichen Hingabe, Weggabe, Aufgabe, ganz passiver Trieb, aber im Göttlichen überhöht und begriffen als Freiraum jenseits der Konventionen, dabei Absolutum der Unterwerfung: wenn es heißt, Gott ist in mir - das Medium ohne Innenraum, Form. Der Raum der Liebe scheint gleichermaßen als von "natürlicher" Affinität zum Weiblichen auf, da die Frau dem abendländischen Liebesbegriff stets immanent ist, als insbesondere dem Affektiven verpflichtetes Geschlecht, so die Diskurse, zur Liebe "natürlich" disponiert erscheint: auch der Raum der Liebe, das System der zwischengeschlechtlichen Liebe allerdings ist bereits vorgängig vollständig männlich strukturiert, über die mittelalterliche Diskursivierung als zwischengeschlechtliche Distanz, als Moment des Aufschubs der männlichen Triebbefriedigung, als gewaltdomestizierende Konvention der Affektdisziplinierung zur Gewähr der männlichen Filiation - ein Konstrukt der Liebe, welches der Frau von Beginn an den Ort des passiven, des keuschen, des distanzierten Objektes zuordnet. Eine weibliche Aneignung des Raumes der Liebe muß also stets im Raster der inhärenten geschlechtlichen Hierarchie erfolgen, objekthaft und passiv, (polylogisiert durch die Normen des sozialen Geschlechts) mehrfach gebrochen, paradoxal - insofern das System männliche Sexualität denotiert, eine systemische Disposition, welche durch die neuplatonische Überformung des Liebesbegriffes in der kontemplativen Funktionalisierung des weiblichen Mediums noch verstärkt wird. Die Manifestation im Schreibakt, die sprachliche Ergrenzung von Räumen durch eine Ich-Sprecherin verweist auf ein Subjekt der Sprechhandlung, welches im Reflexionsakt Sprache einer diskursiven Reihung unterzieht, einen Raum setzt, der als Text zum Spiegel der Imagination, der Reflexion, der Assimilation des Subjektes wird: für die Frau, als Reagens diskursiviert und sozialisiert, der Matrix der Reproduktion verschrieben, vollzieht sich der Diskurseingriff als mimetische Übernahme von Sprechmustern, Diskursen und Systemen, die jenseits des ihr zugewiesenen Raumes der Sprachlosigkeit eine männliche Logik strukturieren, denotieren und produzieren - eine Logik, die im Netz der Diskurse ebenjenen Ort fixiert, der als der ihre, jener der Frau, ausgewiesen wird, die Hierarchie, die Valenz festschreibt, die Normen, die Konventionen kodifiziert, die Bilder formt. Die Subjektkonstitution vollzieht sich außerhalb des "Authentischen", welches sprachlos, undenkbar ist; das Ich des Schreibaktes wird zum Spiegel der Diskurse und des Subjektes, die Reproduktion als intertextuelle Rekombination prolongiert Sprache und Strukturen. Der Spiegel läßt kein "außerhalb" zu, läßt kein *Anderes* zu, die Andere hat keine andere Sprache, das System der Selben hält das Monopol, ist im Mittelpunkt fixiert, transportiert die Differenz und den *Mangel* der Anderen, die stets Objekt verbleibt. Das weibliche Subjekt der Sprache steht außen, kann aber nur innerhalb der Sprache, der Systeme sprechen, sein Außenstehen affirmieren, die Perspektive der Selben, die hierarchische Differenz. Dennoch ist durch den Eingriff in die Diskurse die Ausgrenzung gebrochen, wird das Subjekt zum formenden, zum produktiven, zum schöpferischen Subjekt, welches den Raum des Privaten überschreiten kann, Öffentlichkeit erfährt, gehört, gelesen wird, möglicherweise Ruhm erntet, Dauer, einen Namen erhält, eine Geschichtlichkeit; ein Subjekt, das anwesend ist, der Relationierung an den Ehemann enthoben wird, etwas Eigenes sichtbar macht - und die Freude am Schreibakt, eine Befriedigung erfährt, die vielenorts zum Aufruf geformt wird, als Frau zu schreiben, in die Diskurse einzugreifen, das zu erahnen, was den Mangel benennbar macht - jenes "singulier contentement", welches dem Anderen entgegengesetzt werden kann: Selbst-Wert-Gefühl. Gefühl für oder gegen jenes normative Selbst, das als fremdbestimmtes nicht "paßt", welchem es sich in der Zurücknahme ja von was, von Selbst, von Ich, von Bedürfnissen, von Undenkbarem, anzugleichen gilt, anzugleichen in der schweigend-tugendvollen Normerfüllung, die nunmehr überschritten wird durch Manifestationen von Geist und Vernunft: eine Vernunft, die ansetzt, das soziale Geschlecht zu reflektieren, die Relation zum Anderen, zum Mann, innerhalb seines eigenen Systems zu perspektivieren, vernünftig, nicht körperlich-sprachlos - um dabei dennoch und stets imaginierte Weiblichkeit, das diskursivierte Geschlechterverhältnis zu reproduzieren, zu reflektieren, und was zu suchen, ein anderes Selbst, ein mit sich selbst identisches Selbst, stets Spiegel und von Spiegeln gespiegelt? - Um im Falle unangemessener Anmaßung durch die männliche Ordnung auf das zurückgeworfen zu werden, was das weibliche Geschlecht normativ zu verkörpern hat: seinen Körper, den sexualisierten, den kolonisierten Körper, der, als die Keuschheitsnorm übertretender benannt, jedes weibliche Sprechen ins sozial überwachte Schweigen zurückholt.

Gegen Ende des 16. und zu Beginn des 17.Jahrhunderts entstehen literarische Werke, deren Protagonisten, deren Helden fortan zu Mythen der "Neuzeit", als archetypische Sinnbilder einer spezifischen Befindlichkeit transportiert werden: Prometheus als neuentdecktes Paradigma des Glaubens an die menschlichen Möglichkeiten steht an der Seite Fausts, Hamlets und Don Quijotes, der abendländische Liebesmythos findet seine Verkörperung in Don Juan, in Romeo und Julia. Texte von Autorinnen dieses Zeitraums schaffen keine Mythen, keine Helden, einzelne Autorinnen werden vielmehr, auch dies systemische Notwendigkeit, konsequenter Mechanismus imaginierter Weiblichkeit, selbst einem Prozeß der Mythisierung unterzogen, zu Bildern geformt, die vollständig aus ihrem "Zusammenhang" herausgebrochen sind; werden in der weiblichen Verfügbarkeit funktionalisiert zu überhöhten Ich-Sprecherinnen, welche die Namen ihrer Autorinnen erhalten, zu fiktiven Frauen, zu Idealen, zu Allegorien einer anderen Bedeutung. Rilke etwa, der Übersetzer der Sonette Louise Labés, fügt aus ihr, aus Gaspara Stampa, aus anderen, die "glorreichen Liebenden": "Wenn ich all diese Frauen liebe und bewundere, so deshalb, weil sie so verzweifelt lieben können, mit einer Liebe, die kein anderes Ziel hat als die himmlische Glückseligkeit, zu der sie hinstrebt quer durch ihren Gegenstand, mit einer Liebe, die zu machtvoll ist, als daß irgendeine irdische Liebe sie befriedigen könnte"[7] - weitere Spiegel-Bilder, welche die Texte von Frauen als Komplement der imaginierten Weiblichkeit absorbieren und zum Beleg funktionalisieren, diskursivierte Weiblichkeit spiegelnd, die unendliche Prolongation. Dies führt zurück zum Umgang mit dem Anderen, dem fernen Anderen und dem unmittelbaren Anderen, schließlich jenem Anderen, der weiblich ist. Während die Völker Amerikas in ihrer Fremdheit sogleich als minderwertig, ketzerisch und barbarisch denotiert, dehumanisiert, unterworfen, im Zeichen des christlich-ökonomischen Imperialismus instrumentalisiert und nach den kolonialen Regeln des Massakers vernichtet werden, gilt im Abendland Folter und Mord den "Abtrünnigen" der Gemeinschaft der Gläubigen, werden Prozeduren erdacht, den Anderen ein Bekenntnis zu entlocken, welches ihr "Anderssein", ihre Bedrohlichkeit, die destruktive Exteriorität bestätigt, bestrafbar macht: als Paktieren mit den Osmanen, mit dem Teufel in ein Feindbild überführt, dessen Vernichtung im Namen der höchsten Werte des Abendlandes zu fordern ist, das Christentum auf den entzündeten Scheiterhaufen reinigt. Die Maschinerien von Inquisition und Conquista führen Feldzüge zur Vernichtung der Differenz, zur Ausrottung und Gleichschaltung von Dasein, welches als anderes, fremdes, bedrohliches, wertnegatives, destruktives gesetzt und disqualifiziert wird. Schließlich werden die Armen, Kranken, Kriminellen, Andersgläubigen marginalisiert, stigmatisiert und verfolgt, dem Blick entzogen, "umerzogen". Die sozialen Gruppen grenzen sich wechselweise voneinander, insbesondere nach unten ab, der gruppeninterne Andere muß durchschaut werden, manipuliert und getäuscht, die Affektdisziplinierung mündet in die "Höflichkeit". Der Umgang mit dem anderen Geschlecht manifestiert sich als Paradigma der Subordination, der Verfügung, der Funktionalisierung: die andere Hälfte, über ihr Geschlecht und damit auch ganz wesentlich über ihren Körper als minderwertig diskursiviert, in einer jahrtausendewährenden Tradition der Wissensdiskurse und der gewohnheitsrechtlichen Praxis zum Objekt gefügt, wird in der rinascimentalen Fusion von antiker Medizin, Philosophie und Ethik sowie christlicher Lehre zum sündig-sexualisierten Körperwesen uterozentrischen Charakters gewendet. Dessen göttlich verfügte Subordination unter den Mann wird über den gemeinsamen Nenner einer weiblichen Matrix der Reproduktion in das aufgewertete Eheparadigma integriert und zur Ehrbarkeit der Ehefrauen- und Mutterrolle überformt - während gleichzeitig die Ausgrenzung der Frau aus dem öffentlichen Raum und dem Vermögenskreislauf vorangetrieben, in der Kodifizierung des Rechts die weibliche Handlungsunfähigkeit festgeschrieben, in der Disqualifizierung und Marginalisierung weiblicher Lohnarbeit der valorisierte Produktionssektor männlich monopolisiert wird. Der Umgang mit der Anderen, die weiblich ist, ist einer der über den göttlichen Willen, wie ihn die Bibel referiert, legitimierten Herren, deren Wissensordnung die Frau als minderwertige und allumfassend defizitäre Version der eigenen Perfektion führt, deren körperliche Disposition über das zentrale Gebärvermögen ihren Ort in der gesellschaftlichen Ordnung festlegt: als Determination zur Mutterschaft, die als gesellschaftserhaltende Reproduktion im ehelichen Raum organisiert wird. In der Subordination unter einen Ehemann, welcher den Körper, die Keuschheit der Frau zu überwachen, die Subsistenzsicherung im öffentlichen Raum zu gewährleisten und darob im privaten Raum die rekreativen Dienste der Ehefrau zu beanspruchen hat: einer Ehefrau, die über die Mitgift den Austausch von männlichen Vermögenswerten transportiert, Hausarbeit ableistet, seinem Willen vollständig unterworfen ist, für welche er als Vormund agiert. Weibliche Ehelosigkeit bedingt soziales Abseits, die Verbannung hinter Klostermauern, Armut, den Zwang zu abhängiger Lohnarbeit oder zur Prostitution.

Die im 16.Jahrhundert - dessen Denken beherrscht ist vom Kosmos der Analogien, dem Streben nach der universalen Harmonie, welche sich in der zwischengeschlechtlichen Relation als hierarchische Dipolarität der geschlechtlichen Vermögenheiten und Kompetenzen manifestiert - die im 16.Jahrhundert gefestigten Strukturen des Geschlechterverhältnisses in einem Netzwerk von Diskursen, Rechtsvorschriften, Gewohnheitsrechten, moralischen Normen, sozialen Konventionen und Bildlichkeiten des kollektiven Imaginären sind über den engen Konnex mit dem Aufstieg der bürgerlichen Gesellschaft bis ins 20.Jahrhundert wirksam: an der Oberfläche, im Verborgenen, im Bewußten und Unbewußten, im Geschlechterverhältnis selbst sowie in der sozialen Ordnung, der Ordnung des Denkens, in den Konventionen, den Bilderwelten - massiver, als die Distanz dies vermeintlich zuläßt. Das humoralpathologische Konzept mit seinem einen Leib, dieser so zentrale Pfeiler des Dispositivs Frau, wird zwar im 19.Jahrhundert durch ein modifiziertes medizinisches Konzept abgelöst, die christliche Ordnung aber gilt weiterhin als ethische Basis der gesellschaftlichen Verfaßtheit und ihrer Verwaltung: deren ökonomische Struktur sich hinsichtlich der geschlechtsspezifischen Organisation keineswegs grundlegend verändert hat, deren Rollenmuster gleichfalls bruchlos der Verfaßtheit des 16.Jahrhunderts anzubinden sind. In diesem Sinne ist auch der Blick ins 16.Jahrhundert, auf das Dispositiv Frau im 16.Jahrhundert, Blick in den Spiegel, nicht frontal, sondern seitlich versetzt, den Kopf gewendet, Blick in einen Spiegel, der ein Panorama reflektiert, welches zugleich die andere Seite des Raumes erfaßt - gestaltlos, Text, Jahrtausende an Text und Erzählungen, aber im Raum, als Rauminhalt, als Atmosphäre, als Raum-Ordnung, Denk-Ordnung, Geschlechter-Ordnung, Gewalt-Ordnung: des "eigenen" weiten Raumes, den es auf-klärend zu erfahren, nicht zu kolonisieren gilt, dessen gewaltreich-hierarchische Mechanismen des Umgangs mit dem Anderen zu entschlüsseln sind, um Heterogenität der Gleichen denkbarer werden zu lassen.

Danksagung

Zu danken ist natürlich all denen, die, in welcher Form auch immer, dazu beigetragen haben, daß dieses doch etwas ausufernde Unterfangen unternommen und zu einem Ende geführt werden konnte.

Mein tiefster Dank gilt selbstverständlich denen, die mir während dieser Jahre der Höhen und Tiefen ganz besonders nahe- und beigestanden haben, aber das wißt ihr zwei ja eh.

Danken möchte ich desweiteren für die finanzielle Unterstützung, die mir in den Jahren 1990-1993 aus Mitteln des Bundesministeriums für Bildung und Wissenschaft über ein Stipendium der Hanns-Seidel-Stiftung eV gewährt wurde.

Anmerkungen

2. Übergänge. Das 16. Jahrhundert

2.1 Zur Genese frühneuzeitlicher Staatlichkeit. Absolutismus und höfische Gesellschaft

[1] Dülmen, Richard van, *Entstehung des frühneuzeitlichen Europa 1550-1648*, Frankfurt/Main 1982, S.10-16.

[2] vgl. ebd., S.10-15.

[3] vgl. ebd., S.10.

[4] Die traditionelle Arbeitsteilung verliert im Zuge der Anhäufung von Vermögen im Umfeld der neu und rasch entstehenden überregionalen Märkte an Bedeutung, die durch Kommerzialisierung der alten Handelsorganisationen hervorgerufene Konzentration des Handelskapitals in den Händen einer sich herausbildenden Bourgeoisie bedingt und forciert die Umstrukturierung. Vgl. ebd., S.10/11.

[5] vgl. ebd., S.11/12. Ruggero Romano und Alberto Tenenti (*Die Grundlegung der modernen Welt. Spätmittelalter, Renaissance, Reformation*, Frankfurt/Main 1967, S.300) führen folgende Faktoren als maßgeblich für die Entstehung eines frühmodernen Staates auf, dessen Strukturen sich in der Folgezeit für staatliche Organisation als dominant weiterentwickelte, als in die "Moderne" weisende manifestieren sollten: neben einer "gewisse[n] territorialen Grundlage" und einer "genügend starke[n] Zentralgewalt" die "Vernichtung oder zumindest drastische Einschränkung der alten Feudalmacht" sowie die "Schaffung einer soliden Infrastruktur, d.h. Verwaltung, Finanzen, Heer, Diplomatie", welche im Verbund die Staatlichkeit aufrechterhalten helfen.

[6] vgl. Dülmen, S.167.

[7] s. ebd., S.168-172, Romano/Tenenti, S.76-79, 288-294.

[8] s. Dülmen., S.172-174, Romano/Tenenti, S.288-294.

[9] vgl. Delumeau, Jean, *Angst im Abendland. Die Geschichte kollektiver Ängste im Europa des 14. bis 18.Jahrhunderts*, Reinbek 1989, S.398: "Im 16.Jahrhundert erstreckt sich das Osmanische Reich von den Ufern des adriatischen Meeres im Westen über drei Kontinente: von Buda bis Bagdad, vom Nil bis zur Krim. Sein Einflußbereich und seine Schutzherrschaft umfassen sogar einen großen Teil Nordafrikas. Die christlichen Niederlagen auf dem Amselfeld (1389), bei Nikopolis (1396), die Eroberung Konstantinopels (1453), das Ende des kleinen griechischen Kaiserreichs Trapezunt (1461), die Eroberung Ägyptens, die Einnahme Belgrads, die katastrophale Niederlage, die 1526 bei Mohács ein ungarisches Ritterheer unter König Ludwig, der in der Schlacht fiel, hinnehmen mußte, die methodische Angliederung der ägäischen Inseln zwischen 1462 (Lesbos) und 1571 (Zypern) machten aus dem Sultan einen mohammedanischen Augustus. Gleichzeitig ist er Nachfolger Mohammeds, 'Diener der heiligen Städte'. In Europa beherrscht er den Balkan und zwei Drittel Ungarns. Siebenbürgen, die Moldau und die Walachei sind ihm tributpflichtig. 1480 war sogar eine türkische Armee im italienischen Otranto gelandet. Auch nach der Schlacht bei Lepanto (1571) kreuzten türkische und berberische Seeräuber weiter vor den italienischen Küsten."

[10] s. Dülmen, S.174/5, Romano/Tenenti, S.55-57, sowie Schulze, Winfried, *Deutsche Geschichte im 16.Jahrhundert*, Frankfurt/Main 1987.

[11] vgl. Dülmen, S.175: "Was auf der Reichsebene nicht gelang, nämlich die Integration aller Reichsstände durch Domestizierung des Adels und den Aufbau einer rationalen Verwaltung, wurde um so erfolgreicher auf der Ebene der alten Landesfürstentümer betrieben. [...] Allein auf der Landesebene entwickelten sich neue Herrschaftssysteme, absolutistische wie ständestaatliche bzw. libertäre, unter denen die Expansion Habsburgs und Preußens eklatant zeigte, wie ohne Bruch mit dem Reich unter Ausnutzung aller landesherr-

lichen und reichsständischen Rechte innerhalb kurzer Zeit deutsche Territorialstaaten als souveräne Partner Frankreichs oder Schwedens auftreten konnten."

[12] s. Romano/Tenenti, S.59-63, sowie Burke, Peter, *Die Renaissance in Italien. Sozialgeschichte einer Kultur zwischen Tradition und Erfindung*, Berlin 1984, S.223-237.

[13] Burke (1984), S.234.

[14] s. Dülmen, S.185-187, Romano/Tenenti, S.65.

[15] vgl. Dülmen, S.185.

[16] s. Romano/Tenenti, S.69-73, Dülmen, S.188-192.

[17] vgl. Dülmen, S.191.

[18] s. ebd., S.179-185, Romano/Tenenti, S.73-76.

[19] vgl. hierzu Romano/Tenenti, S.301-305.

[20] vgl. hierzu auch Elias, Norbert, *Die höfische Gesellschaft*, Frankfurt/Main 1983, v.a. S.286/7.

[21] Zur höfischen Gesellschaft s. v.a. Elias (1983) sowie ders., *Über den Prozeß der Zivilisation*, 2 Bde., Frankfurt/Main 1976; zur Entstehung der absolutistischen Gesellschaft; vgl. auch Dülmen.

[22] Castiglione, Baldassar, *Il libro del Cortegiano*, Milano 1987 (1528). Übersetzungen u.a. ins Spanische 1534, ins Französische 1538, ins Englische 1561, ins Deutsche 1565, ins Polnische 1566.

[23] Nach dem Frieden von Cateau-Cambrésis von 1559, dem Friedensschluß Frankeichs mit Spanien, England und Savoyen unter Verzicht auf italienische Gebiete (gleichzeitig aber anderer Gebietsgewinne), zählen neben Urbino hierzu: Ducato di Savoia, Marchesato di Saluzzo, Contea di Tenda, Principato di Monaco, Principato di Masserano, Marchesato di Monferrato, Marchesato di Finale, Ducato di Milano, Ducato di Parma, Principato di Massa, Principato di Trento, Ducato di Mantova, Ducato di Modena e Reggio, Ducato di Ferrara, Ducato di Firenze (die Republik hatte sich mittlerweile auch formal zum Herzogtum gewandelt), Contea di Santa Fiora sowie das Ducato di Castro.

[24] Martin, Alfred von, *Soziologie der Renaissance*, München [3]1974, S.21.

[25] ebd., S.29.

[26] vgl. ebd., S.105.

[27] Neben der bedeutendsten, der Republik Venedig, fanden sich 1559 noch die von Genua, Lucca, San Marino und Ragusa. Zum Folgenden vgl. Burke (1984), S.289-291, sowie ders., *Städtische Kultur in Italien zwischen Hochrenaissance und Barock. Eine historische Anthropologie*, Berlin 1988, v.a. S.125-129.

[28] Burke (1984), S.289.

[29] vgl. ders. (1988), S.127: "Angesichts der politischen und ökonomischen polyzentrischen oder fragmentierten italienischen Gesellschaft dieser Zeit ist es wahrscheinlich, daß der Übergang zu demonstrativeren Formen des Konsums in verschiedenen Städten zu unterschiedlichen Zeitpunkten stattfand und - was noch wichtiger ist - aus unterschiedlichen Gründen. [...] In Neapel kann man mit gutem Grund die Jahre 1532-53 als einen entscheidenden Wendepunkt ansehen. Sie waren die Regierungsjahre des berühmtesten Vizekönigs, Pedro de Toledo, dessen Politik offenbar das Ziel verfolgte, den Hochadel, der zuvor auf seinen Ländereien gelebt hatte, an den Hof zu ziehen, um ihn politisch (indem er ihn von seiner lokalen Machtbasis abschnitt) und ökonomisch (weil das kostspielige Leben in der Stadt sie todsicher in Schulden stürzen würde) zu schwächen. Ludwig XIV. war nicht der Erfinder dieses "Versailles-Syndroms". Auf jeden Fall zogen die hochrangigen Adeligen in die Stadt, und in der zweiten Hälfte des sechzehnten Jahrhunderts brach ein wahres Palastbaufieber aus.

[30] An anderer Stelle rückt Burke die beschriebenen Prozesse in den Rahmen der von ihm allerdings kritisch aufgenommenen Kategorie der "Refeudalisierung" (Burke, Peter, *Die Renaissance*, Berlin 1990, S.92/3): "Im Italien des 16.Jahrhunderts zeichnet sich eine allmähliche Verschiebung des Wohlstands und der Macht von den Kaufleuten auf die landbesitzenden Klassen ab, die von Marxisten als 'Refeudalisierung' beschrieben wird. Die unabhängigen Stadtstaaten und ihre handelstüchtigen Patrizier, die die besondere

Stellung Italiens in Europa begründet hatten, wurden - mit der Ausnahme Venedigs und Genuas - durch Fürstenhöfe und Aristokratien abgelöst".

[31] Elias (1983), S.225.

[32] Zum Folgenden vgl. Elias (1976) und (1983).

[33] Elias (1976), Bd.1, S.137.

[34] vgl. Elias (1983), S.253: "Entscheidend für diese Konstellation ist es, daß dem Adel die Funktion der Verwaltung und Rechtsprechung in dieser Zeit schon entglitten und daß sich auf Grund dieser Funktion reiche und damit auch mächtige bürgerlich Korporationen, voran die Parlamente, gleichsam als Oberschicht des Bürgertums herausgebildet haben. So bedurfte der Adel mit seiner schwindenden finanziellen Basis der Könige, um sich gegenüber dem Druck der bürgerlichen Schichten und ihres steigenden Reichtums als Adel zu erhalten, und die bürgerlichen Korporationen bedurften der Könige als Schützer und Protektoren gegenüber den Bedrohungen, Anmaßungen, und auch gegenüber der allzu einseitigen Privilegierung des noch halb ritterlichen Adels. Eine Figuration mit einer derartigen Spannungsbalance, bei der sich zwei ständische Gruppierungen mehr oder weniger das Gleichgewicht hielten, bei der jedenfalls keine der Hauptgruppen für die Dauer ein entscheidendes Übergewicht über die andere zu erlangen vermochte, gab dem legitimen, scheinbar von allen einzelnen Gruppen gleichmäßig distanzierten König zunächst einmal die Chance, als Friedensbringer [...] in Erscheinung zu treten."

[35] vgl. ebd., S.47: "In der Figurationsanalyse stellen sich die einzelnen Individuen in höherem Maße so dar, wie man sie beobachten kann, als offene, gegenseitig aufeinander ausgerichtete Eigensysteme, die durch Interdependenzen miteinander spezifische Figurationen bilden. Auch die, im Sinne spezifischer gesellschaftlicher Werthaltungen, größten Menschen, auch die mächtigsten Menschen haben ihre Position als ein Glied in diesen Abhängigkeitsketten"; vgl. auch ebd., S.248.

2.2 Der Andere, das Böse und der Tod. Bedrohung und Zerstörung

a. Die Eroberung Amerikas

[1] vgl. Burke (1988), S.24, der sich auf F. Hartog, *Le miroir d'Hérodote: essai sur la représentation de l'autre*, Paris 1980, beruft.

[2] vgl. hierzu Weigel, Sigrid, "Die nahe Fremde - das Territorium des 'Weiblichen'. Zum Verhältnis von 'Wilden' und 'Frauen' im Diskurs der Aufklärung", in: Koebner, Thomas/Pickerodt, Gerhart (Hrsg.), *Die andere Welt. Studien zum Exotismus*, Frankfurt/Main 1987, S.171-199, hier S.182: "Kritische Untersuchungen zur Entdecker- und Reiseliteratur haben zeigen können, wie sehr die von den fremden Ländern entworfenen Bilder jeweils von den Erwartungen der Reisenden geprägt sind. Die Fremde wird zur Verkörperung der eigenen Theorien und Utopien. [...] Besonders deutlich ist diese Subsumierung des Fremden unter die Perspektive des Eigenen in den Versuchen, die Wilden als Repräsentanten eines früheren Zustandes der eigenen Geschichte zu betrachten: die Wilden als Vorstufe bzw. Ursprung der Zivilisation. Das bedeutet, daß ihnen eine eigene Geschichtlichkeit nicht zugestanden wird. Amerikas Existenz z.B. beginnt in diesem Diskurs erst mit dem Zeitpunkt der Entdeckung durch die Europäer, es hat keine Vorgeschichte. Das Bild der Wilden ist als statisches Mosaik in ein historisches Bild von den Weißen einbezogen. Sie sind sozusagen die ewigen Kinder der Menschheit, häufig selbst noch dort, wo in einer Zivilisationskritik der Aufklärung die Wilden den Europäern positiv gegenübergestellt sind: Der Naturzustand als Folie für die Kritik der eigenen Zivilisation, die dann als Denaturierung verstanden wird."

[3] ebd., S.181.

[4] vgl. Romano/Tenenti, S. 199: Auf der Suche nach dem Seeweg zu den Goldquellen der Sahara hatten Genueser zu Beginn des 14.Jahrhunderts die Kanarischen Inseln, 1341 dann Madeira entdeckt. Abgelöst wurden sie durch die Portugiesen, die die Erkundung der afrikanischen Küste in Angriff nahmen: 1434 Kap

Bojador, 1444 Kap Verde, 1472-74 die Äquatorlinie. Eine detaillierte Darstellung der europäischen Erkundungs- und Eroberungsfahrten, der Hintergründe, des Ablaufs, der Umstände und der Folgen, findet sich in Crosby, Alfred W., *Die Früchte des weißen Mannes. Ökologischer Imperialismus 900-1900*, Frankfurt/New York 1991.

[5] vgl. Delumeau (1989), S.66.

[6] vgl. Weigel, in: Koebner/Pickerodt, S.181/82, die diesen Aspekt in ihren Untersuchungen zur Aufklärung als eine Konstante jahrhundertelanger Bemühungen festmacht: "Seit Beginn der Entdeckungsreisen mischen sich bei den Reiseunternehmungen Kolonisierungsabsichten mit der Suche nach dem *Irdischen Paradies*. Die Verarbeitung der Entdeckungsreisen in Reiseberichten, philosophischen und naturwissenschaftlichen Studien ist nicht wegzudenken aus der Veränderung der Naturvorstellung. Die Suche nach dem Goldenen Zeitalter und dem Irdischen Paradies wurde durch die ersten Entdeckungsreisen bestätigt und enttäuscht, was sich aus den ambivalenten Motiven der Eroberer selbst mit Konsequenz ergeben muß. *Die Merkmale der entdeckten Länder und deren Einwohner, die ins Bild des Irdischen Paradieses paßten - üppige Naturressourcen, Friedfertigkeit und Unschuld der Wilden - waren eben dieselben, die sie für eine Kolonisierung attraktiv erscheinen ließen*. Die Eroberung selbst zerstört das Irdische Paradies, während sich der Wunschtraum immer weiter auf die noch unentdeckten Gebiete verschiebt. Das Paradies ist immer das unentdeckte, denn es ist ein Imaginäres. Es realisiert sich scheinbar punktuell in den Augen von Entdeckern, die als erste Europäer noch nicht entdecktes - in ihren Vorstellungen jungfräuliches - Land betreten, bis sich das paradiesische Bild wie eine Fata Morgana verflüchtigt. Aber auch wenn gegenläufige Berichte oder Erlebnisse das idyllische Bild zerstören bzw. das Paradies-Bild desillusionieren, so spaltet sich die Paradiesvorstellung ab und führt dann im Literarischen, z.B. in fiktionalen Reiseberichten, ein reges und ungetrübtes Eigenleben."

[7] Ich übernehme diese Schreibweise für Kolumbus, dem Argument T. Todorovs folgend, diese als von Colón selbst benutzte als authentisch zu betrachten (Todorov, Tzvetan, *Die Eroberung Amerikas. Das Problem des Anderen*, Frankfurt/Main 1985).

[8] vgl. hierzu de Mello e Souza, Laura, "Die Neue Welt zwischen Gott und Teufel", in: *Lettre International* 11 (1990), 31/2, die das Zusammenwirken der mittelalterlichen Legenden und der abendländisch-christlichen Rezeption der Entdeckung und Eroberung in der Neuen Welt in Text und Handlung untersucht.

[9] Colón, Cristóbal, *Textos y documentos completos. Relaciones de viajes, cartas y memoriales*, ed. de Consuelo Varela, Madrid [2]1984, S.132.

[10] ebd., S.213/4.

[11] ebd., S.216.

[12] Todorov, S.24.

[13] Belege aus Colóns Schriften s. Todorov, S.15-19.

[14] s. Todorov, S.19/20: "Daß er diesen Plan verfolgte, läßt sich ausführlich belegen. Am 26.Dezember 1492, im Verlauf der ersten Reise, offenbart er in seinem Tagebuch, er hoffe Gold zu finden, und zwar so viel, 'daß der König und die Königin noch vor Ablauf von drei Jahren imstande sein würden, zur Eroberung des Heiligen Grabes schreiten zu können. Aus diesem Grunde habe ich Euren Hoheiten gegenüber erklärt, daß der ganze sich aus meinem Unternehmen ergebende Gewinn zur Wiedereroberung Jerusalems verwendet werden müsse. Eure Hoheiten geruhten Eure Befriedigung darüber auszudrücken und zu sagen, daß dieser Plan Ihnen höchst willkommen und Ihnen sehr am Herzen gelegen sei, auch ohne den Gewinn, von dem ich sprach' [*Diario del Primer Viaje*, Miércoles, 26 de Diziembre 1492: " Y dize qu'espera en Dios que, a la buelta que él entendía hazer de Castilla, avía de dexar, y que avían hallado la mina del oro y la espeçería, y aquello en tanta cantidad que los Reyes antes de tres años emprendiesen y adereçasen para ir a conquistar la Casa Sancta, 'que así', dize él, 'protesté a Vuestras Altezas que toda la ganançia d'esta mi empresa se gastase en la conquista de Hierusalem, y Vuestras Altezas se rieron y dixeron que les plazía, y que sin esto tenían aquella gana'. Estas xon palabras del Almirante", in: Colón, S.101]. Später kommt er noch einmal auf diese Episode zurück: 'Als ich Schritte unternahm, um zur Entdeckung der Indischen Länder aufzubrechen, hegte ich die Absicht, den König und die Königin, unsere Herren, darum zu bitten, sie möchten bestimmen,

daß die möglichen Einkünfte Ihrer Hoheiten aus den Indischen Ländern für die Eroberung Jerusalems verwendet werden, und so habe ich es auch von ihnen erbeten' [*Institución del Mayorazgo*, Sevilla, 22 de Febrero 1498: "Y porque al tiempo que yo me mobí para ir a descubrir las Indias, fui con intençion de suplicar al Rey y a la Reina, Nuestros Señores, que de la renta que Sus Alteças de las Indias obiesen, que se determinasse de la gastar en la conquista de Jerusalem, y ansí se lo supliqué...", in: Colón, S.197]. Dies war also das Projekt, das Colón am Königlichen Hof vorgetragen hatte, um die notwendige Unterstützung für seine erste Expedition zu erbitten; was nun Ihre Hoheiten betrifft, so nahmen sie das nicht allzu ernst und behielten sich wohl das Recht vor, den Gewinn aus dem Unternehmen, wenn es überhaupt Gewinn erbrächte, auch für andere Zwecke zu verwenden."

[15] ebd., S.49.

[16] ebd., S.48.

[17] vgl. ebd., S.56: "Die Haltung, mit der Colón den Indianern entgegentritt, beruht darauf, wie er sie wahrnimmt. Man könnte dabei zwei Komponenten unterscheiden, die sich dann im folgenden Jahrhundert und im Grunde bis in unsere Tage bei jedem Kolonisator in seiner Beziehung zum Kolonisierten wiederfinden; diese beiden Grundhaltungen hatten wir im Keim bereits in Colóns Verhältnis zur Sprache des anderen beobachtet. Entweder sieht er die Indianer (ohne sich jedoch dieser Begriffe zu bedienen) als vollwertige Menschen, die dieselben Rechte besitzen wie er, betrachtet sie jedoch dann nicht nur als gleich, sondern auch als identisch, nimmt also eine Haltung ein, die zum Assimilationismus, zur Projektion eigener Werte auf die anderen führt. Oder aber er geht vom Unterschied aus, setzt diesen jedoch sofort in die Begriffe der Superiorität und der Inferiorität um (in seinem Fall sind natürlich die Indianer die Unterlegenen): Man leugnet die Existenz einer wirklich anderen menschlichen Substanz, die eben nicht lediglich ein unvollkommenes Stadium der eigenen wäre. Diese elementaren Ausdrucksformen der Erfahrung mit dem Anderssein beruhen beide auf dem Egozentrismus, auf der Gleichsetzung der eigenen Werte mit den Werten allgemein, des eigenen *Ichs* mit dem Universum; auf der Überzeugung, daß die Welt eins sei".

[18] vgl. Romano/Tenenti, S.200, Dülmen, S.84.

[19] vgl. Dülmen, S.74.

[20] vgl. ebd., S.82-85; S.a. Romano/Tenenti, S.209: "Die ersten Eroberer waren nämlich Bauern, die in Amerika ein schnelles Glück oder auch eine neue Heimat suchten, die ihnen Hoffnung auf ein besseres Leben bieten konnte. Die anderen dagegen sahen ihre Aufgabe darin, die Lebensformen neu aufzubauen, von denen sie in der alten Heimat lediglich durch das Erstgeburtsrecht ausgeschlossen waren. So gelangte in Amerika - dem unberührten Kontinent - jene Feudalwelt, die in Europa bereits die ersten Schläge erlitten hatte, zu neuem Leben und neuer Blüte. Diese 'amerikanische Feudalordnung' - wie man mit Recht sagen darf - fand Verhältnisse vor, die sich von den europäischen teilweise unterschieden. Einerseits war es für sie von Vorteil, daß die Menschen, über die sie ihre Rechte ausübte, einer anderen Rasse angehörten, zum Christentum bekehrt werden mußten und, im Vergleich zum europäischen Niveau, in technischer Hinsicht unterlegen waren; dadurch wurde eine besonders harte und dauerhafte Unterdrückung möglich. All das erwies sich im Laufe der Zeit als sichere Grundlage, die besonders für die Produktion wichtig war. Aber andererseits machte es die weite Entfernung vom Mutterland den in Amerika herrschenden Gruppen unmöglich, in die Güterverteilung, d.h. den Handel von amerikanischen Produkten nach Europa und europäischen Waren nach Amerika einzudringen. So konnte aller Profit nur aus der Leibeigenschaft gezogen werden, die den Indio an den Eroberer band. Auch wenn in der Folgezeit die persönliche Abhängigkeit formal aufgehoben wurde, blieb in der Praxis die feudalistische Situation bestehen. Durch das System der Verschuldung des Bauern oder des Handwerkers blieb die Knechtschaft des Indio eine konkrete Tatsache".

[21] vgl. Dülmen, S.86-93.

[22] vgl. Todorov, S.107 und 133.

[23] vgl. ebd., S.183.

[24] vgl. hierzu Delumeau (1989) im Ganzen, speziell zum amerikanischen Satansproblem v.a. die S. 387-97.

[25] vgl. ebd., S.323.

[26] vgl. ebd., S.388.

[27] Sepúlveda, Juan Ginés de, *Tratado sobre las justas causas de la guerra contra los Indios*, México [2]1979, S. 113.

[28] ebd., S.119.

[29] ebd., S.121.

[30] vgl. Delumeau (1989), S.396: "Vergleiche zwischen der Politik der Ausrottung einheimischer Religionen, die in Amerika Ende des 16.Jahrhunderts und in der ersten Hälfte des 17.Jahrhunderts ins Werk gesetzt wurden, und der Aggressivität, die die Autoritäten in Europa in religiösen Angelegenheiten zum gleichen Zeitpunkt verrieten, drängen sich auf. Man beobachtet tatsächlich eine zeitliche Übereinstimmung zwischen der großen Hexenverfolgung, die die Alte Welt in ein Blutbad stürzte, und dem gnadenlosen Kampf, der in Übersee gegen das "Heidentum" geführt wurde. Hier wie dort verfolgte man den selben Feind: Satan; und man bediente sich natürlich der gleichen Sprache und der gleichen Urteile"; s.a. S.576: "Das Verhalten der Kirche und der iberischen Staaten gegenüber den erst kurz zuvor in die Welt des Christentums eingegliederten Anhängern der Religionen Amerikas ähnelte dem gegenüber Juden und Mohammedanern. Man taufte sie in aller Eile. Gleich darauf verfolgte man die als Ketzer, die den Glauben ihrer Vorfahren zu bewahren schienen. [...] Als Vizekönig Toledo 1570 in Peru ankommt, läßt er von den kirchlichen Würdenträgern in Cuzco beschließen, daß die getauften einheimischen Hexenmeister, die nach der Taufe abtrünnig geworden sind, als Ketzer betrachtet und mit dem Tode bestraft werden sollen. Die in Amerika Ende des 16. und Anfang des 17.Jahrhunderts von den Spaniern angewandte Politik der 'Ausrottung' der 'Götzenanbetung' ist daher nur eine Variante der in Europa gegenüber herkömmlichen Ketzern praktizierten. Der Unterdrückungsapparat dieser 'Ausrottung' kopiert den der Inquisition."

[31] vgl. hierzu Giesenfeld, Günter, "Von Jean Hougron zu Scholl-Latour", in Koebner/Pickerodt, S. 318/9: "Die Hauptantriebskraft des Kolonialismus ist materieller Natur. Er kann kurz definiert werden als der Prozeß der Ausbreitung des europäischen Machtbereichs über die ganze Erde seit dem Ende des 15.Jahrhunderts. Galt dieser Expansionismus zunächst der Suche nach Boden- und anderen Schätzen zum Zwecke ihres Raubs oder ihrer Ausbeutung, so entwickelte sich daraus später ein Programm zur Einbeziehung der ganzen Welt in ein europäisch orientiertes Welt-Wirtschaftssystem mit internationaler Arbeitsteilung und Konkurrenzkämpfen um Territorien, Verkehrswege, Rohstoffe und Absatzmärkte. Der in vielen Darstellungen in den Vordergrund gerückte Zivilisierungsanspruch, der Versuch der Ausbreitung des Christentums und europäischer Kultur um die ganze Welt, war stets nur ein untergeordneter Aspekt in diesem materiellen Zusammenhang gewesen. Ebenso ist die oft zunächst subjektiv idealistische Grundhaltung vieler Entdecker, Abenteurer und Forscher von den Regierungen ihrer Heimatländer über kurz oder lang stets in den Dienst der übergreifenden imperialistischen Ziele genommen worden. Schon relativ früh war unter Historikern und Geographen allgemein die Einsicht verbreitet, daß die kommerzielle Absicht die philantropische schon immer überlagert hatte. Allerdings konnte ein idealistisches Selbstverständnis der Pioniere sich anfangs eine Zeit lang frei entfalten, als es, im Sinne einer zunächst nötigen Erschließung der auszubeutenden Länder, eine Identität gab zwischen individuellem Unternehmungsgeist, Zivilisationsethos und kolonialen Interessen. Stets jedoch war für die Zivilisatoren und Missionare die Identifikation mit den ökonomischen und politischen Interessen des Heimatlandes, deren imperialistische Zielrichtung ja im Anfangsstadium noch nicht so deutlich war, eine Selbstverständlichkeit gewesen.

Die zweite Seite des Kolonialismus ist eigentlich ein Nebeneffekt diese Hauptzwecks: unausweichlich ergibt sich aus der kolonialen Eroberung auch eine Konfrontation verschiedener Völker und Kulturen. Für die meisten Opferländer gilt, daß sie bei der Begegnung mit der europäischen Kultur nie eine andere Erfahrung als die des Überlegenheitsanspruchs und der Aggressivität gemacht haben."

[32] aus: "Segunda carta-relación de Hernán Cortés al Emperador Carlos V. Segura de la frontera 30 de octubre de 1520", in: Cortés, Hernán, *Cartas de relación*, Madrid 1985, S.105/6.

[33] Gumbrecht, Hans Ulrich, "Wenig Neues in der Neuen Welt. Über Typen der Erfahrungsbildung in spanischen Kolonialchroniken des XVI.Jahrhunderts", in: Stempel, Wolf-Dieter/Stierle, Karlheinz (Hrsg.), *Die Pluralität der Welten. Aspekte der Renaissance in der Romania*, München 1987, S.227-249, hier S.233. Vgl. hierzu auch Romano/Tenenti, S.213, die vermerken, daß Neugründungen von Städten durch Konquistadoren

und Siedler zumeist in Landschaften erfolgten, die als der "Heimat" ähnliche vertraut erschienen, Neues und Fremdes also auch hier möglichst umgangen wird. Inwieweit allerdings gerade die Suche der Eroberer nach Landstrichen, die topographisch, klimatisch und die Vegetation betreffend den heimatlichen Verhältnissen vergleichbar waren, für ein Gelingen der europäischen Expansion, der Kolonisierung ferner Länder notwendig und entscheidend sind, erörtert ausführlich Alfred W. Crosby (1991). Damit ist jedoch das mangelnde Interesse am Anderen und der fremden Kultur gerade in der Neuen Welt nur mangelhaft zu erschließen, hier trifft eine Vielzahl von komplexen Faktoren zusammen.

[34] vgl. Todorov, S.156/7.

[35] vgl. ebd., S.159: "Als Cortés seine Meinung über die Versklavung der Indianer äußern soll (er tut dies in einem an Karl V. gerichteten Memorandum), geht er das Problem nur unter einem einzigen Gesichtspunkt an: dem der Rentabilität des Unternehmens; es stellt sich dabei nie die Frage, was denn die Indianer wollen könnten (da sie keine Subjekte sind, haben sie auch keinen Willen). 'Es steht außer Zweifel, daß die Eingeborenen die königlichen Befehle Eurer Majestät befolgen müssen'; So der Ausgangspunkt seiner Argumentation, die sich dann damit befaßt, die für den König ertragreichsten Formen der Unterwerfung herauszufinden".

[36] vgl. Todorov, sowie Erdheim, Mario, "Anthropologische Modelle des 16.Jahrhunderts. Über Las Casas, Oviedo und Sahagún", in: Kohl, Karl-Heinz (Hrsg.), *Mythen der Neuen Welt. Zur Entdeckungsgeschichte Lateinamerikas*, Berlin 1982, S.57-67.

[37] s. Todorov, S.160: "Bestenfalls sagen die spanischen Autoren Gutes *über* die Indianer, doch abgesehen von wenigen Ausnahmen sprechen sie nie *mit* den Indianern. Doch nur wenn ich mit dem anderen spreche (nicht wenn ich ihm Befehle erteile, sondern wenn ich einen Dialog mit ihm aufnehme), erkenne ich ihm die Qualität eines *Subjekts* zu, das mir selbst als Subjekt vergleichbar ist."

[38] vgl. ebd., S.177-182.

[39] vgl. ebd., S.140.

[40] vgl. ebd., S.161.

[41] ebd., S.162-68.

[42] Alfred W. Crosby (1991) widmet diesem Gesichtspunkt in seiner Untersuchung zum ökologischen Imperialismus der Europäer ein Hauptaugenmerk, schreibt der "Wirkung" der eingeschleppten *Virgin soil*-Epidemien den folgenreichsten Stellenwert für das Gelingen europäischer Eroberungshandlungen, umgekehrt auch für das Scheitern europäischen Eindringens in klimatisch und epidemologisch fremde Weltregionen zu.

[43] Romano/Tenenti, S.215.

[44] Hier einige der bei Todorov aufgeführten Begebenheiten: Aus einem Bericht einer Dominikanergruppe an einen Minister des spanischen Königs aus dem Jahr 1516, welche die Behandlung von Einheimischen auf den Karibischen Inseln betreffen: "Einige Christen sahen unterwegs eine Indianerin, die ein Kind in den Armen hielt und es gerade stillte, und weil einer der Hunde, die sie mitführten, Hunger hatte, nahmen sie der Mutter das Kind aus den Armen und warfen es lebend dem Hund vor, der es dann vor den Augen der Mutter in Stücke riß. (...) Wenn unter ihren Gefangenen Frauen waren, die gerade entbunden hatten, so ergriffen sie die Kinder, sobald sie nur weinten, an den Beinen und schmetterten sie an die Felsen oder warfen sie ins Gestrüpp, damit sie dort sterben sollten. [...] Jeder Minenverwalter hatte es sich zur Gewohnheit gemacht, mit jeder Indianerin, die ihm unterstand und seinen Gefallen fand, zu schlafen, gleichgültig ob sie verheiratet oder noch ein Mädchen war; während er mit ihr in ihrer Hütte blieb, schickte er den bedauernswerten Ehemann zum Goldschürfen in die Minen, und wenn dieser abends mit dem Gold zurückkehrte, prügelte er ihn und peitschte ihn aus, weil er nicht genug gebracht hatte, und oft kam es vor, daß er ihm wie einem Hund Hände und Füße zusammenband und ihn unter das Bett warf, auf das er selbst sich mit seiner Frau niederlegte" (S.170); ein Bericht von Las Casas, der dem folgenden Ereignis als Beteiligter, als Feldgeistlicher beiwohnte: Auf Kuba stärkt sich eine Gruppe spanischer Soldaten in einem fast ausgetrockneten Flußbett, man kommt auf den Gedanken, an den Steinen die Schwerter zu schleifen, begibt sich dann ins nächstgelegene Dorf, einer verfällt auf die Idee, die Schwerter auf ihre neue Schärfe hin zu überprü-

fen; "Plötzlich zieht einer der Spanier, der offenbar vom Teufel besessen war, sein Schwert, und die hundert anderen tun es ihm sogleich nach und machen sich daran, jene Schafe und Lämmer, Frauen und Männer, Kinder und Alte, die ahnungslos dasaßen und starr vor Staunen die Pferde und die Spanier betrachteten, niederzustechen, ihnen die Bäuche aufzuschlitzen und sie umzubringen, so daß im Handumdrehen von allen, die sich dort befanden, keiner mehr am Leben ist. Dann dringen sie in das große Haus ein, das sich ganz in der Nähe befand, denn vor seiner Tür spielte sich alles ab, und beginnen, alle, die sich darin befanden, mit Hieben und Stichen niederzumachen, so daß das Blut in Strömen floß, als hätten sie viele Kühe getötet" (S.171); ein Bericht des Bischofs von Yucatan, Diego de Landa: "Und dieser Diego de Landa sagt, er habe in der Nähe des Dorfes einen großen Baum gesehen, an dessen Ästen ein Hauptmann viele Indianerfrauen erhängte, und an ihren Füßen ihre eigenen Kinder. (...) Sie begingen unerhörte Grausamkeiten, indem sie ihnen Nasen, Arme und Beine abschnitten und den Frauen die Brüste, und dann warfen sie sie an den Füßen befestigten Kalebassen in tiefe Seen; auf die Kinder stachen sie mit Schwertern ein, weil sie nicht so schnell gingen wie die Mütter, und wenn unter denjenigen, die sie an Halseisen zusammengekettet vor sich hertrieben, einige krank wurden oder nicht so schnell gingen wie die anderen, schlugen sie ihnen den Kopf ab, damit sie nicht anhalten mußten, um sie loszumachen" (S.172); Alonso de Zorita vermeldet 1570: "Es hat einen Auditor(Richter) gegeben, der vom Podium des Gerichts herab in aller Öffentlichkeit lauthals verkündete, wenn es an Wasser fehle, um die Landgüter der Spanier zu bewässern, solle man sie mit dem Blut der Indianer bewässern" (ebd.).

[45] ebd., S.173.

[46] ebd.

[47] vgl. ebd., S.174-76.

[48] Hierzu noch einmal ein Beleg aus den schriftlichen Niederlegungen des Colón. Es handelt sich um Bordbucheintragungen aus dem Jahre 1492, und zwar um die erste Eintragung, sowie um eine solche vom 13.10., einen Tag, nachdem zum ersten Mal Land gesichtet worden war, aus: Eggebrecht, Eva, "...'Ich und meine Gefährten leiden an einer Krankheit des Herzens, die nur mit Gold geheilt werden kann...'" in: *Glanz und Untergang des alten Mexiko. Katalog-Handbuch*, Mainz 1986, S.162 [beim Titel des Aufsatzes von E. Eggebrecht handelt es sich im übrigen um eine Botschaft des Cortés an den Aztekenherrscher Motecuhzoma, E.T.]: "Im gegenwärtigen Jahre 1492, nachdem Eure Hoheiten dem Krieg gegen die Mauren, die noch in Europa herrschten, in der gewaltigen Stadt Granada ein Ende bereitet hatten ... erwogen Eure Hoheiten als Freunde und Verbreiter des heiligen christlichen Glaubens ernstlich den Gedanken, mich, Christoph Columbus, nach den vorgenannten Gegenden Indiens zu entsenden, um jene Fürsten, Völker und Orte aufzusuchen und die Möglichkeit zu erwägen, wie man sie zu unserem heiligen Glauben bekehren könnte ... [...] Dabei bemerkte ich, daß einige von diesen Männern (auf der Bahama-Insel San Salvador) die Nase durchlöchert und durch die Öffnung ein Stück Gold geschoben hatten. Mit Hilfe der Zeichensprache erfuhr ich, daß man gegen Süden fahren müsse, um zu einem König zu gelangen, der große goldene Gefäße und viele Goldstücke besaß ... Also entschied ich mich, nach Südwesten vorzudringen, um nach Gold und Edelsteinen zu suchen."

[49] vgl. Nicholson, Henry B., "Zur Entdeckungsgeschichte aztekischer Kunst", in: *Glanz und Untergang des alten Mexiko*, S.190.

[50] Über die europäischen Wanderungen der "Exotica" aus der Neuen Welt gibt Aufschluß: Feest, Christian F., "Das Erbe der Kunst- und Wunderkammern. Mexicana des 16.Jahrhunderts in europäischen Museen", in: *Glanz und Untergang des alten Mexiko*, S.185-8. S. auch Heikamp, Detlef, "Mexico und die Medici-Herzöge", in: Kohl(1982), S.126-46, sowie Laurencich-Minelli, Laura, "Bologna und Amerika vom 16. bis zum 18.Jahrhundert", in: Kohl(1982), S.147-54.

[51] Dürer hatte Cortés Geschenke am 27.8.1520 in Brüssel gesehen, im Tagebuch seiner niederländischen Reise findet sich folgender Eintrag: "Auch hab ich gesehen die dieng, die man dem könig auß dem neuen gulden land hat gebracht: ein gancz gulden sonnen, einer ganczen klaffter braith, deßgleichen ein gancz silbern mond, auch also groß, deßgleichen von allerley jhrer waffen, harnisch, geschucz, wunderbahrlich wahr, selczamer klaidung, pettgewandt und allerley wunderbahrlicher ding zu maniglichem brauch, das do viel schöner an zu sehen ist dan wunderding. Diese ding sind alle köstlich gewesen, das man sie beschäczt

vmb hundert tausend gulden werth. Und ich hab aber all mein lebtag nichts gesehen, das mein hercz also erfreuet hat als diese ding. Dann ich hab darin gesehen wunderliche künstliche ding und hab mich verwundert der subtilen jngenia der menschen jn frembden landen" (in: *Glanz und Untergang des alten Mexiko*, S.14). Dürers Ver- und Bewunderung, die auch hier gepaart ist mit der selbstverständlichen, zwischen die Beschreibung gepackten Angabe des Wertes, der ebefalls bewundert werden will, scheint, wenngleich Dürer hier auch der Hersteller der Dinge, der fremden Menschen gedenkt, in der Konstatierung der Wunderlichkeit ihren Selbstzweck zu finden, über den hinaus nicht reflektiert und spekuliert, vielmehr in der Ferne belassen wird.

52 vgl. Honour, Hugh, "Wissenschaft und Exotismus. Die europäischen Künstler und die außereuropäische Welt" in: Kohl(1982), S.22: "Die Mehrzahl dieser Bilder [die von Reisenden vor Ort oder aus dem Gedächtnis angefertigt wurden, E.T] gilt gewöhnlich als 'phantastisch', und sie werden allenfalls wegen ihrer faszinierenden Irrealität, ihres kuriosen Exotismus geschätzt. Die Zeitgenossen verstanden diese Darstellungen selbstverständlich ganz anders, insbesondere ihre Urheber, denen es darum ging, faktische Informationen - oder das, was damals dafür galt - zu vermitteln. [...] Die Künstler dieser Zeit waren meist nicht dazu in der Lage, sich von den überkommenen europäischen Darstellungsweisen - besonders der menschlichen Gestalt - freizumachen. Das erklärt in gewissem Maße die vielen Bilder, die Indianer mit dem Körperbau und den Gesichtszügen griechisch-römischer Statuen zeigen. Dazu treten weitere Faktoren: man verglich die Indianer häufig mit den Bewohnern Europas im Goldenen Zeitalter, und einer der Reisenden, Verazzano, meinte sogar, daß sie 'aria dolce e suave imitando molto l'antico' hätten. Derartige Auffassungen waren möglicherweise Ausdruck der Notwendigkeit, die beunruhigenden Folgeerscheinungen, die die Entdeckung Amerikas nach sich zog, zu neutralisieren, indem man diesen Kontinent der vertrauten Form und Gestalt der antiken Welt anglich."

53 Hierzu ein lesenswerter Aufsatz zum legendenbildenden, von der Antike ererbten mittelalterlichen Umgang mit Ferne, Fremde und Imagination: Perrig, Alexander, "Erdrandsiedler oder die schrecklichen Nachkommen Chams. Aspekte der mittelalterlichen Völkerkunde", in: Koebner/Pickerodt, S.31-87, sowie Honour, in: Kohl (1982), S.22-47. Beispiel für die rinascimentale Fortsetzung dieser Tradition vor allem im Bereich der Tierwelt finden sich in Vinci, Leonardo da, *Der Nußbaum im Campanile. Bestiarium, Fabeln, Schöne Schwänke, Prophezeiungen*, herausgegeben von Isolde Rieger, München 1989. Vgl. auch hierzu noch einmal de Mello e Souza.

54 vgl. Berg, Jan, "'Der Beute-Gestus'. Dokumentarische Exotik im Film", in: Koebner/Pickerodt, S.348/9: "Die einfachste Form des nicht-fiktionalen Darstellungseffekts aber besteht seit Urzeiten darin, Selbst- oder Zwangsdarsteller sich vor Augen zu führen. Ein eindrucksvolles Beispiel ist aus dem exotikbegeisterten 16.Jahrhundert überliefert. Französische Kaufleute hatten - praktisch, wie der Berufsstand handelt, ohne viel Rücksichten, wie kolonialistische Kaufleute ihre Geschäfte voranbringen - fünfzig brasilianische Indianer nach Rouen verfrachtet, Männer und Frauen des Tupinamba-Volkes. Am Ufer der Seine, hier ist der Hauptumschlagplatz für das Brasilholz, setzt man die Menschen auf einem fünfunddreißig mal zweihundert Fuß großen Schauplatz aus, den man urwaldähnlich gestaltet hat. Auch an den Originalhausrat dieser Wilden und die dazugehörigen Tiere hatte man gedacht. Diese exotische 'Völkerschau', wie man solche szenischen Darstellungen bis in unser Jahrhundert hinein nennt, findet 1551 im Rahmen von Feierlichkeiten statt, die zu Ehren des französischen Königs, Heinrichs II., organisiert werden. Von einer Tribüne aus verfolgt der Herrscher, an seiner Seite Katharina von Medici und Johanna von Poitiers, das Schauspiel der wilden Menschen, Kannibalen, die hier zu Zwangsdarstellern werden. Sie interessieren nicht wegen besonderer Darstellungskunst, auch nicht, wenn sie ihre Tänze 'aufführen', sondern offenbar gerade deshalb, weil Kunst und Künstlichkeit nicht 'im Spiel' sind. Exemplarische Natur wird in nackten, lebendigen Exemplaren sichtbar. Die Menschen auf diesem Schau-Platz sind gesuchte Fundstücke, herangeschafft als Projektionsmöglichkeit für die hochzivilisierten Zuschauer. Es geht nicht nur um die sinnliche Information, wie Wilde aussehen, gehen, tanzen, Feuer machen, in Hängematten liegen oder jagen. Es geht vor allem um den Anblick eines himmelweit entfernten Lebens im Hinblick aufs eigene. Am fremden Anderen erfährt der Zuschauer etwas über sich - in einer Verfremdung, die primär nichts Rationales hat, sondern emotionale Valeurs. Was möglicherweise Mitte des 16.Jahrhunderts an Überlegenheitsphantasie, Sexual- oder Angstphantasie mit dem Blick aufs Exotische verbunden war, kann man nur vermuten, interpretieren aus

zeitgenössischen Schriften." Zu diesem Ereignis wie zu bereits zuvor nach Europa verschifften Indianern vgl. auch Honour, S.28/29.

[55] Morus, Thomas, *Utopia*, Stuttgart ³1987.

[56] vgl. Todorov, S. 231/2.

[57] Die *Warhaftig Historia und beschreibung eyner Landschaft der Wilden/Nacketen/Grimmigen Menschenfresser Leuthen*...(1557) von Hans Staden etwa, der 1547/8 und 1549-55 auf portugiesischen "Expeditionen" die Ostküste Brasiliens besucht hatte, wird zu einem großen Publikumserfolg. Vgl. hierzu auch Luchesi, Elisabeth, "Von den 'Wilden/Nacketen/Grimmigen Menschenfresser Leuthen/in der Newenwelt America gelegen'. Hans Staden und die Popularität der 'Kannibalen' im 16.Jahrhundert", in: Kohl(1982), S.71-74.

[58] Münster, Sebastian, *Cosmographei* ..., Basel: Henrichus Petri 1550, V. Buch. S. Dclxxxv bis Dclxxxvi (Neudruck Amsterdam 1968), in: Schmidt, Josef (Hrsg.), *Renaissance, Humanismus, Reformation*, Stuttgart 1976, S.112-115.

[59] vgl. hierzu Montaigne, Michel de, *Œuvres complètes*, ed. Maurice Rat, Paris 1962, S.200-213. Montaigne greift den Aspekt des "Barbarischen" im Kapitel XXXI des ersten Buches seiner *Essais* mit dem Titel "Des cannibales" auf, um über eine Konfrontation mit abendländischen Verhaltensweisen die Berichte über indianischen Kannibalismus (auch er bezieht sich auf Berichte aus Brasilien, vornehmlich gestützt auf Jean de Léry, *Histoire d'un voyage fait en la terre du Brésil, dite Amérique*..., 1578) und die abendländische Reaktion darauf zu hinterfragen. Montaignes Versuch der Relativierung zählt zu den wenigen frühen Zeugnissen eines Umgangs mit dem Fremden, der nicht eine "natürliche" moralische und werthierarchische Subordination der amerikanischen Gesellschaften präsupponiert:

"Or je trouve, pour revenir à mon propos, qu'il n'y a rien de barbare et de sauvage en cette nation, à ce qu'on m'en a rapporté, sinon que chacun appelle barbarie ce qui n'est pas de son usage; comme de vray, il semble que nous n'avons autre mire de la vérité et de la raison que l'exemple et idée des opinions et usances du païs où nous sommes. Là est tousjours la parfaicte religion, la parfaicte police, perfect et accomply usage de toutes choses. Ils sont sauvages, de mesme que nous appellons sauvages les fruicts que nature, de soy et de son progrez ordinaire, a produicts: là où, à la vérité, ce sont ceux que nous avons alterez par nostre artifice et detournez de l'ordre commun, que nous devrions appeler plutost sauvages. [...] Ce n'est pas raison que l'art gaigne le point d'honneur sur nostre grande et puissante mere nature. Nous avons tant rechargé la beauté et richesse de ses ouvrages par nos inventions, que nous l'avons du tout estouffée. Si est-ce que, par tout où sa pureté reluit, elle fait une merveilleuse honte à nos vaines et frioles entreprinses" (S.203).

Nach einer mehrseitigen Beschreibung der indianischen Sitten kommt er zum eigentlichen Thema, dem Kannibalismus des fraglichen Stammes, dessen rituellen Charakter er detailliert aufführt. "Ce n'est pas, comme on pense, pour s'en nourrir, ainsi que faisoient anciennement les Scythes; c'est pour representer une extreme vengeance. Et qu'il soit ainsi, ayant apperçeu que les Portuguois, qui s'estoient r'alliez à leurs adversaires, usoient d'une autre sorte de mort contre eux, quand ils les prenoient, qui estoit de les enterrer jusques à la ceinture, et tirer au demeurant du corps force coups de traict, et les pendre après, ils penserent que ces gens icy de l'autre monde, comme ceux qui avoyent semé la connoissance de beaucoup de vices parmy leur voisinage, et qui estoient beaucoup plus grands maistres qu'eux en toute sorte de malice, ne prenoient pas sans occasion cette sorte de vengeance, et qu'elle devoit estre plus aigre que la leur, commencerent de quitter leur façon ancienne pour suivre cette-cy. Je ne suis pas marry que nous remerquons l'horreur barbaresque qu'il y a en une telle action, mais ouy bien dequoy, jugeans bien de leur fautes, nous soyons si aveuglez aux nostres. Je pense qu'il y a plus de barbarie à manger un homme vivant qu'à le manger mort, à deschirer par tourmens et par geénes un corps encore plein de sentiment, le faire rostir par le menu, le faire mordre et meurtrir aux chiens et aux pourceaux (comme nous l'avons non seulement leu, mais veu de fresche memoire, non entre des ennemis anciens, mais entre des voisins et concitoyens, et, qui pis est, sous pretexte de pieté et de religion), que de le rostir et manger après qu'il est trespassé" (S.207/8).

Nach diesem Vergleich mit abendländischen Praktiken in der Neuen wie der Alten Welt zieht er seine Schlußfolgerung: "Nous les pouvons donq bien appeller barbares, eu esgard aux regles de la raison, mais non pas eu esgard à nous, qui les surpassons en toute sorte de barbarie. Leur guerre est toute noble et genereuse, et a autant d'excuse et de beauté que cette maladie humaine en peut recevoir; elle n'a autre fondement parmy eux que la seule jalousie de la vertu. Ils ne sont pas en debat de la conqueste de nouvelles terres, car ils jouyssent encore de cette uberté naturelle qui les fournit sans travail et sans peine de toutes choses necessaires, et en telle abondance qu'ils n'ont que faire d'agrandir leurs limites. Ils sont encore en cet heureux point, de ne desirer qu'autant que leurs necessitez naturelles leur ordonnent; tout ce qui est au delà est superflu pour eux" (S.208).

[60] vgl. Honour, S.32: "Das erste Beispiel einer Personifikation der vier Kontinente, von der wir wissen, findet sich in einer Beschreibung des Antwerpener *Ommegang* von 1564, wo unter anderem auf ein *tableau vivant* Bezug genommen wird, das Europa, Afrika, Asien und Amerika als vier Herrscherinnen zeigte. [...] Viele weitere [dieser Darstellungen, E.T.] sollten folgen."

[61] vgl. Kohl, Karl-Heinz, "Einleitung", in: ders.(1982), S.17/18. S. auch Honour, S.32: "Auf allen [allegorischen Erdteildarstellungen, E.T.] wird Europa als Herrscherin mit Krone, Zepter und Reichsapfel dargestellt, Asien als reichgeschmückte Gestalt, Afrika als dunkelhäutige, nackte oder halbnackte Frau mit einem Sonnenemblem. Die Amerika ist nur mit Federn bekleidet, sie trägt einen Speer und wird von einem Papagei, einem Gürteltier oder einem Alligator begleitet. Doch ihr wichtigstes Emblem ist ein abgetrennter menschlicher Körperteil - Hinweis auf die kannibalischen Praktiken, die man unterschiedslos allen Bewohnern Amerikas nachsagte und oft als den hervorstechendsten Beleg für ihre verderbte Natur anführte, bisweilen auch zur Rechtfertigung ihrer Unterwerfung beschwor."

Die Bandbreite von der "gesitteten", also domestizierten, hochgeschlossen bekleideten und mit den Insignien der Zivilisation geschmückten Frau Europa bis hin zur verführerisch nackten, barbarischen Amerika läßt an Deutlichkeit nichts offen. Daß diese Darstellungen erst *nach* der Entdeckung und dem größten Schub der Eroberung Amerikas sowie der Ausdehnung des europäisch kontrollierten Weltmarktes erfolgen, läßt ebenso deutlich auf den Zusammenhang zwischen Unterwerfung und dem Bild der Frau schließen. Als Ausdruck des "europäischen" Selbstbewußtseins mag dies als Vorverweis auf die gesellschaftlichen Bedingungen im Abendland gelten.

Vgl. auch Kohl(1982), S.326: "Die bar jedes anderen Attributes, nur mit Pfeil und Bogen bewaffneten kriegerischen Wilden, mit denen schon die ersten Vespucci-Briefe illustriert waren, wurden zur Grundlage der Amerika-Allegorien in der Kunst des 16. und 17.Jahrhunderts. Motive aus der antiken und mittelalterlichen Tradition verschmelzen mit diesem ersten Bild und allmählich kristallisiert sich die Personifikation der Amerika als eine weibliche Figur heraus, die sowohl Züge antiker Amazonen und Jagdgottheiten als auch mittelalterlicher Eva- und Hexendarstellungen zu tragen scheint. Pfeile, Köcher und Bogen, wallendes Haupthaar, bisweilen auch die Federkrone und ein Federschurz, der die ansonsten nackte Gestalt bedeckt, bilden ihre charakteristischen Attribute. Häufig wird ihr kriegerischer, amazonenhafter Charakter auch durch einen gefiederten Wurfspeer oder eine Streitaxt hervorgehoben. In kaum einer der frühen Darstellungen fehlt die Anspielung auf den Kannibalismus: abgetrennte menschliche Gliedmaßen, zumindest aber ein abgeschlagener und häufig von einem Pfeil durchbohrter Kopf liegen zu ihren Füßen. Die Landschaftsdarstellungen im Hintergrund zeigen häufig Szenen aus dem täglichen Leben [...]: das Zerhacken menschlicher Körper, deren Rösten auf einem Bratgestell, daneben aber auch Jagdszenen, kultische Handlungen, Formen der Nahrungszubereitung, Goldwäscherei etc.

Die Umgebung, in die die personifizierte Amerika gestellt ist, zeigt - soweit es den Zeichnern, Stechern und Malern möglich war - die Flora und Fauna jener Breitengrade. Ständig wiederkehrende Begleittiere der Amerika sind der Papagei, der Affe, vor allem aber das Gürteltier und der Alligator, zwei in europäischen Augen monströs anmutende Tiergestalten, die ihr bisweilen als Reittier dienen. In der Allegorie erscheint die Neue Welt so als mythische Vorwelt: paradiesische Nacktheit, urweltliche Fabeltiere und kannibalische Greuel erinnern an einen Zustand, wie Europa ihn schon lange hinter sich gelassen zu haben glaubt."

Zu den einzelnen Amerika-Allegorien bis zum 18.Jahrhundert s. ebd., S.327-334.

[62] vgl. Weigel in: Koebner/Pickerodt, S.178.

[63] Etwa die "Nutrix Terra" von Merian dem Älteren (1618). Es handelt sich im übrigen um den Vater von Maria Sibylla Merian (1647-1717), einer der ersten deutschen Naturwissenschaftlerinnen.

[64] Zur Frau-Welt-Allegorie vgl. Becker-Cantarino, Barbara, "'Frau Welt' und 'Femme Fatale': Die Geburt eines Frauenbildes aus dem Geist des Mittelalters", in: Poag, James F./Scholz-Williams, Gerhild (Hrsg.), *Das Weiterleben des Mittelalters in der deutschen Literatur*, Königstein 1983, S.61-73.

[65] vgl. Weigel, S.178.

[66] Wartmann, Brigitte, "Warum ist 'Amerika' eine Frau? Zur Kolonialisierung eines Wunsch(t)raums", in: Dinnebier, Antonia/Pechan, Berthold (Hrsg.), *Ökologie und alternative Wissenschaft*, Berlin 1985, S.105-139, hier S.116/7.

[67] ebd., S.189.

[68] vgl. Kohl, Karl-Heinz, "Cherchez la femme d'Orient", in: *Europa und der Orient 800-1900*, hrsg. v. Gereon Sievernich und Hendrik Budde, Gütersloh/München 1989, S.356.

[69] vgl. Kohl (1989), S.356: "Vermögen wir uns den semantischen Nebengehalt [...] heute nur mehr durch etymologische Ableitungen zu vergegenwärtigen, so scheint er den Zeitgenossen der spanischen Conquista doch noch durchaus bewußt gewesen zu sein. Hernan Cortés etwa galt in den Volksüberlieferungen und in der Literatur seiner Zeit nicht nur als großer Eroberer, sondern auch als Frauenheld. Man hat sogar vermutet, daß er eines der historischen Vorbilder der legendären Don-Juan-Gestalt gewesen sei".

[70] Zu einigen zeitgenössischen Versionen des Topos Stadt=Frau, zur Fortschreibung der Tradition wie zu Versuchen ihrer dekonstruierenden Durchkreuzung vgl. Weigel, Sigrid, "Traum-Stadt-Frau. Zur Weiblichkeit der Städte in der Schrift. Calvino, Benjamin, Paul Nizon, Ginka Steinwachs", in: Scherpe, Klaus R.(Hrsg.), *Die Unwirklichkeit der Städte. Großstadtdarstellungen zwischen Moderne und Postmoderne*, Reinbek 1988, S.173-196.

[71] vgl. Weigel, Sigrid, "'Die Städte sind weiblich und nur dem Sieger hold!'. Zur Funktion des Weiblichen in Gründungsmythen und Städtedarstellungen", in: Anselm, Sigrun/Beck, Barbara (Hrsg.), *Triumph und Scheitern in der Metropole. Zur Rolle der Weiblichkeit in der Geschichte Berlins*, Berlin 1987, S.207-227.

[72] vgl. ebd, S.221.

[73] vgl. ebd., S.215/6.

[74] ebd., S.216.

[75] Die Problematik der Interferenz von Frauen-Bild und weiblicher Lebenswelt als Basiskategorie des Frau-Seins im 20.Jahrhundert findet Erörterung bei Teresa de Lauretis, *Alice Doesn't. Feminism, Semiotics, Cinema*, Bloomington 1984: ausgehend von einem Frauen-Stadt-Bild untersucht die Autorin vor der Folie von textueller wie filmischer Narration das Zusammenwirken von Frauen-Bildern und empirischem Frau-Sein.

[76] vgl. ebd., S.217-219.

[77] vgl. hierzu auch Wartmann, S.132-135.

[78] s. Todorov, S.183/4: "Daß es überhaupt zu dieser Konfrontation kam, hat schon etwas Außergewöhnliches. Normalerweise entspinnen sich solche Dialoge von Buch zu Buch, und die Protagonisten stehen sich nicht persönlich gegenüber. Aber man hat Sepúlveda die Druckerlaubnis für seine Abhandlung über die gerechten Gründe des Krieges gegen die Indianer verweigert; in der Absicht, eine Art Revisionsurteil zu erreichen, leitet Sepúlveda dieses Streitgespräch vor einer Jury von Gelehrten, Juristen und Theologen in die Wege; Las Casas erklärt sich bereit, in dem Rededuell die Gegenposition zu vertreten. Es fällt heute schwer, sich die Denkart vorzustellen, die es ermöglicht, ideologische Konflikte mittels derartiger Dialoge beizulegen. Im übrigen wird der Konflikt auch nicht wirklich beigelegt: Nachdem sie sich lange Vorträge angehört haben (vor allem den von Las Casas, der fünf *Tage* dauert), gehen die Juroren erschöpft auseinander, ohne am Ende eine Entscheidung zu fällen; dennoch neigt sich die Waage eher zu Las Casas hin, denn Sepúlveda erhält dennoch nicht die Erlaubnis, sein Buch zu veröffentlichen."

[79] Sepúlveda, S.83.

[80] ebd., S.85.

[81] ebd., S.101.

[82] vgl. oben, Anm. 26-28, sowie noch einmal ebd., S.129: "Esto que se dice contra los herejes vale del mismo modo contra los paganos; unos y otros son prójimos nuestros, por unos y otros debemos mirar según la ley divina y natural, para que se abstengan de sus crímenes, especialmente de aquellos que más ofenden á la naturalezza y á Dios autor de ella, siendo entre todos ellos el pecado más grave la idolatría".

[83] ebd., S.135: "Y todavía resulta más evidente la justicia de esta guerra, si se considera que la ha autorizado el sumo Pontífice, que hace las veces de Cristo. Porque si las guerras que con autoridad del mismo Dios han sido emprendidas, como muchos de que se habla en las Sagradas Escrituras, no pueden ser injustas, según dice San Augustín, también hemos de tener por justas las que se hacen con el consentimiento y aprobación del sumo sacerdote de Dios y del senado apostólico, especialmente las que si dirigen á cumplir un evangélico precepto de Cristo, porque ésta es otra causa, y ciertamente justísima, para hacer la guerra á los bárbaros".

[84] ebd., S.139.

[85] ebd., S.133.

[86] ebd., S.135.

[87] de las Casas, Bartolomé, *Brevísima relación de la destrucción de las Indias*, ed. de André Saint-Lu, Madrid 1991, S.72.

[88] ebd., S.78.

[89] ebd., S.88.

[90] s. auch ebd., S.124/5: "Y los tristes ciegos, dejados de Dios venir a reprobado sentido, no viendo la justísima causa y causas muchas llenas de toda justicia, que los indios tienen por ley natural, divina y humana de los hacer pedazos, si fuerzas y armas tuviesen, y echallos de sus tierras, y la injustísima y llena de toda iniquidad, condenada por todas las leyes, que ellos tienen para, sobre tantos insultos y tiranías y grandes e inexpiables pecados que han cometido en ellos, moverles de nuevo guerra, piensan y dicen y escriben que las victorias que han de los inocentes indios asolándolos, todas se las da Dios porque sus guerras inicuas tienen justicia, como se gocen y glorien y hagan gracias a Dios de sus tiranías..."

[91] ebd., S.105: "...lo que ellos llaman conquistas, siendo invasiones violentas de crueles tiranos, condenadas no sólo por la ley de Dios, pero por todas las leyes humanas, como lo son y muy peores que las que hace el turco para destruir la Iglesia cristiana." Vgl. hierzu Kap. 2.2b.

[92] ebd., S.145.

[93] s. dazu auch ebd., S.131: "Estas, pues, son las obras de los españoles que van a las Indias, que verdaderamente muchas e infinitas veces, por la cudicia que tienen de oro, han vendido y venden hoy en este día y niegan y riniegan a Jesucristo".

[94] ebd., S.160.

[95] ebd., S.156.

[96] ebd., S.73.

[97] ebd.

[98] ebd., S.76.

[99] ebd., S.112.

[100] ebd., S.139.

[101] ebd., S.126.

[102] ebd., S.89, s. auch S.154.

[103] ebd., S.173.

[104] ebd., S.128.

[105] ebd., S.82.

[106] ebd., S.111.

[107] ebd., S.88.
[108] ebd., S.135.
[109] ebd., S.104.
[110] ebd., S.78.
[111] ebd., S.105.
[112] ebd., S.154.
[113] ebd., S.77.
[114] ebd., S.171.
[115] ebd., S.147.
[116] ebd., S.149.
[117] ebd., S.151.
[118] vgl. dazu Kap. 2.3a.
[119] las Casas, S.151.
[120] Las Casas beklagt dies resümierend vielenorts in seinem Traktat, s. etwa ebd., S.92: "Esta es la fama y honra que Dios y nuestra fe ha ganado con los cristianos que han ido a las Indias", oder S.123: "Estas son las obras y ejemplos que hacen, y honra que procuran a Dios en las Indias los malventurados españoles".
[121] ebd., S.73.
[122] ebd., S.142.
[123] ebd., S.113.
[124] ebd., S.177.
[125] ebd., S.175.
[126] Landa, Diego de, *Relación de las cosas de Yucatán*, ed. de Miguel Rivera, Madrid 1985, S.98.
[127] Todorov, S.290/1.

2.2b Die Bedrohung durch die Osmanen

[1] Delumeau (1989), S.397.

[2] vgl. hierzu Reitinger, Franz, "Muslim oder Christ. Anmerkungen zum Streit der Religionen", in: *Europa und der Orient 800-1900. LeseBuch*, hrsg. v. Gereon Sievernich und Hendrik Budde, Berlin 1989, S.62/3.

[3] Ein Beispiel für die Verwendung des Motivs des türkischen Gesandten im 16.Jahrhundert findet sich bei Jakob Frey in dessen *Gartengesellschaft*, in der zur Belustigung derselben eine Geschichte aus Johannes Adelphus' *Margarita facetarium* von 1508 auf Deutsch wiedergegeben wird: Ein Gesandter des türkischen Herrschers ist mit dem Auftrag nach Italien geschickt worden, Glauben und Gebräuche der Christen zu erkunden. Er nimmt in Pisa an einer katholischen Messe einschließlich der Kommunion teil. Sein Bericht in die Türkei: "Ich (...) sahe ein beschornen narren, in seiden und samet gekleydet, vor einem stain hauffen stehn, darüber waren tücher gespreit, der het ein groß gemürmels und langs gfecht mit ime selbs, und thet im niemand nichts. Da er lang also mit im selbs hadert, so kert er sich herum und rüfft dem volck, so lauffen die christen alle, die in der kirchen waren, eilends zu im, und bringt im ein yeder gelt; und wer im gab, dem gab er zu lon ein lumpen (...)", in: Reitinger, S.61/62, der wiederum zitiert aus: Bolte, Johannes (Hrsg.), *Jakob Freys Gartengesellschaft 1556*, Tübingen 1886, S.14f und S.169.

[4] vgl. Grotzfeld, Heinz und Sophia, "Die Erzählungen aus Tausendundeiner Nacht. Geschichte und Herkunft", in: *Europa und der Orient 800-1900. LeseBuch*, S.86. Die Handschrift befindet sich in der Pariser Bibliothèque Nationale.

[5] vgl. Enderlein, Volkmar, "Eine Bemerkung zu Busbecqs'Türkischen Briefen'", in: *Europa und der Orient 800-1900. LeseBuch*, S. 66.

[6] vgl. Vatsella, Katerina, "'Schwarzes Wasser'. Zur Geschichte des Kaffees in Europa", in: *Europa und der Orient 800-1900. LeseBuch*, S. 82-85.

[7] vgl. ebd. Die Reisebeschreibung findet sich in: Babinger, F., *Hans Dernschwams' Tagebuch einer Reise nach Konstantinopel und Kleinasien (1553/55)*. Nach der Urschrift im Fugger-Archiv hrsg. und erläutert von Franz Babinger (Studien zur Fugger-Geschichte, Heft 7), München und Leipzig 1923.

[8] vgl. Enderlein, S.64/5. Die Werke Busbecqs sind erschienen als: Ogier Ghiselin de Busbecq, *Omnia quae extant opera* (Um eine Einleitung vermehrter Nachdruck der 1740 bei Jo. Brandmüller, Basel, erschienenen Ausgabe), Graz 1968.

[9] vgl. Klockow, Reinhard, "Georg von Ungarn und die verführerische Vorbildlichkeit der Türken", in: *Europa und der Orient 800-1500. LeseBuch*, S.43-46.

[10] vgl. ebd., S.45/6: "*Turci* leitet sich nämlich, so Georg, von *theorici* ab, sie sind also die Leute, die statt mit groben körperlichen mit subtilen geistigen Mitteln arbeiten (Kap.2). Deshalb sind sie besonders zu fürchten".

[11] *Libellus de ritu et moribus Turcorum ante LXX annos aeditus, cum prefatione Martini Lutheri*, Wittenberg 1530.

[12] vgl. Delumeau (1989), S.406.

[13] vgl. Peuckert, Will-Erich, "Gog und Magog", in: *Europa und der Orient 800-1900. LeseBuch*, S.47-50.

[14] Luther (1540, ohne Angabe der Fundstelle), in: Peuckert, S.50.

[15] vgl. zum Folgenden Delumeau (1989), S.408-411.

[16] ebd., S.410, aus: Luther, Martin, "Vermahnung zum Gebet wider den Türken (1541)", in: *Werke*, WA I, Bd.51, S.617/8.

[17] Zu inhaltlichen Diskussionen, zur islamischen Religion also, bzw. zum Religionsvergleich im 16.Jahrhundert, aber auch zu weiteren polemischen Vereinnahmungen der Osmanen und des Islam im Streit der verschiedenen Konfessionen (hier findet sich z.B. gegen Ende des Jahrhunderts eine katholisch-calvinistische Spielart in England), vgl. Reitinger. Hinzuweisen ist hier im Speziellen noch auf ein Spätwerk Jean Bodins, das *Colloquium Heptaplomeres de rerum sublimium arcanis abditis* (entst. vor 1593, erschienen 1841), ein dialogischer Religionsvergleich (nicht nur des Christentums und des Islam) im Rahmen von Tischgesprächen zwischen sieben Freunden unterschiedlicher Nationalität und Religionszugehörigkeit, dessen Fazit, "de religionibus non est disputandum", Anlaß zu jahrhundertelanger zensorischer Unterdrückung wie gleichzeitig lebhaftesten Interesses der "Fachwelt" war (vgl. Reitinger, S.60).

[18] vgl. Romano/Tenenti, S.210.

[19] vgl. Delumeau (1989), S.404/5.

[20] vgl. ebd., S.399.

[21] vgl. Schwarz, Klaus, "Die Türken als Hoffnung der deutschen Protestanten zur Zeit des Interims", in: *Europa und der Orient 800-1900. LeseBuch*, S.69.

[22] vgl. Schulze, S.66.

[23] vgl. Döbele, Isolde, "Die Künstler und die Seeschlacht von Lepanto im 16. und 17.Jahrhundert", in: *Europa und der Orient 800-1900. LeseBuch*, S.52: "Die Schlacht von Lepanto war die letzte *Ruderschlacht* des 16.Jahrhunderts und die letzte und größte Seeschlacht überhaupt, die im Nahkampf entschieden wurde: ungefähr 500 Schiffe und 75.000 Mann standen sich im Kampf gegenüber. Ausschlaggebend für den Sieg war nach Meinung des venezianischen Historikers Paolo Paruta die stabiler gebauten Schiffe der Verbündeten, der Einsatz der Galeazzen und der Gebrauch von Handfeuerwaffen, während die Türken in der Mehrzahl noch mit Pfeil und Bogen kämpften. Paruta bekannte aber nachträglich, daß der Sieg zwar

von jedermann herbeigesehnt wurde, aber daß man wegen der Stärke der Türken und der Uneinigkeit der christlichen Mächte doch nicht so recht daran geglaubt hatte".

[24] vgl. Delumeau (1989), S.407.

[25] vgl. Döbele, S.74.

[26] Zur Schlacht bei Lepanto vgl. v.a. Döbele, sowie Delumeau (1989), S.405-7.

[27] (1521-1526, 1526-1529; 1536-1539, 1542-1544).

[28] (1552-1556).

[29] vgl. Schwarz, Klaus, "Vom Krieg zum Frieden. Berlin, das Kurfürstentum Brandenburg, das Reich und die Türken", in: *Europa und der Orient 800-1900*, S.254/5.

[30] Zur Wechselwirkung von osmanischer Bedrohung und politischer Lage im Deutschen Reich im 16.Jahrhundert s. Schwarz, in: *Europa und der Orient 800-1900*, S. 245-78, hier v.a. S.252-268. Dieser Aufsatz faßt die Grundzüge der osmanisch-deutschen Beziehungen vom Mittelalter bis 1798 zusammen, schildert v.a. relativ detailliert die entscheidenden politischen Vorgänge wie den jeweiligen Anlaß dieses Themenbereichs im 16.Jahrhundert, die einzelnen Reichstagsereignisse und -beschlüsse sind hier nachzulesen.

[31] vgl. Schulze, S.165.

[32] vgl. hierzu ebd., S.294/5.

[33] vgl. in diesem Zusammenhang Todorovs Dreiachsenmodell der Alteritätsproblematik (ebd., S.221), das aus ebendiesem Grunde auf das abendländische Verhältnis zum Anderen im Osmanischen Reich keine Anwendung finden kann.

2.2c Der Umgang mit Juden

[1] vgl. Delumeau (1989), S.413.

[2] vgl. ebd, S.423.

[3] vgl. ebd., S.420-422.

[4] Ginzburg, Carlo, *Hexensabbat*, Berlin 1990.

[5] Für das Folgende vgl. Ginzburg (1990), v.a. S.39-89.

[6] vgl. auch Wittkop-Ménardeau, Gabrielle, *Unsere Kleidung. Aus der Geschichte der Moden bis zum Jahr 1939*, Frankfurt/Main 1985, S.189/90.

[7] Ginzburg (1990), S.57. Beispiele für Gerüchte und Massenpsychosen des 20.Jahrhunderts, also Erscheinungen, die dem hier beschriebenen Phänomen zwar in Teilbereichen verwandt, in der Konsequenz der Entstehung und Verbreitung, den angesprochenen Wechselwirkungen und spezifischen Folgen allerdings nicht zu vergleichen sind, finden sich in: Watzlawick, Paul, *Wie wirklich ist die Wirklichkeit*, München 15/1987, S.84-91. Interessant in diesem Zusammenhang sind vor allem die Ausführungen zu den "Protokollen der Weisen von Zion", dem zu Beginn des 20.Jahrhunderts erfolgten Versuch, über Fälschungen den angeblichen Plan einer jüdischen Weltherrschaft öffentlich zu machen.

[8] Ginzburg (1990), S.67.

[9] ebd., S.76.

[10] s. Kap. 3.2b.

[11] vgl. Delumau (1989). S.444: "In England wurde sie [die Vertreibung, E.T.] 1290 beschlossen, in Frankreich und der Pfalz 1394, in Österreich 1420, in Fribourg und Zürich 1424, in Köln 1426, in Sachsen 1432 und in zahlreichen Städten des Deutschen Reichs im Laufe des 15.Jahrhunderts".

[12] vgl. van Dülmen, S.245/6.

[13] Eine chronologische Auflistung der Beschlüsse findet sich bei Delumeau (1989), S.451/2.

[14] vgl. ebd., S. 425: "In Spanien trugen zwei Schriften mit Titeln, die für sich selbst sprechen, dazu bei, den Judenhaß zu schüren: der *Pugio fidei* ("Dolch des Glaubens") des Dominikaners Raimund Martini (Ende des 13.Jahrhunderts) und das *Fortalicium fidei* ("Die Festung des Glaubens") des Franziskaners Alfonso de Spina (um 1460). Das erstgenannte Werk scheint die Hauptquelle für die später so weitverbreitete Meinung zu sein, die Juden seien die Vasallen Satans. Das zweite, von dem mindestens acht Nachdrucke in 58 Jahren (1471-1528) bekannt sind, darunter drei aus Lyon, kann auf seinem Gebiet in die Nähe des *Hexenhammer* gerückt werden".

[15] vgl. ebd., S.453.

[16] Delumeau (1989) nennt Geiler von Kaysersberg, Sebastian Brant, Beatus Rhenanus, Conrad Celtis und Erasmus (S.427).

[17] vgl. Burke (1988), S.107: "Für den volkstümlichen Antisemitismus gibt es eine beträchtliche Zahl von Belegen, er nahm jedes Jahr zur Karnevalszeit die Form eines Rituals an im Judenrennen, wenn alte Männer nackt durch die Straßen rennen mußten und dabei von der Menge verprügelt wurden". Vgl. auch Delumeau (1989), S.442: "Andererseits kommt zwischen 1466 und 1469 der Brauch auf, in Rom während des Karnevals Rennen zu veranstalten. In sechs 'palii' laufen nacheinander die Juden, die Esel, die Jugend, die Kinder, die Büffel und die Sechzigjährigen. Sicherlich befinden sich die Juden hier in guter Gesellschaft. Doch zu Beginn des 16.Jahrhunderts laufen sie, wie man liest, 'ohne Hose' und nur mit einer Jacke aus Barchent bekleidet, die immer kürzer wird. Sie sind also quasi nackt, was der Absicht der Organisatoren entspricht, sie der Lächerlichkeit preiszugeben. Dies geht durch Vergleiche noch deutlicher hervor: Im 15.Jahrhundert wird in Ferrara der 'palio' des heiligen Georg, des Schutzpatrons der Stadt, von Prostituierten und nackten Juden gelaufen; auch aus Padua sind in der Zeit von 1517 bis 1560 'palii' bekannt, die von Eseln, Dirnen und Juden zum Fest der heiligen Marina gelaufen werden".

[18] vgl. Delumeau (1989), S.441.

[19] vgl. ebd., S.444: Alessandria 1566, Urbino 1570, Siena 1571, Verona 1593, Padua 1602 etc.

[20] vgl. ebd., S.442/3.

[21] vgl. ebd., S.444.

2.2d Der Umgang mit Krankheit und Tod. Armut und Wahnsinn

[1] Blumenberg, Hans, "Wirklichkeitsbegriff und Wirkungspotential des Mythos", in: Fuhrmann, Manfred (Hrsg.), *Terror und Spiel. Poetik und Hermeneutik IV*, München 1971, S.11-66, hier S.13.

[2] ebd., S.23, vgl. auch S.42.

[3] ebd., S.18.

[4] vgl. Wulf, Christoph, "Körper und Tod", in: Kamper, Dietmar/Wulf, Christoph (Hrsg.), *Die Wiederkehr des Körpers*, Frankfurt/Main 1982, S.259-273, hier S.262/3.

[5] vgl. Delumeau, Jean, *La Civilisation de la Renaissance*, Paris 1967, S.540.

[6] vgl. Wulf (1982), S.264/5.

[7] vgl. ebd., S.267/8.

[8] Die Korrelation von Schönheitskult und Tod soll hier über eine biographische Verbindung angedeutet werden: Francesco Petrarca (1304-1374), der mit seinem *Canzoniere* ein Modell für den literarischen Schönheitskult des 16.Jahrhunderts lieferte, erstellte gleichzeitig ein Werk, das als *Trionfi* explizit die Todesthematik abhandelt. Die Verbindung der beiden Themen tritt im *Canzoniere* deutlich hervor, aber dazu später (ähnliches gilt thematisch auch für Dante).

[9] Zur europäischen Bevölkerungsentwicklung vgl. Romano/Tenenti, S.14, sowie Heinsohn, Gunnar/Steiger, Otto, *Die Vernichtung der weisen Frauen. Beiträge zur Theorie und Geschichte von Bevölkerung und Kindheit*, Herbstein 1985, S.95 und 163. Zahlen zu einzelnen Ländern (England, Frankreich und Deutschland) in: Romano/Tenenti, S.15, und Heinsohn/Steiger, S.96-98 und 165. Zu Italien vgl. Burke (1984), S.255-257, ein Gesamtüberblick zur Bevölkerungsentwicklung der einzelnen Länder findet sich in van Dülmen, S.21.

[10] vgl. Schulze, S.24.

[11] vgl. ebd., S.27, sowie Burke (1984), S.254.

[12] Rossiaud, Jacques, "Prostitution, Sexualität und Gesellschaft in den französischen Städten des 15.Jahrhunderts", in: Ariès, Philippe/Béjin, André/Foucault, Michel u.a., *Die Masken des Begehrens und die Metamorphosen der Sinnlichkeit. Zur Geschichte der Sexualität im Abendland*, hrsg. v. Philippe Ariès und André Béjin, Frankfurt/Main 1989, S.97-120.

[13] vgl. ebd., S.113-116.

[14] ebd., S.116.

[15] vgl. van Dülmen, S.227 und 234/5.

[16] Zu den alltäglichen und rituellen Formen der Gewalt während des 16.Jahrhunderts vor allem auf dem Land, aber auch in der Stadt, in der Lebenswelt der Landbevölkerung und derjenigen des Adels, zu Kriminalisierungs- und Disziplinierungsstrategien des Gewaltpotentials s. die auf Frankreich bezogene und mit einer Unzahl von Beispielen dokumentierte Untersuchung von Robert Muchembled, *Die Erfindung des modernen Menschen. Gefühlsdifferenzierung und kollektive Verhaltensweisen im Zeitalter des Absolutismus*, Reinbek 1990, die bemüht ist, im Anschluß an die Arbeiten von Norbert Elias zur Zivilisierung der höfischen Gesellschaft und der Eliten einen differenzierten Blick auf die Entwicklung im ländlichen Milieu zu werfen.

[17] Elias (1976), Bd.1, S.281/2.

[18] ebd., S.282.

[19] vgl. Foucault, Michel, *Wahnsinn und Gesellschaft. Eine Geschichte des Wahns im Zeitalter der Vernunft*, Frankfurt/Main ^{8}1989, S.19.

[20] In Portugal werden sie gar auf ferne Inseln verbracht, die Kapverdischen Inseln, wo noch Colón ihnen begegnet (ohne sie allerdings einer Betrachtung zu würdigen), die Verbannung mit vermeintlicher Therapiemöglichkeit rechtfertigend, man schrieb dem Verzehr wie der Waschung mit dem Blut der dort lebenden Schildkröten einen Heileffekt zu, vgl. Todorov, S.27.

[21] Foucault (^{8}1989), S.22.

[22] vgl. ebd., S.22/3.

[23] vgl. Delumeau (1989), S.341.

[24] vgl. Romano/Tenenti, S.179.

[25] vgl. Todorov, S.164.

[26] vgl. Delumeau (1989), S.182.

[27] Foucault (1989).

[28] vgl. ebd., S.25.

[29] vgl. ebd., S.32/3.

[30] ebd., S.34.

[31] vgl. ebd., v.a. S.25-67.

[32] vgl. Burke(1984), S.52; van Dülmen, S.23 und S.40, sowie zur unterschiedlichen Bevölkerungsdichte in Europa ebd., S.26.

[33] vgl. van Dülmen, S.34, 40/1; Romano/Tenenti, S.310.

[34] vgl. Burke (1984), S.191.

[35] Die übrigen Städte mit über 100.000 Einwohnern zum Jahrhundertende im westlichen Europa neben Amsterdam, Paris und London sind Mailand, Venedig, Lissabon, Rom, Palermo, Messina, Sevilla und Antwerpen. Vgl. hierzu van Dülmen, S.23-25, Burke (1984), S.255-257, sowie Sombart, Werner, *Liebe, Luxus und Kapitalismus. Über die Entstehung der modernen Welt aus dem Geist der Verschwendung*, Berlin 1983, S.43.

[36] vgl. van Dülmen, S.31/2.

[37] vgl. Kap. 2.1.

[38] vgl. van Dülmen, S.34 und 53.

[39] vgl. Schulze, S.31.

[40] vgl. van Dülmen, S.250/1.

[41] vgl. ebd., S.249.

[42] vgl. ebd., S.244.

[43] vgl. Kap. 3.

[44] vgl. Delumeau (1989), S.270-272, sowie Burke (1988), S.67-78.

[45] vgl.van Dülmen, S.228, Burke (1988), S.77.

[46] Luther, Martin, "Eine Predigt vom Ehestand, getan durch D. Martinum Lutherum, seliger. Anno 1525 zu Wittenberg", in: ders., *Vom ehelichen Leben und andere Schriften über die Ehe*, hrsg. v. Dagmar C.G. Lorenz, Stuttgart 1978, S.64-66.

[47] vgl. Burke (1988), S.76.

[48] vgl. ebd., sowie Delumeau (1989), S.601.

[49] vgl. Foucault (^{8}1989), S.81.

[50] vgl. Delumeau (1989), S.271/2, Foucault (^{8}1989), S.77.

[51] vgl. Delumeau (1989), S.600/1.

[52] vgl. ebd., S.601.

[53] vgl. Foucault (^{8}1989), S.77.

[54] so Delumeau (1989), S.602.

[55] Foucault (^{8}1989), S.95.

[56] ebd.

[57] s. Burke (1988), S.77.

[58] vgl. hierzu van Dülmen, S.245-250.

[59] vgl. Romano/Tenenti, S.295-297.

[60] vgl. Delumeau (1989), S.235/6.

[61] vgl. van Dülmen, S.377/8.

[62] vgl. ebd.

[63] vgl. Delumeau (1989), S.274.

[64] vgl. ebd., S.248-250.

[65] vgl. ebd., S.240.

[66] vgl. Lieberich, Heinz/Mitteis, Heinrich, *Deutsche Rechtsgeschichte*, München ^{15}1978, S.254-265, sowie van Dülmen, S.235.

[67] vgl. Schulze, S.53, Lieberich/Mitteis, S.253 und 303.

[68] Radbruch, Gustav, "Zur Einführung in die Carolina", in: *Die Peinliche Gerichtsordnung Kaiser Karls V. von 1532*, hrsg. v. Arthur Kaufmann, Stuttgart [6]1984, S.5.

[69] Lieberich/Mitteis, S.304.

[70] vgl. ebd.

[71] vgl. Radbruch, S.16/17.

[72] vgl. Lieberich/Mitteis, S.306.

[73] vgl. die Kommentierung von Radbruch, S.12.

[74] vgl. van Dülmen, S.236-238.

[75] vgl. Radbruch, S.13.

[76] In Frankreich erging 1539, also beinahe zeitgleich zur *Carolina*, der Erlaß von Villers-Cotterets, der in 192 Artikeln eine Neuregelung von Justiz, Straf- und Verwaltungsrechtrecht vornimmt: neben Vorschriften wie der Festlegung des Französischen anstatt des Lateinischen als Sprache öffentlicher Urkunden und der Einführung kirchlicher Tauf- und Bestattungsregister wird die kirchliche Rechtsprechung eingeschränkt (Personensachen werden entzogen, dennoch aber beansprucht die Kirche weiterhin Rechtsbefugnis für Kleriker, Häresie, Sexualdelikte und Majestätsbeleidigung), wird, wie im Deutschen Reich, in den Artikeln 139-172 das Verfahren des Inquisitionsprozesses einschließlich der Folter als Beweis- und Geständnisinstrument übernommen. Vergehen wie Strafen unterscheiden sich dabei kaum vom Inhalt der "Peinlichen Gerichtsordnung" (s. Muchembled, S.143-155).

[77] van Dülmen, S.353.

[78] vgl. Schulze, S.163.

[79] s. Foucault, Michel, *Der Wille zum Wissen. Sexualität und Wahrheit 1*, Frankfurt/Main 1983, S.75: "Spätestens seit dem Mittelalter haben die abendländischen Gesellschaften das Geständnis unter die Hauptrituale eingereiht, von denen man sich die Produktion der Wahrheit verspricht: Regelung des Bußsakraments durch das Laterankonzil von 1215, die darauf folgende Entwicklung der Beichttechniken, in der Strafjustiz Rückgang der Klageverfahren, Verschwinden der Schuldbeweise (Eid, Duell, Gottesurteil) und Entwicklung von Vernehmungs- und Ermittlungsmethoden, Kompetenzerweiterung der königlichen Verwaltung bei der Verfolgung von Vergehen auf Kosten der privaten Vergleichsverfahren, Einsetzung der Inquisitionsgerichte - all das hat dazu beigetragen, dem Geständnis eine zentrale Rolle in der Ordnung der zivilen und religiösen Mächte zuzuweisen".

2.3 Denken und Weltbild. Raum - Zeit - Körper

a. Denken, Rezeption, Innovation

[1] Foucault, Michel, *Die Ordnung der Dinge*, Frankfurt/Main [7]1988.

[2] ebd., S.47/48: "Die *convenientia* ist eine mit dem Raum in der Form des unmittelbar Benachbarten verbundene Ähnlichkeit. Sie gehört zur Ordnung der Konjunktionen und der Anpassung. Deshalb gehört sie weniger zu den Dingen selbst als zur Welt, in der sie sich befinden. Die Welt, das ist die universale 'Konvenienz' der Dinge. [...] So bildet durch die Verkettung der Ähnlichkeit und des Raumes, durch die Kraft dieser Konvenienz, die das Ähnliche in Nachbarschaft rückt und die nahe beieinanderliegenden Dinge assimiliert, die Welt eine Kette mit sich selbst. In jedem Berührungspunkt beginnt und endet ein Ring, der dem vorangehenden und dem folgenden ähnelt. Von Kreis zu Kreis setzen sich die Ähnlichkeiten fort, halten sie die Extreme in Distanz (Gott und die Materie) und rücken sie so aneinander, daß der Wille des Allmächtigen bis in die verschlafensten Ecken dringt."

³ ebd., S.49/50: "Durch diese Beziehung der *aemulatio* können die Dinge sich von einem Ende des Universums zum anderen ohne Verkettung oder unmittelbare Nähe nachahmen. Durch die Verdoppelung im Spiegel hebt die Welt die ihr eigene Distanz auf. Sie siegt dadurch über den Ort, der jedem Ding gegeben ist. [...] Die *aemulatio* stellt sich zunächst in der Form eines einfachen, flüchtigen, fernen Reflexes dar. Sie durchläuft schweigend die Räume der Welt, jedoch wird die von ihr durchmessene Distanz nicht durch ihre subtile Metapher annulliert. In diesem Quell bemächtigen sich die beiden einander gegenüberstehenden Gestalten gegenseitig. Das Ähnliche umhüllt das Ähnliche, das jenes seinerseits umgibt, und vielleicht wird es neuerlich umhüllt durch eine Reduplizierung, die sich bis ins Unendliche fortzusetzen vermag. Die Ringe der *aemulatio* bilden keine Kette wie die Elemente der *convenientia*, sondern eher konzentrische, reflexive und rivalisierende Kreise."

⁴ ebd., S.51-53: "Wie die *aemulatio* stellt die Analogie die wunderbare Gegenüberstellung der Ähnlichkeiten durch den Raum hindurch sicher, aber sie spricht wie die *convenientia* von Anpassungen, Verbindungen und von einem Gelenk. Ihre Kraft ist immens, denn die Ähnlichkeiten, die sie behandelt, sind nicht jene sichtbaren und massiven der Dinge selbst; es genügt, daß es die subtileren Ähnlichkeiten der Verhältnisse (rapports) sind. Dadurch erleichtert, kann sie von einem einzigen Punkt aus eine unbeschränkte Zahl von Verwandschaften herstellen. [...] Diese Reversibilität gibt, ebenso wie diese Mehrwertigkeit, der Analogie ein universales Anwendungsfeld. Durch sie können sich alle Gestalten der Welt einander annähern. In jedem Raum mit in jede Richtung laufenden Furchen existieren jedoch ein privilegierter Punkt. Er ist mit Analogien übersättigt, von denen jede darin einen ihrer Stützpunkte finden kann, und die Verhältnisse kehren sich bei seinem Durchlaufen um, ohne sich zu verändern. Dieser Punkt ist der Mensch. Er steht in einer Proportion zum Himmel wie zu den Tieren und den Pflanzen, zur Erde, den Metallen, den Stalaktiten oder den Gewittern. [...] aber all diese Beziehungen wirft er durcheinander, und man findet sie in der Analogie des menschlichen Lebewesens mit der von ihm bewohnten Erde deutlich wieder. [...] Der Raum der Analogien ist im Grunde genommen ein Raum der Strahlungen. Von allen Seiten wird der Mensch davon betroffen, aber dieser gleiche Mensch vermittelt umgekehrt die Ähnlichkeiten, die er von der Welt erhält. Er ist der große Herd der Proportionen, das Zentrum, auf das die Beziehungen sich stützen und von dem sie erneut reflektiert werden."

⁵ ebd., S.53-56. "Vom Planeten zum von diesem beherrschten Menschen fällt die Sympathie wie von fern der Blitz. Sie kann [..] durch eine einzige Berührung entstehen. [...] Ihre Kraft ist aber so groß, daß sie sich nicht damit begnügt, bei einer einzigen Berührung auszubrechen und die Räume zu durchlaufen. Sie ruft die Bewegung der Dinge in der Welt hervor und bewirkt die Annäherung der entferntesten Dinge. Sie ist Ursprung der Mobilität, zieht die Schweren zur Schwere des Bodens, die Leichten zum gewichtlosen Äther. Sie treibt die Wurzeln ins Wasser und läßt die Sonnenbahn von der Sonnenblume nachvollziehen. [...] Sie hat die gefährliche Kraft, zu *assimilieren*, die Dinge miteinander identisch zu machen, sie zu mischen und ihre Individualität verschwinden zu lassen, sie also dem fremd zu machen, was sie waren. Die Sympathie transformiert. Sie verändert, aber in der Richtung des Identischen, so daß, wenn ihre Kraft nicht ausgeglichen würde, die Welt sich auf einen Punkt reduzierte, auf eine homogene Masse, auf die finstere Gestalt des Gleichen. [...] Deshalb wird die Sympathie durch ihre Zwillingsgestalt, die Antipathie, kompensiert. Diese erhält die Dinge in ihrer Isolierung aufrecht und verhindert die Assimilierung. [...] Die Identität der Dinge, die Tatsache, daß sie einander ähneln und sich anderen annähern können, ohne sich jedoch darin zu versenken, ist unter Bewahrung ihrer Besonderheit das ständige Ausgleichen zwischen Sympathie und Antipathie, die auf die erste antwortet. [...] Das Element Feuer ist heiß und trocken. Es hat also eine Antipathie zu den Eigenschaften des Wassers, das kalt und feucht ist. Die heiße Luft ist feucht, die kalte Erde ist trocken, daraus folgt Antipathie. Um sie in Einklang zu bringen, ist die Luft zwischen Feuer und Wasser gestellt, das Wasser zwischen Erde und Luft. [...] Die Souveränität des Paares Sympathie - Antipathie, die Bewegung und die Verbreitung, die es vorschreibt, geben allen Formen der Ähnlichkeit Raum. So finden sich die ersten drei Ähnlichkeiten wieder aufgenommen und erklärt. Das ganze Volumen der Welt, alle übereinstimmenden Nachbarschaften, alle Echos der *aemulatio*, alle Verkettungen der Analogie werden unterstützt, aufrechterhalten und verdoppelt durch jenen Raum der Sympathie und der Antipathie, der die Dinge unablässig einander annähert und sie auf Entfernung hält. Durch dieses Spiel

bleibt die Welt identisch, die Ähnlichkeiten sind weiterhin, was sie sind, und bleiben einander ähnlich. Das Gleiche bleibt das Gleiche und in sich geschlossen."

[6] vgl. ebd., S.58.

[7] ebd., S.60.

[8] ebd., S.66.

[9] ebd., S.72.

[10] Zur Wirkungsgeschichte dieser Metapher und ihrer Bedeutung für das Denken vgl. Blumenberg, Hans, *Die Lesbarkeit der Welt*, Frankfurt/Main 1986, für den hier interessierenden Zeitraum v.a. Kap. VI-VIII.

[11] Foucault (1988), S.76.

[12] vgl. ebd., S.78-82.

[13] vgl. ebd., S.83-113.

[14] vgl. Engelmann, Peter, "Einführung. Postmoderne und Dekonstruktion. Zwei Stichwörter zur zeitgenössischen Philosophie", in: ders. (Hrsg.), *Postmoderne und Dekonstruktion. Texte französischer Philosophen der Gegenwart*, Stuttgart 1990, S.5-32, hier S.14/15. P. Engelmann sieht im Übergang zur subjektzentrischen Rationalität allerdings eine der Foucaultschen Bewegung des Wissens in der Schwerpunktsetzung oppositive inhaltliche Entwicklung: während bei Foucault der Übergang zur neuzeitlichen Ordnung des Wissens (des Wissens des 17. und 18.Jahrhunderts) als Übergang vom Denken der ursprünglichen Einheit der Dinge und ihrer Ähnlichkeitsrelationen hin zu Identitäten und Unterschieden, zu differenten Ordnungen gefaßt ist, vermerkt Engelmann eine einheitsstiftende Bewegung des Denkens, die in der Reduktion des Subjekts auf das *Denken* als die eine und vergleichbare Eigenschaft aller Menschen einerseits sowie der Reduktion der Vielheit der Eigenschaften der Dinge, des Ausschlusses von Heterogenität und Differenz über die subjektivistische Rezeption der Dinge als *Gedachte* andererseits funktioniert: Einheitsstiftung also bezogen auf das Subjekt im Gegensatz zur Foucault'schen Heterogenisierung der Dinge.

[15] vgl. hierzu die kritische Augenscheinnahme des Foucaultschen Unternehmens bei Jürgen Habermas, *Der philosophische Diskurs der Moderne*, Frankfurt/Main 1988, v.a. S.279-343, sowie die kritische Stellungnahme zur seriellen Geschichtsschreibung und der Methodik Foucaults bei Claudia Honegger,"Michel Foucault und die serielle Geschichte. Über die 'Archäologie des Wissens'", in: *Merkur* 36 (1982), 500-523.

[16] vgl. Welsch, Wolfgang, *Unsere postmoderne Moderne*, Weinheim [2]1988, S.139-141. W. Welsch definiert Postmoderne als Verfassung radikaler Pluralität, die auch als Grundverfassung der zeitgenössischen Gesellschaften zu gelten habe, die gekennzeichnet sei von einer Dominanz und einer Vordringlichkeit pluraler Sinn- und Aktionsmuster als zutiefst demokratische und positive Vision: als Grunderfahrung der Postmoderne führt er ein unüberschreitbares Recht extrem unterschiedlicher Wissensformen, Lebensentwürfe und Handlungsmuster an, mit denen Wahrheit, Gerechtigkeit und Menschlichkeit nunmehr im Plural gefaßt seien, einem anti-totalitären Anspruch genügten. Postmoderne sei als exoterische Einlösung der ehemals esoterischen Moderne des 20.Jahrhunderts zu fassen, insofern als radikal-modern, als im genauen Sinne post-neuzeitlich: in der Überwindung des neuzeitlichen Einheitsdenkens basierend auf dem cartesischen *mathesis-universalis*-Konzept. Die Postmoderne als Verfassung sei wesentlich ethisch grundiert, plädiere für eine Pluralität von Rationalitätsformen in Absetzung zu einer Einheits-Vernunft, damit für eine Wahrung der Grenzen gleichzeitig zur Ermöglichung von Übergängen im Zeichen einer neuen, "transversalen" Vernunft (vgl. ebd., S.4-7).

[17] Ich nehme hier Bezug insbesondere auf Foucault (1983).

[18] Blumenberg (1986), S.87.

[19] ebd., S.88.

[20] Burke (1984), S.187.

[21] *Valerius Terminus* I (enst. 1603/4), in: Bacon, Francis, *The Works*, edd. Spedding/Ellis/Heath, Bd. III, S.222, aus: Blumenberg (1986), S.89.

[22] vgl. hierzu Blumenberg (1986), S.74/5.

[23] Bloch, Ernst, *Vorlesungen zur Philosophie der Renaissance*, Frankfurt/Main 1977, S.118.

[24] vgl. ebd., S.118/9: "...griff Kepler nicht nur auf den Pythagoras und die Kabbala, sondern auf den platonischen Timaios zurück, auf dessen mathematische Spekulationen, den Bau des Weltalls betreffend. Die Welt ist dort in stereoskopische Körper hineingebaut, das Weltganze kommt dem Dodekaeder am nächsten. Kepler hat den Timaios genau studiert und manche ähnliche, freilich gleichfalls mythische Spekulation hinzugefügt. Auch sonst wirken in Keplers Idealbildern vom Kosmos durchaus Werturteile, dem Mythos nahe. So gibt er schließlich nach hartem Kampf die Annahme auf, die Planeten bewegten sich auf der vollkommensten, der Kreisbahn, als ihn die Messsungen Tycho de Brahes, den Umlauf des Mars betreffend, dazu zwangen. Allerdings nur so, daß er den Sündenfall in die Natur einführt und deswegen die tiefer stehende, doch immerhin nächstvollkommene Bahn, nämlich die Ellipse, den in Adams Sündenfall geratenen Planeten zuschreibt. Bemerkenswert hierbei, daß solche mythischen Spekulationen zu durchaus richtigen Ergebnissen führen können, diesesfalls zum ersten Keplerschen Gesetz, die Ellipsenbahn der Planeten gültig bestimmend. Ein weiteres, phantastisches Idealbild, aus Pythagoras-Timaios folgt: Zwischen den veränderlichen Geschwindigkeiten eines Weltkörpers sowohl wie zwischen den mittleren Geschwindigkeitswerten der Planeten müsse eine Beziehung herrschen, die derjenigen zwischen den Schwingungszahlen harmonischer Töne analog ist. In der Verfolgung dieses wiederum ganz phantastischen Idealbilds einer Analogie kam Keppler allerdings wieder zu einem empirischen Probatum est, nämlich zur Entdeckung seines dritten Gesetzes, wonach sich die Umlaufzeit eines Planeten als Funktion seines Abstands von der Sonne erweist."

[25] s. Keplers wichtigste Schriften: *Mysterium cosmographicum* (1596), *Astronomia nova* (1609) und *Harmonices mundi libri V* (1619).

[26] vgl.Otto, Stephan (Hrsg.), *Geschichte der Philosophie. Renaissance und frühe Neuzeit*, Stuttgart 1984, S.378/9: "Die *Utopia* des Thomas Morus, der *Sonnenstaat* des Tommaso Campanella und Francis Bacons *Nova Atlantis*...[kommen bei aller Verschiedenheit] in drei Punkten überein: Indem sie den Geltungsanspruch utopisch-politischer Vernunft artikulieren, appellieren sie unter *philosophisch-anthropologischem* Aspekt an die Geistnatur des Menschen; *methodologisch* gehen sie dabei von der Annahme eines guten Naturstandes des Menschen aus, eines selber utopischen Naturstandes, der hypothetisch konstruiert wird - die Funktion der hypothetisch angenommenen schuldlosen *natura humana* besteht darin, spiegelverkehrt die schuldige geschichtliche Menschennatur zu korrigieren; das *regulative Prinzip* aller utopischen Staatsentwürfe ist schließlich eine Einheitsidee, welche die Forderung nach Aufhebung des Privateigentums, nach Arbeitsverteilung und einheitlicher Erziehung der Bürger, ja sogar - außer bei Morus - die Forderung nach Weibergemeinschaft tragen soll. Mit ihrem Vernunftanspruch liegen die Staatsutopien auf der Linie der humanistischen *dignitas hominis*-Philosophie, auf der Linie also des renaissancehumanistischen 'Bildungswissens'; mit dem Methodenkonstrukt einer hypothetischen guten Menschennatur stehen sie den Bemühungen der Renaissance nahe, das Verfahren des *mos geometricus* auf Gebiete des praktisch-politischen Wissens zu übertragen; mit dem Gedanken staatsbegründender Einheit nehmen sie ein Leitmotiv platonischer Philosophie auf. Das heißt: Man würde den Charakter der utopischen Staatslehren der Renaissance völlig verkennen, wollte man sie nur als Schöpfungen politischer *Phantasie* bezeichnen. Man muß vielmehr sehen, daß ihnen ein philosophisches Programm zugrunde liegt. Diese Programm folgt einer vernunftphilosophischen Einheitsidee, die alle gesellschaftliche und staatliche Konsoziation fundieren soll - *deshalb* wird die menschliche Vernunft, nicht aber die Triebnatur des Menschen, zum tragenden Pfeiler der Staatslehre, und *deshalb* kann die hypothetische Figur eines geschichtslosen, *more geometrico* konstruierten Naturstandes des guten Menschen zur methodologischen Grundskizze der Staatsutopie werden. In der Konsequenz bedeutet das: Die Staatsutopisten müssen Theoretiker des Naturrechts sein: eines Rechts, das aus der Annahme einer 'von Natur aus' vernünftigen, nicht aber geschichtlich korrumpierten menschlichen Natur folgt".

[27] vgl. Kap. 2.1c.

[28] vgl. Kap. 2.2a.

[29] vgl. hierzu neben dem 25.Kapitel des *Principe* v.a. das "Proemio" zum Libro secondo der *Discorsi sopra la prima deca di Tito Livio*, in: Machiavelli, Niccolò, *Opere*, a cura di Ezio Raimondi, Milano [8]1983, S. 231-233.

[30] s. ders., *Il Principe*, in: ebd., S.117: "Nondimanco, perché il nostro libero arbitrio non sia spento, iudico potere essere vero che la fortuna sia arbitra della metà delle azioni nostre, ma che *etiam* lei ne lasci governare l'altra metà, o presso, a noi. E assomiglio quella a uno di questi fiumi rovinosi, che, quando s'adirano, allagano e piani, ruinano gli alberi e gli edifizii, lievano da questa parte terreno, pongono da quell'altra; ciascuno fugge loro dinanzi, ognuno cede allo impeto loro, sanza potervi in alcuna parte obstare. E benché sieno così fatti, non resta però che li uomini, quando sono tempi quieti, non vi potessino fare provvedimenti e con ripari e argini, in modo che, crescendo poi, o egli andrebbano per uno canale, o l'impeto loro non sarebbe né licenzioso né sì dannoso. Similmente interviene della fortuna; la quale dimostra la sua potenza dove non è ordinata virtù a resisterle; e quivi volta e sua impeti dove la sa che non sono fatti li argini e li ripari a tenerla."

[31] ebd., S.119.

[32] An zwei Stellen im Text erscheint das esser "effeminato" als unbedingt vom Fürsten zu vermeidende, da tödliche Eigenschaft (ebd., S.94 [Kap. 15], S.104 [Kap. 19]). An zwei weiteren Stellen wird darauf verwiesen, daß der einzige tatsächliche und deshalb zu vermeidende Anlaß, den Fürsten von Seiten der Untertanen zu hassen, ein Vergehen am Eigentum oder den Frauen der Bürger und Untertanen ist, Machiavelli rechnet die Frauen also nicht einmal zur Gruppe der Bürger und Untertanen, sondern stellt sie auf eine Stufe mit dem Eigentum (ebd., S.97 [Kap. 17], S.101 [Kap. 19]).

[33] Otto (1984).

[34] vgl. ebd., S.47.

[35] ebd., S.30.

[36] ebd., S.31.

[37] ebd., S.32.

[38] ebd.

[39] vgl. ebd., S.33.

[40] ebd., S.336.

[41] vgl. Vorländer, Karl, *Geschichte der Philosophie, Bd. II: Mittelalter und Renaissance*, neu hrsg. v. Herbert Schnädelbach unter Mitarbeit v. Anke Thyen, Reinbek 1990, S.140.

[42] Otto, S.63.

[43] s. v.a. De sapiente (1510), in: C. Bovillus, *Liber de intellectu. Liber de sensibus. Liber de nihilo. Ars oppositorum. Liber de generatione. Liber de sapiente. Liber de duodecim numeris. Philosophicae epistolae. Liber de perfectis numeris. Libellus de mathematicis corporibus. Libellus de mathematicis supplementis*, Paris 1510, repr. Stuttgart-Bad Cannstatt 1970.

[44] Alberti, Leon Battista, *De pictura praestantissima et nunquam satis laudata arte libri tres absolutissimi*, enst. 1435, veröfftl. 1540.

[45] ders., *De re aedificatoria*, entst. 1451/2, veröfftl. 1485.

[46] s. Otto, S.57: Patrizi in: *Nova de universis philosophia* (1591), allerdings vollständig in platonisierendes, antiaristotelisches Gedankengut eingebunden, Cardano in: *De subtilitate* (1550).

[47] vgl. ebd., S.384.

[48] vgl. ebd., S.405-436.

[49] Bloch, S.63.

[50] ebd., S.58.

[51] s. v.a. Agrippa von Nettesheim, Heinrich Cornelius, *De occulta philosophia libri III sive de magia*, entst. um 1510, ersch. 1531, sowie *De incertitudine et vanitate scientiarum et artium et de excellentia verbi Dei*, ersch. 1530.

[52] vgl. Kap. 2.2d.

[53] Der vollständige Titel lautet: *Nova de universis philosophia, in qua aristotelica methodo, non per motum, sed per lucem et lumina, ad primam causam ascenditur, deinde propria Patricii methodo, tota in contemplationem venit divitias; postremo methodo platonica, rerum universitatis, a conditore Deo deducitur*, 1591.

[54] vgl. hierzu Burke (1984), S.179-189.

2.3b Humanismus - Neuplatonismus - Medizin

[1] vgl. Burke (1990), S. 43.

[2] vgl. Otto, S.14/5.

[3] s. Burke (1990), S. 31, der hier vor allem das Beispiel Pietro Pomponazzis (1462-1524) aufführt, der "die gesamte thomistische Synthese in Frage [stellte], als er aufgrund seiner Lektüre der griechischen Originaltexte zu dem Schluß kam, daß Thomas von Aquin mit seiner Behauptung, Aristoteles habe die Unsterblichkeit der Seele gelehrt, einem Irrtum aufgesessen war".

[4] Bei Eugenio Garin etwa, der eine Trennung vornimmt zwischen philologischem und philosophischem humanistischem Handeln, wird genau hier der Punkt angesetzt, an dem sich diese beiden humanistischen "Verhaltensweisen" kreuzen, in: Garin Eugenio, *L'umanesimo italiano. Filosofia e vita civile nel Rinascimento*, Roma/Bari [9]1984, S.13/4: "...a un certo momento, la lezione dei 'filologi' si fa decisiva per i 'filosofi', presso i quali si fa sempre più vivo il bisogno di fonti originali, di testi corretti, di precisione storica, mentre Aristotele cessa di essere un'*auctoritas* per diventare un pensatore come tutti gli altri, definito in un suo proprio tempo". Philologisches und historisches Denken wird einem wie auch immer definierten philosophischen, jedenfalls von der scholastischen Aristoteles-Zentrierung abgerückten Denken als vorgängig gesetzt, für das Abrücken bzw. die Öffnung erst konstitutiv. Eine Trennung dieser beiden Bereiche hätte sich mit dieser Argumentation also eigentlich erübrigt.

[5] Otto, S.73.

[6] vgl. Kap. 2.3a.

[7] Otto., S.74.

[8] ebd., S.76.

[9] vgl. ebd., S.77.

[10] vgl. v. Martin, S.60-63.

[11] vgl. Kap. 2.1.

[12] vgl. hierzu etwa Burke (1990), S.49-64.

[13] Zu den Erziehungsschriften s. Kap.3.2a.

[14] s. Erasmus von Rotterdam, *Opera omnia*, hrsg. v. B. Rhenanus, Basel 1539-1555.

[15] s. Auerbach, Erich, *Mimesis. Dargestellte Wirklichkeit in der abendländischen Literatur*, Bern/München [7]1982, insbes. S.293.

[16] vgl. Blumenberg (1986), S.91.

[17] Ein ähnliches Unterfangen liegt den unvollendet gebliebenen *Rerum memorandarum libri* zugrunde.

[18] s. Kap. 2.3c.

[19] vgl. Kap. 2.2a.

[20] vgl. hierzu Romano/Tenenti, S.124-130.

[21] vgl. Kap. 2.2d.

[22] vollständiger Titel: *De secreto conflictu curarum mearum*, entst. seit 1342.

[23] *De vita solitaria* (1346-1356), *De otio religiosorum* (seit 1347).

[24] s. Kap. 2.1.

[25] Garin, S. 252: "Se l'umanesimo fu, veramente, rinnovata fiducia nell'uomo e nelle sue possibilità, e comprensione della sua attività in ogni direzione, all'influenza umanistica è giusto rivendicare, come si è fatto, anche il nuovo metodo d'indagine scientifica, la rinnovata visione del mondo, il nuovo moto verso le cose per dominarle ed usarle. La cultura italiana dal '400 al '500 vide, pur in mezzo a tante oscillazioni e a tanti contrasti, la convergenza di una piena formazione umana, compiuta attraverso gli *studia humanitatis*, e di una libera e fattiva espansione nel mondo. La vecchia e forte espressione burckhardtiana che congiungeva la riaffermazione dell'uomo e del mondo, dello spirito e della natura, deve connettersi, senza timor di retorica, all'antica celebrazione di una rinnovata armonia raggiunta dalla Rinascenza. Armonia e misura di una umanità completa, non incrinata da quanto di torbido, di aspro, di oscuro, traversa quei secoli: che anzi proprio la durezza di quei contrasti, la profondità di quel travaglio, rende più nobile il volto di quell'età: ricca forse come nessun'altra di personalità esemplari, siano esse l'Alberti o Lorenzo, Michelangelo o Giordano Bruno".

[26] Kristeller, Paul O., *Humanismus und Renaissance I*, München 1974, S.28: "Wenigstens in seinem Ursprung und in seinen typischen Vertretern möchte ich daher den Renaissance-Humanismus als eine breit angelegte kulturelle und literarische Bewegung verstehen, die im Grunde keine philosophische war, aber bedeutende Auswirkungen und Konsequenzen für die Philosophie hatte. Es ist mir nicht gelungen, in den Schriften der Humanisten eine allgemein gültige philosophische Lehre aufzuspüren, mit Ausnahme des Vertrauens in den Wert des Menschen und der humanistischen Fächer und in das Wiederaufleben antiker Bildung".

[27] Elias (1976), Bd. 1, S.234/5: "Die Humanisten waren die Vertreter einer Bewegung, welche die lateinische Sprache aus ihrer Absonderung und Beschränkung auf die kirchliche Tradition und auf kirchliche Kreise zu lösen und zu einer Sprache der weltlichen Gesellschaft, mindestens der weltlichen Oberschicht, zu machen suchte. Es markiert nicht zum wenigsten die Veränderung im Aufbau der abendländischen Gesellschaft, [...] daß in ihren weltlichen Teilen jetzt das Bedürfnis nach einem weltlichen, gelehrten Schrifttum stärker wurde. Die Humanisten sind die Exekutoren dieser Veränderung, die Funktionäre dieses Bedürfnisses der weltlichen Oberschicht. In ihren Schriften nähert sich das Geschriebene wieder dem weltlich gesellschaftlichen Leben; die Erfahrungen dieses Lebens finden unmittelbar in das gelehrte Schrifttum Eingang".

[28] Heller, Agnes, *Der Mensch der Renaissance*, Köln-Lövenich 1982, S.8: "Die Richtung, die neben der Renaissance im allgemeinen 'Humanismus' genannt wird, ist eigentlich nichts anderes als die Projektion einiger ideologischer Aspekte der Renaissance. Der Humanismus ist die ethische und wissenschaftliche Erscheinungsform der Renaissance, die, von der Gesellschaftsstruktur und von der Wirklichkeit des Alltags trennbar, relativ eigenständig existieren und auch in Ländern heimisch werden konnte, in denen die Renaissance als gesamtgesellschaftliches Phänomen nicht bestand".

[29] Burke (1990), S. 42 und 102: "Wir sollten die Bewegung der Renaissance daher nicht als eine kulturelle 'Revolution' im Sinn eines plötzlichen Bruchs mit der Vergangenheit betrachten, sondern als eine graduelle Entwicklung, in deren Verlauf sich mehr und mehr Individuen von einzelnen Elementen der spätmittelalterlichen Kultur abgrenzten und der klassischen Vergangenheit zuwandten". [...] "Manche Historiker [...] Andere, auch der Autor dieses Essays, bemühen sich, die Ereignisse im Florenz des vierzehnten, im Italien des fünfzehnten und im Europa des 16.Jahrhunderts in eine Sequenz von miteinander verknüpften Veränderungen zu stellen, die etwa vom Jahr 1000 bis zum Jahr 1800 reicht. Diese langfristige Entwicklung könnte man als die 'Verwestlichung des Abendlandes' bezeichnen. Gemeint ist, daß sich zumindest die oberen Klassen Europas im Laufe dieser Entwicklungen zunehmend von anderen Menschen zu unterscheiden

begannen, wie an der Geschichte der sogenannten 'Entdeckung' und Eroberung des restlichen Globus abzulesen ist".

[30] vgl. ebd., S.30/1.

[31] Garin sieht diese "Synthesebereitschaft" des Platonismus primär ausgerichtet auf die (gerade antiaristotelische) Bewältigung der Lebenswelt, als grundsätzliche Offenheit, die ein Öffnen der Weltsicht ohne Ausschluß, ein nichthierarchisches Nachvollziehen von Komplexität und damit Gegensätzlichkeit ermöglicht, den gesellschaftlichen Veränderungen im humanistischen Sinne gerecht werden kann, ganz im Gegensatz zur statischen Logik des scholastischen Aristotelismus - und genau dies unterstreicht Garin im expliziten Verweis auf eine fehlende Systematik, ohne allerdings negativ zu konnotieren. Die Akzeptanz des Gegensätzlichen würde aber gerade auch die "Versöhnung" mit Aristoteles möglich machen, so weit allerdings geht Garin nicht (S.17): "Al qual proposito conviene osservare che la stessa preferenza per Platone, così costante nelle posizioni umanistiche, significò, certo, anche un moto polemico di rivolta, e fu, spesso, un'insegna di partito. Ma in profondità indicò una direzione verso un mondo aperto, discontinuo e contraddittorio, dai volti innumerevoli e cangianti, ribelle ad ogni sistemazione, a cui ci si deve avvicinare in una ricerca perenne, che non ha paura delle incoerenze apparenti, ma che è mobile sottile e varia fino a poter rispecchiare l'infinita varietà delle cose; che rifiuta le articolazioni rigide di una logica statica inette a cogliere la plastica mobilità dell'essere, eppur le fa sue, quando convenga, per sottolineare la pigrizia di ogni stasi. Platone conciliante, pacificatore con la sua possibilità di interpretazioni divergenti, non indicò una debolezza speculativa, ma la consapevolezza che i termini di ogni alternativa si escludono nella misura stessa in cui si invocano. Le parventi contraddizioni dei dialoghi svelavano quanto l'occhio acuto di Platone 'divino' avesse afferrato le contraddizioni della realtà".

[32] vgl. Burke (1990), S.93.

[33] ebd., S.39.

[34] Otto, S.36.

[35] vgl. Ficino, Marsilio, *El libro dell'amore*, a cura di Sandra Niccoli, Firenze 1987, S. V; es handelt sich um das ms. autografo Vat. lat. 7705, *Anno 1469. Mense Iulii*.

[36] vgl. Otto, S.78 ff.

[37] vgl. Heller, S. 84/5.

[38] Otto, S.78/9.

[39] Ficino, S.43. Ich verwende die italienische Fassung des Symposion-Kommentars, die sowohl im 15. wie dann im 16.Jahrhundert wohl wesentlich größere Verbreitung gefunden hat als die lateinische Urfassung; die Herausgeberin der kritischen Ausgabe der italienischen Fassung, Sandra Niccoli, datiert die landessprachige Version zudem auf einen Zeitraum, der wenn überhaupt, nur unwesentlich nach demjenigen der Entstehung der Urfassung anzusetzen ist, die Rezeption in breiterer Form mit ihren gesellschaftlichen Konsequenzen ist so von Beginn an über den italienischen Text zu vermuten.

[40] ebd.

[41] ebd., S.45.

[42] ebd., S.44.

[43] ebd., S.22; vgl auch S. 24/25, wo weitere Begriffe wie *pulchritudo* (Vortrefflichkeit/Schönheit), *verità* (Wahrheit) und *gratia* (Anmut/Gnade) eingeführt werden: "In quanto Iddio è acto di tutte le cose e quelle aumenta, si chiama *bene*; in quanto egli secondo le loro possibilità le fa deste, vivaci, dolce e grate e tanto spirituali quanto esser possono, si dice bellezza; in quanto egli allecta quelle tre potentie dell'anima, mente, viso e audito, agli obiecti che hanno a essere consciuti, pulchritudo si chiama; e in quanto, essendo nella potentia che è apta al conoscere, quella congiugne alla cosa conosciuta, si chiama verità. Finalmente come bene crea e regge e dà alle cose perfectione, come bello le illumina e dà loro gratia".

[44] ebd., S.49.

[45] ebd.

[46] ebd., S.54.
[47] vgl. Kap. 2.2d.
[48] Otto, S.79.
[49] Ficino, S.4.
[50] vgl. Kap.2.2a.
[51] s. Debus, Allen G., *Man and Nature in the Renaissance*, Cambridge 1978, v.a. S. 35-53.
[52] vgl. hierzu Winau, Rolf, "Krankheitskonzept und Körperkonzept", in: Kamper/Wulf (1982), S.285-298.
[53] vgl. hierzu Foucault, *Sexualität und Wahrheit 2* und *3*, beide Frankfurt/Main 1989.
[54] vgl. Kap. 2.2d.
[55] Ich benutze die Ausgaben Ambroise Paré, *Œuvres Complètes*, ed. J.-F. Malgaigne, Paris 1840-1841, Slatkine Reprints: Genève 1970, sowie ders., *Des Monstres et Prodiges*, ed. crit. et commentée par Jean Céard, Genève 1971.
[56] Paré (1970), Bd. I, S.31.
[57] ebd.
[58] ebd., S.33/4: "Ceste harmonie, qui des Grecs est aussi autrement nommée *Crasis*, est l'ame tant des bestes brutes que des plantes, laquelle comme estant leur forme essentielle, leur donne estre et vie. Mais comme les plantes sont inferieures en excellence et vertu aux bestes, ainsi leur ame est beaucoup plus imparfaite et de moindre vertu et efficace: car elle est seulement vegetatiue [...] Or celle de l'homme surpassant en noblesse et perfection toutes les autres..."
[59] ebd., S.36.
[60] ebd., S.37.
[61] ebd., S.39.
[62] "Humeur, c'est tout ce qui est fluxile, coulant, liquide, tant és corps de l'homme que de toutes bestes ayans sang, lequel est ou naturel, ou contre nature" (ebd., S. 40).
[63] ebd., S.39.
[64] ebd., S.41.
[65] ebd.
[66] ebd.
[67] ebd., S.42: Neben "Nature", "Consistence", "Couleur" und "Saueur" erläutert Paré in einer Schautafel auch die jeweilige "Usage" der Säfte. Le sang: "Il nourrit principalement les parties musculeuses: est distribué par les veines et arteres, donne chaleur à tout le corps"; Le Phlegme, ou pituite: "Elle nourrit le cerueau, comme aussi toutes autres parties froides et humides: modere le sang, et aide le mouuement des articles"; La cholère: "Elle excite la vertu expultrice des intestins, attenue le phlegme qui est en iceux: ce que i'entends de l'extrementitielle: comme aussi l'alimentaire nourrit les parties qui approchent plus pres de son naturel"; L'humeur melancholique: "Il excite l'appetit, il nourrit la ratte, et toute autre partie qui luy est semblable en temperature, comme les os".
[68] ebd., S.46/7. Zum Vergleich hier die Beschreibung des Phlegmatikers: "*Signes de l'homme phlegmatique*. Ils ont la face blanche, et quelquesfois plombine, et liuide, et ensemble bouffie: la masse du corps est grosse et mollasse, et froide au toucher: il sont subiets aux maladies faites de phlegme, comme œdemes, tumeurs molles et insensibles, aux hydropsies, aux fieures quotidianes, à l'alopecie, aux frequentes distillations et rhumes sus la trachée artere, et poulmons: ils ont l'esprit lourd, grossier et stupide: ils sont fort paresseux, et dorment profondement: ils songent souuent qu'il pleut et neige, et pensent nager et noyer: ils vomissent beaucoup de phlegme et aquosités, et souuent crachent grande quantité de saliue, et iettent excremens semblables par les narines; ils ont la langue fort blanche et humide: ils sont insatiables, et ont vn appetit canin, quand la pituite predominante est de l'espece de celle qu'on appelle acide: et cuisent leurs viandes tardiuement,

dont s'ensuit qu'ils engendrent grande quantité d'humeurs froides et pituiteuses, lesquelles le plus souuent s'amassent au boyau nommé colon, lequel par ce moyen se tend et fait vn bruit grenouillant, presque semblable aux cris des grenouilles: et ont grandes douleurs, et leur semble que les parties dolentes soient tirées et bandées, dont s'ensuit la colique passion: A raison que de telle matiere humide et pituiteuse par vne chaleur imbecille, quelle est celle des hommes phlegmatiques, s'esleuent aisément des ventosités, qui de leur legereté portées ça et là par les circonuolutions desintestins, les enflent, et cherchans issue dehors font vn bruit tel que le vent passant par vn lieu estroit et anguste".

[69] ebd., S.50.

[70] ebd.

[71] ebd.

[72] ebd.

[73] ebd., S.51.

[74] ebd.

[75] ebd., S.52.

[76] Ich verwende im folgenden die kritische Ausgabe von 1971.

[77] vgl. etwa Kap. 2.2a.

[78] Paré (1971), S.3.

[79] ebd., S.4; vgl. hierzu auch Kap. 3.1d.

[80] ebd., S.6/7; vgl. Kap. 3.1d..

[81] ebd., S.24.

[82] ebd., S.62.

[83] ebd., S.80.

[84] Montaigne selbst hatte keine hohe Meinung von den zeitgenössischen Medizinern, die er als durch und durch unzuverlässig charakterisiert (Montaigne, S.1065, aus: *Essais*, Livre III, Chapitre XIII, "De l'experience"): "L'art de medecine n'est si resolue que nous soyons sans authorité, quoy que nous facions: elle change selon les climats et selon les Lunes, selon Farnel et selon l'Escale. Si vostre medecin ne trouve bon que vous dormez, que vous usez de vin ou de telle viande, ne vous chaille: je vous en trouveray un autre qui ne sera pas de son advis. La diversité des arguments et opinions medicinales embrasse toute sorte de formes."

[85] Paré (1971), S.145.

[86] ebd.

[87] ebd., S. 146.

[88] ebd.

[89] vgl. Winau, S.288.

[90] vgl. Kap. 2.2d.

[91] s. hierzu Foucault, etwa ([7]1988) u.a..

[92] Nachdem 1299 mit der Bulle *De sepulturis* wenn auch nur in indirektem Sinne ein Verbot des Sezierens in der kaum unterbrochenen Tradition der Antike und des Mittelalters ausgesprochen war, erfolgt eine erste positive Stellungnahme zur Praxis des Sezierens durch Sixtus IV. (1471-1484), der die Durchführung allein noch von der Zustimmung der entsprechenden kirchlichen Stelle abhängig macht, bis Clemens VII. die grundsätzliche Erlaubnis erteilt (vgl. Romano/Tenenti, S.179), 1594 schließlich wird der erste Anatomiehörsaal an der Universität Padua eingerichtet; institutionalisiertes medizinisches Wissen und ebensolche medizinische Praxis stehen seit der Antike in enger Abhängigkeit von machtpolitischem und kirchlichem Placet.

[93] so Romano/Tenenti, S.179.

[94] vgl. Kap. 2.2d.

[95] vgl. Kap. 2.3a.

[96] s. ebd. sowie Kap. 3.1d.

[97] vgl. hierzu Schneller, Klaus, "Paracelsus: Von den Hexen und ihren Werken", in: Becker, Gabriele/Bovenschen, Silvia/Brackert, Helmut u.a., *Aus der Zeit der Verzweiflung. Zur Genese und Aktualität des Hexenbildes*, Frankfurt/Main 1977, S.240-258.

[98] "Sulphur als Prinzip alles Brennbaren, Mercurius als Prinzip des im Rauch aufgehenden und dann Sublimierten und Sal als Prinzip des Rückstandes bei der Verbrennung", in: Winau, S.290.

[99] vgl.ebd., S.292: "Seine deduktive Naturmechanik überträgt Descartes selber auch auf den menschlichen Körper. Wie die gesamte Natur, so baut auch er sich aus drei verschiedenen Partikelformen auf, aus dem Feuerelement, das subtil, unsichtbar ist und mit seinen kleinsten Teilchen alle Zwischenräume erfüllt, dem Himmelselement, dessen Teilchen ebenfalls unsichtbar sind, und dem Erdelement, dessen Partikel sichtbar sind. Aus der Mischung der drei Elemente erklären sich figura, magnitudo und motus eines Körpers. Alle Köper gehorchen den unveränderlichen Naturgesetzen. Danach wird der menschliche Körper als Maschine begriffen, die mechanischen Gesetzen folgt. Die Bedeutung des gerade entdeckten Kreislaufs paßt sich in dieses Bild ebenso ein wie das Konzept der Verdauung als physikalischer Vorgang".

[100] Ficino, S.136/7.

2.3c Befindlichkeiten

[1] s. Kap. 2.3a.

[2] Foucault (1983), S.114.

[3] ebd., S.113/4.

[4] ebd., S.118.

[5] ebd., S.124.

[6] Bereits Francis Bacon hatte in seinem *Novum Organum* die Bedeutung dieser Erfindungen für die neuzeitliche Entwicklung deutlich hervorgehoben, die bewirkten Veränderungen sind im Bewußtsein der Zeit also sichtlich präsent, und zwar in einer Ursache-Wirkung-Relation, wie sie als durch und durch neuzeitlichem Denken zugehörig zu charakterisieren ist: "... it is well to observe the force and virtue and consequences of discoveries; and these are to be seen nowhere more conspicuously than in those three which were unknown to the ancients ...; namely, printing, gunpowder, and the magnet. For these three have changed the whole face and state of things throughout the world; the first in literature, the second in warfare, the third in navigation; whence have followed innumerable changes; insomuch that no empire, no sect, no star seems to have exerted greater power and influence in human affairs than these mechanical discoveries", aus: Debus, S. 1.

[7] vgl. Kap. 2.1.

[8] s. Kap. 2.3b.

[9] vgl. hierzu Mayr, Otto, *Uhrwerk und Waage. Autorität, Freiheit und technische Systeme in der frühen Neuzeit*, München 1987, v.a. S.19.

[10] vgl. Kap. 2.3a.

[11] vgl. Romano/Tenenti, S.187.

[12] s. Kap. 2.1.

[13] vgl. hierzu Kleinspehn, Thomas, *Der flüchtige Blick. Sehen und Identität in der Kultur der Neuzeit*, Reinbek 1988.

[14] s. Kap. 2.3a.

[15] Bereits in Castigliones *Cortegiano* (ed. 1528) ist sich die Diskussionsrunde dieser Veränderung bewußt, wird der perspektivischen Abstraktion der Abbildung in der Malerei der Vorzug vor der räumlichen, bildhauerischen Mimesis gegeben, einschließlich der Diskussion und Valorisierung von Sein, Schein und Wirklichkeit: die Neuschöpfung von Welt durch den Künstler wie das Wiedererkennen, das visuelle Besetzen durch den Betrachter, läßt die Täuschung "lebensechte" Mimesis zurückdrängen, die schöpferische Abstraktion als menschlich geschaffenen und aktiv besetzten Raum höher bewertet wissen. Auf Ioan Cristoforo, der sich einer solchen Einschätzung der Malerei in einer Verteidigung der seinsabbildenden Bildhauerei entgegenstellt: "Ed a me par bene, che l'una e l'altra sia una artificiosa imitazion di natura; ma non so già come possiate dir che più non sia imitato il vero, e quello proprio che fa la natura, in una figura di marmo o di bronzo, nella qual sono le membra tutte tonde, formate e misurate come la natura le fa, che in una tavola, nella qual non si vede altro che superficie e que' colori che ingannano gli occhi; né mi direte già, che più propinquo al vero non sia l'essere che 'l parere" (Castiglione, I, cap. L, S.109), repliziert der die Malerei favorisierende Conte Ludovico di Canossa mit der Zurückweisung der getroffenen Zuordnung von Sein und Schein unter Verweis auf die Darstellbarkeit von Farben, von Licht und Schatten in der Malerei, auf die Kunstfertigkeit des Malers, der über Dargestelltes nicht Sichtbares zur Vorstellung zu verbringen vermag sowie, dies als höchste Meisterschaft der Abstraktion, mit Hilfe der Perspektive *nach seinem eigenen Willen* Dargestelltes zur Erscheinung bringt: "Ed a questo bisogna un altro artificio maggiore in far quelle membra che scortano e diminuiscono a proporzion della vista con ragion di prospettiva; la qual per forza di linee misurate, di colori, di lumi e d'ombre vi mostra ancora in una superficie di muro dritto il piano e 'l lontano, più e meno come gli piace" (ebd., I, cap.LI, S.110).

[16] s. Romano/Tenenti, S.194.

[17] s. Burke (1984), S.201/2.

[18] vgl. ebd.

[19] Zum Folgenden s. Mayr (1987).

[20] Adorno, Theodor W./Horkheimer, Max, *Dialektik der Aufklärung*, Frankfurt/Main 1986, S.21.

[21] ebd.

[22] ebd., S.99.

[23] s. van Dülmen, S.266.

[24] vgl. ebd., S.301.

[25] s. ebd., S.58.

[26] s. Schulze, S.123.

[27] vgl. van Dülmen, S.294.

[28] Burckhardt, Jacob, *Die Kultur der Renaissance in Italien*, Berlin 1928.

[29] s. etwa Burke (1984, 1988, 1990), Elias (1976, 1983), Kleinspehn und Heller.

[30] Burke (1984), S.159.

[31] s. dazu die Analysen Burkes (1988), S.130-145.

[32] s. Burke (1984), S.198.

[33] vgl. Kap. 2.2d.

[34] s. Foucault ([8]1989), S.45: "Das Symbol des Wahnsinns wird künftig dieser Spiegel sein, der, ohne etwas Wirkliches wiederzugeben, heimlich für denjenigen, der sich darin betrachtet, den Traum seiner Voreingenommenheit spiegeln würde. Der Wahnsinn hat nicht so sehr mit der Wahrheit und der Welt zu tun als mit dem Menschen und der Wahrheit von ihm selbst, die er wahrzunehmen versteht". Vgl. auch Kleinspehn, S.32-34.

[35] s. Romano/Tenenti, S. 126.

[36] Jouanna, Arlette, *Ordre Social. Mythes et Hiérarchies dans la France du XVIe Siècle*, Paris 1977.

[37] vgl. Frigo, Daniela, "Dal caos all'ordine: sulla questione del 'prender moglie' nella trattatistica del sedicesimo secolo", in: Baradel, Virginia/Borsetto, Luciana/Chemello, Adriana/Frigo, Daniela/Zancan, Marina, *Nel cerchio della luna. Figure di donna in alcuni testi del XVI secolo*, a cura di Marina Zancan, Venezia 1983, S.81: "Se lungo il Quattrocento si erano avuti dei tentativi di equiparare 'nobiltà' e 'virtù', nel secondo Cinquecento la questione si chiude in modo definitivo nella preminenza della 'nobiltà di sangue'. Non è più la virtù che genera la nobiltà, piuttosto, ad essere garanzia di virtù".

[38] Castiglione, I, cap. XIV, S.69.

[39] vgl. hierzu Gebauer, Gunter, "Ausdruck und Einbildung. Zur symbolischen Funktion des Körpers", in: Kamper/Wulf (1982), S.313-329, der an die Untersuchung Jouannas anknüpft.

[40] vgl. hierzu die Deutung R. Muchembleds, der das Duell als symbolische Anpassungsstrategie an eine neue Situation betrachtet, die absolute Unterordnung des Adels nämlich unter den Fürsten, welche im Duell scheinbar umgangen wird (Muchembled, S.130-133).

[41] In diesem Falle, und nicht umsonst in der deutschen Literatur angesiedelt, die primär universitäre, bürgerliche Bindungen aufweist, ganz anders als in Frankreich oder Italien, wo das höfische Milieu Ort der Praxis und des Austauschs für Gelehrte und Literaten ist, wird nicht das elitäre, zu imitierende Idealbild geschaffen, sondern die pädagogische Spiegelfunktion bemüht, das überzeichnete Gegenbild des Ideals, welches dem hier primär bürgerlichen Lesepublikum in der Anempfehlung des Schlechten und Falschen das Erlernen von Manieren, das Absetzen vom unterständischen, explizit "bäurischen" Verhalten nahelegt: Friedrich Dedekinds lateinischer *Grobianus: de morum simplicitate* von 1549 (drei Auflagen, neu bearbeitet 1552, bis Anfang des 18.Jahrhunderts mehr als zwanzig Auflagen) gehört zu den erfolgreichsten Satiren der deutschen Literatur des 16.Jahrhunderts, dessen deutschsprachige Fassung von Kaspar Scheidt (1551) mit 14 Auflagen bis Mitte des 17.Jahrhunderts nur eine der zahlreichen deutschsprachigen Bearbeitungen darstellt (Dedekind, Friedrich, *Grobianus: de morum simplicitate. Grobianus. Von groben Sitten und unhöflichen Gebärden*, deutsche Fassung von Caspar Scheidt, Darmstadt 1979; Caspar Scheidt, *Grobianus. Von groben sitten vnd vnhoeflichen geberden*, hrsg. v. Rolf D. Fay, Stuttgart 1985).

[42] G. Chappuys besorgte 1580 eine weitere Übertragung ins Französische. Zur Datierung einiger Übertragungen in europäische Sprachen vgl. Kap. 2.1.

[43] Im selben Jahr erscheinen zwei weitere Ausgaben, Venezia: A. Paganino, s.d.; Firenze: per li heredi di Philippo di Giunta, 1528; dann 1529, 1530, 1531, 1532, 1533, 1537, 1538 (zweimal), 1539, 1541 (zweimal), 1544 (zweimal), 1545, 1546, 1547, 1549, 1550, 1551, 1552, 1553, 1556, 1559, 1562 (dreimal), 1564, 1565, 1573, 1574, 1584, 1593, 1599, 1606.

[44] vgl. Burke (1990), S.62-64.

[45] Castiglione, IV, cap. LVIII, S.320.

[46] ebd., S.320/1.

[47] ebd., II, cap.XVIII.

[48] ebd., I, cap.XVII, XX.

[49] ebd., I, cap. XVI, S.72.

[50] ebd., II, cap. XXXVI, S.150.

[51] ebd., II, cap. VII, S.123. Vgl. auch II, cap. L. S.163: "...bisogna esser prudente ed aver molto rispetto al loco, al tempo ed alle persone con le quai si parla e non descendere alla buffoneria, né uscire de' termini".

[52] ebd., II, cap. XXVII, S.142.

[53] ebd., II, cap. XLI, S.155/6.

[54] ebd., I, cap. XXII, S.78. Ganz ähnlich findet sich diese Verhaltensperspektivierung als Übernahme der Vorgaben des Anderen im übrigen auch im knapp ein halbes Jahrhundert später entstandenen *Galateo* des Giovanni della Casa (1503-1556) wieder (entst. seit 1552, publ. Venetia 1558: der vollständige Titel lautete

Trattato di Messer Giovanni della Casa nel quale, sotto la persona d'un vecchio idiota ammaestrante un suo giovinetto, si ragiona de modi, che si debbono o tenere, o schifare nella comune conversatione, cognominato Galatheo ovvero De' costumi): diese in Italien zahlreich wiederaufgelegte Verhaltensschrift ist keineswegs mehr primär an ein höfisches Publikum adressiert, sondern sucht über eine Aneinanderreihung von "plastischen" Beispielen die wichtigsten, im höfischen Rahmen entwickelten Benimmvorschriften bezüglich Kleidung, Tischsitten, Unterhaltung, öffentliches Auftreten etc. einer wohl primär bürgerlich intendierten Leserschaft als durch und durch anschauliche und praxisorientierte Handlungsanleitung nahezubringen; die weniger elitäre Ausrichtung tritt hier deutlich in einer Zurücknahme der Wertigkeit des Selbst-Bewußtseins und der Vermittlung individuellen Perfektion hervor, die zugunsten einer eher passiven Einpassung in öffentlich-gesellschaftliche "Situationen", der Erlernung von Verhaltensregeln, die andere bereits beherrschen, vernachlässigt werden. Weniger also die ideale Vervollkommnung der Persönlichkeit steht im Vordergrund, vielmehr die Kenntnis elitärer Konventionen, die ein reibungsloses Bewegen in "guter" Gesellschaft, "Gefallen" ermöglichen sollen:

"Il che acciocché tu più agevolmente apprenda di fare, dèi sapere che a te convien temperare e ordinare i tuoi modi non secondo il tuo arbitrio, ma secondo il piacer di coloro co' quali tu usi, e a quello indirizzargli; e ciò si vuol fare mezzanamente perciocché chi si diletta di troppo secondare il piacere altrui nella conversazione e nella usanza pare più tosto buffone o giucolare, o per avventura lusinghiero, che costumato gentiluomo; sì come, per lo contrario, chi di piacere o di dispiacere altrui non si dà alcun pensiero è zotico e scostumato e disavvenente. Adunque, conciossiaché le nostre maniere sieno allora dilettevoli quando noi abbiamo risguardo all'altrui e non al nostro diletto, se noi investigheremo quali sono quelle cose che dilettano generalmente il più degli uomini e quali quelle che noiano, potremo agevolmente trovare quali modi sieno da schifarsi nel vivere con esso loro e quali siano da eleggersi. Diciamo adunque che ciascun atto, che è di noia ad alcuno de' sensi e ciò che lo 'ntelletto have a schifo, spiace e non si dee fare" (della Casa, Giovanni, "Galateo", in: de Benedetto, Arnaldo (Hrsg.), *Prose di Giovanni della Casa e altri trattatisti cinquecenteschi del comportamento*, Torino [2]1974, S.195/6).

Auch bezüglich der Selbstdarstellung liegt im *Galateo* der Akzent eher auf der Vermeidung mangelnden Selbstbewußtseins respektive der Großspurigkeit des "Parvenu": "Né dee l'uomo di sua nobiltà né di suoi onori né di ricchezza e molto meno di senno vantarsi; né i suoi fatti o le prodezze sue o de' suoi passati molto magnificare né ad ogni proposito annoverargli come molti soglion fare; perciocché pare che egli in ciò significhi di volere o contendere co' circostanti, se eglino similmente sono o presumono di essere gentili e agiati uomini e valorosi, o di soperchiarli, se eglino sono di minor condizione, e quasi rimproverar loro la loro viltà e miseria: la qual cosa dispiace indifferentemente a ciascuno. Non dee adunque l'uomo avvilirsi né fuori di modo essaltarsi, ma più tosto è da sottrarre alcuna cosa de' suoi meriti che punto arrogervi con parole: perciocché ancora il bene, quando si soverchio, spiace. E sappi che coloro, che avviliscono se stessi con le parole fuori di misura e rifiutano gli onori che manifestamente loro s'appartengono, mostrano in ciò maggiore superbia che coloro che queste cose, non ben bene loro dovute, usurpano" (ebd., S.215).

[55] Castiglione, I, cap. XLIV, S.102.

[56] ebd., II, cap. VIII, S.124.

[57] ebd., II, cap. XVIII, S.133.

[58] vgl. hierzu ebd., II, cap. XII, S.127, wo die Handhabung der musikalischen Fähigkeiten des Hofmanns erörtert wird: "Venga adunque il cortegiano a far musica come a cosa per passar tempo e quasi sforzato, e non in presenzia di gente ignobile, né di gran moltitudine; e benché sappia ed intenda ciò che fa, in questo ancor voglio che dissimuli il studio e la fatica che è necessaria in tutte le cose che si hanno a far bene, e mostri estimar poco in se stesso questa condizione, ma, col farla eccellentemente, la faccia estimar assai dagli altri".

[59] ebd., II, cap. XXXVIII, S.153.

[60] s. ebd., S. 152: "Or io non voglio seguitar più minutamente in dir cose troppo note, come che 'l nostro cortegian non debba far profession d'esser gran mangiatore, né bevitore, né dissoluto in alcun mal costume, né laido e mal assettato nel vivere, con certi modi da contadino, che chiamano la zappa e l'aratro mille miglia di lontano"; die Verächtlichkeit in der Nennung der bäuerlichen Sitten läßt einmal auf ein bereits gefe-

stigtes höfisches Bewußtsein rückschließen, zugleich aber auch auf ein erhebliches Maß sozialer Differenzen, wie sie außerhalb Italiens zu diesem Zeitpunkt noch keineswegs gegeben sind.

[61] s. ebd., II, cap. IX und X.

[62] s. ebd., II, cap. XXVI und XXVII.

[63] ebd., II, cap. XXIX.

[64] ebd., II, cap. XX, S.135.

[65] ebd., II, cap. XXII, S.136/7.

[66] ebd., I, cap. XXVI, S.81.

[67] ebd., II, cap.VII, S.122.

[68] Robert Muchembled etwa schreibt in seiner Untersuchung zur Zivilisierung der Sitten im ländlichen Bereich der Justiz die führende Rolle zu, die über eine Kriminalisierung von Teilen des Volksverhaltens in einem Wechselspiel von kultureller Desynchronisation und Resynchronisation den eigentlichen Modus des Zivilisationsprozesses bestimmt.

[69] s. Muchembled, S.121.

[70] Huarte, Juan, *Prüfung der Köpfe zu den Wissenschaften*, übersetzt von G.E. Lessing. Nachdruck der Ausgabe Zerbst 1752 mit einer kritischen Einleitung und Bibliographie von Martin Franzbach, München 1968, S.362.

[71] Zur Bedeutung des Karnevals vgl. die einschlägigen Arbeiten v.a. von Michail Bachtin und Natalie Z. Davis.

[72] Das erste allein für das Theater bestimmte öffentliche Gebäude war bereits 1576 am Rande Londons entstanden, das erste Opernhaus dann allerdings wieder in Italien, im Venedig des Jahres 1637, vgl. van Dülmen, S.219/20.

[73] vgl. insgesamt zu dieser Problematik Thomas Kleinspehn.

[74] vgl. hierzu Kamper, Dietmar/Wulf, Christoph, "Die Parabel der Wiederkehr. Zur Einführung", in: dies. (1982), S.9-21, sowie Wulf, Christoph, "Das gefährdete Auge. Ein Kaleidoskop der Geschichte des Sehens", in: Kamper/Wulf (Hrsg.), *Das Schwinden der Sinne*, Frankfurt/Main 1984, S.21-45.

[75] Castiglione, IV, cap. LXII, S.324.

[76] Schröter, Michael, "Wildheit und Zähmung des erotischen Blicks. Zum Zivilisationsprozeß von deutschen Adelsgruppen im 13.Jahrhundert", in: *Merkur* 41 (1987), 468-481.

[77] ebd., S.476.

[78] ebd.

[79] ebd., S.481.

[80] Zur Gestalt dieses Schemas in der Antike s. Michel Foucault, *Sexualität und Wahrheit 2 und 3*, beide Frankfurt/Main 1989.

[81] Foucault (1983).

[82] ebd., S.23.

[83] Vgl. hierzu die auch in deutscher Übersetzung vorliegenden Memoiren einer Betroffenen, Sœur Jeanne, eine Nonne aus dem Kloster von Loudun, wo in den Dreißiger Jahren des 17.Jahrhunderts eine ganze Besessenheits-Affaire ihren Ort (und ihre Toten) hatte, niedergeschrieben auf Befehl ihrer Oberin im Jahre 1742, zusammen mit Beiträgen von Jules Michelet, Konstantin Oesterreich, Jean Daniel Picard und Michel Farin: Sœur Jeanne, *Memoiren einer Besessenen*, hrsg. v. Michel Farin, Nördlingen 1989.

[84] Foucault (1983), S.125.

[85] ebd., S.128.

[86] ebd., S.129.

3. Diskurse und Lebenswelt - die Frau/en im 16.Jahrhundert

[1] Burckhardt, S.391.

[2] Kelso, Ruth, *Doctrine for the Lady of the Renaissance*, Urbana 1956.

[3] Kelly-Gadol, Joan, "Did Women Have a Renaissance?", in: Bridenthal, Renate/Koonz, Claudia (Hrsg.), *Becoming Visible. Women in European History*, Boston 1977, S.137-164.

[4] Burckhardt, S.381.

[5] ebd., S.392.

[6] ebd., S.393.

[7] ebd.

[8] ebd., S.393/4.

[9] ebd., S.395.

[10] ebd., S.397.

[11] ebd.

[12] ebd., S.438.

[13] ebd., S.439.

[14] ebd., S.440.

[15] ebd., S.398.

[16] ebd., S.399.

[17] ebd. S.444.

3.1 Normierung und Unterweisung: die Diskursivierung der Frau und der Weiblichkeit

a. Theologie

[18] vgl. hierzu Kap. 2.3a und b.

[19] vgl. Kap. 2.2d.

[20] "Ebenso sollt ihr Frauen euch euren Männern unterordnen, damit auch sie, falls sie dem Wort (des Evangeliums) nicht gehorchen, durch das Leben ihrer Frauen ohne Worte gewonnen werden, wenn sie sehen, wie ehrfürchtig und rein ihr lebt. Nicht auf äußeren Schmuck sollt ihr Wert legen, auf Haartracht, Gold und prächtige Kleider, sondern was im Herzen verborgen ist, das sei euer unvergänglicher Schmuck: ein sanftes und ruhiges Wesen. Das ist wertvoll in Gottes Augen. So haben sich einst auch die heiligen Frauen geschmückt, die ihre Hoffnung auf Gott setzten: Sie ordneten sich ihren Männern unter. [...] Ebenso sollt ihr Männer im Umgang mit euren Frauen rücksichtsvoll sein, denn sie sind der schwächere Teil; ehrt sie, denn auch sie sind Erben der Gnade des Lebens" (1 Petr. 3, 1-7).

[21] Augustinus, *De Genesi ad litteram*, s. dazu Maclean, Ian, *The Renaissance Notion of Woman. A Study in the Fortunes of Scholasticism and Medical Science in European Intellectual Life*, Cambridge 1980, S.12/13.

[22] vgl. ebd., S.20.

[23] ebd., S.24.

[24] s. ebd., S.16; bei Delumeau (1989) findet sich das kontextualisierte Zitat in deutscher Übersetzung (S.463/4): "Du müßtest immer Trauer tragen, mit Lumpen bekleidet sein und in Reue versinken, um den Fehler, das Menschengeschlecht ins Verderben gestürzt zu haben, wiedergutzumachen. [...] Weib, du bist das Tor des Teufels. Du hast deine Hand gegen den Baum Satans ausgestreckt und als erste das göttliche Gebot verletzt" (nach: "De cultu feminarum", in: *Corpus christianorum*, lateinische Serie, Werke des Tertullian, Bd. 1, S.343).

[25] s. Platon, "Timaios", in: ders., *Sämtliche Werke*, Bd. 5: Politikos, Philebos, Timaios, Kritias, Reinbek 1991, S.212.

[26] ebd., S.211.

[27] ebd., S.211/12. Zu antiken und spätantiken Sexualitätskonzepten in Abgrenzung und Übergang zur christlichen Sexualitätskonzeption s. Foucault, *Sexualität und Wahrheit* Bd. 2 und 3 (1989).

[28] Chrysostomos, *Homiliae in Mathaeum*, XXXII, in: Maclean (1980), S.100, Anm.66.

[29] Es handelt sich um die alttestamentarischen jüdischen Reinheitsgebote, insbesondere Lev. 12 und Lev. 15, 18-30.

[30] vgl. Bovenschen, Silvia, "Die aktuelle Hexe, die historische Hexe und der Hexenmythos. Die Hexe: Subjekt der Naturaneignung und Objekt der Naturbeherrschung", in: Becker/Bovenschen/Brackert u.a., S.283.

[31] s. dazu auch Screetch, L., "Quelques Aspects du Mariage au XVIe Siècle (Misogynie et misogamie - Droit romain et droit canon)", in: *Les Eglises et Leurs Institutions au XVIe Siècle*. Actes du Veme Colloque du Centre d'Histoire de la Réforme et du Protestantisme, recueillis par Michel Péronnet, Montpellier 1978, S.81-93.

[32] vgl. Flandrin, Jean-Louis, "Das Geschlechtsleben der Eheleute in der alten Gesellschaft: Von der kirchlichen Lehre zum realen Verhalten", in: Ariès/Béjin/Foucault, S.155.

[33] s. Foucault, *Sexualität und Wahrheit* 3 (1989), S.230/1.

[34] vgl. Becker, Gabriele/Brackert, Helmut/Brauner, Sigrid,/Tümmler, Angelika, "Zum kulturellen Bild und zur realen Situation der Frau im Mittelalter und in der frühen Neuzeit", in: Becker/Bovenschen/Brackert u.a., S.19.

[35] vgl. Becker-Cantarino, Barbara, *Der lange Weg zur Mündigkeit. Frauen und Literatur in Deutschland von 1500-1800*, München 1989, S.67.

[36] s. Becker/Brackert/Brauner/Tümmler, in: Becker/Bovenschen/Brackert u.a., S.118, Anm.14.

[37] Bei Delumeau (1989), S.467, finden sich einige Stichproben.

[38] vgl. Kap. 2.2a.

[39] vgl. Screech, S. 85/6.

[40] s. Maclean (1980), S.13.

[41] s. ebd., S.15.

[42] vgl. ebd., S.14.

[43] ebd., S.9.

[44] ebd., S.15.

[45] Zur Genealogie des Aktiv-Passiv-Schemas als Grundlage sozial-sexueller Hierarchien über die griechische und römische Antike bis ins Christentum vgl. Foucault, *Sexualität und Wahrheit* 2 und 3 (1989).

[46] s. Maclean (1980), S.10.

[47] ebd.

[48] ebd., S.11.

[49] s. dazu ebd., S.19.

[50] s. dazu u.a. Maclean (1980), v.a. S.8, Delumeau (1989), S.465/6, Becker/Brackert/Brauner/Tümmler, S. 19/20, Bennent, Heidemarie, *Galanterie und Verachtung. Eine philosophiegeschichtliche Untersuchung zur Stellung der Frau in Gesellschaft und Kultur*, Frankfurt/New York 1985, S. 21.

[51] Thomas von Aquin, *Summa*, Ia 92, I, in: Maclean (1980), S.93.

[52] in: Becker/Brackert/Brauner/Tümmler, S.20.

[53] Ich folge hier der Diktion von Becher/Brackert/Brauner/Tümmler, S.20.

[54] Aufschlußreich hierzu auch der Verweis bei Maclean (1980), S.12 (Zitat S.98, Anm.27), auf einen Text von Aquin, in dem das weibliche Geschlecht Monstern gleichgesetzt wird, ein Verfahren, in das später die Indianer der Neuen Welt eingepaßt werden (*De veritate*, 5,9 d.9): "nisi ergo esset aliqua virtus quae intenderet femineum sexum, generatio feminae esset omnino a casu, sicut ut aliorum monstrorum".

[55] Antoninus Forciglioni, *Summa*, erstmals Venezia 1503, III.42-9, vgl. dazu Maclean (1980), S.16.

[56] s. dazu Delumeau (1989), S.476-478 einschließlich ausführlicher Zitation.

[57] s. ebd., S.472-478.

[58] ebd., S.473.

[59] Zum folgenden vgl. Flandrin.

[60] vgl. hierzu Kap. 2.3c; s. hierzu noch einmal die Bestandsaufnahme Foucaults (1983), S.51: "Bis zum Ende des 18.Jahrhunderts haben - neben den Sittenvorschriften und Meinungszwängen - drei große explizite Codes die sexuellen Praktiken beherrscht: kanonisches Recht, christliche Pastoraltheologie und Zivilrecht. Jedes von ihnen bestimmte auf seine Weise die Scheidung in Erlaubtes und Verbotenes. Alle waren um die ehelichen Beziehungen zentriert: die eheliche Pflicht und das Vermögen, sie zu erfüllen, die Art, ihr Folge zu leisten, die Ansprüche und Gewalttätigkeiten, von denen sie begleitet wurde, die unnützen oder ungebührlichen Liebkosungen, denen sie einen Vorwand lieferte, die Fruchtbarkeit beziehungsweise die Verhütung der Fruchtbarkeit, die Augenblicke, in denen man diese Pflicht einforderte (gefährliche Perioden der Schwangerschaft und der Stillzeit, verbotene Zeiten des Fastens oder der Enthaltsamkeit), ihre Häufigkeit oder Seltenheit - das eben war in erster Linie mit Vorschriften versehen. Der eheliche Sex war von Regeln und Empfehlungen umlagert und befand sich unter erhöhter Überwachung: war er mangelhaft, so mußte er sich zeigen und vor Zeugen beweisen. Der 'Rest' nahm sich dagegen sehr viel verschwommener aus: man braucht sich nur die Unsicherheit gegenüber der Sodomie oder die Gleichgültigkeit gegenüber dem Sex der Kinder ins Gedächtnis zu rufen".

[61] vgl. Flandrin, S, 148/9.

[62] Foucault (1983), S.29/30.

[63] Delumeau, Jean, *Le péché et la peur. La culpabilisation en Occident (XIIIe-XVIIIe siècles)*, Paris 1983, v.a. S.481: Delumeau vergleicht die Predigtthemen des Bernardino da Siena aus dem 15.Jahrhundert (Sexualität/Ehe/Jungfräulichkeit 24,3% - Geld 38,5%) mit solchen französischer Prediger aus dem 17./18.Jahrhundert (Sexualität/Ehe/Jungfräulichkeit 17,5% - Geld 16,8%) und macht dabei, aus einer gänzlich anderen Perspektive als Foucault, der Perspektive des machthandelnd agierenden, furchtbesetzten, apokalyptisch die Bedrohung der abendländischen Christenheit im Untergang zu verhindern suchenden Klerus, eine wachsende Angst der Kirchenmänner vor der Sexualität fest.

[64] Foucault (1983), S.139/140.

[65] s. Flandrin, S.159.

[66] s. Kap. 2.3c.

[67] vgl. Delumeau (1989), S.481-483.

[68] Der Handlungsbedarf scheint in Abgrenzung zum Protestantismus erheblich gewesen zu sein, Visitationen während des Konzils von Trient in Bayern hatten ergeben, das nur etwa 4% der Priesterschaft nicht in eheähnlichen Verhältnissen lebten, s. ebd., S.482.

[69] Ich beziehe mich im folgenden in erster Linie auf die Analysen Macleans (1980), S.6-27.

[70] Maclean führt hier unter anderem eine Deutung des Kardinal Cajetan, Thomas de Vio (1469-1534) an, der in scheinbarer Opposition zur Aquinschen Auslegung zwar die peripatetische Deutung der Minderwertigkeit des weiblichen Geschlechts zu relativieren sucht, dabei aber mit Bezug auf die Schaffung Evas eine um so rigorosere Minderwertigkeit der Frau festmacht, indem er einen zugleich nur halbherzigen Paradigmenwechsel hin zur nicht allein schematisch geschlechtlichen, sondern gerade auch moralischen Defizittheorie des weiblichen Wesens, das eben nur ein *halber* Mann ist, vollzieht: "id quod philosophi tradiderunt de productione mulieris quae est vir laesus, hoc Moses sub metaphora tradidit. Multum tamen interest inter considerationem philosophorum et Mosi: quoniam illi productionem mulieris relative ad sexum consideraverunt, Moses vero productionem mulieris non solum ad sexum sed etiam ad universam vitam moralem tradidit. Et propterea metaphora usus est constante ex multis partibus [...] Et ut metaphorice somnus [Ade] intelligeretur, describitur Adam dormisse, et tamen non describitur ipsum experge factum fuisse seu evigilasse. Somnus enim profundus immissus Deo viro ex quo producenda est mulier, similitudinem gerit defectus virtutis virilis unde naturaliter producitur mulier. Homo enim dormiens semihomo est. Et similiter principium generans mulierem semivirile est. Et propterea a philosophis mulier dicitur mas laesus" (*Commentarii in quinque Mosaicos libros*, Paris 1539, S.25, aus: Maclean, S.93).

[71] Petrus Canisius, *De Maria Virgine incomparabili* (1577), II.I, S.106, aus: Maclean, S.95.

3.1b Zwei theologisch motivierte Neubewertungen der Rolle der Frau: Luthers Mutter- und Ficinos Spiegelbild

[1] vgl. dazu Kap. 2.2d.

[2] Luther (1978), "Vom ehelichen Leben", S.22.

[3] ebd., "Ein Sermon von dem ehlichen Stand", S.5.

[4] ebd., S.6/7.

[5] ebd., S.8.

[6] vgl. nochmals Kap. 2.2d, respektive ebd., "Eine Predigt vom Ehestand", S.64-66.

[7] ebd., "Vom ehelichen Leben", S.44.

[8] ebd., "Ein Sermon von dem ehlichen Stand", S.9.

[9] ebd.

[10] ebd., "Vom ehelichen Leben", S.13/4.

[11] ebd., S.15.

[12] ebd., S.42.

[13] ebd., S.39.

[14] ebd., S.32/3.

[15] ebd., S.34.

[16] Luther, *Werke*, Weimarer Ausgabe (WA), "Tischreden", Bd. 6, S.275.

[17] ebd., S.262.

[18] ebd.

[19] Luther (1978), "Ein Sermon von dem ehlichen Stand", S.4.

[20] Luther, WA, "Tischreden", Bd. 6, S.275.

[21] Luther (1978), "Daß Jungfrauen Klöster göttlich verlassen mögen", S.50.

[22] Luther, WA, Bd. 42 (Genesis-Kommentar), S.53.

[23] ebd., S.51/2.

[24] ebd., "Tischreden", Bd. 1, S.19; die etwas abweichende lateinische Version: "Viri habent lata pectora et parva femora, ideo habent sapientiam. Mulieres habent angusta pectora et lata femora. Mulier debet esse οιχου ο ; id creatio indicat, habent enim latum podicem et femora, *das sie sollen still sizen*".

[25] Luther (1978), "Vom ehelichen Leben", S.41.

[26] Luther, WA, "Tischreden", Bd. 6, S.46.

[27] ebd., Bd.1, S.528; die lateinische Version (ebd.): "Cum semel uxor eius satis pro imperio obtinendo ageret, commotus Doctor dixit illi: Poteris quidem imperium tibi arrogare in oeconomia, salvo tamen meo iure. Mulierum dominium nihil boni a conditio mundo effecit. Cum Deus Adam dominum constituit omnium creaturarum, salva erant tum omnia et optime administrabantur universa, sed interventu uxoris perturbabatur rerum universa series. *Das haben wir euch weibern zu dancken*. Quare nolo ferre imperium tuum".

[28] ebd., S.532; die lateinische Version (ebd., S.531/2): "Feminae bene loquuntur de rebus oeconomicis atque magna gratia et elegantia vocis et ita quidem, ut Ciceronem superent, et quod eloquentia non possunt efficere, hoc lacrimis impetrant, quemadmodum de Cicerone dicitur, et ad hanc eloquentiam natae sunt, nam maiorem habent de ea re quam nos, qui eam longo usu et studio comparamus. At ubi extra oeconomiam loquuntur de rebus politicis, nihil valent, quia licet verba quidem habeant, tamen res non habent et loquuntur. Ideo si de politicis loquuntur, adeo confuse et inepte loquuntur, ut nihil supra. Unde apparet feminam creatam ad oeconomiam, virum autem ad politiam, bella et forensia negotia".

[29] Luther (1978), "Vom ehelichen Leben", S.32.

[30] Luther, WA, "Tischreden", Bd. 4, S.122; die lateinische Version (ebd., S.121): "Sed eloquentia non est laudanda in mulieribus; plus decet illas esse blaesas et balbas, *das steht in wol besser an*".

[31] ebd., S.162/3; die lateinische Version (ebd., S.162): "Esto uxor sit infirmum vas, attamen habet summam gloriam maternitatis, quia omnes homines concipiuntur, gignuntur, aluntur per illas. Hinc dulcissima posteritas. Illa gloria maternitatis merito omnes mulierum infirmitates tegere et absorbere debet, et pius maritus dicat: Si bona suscepimus, mala cur non sustineamus?".

[32] ebd., Bd. 6, S.273.

[33] Luther (1978), "Vom ehelichen Leben", S.29.

[34] Vgl. Kap. 2.2d.

[35] Luther (1978), "Eine Predigt vom Ehestand", S.66/7.

[36] Obiger Absatz (der Text, "Eine Predigt vom Ehestand", stammt aus dem Jahre 1525) folgt über weite Strecken, Luther lag das Thema scheinbar sehr am Herzen, einer Passage aus "Vom ehelichen Leben" (1522) mit folgendem Wortlaut (ebd., S.35/6): "Also soll auch das Weib in seinen Werken denken, wenn sie das Kind säuget, wieget, badet und andere Werke mit ihm tut und wenn sie sonst arbeitet und ihrem Mann hilft und gehorsam ist. Es sind alles eitel goldene, edele Werk. Also soll man auch ein Weib trösten und stärken in Kindesnöten, nicht mit St. Margareten Legende und andern närrischen Weiberwerk umgehen, sondern also sagen: 'Gedenk, liebe Greta, daß du ein Weib bist, und dies Werk Gott an dir gefället, tröste dich seines Willens fröhlich und laß ihm sein Recht an dir. Gib das Kind her und tu dazu mit aller Macht. Stirbst du darüber, so fahr hin, wohl dir, denn du stirbest eigentlich im edlen Werk und Gehorsam Gottes. Ja, wenn du nicht ein Weib wärest, so solltest du jetzt allein um dieses Werks willen wünschen, daß du ein Weib wärest, und so köstlich in Gottes Werk und Willen Not leiden und sterben. Denn hier ist Gottes Wort, das dich also geschaffen, solche Not in dir gepflanzet hat. Sage mir, ist das nicht auch (wie Salomon saget) Wohlgefallen von Gott schöpfen, auch mitten in solcher Not?'"
Die diesen Absatz einrahmende Passage behandelt das Leiden des Mannes in Hinblick auf die Ehe und das "Kinderkriegen" (ebd., S.34-36): "Nun siehe zu, wenn die kluge Hure, die natürliche Vernunft (welcher die Heiden gefolgt haben, da sie am klügsten sein wollten) [s. Anm. 15], das eliche Leben ansiehet, so rümpft sie die Nase und spricht: 'Ach, sollt ich das Kind wiegen, die Windeln waschen, Betten machen, Gestank riechen, die Nacht wachen, seines Schreiens warten, seinen Grind und Blattern heilen, darnach des Weibs pflegen, sie ernähren, arbeiten, hier sorgen, da sorgen, hier tun, da tun, das leiden und dies leiden, und was

denn mehr an Unlust und Mühe der Ehestand lehret. Ei, sollt ich so gefangen sein ? O du elender, armer Mann, hast du ein Weib genommen, pfui, pfui des Jammers und der Unlust. Es ist besser, frei bleiben und ohn Sorge ein ruhiges Leben geführt. Ich will ein Pfaff oder eine Nonne werden, meine Kinder auch dazu halten'.

Was saget aber der christliche Glaube hiezu? Er tut seine Augen auf und siehet alle diese geringen, unlustigen, verachteten Werk im Geist an und wird gewahr, daß sie alle mit göttlichem Wohlgefallen als mit dem köstlichsten Gold und Edelsteine geziert sind, und spricht: 'Ach Gott, weil ich gewiß bin, daß du mich als einen Mann geschaffen und von meinem Leib das Kind gezeuget hast, so weiß ich auch gewiß, daß dir's aufs allerbeste gefället, und bekenne dir, daß ich nicht würdig bin, daß ich das Kindlein wiegen solle, noch seine Windel waschen, noch sein oder seiner Mutter warten. Wie bin ich in die Würdigkeit ohn Verdienst gekommen, daß ich deiner Kreatur und deinem liebsten Willen zu dienen gewiß worden bin? Ach wie gerne will ich solchs tun, und wenn's noch geringer und verachteter wäre. Nun soll mich weder Frost noch Hitze, weder Mühe noch Arbeit verdrießen, weil ich gewiß bin, daß dir's also wohl gefället.

[An dieser Stelle ist die oben zitierte Passage zur Frau zwischengeschaltet]

Nun sage mir: Wenn ein Mann hinginge und wüsche die Windel oder tät sonst am Kinde ein verächtlich Werk, und jedermann spottete sein und hielt ihn für einen Maulaffen und Frauenmann, so er's doch tät in solcher obgesagter Meinung und christlichem Glauben, Lieber, sage, wer spottet hier des andern am feinsten? Gott lacht mit allen Engeln und Kreaturn nicht, daß er die Windel wäscht, sondern daß er's im Glauben tut. Jener Spötter aber, die nur das Werk sehen und den Glauben nicht sehen, spottet Gott mit aller Kreatur als der größten Narren auf Erden, ja, sie spotten sich nur selbst und sind des Teufels Maulaffen mit ihrer Klugheit".

Während die Frau also über ihrem edlen Werk des Gebärens voller Freude über Gottes Willen ruhig sterben respektive nach überlebter Geburt im selben Geiste für das Kind sorgen, ihre Arbeit erledigen und dem Mann hilfreich und gehorsam sein soll, scheint es Luther in der an den Mann gerichteten Passage vor allem darum bestellt zu sein, ein Denken in den Kategorien der Hure Vernunft zu verteufeln und dagegen jenes Handeln im Glauben zu stellen, das sich als ein freudiges Durchleben der Mühen, die ja Gottes Wille sind, als eine fromme Schicksalsergebenheit geriert; an jenen Mittelstand der Handwerker und Bürger als Zielgruppe gerichtet, welche ihre Kinder in eigener Obhut behält, nicht der Amme auf dem Land überantwortet, rückt Luther erstaunlicherweise neben diversen anderen unangenehmen Verrichtungen gerade die von ihm selbst als verächtlich bezeichnete Hilfstätigkeit des Mannes bei der Kinderpflege in den Mittelpunkt, das Weiberwerk des Windelwaschens etc., um sie als gottgefällige Werke des Glaubens aufzuwerten: im Zuge der Aufwertung der Fortpflanzung als solcher im Rahmen seines Feldzuges für die arbeitsame und entbehrungsreiche Gottesschuldigkeit der gottesfürchtigen Bürger, bindet Luther also auch den Mann in die immer bedeutungsvollere Aufzucht der Kinder als zukünftigen Stützen des wahren Christentums ein, legt ihm mittelbar Aufgabenbereiche nahe, die dem herkömmlichen Bilde von Männlichkeit offenbar heftig widersprechen. Die propagandistische Aufwertung der Ehe als zwar mühevolle, aber im Wissen um Gottes Wohlgefallen freudig zu erfüllende Pflicht scheint in diesem Sinne drastischer Beispiele höchster Frömmigkeit bedurft zu haben, für die Frau die Aufopferung des Lebens, für den Mann die Übernahme von verächtlichem Weiberwerk, um den latenten Widerstand gegen die von Luther geforderte Pflichterfüllung zu brechen: Hinweis also zu sein auf eine realiter recht gewichtige Umwertung des Bildes von der Ehe und ihrer Anforderungen, zugleich aber politisch gefaßte Kampfansage gegen sich ausbreitende humanistische Tendenzen zur Valorisierung des freien Willens und der vernunftgetragenen Entscheidungsbefugnis des Einzelnen als sozialem Wesen.

[37] ebd., "Eine Predigt vom Ehestand", S.67-70.

[38] ebd., S.70/1.

[39] vgl. hierzu und im folgenden Kap. 2.3b.

[40] vgl. hierzu ganz allgemein Kap. 2.3a sowie nochmals Kap. 2.3b.

[41] Ficino, S.15-18.

[42] ebd., S.19.

[43] ebd., S.75/6.
[44] ebd., S.82.
[45] ebd., S.93.
[46] ebd., S.35.
[47] ebd., S.101.
[48] ebd., S.23.
[49] ebd., S.24/5.
[50] ebd., S.174/5.
[51] ebd., S.124.
[52] vgl. auch ebd., S.178, wo dieselbe Konzeption in Anlehnung an "Guido Cavalcante, philosopho", noch einmal aufgerufen wird, einem Zeitgenossen und Dichterfreund Dantes also, führender Vertreter des Dolce Sti Novo, jener Form der Liebesdichtung, aus der heraus Petrarca seinen *Canzoniere* entwickelt, welcher im 16.Jahrhundert als primäres Referenzmodell der Liebesdichtung des Petrarkismus wiederum mit dem neuplatonischen Modell zusammengeführt wird.
[53] ebd., S.142.
[54] ebd., S.143.
[55] ebd., S.140.
[56] ebd.
[57] ebd., S.142.
[58] ebd., S.179.
[59] vgl. Kap. 2.3c.
[60] Ficino, S.44.
[61] ebd., S.132/3.
[62] ebd., S.98.
[63] ebd., S.37.
[64] ebd., S.38.
[65] ebd., S.49.
[66] ebd., S.132.
[67] ebd., S.150.
[68] ebd., S.152.
[69] ebd., S.159/60.
[70] ebd., S.68/9.
[71] ebd., S.216.
[72] Maclean (1980, S.25) nennt hierzu als Fundstellen Marsilio Ficino, *In Plotinum*, "De providentia primum", II, in: *Opera omnia*, Paris 1641, II, S.645, sowie *Epistolae*, in: ebd., I, S.721/2.
[73] s. Maclean (1980), S.24, der, unter dem Aspekt der Stilisierung der Frau zum eigentlichen mystischen Mittlerwesen zwischen Gott und Mann, folgende Werke nennt: Pietro Calanna, *Philosophia seniorum sacerdotia et platonica*, 1599, sowie André Du Chesne, *Figures mystiques du riche et précieux cabinet des dames*, 1605.
[74] vgl. Kap. 2.3c.
[75] Castiglione, IV, cap. LI, S.315.
[76] ebd.

77 ebd.
78 ebd., IV, cap.LII, S.316.
79 ebd., IV, cap.LIII, S.317.
80 ebd., IV, cap.LIV, S.318.
81 ebd., IV, cap. LVI, S.319.
82 ebd., IV, cap. LVII/LVIII, S.320.
83 ebd., IV, cap. LIX, S.321/2.
84 ebd., IV, cap. LX, S.322.
85 s. hierzu nochmals Kap.2.3c.
86 Castiglione, IV, cap.LXII, S.323-325; auszugsweise bereits zitiert in Kap. 2.3c, vgl. auch den dortigen Kontext.
87 vgl. nochmals Kap. 2.3c.
88 Castiglione, IV, cap. LXIII, S.325.
89 ebd., IV, cap.LXVII, S.328.
90 ebd., IV, cap.LXVIII, S.329/30.
91 ebd., IV, cap.LXIX, S.330.
92 ebd., IV, cap.LXX, S.332.
93 ebd., IV, cap.LXXI, S.332.
94 ebd., IV, cap.LXXII, S.333.
95 ebd., IV, cap.LXXIII, S.333.
96 vgl. Kap. 3.2b.

3.1c Medizin

1 vgl. Kap. 2.3b.
2 vgl. hierzu u.a. Fouquet, Cathérine/Knibiehler, Yvonne, *La Femme et les Médecins. Analyse Historique*, Paris 1983, S.18-28.
3 vgl. Kap. 3.1a.
4 vgl. oben sowie nochmals Kap. 3.1a.
5 s. ebenfalls Kap. 3.1a.
6 Zum folgenden vgl. Maclean (1980), S.28-46, sowie Fouquet/Knibiehler (1983), S.31-34; für das gesamte Kapitel: Laqueur, Thomas, *Auf den Leib geschrieben. Die Inszenierung der Geschlechter von der Antike bis Freud*, Frankfurt/New York 1992, S.9-171.
7 vgl. Laqueur, S.71.
8 vgl. hierzu ebd., S.162.
9 vgl. Kap.3.1a.
10 Aristoteles, *Tierkunde*, IX.I [608a, 18-608b, 16], hrsg. v. Paul Gohlke, Paderborn 1949, S.376/7.
11 s. Mehnert, Henning, "Weibliche Inspiration zwischen Extase und Uterogenese", in: Baader, Renate/Fricke, Dietmar (Hrsg.), *Die französische Autorin vom Mittelalter bis zur Gegenwart*, Wiesbaden 1979, S.13-18, sowie Fouquet/Knibiehler (1983), S.35.

[12] s. Fouquet/Knibiehler (1983), S.36/37.
[13] Zum folgenden vgl. v.a. Maclean (1980), S.28-46, sowie Fouquet/Knibiehler (1983), S.37-43.
[14] vgl. Kap. 3.1b.
[15] vgl. Laqueur, S.130.
[16] vgl. Laqueur, S,71-73.
[17] vgl. hierzu Kap. 3.1a.
[18] Zur mittelalterlichen Medizin und zur medizinischen Praxis im Mittelalter vgl. v.a. Fouquet/Knibiehler (1983), S.45-62, sowie Becker/Brackert/Brauner/Tümmler, S.79-117.
[19] Montaigne, "Sur des vers de Virgile", S.827.
[20] ebd.
[21] ebd., S.837.
[22] Der vollständige Titel: *Tiers livre des faictz et dictz heroiques du noble Pantagruel*.
[23] Rabelais, François, *Œuvres complètes*, ed. Jacques Boulanger et Lucien Scheler, Paris 1955, S. 443/4 (*Le Tiers Livre*, Chapitre XXXI): "Je voy Panurge (dist Rondibilis) bien proportionné en ses membres, bien tempéré en ses humeurs, bien complexionné en ses espritz, en aage competent, en temps oportun, en vouloir équitable de soy marier: s'il rencontre femme de semblable température, ilz engendreront ensemble enfans dignes de quelque monarchie transpontine".
[24] ebd., Chapitre XXXII, S.445-447.
[25] vgl. nochmals Kap. 2.3b.
[26] s. dazu Maclean (1980), S.29, zum Inhalt Anm. 7, S.102/3.
[27] Zum folgenden vgl. v.a. Maclean (1980), S.28-46, sowie Fouquet/Knibiehler (1983), S.63-80.
[28] Huarte, S.367.
[29] s. Maclean (1980), S.32.
[30] Laqueur, S.33.
[31] ebd., S.39.
[32] ebd., S.44.
[33] ebd., S.52.
[34] ebd., S.64.
[35] ebd., S.74.
[36] vgl. S.76/7.
[37] ebd., S.78.
[38] ebd., S.82.
[39] ebd., S.127.
[40] ebd., S.128.
[41] ebd., S.128/9.
[42] ebd., S.129.
[43] ebd., S.135.
[44] ebd., S.146.
[45] ebd.
[46] vgl. Kap. 2.3c.
[47] Laqueur, S.150.

[48] vgl. hierzu Kap. 2.3c.

[49] vgl. v.a. Kap. 2.2d.

[50] Laqueur, S.157.

[51] Huarte, S.73.

[52] ebd., S.78.

[53] ebd., S.105.

[54] Vgl. hierzu die Ausführungen Parés in Kap.2.3b.

[55] Huarte, S.106.

[56] ebd., S.181/2.

[57] ebd., S.45.

[58] ebd., S.369.

[59] ebd., S.407.

[60] ebd., S.430.

[61] ebd., S.432.

[62] Paré (1970), Bd. II, S.637.

[63] ebd.

[64] ebd., S.639.

[65] Zur Einführung s. Antonioli, Roland, "L'image de la femme dans DE NOBILITATE ET PRAECELLENTIA FOEMINEI SEXUS d'H.C. Agrippa", in: *La Femme et la Renaissance*, Lódz 1985, S.27-39. Die über eine theologisch-spirituelle Folie aufgebaute Jugendschrift Agrippas hat in ihrer radikalen Aufwertung des Bildes der Frau ebenso wie in ihrem sozialkritischen Anlaß durchaus Vorläufer, Christine de Pisan ist hier zu nennen ebenso wie zwei weitere Schriften aus dem 15.Jahrhundert, Martin Le Francs *Champion des Dames* (entst. um 1440) und vor allem der *Triunfo das Donas* des Spaniers Rodriguez da Camara (entst. vor 1430), der Agrippa hinsichtlich Gesamtplan, Anlage und Schlußfolgerungen als wichtigste Quelle dient. Die Mehrzahl der von Agrippa ausformulierten Ideen ist zwar zum Zeitpunkt der Veröffentlichung, also 1529, nicht mehr brandneu, zweifelsohne aber wohnt gerade in der interdisziplinären Gesamtanlage erhebliches innovatives Potential, hinsichtlich des Konnexes traditioneller Elemente des Frauenlobs der höfischen Minne des Mittelalters und der zeitgenössischen Literatur, von Ideen des Okkultismus, der Hermetik und der Kabbala, des Ficino'schen Neuplatonismus (der mit diesem Werk in Frankreich erstmals popularisiert wird), des Humanismus, der Medizin, der Jurisprudenz, des christlichen Glaubens und der Gesellschaftskritik; zu Agrippa vgl. auch Kap.2.3a.

[66] Agrippa von Nettesheim, Heinrich Cornelius, *Von dem Vorzug und der Fürtrefflichkeit des weiblichen Geschlechts vor dem männlichen*, Nachdr. d. Ausg. Jena 1736, Tübingen 1987, S.21; im lateinischen Original der Erstausgabe von 1529 lautet der Passus, zur Korrektur der nicht allzu genauen deutschen Übersetzung, einschließlich des Verweises auf Galen und Avicenna wie folgt (ders., *De nobilitate et praecellentia foeminei sexus*, édition critique d'après le texte d'Anvers 1529, ed. R. Antonioli, Genève 1990, s. 60/61): "Quod hoc maxime perspicuum est, quia solum muliebre semen, Galeno et Avicenna testibus, est materia et nutrimento foetus, viri autem minime, quod illi quodammodo ut accidens substantiae ingrediatur. Maximum enim, ut ait lex, atque praecipuum munus est foeminarum concipere, conceptumque tueri, ob quam causam videmus plurimos matribus similis esse, quia ex earum sanguine procreatos. Idque plurimum in corporis habitu, semper autem in moribus: si enim matres stolidae sunt, et filii stolidi fiunt, si matres prudentes, et filii earum prudentiam redolent. Contra vero in patribus, qui si ipsi sint sapientes, filios ut plurimum generant stolidos, et stolidi patres sapientes producunt filios, modo sapiens mater sit. Nec alia ratio est cur matres plus patribus diligant filios suos nisi quia multo plus de suo sentiunt habentque in illis matres, quam patres. Ob eandem quam dixi causam, etiam arbitror nobis inditum esse, uti plus in matrem quam in patrem simus adfecti, usque adeo ut patrem diligere, matrem solam amare videamur".

[67] ders. (1987), S.23; in der lateinischen Fassung (ders. [1990], S.62/3) der Erstausgabe ist dieser Abschnitt ungleich umfangreicher, führt mehr Details zur weiblichen Zeugungsfähigkeit sowie zu spezifischen Vermögenheiten etwa der schwangeren Frauen an, die ans Wunderbare grenzen - und deshalb möglicherweise der deutschen Übersetzung zum Opfer gefallen sind, unter anderem ein Abschnitt über die heilsame Wirkung des Menstruationsblutes, der, im folgenden durch ein Leerzeichen gekennzeichnet, an späterer Stelle im Text noch aufgeführt werden wird:

"Porro etiam hoc promptior est viro mulier ad sacrum illud generandi officium (ut omnibus palam est) quod haec quidem decennis et infra viripotens est: ille vero longe succedat. Praeterea nemini id obscurum est, solam fetificantium mulierem postquam praegnans est et ferre incipit uterum, nec ita diu etiam postquam partu est soluta, ad recensitum jam opus rursum inclinatam, cujus vasculum (matricem vocant) adeo usque humano conceptu adficitur, ut aliquando mulier absque concubitu concepisse legatur. Sic enim Physicus ille de muliere quadam monumentis tradidit literarum, quae virile semen in balneo emissum adhauserit. Accedit ad hoc aliud naturae stupendum miraculum, quod mulier praegnans si appetitus instigarit, impune victitat carnibus incoctis, crudisque piscibus, neque raro carbonibus, luto lapidibus; metalla quoque et venena, caeteraque hujusmodi multa sine noxa concoquit et in corporis convertit salutiferum nutrimentum. Quanta etiam praeter haec ipsa in mulieribus natura producere gaudeat miracula, nemo mirabitur, qui philosophorum medicorum volumina perlegerit, quorum exemplum, quod unicum duntaxat subjiciam, praesto est et ad manum. [...] De his vero quae reliqua sunt, plura ad praesens probare non est consilium. Illud tamen adhuc addam auctarii vice in mulieribus esse, juxta philosophorum et medicorum comprobatas experientia traditiones, divinum donum omnibus admirandum, quo ipsaemet suis propriis in omni morborum genere sibi ex seipsis mederi possunt, nullo etiam exotico aut aliunde accersito adminiculo accedente. Sed quod omnia superat mirabilia, mirabilissimum illud ipsum est, quod sola sine viro mulier humanam potuit producere naturam, quod viro haudquaquam datum est. Quod equidem apud Turcas, seu Mahumetistas in confesso est, apud quos plures concepti creduntur, sine virili semine ...".

[68] s. Kap. 2.3b.

[69] Paré (1970), Bd. II, S.636.

[70] Huarte, S.407.

[71] ebd., S.344, vgl. ebenso, beinahe gleichlautend, S.366.

[72] Agrippa von Nettesheim (1990), S.63.

[73] ders., (1987), S.22; die lateinische Fassung (ders. [1990], S.61/2):

"Eadem de causa natura mulieribus tanti vigoris lac contulit, quod non solum infantes nutriat, verum etiam et aegros restaurat, et adultis quibusque ad vitae columen sufficat. [...] Hinc, ut ferunt medici, calor earumdem papillarum virorum nimio senio confectorum pectori applicatus, calorem vitalem in illis excitat, adauget et conservat ..."

[74] vgl. Kleinspehn, S.43.

[75] vgl. Davis, Natalie Z., *Frauen und Gesellschaft am Beginn der Neuzeit*, Frankfurt/Main 1989, S.127 und 170.

[76] Ficino, S.191.

[77] vgl. Muchembled, S.110/111.

[78] vgl. zum Folgenden Niccoli, Ottavia, "'Menstruum quasi monstruum': parti mostruosi e tabù mestruale nel '500", in: *Quaderni storici* 44 (1980), 402-428.

[79] v.a. Levitikus 15, 19-30.

[80] vgl. Kap. 2.2c.

[81] vgl. Kap. 2.3b.

[82] Ottavia Niccoli verfolgt in ihrem Aufsatz unter anderem die von Paré und anderen herangezogenen Belegtexte seit biblischer Zeit, ein durchaus spannungsreicher Ausflug in die Geschichte der pseudo-biblischen Schriften und der Übersetzungsfehler.

[83] Wirsung, Christopher, *Ein newes Artzney Buch, Darinn fast alle eusserliche und innerliche Glieder des Menschlichen leibs mit ihrer gestalt, eigenschafft und würckung beschriben werden*, 1572, S.440, in: Laqueur, S.124.

[84] Laqueur, S.125, aus: Joubert, Laurent, *Erreurs populaires*, ²1579, S.159f.

[85] vgl. Kap.2.2a.

[86] Huarte, S.363.

[87] Agrippa von Nettesheim (1987), S.16/7; die lateinische etwas ausführlichere Version der Erstausgabe (ders. [1990], S.55/6):

"Nam quum pulchritudo ipsa nihil est aliud quam divini vultus atque luminis splendor rebus insitus, per corpora formosa relucens: is certe mulieres prae viris habitare ac replere abundantissime elegit. Hinc mulieris corpusculum omni aspectu tactuque delicatissimum, caro tenerrima, color clarus et candidus, cutis nitida, caput decorum, cesaries venustissima, capilli molles, lucidi et protensi, vultus augustior, prospectusque hilarior, facies omnium formosissima, cervix lactea, frons expeditus, spatiosus et splenditus, oculos habet vibrantiores micantioresque, amabili hilaritate et gratia contemperatos, supra hos supercilia in tenuem gyrum composita, eademque cum decora planitie, decenti distentia divisa, e quorum medio descendit nasus aequalis et intra rectum modum cohibitus, sub quo os rutilum, et tenellis labris conformi compositione venustum, intra quae tenui risu dentes emicant, minutili et aequo ordine locati, eburneo candore nitentes, illorumque quam viro paucior numerus, quod neque edax, neque mordax. Circumsurgunt maxillae genaeque tenera mollitie, roseo fulgore rubentes, verecundiaeque plenae, ac mentum orbiculare, decenti concavitate jucundum. Sub hoc collum habet gracile et longiusculum rotundis ex humeris erectum, gulam delicatam et albicantem, mediocri crassitie fultam, vocem et orationem suaviorem, pectus amplum et eminens, aequali carne vestitum cum mamillarum duritie, illarumque simul ac ventris orbiculari rotunditate, latera mollia, dorsum planum et erectum, brachia extensa, manus teretes digitosque concinnis juncturis protensos, ilia coxasque habitiores, suras carnosiores, extrema manuum pedumque in orbicularem ductum desinentia, singulaque membra succi plena. Ad haec incessus gressusque modestus, motus decentior, gestus digniores, totiusque praeterea corporis ordine atque symmetria, figura ac habitudine longe lateque in omnibus speciosissima, nullumque in tota creaturarum serie, neque spectaculum adeo mirandum, neque miraculum perinde spectandum, ut nemo nisi caecus omnino non videat Deum ipsum quicquid pulchritudinis capax est mundus universus in mulierem simul congessisse, ut ob id illam omnis creatura stupescat, et multis nominibus amet ac veneretur usque adeo ut usu venire videamus quod incorporei spiritus daemonesque mulieres saepissime ardentissimis amoribus depereant, quae non fallax opinio est, sed multis experimentis nota veritas".

[88] vgl. Kap. 3.1b.

[89] Agrippa von Nettesheim (1987), S.35; die lateinische Fassung (ders. [1990], S.72/3:

"Sunt enim mulieres pudicita ac castitate viris ipsis multo continentiores, quas quod infoecundae essent, a virorum concubitu saepe abstinuisse legimus, et alienam viro introduxisse uxorem, sicut Sara, Rachel, Lea et aliae multae infoecundiores, quae ancillas suas introduxerunt, ut suscitarent viris suis posteritatem.

Sed quis, obsecro, virorum, quantumcunque senex, frigidus, sterilis, ac rei uxoriae ineptus tantae unquam aut pietatis, aut clementiae extitit in uxorem, ut aliquem suo loco substitueret, qui feracem uxoris uterum foecundo semine irroraret?"

[90] Huarte, S.40.

[91] Huartes Schrift wird bereits 1580 ins Französische, 1582 ins Italienische und 1594 ins Englische übersetzt, die Idiome der maßgeblichen "Kulturnationen", eine umfassende Rezeption darf also vorausgesetzt werden.

[92] ebd., (die Seiten 4 und 5 der) Einleitung.

[93] ebd., S.360.

[94] ebd., S.365.

[95] ebd., S.359.

[96] ebd., S.365/6.
[97] ebd., S.369.
[98] ebd., S.373.
[99] ebd., S.374.
[100] ebd., S.375.
[101] ebd., S.375/6.
[102] ebd., S.378.
[103] ebd., S.377.
[104] ebd., S.380.
[105] ebd., S.388.
[106] ebd., S.392/3.
[107] ebd., S.408/9.
[108] ebd., S.409.
[109] ebd., S.396.
[110] ebd., S.406.
[111] ebd., S.434.
[112] vgl. Kap. 3.1a.
[113] Agrippa von Nettesheim (1987), S.9/10; die lateinische Version (ders. [1990], S.49):
"Deus Optimus Maximus, cunctorum genitor, Pater, ac bonorum utriusque sexus foecunditate plenissimus, hominem sibi similem creavit, masculum et foeminam creauit illos: quorum quidem sexuum discretio non nisi situ partium corporis differente constat, in quibus vsus generandi diuersitatem necessariam requirebat, Eandem vero et masculo et foeminae, ac omnino indifferentem animae formam tribuit, inter quas nulla prorsus sexue est distantia, Eandem ipsa mulier cum viro sortita est mentem, rationem atque sermonem, ad eundem tendit beatitudinis finem, vbi sexus nulla erit exceptio. Nam iuxta euangelicam veritatem, resurgentes in proprio sexu, sexus non fungentur officio, sed angelorum illis promittitur similitudo. Nulla itaque est ab essentia animae inter virum et mulierem, alterius super alterum nobilitatis praeeminentia: sed vtriusque par dignitatis innata libertas. Quae autem praeter animae diuinam essentiam in homine reliqua sunt, in iis muliebris inclyta stirps durum virorum genus in infinitum pene excellit ... "
[114] ders. (1987), S.24; die lateinische Fassung (ders. [1990], S.64):
"Jam quid de sermone dicam divino munere, quo uno bellius maxime praestamus quem Trismegistus Mercurius ejusdem ac immortalitatem pretii existimat, et Hesiodus optimum hominis thesaurum nominat. Nonne sermone mulier viro facundior, magisque diserta et abundans? Nonne quotquot sumus homines non nisi aut a matribus, aut a nutricibus primum loqui didicimus? Sane natura ipsa rerum architectrix in hoc humano genere sagaciter prospiciens hoc muliebre genus donavit, ut vix uspiam mulier muta reperiatur. Pulchrum profecto et laudabile eos viros praecellere, quo caeteris animantibus homines potisimum praestant".
[115] ders. (1987), S.42/3; die lateinische Fassung der Erstausgabe (ders. [1990], S.79/80):
"Quid de hoc dicendum est, quod sola natura ipsa, mulieres facile omnium disciplinarum artifices superare videntur? Nonne grammatici se benedicendi magistros iactant? atque id nos longe melius a nutricibus et matribus, quam a grammaticis? [...] Jam uero nonne et Poetae in suis nugis et fabulis, ac dialectici in sua contentiosa garrulitate a mulieribus uincuntur? Orator nuspiam adeo tam bonus aut tam felix ut suadela uel meretricula superior sit. Quis Arithmeticus falsum supputando mulierem soluendo debito decipere potest? Quisue Musicus hanc cantu et uocis amoenitate aequat? Philosophi, Mathematici, Astrologi, nonne in suis diuinationibus et praecognitionibus non raro rusticis mulieribus inferiores sunt, et saepissime anicula medicum uincit?"

Auch Luther verweist ja auf die natürliche Beredtheit der Weiber, allerdings gänzlich gegensätzlich konnotiert, vgl. Kap. 3.1b.

[116] ders. (1987), S.53.

[117] ders. (1987), S.21; die lateinische Originalversion (ders. [1990], S.59):

"Praeter hanc admirandam pulchritudinem etiam honestatis quadam dignitate mulier dotata est, quod viris non contingit: nam capilli mulieris in tantum promittuntur, ut omnes corporis partes pudentiores operire possint. Adde quod has corporis partes in naturae operibus mulieri contrectare, id quod viris adsolet usui venire, numquam est necesse. Ad miram denique decentiam natura ipsa mulieribus inguina ordinavit, non prominentia uti viris, sed intus manentia ac secretori tutiorique loco seposita. Porro natura plus verecundiae contulit mulieribus quam viris. Quamobrem saepissime contigit mulierem inguinum periculoso abscessu aegrotantem mortem elegisse potiusquam se chyrurgi conspectui ac contrectationi objiceret medendam. Et hanc verecundiae honestatem etiamnum moribundae mortuaeque retinent, ut in his patet maxime quae in aquis pereunt. Nam authore Plinio atque experientia teste, mulier prona jacet pudori defunctarum parcente natura, vir autem natat supinus".

3.1d Die Matrix-Frau bei Paracelsus und Paré: Uterozentrismus und soziale Determination in zwei Exempeln

[1] Paracelsus, Theophrastus, *Werke*, Bd. II, besorgt von Will-Erich Peuckert, Darmstadt 1965, S.133-186.

[2] Paré (1970), Bd.II, S.633-799.

[3] vgl. Kap. 2.3a und 2.3b, sowie zum folgenden v.a. Schneller und Scholz-Williams, Gerhild, "DIE DRITTE KREATUR: Das Frauenbild in den Schriften von Paracelsus (1491-1543)", in: Bennewitz, Ingrid (Hrsg.), *Der frauwen buoch. Versuche zu einer feministischen Mediävistik*, Göppingen 1989, S.353-371.

[4] Paracelsus, "De sagis et earum operibus", in: Theophrast von Hohenheim, gen. Paracelsus, *Sämtliche Werke*, 1.Abt. in 14 Bänden, hrsg. von Karl Sudhoff, Berlin 1922-1933, S. 12/13, aus: Schneller, S.247/8.

[5] vgl. Kap. 3.1b.

[6] Paracelsus. S.133/4.

[7] ebd., S.134/5.

[8] ebd., S.137.

[9] ebd.

[10] ebd.

[11] ebd.

[12] ebd. S.139/140.

[13] s. Kap. 2.2a.

[14] ebd., S.141-143.

[15] ebd., S.148.

[16] ebd., S.145.

[17] vgl. v.a. Kap. 2.2d.

[18] Paracelsus, S.146/7.

[19] ebd., S.147.

[20] ebd. S.149.

[21] ebd. S.150.

22 ebd.

23 vgl. hierzu Scholz-Williams, S.363-365; die im folgenden genannten Quellen beziehen sich auf die von Scholz-Williams ebenfalls herangezogene Ausgabe der *Werke*, hrsg. v. Will-Erich Peuckert, 5 Bde., Basel/Stuttgart 1967.

24 *Philosophia sagax*, Bd. III, S.79.

25 *Das Buch von der Gebärung*, Bd. I, S.44.

26 ebd., S.48.

27 *Paramiri liber quartus de matrice*, S.170. Die Metaphorik von Same - Blume und Blüte - Frucht, die Paracelsus noch desöfteren bemühen wird, scheint ausgesprochen geläufig zu sein, findet sich beispielsweise bei Ficino (vgl. Kap. 3.1b, Text zu Anm. 43) und Castiglione (Kap. 3.1b, Text zu Anm. 82), dort jeweils korreliert mit der neuplatonischen Befruchtung von Gutheit und Schönheit.

28 ebd., S.153/4.

29 vgl. Laqueur, S.139.

30 Paracelsus, S.154/5.

31 ebd., S.156.

32 ebd., S.157.

33 ebd.

34 ebd., S.158.

35 ebd., S.166.

36 vgl. ebd., S.169; Scholz-Williams nennt als Fundstellen zum selben Thema desweiteren *De causis morborum invisibilium*, Bd. II, S.228 und *Das Buch von der Gebärung*, Bd. I, S.55.

37 ebd. S.172.

38 ebd., S.173.

39 ebd.

40 ebd.

41 ebd., S.173-175.

42 ebd., S.176.

43 ebd., S.177.

44 ebd., S.178/9.

45 ebd., S.181.

46 ebd., S.183.

47 ebd., S.185/6.

48 vgl. den Überblick in Kap. 2.3b.

49 Paré, Bd. I, S.162/3.

50 ebd., S.164.

51 ebd., S.165.

52 ebd.

53 ebd.

54 ebd.

55 ebd., S.167.

56 ebd. S.168.

[57] ebd., S.168/9.

[58] s. Laqueur, der anläßlich dieser Frage die Geschichte der Marie de Marcis, wie sie von Jacques Duval, *Traité des hermaphrodites*, Rouen 1612 (Reprint Paris 1880) überliefert ist, wiedergibt: Marie de Marcis enthüllte eines Tages einer Bettgenossin, daß sie einen Penis habe, wurde daraufhin (vermutlich nach erfolgtem Geschlechtsverkehr) der Sodomie angeklagt (weil sie als Frau sozialisiert war), konnte bei der Gerichtsverhandlung keinen Penis nachweisen, ein eingreifender Arzt, mit dem Autor identisch, bewies aber durch ausführliches Stimulieren der Klitoris, daß sie sehr wohl einen dem männlichen identischen, dicken Samen ejakuliere, also als Mann zu gelten habe, worauf die Anklage wegen Sodomie (und damit der Tod auf dem Scheiterhaufen als sichere Strafe) fallengelassen, Marie de Marcis aber verurteilt wurde, bis zu ihrem 25.Lebensjahr weiter Frauenkleider zu tragen, das soziale Geschlecht der Frau also weiter auszufüllen (Laqueur, S.158/9). Zum Straftatbestand der Sodomie vermerkt Laqueur dazu in den Anmerkungen (Anm. 42, S.304): "Tatsächlich wurde Marie der Sodomie angeklagt, wozu gehörte, daß entweder das richtige Organ in den falschen Ort oder das falsche Organ in den richtigen Ort oder das falsche Organ in den falschen Ort gesteckt wurde. Das bedeutet, daß man sie beschuldigte, ihre Klitoris in irgendeine der Körperöffnungen ihres Partners gesteckt zu haben, weil keine von diesen die gehörige gewesen wäre. Hätten zwei Frauen einfach nur ihre Genitalien aufeinander gerieben, wäre keine von ihnen der Sodomie, sondern nur einer geringeren Straftat schuldig gewesen".

[59] s. Laqueur zur rechtlichen Situation (S.158): "Im späten 16.Jahrhundert [hier im Vergleich zum 19.Jahrhundert] war die Situation völlig anders; eine Frau, die während des Liebesaktes mit einer anderen Frau die Rolle des Mannes übernahm, galt als eine Tribade (*fricatrice*), als jemand, die illegitimerweise die aktive Rolle wahrnahm, also selbst für das Reiben sorgte, während sie doch vor allem diejenige sein sollte, an der man sich rieb. So stand sie unter der Anklage, eine Frau zu sein, die ein Gesetz des sozialen Geschlechts gebrochen hatte, als sie beim Verkehr die Rolle des Mannes spielte".

[60] vgl. ebd., v.a. S.156-164.

[61] Paré, Bd. I, S.169, Anm.1.

[62] ebd., Bd. II, S.633.

[63] ebd.

[64] ebd. S.634.

[65] ebd., S.634/5.

[66] ebd., S.635/6.

[67] vgl. Kap.3.1c.

[68] Paré, Bd.II, S.639.

[69] ebd., S.636.

[70] vgl. zum folgenden die entsprechenden Paré-Zitate in Kap. 3.1c.

[71] ebd., S.637.

[72] vgl. Kap. 3.1c.

[73] Paré, Bd. II, S.640.

[74] ebd., S.640/1.

[75] ebd., S.642.

[76] ebd.

[77] ebd., S.652.

[78] ebd., S.663/4.

[79] vgl. Kap. 3.1c.

[80] Paré, Bd. II, S.664.

[81] ebd., S.664/5.

[82] ebd., S.678.
[83] ebd., S.682.
[84] ebd.
[85] ebd., S.683.
[86] ebd., S.683/4.
[87] ebd., S.684.
[88] ebd., S.685.
[89] ebd., S.686.
[90] ebd., S.686/7.
[91] ebd., S.687.
[92] ebd., S.688.
[93] ebd., S.712.
[94] ebd., S.713.
[95] vgl. Kap. 3.1b.
[96] Paré, Bd. II, S.718.
[97] ebd., S.720.
[98] ebd., S.721.
[99] ebd.
[100] ebd., S.730/1.
[101] ebd., S.732/3.
[102] ebd., S.733.
[103] vgl. Kap. 3.1c.
[104] Paré, Bd.II, S.734.
[105] ebd., S.735.
[106] ebd.
[107] ebd., S.740.
[108] ebd., S.744.
[109] ebd., S.750.
[110] ebd., S.751.
[111] ebd., S.752.
[112] ebd., S.752/3.
[113] vgl. Kap. 3.1c.
[114] Paré, Bd. II, S.753.
[115] ebd., S.756.
[116] ebd.
[117] s. Foucault (1983), sowie Kap. 2.3c.
[118] Foucault (1983), S.129.
[119] ebd., S.126.
[120] ebd., S.145.
[121] Paré, Bd. II, S.759.

[122] ebd., S.760.
[123] ebd.
[124] ebd., S.761.
[125] ebd., S.762.
[126] ebd., S.763.
[127] s. ebd., S.663: "...parce qu'il [l'enfant au ventre de sa mere] est nourri de sang benin et loüable, et non de sang menstruel, vilain et corrompu. comme aucuns ont pensé et escrit".
[128] ebd., S.764.
[129] ebd.
[130] vgl. Kap. 3.1c.
[131] Paré, Bd. II, S.765.
[132] ebd., S.766.
[133] ebd.
[134] ebd., S.767.
[135] ebd., S.769.
[136] ebd., S.770.
[137] ebd.

3.2 Die Lebenswelt der Frau im 16.Jahrhundert

a. Theorie und Praxis: Utopien, ethische Entwürfe, Rechtslage und Verhaltensmodelle

[1] vgl. die Einleitung zu Kap. 3.

[2] vgl. Kap. 3.1b.

[3] vgl. Kap. 3.1c; auf die lateinische Erstveröffentlichung in Antverpen 1529 (1532,1567) folgt bereits 1530 die Übersetzung ins Französische, 1540 ins Deutsche und 1544 ins Italienische.

[4] Agrippa von Nettesheim (1987), S.52/3; die lateinische Version (ders. [1990], S.87/8):
"Sed uirorum nimia tyrannide contra divinum ius naturaeque leges praeualente, data mulieribus libertas iam iniquis legibus interdicitur, consuetudine usuque aboletur, educatione extinguitur. Mulier namque mox ut nata est, a primis annis domi detinetur in desidia, ac uelut altioris prouinciae incapax, nihil praeter acus et filum concipere permittitur. Ubi exinde pubertatis annos attigerit, in mariti traditur zelotypum imperium, aut uestalium ergastulo perpetuo recluditur. Publica quaeque officia legibus sibi interdicta sunt. Postulare in iudicio licet prudentissimae non permittitur. Repelluntur praeterea in iurisdictione, in arbitrio, in adoptione, in intercessione, in procuratione, in tutela, in cura, in testamentaria et criminali causa. Item repelluntur in uerbi Dei praedicatione, contra expressam scripturam [...] Sed tanta est recentium legislatorum improbitas, qui irritum fecerunt mandatum Dei, propter traditiones suas quod mulieres alias naturae eminentia et dignitate nobilissimas pronuntiarunt cunctis uiris conditione uiliores. His itaque legibus mulieres uiris tanquam bello uictae uictoribus cedere coguntur, non naturali, non diuina aliqua necessitate aut ratione, sed consuetudine, educatione, fortuna et tyrannica quadam occasione id agente".

[5] Zu den Staatsutopien als Vernunftentwürfen auf naturrechtlich-philosophischer Basis vgl. Kap. 2.3a.

[6] Morus, S.73.

[7] ebd., S.77.
[8] ebd. S.139.
[9] ebd.
[10] ebd., S.109.
[11] ebd., S.123.
[12] ebd., S.110/1.
[13] ebd., S.136.
[14] ebd. S.106/7.
[15] vgl. Kap. 3.1c.
[16] vgl. Kap. 2.2b.
[17] Morus, S.107/8.
[18] ebd., S.108.
[19] ebd., S.108/9.
[20] Rabelais, S.148.
[21] ebd., S.149.
[22] ebd., S.154.
[23] ebd., S.155.
[24] ebd., S.156.
[25] ebd.
[26] ebd., S.158.
[27] ebd., S.159.
[28] ebd., S.160.
[29] vgl. hierzu v.a. Maclean (1980), S.47-67.
[30] vgl. ebd., S.50.
[31] s. ebd.
[32] ebd., S.51.
[33] ebd., S.55-57.
[34] vgl. Kap. 2.3b; auf die lateinische Erstveröffentlichung in Basel 1523 folgt 1540 die Übersetzung ins Englische sowie 1544 ins Deutsche.
[35] vgl. Kelso, S.52.
[36] vgl. Maclean (1980), S.60.
[37] vgl. ebd., S.62/3.
[38] vgl. hierzu ebd., S.68-81 sowie allgemein Kap. 2.2d.
[39] vgl. Kap. 3.2b.
[40] vgl. u.a. Delumeau (1989), S.489.
[41] vgl. hierzu auch Maclean, Ian, *Woman Triumphant. Feminism in French Literature 1610-1652*, Oxford 1977, v.a. S.17/8; Davis (1989) sowie dies., *Les cultures du peuple. Rituels, savoirs et résistances au 16e siècle*, Paris 1979; Delumeau (1989), S.489-496; Becker/Brackert/Brauner/Tümmler, S.31-52; Becker-Cantarino (1989), v.a. S.26-58.
[42] vgl. hierzu etwa Schenk, Herrad, *Freie Liebe - Wilde Ehe. Über die allmähliche Auflösung der Ehe durch die Liebe*, München 1987, S.45ff.

[43] vgl. hierzu Screech, der den Konflikt kanonisches Recht - römisches Recht in diesem Punkt für die Diskussion in Frankreich erörtert: als weltliche Gegenmaßnahme gegen die solcherart theoretisch möglichen Ehen ohne Einverständnis der Eltern erläßt beispielsweise Henri II. hier 1566 ein Edikt, welches nämliches Verhalten, als vollzogen im undiszipliniertem Nachgeben unzüchtiger fleischlicher Begierden diffamiert, unter Strafe stellt, genauer als rechtliche Folge die Enterbung festlegt (s. ebd., S.90). Der Text des Ediktes lautet wie folgt (in: Albistour, Maïté/Armogathe, Daniel, *Histoire du Féminisme Français du moyen âge à nos jours*, Paris 1977, S.70): "Que les enfants de famille ayant contracté [...] mariage clandestin contre le gré et vouloir et consentement, et au desceu de leurs pères et mères, [...] [soient] exhérédés et exclus de leurs successions, sans espérance de pouvoir quereller l'exhérédation qui ainsi aura été faite"; vgl. auch Davis (1989), S.46-50.

[44] Zur mittelalterlichen Rechtsstellung der Frau vgl. z.B. den Überblick bei Becker/Brackert/Brauner/Tümmler, S.31-52.

[45] vgl. Muir, Edward, *Civic Ritual in Renaissance Venice*, Princeton 1981, S.151.

[46] vgl. Davis (1989), S.9.

[47] vgl. Maclean (1980), S.76.

[48] vgl. z.B. Kelly-Gadol, S.145.

[49] vgl. beispielsweise Davis (1989), S.24-26.

[50] Er tut dies in seiner *Démonomanie des sorciers* (1580), der berüchtigten Hexenschrift, vgl. Delumeau (1989), S. 492.

[51] vgl. Kap. 2.2d.

[52] *Peinliche Gerichtsordnung*, S.48.

[53] ebd., S.81.

[54] ebd.

[55] ebd., S.82.

[56] vgl. hierzu Muchembled.

[57] Rossiaud, v.a. S.107-109, vgl. auch Kap. 2.2d; zum Thema s. auch Muchembled, S.198 und 275.

[58] Zur Bedeutung der männlichen Jugendkultur auf dem Land und in der Stadt als "rite de passage" vgl. Muchembled.

[59] vgl. Lawner, Lynne, *Lives of the Courtesans. Portraits of the Renaissance*, New York 1987, S.75 ff, die als Quellentexte Aretinos (*Dialoghi*) und Lorenzo Veniers (*Il trentuno della Zaffetta*, Venezia 1531) angibt, also literarische Quellen, deren Authentizität nicht unbedingt gesichert ist, sowie Masson, Georgina, *Courtesans of the Italian Renaissance*, London 1975, S.146/7, zu denselben Quellen.

[60] *Peinliche Gerichtsordnung*, S.83.

[61] ebd., S.120.

[62] ebd., S.83/4.

[63] ebd., S.87/8.

[64] vgl. hierzu Niccoli, S.404-406, die eine ganze Reihe von Quellen für derartige Praktiken in Flandern, Frankreich, Italien und Deutschland anführt.

[65] vgl. King, Margaret L., "Die Frau", in: Garin, Eugenio (Hrsg.), *Der Mensch der Renaissance*, Frankfurt/New York 1990, S.290.

[66] Zur Tragweite und zum Angstpotential dieses Sachverhalts vgl. Kap. 2.2d.

[67] vgl. hierzu Fouquet/Knibiehler (1983), S.178/9.

[68] in: Delumeau (1983), S.311. Eine umfangreicheres Extrakt findet sich in Albistour/Armogathe (1977), S.73: "Etant dûment avertis d'un crime très énorme et exécrable fréquent en notre royaume, qui est que plu-

sieurs femmes ayant conçu enfants par moyens déshonnêtes [...] déguisent, occultent, et cachent leur grossesse [...] et advenant le temps de leur part et délivrance de leur fruit, occultement s'en délivrent, puis le suffoquent et meurtrissent [...] sans leur avoir fait impartir le saint sacrement du Baptême, ce fait, les jettent en lieux secrets et immondes [...]; [il est décidé] que toute femme qui se trouvera dûment atteinte et convaincue d'avoir celé et occulté, tant sa grossesse que son enfantement sans avoir déclaré l'un ou l'autre [...] soit telle femme tenue et réputée d'avoir homicidé son enfant, et pour réparation punie de mort et dernier supplice".

[69] *Peinliche Gerichtsordnung*, S.89.

[70] vgl. Kap. 3.1a und 3.1c.

[71] *Peinliche Gerichtsordnung*, S.95.

[72] vgl. hierzu v.a. Herlihy, David, "Did Women Have a Renaissance?: A Reconsideration", in: *Medievalia et Humanistica* 13 (1985), 1-22; Kelly-Gadol; Monter, William E., "The Pedestal and the Stake: Courtly Love and Witchcraft", in: Bridenthal/Koonz, S.119-136; Elias (1976), Bd.2, S.101-122; Honegger, Claudia, "Die Hexen der Neuzeit. Analysen zur Anderen Seite der okzidentalen Rationalisierung", in: dies. (Hrsg.), *Die Hexen der Neuzeit. Studien zur Sozialgeschichte eines kulturellen Deutungsmusters*, Frankfurt/Main 1978, S. 21-151.

[73] vgl. Herlihy, S.11.

[74] Zur Praxis der Heiligsprechungen vom 16.-18.Jahrhundert vgl. Burke (1988), S.54-66: von 1523-1588 wurde niemand heiliggesprochen, bis 1767 heiliggesprochene Frauen, deren Wirken (zumindest partiell) ins 16.Jahrhundert fällt, sind lediglich Teresa de Avila (†1582), Maria Maddalena de' Pazzi (†1604), eine adelige Florentiner Karmelitin, Caterina von Genua (†1510), eine adelige Genueserin, sowie Caterina de' Ricci (†1590), eine adelige Florentiner Dominikanerin - im Vergleich zu den männlichen Heiligen liegen auch hier Frauen weit im Hintertreffen.

[75] vgl. hierzu Liebertz-Grün, Ursula, "Autorinnen im Umkreis der Höfe, in: Gnüg, Hiltrud/ Möhrmann, Renate (Hrsg.), *Frauen - Literatur - Geschichte*, Stuttgart 1985, S. 16-35 sowie dies., "Höfische Autorinnen von der karolingischen Kuturreform bis zum Humanismus", in: Brinker-Gabler, Gisela (Hrsg.), *Deutsche Literatur von Frauen*, Bd. 1, München 1988, S.39-64; Freytag, Wiebke, "Geistliches Leben und christliche Bildung. Hrotsvit und andere Autorinnen des frühen Mittelalters", in: Brinker-Gabler (1988), S.65-76; Ferrante, Joan M., "The Education of Women in the Middle Ages in Theory, Fact, and Fantasy", in: Labalme, Patricia H. (Hrsg.), *Beyond their Sex. Learned Women of the European Past*, New York and London 1980, S. 9-42; McNamara, JoAnne/Wemple, Suzanne F., "Sanctity and Power: The Dual Pursuit of Medieval Women", in: Bridenthal/Koonz, S.90-118; Rieger, Dietmar, "Die französische Dichterin im Mittelalter: Marie de France - die 'trobairitz' - Christine de Pisan", in: Baader/Fricke, S.29-48.

[76] s.Herlihy, S.13.

[77] vgl. Kap. 2.3c.

[78] Zur Verbindung von Minne-Schönheit und mittelalterlicher Frau-Welt-Allegorie s. Kap. 2.2a.

[79] vgl. hierzu Kelly-Gadol.

[80] Der entsprechende Textabschnitt findet sich beispielsweise bei Monter, S.121 abgedruckt.

[81] s. Anm. 72.

[82] vgl. Kap. 2.3b.

[83] vgl. Kap. 2.1.

[84] vgl. Kap. 2.3c.

[85] vgl. ebd.

[86] vgl. Kap. 2.1.

[87] vgl. Kap. 2.3b.

[88] s. Kelso, sowie beispielsweise Jordan, Constance, *Renaissance Feminism. Literary texts and political models*, Ithaca and London 1990; Moore, Cornelia Niekus, *The Maiden's Mirror. Reading Material for German Girls in the Sixteenth and Seventeenth Centuries*, Wiesbaden 1987; Woodbridge, Linda, *Women and the English Renaissance. Literature and the Nature of Womankind*, 1540-1620, Brighton 1984; Albistour/Armogathe (1977); dies., *Le grief des femmes. Anthologie des textes féministes du moyen âge à la seconde république*, Paris 1978; Angenot, Marc, *Les Champions des Femmes. Examen du discours sur la supériorité des femmes 1400-1800*, Montréal 1977.

[89] vgl. Kap. 2.3b.

[90] vgl. Kap. 2.2a.

[91] vgl. Kap. 2.1.

[92] Zu den im weitesten Sinne medizinischen respektive geschlechtsnormierenden Ausdeutungen dieser Vorgabe bei Aristoteles vgl. Kap. 3.1a und 3.1c.

[93] Aristoteles, *Politik*, hrsg. v. Paul Gohlke, Paderborn 1959, S.33 [I,2; 1252a-b].

[94] ebd., S.56 [I,12; 1259a].

[95] ebd., S.58/9 [I,13; 1260a].

[96] ebd., S.59 [I,13; 1260a].

[97] ebd., S.60/1 [I,13; 1260b].

[98] ebd., S.63 [II,2; 1261a].

[99] ebd., S.76 [II,6; 1264b].

[100] ebd. S.67/8 [II,4; 1262a].

[101] ebd., S.71 [II,5; 1263b].

[102] ebd., S.74/5 [II,5; 1264b].

[103] vgl. Kap. 3.1b.

[104] vgl. Jordan (1990), S.60 ff.

[105] s. Zimmermann, Margarete, "Boccaccios 'Decameron' - ein frühes 'Frauenbuch'?", in: Bennewitz, Ingrid (Hrsg.), *Der frauwen buoch. Versuche zu einer feministischen Mediävistik*, Göppingen 1989, S.227-263, wo sich die entsprechende Passage abgedruckt findet (S.232, aus: *Les Quinze Joies de Mariage*, ed. J. Rychner, Genève/Paris ^{2}1967, S.115): "... en bonne foy, tout est a la louenge des femmes, comme j'ay dit; et ce que j'ay escript, qui bien l'entendra ne trouvera point que les hommes ne aient tourjours du pire, qui est honneur pour elles. Et l'ay escript a la requeste de certaines damoiselles qui m'en ont prié...". Die Anregung des Autors aufgreifend, plädiert M. Zimmermann im Kontext ihres Versuches, Boccaccios *Decameron* zum "Frauenbuch" umzudeuten, für eine mehrfache Dekodierbarkeit des Textes in nämlichem Sinne, die *Quinze Joies* als "Frauenbuch" zu betrachten, als "praktisches Handbuch für den Geschlechterkampf und Ehekrieg" (ebd., S.232) für ein intendiertes Publikum von Leserinnen, welche den textualisierten ehelichen Fehden eine Handlungsanleitung für die "Realisierung einer triumphierenden Weiblichkeit inmitten des 'mâle moyen âge'" (ebd.) entnehmen könnten: die nach tradierten Mustern der mittelalterlichen Schwänke, Farcen und fabliaux textualisierte Diffamierung der Frau zum monströsen Machtweib im Kontext einer weiblichen Verschwörung gegen die Männerwelt umzudeuten als Aufruf zur anarchisch-weiblichen Umwertung aller Werte, eine vor der Folie des kanonisierten Frauenmodells mithin höchst satirisch anmutende Lesart. Ebenso gedeutet werden die gleichfalls anonymen *Evangiles de Quenouilles* (ed. M. Jeay, Paris 1985), ein zu Ende des 15.Jahrhunderts entstandener Text als Sammlung von "Spruchweisheiten" mit parodistischer Referenz auf Boccaccios *Decameron*, in dem sechs Frauen an sechs Tagen besagte Sprüche zusammentragen: "Es handelt sich um ein amüsantes Spiel mit literarischen Topoi und volkstümlichen Traditionen, um die Inszenierung einer Frauen-Runde, die schließlich zum ausgelassenen Gelage wird und dem weiblichen Erfahrungsaustausch dient. Zeitgenössische Leserinnen konnten den vielfach aufgelegten und auch in andere europäische Sprachen übersetzten 'Evangiles des Quenouilles' ein 'anderes' Frauenbild entnehmen als das der normativen Frauenliteratur und konnten in diesem Werk, wenn auch vielleicht kein konkretes

Modell für eigenes Handeln, so doch zumindest eine gedankliche Erprobung möglicher Entgrenzungen weiblicher Handlungsspielräume finden" (Zimmermann, S.232). In der "normativen" Literatur wird der Topos der weiblichen "Gegenkonspiration" durchaus aufgegriffen, im Kontext der Hexenschriften zur existentiellen Bedrohung der christlichen Ordnung zugerichtet sowie in den Komplex der ordnungszersetzenden Straftaten integriert.

[106] vgl. Kap. 2.2a.

[107] vgl. Zimmermann, S.229-231.

[108] Dieser Text wird beispielsweise 1493 von Marquardt vom Stein als *Spiegel der Tugenden und Ersamkeit durch den hochberümpten Ritter vom Turn...* (Basel 1493) ins Deutsche übertragen, ein Erziehungsbuch, welches der Autor für seine Tochter erstellt hatte, eine Sammlung lediglich rudimentär verbundener didaktischer Erzählungen, die ideales Tugendverhalten im Sinne weiblicher Unterwürfigkeit, Frömmigkeit, Bescheidenheit, Keuschheit und ehelicher Gehorsamspflicht als gottgefälligem Verhalten gegenüber von sündigem und entsprechend sanktioniertem Fehlverhalten in Form weiblichen Stolzes, Schwatzhaftigkeit, Prunksucht, Putzsucht, mangelnder Bescheidenheit, Respektlosigkeit und Selbstüberschätzung gegenüberstellen, vgl. Moore (1987), S.87/8.

[109] Eine ausführliche Bibliographie der Cinquecento-Texte zur Frau wie zu Ehe und Familie findet sich in: Baradel/Borsetto/Chemello/Frigo/Zancan, S.237-253; zum Thema vgl. insbesondere Frigo.

[110] in: Galeazzo Flavio Capella / Milanese / *della Eccellenza et / Dignità delle / Donne* / stampato / in Roma / nell'anno / MDXXV, aus: Chemello, Adriana, "La donna, il modello, l'immaginario: Moderata Fonte e Lucrezia Marinella", in: Baradel/Borsetto/Chemello/Frigo/Zancan, S.99, Anm.9. Zur Korrelation von Frau und Fortuna vgl. Kap.2.3a, genauer die Ausführungen zu Machiavellis *Principe* und die dortige Funktionalisierung des Frauenbildes zum symbolischen Äquivalent des spezifisch Machiavell'schen Fortuna-Begriffs, der keineswegs rundum positiv konnotiert ist. Capellas "beni dell'animo" sind unterteilt in "opere esteriori", also männlich-öffentliche Tugenden ("prudenza, giustizia, fortezza, temperanza"), sowie solche des praktischen ("magnanimità, dilettione o amore") und spekulativen Intellekts ("fede, speranza, carità"), die "beni del corpo" bezeichnen die körperliche Schönheit: über dieses Raster sucht Capella anhand unzähliger Exempla die Tugendhaftigkeit der Frau zu beweisen.

[111] vgl. Chemello, Adriana, "Donna di palazzo, moglie, cortegiana: ruoli e funzioni sociali della donna in alcuni trattati del Cinquecento", in: *La corte e il cortegiano* II, Roma 1980, S.113-132, hier S.117.

[112] Selbiger Autor veröffentlicht 1559 außerdem eine Anthologie weiblicher Lyrik, in der 53 Autorinnen zu Wort kommen, die *Rime diverse d'alcune nobilissime e virtuosissime donne* (Lucca: Vincenzo Busdragho, MDLIX), 1564, dann allerdings eine restriktive höfische Verhaltensschrift.

[113] Beispielsweise die *Praphrasi nella sesta satira di Giuvenale, nella quale si ragiona della miseria de gli huomini maritati. Dialogo in cui si parla di che qualita si del tor moglie, e del' modo, che vi si ha a tenere* (Venezia: Curtio Navo e fratelli, 1538).

[114] vgl. Kelso, S.45.

[115] Dolce, Lodovico, hier zitiert nach einer Seicento-Ausgabe des *Dialogo*, dem *Degli ammaestramenti pregiatissimi che appartengono alla Educatione, e honorevole, e virtuosa vita virginale, maritale, e vedovile, libri tre* (Venetia: Barezzo Barezzi, 1622), S.14, in: Frigo, S.74/5

[116] Dolce (*Dialogo*...[1545], pp. 18r. -19v.) empfiehlt die Lektüre der Bibel wie der Kirchenväter, um schließlich die antike wie die "moderne" Literatur für die Frau zu zensieren: "Ora molti libri si trovano nella lingua latina; i quali io non vorrei, che fossero veduti, non che letti dalle honeste Donne: e intendo in questi quasi tutti i Poeti, eccetto Virgilio, il quale non consiglierei però, che si leggesse tutto; e fuor che alcune parti di Horatio, cioè le più caste, e le più morali. Ben le conforto a legger Prudentio, Prospero, Giuvenco, Paolino, e tra moderni la Christeida del Sannazaro, e quella del Vida. De gli scrittori di prosa potranno vedere tutte le opere, di Cicerone, e tutti gli Historici, si come Livio, Sallustio, Quinto Curtio, Tranquillo Svetonio". Für die moderne Literatur gilt es, vor allem die Novellen Boccaccios zu meiden, zu empfehlen sind folgende Autoren: "tra quelli, che meritano esser letti, saranno i primi il Petrarca e Dante [...]. A questi s'accompagnino le divine opere del dottissimo Bembo, l'Arcadia del Sannazaro, i morali et eleganti

Dialoghi dell'Eccellentissimo Sperone, e il Cortegiano del Castiglione", eine recht eingeschränkte Auswahl ohnehin kanonisierter Literatur also (in: Chemello [1983], S.100, Anm.10).

[117] Dolce, hier nochmals zitiert nach der Seicento-Ausgabe des *Dialogo*, dem *Degli ammaestramenti* (1622), S.2, in: Frigo, S.71/2.

[118] ebd., S.100, in: Frigo, S.85, Anm.83.

[119] Trotto, op. cit., S.98, in: Frigo, S.72.

[120] ebd., S. 79, in: Frigo, S.84/5.

[121] ebd., S.9, in: Frigo, S.78.

[122] Tasso, Torquato, "Il padre di famiglia", in: *Dialoghi*, a cura di E. Mazzali, Bd. I, Torino 1976, S.92, aus: Frigo, S.79.

[123] vgl. Kap. 2.3c, insbesondere die dortigen Ausführungen zur adeligen "idée de race".

[124] Tasso, Ercole e Torquato, *Dello ammogliarsi piacevole contesa*, (Bergamo: Comin Ventura, 1594), S.10/11, in: Frigo, S.62.

[125] vgl. Kap. 2.3c, Anm. 54.

[126] della Casa, Giovanni, "Una questione piacevolissima: se si debba prender moglie", in: *Prose di Giovanni della Casa e altri trattatisti cinquecenteschi del comportamento*, Torino 1970, S.73, aus: Frigo, S.64.

[127] ebd., S.77, in: Frigo, S.90.

[128] Belmonte, Pietro, *Institutione della sposa* (Roma: per gl'heredi di Giovanni Osmarino Gigliotto, 1587), S.77, in: Frigo, S.77.

[129] ebd., S.38, in: ebd., S.67.

[130] Tommasi, Francesco, *Reggimento del Padre di famiglia* (Fiorenza 1580), S.47, in: Frigo, S.68.

[131] ebd., S.6, in: ebd.

[132] vgl. Kap. 4.1a.

[133] Passi, Giuseppe, *Dello stato maritale* (Venetia 1602), S.6, in: Frigo, S.65.

[134] s. Anhang I.

[135] s. ebd.

[136] s. Anhang II.

[137] vgl. Jordan (1990), S.95ff.

[138] vgl. Kap. 2.2a sowie, zu den frühen humanistischen Biographiensammlungen Petrarcas und Boccaccios, Kap. 2.3b.

[139] vgl. Jordan, Constance, "Boccaccio's In-Famous Women: Gender and Civic Virtue in the *De mulieribus claris*", in: Levin, Carole/Watson, Jeanie (Hrsg.), *Ambiguous Realities. Women in the Middle Ages and the Renaissance*, Detroit 1987, S.25-47

[140] vgl. hierzu Wayne, Valerie, "Zenobia in Medieval and Renaissance Literature", in: Levin/Watson, S.48-65.

[141] vgl. oben sowie Kap. 3.1c.

[142] Bertrand de la Broderie läßt seine Protagonistin dabei wie folgt Klage gegen Subordination und Devalorisierung der Frau führen, zwei Passagen, die für jenen Diskurs typisch sind, welcher der Frau zumindest gewisse Persönlichkeitsrechte zugestehen will, den weiblichen Willen, die Tugendfähigkeit und die Subordination in der Ehe betreffend, Klagepunkte, die immer wieder von Autorinnen aufgegriffen werden (in: Albistour/Armogathe (1978), S.39/40):

        Ils vont disant que bien souvent sans bande
        L'on me voit seule en liberté trop grande
        Et que sans vieille aller je ne devrais.

> O grands rêveurs! Ils ne conaissent pas
> Que la vertu me conduit pas à pas:
> Qui est ma vieille et ma jeune compagne,
> Qui en tous lieux, en tous temps m'accompagne:
> Et que l'honneur toujours devant mes yeux
> Va le premier et me guide trop mieux
> Le droit chemin de bien honnête vie,
> Que si j'étais de cent vieilles suivie.
> Mais cuident-ils que les gardes soigneuses,
> Les prêchements de vieilles ennuyeuses.
> Les grosses tours, les menaces infâmes,
> Puissent garder la volonté des femmes?
> La femme doit par sa seule Nature
> Etre gardée, non par prison dure.
> [...]
> Je me complains d'une erreur de Nature,
> Puis qu'en faisant l'humaine créature
> Elle voulut notre pouvoir ravir,
> Et à celui des hommes l'asservir.
> Que ne fait-elle, au moins distinction
> Entre le vice et la perfection:
> En exceptant toutes Dames honnêtes
> Du traitement des lourdauds et des bêtes,
> Et leur donnant plutôt commandement?
> Car je n'y vois raison ni apparence
> Que la vertu soit serve d'ignorance.
> Le plus grand mal qui nous peut advenir
> (Dames ayez ces mots en souvenir)
> C'est de tomber en la main et puissance
> De ces fâcheux, qui n'ont la connaissance
> Du traitement que nous devons atteindre
> Pour nourrir paix et le divorce éteindre:
> Avec lesquels liberté asservie
> Ne peut trouver conformité de vie,
> Et ce qu'avons d'excellent et parfait,
> Perd envers eux son naturel effet:
> [...]

[143] vgl. Kap. 3.1c. sowie obige Thélème-Sequenz aus dem *Gargantua* (1534).

[144] vgl. hierzu Maclean (1980), S.22 und Albistour/Armogathe (1977), S.100-102.

[145] vgl. Kap. 3.1c.

[146] in: Albistour/Armogathe (1977), S.103.

[147] vgl. Kap. 3.1d.

[148] vgl. Delumeau (1989), S.501-503, der über mehrere Seiten entsprechende französische Sprichwörter aneinanderreiht.

[149] Im folgenden die Artikel de la Portes zu den Begriffen *Femme, Femmette et Femelette, Vieille, Dame* und *Maistresse*, die vor allem über die scheinbar willkürliche Reihung der zugemessenen Attribute einigen Aufschluß über das zeitgenössische Repertoire an sprachlicher Bildlichkeit für die Frau als immaginierte wie reale, an moralisierter, sozialgeschlechtlich konnotierter Sprache sowie an begrifflich gemachter Weiblichkeit zwischen subordinierender Idealisierung und marginalisierender Diffamierung zu liefern

vermag (in: Bellenger, Yvonne, "Femmes mal aimées, femmes malmenées dans la littérature française de la Renaissance", in: *La Femme et la Renaissance*, S.42-46):

"FEMME. Muable, tromperesse, cheveluë, malitieuse, compagne de l'homme, belle, pusillanime, gente, babillarde, fine, vengeresse, sotte, volage, indiscrete, furieuse, superbe, revesche, mammeluë, envieuse, passionnee, barguignarde, chiche, desdaigneuse, charmeresse, imbecille, double, fiere, delicate, legere, inutile, venimeuse, lascive, fardee, jalouse, fascheuse, impatiente, mensongere, propre, desloiale, mesnagere, avare, fragile, mauvaise, obstinee, soupçonneuse, incorrigible, paoureuse, aspre, mariee, quereleuse, vile, dissoluë, perruquee, variable, impudique, fraudulente, ou frauduleuse, criarde, affettee, pleureuse ou pleurarde, canteleuse, passion de l'homme miserable.

[...]

"FEMMETTE ET FEMMELETTE. Simple, douce, peu-caute, joïeuse, docile, prudente, jolie, belle ou bellotte, debonnaire, amoureuse, jeune, mignonne ou mignarde diligente, honneste, soulas de l'homme, fidele, gente ou gentille, ouvriere, ingenieuse, active" (Bellenger, S.42).

"VIEILLE. Edentee, attise-querelle, froide, ternie, cadavereuse, plombée, accroupie, ridie, odieuse, moleste, dague à roüelle, morfondue, chacieuse, bazannee, injurieuse, bigotte, farineuse, blesme, rusee, immunde, bavarde, crasseuse, hypocrite, maquerelle, chauve, enchanteresse, marmote ou marmotante, envieuse, barbue, meschante, furieuse, orde, pelee, malitieuse, begaiante, ridicule, contrefaite, rompue, baveuse" (S.43)..

"DAME. Belle, honnorable ou honneste, gentille, gratieuse, superbe, chaperonnee, amiable, douce, imperieuse, bonne liberale, humaine, vertueuse, amiable [sic], civile mesnagere, accorte, sade ou sadinette, bourgeoise, maistresse.

MAISTRESSE. Orgueilleuse, criarde, facheuse, reveree, dominante, belle, superbe, seigneurale, amoureuse" (S.45).

"AMOUREUSE ou AMANTE. Belle, rusee, lascive, variable, sote, desdaigneuse, sadinette, folastre, jolie, gaillarde, courtisane, piperesse, joïeuse, affettee, gentille, plaisante, jalouse, mignonne, propre, gente, frisque, godinette, blanche, polie, vermeille, paree, miste, popine, gorriere, succree, pompeuse, dissoluë, atouree, cointe, brave, fardee, courtoise, pimpante, attifee, jeune, mignote, infidele, musquee" (S.46).

[150] s. Jordan, Constance, "Feminism and the Humanists: The Case of Sir Thomas Elyots Defense of Good Women", in: Ferguson, Margaret W./Quilligan, Maureen/Vickers, Nancy J. (Hrsg.), *Rewriting the Renaissance. The Discourses of Sexual Difference in Early Modern Europe*, Chicago and London 1986, S.242-258.

[151] s. oben; zu den unterschiedlichen Funktionalisierungen der Zenobia s. Wayne.

[152] in: Wayne, S.58, aus: Elyot, Sir Thomas, *Four Political Treatises by Sir Thomas Elyot*, ed. Lillian Gottesman, Gainesville 1967, S.208.

[153] s. Jordan (1986).

[154] vgl. ebd., S.245-247.

[155] vgl. hierzu auch Woodbridge.

[156] vgl. Jordan (1990), S.215-219).

[157] s. hierzu Woodbridge, S.139ff.

[158] Zum Arbeitsethos vgl. Kap. 2.2d, zu den Eheschriften und sonstigen Stellungnahmen zur Frau s. Kap. 3.1b.

[159] vgl. Kap. 3.1d.

[160] Vgl. hierzu wie zum folgenden Moore (1987), s. auch die dortige Bibliographie.

[161] vgl. hierzu Kap. 2.1 und 2.2b.

[162] vgl. hierzu Kap. 2.3b.

[163] s. Kap. 2.3b.

[164] s. Delumeau (1989), S.499/500.

[165] Kelso, S.1.

[166] s. ebd., S.25.

[167] Zur paradoxalen Struktur des Überlegenheits-Topos s. Daenens, Francine, "Doxa e paradoxa: uso e strategia della retorica nel discorso sulla superiorità della donna, in: *Nuova dwf. donnawomanfemme* 25/26 (1985), 27-38.

3.2b Theorie und Praxis: zu Ehe und Kloster, Bildung und Lohnarbeit, der weiblichen Schönheit und dem Hexenwahn

[1] *Essais* I, XXV "Du Pedantisme", in: Montaigne, S.139/140.

[2] I, LVI "Des Prieres" (in: ebd., S.310): der Passus bezieht sich auf die 25.Novelle des dritten Tages im *Heptaméron* Marguerite de Navarres, deren Intention wie Person mit beißendem, männlich-herablassendem Sarkasmus zum Beweis weiblicher Unvermögenheit in den hohen Regionen des Wissens, zumal der Theologie (ebenso wie der Literatur und der männlichen Psychologie) gewendet wird (Hervorhebung von mir):
"La royne de Navarre, Marguerite, recite d'un jeune prince, et, encore qu'elle ne le nomme pas, sa grandeur l'a rendu assez connoissable, qu'allant à une assignation amoureuse, et coucher avec la femme d'un Advocat de Paris, son chemin s'adonnant au travers d'une Eglise, il ne passoit jamais en ce lieu saint, alant ou retournant de son entreprinse, qu'il ne fit ses prieres et oraisons. Je vous laisse à juger, l'ame pleine de ce beau pensement, à quoy il employoit la faveur divine! Toutesfois elle allegue cela pour un tesmoignage de singuliere devotion. *Mais ce n'est pas par cette preuve seulement qu'on pourroit verifier que les femmes ne sont guieres propres à traiter les matieres de la Theologie*".

[3] III, IX "De la Vanité", in: ebd., S.952/3.

[4] I, XXX "De la Moderation", in: ebd., S.196/7.

[5] III, V "Sur des Vers de Virgile", in: ebd., S.825.

[6] ebd., S.827; der letzte Satz vor der Auslassung sowie Teile derselben finden sich bereits in Kap. 3.1c zitiert.

[7] vgl. Kap. 2.3c.

[8] III, V, in: Montaigne, S.829.

[9] ebd. S.831.

[10] ebd., S.832.

[11] ebd.

[12] vgl. Kap. 3.1d.

[13] III, V, in: ebd., S.832/3.

[14] vgl. hierzu insbesondere Kap. 2.3c.

[15] III, V, in: Montaigne, S.825.

[16] ebd., S.833.

[17] ebd., S.834/5.

[18] ebd., S.838/9.

[19] ebd., S.840.

[20] ebd., S.843.

[21] ebd., S.844.
[22] ebd., S.849.
[23] ebd., S.842/3.
[24] ebd., S.848.
[25] ebd., S.863.
[26] vgl. ebd. S.861.
[27] ebd., S.862.
[28] ebd.
[29] ebd.
[30] ebd.
[31] ebd., S.834.
[32] ebd., S.875/6.
[33] Platter, Thomas, *Hirtenknabe, Handwerker, Humanist. Die Selbstbiographie 1499 bis 1582*, Nördlingen 1989.
[34] ebd., S.7.
[35] ebd., S.8/9.
[36] ebd., S.34/5.
[37] ebd., S.56-58.
[38] ebd., S.59.
[39] ebd., S.62.
[40] ebd., S.62/3.
[41] So Luther, vgl. Kap. 3.1b.
[42] Platter, S.64.
[43] ebd.
[44] ebd., S.66.
[45] ebd.
[46] ebd., S.67.
[47] ebd., S.83.
[48] ebd., S.85.
[49] ebd., S.90.
[50] ebd., S.91.
[51] ebd., S.99.
[52] ebd., S.100/1.
[53] ebd., S.102.
[54] ebd., S.105-108.
[55] vgl. hierzu v.a. Muchembled.
[56] s. Romano/Tenenti, S.211.
[57] s. hierzu v.a. Ariès, Philippe, "Die unauflösliche Ehe", in: Ariès/Béjin/Foucault, S.176-196.
[58] King (1990), S.293/4.
[59] in: Schenk, S.54.

[60] Rossiaud, S.118.
[61] vgl. Kap. 3.2a.
[62] vgl. Muchembled, S.273.
[63] Die Zahlen zu Dijon und Reims in: Rossiaud, S.104/5.
[64] Davis (1989), S.147, Anm. 5.
[65] ebd., S.165, Anm.18.
[66] vgl. Kap. 3.1d, s.a. Kap. 3.1c.
[67] Davis (1979), S.117.
[68] vgl. v.a. Kap. 3.1c.
[69] vgl. Kap. 3.2a.
[70] vgl. hierzu Moore (1987), S.129ff.
[71] s. King (1990), S.330.
[72] Zum deutschen Bildungssystem vgl. Dülmen, S.295-297.
[73] vgl. Kap. 2.3c.
[74] vgl. Moore (1987), S.134.
[75] vgl. ebd., S.153.
[76] vgl. King (1990), S.332.
[77] vgl. ebd., S.328.
[78] ebd., S.330.
[79] vgl. Davis (1979), S.121.
[80] vgl. ebd., S.66.
[81] vgl. King (1990), S.329.
[82] vgl. Kap. 2.2d.
[83] vgl. Burke (1984), S.53.
[84] vgl. Kap. 4.1b.
[85] vgl. auch Kap. 4.1b sowie zum folgenden v.a. King, Margaret L., "Book-Lined Cells: Women and Humanism in Early Italian Renaissance", in: Labalme, S.66-90.
[86] Werke Anhang I.
[87] Werke Anhang I.
[88] Werke Anhang I.
[89] Werke Anhang I.
[90] Werke Anhang I.
[91] aus: *Laurae Ceretae brixiensis feminae clarissimae Epistolae iam primum e manuscriptis in lucem productae a Jacobo Philippo Tomasino. Qui eius vitam, & notas addidit,* Patavii: Sardi, 1640, no. 54. S.122-125, in: King (1980), S.87, Anm.32.
[92] aus: ebd, S.68, in: ebd., Anm.34.
[93] aus: G. F. Tommasini, *Clarissimae feminae Cassandrae Fidelis venetae epistolae et orationes posthumae...*, Padova 1636, S.167, in: King (1980), S.81, Anm.1.
[94] vgl. Kap. 4.1b.
[95] vgl. Kap. 4.1d.
[96] vgl. ebd.; Werke s. Anhang III.

[97] vgl. Anhang III.

[98] s. Lenk, Leonhard, *Augsburger Bürgertum im Späthumanismus und Frühbarock (1580-1700)*, Augsburg 1968, S.91: "Sogar unter den Töchtern des Hauses Fugger hat sich die lateinische Bildung einiger Beliebtheit erfreut; von Isabella Sidonia, der Tochter Georgs, hören wir, sie 'war in der lateinischen Sprache dermaßen geübt, daß sie ganz zierlich reden und schreiben' konnte"; zu den Peutinger-Kindern vgl. auch Moore (1987), S.51.

[99] vgl. Moore (1987), S.50.

[100] Auch in der diesbezüglich anzuführenden Überblicksdarstellung von Ursula Hess, "Lateinischer Dialog und gelehrte Partnerschaft. Frauen als humanistische Leitbilder in Deutschland (1500-1550)", in: Brinker-Gabler (1988), S.113-148, findet sich Olimpia Fulvia Morata dem deutschen Humanismus integriert, vgl. ebd., S.138: "Nach Caritas Pirckheimer und Margarete Peutinger ist Olympia Morata die jüngste und zweifellos als Literatin und Humanistin [...] die bedeutendste Frau, die der deutsche Humanismus zwischen 1500 und 1550 aufzuweisen hat".

[101] vgl. Kristeller, Paul O., "Learned Women of Early Modern Italy: Humanists and University Scholars", in: Labalme, S.97.

[102] Zu den klösterlichen Autorinnen des Mittelalters im deutschen Raum vgl. den Überblick in Kap. 4.1d.

[103] vgl. hierzu Kap. 3.2a.

[104] Zur Struktur dieses Mechanismus vgl. Kap. 2.2c.

[105] In einem der ersten Trachtenbücher, dem *Frauentrachtenbuch* des aus Zürich gebürtigen und seit 1561 in Nürnberg wirkenden Illustrators Jost Amman aus dem Jahre 1586 (Faksimileausgabe Leipzig 1972), dessen vollständiger Titel wie folgt lautet - *Im Frauenzimmer Wirt vermeldet von allerley schönen Kleidungen vnnd Trachten der Weiber / hohes und niders Stands / wie man fast an allen Orten geschmückt und gezieret ist / Als Teutsche / Welsche / Frantzösische / Engelländische / Niderländische / Böhemische / Ungerische / vnd alle anstossende Länder. Durchauß mit neuwen Figuren gezieret / dergleichen nie ist außgangen. Jetzund erst durch den weitberühmbten Jost Amman wonhafft zu Nürnberg gerissen. Sampt einer kurzen Beschreibung durch den wolgelehrten Thrasibulum Torrentium Mutiflariensem allen ehrliebenden Frauwen vnd Jungfrawen zu ehren in Rheimen verfaßt. M.D.LXXXVI. Getruckt zu Franckfurt am Mayn in Verlegung Sigmund Feyrabends.* - findet sich die Illustration einer Beginen-Tracht unter die das Buch abschließende Sektion der Ordenstrachten eingereiht (berücksichtigt werden, nachdem unmittelbar zuvor die Trachten einer türkischen Hure und die recht phantasievoll, mohammedanisch anmutende und freibusig gestaltete Kleidung einer Frau aus Peru abgebildet worden waren, der "S. Catharinen Orden", der "S. Catharinen Leyen Orden", der "S. Brigitten Orden", eine "Weisse Nonnen schwarz geweilert", dann die "Beginn", schließlich der "S. Clara Orden", "Der Rheuwerin Orden", "Ein Stifftfraw" und der "Orden der Krancken Warterin"): ein hochgeschlossenes, mittelbraunes, langes Kleid mit integrierter Kapuze, über der noch ein bis zum Boden reichender blauer Schleier getragen wird (die abgebildete Begine trägt im übrigen einen gleichfalls braunen Rosenkranz in der Hand, die Frömmigkeit also ist tradiertes Attribut); von der Kleidung nicht verdeckt sind lediglich das Gesicht und die Hände. Der beigefügte Text in Reimform lautet wie folgt: "Ein Beginn./ Ejn ander Weiber Orden war / Die hatten sich begeben zwar / Ein zeitlang ins Kloster Leben / Nach grosser Frombkeit zu streben / Wann sie nun die Gottseligkeit / Erlehrnet im Beginnen Kleid / Dann war es ihnen keine Schand / Sich zu begeben in Ehstand." Der Text nimmt damit sowohl auf die selbstgewählte Frömmigkeit als auch auf den offenen Charakter des Zusammenschlusses Bezug, der jederzeit wieder verlassen werden konnte, der zeitgenössische Vorwurf der Promiskuität hat sich mehr als ein Jahrhundert nach dem endgültigen Verschwinden der Beginen gleichfalls verflüchtigt.

[106] Zu den Zahlen vgl. Becker-Cantarino (1989), S.71.

[107] vgl. ebd., S.85.

[108] vgl. hierzu Kurras, Lotte/Machilek Franz (Hrsg.), *Caritas Pirckheimer 1467-1532*, München 1982.

[109] vgl. ebd., S.76/7.

[110] vgl. Weaver, Elissa, "Spiritual Fun: A Study of Sixteenth-Century Tuscan Convent Theatre", in: Rose, Mary Beth (Hrsg.), *Women in the Middle Ages and the Renaissance. Literary and Historical Perspectives*, Syracuse 1986, S.175.

[111] vgl. Burke (1984), S.214.

[112] vgl. Kap. 2.3c.

[113] s. Anhang III.

[114] vgl. Anhang III.

[115] Werke Anhang II.

[116] vgl. Anhang II.

[117] Zu Dentière und Jussie vgl. Lazard, Madeleine, *Images Littéraires de la Femme à la Renaissance*, Paris 1985, S.163-173.

[118] Werke vgl. Anhang II. Zu Anne de Marquets s. Seiler, Soeur Mary Hilarine, *Anne de Marquets. Poétesse Religieuse du XVIe Siècle*, Washington 1931 (Reprint 1969), wo sich einige der Texte abgedruckt finden; s.a. Lazard, S.67/8.

[119] vgl. die entsprechende Auflistung solcher Anthologien in Anhang I.

[120] s. Anhang I.

[121] vgl. ebd.

[122] vgl. zum folgenden Weaver.

[123] vgl. hierzu Kap. 4.1b.

[124] s. Anhang I.

[125] Als weitere klösterliche Produktionen s. die zu Ende von Anhang I unter "Anonym" aufgelisteten Publikationen: eine *Navicella spirituale composta da una venerabile monaca & priora di uno monastero vivente in osservantia regulare* (Venetia: stampata per le mani delle convertite, 1560), ein *Presepe spirituale da una venerabile monaca & priora di uno monastero, vivente in osservantia regolare* (Venezia: stampata per le mani delle convertite, 1560), sowie eine *Prattica spirituale di una serva di Dio, al cui esempio può qualsivoglia monaca o persona spirituale essercitarsi* (Macerata: S.Martinelli, 1577).

[126] s. Anhang I.

[127] s. hierzu Weaver, S.183-185.

[128] s Anhang I.

[129] Zum genauen Inhalt vgl. Weaver.

[130] vgl. Kap. 4.1a.

[131] in: Weaver, S.192.

[132] vgl. v.a. Kap. 4.1b und c.

[133] Werke Anhang I; vgl. King (1990), S.309.

[134] in: Weaver, S.193.

[135] vgl. Kap. 2.2c.

[136] In Rossi, Rosa, "La scrittura delle donne intorno a Teresa de Jesús", in: *Nuova dwf. donnawomanfemme* 25/26 (1985),19-25, werden zwei weitere spanische Nonnen als Autorinnen aufgeführt: Teresa de Cartagena mit zwei Schriften, dem allegorischen Traktat *Arboleda de los enfermos* und der *Admiracion operum Dei*, sowie Maria de San José, die 1585 ein *Libro de recreaciones* erstellt, s. ebd., S.22/3..

[137] aus: ebd., S.22.

[138] Judith C. Brown hat dies für die ländliche Toscana ausgeführt, vgl. dies., "A Woman's Place was in the Home: Woman's Work in Renaissance Tuscany", in: Ferguson/Quilligan/Vickers, S.206-224, insbes. S.218-221.

[139] vgl. hierzu Burke (1984), S.255-257, Dülmen, S.23-25, sowie Kap. 2.2d.

[140] s. Becker/Brackert/Brauner/Tümmler, S.97, genaue Zahlen werden nicht genannt.

[141] vgl. Wiesner, Merry E., "Women's Defense of Their Public Role", in: Rose, S.9.

[142] vgl. King (1990), S.297.

[143] vgl. Kap. 3.2a.

[144] vgl. Kap. 3.1d.

[145] vgl. Kap. 3.2a.

[146] in: Becher/Brackert/Brauner/Tümmler, S.109.

[147] vgl. ebd., S.113/4.

[148] vgl. Kap. 2.2d.

[149] vgl. Fouquet/Knibiehler (1983), S.178/9.

[150] vgl. hierzu v.a. Becker-Cantarino (1989), S.28-36; Burke (1988), S.41-43; Davis ((1979), S.119/120; Becker/Brackert/Brauner/Tümmler, S.48-66; King (1990), S.300-302; Wiesner, in: Rose, S.4-12; dies., "Spinsters and Seamstresses: Women in Cloth and Clothing Production", in: Ferguson/Quiligan/Vickers, S.191-205; Brown, in: Ferguson/Quilligan/Vickers, S.206-224; Uitz, Erika, *Die Frau in der mittelalterlichen Stadt*, Leipzig 1988 (wo insbesondere neue Einzelbelege zu ostdeutschen Städten vom 13.-15.Jahrhundert zu finden sind).

[151] in: Becker-Cantarino (1989), S.30/1.

[152] Davis (1979), S.119/120.

[153] Burke (1988), S.41-43.

[154] vgl. Cibin, Patrizia, "Meretrici e cortigiane a Venezia nel '500", in: *Nuova dwf. donnawomanfemme* 25/26 (1985), S.85.

[155] vgl. Kap. 3.2a.

[156] vgl. Becker/Brackert/Brauner/Tümmler, S.51/2.

[157] vgl. Kap. 3.1b.

[158] vgl. King (1990), S.300.

[159] vgl. Becker-Cantarino (1989), S.33.

[160] vgl. ebd., S.35.

[161] Zum folgenden vgl. Wiesner, in: Ferguson/Quilligan/Vickers, S.191-205.

[162] vgl. ebd., S.197.

[163] ebd., S.199-201.

[164] Brown, in: Ferguson/Quilligan/Vickers, S.206-224.

[165] ebd., S.209.

[166] Rossiaud, S.98.

[167] vgl. Kap. 2.2d.

[168] Zum folgenden vgl. Davis (1989), S.93-105

[169] vgl. Kap. 2.2d.

[170] vgl. Kap. 3.1c.

[171] Huarte, S.404/5.

[172] vgl. Kap. 3.1d.

[173] Paré, Bd. II, S.793.

[174] vgl. hierzu v.a. Becker/Brackert/Brauner/Tümmler, S.77-79.

[175] Noch in Jost Ammans *Frauentrachtenbuch* von 1586 findet sich die Tracht *Der Rheuwerin Orden* abgebildet, jener mittelalterlichen Sammelstätten für reuewillige Prostituierte, deren Vertreterin allerdings von hinten abgebildet ist, über dem bodenlangen dunkelbraunen (obgleich der Text anderes besagt) Kleid ein beiges, bis zum Knie reichendes Tuch um den Kopf gebunden hat; der beigefügte Text lautet wie folgt: "Also giengen vor zeiten her / Die Weiber so man nennt Reuwer / Das Angesicht verhülten sie / Mit einem Tuch biß auff die Knie / Ihr Tracht war von weissem Gewand / Der Wandel jederman bekannt / Niemand schier jezt bereuwen wil / Sein Sünd - ob man wol sündigt viel."

[176] in: Boehn, Max von, *Die Mode. Menschen und Moden im 16.Jahrhundert*, Bd. II, München ^{2}1964, S.204.

[177] vgl. hierzu Olivieri, Achillo, "Erotik und gesellschaftliche Gruppen im Venedig des 16.Jahrhunderts: die Kurtisane", in: Ariès/Béjin/Foucault, S.121-129.

[178] vgl. auch Kap. 4.1b.

[179] Die politische Organisation Venedigs zeigt sich als Oligarchie des "Adels", Handwerker, Ladenbesitzter etc. sind vom politischen Leben ausgeschlossen.. Der auf Lebenszeit gewählte Doge untersteht dem Rat der Zehn, dessen Mitglieder für je ein Jahr in ihr Amt gewählt werden. Auf der anderen Seite der Machtpyramide findet sich das "Pieno Collegio" mit sechs "Savii Grandi" und zehn Ministern, dem wiederum der Senat mit im 16. Jahrhundert 120 ordentlichen Senatoren sowie 120 weiteren Mitgliedern untergeordnet ist, im weitesten Sinne für die Gesetzgebung zuständig. Diesem wiederum untergeordnet ist der "Maggior Consiglio" mit 1300 Mitgliedern, der in erster Linie für die Besetzung der Beamtenposten zuständig zeichnet. Vgl. hierzu Muir.

[180] vgl. hierzu Muir.

[181] vgl. Kap. 4.1b.

[182] Montaigne, S.1183/4.

[183] Die ins 13. Jahrhundert zurückreichende Feier der "Sensa" etwa, des alljährlich zelebrierten Rituals der Hochzeit des Dogen mit dem Meer, beinhaltet eine Prozession der stadtansässigen *cortigiane* (vgl. Muir, S. 121-133), deren Präsenz auch im Karneval (zum Karneval generell im 16. Jahrhundert vgl. Bachtin sowie Davis) unabdingbar ist.

[184] vgl..Cibin, S.85 sowie den entsprechenden Auszug aus Sanutos *Diarii*, Bd.VIII, vom 15.Juni 1509, in: Tassini, Giuseppe, *Veronica Franco*, Venezia 1969, S.16.

[185] in: Tassini, S.16.

[186] vgl. Cibin, S.82.

[187] ebd., S.89/90.

[188] vgl. ebd., S.88.

[189] vgl. Lawner, S.25.

[190] in: Tassini, S.124.

[191] in: Cibin, S.87.

[192] in: ebd., S.84.

[193] in: Tassini, S.23/4.

[194] Dies scheint auch den Gesetzgebern ein Dorn im Auge gewesen zu sein, im Gesetz vom 14. Juli 1578 nämlich wird den Prostituierten ein männlicher Aufzug verboten: "... la sfatezza delle Cortegiane et meretrice de Venetia che per prender et illaguear i giovени conducendosi a sui apetiti, oltra diversi altri modi hanno trovato questo novo et non più usato di vestirsi con habiti da homo, et precipue in gondola con li batti-

coppo serrati di driedo et davanti vanno per tutta la città, nel rio della Misericordia [...], sia proibito alle sopradette l'andar per la città vagando in barca vestite da homo...", in: Tassini, S.29; zu Zusammenhängen zwischen männlicher Bekleidung der Prostituierten und der offensichtlich weitverbreiteten männlichen Homosexualität s. die Überlegungen in Cibin, S.98/9.

[195] in: Tassini, S.37/8. Auch in Jost Ammans *Frauentrachtenbuch* findet sich eine *cortigiana* abgebildet, allerdings nicht aus Venedig, sondern als "Ein vnzüchtig Weib zu Rom": die Dame trägt einen bestickten blauen Unterrock bis auf den Boden, darüber ein ebenfalls bodenlanges, tailliertes und goldbesetztes Kleid aus rotem Tuch mit eingearbeiteten weißen Ärmeln und tiefem Décolleté, sowie eine Art weißen Schleier, wie ihn die Venezianischen Gesetzgeber mehrfach verbieten. Der Text zur Abbildung lautet wie folgt: "Zu Rom ist es heur nicht mehr new / Daß Weibs personen ohne schew / Vnzüchtig und schändlich leben / Ihren Leib zu schänden geben / Vmb vergengliches Gelts willen / Vnd ihre Geilheit zu stillen / Wann sie tags auff der Gassen gahn / So siht man sie für fromb Leuth an." - auch der deutsche Kommentator akzentuiert primär die Täuschung, das Vortäuschen moralischer Integrität.

[196] vgl. Kap. 2.3c.

[197] vgl. Kap. 4.1b.

[198] vgl. Fouquet/Knibiehler, *La beauté, pour quoi faire? Essai sur l'histoire de la beauté féminine*, Paris 1982, S.111.

[199] vgl. hierzu Kap. 2.3c.

[200] vgl. Kap. 3.2a.

[201] vgl. Wittkop-Ménardeau, S.75.

[202] in: Dülmen, S.216.

[203] s. Fouquet/Knibiehler (1982), S.115.

[204] vgl. Wittkop-Ménardeau, S.38.

[205] vgl. hierzu Kap. 2.2a.

[206] s. Anhang I.

[207] vgl. Kap. 3.2a sowie Kap. 4.1b.

[208] Der Ausgabe Venezia 1621, S.35-37, entnommen, in: Labalme, Patricia H., "Women's Roles in Early Modern Venice: An Exceptional Case", in:: dies. (1980), S.147.

[209] in: Tassini, S.86, Anm.9.

[210] Burckhardt, S.367-369.

[211] ebd., S.368, Anm.4.

[212] vgl. Kap. 2.2a.

[213] Olivieri, Achille, "Il 'corpo' sociale: La donna e la cosmesi nel '500", in: *Studi veneziani* 10 (1985), 183-194.

[214] aus: Pavone Pitteri, *Un ricettario di cosmesi*, S.6, in: Olivieri (1985), S.187.

[215] G.Rosetti, *Notandissimi secreti de l'arte profumatoria*, Vicenza 1973, S.29, in: Olivieri (1985), S.192.

[216] ebd., S.30, in: ebd., S.193.

[217] vgl. Anhang I.

[218] Zum Bedeutungswandel der Figur der Venus vgl. Hammer-Tugendhat, Daniela, "Venus und Luxuria. Zum Verhältnis von Kunst und Ideologie im Hochmittelalter", in: Barta, Ilsebill u.a., *Frauen. Bilder. Männer. Mythen. Kunsthistorische Beiträge*, Berlin 1987, S.13-34, die den Bedeutungswandel der Venus-Figur im Konnex mit jener der Luxuria während des Mittelalters verfolgt, sowie Baradel, Virginia, "Figura d'amore. Aspetti della figurazione femminile nel Rinascimento", in: *Nuova dwf. donnawomanfemme* 25/26 (1985), 57-77, die den Bedeutungswandel vor allem vor dem Hintergrund des Ehefrauen- und Mutterbildes im Konnex mit der Figur der Fortuna für das italienische Cinquecento untersucht.

[219] Einen Einblick in die Schriften einiger der wichtigsten Theoretiker des 20.Jahrhunderts zum Thema liefern die Werkauszüge von Hansen, Russel, Trevor-Roper, Macfarlane, Thomas, Mandrou und Favret in: Honegger (1978), einen prägnanten Überblick über den aktuellen Stand der Forschung und die unterschiedlichen Theorien, liefert Carlo Ginzburg in der Einleitung zu seinem *Hexensabbat* (1990). Unter den jüngsten Ausarbeitungen zum Thema s. Levack, Brian P., *The witch-hunt in early modern Europe*, London and New York 1987, sowie insbesondere Ginzburg (1990).

[220] vgl. Kap. 3.1a.

[221] Sprenger, Jakob/Institoris, Heinrich, *Der Hexenhammer*, München [6]1987 (die päpstliche Bulle ist im Vorwort des Übersetzers J.W.R. Schmidt [1906] in lateinischer und deutscher Fassung wiedergegeben), S.XXXVII.

[222] "Gewißlich ist es neulich nicht ohne grosse Beschwehrung zu unsern Ohren gekommen, wie daß in einigen theilen des Oberteutschlands, wie auch in denen Meyntzischen, Cölnischen, Trierischen, Salzburgischen [und Bremer] Ertzbistümern, Städten, Ländern, Orten und Bistümern sehr viele Personen beyderley Geschlechts, ihrer eigenen Seligkeit vergessend, und von dem Catholischen Glauben abfallend, mit denen Teufeln, die sich als Männer oder Weiber mit ihnen vermischen, Mißbrauch machen, und mit ihren Bezauberungen, Liedern und Beschwehrungen, und anderen [abscheulichen Aberglauben und zauberischen Übertretungen, Lastern und Verbrechen, die Geburten der Weiber, die Jungen der Thiere, die Früchte der Erde, die Weintrauben und die Baumfrüchte, wie auch die Menschen, die Frauen, die Thiere, das Vieh, und andre unterschiedener Arten Thiere, auch die Weinberge, Obstgarten, Wiesen, Weyden, Getreide], Korn und andern Erdfrüchten, verderben, ersticken und umkommen machen und verursachen, und selbst die Menschen, die Weiber, allerhand groß und klein Vieh und Thiere mit grausamen sowohl innerlichen als äusserlichen Schmertzen und Plagen belegen und peinigen, und eben dieselbe Menschen, daß sie nicht zeugen, und die Frauen, daß sie nicht empfangen, und die Männer, daß sie denen Weibern, und die Weiber, daß sie denen Männern, die eheliche Werke nicht leisten können, verhindern. Über dieses den Glauben selbst, welchen sie bey Empfangung der heiligen Taufe angenommen haben, mit Eydbrüchigen Munde verläugnen. Un andere überaus viele Leichtfertigkeiten, Sünden und Lastern, durch Anstifftung des Feindes des menschlichen Geschlechts zu begeben und zu vollbringen, sich nicht förchten, zu der Gefahr ihrer Seelen, der Beleidigung Göttlicher Majestät, und sehr vieler schädlicher Exempel und Ärgerniß" (die Passagen zwischen den eckigen Klammern sind als im Original nicht vorhanden gekennzeichnet).

[223] ebd., S.XXXVIII.

[224] vgl. Honegger, in: dies., S.60.

[225] s. Held, Jutta, "Marienbild und Volksfrömmigkeit. Zur Funktion der Marienverehrung im Hoch- und Spätmittelalter", in: Barta, Ilsebill u.a. (Hrsg.), *Frauen. Bilder. Männer. Mythen. Kunsthistorische Beiträge*, Berlin 1987, S.36.

[226] vgl. Kap. 2.2b.

[227] So Honegger, in: Honegger, S.58.

[228] So Held, S.36/7.

[229] vgl. hierzu ebd., S.47.

[230] vgl. Burke (1984), S.153.

[231] vgl. Kap. 2.2c.

[232] s. Delumeau (1989), S.516.

[233] *Peinliche Gerichtsordnung*, S.52, 55/6 und 78.

[234] Ginzburg, Carlo, *Die Benandanti. Feldkulte und Hexenwesen im 16. und 17.Jahrhundert*, Frankfurt/Main 1980.

[235] vgl. Kap. 2.2c.

[236] Die maßgebliche Passage zum Hexenwahn (kurz zuvor hatte Montaigne bereits seine Einstellung deutlich zu verstehen gegeben: "Les sorcieres de mon voisinage courent hazard de leur vie, sur l'advis de cha-

que nouvel autheur qui vient donner corps à leurs songes", in: Montaigne, S.1008) lautet wie folgt (ebd., S.1009/1010):

"A tuer les gens, il faut une clarté lumineuse et nette; et est notre vie trop réele et essentielle pour garantir ces accidens supernaturels et fantastiques. Quant aux drogues et poisons, je les mets hors de mon compte: ce sont homicides, et de la pire espece. Toutesfois, en cela mesme on dict qu'il ne faut pas toujours s'arrester à la propre confession de ces gens icy, car on leur a veu par fois s'accuser d'avoir tué des personnes qu'on trouvoit saines et vivantes.

En ces autres accusations extravagantes, je dirois volontiers que c'est bien assez qu'un homme, quelque recommendation qu'il aye, soit creu de ce qui est humain; de ce qui est hors de sa conception et d'un effect supernaturel, il en doit estre creu lors seulement qu'une approbation supernaturelle l'a authorisé. Ce privilege qu'il a pleu à Dieu donner à aucuns de nos tesmoignages ne doibt pas estre avily et communiqué legerement. J'ay les oreilles battuës de mille tels comptes: «Trois le virent un tel jour en levant; trois le virent lendemain en occident, à telle heure, tel lieu, ainsi vestu.» Certes je ne m'en croirois pas moy mesme. Combien trouvé-je plus naturel et plus vray-semblable que deux hommes mentent, que je ne fay qu'un homme en douze heures passe, quand et les vents, d'orient en occident? Combien plus naturel que nostre entendement soit emporté de sa place par la volubilité de nostre esprit detraqué, que cela, qu'un de nous soit envolé sur un balay, au long du tuiau de sa cheminée, en chair et en os, par un esprit estrangier? Ne cherchons pas des illusions du dehors et inconneuës, nous qui sommes perpetuellement agitez d'illusions domestiques et nostres. Il me semble qu'on est pardonnable de mescroire une merveille, autant au moins qu'on peut en destourner et elider la verification par voie non merveilleuse. Et suis l'advis de sainct Augustin, qu'il vaut mieux pancher vers le doute que vers l'asseurance és choses de difficile preuve et dangereuse creance.

Il y a quelques années, que je passay par les terres d'un prince souverain, lequel, en ma faveur et pour rabatre mon incredulité, me fit cette grace de me faire voir en sa presence, en lieu particulier, dix ou douce prisonniers de cette nature, et une vieille entre autres, vrayment bien sorciere en laideur et deformité, très-fameuse de longue main en cette profession. Je vis et preuves et libres confessions et je ne sçay quelle marque insensible sur cette miserable vieille; et m'enquis et parlay tout mon saoul, y apportant la plus saine attention que je peusse; et ne suis pas homme qui me laisse guiere garroter le jugement par preoccupation. En fin et en conscience, je leur eusse plustost ordonné de l'ellebore que de la cicue, «*Captisque res magis mentibus, quàm consceleratis similis visa.*» La justice a ses propres corrections pour telles maladies.

Quant aux oppositions et arguments que des honnestes hommes m'ont faict, et là et souvent ailleurs, je n'en ay poinct senty qui m'attachent et qui ne souffrent solution tousjours plus vray-semblable que leurs conclusions. Bien est vray que les preuves et raisons qui se fondent sur l'experience et sur le faict, celles là je ne les desnoue point; aussi n'ont-elles point de bout; je les tranche souvent, comme Alexandre son neud. Après tout, c'est mettre ses conjectures à bien haut pris que d'en faire cuire un homme tout vif. On recite par divers exemples, et Prestantius de son pere, que, assoupy et endormy bien plus lourdement que d'un parfaict sommeil, il fantasia estre jument et servir de sommier à des soldats. Et ce qu'il fantasioit, il l'estoit. Si les sorciers songent ainsi materiellement, si les songes se peuvent ainsi par fois incorporer en effects, encore ne croy-je pas que nostre volonté en fust tenue à la justice."

237 Der entsprechende Passus (ebd., S.1011/2):

"A propos ou hors de propos, il n'importe, on dict en Italie, en commun proverbe, que celuy-là ne cognoit pas Venus en sa parfaicte douceur qui n'a couché avec la boiteuse. La fortune, ou quelque particulier accident, ont mis il y a long temps ce mot en la bouche du peuple; et se dict des masles comme des femelles. Car la Royne des Amazonnes respondit au Scyte qui la convioit à l'amour: «αρι τα χολο οι ει, le boiteux le faict le mieux.» En cette republique feminine, pour fuir la domination des masles, elles les stropioient dès l'enfance, bras, jambes et autres membres qui leur donnoient avantage sur elles, et se servoient d'eux à ce seulement à quoy nous nous servons d'elles par deçà. J'eusse dict que le mouvement detraqué de la boiteuse apportast quelque nouveau plaisir à la besongne et quelque pointe de douceur à ceux qui l'essayent, mais je vien d'apprendre que mesme la philosophie ancienne en a décidé; elle dict que, les jambes et cuisses des boiteuses ne recevant, à cause de leur imperfection, l'aliment qui leur est deu, il en advient que les parties genitales, qui sont au dessus, sont plus plaines, plus nourries et vigoureuses. Ou bien que, ce defaut empeschant l'exercice, ceux qui en sont entachez dissipent moins leurs forces et en viennent plus entiers aux jeux de Venus. Qui est aussi la raison pourquoy les Grecs descrioient les tisserandes d'estre plus chaudes que les autres femmes: à cause du mestier sedentaire qu'elles font, sans grand exercice du corps. Dequoy ne pouvons nous raisonner à ce pris là? De celles icy je pourrois aussi dire que ce tremoussement que leur ouvrage leur donne, ainsin assises, les esveille et sollicite, comme faict les dames le crolement et tremblement de leurs coches.

Ces exemples servent-ils pas à ce que je disois au commencement: que nos raisons anticipent souvent l'effect, et ont l'estendue de leur jurisdiction si infinie, qu'elles jugent et s'exercent en l'inanité mesme et au non estre? Outre la flexibilité de nostre invention à forger des raisons à toute sorte de songes, nostre imagination se trouve pareillement facile à recevoir des impressions de la faulceté par bien frivoles apparences. Car, par la seule authorité de l'usage ancien et publique de ce mot, je me suis autresfois faict à croire avoir receu plus de plaisir d'une femme de ce qu'elle n'estoit pas droicte, et mis cela en recepte de ses graces."

[238] in:Becker/Bovenschen/Brackert u.a., S.404-407.

[239] Ginzburg (1990), S.294/5.

[240] vgl. Kap. 3.1d.

[241] in: Ginzburg (1990), S.91/2.

[242] in: Becker/Bovenschen/Brackert u.a., S.326.

[243] ebd.

[244] Die Kapitel des ersten Teils sind wie folgt gegliedert: 1. Ob es Zauberei gebe 2. Ob der Dämon mit dem Hexer mitwirke 3. Ob durch Inkubi und Sukkubi Menschen gezeugt werden können 4. Von welchen Dämonen derartiges, nämlich Inkubat und Sukkubat, verübt wird 5. Woher die Vermehrung der Hexenkünste stamme 6. Über die Hexen selbst, die sich den Dämonen unterwerfen 7. Ob die Hexer die Herzen der Menschen zu Liebe oder Haß reizen können 8. Ob die Hexen die Zeugungskraft oder den Liebesgenuß verhindern können, welche Hexerei in der Bulle enthalten ist 9. Ob die Hexen durch gauklerische Vorspiegelungen die männlichen Glieder behexen, sodaß sie gleichsam gänzlich aus den Körpern herausgerissen sind 10. Ob sich die Hexen mit den Menschen zu schaffen machen, indem sie sich durch Gaukelkunst in Tiergestalten verwandeln 11. Daß Hexen-Hebammen die Empfängnis im Mutterleibe auf verschiedene Weise verhindern, auch Fehlgeburten bewirken und, wenn sie es nicht tun, die Neugeborenen den Dämonen opfern 12. Ob die Zulassung Gottes zur Hexerei nötig sei 13. Über die beiden Zulassungen Gottes, die er mit Recht zuließ: daß der Teufel, der Urheber alles Bösen, sündigte und zugleich die beiden Eltern fielen, wonach die Werke der Hexen mit Recht zugelassen werden 14. Die Erschrecklichkeit der Hexenwerke wird betrachtet. Predigtstoff 15. Wegen der Sünden der Hexen werden oft Unschuldige behext; auch bisweilen wegen der eigenen Sünden 16. Es wird im besonderen die vorausgeschickte Wahrheit erklärt, durch Vergleichung der Hexenwerke mit anderen Arten des Aberglaubens 17. Vergleichung der Schwere des Hexenverbrechens mit jedweder Sünde der Dämonen 18. Wie gegen fünf Argumente von Laien zu predigen, womit sie hier und da zu beweisen scheinen, daß Gott dem Teufel und den Hexen keine solche Macht läßt, derartige Hexereien zu vollführen.

[245] Der Inhalt: **I. Erste Hauptfrage.** Wem der Hexer nicht schaden könne 1. Über die verschiedenen Weisen, wie die Dämonen durch die Hexen die Unschuldigen zur Vermehrung jener Ruchlosigkeit an sich ziehen und verlocken 2. Von der Art, das gotteslästerliche Hexenhandwerk zu betreiben 3. Von der Art, wie die Hexen von Ort zu Ort fahren 4. Über die Art, wie sie sich den Incubi unterwerfen 5. Über die Art, wie die Hexen durch die Sakramente der Kirche ihre Taten vollbringen 6. Über die Art, wie sie die Zeugungskraft zu hemmen pflegen 7. Über die Art, wie sie die männlichen Glieder wegzuhexen pflegen 8. Über die Art, wie sie die Menschen in Tiergestalten verwandeln 9. Wie die Dämonen in den Leibern und Köpfen stecken, ohne sie zu verletzen, wenn sie die gauklerischen Verwandlungen vornehmen 10. Über die Art, wie die Dämonen bisweilen durch Hexenkünste die Menschen leibhaftig besitzen 11. Über die Weise, wie sie jede Art von Krankheiten anhexen können; und zwar im allgemeinen von den schwereren 12. Über die Art, wie sie andere ähnliche Krankheiten, insonderheit den Menschen, anzutun pflegen 13. Über die Art, wie die Hexenhebammen noch größere Schädigungen antun, indem sie die Kinder entweder

töten, oder sie den Dämonen weihen 14. Über die Art, wie die Hexen den Haustieren verschiedenen Schaden antun 15. Über die Art, wie sie Hagelschlag und Gewitter zu erregen und auch Blitze auf Menschen und Haustiere zu schleudern pflegen 16. Über die drei Arten, wie Männer und nicht Weiber mit Hexenwerken infiziert befunden werden, und zwar zuletzt von den hexenden Bogenschützen **II. Zweite Hauptfrage.** Über die Arten, Behexungen zu beheben oder zu heilen 1. Das kirchliche Heilmittel gegen die Incubi und Succubi 2. Heilmittel für diejenigen, welche an der Zeugungskraft behext sind 3. Heilmittel für die mit ungewöhnlicher Liebe oder ungewöhnlichem Haß Behexten 4. Heilmittel für die, denen durch Gaukelkunst das männliche Glied genommen wird; auch wenn Menschen bisweilen in Tiergestalten verwandelt werden 5. Heilmittel für die infolge von Behexung besessen Gemachten 6. Heilmittel in Form von erlaubten Exorzismen gegen alle beliebigen von Hexen angetanen Krankheiten, und von der Art, Behexte zu exorzisieren 7. Heilmittel gegen Hagelschlag und bei behexten Haustieren 8. Gewisse geheime Mittel gegen gewisse geheime Anfechtungen seitens der Dämonen.

246 Der Inhalt: **Allgemeine und einleitende Frage**, Erste Frage: Über die Art, den Prozeß zu beginnen; Zweite Frage: Von der Anzahl der Zeugen; Dritte Frage: Über den Zeugniszwang und das wiederholte Befragen der Zeugen; Vierte Frage: Von der Beschaffenheit der Zeugen; Fünfte Frage: Ob Todfeinde zum Zeugnis zugelassen werden. **Zweiter Teil.** Wie der Prozeß fortzusetzen ist. Sechste Frage: Wie die Zeugen in Gegenwart von vier anderen Personen zu verhören sind und wie die Angeklagte zweifach zu befragen ist; Siebente Frage, in welcher verschiedene Zweifel betreffs der vorausgeschickten Fragen und leugnenden Antworten erklärt werden. Ob die Angeklagte einzukerkern, und wann sie für eine offenkundig in der Ketzerei der Hexen Ertappte zu halten sei; Achte, mit der vorigen verknüpfte Frage: Ob die Angeklagte einzukerkern sei, und von der Art, sie zu verhaften; Neunte Frage: Was nach der Verhaftung zu tun sei, und ob die Namen der Aussagenden (der Verhafteten) kundzugeben seien; Zehnte Frage: Wie die Verteidigungen samt der Bestallung eines Advokaten zu gewähren sind; Elfte Frage: Was der Advokat tun soll, wenn ihm die Namen der Zeugen nicht bekanntgegeben werden; Zwölfte Frage, welche noch mehr erklärt, wie eine Todfeindschaft zu erforschen sei; Dreizehnte Frage: Von dem, was der Richter vor der Vorlegung von Fragen in der Kerker- und Folterkammer zu beachten hat; Vierzehnte Frage: Über die Art, die Angezeigte zu den peinlichen Fragen zu verurteilen, und wie sie am ersten Tag peinlich zu verhören sei, und ob man ihr die Erhaltung des Lebens versprechen könne; Fünfzehnte Frage: Über die Fortsetzung der Folter und von den Kautelen und Zeichen, an denen der Richter die Hexe erkennen kann, und wie er sich gegen ihre Behexungen schützen soll. Und wie sie zu scheeren sind und wo sie ihre Hexenmittel verborgen haben; mit verschiedenen Erklärungen, der Hexenkunst der Verschwiegenheit zu begegnen; Sechzehnte Frage: Von der Zeit und zweiten Art des Verhöres. Über die schließlichen Vorsichtsmaßregeln, die der Richter beobachten muß; Es folgt der **dritte Teil** dieses letzten Teiles des Werkes. Wie dieser Glaubensprozeß vermittelst des endgiltigen Urteilsspruches mit dem gebührenden Ende zu beschließen sei; Siebzehnte Frage: Über die gewöhnliche Reinigung und besonders über die Probe mit dem glühenden Eisen, an welche die Hexen appellieren; Achtzehnte Frage: Von dem endgiltigen Urteilsspruche an sich und wie er zu fällen ist; Neunzehnte Frage: Auf wie viele Weisen Verdacht geschöpft wird, um einen Urteilsspruch fällen zu können; Zwanzigste Frage: Über die erste Art, das Urteil zu fällen; Einundzwanzigste Frage: Über die zweite Art, über eine Angezeigte und zwar eine nur übel beleumdete das Urteil zu fällen; Zweiundzwanzigste Frage: Über die dritte Art, das Urteil zu fällen, (und zwar) über eine übel beleumdete und dem peinlichen Verhör auszusetzende (Person); Dreiundzwanzigste Frage: Über die vierte Art, über eine Angezeigte und zwar eine leicht Verdächtige das Urteil zu fällen; Vierundzwanzigste Frage: Über die fünfte Art, das Urteil zu fällen, und zwar über eine heftig Verdächtige; Fünfundzwanzigste Frage: Über die sechste Art, das Urteil zu fällen über eine Angezeigte und zwar über eine ungestüm Verdächtige; Sechsundzwanzigste Frage: Über die Art, das Urteil über eine Angezeigte zu fällen, die verdächtig und übel beleumdet ist; Siebenundzwanzigste Frage: Über die Art, das Urteil über eine zu fällen, die gestanden hat, aber bußfertig ist; Achtundzwanzigste Frage: Über die Art, über eine (Angeklagte) das Urteil zu fällen, die gestanden hat, aber, wenn auch bußfertig, doch rückfällig ist; Neunundzwanzigste Frage: Über die Art, über eine (Angeklagte) das Urteil zu fällen, die die Ketzerei gestanden hat, aber unbußfertig, jedoch nicht rückfällig ist; Dreißigste Frage: Über (die Art, das Urteil zu fällen über) eine, die die Ketzerei eingestanden hat, rückfällig und unbußfertig ist; Einunddreißigste Frage: Über (die Art, das Urteil zu fällen über) einen, der überführt und ertappt ist, jedoch alles leugnet; Zweiunddreißigste Frage: Über (die Art, das Urteil zu

fällen über) einen Überführten, der aber flüchtig ist oder sich hartnäckig abwesend hält; Dreiunddreißigste Frage: Über eine von einer anderen, eingeäscherten oder einzuäschernden Hexe angezeigte Person; wie über sie das Urteil zu fällen sei; Vierunddreißigste Frage: Über die Art, über eine Hexe, welche Behexungen behebt, außerdem auch über Hexen-Hebammen und Hexen-Bogenschützen das Urteil zu fällen; Fünfunddreißigste Frage dieses letzten Teils: Über die Arten, jedwede Hexen abzuurteilen, die in frivoler Weise oder auch berechtigt appellieren.

[247] *Hexenhammer*, S.4/5.
[248] ebd., S.9.
[249] ebd., S.10.
[250] ebd., S.12.
[251] ebd., S.23.
[252] ebd., S.29.
[253] ebd., S.30.
[254] ebd., S.33/4.
[255] ebd., S.38/9.
[256] ebd., S.55/6.
[257] ebd., S.64.
[258] ebd., S.93.
[259] ebd.
[260] In der lat. Version bereits zit. in Kap. 3.1a, vgl. ebd., Anm. 28, im *Hexenhammer* S.96.
[261] ebd., S.97.
[262] ebd.
[263] ebd., S.98.
[264] ebd.
[265] ebd., S.99.
[266] ebd., S.100/101.
[267] ebd., S.102.
[268] ebd., S.104.
[269] ebd., S.105/6.
[270] ebd., S.106/7.
[271] ebd., S.107.
[272] vgl. Heinsohn/Steiger, S.77-79.
[273] *Hexenhammer*, S.108.
[274] ebd., S.108/9.
[275] ebd., S.109.
[276] ebd., S.144.
[277] ebd., S.157-159.
[278] ebd., S.179.
[279] ebd., S.184.
[280] ebd., S.188.
[281] ebd., S.202.

[282] ebd., 2. Teil, S.26-29.

[283] ebd., S.49.

[284] ebd., S.85/6.

[285] Speziell zur Hofdame respektive zur Perspektivierung der Frau in Castigliones *Cortegiano* vgl. Guidi, José, "De l'amour courteois à l'amour sacré: La condition de la femme dans l'œuvre de B. Castiglione", in: *Images de la Femme dans la Littérature Italienne de la Renaissance*, hrsg. v. André Rochon, Paris 1980, S.9-80; Chemello (1980); Zancan, Marina, "Figure di donna. Testi letterari del XVI secolo: fonti, scritture, percorsi critici", in: *Nuova dwf. donnawomanfemme* 25/26 (1985), 7-18, sowie insbesondere dies., "La donna e il cerchio nel 'Cortegiano' di B. Castiglione. Le funzioni del femminile nell'immagine di corte", in: Baradel/Borsetto/Chemello/Frigo/Zancan, S.13-56.

[286] Zum *Cortegiano* vgl. die Ausführungen in Kap. 2.3b und 3.1b.

[287] Burckhardt, S.395, Anm.1.

[288] vgl. die Einleitung zu Kap. 3.

[289] Castiglione, II, XCIX, S.202.

[290] Zancan, in: Baradel u.a.(1983).

[291] Castiglione, I, IV, S.58/9.

[292] ebd., I, VI, S.61.

[293] ebd., II, XCVI, S.200.

[294] vgl. Kap. 2.3b.

[295] Castiglione, II, XXXV, S.149/150.

[296] ebd., S.150.

[297] ebd.

[298] ebd., II, LXIX, S.178.

[299] vgl. Kap. 2.3b.

[300] Cortegiano, II, LXIX, S.178.

[301] ebd., II, LXXXIII, S.188.

[302] ebd., II, XCI, S.196.

[303] ebd., II, XCVIII, S.201.

[304] ebd., II, XCIX, S.202.

[305] ebd.

[306] ebd.

[307] ebd., III, III. S.208.

[308] ebd., III, IV, S.208/9.

[309] s. Kap. 3.1b.

[310] vgl. hierzu Kap. 3.1c.

[311] ebd., III, V, S.209/210.

[312] ebd., III, VI, S.211.

[313] ebd., III, IX, S.213/4.

[314] vgl. Kap. 3.2a.

[315] Castiglione, III, XI, S.215.

[316] ebd., III, XII, S.216.

[317] ebd., III, XIII, S.216.
[318] vgl. Kap. 3.1c.
[319] Castiglione, III, XIV, S.217.
[320] ebd., III, XV, S.218.
[321] ebd., III, XVI, S.219.
[322] ebd., III, XVII, S.219.
[323] ebd.
[324] ebd.
[325] ebd., III, XIX, S.221.
[326] ebd., III, XXXIX, S.238.
[327] ebd., III, XL, S.239.
[328] ebd., III, LI, S.250/1.
[329] ebd., III, LII, S.251/2.
[330] vgl. hierzu Kap. 4.1a.
[331] Castiglione, III, LIII, S.253.
[332] ebd., III, LV, S.254.
[333] ebd., III, LVI, S.255.
[334] ebd., S.256.
[335] ebd., III, LVII, S.256.
[336] s. Kap. 3.1b.
[337] Castiglione, III, LVII, S.257.

4. Die Frau als Autorin - der Eintritt weiblicher Sprecher in den Raum der Diskurse

4.1 Weibliches Sprechen: Aneignung, Assimilation und Überschreitung

a. Optionen am Beispiel des petrarkistischen Modells

[1] Todorov, S.296.
[2] Jung, Thomas, "Die Versprechungen der Liebe", in: Kamper/Wulf (Hrsg.), *Das Schicksal der Liebe*, Weinheim/Berlin 1988, S.45/6.
[3] ebd., S.46.
[4] vgl. v.a. Kap. 2.3c sowie Kap. 3.2a.
[5] Irigaray, Luce, *Speculum. Spiegel des anderen Geschlechts*, Frankfurt/Main 1980, S.172.
[6] ebd., S.174.
[7] vgl. v.a. Kap. 2.3c.
[8] vgl. Kap. 2.3b.
[9] Den anschaulichsten Überblick zu Petrarca liefert noch immer Hugo Friedrich, *Epochen der italienischen Lyrik*, Frankfurt/Main 1964, S.155-277.

[10] Regn, Gerhard, "Einführung", in: Petrarca, Francesco, *Canzoniere: Zweisprachige Auswahl*, hrsg. v. G. Regn, Mainz 1987, S.14.

[11] Hugo Friedrich unterscheidet drei Haupttypen der klassischen, von Petrarca geprägten italienischen Sonettform: den aufsteigenden Typus, den zyklischen Typus sowie den Typus der Bewegung und Gegenbewegung; vgl. Friedrich, S.167/8.

[12] vgl. hierzu Regn, in: Petrarca (1987), S.17.

[13] vgl. Kap. 3.1b.

[14] vgl. Kap. 3.2a.

[15] vgl. Kap. 3.1b sowie Kap. 3.2b; s. hierzu auch z.B. Marx, Barbara, "Zwischen Frauenadel und Autorenstatus. Zur Präsentation der Frauenliteratur in der Renaissance", in: Gnüg/Möhrmann, S.35-57.

[16] vgl. hierzu beispielsweise die Ausführungen zur europäischen *Cortegiano*-Rezeption in Kap. 2.3c, welche das Problem umreißen.

[17] in: Regn, Gerhard, *Torquato Tassos zyklische Liebeslyrik und die petrarkistische Tradition*, Tübingen 1987, hier Kap. 2, "Typische Merkmale des petrarkistischen Systems im Cinquecento", S.21-70.

[18] ebd., S.26.

[19] ebd., S.29.

[20] ebd., S.32.

[21] ebd., S.54.

[22] ebd., S.35.

[23] ebd., S.36.

[24] vgl. Kap. 3.1b.

[25] vgl. ebd. G. Regn entnimmt die Begrifflichkeit einer Schrift Benedetto Varchis, dem *Frammento di una Lezione sopra il sonetto del Petrarca, 'Orso, e' non furon mai fiumi nè stagni'*, (s. Regn [1987], S.39).; der Dreierkategorie entsprechen im 16.Jahrhundert ganze Begriffsreihen, dem *amore contemplativo* oder *divino* beispielsweise *celeste*, ebenso *amore onesto/humano/morale/casto/virtuoso* und *amore lascivo/bestiale/ferino/volgare*. Im aristotelischen Modus entspricht dem die Zweiteilung in *amore sensuale* und *amore intellettivo*, vgl. ebd., S.64, Anm.121.

[26] vgl. ebd., S.41ff.

[27] vgl. Kap. 3.1b.

[28] Irigaray, S.278/9.

[29] vgl. Kap. 3.2a, s. hierzu auch Jones, Ann Rosalind, "Surprising Fame: Renaissance Gender Ideologies and Women's Lyric", in: Miller, Nancy K. (Hrsg.), *The Poetics of Gender*, New York 1986, S.74-95.

[30] vgl. Kap. 3.2b.

4.1b Die Entwicklung in Italien

[1] vgl. Kristeller, Paul O., "Learned Women of Early Modern Italy: Humanists and University Scholars", in: Labalme, S.92.

[2] Werke Anhang I. Zu den *sacre rappresentazioni* vgl. auch Kap. 3.2b.

[3] vgl. Kap. 3.2b.

[4] Werke Anhang I.

[5] Flora, Francesco, *Storia della letteratura italiana*, Bd. 3, Milano 1972, S.45.

[6] ebd.

[7] vgl. Marx, S.39/40.

[8] Marguerite de Navarre erhält 1540 einen Komplex von 102 religiösen und Liebesgedichten, Francesco della Torre 1540/1 100 vorwiegend Liebesgedichte, Michelangelo schließlich, dessen Bekanntschaft sie 1534 gemacht hatte, in den Jahren 1540-42 103 "sonetti spirituali". Vgl. auch den vorangestellten Widmungsbrief der ersten Edition der *Rime* (1538) von Philippo Pirogallo "al Dottissimo Messer Alessandro Vercelli": "...preso ardere di mettegli in istampa, anchora che contradicessi al voler d'una si gran Signora; stimando meno errore dispiacere a vna sola Donna (benche rara e grande) che a tanti huomini desiderosi di ciò" (A. Bullock, "Nota sul testo", in: Colonna, Vittoria, *Rime*, a cura di Allan Bullock, Roma/Bari 1982, S.225): was zählt, ist für die Zeitgenossen die Ergötzung der männlichen Leser.

[9] Burckhardt, S.69.

[10] ebd., S.392/3.

[11] vgl. Kap. 3.2.

[12] vgl. Bullock, in: Colonna (1982), S.227.

[13] vgl. die Edition Bullocks, nach der im folgenden zitiert wird.

[14] s. Anhang II.

[15] vgl. Kap. 3.2b.

[16] Vgl. hierzu die Veröffentlichungen von Maddalena Campiglia, Moderata Fonte, Lucrezia Marinella, Chiara Matraini und Laura Battiferri (s. Anhang I), allesamt vornehmlich in der zweiten Jahrhunderthälfte aktiv. Beispielsweise Chiara Matraini (1514-1600): den *Rime e prose* von 1555 folgen primär religiöse Werke, in deren Begleitung die Lyrik neuerlich veröffentlicht wird, exemplarisch die *Lettere, con la prima e seconda parte delle sue Rime* (1595); bereits der Titel verweist auf die nunmehr sekundäre Wertigkeit der *Rime*.

[17] Petrarca, Francesco, *Canzoniere*, I (zitiert nach der Contini-Ausgabe, Torino 1964):

> Voi ch'ascoltate in rime sparse il suono
> di quei sospiri ond'io nudriva 'l core
> in sul mio primo giovenil errore
> quand'era in parte altr'uom da quel ch'i sono,

> del vario stile in ch'io piango et ragiono
> fra le vane speranze e 'l van dolore,
> ove sia chi per prova intenda amore
> spero trovar pietà, nonché perdono.

> Ma ben veggio or s'í come al popol tutto
> favola fui gran tempo, onde sovente
> di me medesmo meco mi vergogno;

> et del mio vaneggiar vergogna è 'l frutto,
> e 'l pentersi, e 'l conoscer chiaramente
> che quanto piace al mondo è breve sogno.

[18] Zur Sonnensymbolik vgl. jenen *Cortegiano*-Passus, in dem Bembo die "gran machina del mondo" beschreibt, die als Weltenmodell zugleich als Analogon des idealisierten Hofes von Urbino wie der Verfaßtheit des Hofmannes selbst gefaßt ist, wobei dem Fürsten die Position der von den Gestirnen beschienenen Erde zukommt, der Hofmann den Fürsten der Sonne gleich bestrahlt, aber auch erfreuet, sowie die angebundenen Bemerkungen zum absolutistischen Paradigmenwechsel, der den Roi soleil gebiert (vgl. Kap.2.3c.): die Sonnensymbolik ist damit bereits höfisch-hierarchisch konnotiert, die Gleichsetzung der Ich-Sprecherin mit der bestrahlten Erde relativiert solcherart im Sinne der Geozentrik die Exposition des

Besungenen, während zugleich, über die vielfach aufgegriffene Metaphorik von Sonne und Mond im Kontext der hierarchischen Valorisierung der Geschlechter (die Perfektion des Mannes entspricht der strahlenden Sonne, die Minderwertigkeit und Subordination der Frau dem lediglich das Sonnenlicht reflektierenden Mond, wobei die Frau zusätzlich über den Menstruationszyklus traditionell dem Mond zugeordnet wird, eine Variation dieses Topos findet sich beispielsweise im zitierten Passus aus dem *Tiers Livre* von Rabelais, Kap. 3.1c) die Analogisierung von Sonne und perfektem männlichem Geschlecht einer umfassend etablierten Metaphorik im Sinne der Subordination der Frau entspricht; theoretisch also bieten sich mehrere Lesarten an, wenngleich der eingeübten hierarchischen Valorisierung der Geschlechter in diesem Falle kontextbedingt der Vorrang einzuräumen ist.

[19] vgl. Kap. 4.1a.

[20] vgl. auch das Einleitungsgedicht zu Bembos *Rime* (1530), zitiert nach Bembo, Pietro, *Prose e Rime*, a cura di Carlo Dionisotti, Torino 1978, S.507:

> Piansi e cantai lo strazio e l'aspra guerra,
> ch'i ebbi a sostener molti e molti anni
> e la cagion, di così lunghi affanni,
> cose prima non mai vedute in terra.
>
> Dive, per cui s'apre Elicona e serra,
> use far a la morte illustri inganni,
> date a lo stil, che nacque de' miei danni,
> viver, quand'io sarò spento e sotterra.
>
> Ché potranno talor gli amanti accorti,
> queste rime leggendo, al van desio
> ritoglier l'alme col mio duro exemplo,
>
> e quella strada, ch'a buon fine porti,
> scorger da l'altre, e quanto adorar Dio
> solo si dee nel mondo, ch'è suo tempio.

Auch der didaktischen Negativstilisierung des Leidens wie hier bei Bembo kommt V. Colonna nur bedingt nach, insofern sie die dominante Semantik des Schmerzes beibehält, diesen aber eben an den Verlust eines positiv konnotierten Geliebten, nicht aber an einem Nicht-Haben, einer unerfüllten Liebe ausrichtet. Der Musenanruf entfällt, die Selbststilisierung Bembos wird von ihr in dieser Prägnanz nicht übernommen, ebensowenig die Läuterungsdirektive aus der Retrospektive, welche der von ihr thematisierten präsentischen Verfaßtheit entgegenläuft - aus der Position der liebenden und ergebenen Ehefrau sich ohnehin von selbst verbietet: die Fusion von Eheparadigma und außerehelicher petrarkistischer Liebe macht in diesem Sinne tiefgreifende Strukturänderungen nötig.

[21] Werke s. Anhang I.

[22] vgl. hierzu Marx, S.42.

[23] Werke s. Anhang I.

[24] vgl. hierzu Borsetto, Luciana, "Narciso ed Eco. Figura e scrittura nella lirica femminile del Cinquecento: esemplificazioni ed appunti", in: Baradel/Borsetto/Chemello/Frigo/Zancan, S.171-233, welche die petrarkistische Lyrik der Colonna, der Matraini und der Stampa vor der Folie der echoartigen weiblichen Aneignung des narzistischen männlichen Liebessystems des Petrarkismus mit petrarkischen Vorgaben sowie entwicklungsperspektivisch miteinander vergleicht, wobei insbesondere die weibliche Selbst-Darstellung im Korsett der stilistisch-lexikalischen Orthodoxie problematisiert wird.

[25] Sonett "Com'esser può che in tanta doglia i'viva", V.9/10, in: Baldacci, Luigi, *Il petrarchismo italiano nel Cinquecento*, Milano/Napoli 1957, S.523.

[26] Sonett "Com'elitropio al sol sempre mi giro", V.9-11, in: ebd., S.506.

[27] Sonett "Padre, questa mia vita inferma e frale", V.9, in: ebd., S.527.

[28] ebd., S.522.

[29] Zu Domenichis Arbeiten im Kontext der Frauenfrage s. Kap. 3.2a, als Herausgeber weiblicher Lyrik s. die *Rime diverse d'alcune Nobilissime e Virtuosissime Donne*, Lucca: Busdraghi, 1559, vgl. Anhang I.

[30] Werke s. Anhang I.

[31] in: Ferroni, Giulio (Hrsg.), *Poesia italiana del Cinquecento*, Milano 1978, S.256/7.

[32] vgl hierzu Marx, S.54-56.

[33] s. Anhang I.

[34] Croce, Benedetto, "Isabella Andreini", in: ders., *Poeti e scrittori del pieno e del tardo Rinascimento*, Bd. 3, Bari 1952, S.273.

[35] Werke Anhang I.

[36] vgl. Marx, S.57.

[37] vgl. ebd., S.56.

[38] in: Croce (1952), S.274.

[39] Werke s. Anhang I.

[40] Das Sonett findet sich abgedruckt in Ponchiroli, Daniele (Hrsg.), *Lirici del Cinquecento*, Torino 1958, S.525. Der von Ponchiroli beigefügte Kommentar zu den Dichtungen der Turrini mag hier in seiner beachtlichen Häufung von Gemeinplätzen als weiterer Baustein imaginierter Weiblichkeit angefügt werden: "Lontano ormai così da interessi e problemi rettorici, come da inquietudini passionali, il mondo della Turrini, pieno di modesta tranquillità, è racchiuso nei limiti di una semplice dolcezza muliebre che ritrova in se stessa la propria soddisfazione" (ebd., S.523).

[41] vgl. Petrarca, CCXXXIV:

> O cameretta, che già fosti un porto
> al le gravi tempeste mie diurne,
> fonte se' or di lagrime notturne
> che 'l dì celate per vergogna porto.   (V.1-4)
> [...]
> Né pur il mio secreto e 'l mio riposo
> fuggo, ma più me stesso e 'l mio pensero,
> che, seguendol talor, levommi a volo;
>
> e 'l vulgo, a me nemico ed odioso,
> (chi 'l pensò mai?) per mio refugio chero:
> tal paura ò di ritrovarmi solo.   (V.9-14)

Die von F. Turrini vorgenommene Umdeutung der petrarkistischen Thematik behält zwar die Zimmer-Apostrophe mit der Ausweisung als Ort der Geborgenheit, damit Ort ungehinderten Schmerzempfindens bei, gestaltet den geschlossenen Raum des Zimmers aber als Gefängnis der Jugendjahre. Die Thematisierung der Einsamkeit und Abgeschlossenheit mündet denn auch nicht wie bei Petrarca in eine Flucht vor dem Ich in den Außenraum, sondern in eine solche in das Reich der Musen, in den Traum.

[42] Werke s.Anhang I. Der Umfang ihrer (erhaltenen) Dichtungen beläuft sich auf lediglich zehn Sonette und drei *canzoni*.

[43] vgl. Anhang I.

[44] in: Baldacci, Luigi (Hrsg.), *Lirici del Cinquecento*, Firenze 1957, S.630.

[45] In der canzone *Poscia ch'al bel desir troncate hai l'ale*, V.30, in: ebd., S. 634.

[46] ebd., V.48, in: ebd., S.635.

[47] vgl. Kap. 4.1a.

[48] Sonett *Ecco ch'un'altra volta, o valle inferno*, V.13/14, in: Baldacci (Firenze 1957), S.632; ähnliche Sequenzen finden sich im Sonett *Torbido Siri, del mio mal superbo* (V.4-8), oder in der canzone *Quel che*

più giorni a dietro, V.99-103 (in: Toffanin, Giuseppe, *Le più belle pagine di Gaspara Stampa, Vittoria Colonna, Veronica Gambara, Isabella Morra*, Milano 1935, S.202).

[49] Sonett *D'un alto monte onde scorge il mare*, V.1-4, in: Baldacci (Firenze 1957), S.631.

[50] Sonett *Torbido Siri, del mio mal superbo*, V.1-8, in: ebd., S.632.

[51] Canzone *Poscia ch'al bel desir*, V.17, vgl. Anm. 45.

[52] ebd., V.8.

[53] ebd., V.54.

[54] Canzone *Signor, che insino a qui, tua gran mercede*, V. 9, in: Toffanin, S.197.

[55] Canzone *Quel che più giorni a dietro*, V.14, vgl. Anm. 48.

[56] ebd., V.88.

[57] Sonett *Sacra Giunione, se i volgari amori*, V. 5, in: Baldacci (Firenze 1957), S.630/1.

[58] Canzone *Signor, che insino a qui*, V.1-8, vgl. Anm. 54.

[59] in: Toffanin, S.202.

[60] vgl. Kap. 3.2b.

[61] Werke Anhang I. Die im folgenden zitierten Gedichte der *Rime* sind der Ausgabe Milano ²1976 entnommen. Zu Gaspara Stampa vgl. v.a. Schulze-Witzenrath, Elisabeth, *Die Originalität der Louise Labé*, München 1974, S.67-83; Bassanese, Fiora A., *Gaspara Stampa*, Boston 1982, sowie Carlson, Catherine Allen, *Gaspara Stampa and Cinquecento Petrarchism*, London 1979.

[62] vgl. Marx, S.49.

[63] F. Sansovino, Sohn Jacopo Sansovinos, widmet Gaspara Stampa neben seinen *Ragionamenti d'amore* eine Neuauflage von Boccaccios *Ameto* sowie die *Lettura di Benedetto Varchi sopra un sonetto della 'Gelosia' di Monsignor della Casa*.

[64] in: Stampa (1976), S. 57.

[65] vgl. hierzu ergänzend wie erhellend Borsetto.

[66] Stampa, S.79.

[67] ebd., S.80.

[68] s. Anhang I, vgl. auch Kap. 3.2b.

[69] vgl. hierzu die Ausführungen zu Teresa de Jesús in Kap. 3.2b.

[70] vgl. hierzu R. Warnings Bemerkungen zur Dialogizität und Intertextualität im Kontext des Petrarkismus, s. Warning, Rainer, "Petrarkistische Dialogizität am Beispiel Ronsards", in: Stempel/Stierle, S.327-358.

[71] vgl. Kap. 3.2b.

[72] Werke Anhang I.

[73] Zum Schema der *Rime* vgl. Jones, in: Miller, S.87-93.

[74] Werke Anhang I.

[75] Der Eintrag für Veronica Franco lautet: "Veronica Franco, a Santa Maria Formosa, pieza so mare, Scudi 2", in: Tassini, S.76.

[76] Die von A. Salza erstellte Neuausgabe der *Terze Rime* (Stampa, Gaspara/Franco, Veronica, *Rime*, a cura di Abelkader Salza, Bari 1913), nach der im folgenden zitiert wird, führt in der nachgehängten Abteilung von sechzehn Sonetten - von denen eines ("Ite, pensier fallaci e vana spene"), welches gemeinhin als Beleg der Konversion und Reue Veronica Francos gewertet wird, nach Croce, "Veronica Franco", in: ders. (1952), S. 221/22, Veronica Gambara, und nicht Veronica Franco zuzuschreiben ist - auch zwei Sonette, die den Dank der Autorin an Henri III in Verse fügen (Stampa/Franco, S. 353/54).

[77] vgl. Burke, S. 71.

[78] Veronica Franco hatte Montaigne anläßlich dessen Venedig-Aufenthalts vom 5.-11. November 1580 ein Exemplar übermitteln lassen, von Montaigne festgehalten in dessen *Journal de Voyage en Italie*, in : Montaigne, S.1183: "Le lundy à souper, 6 de novembre, la signora Veronica Franca, gentifame venitienne, envoïa vers lui pour lui presenter un petit livre de lettres qu'elle a composé; il fit donner deux escus audit home"; vgl. auch Kap. 3.2b.

[79] Die 25 capitoli der *Terze Rime* der Salza-Ausgabe führen sieben capitoli, die offensichtlich nicht von Veronica Franco, vielmehr von männlichen Autoren erstellt worden sind (obgleich der Wechsel vom weiblichen zum männlichen Ich-Sprecher ja bereits Laura Terracina nicht die geringste Mühe bereitet hatte); es handelt sich um die capitoli I, IV, VI, VII, IX, XI, XIV, wobei nach Salza cap. I und IV dem jeweils nach-, respektive im zweiten Falle, vorangestellten capitolo Veronica Francos relationiert seien: eine Setzung (hinsichtlich der ersten beiden capitoli aus fremder Feder), die zwar möglich, bezüglich Inhalt und Struktur der capitoli Veronica Francos allerdings nicht uneingeschränkt haltbar ist. Die Autoren dieser capitoli (die im übrigen eine werbene, der apostrophierten Dame vielgestaltiges Lob zollende Sprechhaltung einnehmen) bleiben bei Salza unbekannt, mit Ausnahme von cap. I: hier beruft er sich (vgl. ebd., S.381/2) auf die bei Cicogna (1842) genannten drei erhaltenen Cinquecento-Exemplare der *Terze Rime*, von denen zwei Marco Venier als Autor von cap. I benennen.

[80] Flora, S.56.

[81] Die Einleitung ist identisch mit dem Artikel "Veronica Franco" in: ders. (1952), S.218-234.

[82] vgl. Kap. 4.1c.

[83] Croce (1952), S.232.

[84] Giudici, Enzo, *Louise Labé*, Paris 1981, S.95, Anm.146.

[85] Zu den Vorwürfen und den beteiligten Personen vgl. Tassini, S.90-92, der folgendes berichtet: "Rodolfo Vanitelli infatti, precettore d'Achilletto di lei figlio, sorretto dalle testimonianze d'una *dona Bortola*, e di un *Giovanni Vendelino Tedesco*, servi di Veronica, presentò contro di essa nel 1580 al temuto tribunale una denunzia, ove, qualificandola *pubblica meretrice*, l'accusa d'aver ricorso a sortilegi, ed alle invocazioni diaboliche per ritrovare un paio di forbici colla vagina d'argento, ed un piccolo uffizio dorato, che le erano stati involati, e d'aver usato a tale scopo anello benedetto, olivo benedetto, acqua e candele benedette, da lei mandate a prendere, per mezzo d'Achilletto, nella prossima chiesa di S.Giovanni Nuovo. L'accusa inoltre di tenere in casa giuochi proibiti nei quali cometteva parecchie vigliaccherie, dando poscia la mancia ai presenti perché tacessero. L'accusa di non ascoltar messa giammai, di mangiar di grasso nei giorni proibiti dalla chiesa cattolica, e d'aver fatto altre invocazioni al demonio per innamorare certi Tedeschi. Depone che essa ora andava dicendo di esser maritata, ora vedova, ora sul procinto di maritarsi, e che da ultimo aveva simulato un matrimonio per portare gli smanigli d'oro, e le gioie, vietate, per legge, alle meretrici. Conchiude finalmente colla supplica che, ad onta de' suoi molti protettori, essa non dovesse andar esente dal meritato castigo. Bene per Veronica che non le mancò il mezzo di difendersi, laonde il processo venne sospeso..."

[86] Zum unterstellten Wahnsinn der Elena Cornaro vgl. Labalme, "Introduction", in: dies., S.5/6, sowie Kap. 2.2d.

[87] Zur reichlich anekdotisch-romantisierenden Aufbereitung der Lebensgeschichte vgl. Lawner oder Masson, zu den Quellen dieser Stilisierungen Tassini.

[88] Der vollständige Titel lautet: *Rime di diversi / Eccellentissimi / Auttori / nella morte dell'Illustre sign. Estor / Martinengo Conte di Malpaga. / Raccolte, et mandate / All'Illustre, et valoroso / Colonello il S. Francesco / Martinengo suo Fratello, / Conte di Malpaga / Dalla Signora VERONICA FRANCA*.

[89] Vom 15.11.1575 datiertes Widmungsschreiben *AL SERENISSIMO / PRENCIPE SIGNOR / E PADRON MIO / COLENDISSIMO IL SIGNOR / DUCA DI MANTOVA / E DI MONFERRATO / VERONICA FRANCA* zu den *TERZE RIME / DI VERONICA FRANCA / AL SERENISSIMO SIGNOR / DUCA DI MANTOVA / ET DI MONFERRATO*.

[90] Die "fremden" capitoli werden in der Folge nicht in die Analyse einbezogen.

[91] vgl. hierzu Kap. 3.2b.

[92] Die relevanten Verse des cap. XIII lauten wie folgt:
>Non più parole: ai fatti, in campo, a l'armi,
>ch'io voglio, risoluta di morire,
>da sì grave molestia liberarmi. (V.1-3)
>[...]
>Il campo o l'armi eleggerò a te stia,
>ch'io prenderò quel, che tu lascerai; (V.10/11)
>[...]
>E, se non cede l'ira al troppo amore,
>con queste proprie mani, arditamente
>ti trarrò fuor del petto il vivo core. (V.16-18)
>[...]
>poi col coltel il proprio petto,
>de la tua occision sazia e contanta,
>forse aprirò, pentita de l'effetto. (V.25-27)
>[...]
>Forse nel letto ancor ti seguirei,
>e quivi, teco guerreggiando stesa,
>in alcun modo non ti cederei:
>>per soverchiar la tua sì indegna offesa
>>ti verrei sopra, e nel contrasto ardita,
>>scaldandoti ancor tu ne la difesa,
>>>teco morrei d'egual colpo ferita. (V.79-85)

[93] Im Son.XXIII, vgl. Kap.4.1c.

[94] "languir" (V.10), "gravosi afflitti" (V.11), "'l viver senza voi m'è crudel morte" (V.14), "mio lamento" (V.17), "piansero", "pianto", (V.23), "miei sospiri" (V.29), "occhi in lagrimosi giri" (V.31), "miei martiri" (V.33), "mie pene" (V.34), "del mio duol fin le pietre lagrimare" (V.39), "vivo, ma in vita misera e dolente" (V.42), "piango" (V.43), "tante pene" (V.48).

[95] aus: *Lettere*, ed. Croce, Roma 1949, S.38, in: Jones, Ann Rosalind, "City Women and Their Audiences: Louise Labé and Veronica Franco", in: Ferguson/Quilligan/Vickers, S.315.

[96] Zur Pluralisierung der Genres vgl. Anhang I.

[97] vgl. Kap. 3.2a.

[98] Zu beiden Schriften s. insbesondere die ausführliche Analyse durch Chemello (1983), sowie dies. (1980) und dies., "Giochi ingegnosi e citazioni dotte: immagini del 'femminile'", in: *Nuova dwf. donnawomanfemme* 25/26 (1985), 39-55, schließlich Jordan (1990), S.253-261.

[99] Werke s. Anhang I.

[100] Fonte, Moderata, *Il merito delle donne...*, Venezia 1600, S.10, in: Chemello (1985), S.45.

[101] ebd., S.11, in: ebd., Anm.14.

[102] Der Garten ist nach dem Vorbild von Bembos *Asolani* konstruiert, eingerahmt von unterschiedlichen Bäumen, findet sich in der Mitte ein sechseckiger Brunnen, an dessen Ecken jeweils Frauenstatuen, geschmückt mit Lorbeerkranz und Olivenzweig, angebracht sind, aus deren Brüsten sich das Wasser in den Brunnen ergießt; die Figuren zeigen sich als Allegorien, deren Symbolgehalt durch Aufschriften referiert wird: *Castità, Solitudine, Libertà, Semplicità* (als je unterschiedlichen Lebensumständen zuzumessende weibliche "Qualitäten") sowie *Falsità* und *Crudeltà* (als männliche Fehler).

[103] Fonte, S.11, in: Chemello (1985), S.46.

[104] ebd., S.19, in: ebd.

[105] ebd.

[106] ebd., S.21, in: dies. (1983), S.117.

[107] ebd., S.107, in: dies. (1980), S.132.
[108] ebd., S.42, in: dies. (1983)., S.119.
[109] ebd., S.44, in: ebd.
[110] ebd., S.14, in: dies. (1980), S.131.
[111] ebd., S.13, in: ebd.
[112] ebd., S.17, in: ebd.
[113] ebd., S.27, in: dies. (1983), S.121.
[114] ebd., S.27-30, in: ebd., S.120/1.
[115] ebd., S.38, in: ebd., S.126.
[116] ebd., S.59, in: dies. (1985), S.50.
[117] ebd., in: ebd. sowie, in: dies. (1983), S.127, Anm.66.
[118] ebd., in: dies. (1983), S.127.
[119] ebd.
[120] ebd., S. 60, in: ebd., S.128.
[121] ebd., in: ebd., S.129.
[122] ebd., S. 61, in: ebd.
[123] ebd., in: dies. (1985), S.49.
[124] ebd., S.22, in: dies. (1983), S.135.
[125] ebd., S. 69/70, in: dies. (1985), S.51/2; verkürzt in dies. (1983), S.136.
[126] ebd., S.61, in: dies. (1983), S.135.
[127] ebd., S.72, in: dies. (1985), S.52, sowie dies. (1983), S.140.
[128] ebd., S.97-100, in: dies. (1985), S.52 und dies. (1983), S.140.
[129] ebd., S.70, in: dies. (1983), S.136.
[130] ebd., S.112, in: ebd., S.141 sowie dies. (1985), S.53.
[131] ebd., S.113, in: dies. (1983), S.141 und dies. (1985), S.53.
[132] ebd. S.113 und 116, in: dies. (1983), S.141/2.
[133] ebd., S.113, in: dies. (1983), S.142.
[134] ebd., S.118-123.
[135] ebd., S.120, in: ebd., S.143, Anm.112.
[136] ebd., S.119/120, in: ebd., S.133, sowie dies. (1985), S.53.
[137] ebd., S.120, in: dies. (1985), S.55.
[138] ebd., S.123, in: dies. (1983), S.143, Anm.114.
[139] ebd., S.127-131.
[140] ebd., S.132-138.
[141] ebd., S.141, in: ebd, S.143.
[142] ebd., S.155/6, in: ebd., S.144/5 und 147, sowie in dies. (1985), S.42.
[143] ebd., S.136, in: dies. (1983), S.132.
[144] ebd., S.140, in: ebd.
[145] ebd., S. 144, in: ebd., S.131.
[146] ebd., S.145, in: ebd., S.129/130.

[147] ebd., S.146, in: ebd. S.130.
[148] ebd., S.157, in: ebd., S.132/3.
[149] ebd., S.157/8, in: ebd., S.133.
[150] Werke s. Anhang I.
[151] Marinella, Lucretia, *La Nobiltà, et l'eccellenza delle Donne...* (1601), S.3, in: Chemello (1983), S.152.
[152] ebd. S.2/3, in: ebd., S.153.
[153] ebd., S. 15, in: ebd., S.157.
[154] ebd., S.19, in: ebd.
[155] ebd., S.26, in: ebd., S.160.
[156] ebd., S.43, in: ebd., S.165.
[157] ebd., S.91, in: ebd., S.164.
[158] ebd., S.161, in: dies. (1985), S.42.
[159] vgl. Anhang I.

4.1c Die Entwicklung in Frankreich

[1] Etwa Gormonda von Montpellier, Maria de Ventadorn, Giullelma de Rozers, Domna H., Isabella Lombarda, Iseut de Chapieu, Almois de Castelnou, Alaisina Yselda, Carensa (Dialoglieder und Streitgedichte), Azalais de Porcairagues, Castelloza, Clara d'Anduze und die Comtesse de Die (Minnekanzonen). Vgl. Liebertz-Grün, Ursula, "Autorinnen im Umkreis der Höfe", in: Gnüg/Möhrmann, S.26/7, sowie Rieger.

[2] Dietmar Rieger (S.42) fügt seinem Artikel einen Auszug aus G. Lansons *Histoire de la Littérature Française* (Paris 1951) bei, der aufgrund seines für die Literaturgeschichtsschreibung repräsentativen Charakters, wie Rieger ausdrücklich betont, hier nicht vorenthalten werden soll (Lanson, S.166/7): "Halten wir uns nicht bei der trefflichen Christine de Pisan auf, einer guten Tochter, guten Ehefrau, guten Mutter, im übrigen einem der echtesten Blaustrümpfe, die es in unserer Literatur gibt, der ersten dieses unerträglichen Geschlechts von Autorinnen, denen jedes Werk über jeden Gegenstand leicht fällt und die das ganze ihnen von Gott gegebene Leben lang nur damit beschäftigt sind, die Kostproben ihrer unermüdlichen Gewandtheit, die mit ihrer umfassenden Mittelmäßigkeit identisch ist, zu vervielfachen".

[3] Rainer Warning hat dieses Problem am Beispiel der Lyrik Ronsards untersucht, s. Warning.

[4] vgl. hierzu auch Hempfer, Klaus W., "Probleme der Bestimmung des Petrarkismus. Überlegungen zum Forschungsstand", in: Stempel/Stierle, S.253-277.

[5] s. Anhang II, vgl. Kap. 3.2a.

[6] s. Anhang II.

[7] s. Anhang II.

[8] Winandy, André, "Introduction", in: Romieu, Marie de, *Les Premières Œuvres Poétiques*, ed. André Winandy, Genève 1972, S.IX.

[9] ebd., Anm.5.

[10] s. Anhang II.

[11] s. ebd.

[12] vgl. Flore, Jeanne, *Contes Amoureux*, par le Centre Lyonnais d'Etude de l'Humanisme (CLEH), sous la direction de Gabriel-A. Pérouse, Lyon 1980, S.24. Die Datierung auf das Erscheinungsjahr 1537 findet in der Einleitung zu J. Flores *Contes* gleichfalls eine ausführliche Erläuterung.

[13] vgl. ebd., S.27.

[14] ebd., S.225.

[15] ebd., S.97.

[16] ebd.

[17] ebd., S.125/6.

[18] vgl. *Compte quatriesme*, ebd., S.167/168: "Le plus souvent nous sommes par le vouloir et choix de noz parens joinctes par l'adamantin lien de mariage à vieillars chanuz qui ont jà ung pied en la fosse: et avec ces corps de glace nous sommes contrainctes user nos malheureux ans, en quelle peine dieu le sçait. Dont n'est de merveille si noz beaultez deschéent plus tost que ne faict la tendre rosée de may: et si au matin nous levant d'emprès ces beaulx et elegans hommes, c'est à sçavoir noz maris, nous faict il si maulvais veoir"; sowie *Compte sixiesme*, ebd., S.199/200: "Combien que j'espere que quelque jour ils cognoistront, et de plain gré confesseront qu'il n'est en leur puissance, qui sont villains et sans amytié, et qui le plus souvent par l'iniquité des parens sont joinctz par impareilz mariaiges, de garder leurs femmes (si elles veullent et ont octroyé leurs entieres voluntez à amys vertueux, diligens, non eventez, non lourds, ou d'aultre maulvaise complexion: si elles ont donné, dis je, leur entiere amour non à cest effait qu'elles saoulent leurs luxurieux desirs) qu'elles ne parviennent à la jouyssance de leurs amoureuses joyes. Lesquelles si bien vous esposez, ne sont et consistent pas tant es plaisirs du corps qu'il faict des ames: la volunté desquelles qui pourroit arrester et empescher. Et certes bien folz et meschans sont ilz, ceulx qui veullent asseurer leurs jalouses fantaisies en la cloustures des murs inaccessibles, des chambres secretes et fermées, en la vigilance des cent yeulx d'Argus, en la fidelité soigneuse des Eunuches, et de ces vieilles soupsoneuses". Das Motiv des eifersüchtigen Einsperrens der Ehefrau wird bei Hélisenne de Crenne eine zentrale Stellung einnehmen.

[19] ebd., S.163/4.

[20] ebd., S.158.

[21] ebd., S.159.

[22] ebd.

[23] ebd., S.160.

[24] ebd.

[25] ebd.

[26] ebd., S.161/2.

[27] *Compte premier*, ebd., S.126.

[28] Werke s. Anhang II.

[29] Zu den biographischen Fakten vgl. Paule Demats in ihrer Einführung zu den *Angoysses*, in: Crenne, Hélisenne de, *Les angoysses douloureuses qui precedent d'amours (1538). Première Partie*, ed. crit. Paule Demats, Paris 1968; Neubert, Fritz, "Antike und Christentum bei den ersten französischen Epistoliers der Renaissance, Hélisenne de Crenne und Estienne du Tronchet (1539 und 1569)", in: *Romanische Forschungen* 77 (1965), 1-41; ders., "Hélisenne de Crenne (ca.1500-1560) und ihr Werk. Nach den neuesten Forschungen", in: *ZFSL* 80 (1970), 291-322; Vercruysse, Jérôme, "Hélisenne de Crenne: notes biographiques", in: *Studi francesi* (1967), 77-81.

[30] Neubert (1970), S.303.

[31] Zur Ähnlichkeitsrelation der beiden Romane vgl. Janiszewska-Kozlowska, Ewa, "Le destin féminin dans les ANGOISSES DOULOUREUSES et la PRINCESSE DE CLEVES", in: *La Femme et la Renaissance*, S.81-87.

[32] Vorangegangen war 1483 eine Teilübersetzung durch Guillaume Leroys, sowie eine weitere Übersetzung durch Saint-Gelais, der die *Aeneis* in 10-Silbern übertragen hatte (1509).

[33] So Paule Demats in: Crenne, S.XXVII.

[34] vgl. Demats, ebd., S.XXV: der einfache Erzählplot folgt einem traditionellen Muster, welches nach dem Vorbilde des *Tristan* zahlreich wiederaufgenommen wurde, beispielsweise in folgenden Texten, die Hélisenne de Crenne bekannt gewesen sein dürften, so Demats, dem *Chastelain de Conci, Guiscardus et Sigismonde* sowie dem *Jugement d'Amour*: nach harten Prüfungen nämlich und einer von Feinden inszenierten Trennung finden die Liebenden den Tod.

[35] Neubert vermutet hinter dem heroisch-abenteuerlichen Roman des zweiten und dritten Teils die Anregung des Verlegers Janot, dessen marktorientierte Interessen solcherart eines Leserzuspruchs versichert sein konnten (vgl. Neubert [1970], 304/5).

[36] Crenne, S.1.

[37] ebd., S.2.

[38] ebd., S.2/3.

[39] ebd., S.5.

[40] ebd., S.9.

[41] ebd., S.32.

[42] ebd., S.33.

[43] ebd., S.34.

[44] ebd.

[45] ebd., S.81.

[46] ebd., S.82.

[47] ebd., S.88/9.

[48] ebd., S.94.

[49] ebd., S.95.

[50] ebd., S.96.

[51] ebd., S.96/7.

[52] in: *Epistre Très Utile...* (1539), vgl. Kap. 3.2b; vgl. Anhang II.

[53] vgl. Albistour/Armogathe (1977), S.111.

[54] Werke vgl. Anhang II. Zu den Dames Des Roches vgl. auch Sankovitch, Tilde, "Inventing Authority of Origin. The Difficult Enterprise", in: Rose, S.227-243.

[55] vgl. Jordan (1990), S.182.

[56] in: ebd., S.184.

[57] in: ebd., S.182.

[58] Dieser Passus aus: Albistour/Armogathe (1978), S.52/3, welche die Orthographie "modernisiert" haben, deshalb, wenn verfügbar, die Originalfassung.

[59] in: Jordan (1990), S.182.

[60] in: Albistour/Armogathe, S.53.

[61] in: Jordan (1990), S.183.

[62] in: Sankovitch, S.233.

[63] "La Quenoille" (XIX), *Seconde Livre des Meslanges* (1559), in: Ronsard, Pierre de, *Les Amours*, ed. H. et. C. Weber, Paris 1963, S.272/3.

[64] in: Sankovitch, S.239.

[65] Des Roches, *Œuvres* (1578), S.152, aus: Jones, in: Miller, S.85/6.

[66] vgl. Kap. 3.1a.

[67] Des Roches, Œuvres (1578), S. 149, aus: Jones, in: Miller, S.84.

[68] in: Albistour/Armogathe (1978), S.54.

[69] Die folgenden Zitate finden sich in Sankovitch, S.235-237.

[70] Werke vgl. Anhang II.

[71] vgl. Romieu, "Introduction".

[72] Die beiden Texte finden sich im Anhang zu den Œuvres der Romieu abgedruckt (ebd., S.133-150).

[73] vgl. Anhang II.

[74] vgl. Kap. 3.2a.

[75] in: Albistour/Armogathe (1978), S.55.

[76] ebd.

[77] ebd., S.56.

[78] ebd.

[79] ebd.

[80] ebd.

[81] ebd.

[82] ebd.

[83] ebd., S.58.

[84] ebd.

[85] ebd.

[86] ebd.

[87] ebd.

[88] ebd., S.58/9.

[89] Werke Anhang II.

[90] vgl. Anhang II.

[91] Zum folgenden vgl. Jordan (1990), S.273-275.

[92] vgl. hierzu ebd., S.275-277.

[93] in: Albistour/Armogathe, S.124.

[94] Quelle dieses narrativen Werkes, welches sich insbesondere durch die zahlreichen gelehrten Einschübe und Kommentare kennzeichnen läßt, ist Claude de Taillemonts *Discours des champs faëz* von 1553 (vgl. Kap. 3.2a), die Geschichte einer persischen Prinzessin, die vor einer politischen Ehe mit ihrem Geliebten flieht und sich tötet, als ihr dessen wenig beständige Gefühle für sie zu Ohren kommen: eine Protagonistin, deren Liebesfähigkeit, liebende Demut, Treue und Entschlossenheit zu heroischen Eigenschaften stilisiert werden, welche sie selbstbestimmt einen Weg höchster Tugend gehen lassen; vgl. hierzu Baader, Renate, "Streitbar und unzeitgemäß: die Moralistik der Marie de Gournay", in: Baader/Fricke, S.77-88.

[95] vgl. Kap. 2.3a.

[96] vgl. Kap. 3.2b.

[97] vgl. Kap. 2.3c.

[98] vgl. zum folgenden Davis (1989), S.7-18.

[99] vgl. Anhang II; s. hierzu Davies, Natalie Z., "Gender and Genre: Women as Historical Writers 1400-1820", in: Labalme, S.153-182.

[100] vgl. Anhang II.

[101] vgl. Anhang II.

[102] s. Anhang II.

[103] s. Anhang II.

[104] s. Anhang II.

[105] Werke vgl. Anhang II.

[106] s. hierzu etwa Kraus, Claudia, *Der religiöse Lyrismus Margaretes von Navarra*, München 1981.

[107] Werke s. Anhang II.

[108] Zum Motiv des kommunikativen Mißverständnisses, der kommunikativen Ambiguität vor der Folie des Kommunikations-Spieles vgl. Wiley, Karen F., "Communication Short-Circuited: Ambiguity and Motivation in the *Heptaméron*", in: Levin/Watson, S.133-144.

[109] Navarre, Marguerite de, *Heptaméron*, ed. Simone de Reyff, Paris 1982, S.56.

[110] ebd., S.171 (2. Tag, Nov. XV).

[111] ebd., S.373 (5. Tag, XLVII).

[112] ebd., S.465/6 (7. Tag, LXIX).

[113] Werke siehe Anhang II.

[114] vgl. Anhang II.

[115] s. Anhang II.

[116] Navarre, Marguerite de, "Le Miroir de l'"Ame Pecheresse", in: dies., *Les Marguerites de la Marguerite des Princesses*. Texte de l'Édition de 1547. Publié avec Introduction, Notes et Glossaire par Félix Frank, 4 Bde., Paris 1873. Slatkine Reprints (Genève 1970), S.19 (die im folgenden genannten Seitenzahlen sind der Pariser Ausgabe von 1873 entnommen, folgen also nicht der Slatkine-Seitenzählung, die jeweils vier Seiten der Pariser Ausgabe auf einer vereint).

[117] ebd., S.59.

[118] ebd., S.40.

[119] ebd., S.22.

[120] ebd., S.24.

[121] ebd., S.30.

[122] ebd., S.51.

[123] ebd., S.50.

[124] ebd., S.23.

[125] ebd., S.37.

[126] vgl. zum folgenden Kap. 4.1b.

[127] ebd., S.28.

[128] ebd., S.50.

[129] Irigaray, S.287.

[130] Navarre, Marguerite de, *La Coche*, ed. crit. Robert Marichal, Genève 1971, S.143.

[131] ebd., S.196, V.1109-1112.

[132] Zu Aufbau und Analyse vgl. die "Introduction" zu den *Prisons* von Simone Glasson, in: Navarre, Marguerite de, *Les Prisons*, ed. crit. Simone Glasson, Genève 1978.

[133] vgl. ebd., S.30.

[134] s. Anhang II.

[135] Guillet, Pernette de, *Les Rymes*, ed. V. Graham, Genève 1968, S.21, (Epig. XIII, V.7/8).

[136] vgl. hierzu Jones, in: Miller, S.81-83.

[137] Guillet, S.12.
[138] ebd.
[139] ebd., S.11.
[140] ebd., S.1.
[141] ebd.
[142] ebd., S.3/4.
[143] s. Anhang II.
[144] s. hierzu Burke (1984), S.263.
[145] vgl. Kap. 3.1c.
[146] s. hierzu eine frühe, eine "klassische" Studie zu Louise Labé: O'Connor, Dorothy, *Louise Labé. Sa Vie et son Œuvre*, Paris 1926, S.28.
[147] vgl. Kap. 3.2b.
[148] Labé, Louise, *Œuvres Complètes*, ed. crit. Enzo Giudici, Genève 1981, S.17/18.
[149] ebd., S.81.
[150] Calvin in einem Brief an Gabriel de Saconay aus dem Jahre 1560, der "Gratulatio ad venerabilem presbyterum Dominum Gabrielem de Saconay, praecentorem ecclesiae Lugdunensis de pulchra et eleganti Praefatione quam libro Regis angliae inscriptis".
[151] vgl. hierzu Giudici, S.89/90.
[152] vgl. Kap. 4.1b.
[153] s. Giudici, S.81.
[154] vgl. Giudici, S.72, der insbesondere für Elégie II einen Rekurs auf Gaspara Stampa ausmachen möchte, ermöglicht über das grenzüberschreitende Kursieren von Manuskripten, welche, einer verbreiteten Praxis folgend, zum mündlichen Vortrag im Kontext der literarischen *intertenimento*-Rituale, der Diskussionen über Liebe und eben Liebes-Gedichte in den entsprechenden Salons bestimmt sind. Über die Kenntnisse der Dichtungen Vittoria Colonnas seitens Louise Labés besteht offensichtlich kein Zweifel.
[155] Die nachfolgenden Betrachtungen zu den *Œuvres* greifen lediglich einige wenige im Kontext dieser Arbeit relevante Aspekte auf, deshalb der Verweis auf die teilweise umfassenden Werkanalysen der folgenden Autoren: als Überblicksdarstellung s. Giudici, zu den Sonetten s. Harvey, Lawrence E., *The Aesthetics of the Renaissance Love Sonnet. An Essay on the Art of the Sonnet in the Poetry of Louise Labé*, Genève 1962, sowie Schulze-Witzenrath. Einzelanalysen: Lange, Wolf-Dieter, "Louise Labé. Sonett XXIII", in: Hinterhäuser, Hans (Hrsg.), *Die französische Lyrik*, Düsseldorf 1975, S.119-126 sowie Ruwet, Nicolas, "Strukturale Analyse eines Sonetts von Louise Labé", in: Blumensath, Heinz (Hrsg.), *Strukturalismus in der Literaturwissenschaft*, Köln 1972, S.148-168. Darüberhinaus: Ley, Klaus, "Weibliche Lyrik der Renaissance: Pernette du Guillet und Louise Labé", in: Baader/Fricke, S.49-61, Jones, in: Ferguson/Quilligan/Vickers, sowie Rigolot, François, "Gender vs. Sex Difference in Louise Labé's Grammar of Love", in: Ferguson/Quilligan/Vickers, S.287-298.
[156] Labé, S.17.
[157] ebd., S.17/8.
[158] ebd., S.18.
[159] ebd., S.18/9.
[160] ebd., S.19.
[161] ebd.
[162] ebd., S.20.
[163] ebd.

[164] ebd.

[165] ebd., S.85.

[166] ebd., S.89.

[167] ebd., S.59.

[168] Dem nachfolgenden, im Sinne der unausweichlich-schicksalhaften Liebe, welche selbst vor hochstehenden Damen nicht haltmacht, ausgeführten Beispiel der Semiramis, folgt das mahnende Gegenbeispiel einer, die sich der Liebe bis ins Alter verweigerte, eine Episode, die trotz inhaltlicher Modifikationen in der Aussage stark an Jeanne Flore, insbesondere deren *Compte troysieme*, gemahnt:

>Telle j'ay vu qui avoit en jeunesse
>Blamé Amour: après en sa vieillesse
>Bruler d'ardeur, et pleindre tendrement
>L'âpre rigueur de son tardif tourment.
>Alors de fard et eau continuelle
>Elle essayoit se faire venir belle,
>Que l'aage avoit gravé sur son visage.
>Sur son chef gris elle avoit empruntee
>Quelque perruque, et assez mal antee:
>Et plus estoit à son gré bien fardee
>De son ami moins estoit regardee:
>Lequel ailleurs fuiant n'en tenait conte,
>Tant lui semblait laide, et avoit grand'honte
>D'estre aymé d'elle. Ainsi la povre vieille
>Recevoit bien pareille pour pareille.
>De maints en vain un tems fut reclamee,
>Ores qu'elle ayme, elle n'est point aymee. (V.95-112)

[169] Zu Typus und Struktur der Sonette bei Louise Labé vgl. Schulze-Witzenrath, S.28-30, sowie Harvey.

[170] Son. III lehnt sich an Sannazaros "Interditte speranze e van desio" an, aus: *Sonetti e Canzoni* (1530), No. 81, vgl. hierzu Schulze-Witzenrath, S.14 ff.

[171] Es handelt sich um Son. 55 der *Soupirs* (1557) von Olivier de Magny (in: Schulze-Witzenrath, S.89/90):

>O beaux yeux bruns, ô regards destournez,
>O chaults souspirs, ô larmes espandues,
>O noires nuicts vainement attendues,
>O iours luysans vainement retournez:
>
>O tristes pleints, ô desirs obstinez,
>O tems perdu, ô peines despendues,
>O mille morts en mille rez tendues,
>O pires maulx contre moy destinez:
>
>O pas epars, ô trop ardente flame,
>O douce erreur, ô pensers de mon ame,
>Qui ça, qui là, me tournez nuict et iour,
>
>O vous mes yeux, non plus yeux mais fonteines,
>O dieux, ô cieux, et personnes humeines,
>Soyez pour dieu tesmoins de mon amour.

[172] Schulze-Witzenrath weist darauf hin, daß die Quartette von einer Ambivalenz leben, die erst im Verlauf der Sammlung deutlich wird: doppelte Dekodierbarkeit hinsichtlich der nahezu deckungsgleichen Haltung als verlassene Liebende wie werbender Liebender, dechiffrierbar also als Leiden der Liebenden in

der Gegenwart ebenso wie als Leiden des Geliebten in der Vergangenheit (dies., S.91/2). Zur Werbung des späteren Geliebten vgl. auch Son. XVII, welches diese Thematik in einer petrarkistischen Variation ausführt.

[173] Mit "Euripe" (V.7) erfolgt das erste Zitat eines traditionellen Bildes, welches bereits bei Aristoteles aufscheint: Euripos, eine Meerenge bei Chalkis, berüchtigt ob der ständig wechselnden Strömungen, steht bei Aristoteles für den schwankenden menschlichen Willen (s. Schulze-Witzenrath, S.148); der Efeu (V.10) ist Petrarca entlehnt (CCCXVIII), der Kuß (V.12) zitiert die Basium-Dichtung an, gleichzeitig aber auch den neuplatonischen Seelentausch, wohingegen der bereits in V.2 angedeutete Todeswunsch als Schlußwendung einerseits in einer Variation des petrarkistischen Todeswunsches aus unerfüllter Liebe in petrarkistische Bildlichkeit zurückführt, andererseits aber als erotischer Todeswunsch im Liebesakt auf die antike Dichtung zurückverweist (vgl. Ovid, *Amores* II, 10, aber auch Ronsard).

[174] Bei Pernette du Guillet allerdings völlig anders perspektiviert, im Sinne der weiblichen Passivität, des weiblichen Mediums in gleichsam masochistischer Konsequenz (dies., Epig. XV, S.23):

Pour contenter celuy qui me tourmente,
Chercher ne veulx remede à mon tourment:
Car, en mon mal voyant qu'il se contente,
Contente suis de son contentement.

[175] vgl. hierzu auch Son. XVIII, das in Anlehnung an die Basium-Dichtung, zugleich aber an neuplatonische Motive, ebenfalls die gegenseitige Liebeserfüllung, neuerlich in imaginierter (s. V.11-14), also monologischer Form, im Kußmotiv aufgreift:

Baise m'encor, rebaise moy et baise:
Donne m'en en de tes plus savoureus,
Donne m'en un de tes plus amoureus:
Je t'en rendray quatre plus chaus que braise.

Las te pleins tu? ça que ce mal j'apaise,
En t'en donnant dix autres doucereus.
Ainsi meslans nos baisers tant heureus
Jouissons nous l'un l'autre à notre aise.

Lors double vie à chacun en suivra.
Chacun en soy et son ami vivra.
Permets m'Amour penser quelque folie:

Tousjours suis mal, vivant discretement,
Et ne me puis donner contentement,
Si hors de moy ne fay quelque saillie.

[176] Zum Aspekt des Umgangs mit Männlichkeit und Weiblichkeit innerhalb der *Œuvres*, innerhalb des Liebes-Systems, vgl. Rigolot.

4.1d Zur "Autorin" in Deutschland

[1] vgl. hierzu insbesondere Kap. 2.1, 2.2b und 3.2b.

[2] vgl. Kap. 3.2b.

[3] Überblicksdarstellungen zur Literatur von Frauen während des genannten Zeitraums finden sich bei: Bäuerle, Margret/ Braun, Luzia, "'Ich bin heiser in der Kehle meiner Keuschheit'. Über das Schreiben der Mystikerinnen", in: Gnüg/Möhrmann, S.1-15; Liebertz-Grün, in: Gnüg/Möhrmann, sowie dies., in: Brinker-Gabler (1988); Freytag, in: Brinker-Gabler (1988); Meier, Christel, "Prophetentum als literarische Existenz:

Hildegard von Bingen (1098-1179). Ein Portrait", in: Brinker-Gabler (1988), S.76-87; Peters, Ursula, "Frauenmystik und frauenmystische Literatur im 13. und 14.Jahrhundert", in: Brinker-Gabler (1988), S.88-109.

[4] vgl. Kap. 3.2b.

[5] vgl. hierzu Liebertz-Grün, in: Gnüg/Möhrmann, S.33.

[6] Werke s. Anhang III.

[7] s. Anhang III.

[8] s. Anhang III.

[9] Der Inhalt findet sich etwas ausführlicher bei Liebertz-Grün, in: Brinker-Gabler, S.61, referiert, der Passus soll aufgrund der ereignisreichen Handlung hier nicht fehlen:
"Nach dem Tod des Königs am 27.10.1439 wollen die ungarischen Großen die schwangere, 31jährige Königin mit dem 16jährigen König von Polen verheiraten. Um Zeit zu gewinnen, täuscht die Königin ihre Einwilligung vor. Sie hofft, durch die Geburt eines Sohnes die Herrschaft ihrer Familie über Ungarn zu erhalten und trifft Vorbereitungen für die rechtmäßige Krönung des noch nicht Geborenen. Die Kottannerin soll die ungarische Königskrone, die heilige Stefanskrone, aus der schwerbewachten Schatzkammer der Plintenburg entwenden. In der Nacht vom 21. zum 22. Februar 1440 führt Helene, unterstützt von einem ungarischen Adeligen und seinem Diener, den lebensgefährlichen Auftrag aus und bringt die Krone noch am 22.Februar auf einem Schlitten über die gefrorene Donau zur Königin, die eine Stunde nach dem Eintreffen der Krone einen Sohn zur Welt bringt. Zwölf Wochen später wird Ladislaus Postumus als Ladislaus V. in Stuhlweißenburg, der rechtmäßigen Krönungsstadt, vom Graner Erzbischof mit der Stefanskrone zum König von Ungarn gekrönt. Anschließend reist Elisabeth mit ihrer kleinen Tochter und dem Sohn nach Raab. Die Stefanskrone hat sie gemäß Helenes Rat in der Wiege des Säuglings versteckt. In Raab trennt sich die königliche Familie, aus Sicherheitsgründen werden Mutter, Tochter und Sohn an drei verschiedene Orte gebracht. Die Kottannerin bringt Ladislaus mit einigen Getreuen nach Ödenburg. Dort erfährt sie, daß der polnische König den Grafen Ulrich von Cilli, den Graner Erzbischof und den Kronhüter Ladislaus von Gara gefangengenommen habe und entschlossen sei, die Stefanskrone aus der Plintenburg zu holen und sich zum König von Ungarn krönen zu lassen. Hier bricht der Text ab."

[10] s. Anhang III.

[11] vgl. Kap.2.3b.

[12] vgl. hierzu Kap. 3.2b.

[13] vgl. ebd.

[14] vgl. Kurras/Machilek, S.134.

[15] vgl. hierzu Hess, Ursula, "Oratrix humilis. Die Frau als Briefpartnerin von Humanisten, am Beispiel der Caritas Pirckheimer", in: Worstbrock, Franz Josef (Hrsg.), *Der Brief im Zeitalter der Renaissance*, Weinheim 1983, S.173-203.

[16] vgl. ebd., S.182/3.

[17] s. ebd., S.183/4.

[18] vgl. Kurras/Machilek, S.134 und 137.

[19] Hess (1983, S.176, Anm.13) zitiert als entsprechenden Passus eine Aussage der gelehrten Frau, Magdalia: "...sunt in Hispania, sunt in Italia non paucae mulieres adprime nobiles, quae cum quovis viro queant contendere: sunt in Anglia Moricae, sunt in Germania Bilibaldicae et Blauericae" (aus: *Erasmus von Rotterdam, Ausgewählte Schriften*, Lateinisch und deutsch, hrsg. v. W. Welzig, Darmstadt 1967, Bd. 6, S.262 f.).

[20] vgl. ebd., S.196.

[21] in: ebd., S.197.

[22] Zu einem Überblick über den humanistischen Briefwechsel sowie eine Analyse desselben s. Hess (1983).

[23] ebd., S.199.

[24] vgl. Kap. 3.2b.

[25] in: Becker-Cantarino (1989), S.91.

[26] ebd., S.92.

[27] s. Anhang III.

[28] vgl. hierzu Becker-Cantarino (1989), S.79-84.

[29] in: ebd., S.81/2.

[30] Zum folgenden vgl. insbesondere ebd., S.96-110 sowie den nahezu identischen Passus in dies., "Frauen in den Glaubenskämpfen. Öffentliche Briefe, Lieder und Gelegenheitsschriften", in: Brinker-Gabler (1988), S.149-172.. Zu den Publikationen der beiden s. Anhang III.

[31] Becker-Cantarino (1989), S.101.

[32] ebd.

[33] ebd., S.104/5.

[34] vgl. Kap. 2.2b.

[35] in: Becker-Cantarino (1989), S.105.

[36] ebd., S.106/7.

[37] ebd., S.107.

[38] s. Anhang III, vgl. Kap. 3.2b.

[39] Werke s. Anhang III; vgl. zum folgenden Becker-Cantarino, Barbara, "Die schriftstellerische Tätigkeit der Elisabeth von Braunschweig-Lüneburg (1510-1558)", in: *Virtus et Fortuna. Zur deutschen Literatur zwischen 1400 und 1720*. Festschrift für Hans-Gert Roloff zu seinem 50.Geburtstag, hrsg. v. Joseph P. Strelka und Jörg Jungmayr, Bern 1983, S.237-258, sowie dies. (1989), S.204-220 respektive den nahezu identischen Passus aus dies., in: Brinker-Gabler (1988), S.159-167.

[40] s. Anhang III.

[41] s. Anhang III.

[42] in: Becker-Cantarino (1989), S.208.

[43] s. Anhang III.

[44] vgl. Kap. 3.1b.

[45] in: Becker-Cantarino (1989), S.209/210.

[46] in: Brinker-Gabler, Gisela (Hrsg.), *Deutsche Dichterinnen vom 16.Jahrhundert bis zur Gegenwart. Gedichte und Lebensläufe*, Frankfurt/Main 1978, S.72/3.

[47] In Becker-Cantarino (1989), S.215/6, finden sich vier numerierte Strophen wiedergegeben, die im folgenden zitiert werden, in Brinker-Gabler (1978), S.70-72, finden sich elf unnummerierte Strophen, die mit den hier vorliegenden nicht identisch sind.

[48] s. Anhang III.

[49] in: Becker-Cantarino (1989), S.216.

[50] in: ebd., S.217.

[51] s. Anhang III; vgl. hierzu Moore, Cornelia Niekus, "Biblische Weisheiten für die Jugend. Die Schulmeisterin Magdalena Heymair", in: Brinker-Gabler (1988), S.172-184, sowie dies. (1987).

[52] in: Moore (1988), S.182.

4.2 Die Autorin und die Andere: der vernünftige Körper und das authentische Ich - Spiegelwelten

[1] vgl. Kap. 4.1c.
[2] vgl. Kap. 3.2b.
[3] s. Anhang I.
[4] s. ebd.
[5] s. Anhang II.
[6] s. Anhang III.
[7] Rilke an die Baronin von Nordeck, in: Rilke, Rainer Maria/Gide, André, *Briefwechsel*, Wiesbaden/Stuttgart 1957, S.15/6.

Anhang

I. Italien

Acciaiuoli Salvetti, Maddalena
-: *Rime toscane in lode della Sign. Cristina di Loreno*, Firenze: F. Tosi, 1590.
-: *Davide perseguitato. Poema eroico*, Firenze: G. Caneo, 1611.

Andreasi, Osanna
-: *Libello della Vita sua propria e de' doni spirituali da Dio a lei collati. Lettere spirituali XLIII*, Mantova 1507.

Andreini, Isabella (1562-1604)
-: *Mirtilla pastorale d'Isabella Andreini comica gelosa*, Verona: G. Discepolo, 1588; Verona: S. Dalle Donne e C. Franceschini, 1588; Ferrara: V. Baldini, 1590; Bergamo: C. Ventura, 1594; Venezia: M.A. Bonibello, 1598; Verona: F. Dalle Donne e S. Vargnano, 1599; Venezia: L. Spineda, 1602; Milano: G. Bordoni e P. Locarni, 1605.
-: *Lettere d'Isabella Andreini padovana, comica gelosa et accademica Intenta nominata l'Accesa*, Venezia: M.A. Zaltieri, 1607; Venezia 1610; Torino 1611; Venezia: S. Combi 1612; Torino: Tarino, 1616.
-: *Lettere..., aggiuntovi di nuovo li Ragionamenti piacevoli dell'istessa*, Venetia: Giov. Battista Combi, 1617; Torino: Cavalleri, 1620; Venezia: Combi, 1620; Torino: Tarino, 1621; Venezia: Combi, 1624, 1625, 1627, 1634, 1638; Venezia: Guerigli, 1647, 1652; Venezia: Conzatti, 1663.
-: *Rime d'Isabella Andreini, comica gelosa, accademica intenta, detta l'accesa. Dedicate all'Illustriss. e Reverendiss. Sig. Cardinale San Giorgio Cinthio Aldobrandini*, Milano: Girolamo Bordone e Pietro Martire Locarni, 1605. Vi va unita la Mirtilla, Pastorale, di nuovo dall'istessa riveduta e in molti luoghi abbellita (ivi, stessa data); Napoli: A. Bulifon, 1696.
-: *Frammenti di alcune scritture della Sign. Isabella Andreini comica gelosa, e accademica Intenta raccolti da Francesco Andreini comico geloso detto il Capitano Spavento e dati in luce da Flamminio Scala comico*, Venetia: G.B. Combi, 1617, 1627; Venetia: Guerigli, 1652.

Aragona, Tullia d' (1508-1556)
-: *Rime della Signora Tullia d'Aragona et di diversi a lei*, Venezia: G. Giolito de Ferrari, 1547, di nuovo ristampate et in più luoghi corrette 1549, nuovamente corrette et ristampate 1560; dann in: *Rime di Tullia d'Aragona Cortigiana del sec. XVI*, ed. Enrico Cellani, Bologna 1891.
-: *Dialogo della signora Tullia d'Aragona della infinità d'amore*, Venetia: G. Giolito de Ferrari, 1547, 1552; ed. E. Camerini, Milano 1864; in: *Trattati d'amore del '500*, Bari 1912, repr. Bari 1975, S. 185-248 (ed. 1547).

-: *Il Meschino, altramente detto il Guerrino. Fatto in ottava rima dalla signora Tullia d'Aragona. Opera nella quale si veggono e intendono le parti principali di tutto il mondo, e molte altre dilettevolissime cose, da essere sommamente care ad ogni sorte di persona di bello ingegno*, Venetia: G.B. e M. Sessa, 1560; als *Il Meschino, detto il Guerriero, di Tullia d'Aragona*, Venezia 1838; als *Guerrin Meschino*, Bari 1912.

Armani, Vincenza (?-1568)
-: in: *Oratione d'Adriano Valerini Veronese in morte della divina signora Vincenza, comica eccellentissima, et alcune rime de l'istesso e di altri autori in lode della medesima con alquante leggiadre e belle compositioni di detta signora Vincenza*, Verona: Bastiano delle Donne e Giovanni Fratelli, 1570; dann in: F. Bartoli, *Notizie istoriche dei comici italiani*, Padova 1752, Bd. 1, S.50-64.

Battiferri degli Ammannati, Laura (1523-1589)
-: *Il primo libro delle opere toscane di M. Laura Battiferra degli Ammannati alla Illustrissima et Eccellentissima Signora Duchessa di Firenze, e di Siena*, Firenze: Giunti, 1560.

-: *I sette salmi penitenziali del santissimo profeta Davit tradotti in lingua toscana da Madonna Laura Battiferra degli Ammannati con gli argomenti sopra ciascuno di essi: insieme con alcuni sonetti spirituali*, (1564), Firenze: Giunti, 1566, 1570; dann in: *Salmi penitenziali tradotti da diversi eccelenti autori, con alcune rime spirituali*, Verona: Dionigi Ramanzini, 1749.

-: *Rime della signora Laura Battiferra nuovamente date in luce da Antonio Bulifon*, Napoli: Bulifon, 1694.

-: *Lettere di Laura Battiferri Ammanati a Benedetto Varchi*, a cura di C.Gargiolli, Bologna: Romagnoli, 1879.

Campiglia, Maddalena
-: *Discorso sopra l'annonciatione della B. Vergine e la incarnatione del S. N. Giesu Christo*, Vicenza: Perin Libraro e G. Greco, 1585.

-: *Flori. Favola boscareccia di Maddalena Campiglia*, Vicenza: Gl'heredi di Perin Libraro e T. Brunelli, 1588.

-: *Calisa. Egloga*, Vicenza: G. Greco, 1589.

-: *Il Fidamante. Poema eroico dell'Ill.mo Sign. Curtio Gonzaga [...] aggiuntivi gli Argomenti dell'Illustre e virtuosiss. Sign. Maddalena Campiglia*, Venezia: all'Insegna del Leone, 1591.

Cavalli Bragadino, Veneranda
-: *Rime diverse di Veneranda Cavalli*, Padova: G. Crivellari, 1613.
-: *Varie rime di Veneranda Cavalli*, Verona: B. Merlo, 1614.
-: *Rime di Veneranda Bragadino Cavalli*, Verona: A. Tamo, 1619.

Celia
-: *Lettere amorose di Madonna Celia Gentildonna romana. Scritte al suo Amante*, Venezia: A. degli Antonii, 1562; Venezia: F. Lorenzini, 1563; Venezia: A. Revenoldo e B. Rubino, 1565; Venezia: J. Simbeni, 1572; Venezia: G. Cornetti,

1584; Venezia 1594; Treviso: F. Zanetti, 1600; Venezia: Guerra, 1607; Venezia: Farri, 1612; Venezia: Imberti, 1624; Venezia: Usso, 1628.

Centelli, Suor Maria Grazia (1518/9-1602)
-: *Tragedia di Eleazzaro ebreo*

Cereta, Laura (1469-1499)
-: *Laurae Ceretae brixiensis feminae clarissimae Epistolae iam primum e manuscriptis in lucem productae a Jacobo Philippo Tomasino. Qui eius vitam, & notas addidit*, Patavii: Sardi, 1640 (ed.1488).

Cervoni, Isabella
-: *Canzone sopra il battesimo del Principe di Toscana*, Firenze: Sermartelli, 1592.
-: *Canzone al Cristianissimo Enrico IV di Francia*, Firenze: G. Marescotti, 1597.
-: *Tre canzoni de la Sign. Isabella Cervoni*, Firenze: G. Marescotti, 1600.

Colonna, Vittoria (1490-1547)
-: *Rime del bel sole*, Parma 1538.
-: *Rime de la Divina Vittoria Colonna Marchesa di Pescara, nuovamente stampate*, Parma: [Viottis], 1538; Venezia 1539; *di nuovo ristampate. Aggiuntovi le sue stanze e con diligenza corrette*, 1539; Firenze, 1539; *nuovamente aggiuntovi XXIII sonetti spirituali, et le sue stanze, et uno triompho de la Croce di Christo non più stampato con la sua tavola*, Venezia: Comin di Trino, 1540, 1542, 1544; Venezia: G.A. Valvassore, 1542, 1546; Venezia: F. Imperator e Vinetiano, 1544; Venezia: A. de Bindonis, 1548; *corrette per M. Lodovico Dolce*, Venezia: G. Giolito, 1552, 1559, 1560; Napoli: A. Bulifon, 1692; Bergamo: Giambatista Rota, 1760; a cura di Pietro Ercole Visconti, Roma 1840, rist. Firenze: G. E. Saltini, 1860 (bis 1917 mehrere Auflagen); Milano 1882, rist. 1930; ed. crit. A. Bullock, Bari 1982.
-: *Rime spirituali*, ed. Rinaldo Corso, Bologna 1543; *Rime spirituali della Illustrissima Signora Vittoria Colonna Marchesana di Pescara non più stampate da pochissime infuori, le quali altrove corrotte et qui corrette si leggono*, Venezia: A. Valgrisi, 1546; Venezia: al Segno di S. Giorgio, 1548; *Alle quali di nuovo sono stati aggiunti oltre quelli non pur dell'altrui stampe, ma ancho della nostra medesima, più di trenta ò trentatrè sonetti non mai più altrove stampati: un capitolo; et in non pochi luoghi ricorrette, e più chiaramente distinte*, Venezia: V. Valgrisi, 1548; Verona: G. Discepoli, 1586; Napoli 1693.
-: *Dichiaratione fatta sopra la seconda parte delle rime della Divina Vittoria Colonna Marchesana di Pescara da Rinaldo Corso alla molto illustre Mad. Veronica Gambara da Correggio: et alle donne gentili dedicata. nella quale i sonetti spirituali fino adesso composti, et uno triompho di Croce si contiene con la sua tavola*, Bologna: G.B. de Phaelli, 1548.
-: *Tutte le Rime*, Venezia 1552; *Tutte le rime della Illustriss. et Eccellentissima Signora Vittoria Colonna, Marchesana di Pescara con l'esposizione del Signor Rinaldo Corso, nuovamente mandate in luce da Girolamo Ruscelli*, Venetia: G. B. et M. Sessa, 1558, 1559, 1560.
-: *Lettere della Divina Colona Marchesana di Pescara a la Duchessa de Amalfi sopra la vita contemplativa di Santa Caterina et sopra la activa di Santa Madalena non più*

-: *viste in luce*, Venezia: A. de Viano Venetia, ad istanza di A. detto il Cremaschino, 1544.
-: *Rime e Lettere*, ed. G. E. Saltini, Firenze 1860.
-: *Il Codice delle Rime di V. Colonna appartenenti a Margherita d'Angouleme*, Pistoia 1900.
-: *Triompho della Croce*, Venetia: G.A. Vavassore, 1542.
-: *Pianto della Marchesa di Pescara sopra la passione di Christo*, Bologna: A. Manuzio, 1557; con una oratione della medesima sopra l'Ave Maria. oratione fatta il venerdi santo sopra la passione di Christo, Venetia: Aldus, [1556], 1561; Venezia: G. Giolito, 1562, 1563..
-: *Carteggio*, ed. E. Ferrero/G. Müller, Torino ²1892.
-: C. Ranieri, "Lettere inedite di Vittoria Colonna", in: *Giornale italiano di filologia* 31 (1979), 138-149.

Cortese, Isabella
-: *I secreti de la signora Isabella Cortese. Ne' quali si contengono cose minerali, medicinali, arteficiose, et alchimiche, e molte de l'arte profumatoria, appartinenti a ogni gran Signora*, Venetia: Giovanni Bariletto, 1561,1565, 1574; Venezia: G. Cornetti, 1584; Venezia: Gli heredi di G. Simbeni, 1588; Venezia: M. Bonibelli, 1595; Venezia: L. Spineda, 1625; Venezia: G. e D. Imberti, 1642.

Da Monte, Issicratea
-: *Oratione di Mad. Issicratea Monte, Rodigina, nella congratulatione del Sereniss. Principe di Venetia Sebastiano Veniero*, Venezia: D. e G.B. Guerra, 1577.
-: *Seconda Oratione, per lo stesso argomento, da lei propria recittata in Collegio a sua Serenità*, Venezia 1578.
-: *Orazione nella congratulazione del Principe di Venezia Niccolò da Ponte*, [1578].
-: *Oratione della Sig. Issicratea Monte Rodigina alla sacra maestà di Maria di Austria Imperatrice, nella venuta di sua maestà a Padova*, Padova: P. Meietto, 1581.

de' Negri, Angelica Paola Antonia
-: *Lettere spirituali de la Devota religiosa Angelica Paula Antonia de Negri, Milanese*, [1563]; Romae in Aedib. Populi Romani, 1576 (mit *Vita della Medesima raccolta da Gio. Battista Fontana de' Conti*).

Fedele, Cassandra (1465-1558)
-: *Pro Bertucio Lamberto oratio*, Venezia: J.L. Santritter, 1488.
-: *Divae Cassandrae Fidelis Virginis Venetae in Gymnasio Patavino pro Bertucio Lamberto Canonico Concordiensi Liberalium artium insignia suscipiente oratio*, Venezia 1488.
-: *Oratio Cassandre venete*, hg. v. Petrus Abietiscola [= Peter Danhauser]. Ohne Ort, Drucker und Jahr [Nürnberg: Peter Wagner nach dem 22. Nov. 1489].
-: *Clarissimae Feminae Cassandrae Fidelis Venetae Epistolae & Orationes posthumae, numquam antehac editae*, Padova: F. Bolzettam, 1636; Padova: L. Pasquati, 1636; [ed. G. F. Tommasini, Patavii 1636].

Fonte, Moderata (Pseudonym, eigtl. Modesta Pozzo de' Zorzi, um 1555-1592)
-: *Tredici canti del Floridoro di Mad. Moderata Fonte*, Venezia: Eredi di F. Rampazzetto, 1581.
-: *Le Feste. Rappresentazione avanti il Serenissimo Prencipe di Venetia Nicolo da Ponte il giorno di S. Stefano*, Venezia: D. et G.B. Guerra, [1581].
-: *La Passione di Christo descritta in ottava rima da Moderata Fonte. Con una Canzone e nell'istesso soggetto della medesima*, Venezia: D. et G.B. Guerra, 1582.
-: *La Resurretione di Giesù Christo nostro Signore. Che segue alla Santissima Passione descritta in ottava rima da Moderata Fonte*, Venezia: G.D. Imberti, 1592.
-: *Il merito delle Donne, scritto da Moderata Fonte in due giornate. Oue chiaramente si scuopre quanto siano elle degne, e più perfette de gli Huomini*, Venetia: Domenico Imberti, 1600.

Franco, Veronica (1546-1591)
-: *Terze Rime di Veronica Franca al Serenissimo Signor Duca di Mantova et di Monferrato*, [Venezia] 1575.
-: *Rime di diverse Eccellentissimi Auttori nella morte dell'Illustre sign. Estor Martinengo Conte di Malpaga. Raccolte, et mandate All'Illustre, et valoroso Colonello il S. Francesco Martinengo suo Fratello, Conte di Malpaga Dalla Signora Veronica Franca*, 1575.
-: *Lettere famigliari a diversi dalla S. Veronica Franca all'illustriss. et reverendiss. Monsignor Luigi d'Este, cardinale*, [Venezia] 1580.
-: *Terze Rime e Sonetti*, a cura di G. Beccari, Lanciano, Carabba, 1912.
-: *Rime di Gaspara Stampa e Veronica Franco*, ed. A. Salza, Bari 1913.
-: *Lettere*, a cura di B. Croce, Napoli 1949.

Gambara, Veronica (1485-1550)
-: *Rime*, Venezia 1553; Napoli 1693 (zus. m. L. Marinella und I. di Morra).
-: *Rime di diversi eccellenti autori bresciani, nuovamente raccolte et mandate in luce da Girolamo Ruscelli, tra le quali sono le rime della Signora Veronica Gambara et di M. Pietro Barignano*, Venezia: P. Pietrasanta, 1554.
-: *Rime e Lettere*, Brescia 1759.
-: *Rime e Lettere nuovamente pubblicate*, ed. P. Mestica Chiappetti, Firenze 1879.

Gonzaga, Lucretia
-: *Lettere della molto illustre Sig. la S.ra Donna Lucretia Gonzaga da Gazuolo, con gran diligentia raccolte, et a gloria del sesso Feminile in luce poste*, Venezia: [G. Scotto], 1552.

Herculania, Camilla
-: *Lettere di philosophia naturale nelle quali si tratta la natural causa delli diluvii et il natural temperamento dell'huomo, et la natural formatione dell'arco celeste*, Cracovia: Stamperia di Lazzaro, 1584.

Marinella, Lucrezia (1571-1653)

-: *La colomba sacra. Poema eroico di Lucrezia Marinella*, Venezia: G.B. Ciotti Senese, 1595.

-: *Vita del serafico et glorioso S. Francesco. Descritto in ottava rima da Lucretia Marinella. Ove si spiegano le attioni, le astinenze, e i miracoi di esso*, Venezia: P.M. Bertano, 1597; 1605.

-: *Amore innamorato ed impazzato. Poema di Lucrezia Marinella*, Venezia 1598; Venezia: G.B. Combi, 1618.

-: *Le Nobiltà et Eccellenze delle Donne: et i difetti, e mancamenti de gli huomini, Discorso di Lucretia Marinella*. In due parti diviso, Venetia: Giovan Battista Ciotti Senese, 1600; in erweiterter Form als *La Nobiltà, et l'eccellenza delle Donne, co' diffetti, et mancamenti de gli Huomini, Discorso di Lucretia Marinella, in due parti diviso. Nella prima si manifesta la nobiltà delle Donne co' forti ragioni, e infiniti essempi, & non solo si distrugge l'opinione del Boccaccio, d'amendue i Tassi, dello Sperone, di Monsig. di Namur, e del Passi, ma d'Aristotele il grande anchora ...Ricorretto, e accresciuto in questa seconda Impressione...*, Venetia: Gio. Battista Ciotti Sanese,1601, 1621; Venezia: Gio. Battista Combi, 1621.

-: *La vita di Maria Vergine imperatrice dell'universo. Descritta in prosa e in ottava rima da Lucrezia Marinella. Nella cui historia si narra il divino delle bellezze, l'ammirabile delle virtudi, l'acerbo delle doglie, il sommo delle alegrezze e il grande de gli honori di lei*, Venezia: B. Barezzi, 1602, 1610, 1617.

-: *Rime sacre*, Venezia 1603.

-: *Arcadia felice di Lucrezia Marinella*, Venezia: G.B. Ciotti, 1605.

-: *Le lacrime di San Pietro*, Poema sacro di Luigi Tansillo, *con gli Argomenti et Allegorie di Lucrezia Marinella*, Venezia 1606.

-: *Vita di Santa Giustina in ottava rima*, Firenze 1606.

-: *De' gesti heroici e della vita meravigliosa della serafica Santa Caterina da Siena, di Lucrezia Marinella. Libri sei, ne' quali non senza stupore si legge la nascita, e pueritia di Caterina; l'amore reciproco tra l'eterno Signore e essa; le apparizioni divine; le nozze celestiali; le astinenze incredibili; le continue flagellazioni [...]*, Venezia: B. Barezzi, 1624.

-: *L'Enrico overo Bisantio conquistato. Poema heroico di Lucrezia Marinella*, Venezia: G. Imberti, 1635.

-: *Le vittorie di Francesco il serafico. Li passi gloriosi della diva Chiara. Di cui si narrano li fatti heroici, le penitenze acerbe, la vita mortificata e le fatiche insuperabili*, Padova: G. Crivellari, 1647.

-: *Holocausto d'amore della vergine Santa Giustina di Lucrezia Marinella*, Venezia: M. Leni, 1648.

-: *Rime*, Napoli 1693.

Matraini, Chiara (1514-1600)

-: *Prose e rime di M. Chiara Matraini gentildonna lucchese*, Lucca: V. Busdraghi, 1555.

-: *Orazione d'Isocrate*, Firenze: Torrentino, 1556.

-: *Meditationi spirituali*, 1581.

-: *Considerationi sopra i sette salmi penitentiali del gran Re et Profeta Davit di M. Chiara Matraini*, Lucca: V. Busdraghi, 1586; als *Vita della Beatissima Vergine Maria Madre e sposa del Figliuol di Dio. Descritta in un discorso brevemente da M. Chiara*

Matraini, gentildonna lucchese. Nuovamente ristampata e di belle figure adornata, Venezia, Padova, Bassano: G.A. Remondini, [1590].

-: *Lettere di Madonna Chiara Matraini gentildonna lucchese con la prima e seconda parte delle sue rime*, Lucca: V. Busdraghi, 1595; Venezia: Moretti, 1597 (*con una lettera in difesa delle lettere, e delle arme nuovamente stampate*).

-: *Dialoghi spirituali, con una notabile narrazione alla Grande Accademia dei Curiosi, ed alcune rime e sermoni*, Venezia 1602.

Miani Negri, Valeria
-: *Amorosa speranza. Favola pastorale*, Venezia: F. Bolzetta, 1604.
-: *Celinda. Tragedia*, Vicenza: F. Bolzetta, 1611.

Molza, Tarquinia
-: in: Molza, Francesco Maria, *Delle poesie volgari e latine*, ed. Pierantonio Serassi, 3 vols., Bergamo 1747-1754, Bd. 2 (1750): Appendix (*Opuscoli inediti di Tarquinia Molza Modenese*), Bd. 3 (1754): S.22-27.

Morata, Olimpia Fulvia (1526-1555)
-: *Olympiae Fulviae Moratae foeminae doctissimae ac plane divinae Orationes, Dialogi, Epistolae, Carmina, Iam Latina quam Graeca*, ed. C. S. Curione, Basel 1558; erweitert um: *cum eruditorum de ea testimonijs & laudibus(...)*, Basileae apud Petrum Pernam, 1562, 1570.

-: *Olympiae Fulviae Moratae [...] opera omnia eruditorum [...] testimoniis [...]*, Basilae, ex officina P. Perna, 1580.

-: *Opere*, ed. L. Caretti. Deputazione provinciale ferrarese di storia patria, Atti e memorie, Nuova seria 11, Teil 1: Epistolae, Teil 2: Orationes, dialogi et carmina, 1954.

Morra, Isabella di (1520-1546)
-: in: *Rime di diversi Illustri Signori Napoletani*, a cura di L. Dolce, Venezia: Giolito, 1552; in: *Rime di diversi Signori Napoletani e d'altri novamente raccolte et impresse*, Libro VII, Venezia: Giolito, 1556; in: *Rime diverse d'alcune Nobilissime e Virtuosissime Donne*, a cura di L. Domenichi, Lucca: Busdraghi, 1559.

-: *Le Rime*, Napoli 1693.

-: *Le Rime*, con introduzione e note di A. de Gubertinatis, Roma 1907.

-: Rime, in: B. Croce, *Isabella di Morra e Diego Sandonal di Castro*, Bari 1929.

Martini de' Salvi, Virginia
-: *Lettera e sonetti della Signora Virginia Salvi, et della Signora Beatrice sua figliuola a M. Celio Magno con le risposte, et un sonetto dell'istesso in lode di Venetia*, Venezia 1571.

N., Emilia
-: *Lettere affettuose di Madonna Emilia N. nobile fiorentina, scritte al cavalier Bernardino N. nelle quali molti pensieri dell'animo leggiadramente spiegati si veggiono*, Siena: O. Paiorani, 1594.

Nogarola, Isotta (1418-1466)

-: *Dialogus quo utrum Adam vel Eva magis pecaverit quaestio satis nota sed non adeo explicata continetur*, Venetiis: Aldus, 1563.

-: *Isottae Nogarolae Veronensis opera quae supersunt omnia, accedunt Angeliae et Zeneverae Nogarolae epistolae et carmina*, ed. E. Abel, 2 Bde., Wien/Budapest 1886.

Parasole, Isabella Catanea

-: *Pretiosa gemma delle virtuose donne. Dove si vedono bellissimi lavori di punto in cria, reticella, di maglia, e piombini disegnati da Isabella Catanea Parasole*, Venezia: L. Gargano, 1600, 1601.

Pulci, Antonia

-: *La rappresentazione di S. Francesco*, Firenze: B. de' Libri, 1495.

-: *La rappresentazione di Rosana*, Firenze 1553, 1557, 1572.

-: *La rappresentazione di S. Domitilla*, Firenze 1554; Siena: L. Bonetti, 1580; Firenze: G. Baleni, 1588.

-: *La rappresentazione di S. Guglielma*, Firenze 1557; Firenze: Alle scalee di Badia, 1560; Siena: L. Bonetti, 1575; Firenze: G. Baleni, 1585, 1597.

-: *La rappresentazione del figliuol prodigo*, Siena: L. Bonetti, 1575, 1580; Firenze: G. Baleni, 1591.

Romana, Lucrezia

-: *Ornamento nobile per ogni Gentil Matrona, dove si contiene bavari, frisi d'infinita bellezza, lavori per linzuoli traverse, e facuoli, piena di figure, ninfe, satiri, grotesche, fontane, musiche, caccie di cervi, uccelli, et altri animali, con ponti in aria fiamenchi, et tagliati [...]. Opera per pittori, scultori et disegnatori giovevole alle lor professioni fatta da Lucrezia Romana, il quinto volume dei suoi lavori dedicato alle virtuose donne [...]*, Venezia: A. de' Vecchi, 1620.

Sarrocchi, Margherita

-: *La Scanderbeide. Poema eroico*, Roma: Facis, 1606.

Sera, Suor Beatrice del (1515-1586)

-: *Amor di virtù, opera fatta da una donna fiorentina sopra il Filocolo, nella considerazione d'uno animo valoroso nelle virtuose imprese; il quale deliberatamente cercando il fine delaurata beatitudine, perviene alla cognizione di Dio*, 1555.

Sernigi, Suor Raffaella de' (1472/3-1557)

-: *Mosé* (sacra rappresentazione), um 1550.

Sforza, Isabella

-: *Della vera tranquillità dell'animo. Opera utilissima, e nuovamente composta dalla Illustrissima Signora la Signora Isabella Sforza*, Venezia: Aldus, 1544.

Stampa, Gaspara (1523-1554)
-: *Rime di Madonna Gaspara Stampa*, Venezia: P. Pietrasanta, 1554; ed. R. di Collalto, Venezia 1738; Firenze 1877; Milano 1954, 1976.
-: in: *Rime di tre Gentildonne del Secolo XVI*, Milano 1882.
-: *Rime di Gaspara Stampa e Veronica Franco*, ed. A. Salza, Bari 1913.

Strozia, Laurentia
-: *Venerabilis Laurentiae Stroziae Monialis S. Dominici in Monasterio Divi Nicholai de Prato. In singula totius anni solemnia himni*, Firenze: P. Iunctam, 1588; Paris: D. Binet, 1601.

Tarabotti, Arcangela (Barcitotti, Galerana)
-: *Che le donne siano della spetie degli huomini. Difesa delle donne di Galerana Barcitotti contra Horatio Plata [...]*, Nürnberg 1602; Nürnberg: T. Cherchenberger, 1651.
-: *Contro 'l lusso donnesco. Satira menippea del Sign. Franc. Buoninsegni. Con l'Antisatira di Arcangela Tarabotti in risposta*, Venezia: Valuasensis, 1644.
-: *Lettere familiari e di complimento della sign. Arcangela Tarabotti*, Venezia: Guerighi, 1650; mit *Le lagrime di Arcangela Tarabotti per la morte dell'Illustr. Sign. Regina Donati* ebenfalls Venezia: Guerighi, 1650.
-: *La semplicità ingannata di Galerana Barcitotti*, 1652 (?); Leida: G. Sambix, 1654.
-: *Paradiso monacale. Libri tre. Con un soliloquio a Dio di Donna Arcangela Tarabotti*, Venezia: Oddoni, 1663.

Terracina, Laura (um 1510-nach 1577)
-: *Rime della Signora Laura Terracina*, Venezia: G. Giolito de Ferrari, 1548, 1549, 1550, 1553, 1554, 1560; *di nuovo corrette et ristampate*, Venezia: D. Farri, 1565.
-: *Rime seconde della Signora Laura Terracina di Napoli et diversi a lei*, Fiorenza: L. Torrentino, 1549.
-: *Discorso sopra tutti li primi canti d'Orlando Furioso. Fatti per la Signora Laura Terracina*, Venetia: G. Giolito de Ferrari, 1549; *De la medesima riveduti di nuovo con diligenza ristampati et corretti*, Venezia: G. Giolito e Fratelli, 1550, 1564, 1565, 1568, 1613; Firenze s.a.
-: *Discorso sopra il principio di tutti i canti d'Orlando Furioso. fatto per la S. Laura Terracina: detta nell'Accademia degl'Incogniti Febea. Di nuovo con diligenza ristampato et corretto*, Venezia: G. Giolito e Fratelli, 1551, 1554, 1557, 1559, 1565; Venezia: D. Farri, 1560; Venezia: Godoni, 1577; *Di nuovo con somma diligenza corretto et ristampato*, Venezia: Frazzaria, Al Segno della Regina, 1579; Venezia: Ventura de Salvador, 1583, 1588; Venezia: G. Alberti, 1598; Venezia: Bonifaldo, 1608; Venezia: Imberti, 1626, 1638.
-: *La prima parte de' discorsi sopra le prime stanze de' canti d'Orlando Furioso della S. Laura Terracina detta nell'Accademia de gli Incogniti Febea. Di nuovo ristampati e con diligenza revisti*, Venezia: G.A. Valvassori detto Guadagnino, 1567; Venezia: Eredi di L. Valvassori e di G.D. Micheli, 1584.
-: *Quarte rime della Signora Laura Terracina detta Phebea ne l'Accademia de gl'Incogniti*, Venezia: G.A. Valvassori detto Guadagnino, 1550; Lucca: V. Busdrago, 1551; Venezia: D. Farri, 1560.

-: *Quinte Rime della Signora Laura Terracina detta Phebea nell'Accademia degl'Incogniti*, Venezia: G.A. Valvassori detto Guadagnino, 1552; Venezia: D. Farri, 1558, 1560.
-: *Rime Divine della Signora Laura Terracina di Napoli nuovamente stampate*, Venezia: D. Farri, 1560.
-: *Le seste rime della Signora Laura Terracina di Napoli nuovamente stampate*, Lucca: V. Busdragho, 1558; Napoli: R. Amato, 1560.
-: *Settime rime sovra tutte le donne vedove di questa nostra città di Napoli titolate et non titolate. Fatte per la Signora Laura Terracina*, Napoli: M. Cancer, 1561.
-: *La seconda parte de' discorsi sopra le seconde stanze de' canti d'Orlando Furioso della S. Laura Terracina detta nell'Accademia degli Incogniti Febea. Nuovamente mandati in luce*, Venezia: G.A. Valvassori detto Guadagnino, 1567; *Di nuovo ristampati, e con diligenza revisti*, Venezia: Eredi di L. Valvassore e G.D. Micheli, 1584.
-: *Sonetti al Sommo Pontefìcale Gregorio*, 1577.

Turrini Bufalini, Francesca
-: *Sopra i misteri del SS. Rosario*, Roma: Gigliotti, 1595.
-: *Rime di Francesca Turina Bufalini da Città di Castello*, Città di Castello: Santi Molnielli, 1628.

Varano Sforza, Costanza (1426-1447)
-: C. Varanae Sfortiae pisauri principis orationes et epistolae, in: T. Bettinelli, *Miscellanea di varie operette* 7, Venezia 1743, S.295-330.

Anonym:
-: *Navicella spirituale composta da una venerabile monaca & priora di uno monastero vivente in osservantia regulare*, Venezia: stampata per le mani delle convertite, 1560.
-: *Presepe spirituale composto da una venerabile monaca & priora di uno monastero, vivente in osservantia regolare*, Venezia: stampata per le mani delle convertite, 1560.
-: *Prattica spirituale di una serva di Dio, al cui essempio può qualsivoglia monaca o persona spirituale essercitarsi*, Macerata: S. Martellini, 1577.

Bei Domenichi veröffentlicht (L. Domenichi (Hrsg.), **Rime diverse d'alcune Nobilissime e Virtuosissime Donne**, Lucca: Busdraghi, 1559):
Aurelia Petrucci, Anna Golfarini, Atalanta Senese, Alda Torelli Lunati, Berenice G., Cassandra Petrucci, Clarice de' Medici degli Strozzi, Claudia della Rovere, Candida Gatteschi, Cornelia Brunozzi de' Villani, Caterina Pellegrini, Diamante Dolfi, Ermellina Arringhieri, Egeria da Canossa, Fiorenza G., Fausta Tacita, Francesca B., Giulia Braccoli de' Ricciardi, Gentile Dotta, Gaspara Stampa, Suor Girolama Castellani, Costanza Danalo, Onorata Pecci, Ortensia Scarpi, Ippolita Mirtilla, Isabella Riario de' Pepoli, Isabella di Morra, Livia Torniello Borromeo, Landomia di Sangallo, Lucrezia Figliucci, Leonora Falletto da Sangiorgio, Lucrezia di Raimondo, Landomia Forteguerri, Lisabetta da Cerpello, Lucia Bertani, Maddalena Pallavicini dei Marchesi di Cena, Maria Langoschi Soleri, Maria Martelli Panciatichi, Maria da S. Gallo, Maria Spinola, Narda N. Fiorentina, Olimpia Malpiero, P. S. M., Regina di Navarra, Contessa di Bagno, Selvaggia Braccoli de' Bracciolini, Silvia Marchesa de Piccolomini, Virginia Genova de' Zuccheri, Virginia Martini de' Salvi, Veronica Gambara da Correggio, Vittoria Colonna Marchesa di Pescara.

Weitere Autorinnen:
Francesca Baffa, Ersilia Cortese, Laura Navarra, Irene di Spilimbergo.

Beteiligung von Autorinnen:
-: *Rime diverse di molti eccellentiss. Autori nuovamente raccolte libro Primo*, Venezia: Giolito, 1545: Francesca Baffo, Vittoria Colonna, Veronica Gambara.
-: *Libro secondo delle Rime di Diversi Nobili huomini et eccellenti poeti nella lingua thoscana nuovamente ristampate*, Venezia: Giolito, 1548: Veronica Gambara.
-: *Libro terzo delle Rime di Diversi Nobilissimi et eccellentissimi autori nuovamente raccolte*, Venezia: Cesano, Al Segno del Pozzo, 1550: Veronica Gambara, Vittoria Colonna.
-: *Libro quarto delle Rime di Diversi eccellentissimi autori nella lingua volgare nuovamente raccolte*, Bologna: Ciaccarello, 1551: Faustina Valentini, Giulia d'Aragona, la Regina di Navarra, Lucia Bertani, Suor Girolama Castellani, Veronica Gambara, Vittoria Colonna, Virginia Salvi.
-: *Il sesto libro delle Rime di Diversi eccellenti autori nuovamente raccolte*, Venezia: Bonelli, Al Segno del Pozzo, 1553: Gaspara Stampa, Ippolita Mirtilla, Maria Spinola, Tullia d'Aragona, Veronica Gambara, Virginia Salvi, Vittoria Colonna.
-: *Stanze di Diversi illustri poeti nuovamente raccolte da M. Ludovico Dolce*, Venezia: Giolito, 1553 (1556, 58, 63, 65, 69, 70, 75, 81, 89, 90): Vittoria Colonna.
-: Ruscelli, G., *Rime di diversi eccellenti autori bresciani, nuovamente raccolte [...] tra le quali sono le Rime della Signora Veronica Gambara*, Venezia: Pietrasanta, 1554: Veronica Gambara, Lucia Albani.
-: *Il Tempio alla Divina Signora Donna Giovanna d'Aragona*, Venezia: Pietrasanta, 1554: Anna Golfarini, Gaspara Stampa, Isabella de' Riarii, Laura Terracina.
-: *Rime di Diversi illustri Signori Napoletani e d'altri Nobilissimi ingegni nuovamente raccolte*, Venezia: Giolito e fratelli, 1555: Isabella di Morra.
-: *Rime di Diversi Signori Napoletani nuovamente raccolte et impresse libro settimo*, Venezia: Giolito e fratelli, 1556: Chiara Matraini, Lucrezia di Raimondo, Laura Terracina, Isabella di Morra.
-: *Rime di Diversi autori eccellentissimi*, Cremona: Conti, 1560: Lucia Bertani, Laura Battiferri, Virginia Salvi.
-: Atanagi, Dionigi, *Rime di Diversi Nobilissimi et eccellentissimi autori in morte della Signora Irene [...] di Spilimbergo*, Venezia: Dom. e Giov. Battista Guerra, 1561: Bianca Aurora da Este, Cassadra Giovo, Dianora Sanseverino, Duchessa d'Amalfi, Ippolita Gonzaga, Laura Battiferri, Laura Terracina, Lucia Albana Avogadro, Lucia Bertani, Olimpia Malpiero, Virginia Matraini.
-: *Primo volume delle Rime scelte da Diversi autori di nuovo corrette et ristampate*, Venezia: Giolito, 1563: Vittoria Colonna, Veronica Gambara, Tullia d'Aragona.
-: *Rime di Diversi Nobilissimi et Eccellentissimi Autori in lode dell'Illustrissima Signora Donna Lucretia Gonzaga*, Bologna: Rofosi, 1565: Peretta Negroni, Maria Angiola Ciocchetti, Lucrezia N., Lucia Bertani, Laura Terracina, Lavinia Aldovrandi, Girolama Castellani, Baldella Baldelli, Aurelia Roverelli, M. Manfredi.
-: *Il tempio della divina Signora D. Geronima Colonna d'Aragona*, 1568.
-: *Per donne romane rime di diversi [...] dedicate al Signor Giacomo Buoncompagni*, Bologna: Benacci, 1575: Beatrice Salvi, Lucrezia Marcello, Lucida Nalli, Margherita Sarocchi, Tarquinia Molza Porrini, Virginia Salvi.

-: *Rime di Diversi celebri poeti dell'età nostra nuovamente raccolte*, Bergamo: Comin Ventura, 1587: Orsina Cavalletto, Isabella Andreini.
-: *Mausoleo di poesie volgari et latine in morte del Signor Giuliano Gosellini*, Milano: P. Gottardo Pontio, 1589: Maddalena Campiglia, G. Bratteolo.
-: *Rime di diversi elevati ingegni de la città di Udine dedicate a l'Illustre Signora Lidia Marchesi*, Udine: Natolini, 1597: Lucella di Zucco, Catella Marchesi.
-: Petracci, P., *Ghirlanda dell'aurora. Scelta di madrigali*, Venezia: Giunti e Ciotti, 1608: Isabella Andreini.

II. Frankreich

Albret, Jeanne d' (1528-1572)
-: Briefwechsel Jeanne d'Albret - Cardinal d'Armagnac, in: *Mémoires de Condé*, ed. Secousse, London 1743, S.594-606.
-: *Lettres de Antoine de Bourbon et de Jeanne d'Albret*, ed. Rochambeau, Paris 1877.
-: *Mémoires et poésies*, ed. Alphonse de Ruble, Paris 1893.

Amboise, Cathérine de (?-1550)
-: *Les Dévotes Epîtres de Cathérine d'Amboise*, publiés par l'abbé Bourassé, Tours 1861.

Arbaleste, Charlotte
-: *Mémoires de Madame de Mornay*, 1606; ed. Henriette de Witt, 2 Bde., Paris 1858/9 (1868/9?); teilweise in: *Mémoires de Messire Philippe de Mornay, Seigneur du Plessis-Marly, Baron de la Forest sur Sèvre*, 1624ff.

Aubespine, Madeleine de
-: *Les Chansons de Callianthe*, ed. R. Sorg, Paris 1926.

Beaujeu, Anne de (1461-1522)
-: *A la requeste de Treshaulte et Puissante Princesse ma dame Susanne de Bourbon Femme de Tresillustre et puissant Chastellerault: Contestable Per et Chambrier de France: et Fille de desdictes du chez: Fille et Seur des Royes Louys. VI (XI) et Charles. VIII.* Lyon. (entst. 1504/5, publ. vor 1521, 1535 erneut als *Doctrinal ou Instruction des Filles, Fait à la requeste de Madame Susanne Duchesse de Bourbon*, Tholose 1535, später Lyon: N. Rigaud).

Bourbon, Cathérine de (1570-1605)
-: *Lettres et Poésies de Cathérine de Bourbon (1570-1605)*, ed. Ritter, Paris 1927.

Bourgeois, Louise, dite Boursier
-: *Observations diverses sur la stérilité, perte de fruict, foecondité, accouchements, et maladies des Femmes & Enfants nouveaux naiz*, 2 Bde., Rouen 1626 (1609).
-: *Récit véritable de la naissance de Messeigneurs et Dames Les enfants de France*, 1626.
-: *Apologie de Louise Bourgeois, dite Boursier ... contre le rapport des médecins*, 1627.
-: *Recueil des secrets*, 1635.

Brabant, Marie de (um 1540-um 1610)
-: *Annonces de l'Esprit et de l'Ame Fidèle, Contenant le Cantique des Cantiques de Salomon en Rime Française ...*, ed. S. Gervais/E. Vignon, 1602.
-: *Epistre aux Bombancières*, ?.

Brachart, Charlotte de
-: *Harengue Faicte par Damoiselle Charlotte de Brachart surnommee Aretuze qui s'adrese aux Hommes qui veulent deffendre le science aux Femmes: Avec quelques Poësies faictes par la dite Damoiselle, sur la blessure, mort, et tombeau du Baron de Chautal. Ensemble une Elegie sur la mort de Mademoiselle de Montaignerat*, Chalon sur Saone: Jean des Preyz, 1604.

Coignard, Gabrielle de
-: *Les œuvres Chretiennes de Feue Dame Gabrielle de Coignard, Veuve a Feu M. de Mansencal Sieur de Miremont*, Toulouse: B. Jagourt/B. Carles, 1594; Mâcon 1900.

Coligny, Louise de (1555-1620)
-: *Corespondance de Louise de Coligny...*, ed. P. A. Marchegay, Paris 1887; Slatkine Reprints, Genève 1970.

Crenne, Hélisenne de (Marguerite de Briet, zw. 1500/1510-um 1560)
-: *Les Angoisses douloureuses qui procèdent d'amours: Contenantz troys parties, composées par Dame Hélisenne. Laquelle exhorte toutes personnes a ne suyvre folle amour*, Paris: Denys Janot, 1538; Lyon 1540; Paris 1541, 1543, 1544?, 1551, 1553, 1560; ed. P. Demats (Première Partie), Paris 1968; ed. Vercruysse, Paris 1968.
-: *Epistres familieres et invectives*, 1539; (*Epîtres invectives de madame Hélisenne*, 1543 ?).
-: *Le Songe de ma Dame Hélisenne, composé par ladicte Dame, la consideration duquel est apte à instiguer toutes personnes de s'aliener de vice et s'approcher de vertu*, 1539, 1540.
-: *Les quatre premiers livres de Eneydes du treselegant poete Virgile, traduitz en prose françoyse par ma Dame Hélisenne, à la traduction desquelz y a pluralité de propos qui par maniere de phrase y sont adjoustez: Ce que beaucoup sert à l'elucidation et decoration desdictz livres, dirigez à Tresillustre et Tresauguste Prince Françoys Premier de ce nom Invictissime Roy de France*, Paris 1541.
-: *Les Œuvres de ma Dame Hélisenne*, Paris: Charles Langlier, 1543; Claude Colet, 1550, 1553, 1555; Charles Langlier, 1560 (Repr. Genève 1977); Etienne Grouleau, 1560.
-: *Œuvres Complètes*, 1551.

Dentière, Marie
-: *La Guerre et Deslivrance de la Ville de Genesve...Fidèlement Faicte et Composée par ung Marchand demourant en Icelle*, Genève 1536; repr. in: A. Rilliet, in: *Mémoires et Documents publiées par la Société d'Histoire et d'Archéologie de Genève* 20 (1881), 309-384.
-: *Epistre Très Utile faicte et composé par une femme Chrestienne de Tournay, Envoyé à la Royne de Navarre seur du Roy de France*, Genève 1539.

Des Roches, Madeleine (um 1520-1587) et Cathérine (1542-1587)
-: *Les Œuvres de Mes Dames Des Roches de Poitiers, mère et fille*, Abel l'Anglier, 1578.
-: *Les Œuvres de Mes-Dames Des Roches de Poitiers mere et fille. Seconde Edition. Corrigee et augmentee de la Tragi-comedie de Tobie et autres œuvres poëtiques*, Paris: Abel l'Anglier, 1579, 1604.
-: *Les Secondes Œuvres de Mesdames des Roches*, Poictiers: Nicolas Courtois, 1583, 1604.
-: *Les Missives des Medames de Roches de poitiers mere et fille, avec le Ravissement de Proserpine prins du Latin de Clodian*, Paris: Abel L'Anglier, 1586.
-: *Instruction pour les Jeunes Dames, par la mère et la fille d'alliance*, Paris, sur la copie imprimée à Lyon par J. Dieppi, 1597 [?].

Estienne, Nicole, dame Liébaut
-: *Les Misères de la femme mariée, où se peuvent voir les peines et tourmens qu'elle reçoit durant sa vie, mises en stances par Madame Liébaut*, Paris: Claude Le Villain (Pierre Menier?), um 1595; Rouen 1597; ohne Autor als *Discours pitoyable, des lamentations de la femme mariée. Ensemble des miseres et tourmens qu'elle endure sous un mauvais mary*, Lyon: Thomas Arnaud d'Armosin, 1619; in: *La Femme dans la littérature française et les traductions en français*, Publications de l'Université de Lille, 1971, S.284-289.

Fleurs, Philiberte de
-: *Soupirs de Viduité*, um 1540.
-: Œuvres, in: *Bibliothèque Française par La Croix du Maine et du Verdier*, Paris 1772.

Flore, Jeanne
-: *Comptes Amoureux par Madame Jeanne Flore, Touchant la Punition de ceux qui contemnent et mesprisent le Vray Amour*, Paris 1532?, 1537?, 1543, 1555; Lyon 1574; Torino 1870 (Genève 1971); Paris 1980.
-: *La Pugnition de l'Amour contempné, extraict de l'Amour Fatale de Madame Jane Flore*, 1540 (veränderte Textorganisation, anstatt sieben Erzählungen der *Comptes* hier nur vier).

Gournay, Marie de (1565/6-1645)
-: *Le Proumenoir de M. de Montaigne*, 1594, ^{5}1607.
-: *Préface*, in: M. de Montaigne, *Essais*, 1595, 1598, 1600; 1604, 1611, 1617, 1625, 1635 (jeweils überarbeitet).

-: *L'Egalité des Hommes et des Femmes*, 1622; in: Schiff, Mario, *La fille d'alliance de Montaigne, Marie de Gournay*, Paris 1910, S.61-86.
-: *Grief des Dames*, 1626.
-: *L'Ombre de la Damoiselle de Gournay*, Paris: Jean Libert, 1626; dann als *Les Advis ou les Presens de la Demoiselle de Gournay*, 1634, 1641.
-: Uildriks, A., *Les Idées Littéraires de Mademoiselle de Gournay. Réédition de ses traités philologiques des Advis et Presens, édition de 1641, avec les variantes des éditions de 1626 et de 1634 et réédition de sa Préface des Essais de Montaigne, édition de 1635, avec les variantes de 1595 et de 1599*, Groningen 1962.

Guillet, Pernette de (um 1520-1545)
-: *Rymes de gentille et vertueuse Dame Pernette du Guillet*, Lyon 1545, 1547, 1552; 1830.
-: *Les Rymes*, ed. V. Graham, Genève 1968.

Jussie, Jeanne de
-: *Le Levain du Calvinisme ou Commencement de l'Hérésie de Genève. Faicte par Reverende Sœur Ieanne de Iussie, lors Religieuse à Saincte Claire de Genève, et après sa Sortie Abbesse d'Anyssi*, Chambéry 1611; ed. A. C. Grivel, Genève 1865.

Labé, Louise (um 1525-1566/68)
-: *Œuvres de Louize Labé*, Lyon: Jean de Tournes, 1555, 1556 (zwei Auflagen); Rouen: Jean Garou, 1556; 1756; 1815; ed. C. Boy, 2 Bde., Paris 1887; ed. A. Bosquet, Paris 1960.
-: *Œuvres complètes*, Maestricht 1928; ed. E. Giudici, Genève 1981; ed. F. Rigolot, Paris 1986.

Laurens, Jeanne du
-: *Généalogie de Messieurs du Laurens*, in: Ribbe, Charles de (Hrsg.), *Une Famille au XVIe siècle d'après des documents originaux*, Paris ³1879.

Marquets, Anne de (um 1533-1588)
-: *Sonets, Prieres et Devises en Forme de Pasquins pour l'assemblee de Messieurs les Prelats & Docteurs, tenue à Poissy*, Paris: Guil. Morel, 1562; Paris: chez la veufue Morel, 1566.
-: *Les Divines Poesies de Marc Antoine Flaminius: Contenantes Diuerses Prieres, Meditations, Hymnes, & actions de graces à Dieu: Mises en François, auec le Latin respondant l'un l'autre. Auec plusieurs Sonnets & cantiques, ou Chansons Spirituelles pour louer Dieu. A Madame Marguerite, soeur du Roy Treschrestien Charles IX*, Paris: Nocolas Chesneau, 1568, 1569.
-: *Sonets Spirituels de feue tres-vertueuse & tres-docte Dame Sr. Anne De Marquets, Religieuse à Poissy, Sur les Dimanches & Principales solennitez de l'Annee. A Madame de Fresnes*, Paris: Claude Morel, 1605.

Miremont, Jacqueline de
-: *Apologie pour les dames où est monstré la précellence de la femme en toutes actions vertueuses*, Paris: Jean Gesselin, 1602.

-: *La Partie de Marie et de Marthe*, ?.

Montaney, Georgette de (1540-1581)
-: *Emblemes ou Devises Chrestiennes*, Lyon 1571.

Navarre, Marguerite de (1492-1549)
-: *Le Miroir de l'Ame Pécheresse*, 1531; in: *Le Miroir de l'Ame Pécheresse. Discord étant en l'homme par Contrariété de l'esprit et de la chair. Oraison à nostre Seigneur Jésus Christ*, ed. J. Allaire, München 1972.
-: *Débat d'Amour*, 1532.
-: *Dialogue en Forme de Vision Nocturne*, 1533; ed. Pierre Jourda, in: *Revue du XVIe siècle* XIII (1926), 1-49.
-: *L'Inquisiteur*, 1536.
-: *Les Marguerites de la Marguerite des Princesses*, Lyon 1547; Paris 1554; ed. Félix Frank, 4 vols., Paris 1873 (repr. Genève 1970).
-: *Les Quatre Dames et les Quatre Gentilzhommes*.
-: *Deux Filles, Deux Mariées, La Vieille, le Vieillard et les Quatre Hommes*.
-: *La Femme, Quatre Fils, l'Homme*.
-: *Comédie de Mont de Marsan*.
-: *Comédie des Trois Roys*.
-: *Comédie sur le Trépas du Roy*.
-: *Le Malade*.
-: *L'Oraison de l'Ame Fidèle*.
-: *La Coche*, 1542; ed. Robert Marichal, Genève 1971.
-: *L'Heptaméron*, unvollständig und anonym 1558 als *Histoires des amans fortunez*; ed. Claude Gruget, Paris 1559, als *L'Heptaméron des Nouvelles de Tresillustre et Tresexcellente Princesse Marguerite de Valois Reyne de Navarre*; Paris 1560; Lyon 1581; Paris 1960; ed. Le Roux de Lincy et A. de Montaiglon, 4 vols., Paris 1880 (repr. Genève 1969); ed. M. François, Paris 1943, 1964; ed. C. Mettra, 1964.
-: *Lettres de Marguerite d'Angoulême*, ed. F. Genin, Paris 1842.
-: *Nouvelles Lettres de la Reine de Navarre*, ed. F. Genin, Paris 1842.
-: *Les Dernières Poésies de M. de Navarre*, ed. Abel Lefranc, Paris 1896.
-: "Jugendgedichte Margaretas aus einer Wiener Handschrift", hrsg. v. Phil. Aug. Becker, in: *Archiv für das Studium der neueren Sprachen und Literaturen* CXXXI (1913), 341-359.
-: *Œuvres de Marguerite de Navarre, Comédies*, ed. E. Schneegans, Strasbourg 1924.
-: *Epîtres et comédies inédites*, ed. Pierre Jourda, in: *Revue du XVIe siècle* XIII (1926), 177-204.
-: *Poésies inédites*, ed. Pierre Jourda, in: *Revue du XVIe siècle* XVII (1930), 42-63.
-: *Répertoire Analytique et Chronologie de la Correspondance de Marguerite d'Angoulême*, Paris 1930.
-: "Le Pater Noster de Marguerite de Navarre", ed. W. G. Moore, in: *La Réforme allemande et la Littérature française*, Strasbourg 1930, S.432-441.
-: *Comédie de la Nativité de Jésus-Christ*, ed. Pierre Jourda, Paris 1939.
-: *Théâtre Profane*, ed. V. Saulnier, Paris 1946, Genève 1963.

-: *La Navire ou Consolation du Roi François Ier à sa sœur Marguerite*, ed. R. Marichal, Paris 1956.
-: *Petit Œuvre dévot et contemplatif.* Neuedition und Versuch einer Erklärung von Hans Sckommodau, Frankfurt/Main 1960.
-: *Chansons spirituelles*, ed. Georges Dottin, Genève/Paris 1971.
-: *Les Prisons*, ed. S. Glasson, Genève 1978.

Romieu, Marie de (nach 1555-?)
-: *Les Premières Œuvres Poétiques de Mademoiselle Marie de Romieu Vivaroise, contenant un brief discours, que l'excellence de la femme surpasse celle de l'homme non moins recreatif que plein de beaux exemples*, Paris: L. Breyer, 1581; Paris 1878; ed. André Winandy, Genève 1972.
-: Neudruck des *Brief discours...* aus den *Premieres Œuvres* als *Discours admirable de l'excellence de femmes...*, Lyon: Thomas Armand d'Armosin, 1619.
-: *Instruction pour les Jeunes Dames, dans laquelle elles sont apprises comme il faut se bien gouverner en Amour*, (1573?),Lyon 1583, 1597 [?].
-: *Eglogue d'un Amant désespéré*, ?.

Valois, Marguerite de (1553-1615)
-: *Les Mémoires de la Reine Marguerite* (entst. 1597/8), als *Memoires*, ed. P. Bonnefou, Paris 1920; in: *Mémoires et autres écrits de Marguerite de Valois, la Reine Margon*, ed. Yves Casaux, Paris 1971.
-: *Lettre*, in: Loryot, François, *Les Fleurs des secrets moraux*, Paris: Claude Chappelet, 1614.
-: *La ruelle mal assortie ou entretiens amoureux d'une dame éloquente avec un cavalier gascon plus beau de corps que d'esprit et qui a autant d'ignorance comme elle de savoir*, in: *Nouveau recueil des pieces les plus agreables de ce temps,...*, Paris: Nicolas de Sercy, 1644.
-: *Stances Amoureuses*.
-: *Œuvres*, ed. M. F. Guessard, Paris 1842.

Weitere Autorinnen:
Paris: Antoinette de Loynes und ihre Töchter Camille, Lucrèce, Diane, Anne de Lautier, Diane Symon, Artuse de Vernon, Cathérine de Clermont, Anne Séguier Duprat-Lavergne, Henriette de Clèves; Le Poitou: Madeleine Chémeraut; L'Anjou: Esther de Beauvais; La Provence: La Dame Desjardins; Le Dauphiné: Marie Delahaye; Le Languedoc: Marguerite de Cambis; Le Bourbonnais: Marie de Brame.

Henriette de Balzac d'Entraigues, Anne de Graville, Claudine und Sibylle Scève, Jacqueline Stuard (nichts erhalten); Anne Toulonne, Céline Millaflor, Louise de Crèvecœur, Anne de Pisseleu, Diane de Poitiers, Gabrielle de la Tremouille, Cathérine de Parthenay, Marguerite de Bourg Dame de Gage.

III. Deutschland

15.Jahrhundert:
Elisabeth von Nassau-Saarbrücken (nach 1393-1456)
-: *Hug Schapler* (enst. vor 1437), Straßburg 1500; bearb. v. G. Stiebner, Nürnberg 1794; in: *Deutsche Volksbücher*, hrsg. v. K. Simrock, Bd. 9, Frankfurt/Main 1856; als *Der Huge Scheppel der Gräfin Elisabeth von Nassau-Saarbrücken nach der Handschrift der Hamburger Stadtbibliothek*. Mit einer Einleitung von Herrmann Urtel, Leipzig 1905; in: *Volksbücher vom sterbenden Rittertum*, Weimar 1928; in: *Eine schöne und lustige Historie von den vier Heymonskindern*, hrsg. v. G. Schneider und E. Arndt, Berlin 1958.
-: *Herpin*, Staßburg: Johannes Grüninger, 1514.
-: *Loher und Maller* (enst. um 1437), als *Ein schöne warhafftige Hystory von Keiser Karolus sun genant Loher...*, Straßburg 1513; Straßburg: Johannes Grüninger, 1514; Frankfurt/Main 1567; bearb. v. F. und D. v. Schlegel, Frankfurt/Main 1805; hrsg. v. K. Simrock, Stuttgart 1868.
-: *Der Roman der Königin Sibille in drei Prosafassungen des 14. und 15.Jahrhunderts*, hrsg. v. Hermann Tiemann, Hamburg 1977.

Eleonore von Österreich (um 1433-1480)
-: *Pontus und Sidonia*, Augsburg: Hans Schönsperger, 1483.

Kottanner, Helene
-: *Die Denkwürdigkeiten der Helene Kottannerin (1439-1440)*, hrsg. v. Karl Mollay, Wien 1971.

16.Jahrhundert:
Anna Maria von Preußen (1532-1568)
-: *Fürstenspiegel...*, hrsg. v. Alfred Nicolovius, Königsberg 1835.

Elisabeth von Braunschweig-Lüneburg (1510-1558)
-: *Ein christlicher Sendbrief/der Durch=leuchtigen Hochgebornen Fürstinnen und Frauen F. Elizabeth geborne Marggräfinnen zu Branden=burg...om alle jrer F.=G. vnd irer F.-G. hertz=lieben Sons Hertzogen Erichs Vn=dertanen geschrieben/Christli=che besserung vnd ein newes Gottseliges leben/so in dieser lesten bösen zeit/die hohe nod fordert/belangend. Mit einer vorede Antony Coruini. MDXLV*. [Hannover 1545].
-: *Der Widwen Handbüchlein Durch eine Hocherleuchte Fürstliche Widwe, vor vielen Jahren selbst beschrieben und verfasset...*, [1556], 1606, ^{6}1609.
-: *Unterrichtung und Ordnung so wir aus ganz mutterlicher wolmeinung und getreuem hertzen dem hochgebornen fürsten hern Erich...unserm freuntlichen, hertzlieben son...gestalt haben*, 1545; s. Tschackert, Paul, "Herzogin Elisabeth von Münden (gest. 1558), geborene Markgräfin von Brandenburg, die erste Schriftstellerin aus dem braunschweigischen Hause, ihr Lebensweg und ihre Werke", in: *Hohenzollern Jahrbuch. Forschungen und Abbildungen zur Geschichte der Hohenzollern in Brandenburg-Preußen*, hrsg. v. Paul Seidel, 3.Jg., Berlin/Leipzig 1899, S.49-65, hier: Beilage, S.22-44.

-: *Ein freuntlicher und mütterlicher underricht...so wir aus gantz mutterlicher liebe...zu ihrem angefangenen ehestande zu ehren und besten gestalt haben* (für Anna Maria, Herzogin von Preußen), 1550; in: Tschackert, Beilage, S.44-55.
-: *Lieder der Herzogin Elisabeth von Braunschweig-Lüneburg, Gräfin von Henneberg, zu Hannover von 1553 bis 1555 gedichtet*, hrsg. v. Golz-Greifswald, Freiherr v. d., in: *Zeitschrift der Gesellschaft für Niedersächsische Kirchengeschichte (ZGNKG)* XIX (1914), 147-208; s.a. *ZGNKG* XVI (1911), 280-294; *ZGNKG* XVIII (1913), 28-43; Franz, Iwan, "Elisabeth von Calenberg-Göttingen als Liederdichterin. Ein Beitrag zur Charakteristik der Fürstin", in: *Zeitschrift des historischen Vereins für Niedersachsen*, Hannover 1872; Brinker-Gabler(1978), S.69-73.
-: *Elisabeth von Braunschweig-Lüneburg und Albrecht von Preußen. Ein Fürstenbriefwechsel der Reformationszeit*, hrsg. v. Ingeborg Mengel. Göttinger Bausteine zur Geschichtswissenschaft 13/14, Göttingen/Frankfurt/Berlin 1954.
-: Koch, Franz, "Briefe der Herzogin Elisabeth von Braunschweig-Lüneburg", in: *ZGNKG* X (1905), 231-266, sowie *ZGNKG* XI (1906), 89-146.

Gottgabs, Elisabeth
-: *Bericht, Christum Jesum im Geist zu erkennen, Allen gläubigen und catholischen Christen zu nutz, Trost und Wolfart verfasset*, Mainz: Frantz Behem, 1550.

Grumbach, Argula von (um 1492-nach 1563)
-: *Flugschriften 1523/1524* in: Schöndorff, Kurt Erich, "Argula von Grumbach, eine Verfasserin von Flugschriften in der Reformationszeit", in: *Frauen und Frauenbilder. Dokumentiert durch 2000 Jahre*. Osloer Beiträge zur Germanistik 8, Oslo 1983.

Heymair, Magdalena
-: *Die Sonteglische Epistel vber das gantze Jahr in gesangweis gestelt. durch Magdalenam Heymairin Teütsche Schulmaisterin zue Chamb*. Mit einer Vorrede Magistri Bilibaldi Ramsbecken Stadtpredigers zu Chamb, 1566; *Die Sonteglichen Episteln...*, Nürnberg bey Heinrich Knorren, 1568, Nürnberg 1569; *Die Sonteglichen Episteln vber das gantze Jar in gesang weyß gestellt erstlich Anno 1568. Durch die Gotselige vnd Christliche Matron vnd Frawen Magdalenam Heymairin damal zu Chamb jetzt aber zu Regensburg Teütsche Schulmaisterin Nun aber durch einen guthertzigen Christen heyliger Schrifft vnd der lieblichen Muzice vnd singkunst erfarnen vnd liebhaber Got vnd allen Christen zu ehren sonderlich der lieben Jugend von newem vbersehen corrigiert gebessert geendert mit etlichen geistlichen Melodeyen vnd gemehret mit den Episteln und Lectionibus fast auff alle Fest deß gantzen Jars vnd etlich wenig an gelegenen Orten hie zu dienlichen eingehengten Historien vnnd Texten*. mit einer Vorred Magistri Wilibaldi Rambßbeck Stattpredigers zu Chamb. Die Melodey bey einem jeden Gesang angezeigt. Gedruckt zu Laugingen durch Leonhart Reinmichel, 1578.
-: *Das Büchlein Jesu Syrach in Gesange verfasset vnd der lieben Jugendt zu gutem in Truck gegeben durch Magdalena Heymairin, Teutsche Schulmeisterin zu Regenspurg*. Mit einer schönen Vorred...Gedruckt zu Regenspurg Durch Hans Burger, 1571, 1572, 1573, 1574, 1578; dann: jetzt aber von newem Corrigiert gebessert, vbersehen, etwas wenigs geendert vnd gemehret vnd vast in lauter Gaistliche Melodeyen der Kirchen Psalmen Lobgesäng vnd geistliche Lieder verfasset. Durch Gregorium Sunderreütter. Prediger deß hailigen euangelii Jesu Christi zu Augspurg bey S. Görgen, 1578, 1586; Nürnberg 1609.

-: *Die Apostel Geschicht Nach der Historien Gesangsweiß gestelt Durch Magtalena Heymairin, diser Zeytt Teutsche Schuelhalterin zu Regenspurg*, 1573; *Das Buch der Apostolischen Geschichten gesangweiß gestelt von der Göttseligen Ehren und Tugentreichen Matronen Magdalena Heymairin und durch Gregorium Sunderreütter Hydropyrgium...corrigieret gemehret unnd im Truck verfertiget* Getruckt zu Straßburg durch Antonium Bertram, 1586.

-: *Das Buch Tobiae samt etlichen vnd 50 geistlichen Liedern vnd Kindergesprächen, wozu noch viele Weynacht=Oster=vnd Pfingstgesänge zu rechnen...*, 1580; *Das Buch Tobiae Jnn Christliche Reimen Vnnd Gesangweiße gefast und gestellet GOTt dem lieben Ehestand allen frommen Christliebenden Eheleuten und Jungfrewlichen Kinderschulen zu ehren erinnerung vnd Trost Durch Frauen Magdalenen Heymairin Jetz aber durch einen gut Hertzigen Christen gebessert vnnd gemehret vnd von newem mit anderen ein verleibten Gesänglen in Truck verfertiget*, 1586.

Margarethe von Österreich (1480-1530)

-: *Correspondance de Marguerite d'Autriche Duchesse de Parma avec Philippe II suivie des interrogatoires du Comte d'Egmont*, Bruxelles 1842.

-: *Correspondance de Marguerite d'Autriche Duchesse de Parma avec Philippe II*, ed. M. Gachard, Bruxelles 1867, 1870, 1881.

-: *Correspondance de Marguerite d'Autriche et ses ambassadeurs à la Cour de France concernant l'éxécution du Traité de Combrai (1529-1530)*, ed. Ghislaine de Boom, Bruxelles 1935.

-: *Korrespondenz des Kaisers Karl V.* Erster Band 1513-1532, hrsg. v. Karl Lanz, Frankfurt/Main 1966.

Münsterberg, Ursula von (um 1495-um 1534)

-: *Der durchleuchtigen hochgebornen F. Ursulen Herzogin zu Monsterberg [...] Gräfin zu Glotz [...] Christliche ursach des verlassen Klosters zu Freyberg*, Wittenberg: Hans Luft, 1528; Nürnberg 1929.

Peutinger, Margarete (1481-1552)

-: *Margaritae Velseriae Conradi Peutingeri coniugis ad Christophorum fratrem epistola multa rerum antiquarum cognitione insignis*. Quam primus typis exscribendam curavit Hieronimus Andreas Mertens. Augustae Vindelicorum 1778.

Pirckheimer, Caritas (1467-1532)

-: *Die "Denkwürdigkeiten" der Caritas Pirckheimer (aus den Jahren 1524-1528)*, hrsg. v. Josef Pfanner, Landshut 1962.

-: *Briefe an, von und über Caritas Pirckheimer (aus den Jahren 1498-1530)*, hrsg. v. Josef Pfanner, Landshut 1966.

Wecker Anna

-: *Ein Köstlich new Kochbuch: Von allerhand Speisen an Gemüsen Obs Fleisch Geflügel Wildpret Fischen und Gebachens*, Amberg. Bey Michale Forstern, 1597.

Zeilner, Helene

-: *Der Seelen Lustgärtlein. zusammengetragen von vielen tröstlichen Sprüchlein und Hertzstärckungen wie die Gottesfürchtigen Matronen und zarten Junckfräwlein...sicher und gewiss zu dem ewigen Leben wandlen sollen. durch Helenam Zeillnerin geb. Stecklerin*, Laugingen, 1601.

Zell, Katharina (1497/8-1562)

-: *Entschuldigung Katharina Schützinn für M. Mathes Zellen jren Ehegemahel der ein Pfarrher und dyener ist im wort Gottes zu Strassburg. Von wegen grosser lügen uff jn erdiecht*, (Straßburg?, Augsburg?) 1524.

-: *Den leydenden Christglaubigen weybern der gemain zu Kentzingen meinen mit schwestern in christo Jhesu zu handen*, (Straßburg?) 1524.

-: *Ein Brief an die ganze Bürgerschaft der Stadt Straßburg betreffend Herrn Ludwig Rabus*, 1557; in: J. C. Füsslin, *Beyträge zur Erläuterung der Kirchen-Reformationsgeschichte des Schweitzerlandes*, Bd. 5, 1753.

-: *Den Psalmen Misere mit dem Khünig David bedacht gebettet und paraphrasiert...*, (Straßburg?) 1558.

-: "Klagerede und Ermahnung Katharina Zellin zum Volk bei dem Grab M. Matheus Zellen", in: *Beiträge zur Kirchengeschichte des Elsasses* 7 (1887), 49-79, 113-121.

17.Jahrhundert:

vgl. hierzu die lexikalische Auflistung von Namen, Familienstand, Werken, Sekundärliteratur etc., den Zeitraum von 1600-1750 betreffend, bei Fürstenwald, Maria/Woods, Jean M., *Schriftstellerinnen, Künstlerinnen und gelehrte Frauen des deutschen Barock. Ein Lexikon*, Stuttgart 1984.

Bibliographie

Adorno, Theodor W./Horkheimer, Max, *Dialektik der Aufklärung*, Frankfurt/Main 1986.
Agrippa von Nettesheim, Heinrich Cornelius, *Von dem Vorzug und der Fürtrefflichkeit des weiblichen Geschlechts vor dem männlichen*, Nachdr. d. Ausg. Jena 1736, Tübingen 1987.
ders., *De nobilitate et praecellentia foeminei sexus*, édition critique d'après le texte d'Anvers 1529, ed. R. Antonioli, Genève 1990.
Albistour, Maïté/Armogathe, Daniel, *Histoire du Féminisme Français du moyen âge à nos jours*, Paris 1977.
dies., Le grief des femmes. Anthologie des textes féministes du moyen âge à la seconde république, Paris 1978.
Amman, Jost, *Frauentrachtenbuch*, Frankfurt/Main 1586 (Faksimileausgabe Leipzig 1972).
Angenot, Marc, *Les Champions des Femmes. Examen du discours sur la supériorité des femmes 1400-1800*, Montréal 1977.
Antonioli, Roland, "L'image de la femme dans DE NOBILITATE ET PRAECELLENTIA FOEMINEI SEXUS d'H.C. Agrippa", in: *La Femme et la Renaissance*, S.27-39.
Appelt, Hedwig, *Die leibhaftige Literatur. Das Phantasma und die Präsenz der Frau in der Schrift*, Weinheim und Berlin 1989.
Aresin, Lykke/Hörz, Helga/Hüttner, Hannes/Szewczyk, Hans (Hrsg.), *Lexikon der Humansexuologie*, Berlin 1990.
Ariès, Philippe/Béjin, André/Foucault, Michel u.a., *Die Masken des Begehrens und die Metamorphosen der Sinnlichkeit. Zur Geschichte der Sexualität im Abendland*, hrsg. v. Philippe Ariès und André Béjin, Frankfurt/Main 1989.
Ariès, Philippe, "Überlegungen zur Geschichte der Homosexualität", in: Ariès/Béjin/Foucault, S.80-96.
ders., "Liebe in der Ehe", in: Ariès/Béjin/Foucault, S.165-175.
ders., "Die unauflösliche Ehe", in: Ariès/Béjin/Foucault, S.176-196.
Aristoteles, *Tierkunde*, hrsg. v. Paul Gohlke, Paderborn 1949.
ders., *Politik*, hrsg. v. Paul Gohlke, Paderborn 1959.
Auerbach, Erich, *Mimesis. Dargestellte Wirklichkeit in der abendländischen Literatur*, Bern/München ⁷1982.
Baader, Renate/Fricke, Dietmar (Hrsg.), *Die französische Autorin vom Mittelalter bis zur Gegenwart*, Wiesbaden 1979.
Baader, Renate, "Streitbar und unzeitgemäß: die Moralistik der Marie de Gournay", in: Baader/Fricke, S.77-88.
Bachtin, Michail, *Literatur und Karneval. Zur Romantheorie und Lachkultur*, Frankfurt/Berlin/Wien 1985.
Bäuerle, Margret/Braun, Luzia, "'Ich bin heiser in der Kehle meiner Keuschheit'. Über das Schreiben der Mystikerinnen", in: Gnüg/Möhrmann, S.1-15.
Bainton, Roland H., *Women of the Reformation in Germany and Italy*, Minneapolis/Minn. 1971.
ders., *Women of the Reformation in France and England*, Minneapolis/Minn. 1973.
ders., "Learned Women in the Europe of the Sixteenth Century", in: Labalme, S.117-128.
Baldacci, Luigi, *Il petrarchismo italiano nel Cinquecento*, Milano/Napoli 1957.
ders. (Hrsg.), *Lirici del Cinquecento*, Firenze 1957.

Baradel, Virginia/Borsetto, Luciana/Chemello, Adriana/Frigo, Daniela/Zancan, Marina, *Nel cerchio della luna. Figure di donna in alcuni testi del XVI secolo*, a cura di Marina Zancan, Venezia 1983.
Baradel, Virginia, "Figura d'amore. Aspetti della figurazione femminile nel Rinascimento", in: *Nuova dwf. donnawomanfemme* 25/26 (1985), 57-77.
Bassanese, Fiora A., *Gaspara Stampa*, Boston 1982.
Becker, Gabriele/Bovenschen, Silvia/Brackert, Helmut u.a., *Aus der Zeit der Verzweiflung. Zur Genese und Aktualität des Hexenbildes*, Frankfurt/Main 1977.
Becker, Gabriele/Brackert, Helmut/Brauner, Sigrid/Tümmler, Angelika, "Zum kulturellen Bild und zur realen Situation der Frau im Mittelalter und in der frühen Neuzeit", in: Becker/Bovenschen/Brackert, S.11-128.
Becker-Cantarino, Barbara, "Die schriftstellerische Tätigkeit der Elisabeth von Braunschweig-Lüneburg (1510-1558)", in: *Virtus et Fortuna. Zur deutschen Literatur zwischen 1400 und 1720*. Festschrift für Hans-Gert Roloff zu seinem 50.Geburtstag, hrsg. v. Joseph P. Strelka und Jörg Jungmayr, Bern 1983, S.237-258.
dies., "'Frau Welt' und 'Femme Fatale': Die Geburt eines Frauenbildes aus dem Geist des Mittelalters", in: Poag, James F./Scholz-Williams, Gerhild (Hrsg.), *Das Weiterleben des Mittelalters in der deutschen Literatur*, Königstein 1983, S.61-73.
dies., "Frauen in den Glaubenskämpfen. Öffentliche Briefe, Lieder und Gelegenheitsschriften", in: Brinker-Gabler (1988), S.149-172.
dies., *Der lange Weg zur Mündigkeit. Frauen und Literatur in Deutschland von 1500 bis 1800*, München 1989.
Bellenger, Yvonne, "Femmes mal aimées, femmes malmenées dans la littérature française de la Renaissance", in: *La Femme et la Renaissance*, S.41-54.
Bembo, Pietro, *Prose e Rime*, a cura di Carlo Dionisotti, Torino 1978.
Bennent, Heidemarie, *Galanterie und Verachtung. Eine philosophiegeschichtliche Untersuchung zur Stellung der Frau in Gesellschaft und Kultur*, Frankfurt/New York 1985.
Berg, Jan, "'Der Beute-Gestus'. Dokumentarische Exotik im Film", in: Koebner/ Pickerodt, S.345-362.
Die Bibel. Einheitsübersetzung der Heiligen Schrift. Gesamtausgabe, Stuttgart 1980.
Binni, Walter, *Critici e poeti dal Cinquecento al Novecento*, Firenze 1969.
Blade, Melinda K., *The Education of Renaissance Women*, Mesquite 1981.
Bloch, Ernst, *Vorlesungen zur Philosophie der Renaissance*, Frankfurt/Main 1977.
Blumenberg, Hans, *Die Lesbarkeit der Welt*, Frankfurt/Main 1986.
ders., "Wirklichkeitsbegriff und Wirkungspotential des Mythos", in: Fuhrmann, Manfred (Hrsg.), *Terror und Spiel. Poetik und Hermeneutik IV*, München 1971, S.11-66.
Böhme, Günther, *Wirkungsgeschichte des Humanismus im Zeitalter des Rationalismus*, Darmstadt 1988.
Boehn, Max von, *Die Mode. Menschen und Moden im 16.Jahrhundert*, Bd. II, München ²1964.
Borsetto, Luciana, "Narciso ed Eco. Figura e scrittura nella lirica femminile del Cinquecento: esemplificazioni ed appunti", in: Baradel/Borsetto/Chemello/Frigo/ Zancan, S.171-233.
Bovenschen, Silvia, *Die imaginierte Weiblichkeit. Exemplarische Untersuchungen zu kulturgeschichtlichen und literarischen Präsentationsformen des Weiblichen*, Frankfurt/Main 1979.
dies., "Die aktuelle Hexe, die historische Hexe und der Hexenmythos. Die Hexe: Subjekt der Naturaneignung und Objekt der Naturbeherrschung", in: Becker/Bovenschen/Brackert, S.259-312.
Brackert, Helmut, "'Unglückliche, was hast du gehofft?'. Zu den Hexenbüchern des 15. bis 17.Jahrhunderts", in: Becker/Bovenschen/Brackert, S.131-187.

Brenner, Ines/Morgenthal, Gisela, "Sinnlicher Widerstand während der Ketzer- und Hexenverfolgungen. Materialien und Interpretationen", in: Becker/Bovenschen/Brackert, S.188-239.
Bridenthal, Renate/Koonz, Claudia (Hrsg.), *Becoming Visible. Women in European History*, Boston 1977.
dies., "Introduction", in: dies., S.1-10.
Brinker-Gabler, Gisela (Hrsg.), *Deutsche Dichterinnen vom 16.Jahrhundert bis zur Gegenwart. Gedichte und Lebensläufe*, Frankfurt/Main 1978.
dies. (Hrsg.), *Deutsche Literatur von Frauen*, Bd. 1, München 1988.
dies., "Einleitung. Frauen schreiben. Überlegungen zu einer ausgewählten Exploration literarischer Praxis", in: dies. (1988), S.11-36.
Brown, Judith C., "A Woman's Place was in the Home: Woman's Work in Renaissance Tuscany", in: Ferguson/Quilligan/Vickers, S.206-224.
Burckhardt, Jacob, *Die Kultur der Renaissance in Italien*, Berlin 1928.
Burke, Peter, *Die Renaissance in Italien. Sozialgeschichte einer Kultur zwischen Tradition und Erfindung*, Berlin 1984.
ders., *Städtische Kultur in Italien zwischen Hochrenaissance und Barock. Eine historische Anthropologie*, Berlin 1988.
ders., *Die Renaissance*, Berlin 1990.
Carlson, Catherine Allen, *Gaspara Stampa and Cinquecento Petrarchism*, London 1979.
Casteele-Schweitzer, Sylvie Van de/Voldmann, Danièle, "Die mündlichen Quellen der Frauenforschung", in: Corbin/Farge/Perrot, S.135-146.
Castiglione, Baldassar, *Il libro del Cortegiano*, Milano 1987.
Champdor, Albert, *Louise Labé. Son Œuvre et son Temps*, Trevoux 1981.
Chemello, Adriana, "Donna di palazzo, moglie, cortigiana: ruoli e funzioni sociali della donna in alcuni trattati del Cinquecento", in: *La corte e il cortegiano* II, Roma 1980, S.113-132.
dies., "La donna, il modello, l'immaginario: Moderata Fonte e Lucrezia Marinella", in: Baradel/Borsetto/Chemello/Frigo/Zancan, S.95-170.
dies., "Giochi ingegnosi e citazioni dotte: immagini del 'femminile'", in: *Nuova dwf. donnawomanfemme* 25/26 (1985), 39-55.
Cecchi, Emilio, *Storia della letteratura italiana*, Bd. 4, Il Cinquecento, Milano 1966.
Cibin, Patrizia, "Meretrici e cortigiane a Venezia nel '500'", in: *Nuova dwf. donnawomanfemme* 25/26 (1985), 79-102.
Colón, Cristóbal, *Textos y documentos completos. Relaciones de viajes, cartas y memoriales*, ed. de Consuelo Varela, Madrid ^{2}1984.
Colonna, Vittoria, *Rime*, a cura di Alan Bullock, Roma/Bari 1982.
Corbin, Alain/Farge, Arlette/Perrot, Michelle u.a., *Geschlecht und Geschichte. Ist eine weibliche Geschichtsschreibung möglich?*, hrsg. v. Michelle Perrot, Frankfurt/Main 1989.
Cortés, Hernán, *Cartas de relación*, ed. de Mario Hernández, Madrid 1985.
Crenne, Hélisenne de, *Les angoysses douloureuses qui procedent d'amours (1538). Première Partie*, ed. crit. Paule Demats, Paris 1968.
Croce, Benedetto, *Conversazioni critiche. Serie seconda*, Bari 1950.
ders., *Poeti e scrittori del pieno e del tardo Rinascimento*, Bd. 2, Bari 1945, Bd. 3, Bari 1952.
ders., "Vincenza Armani e Adriano Valerini", in: ders. (1945), S.170-181.
ders., "Veronica Franco", in: ders. (1952), S.218-234.
ders., "Isabella Andreini", in: ders. (1952), S.273-278.
Crosby, Alfred W., *Die Früchte des weißen Mannes. Ökologischer Imperialismus 900-1900*, Frankfurt/New York 1991.

Culler, Jonathan, *Dekonstruktion. Derrida und die poststrukturalistische Literaturtheorie*, Reinbek 1988.
Daenens, Francine, "Doxa e paradoxa: uso e strategia della retorica nel discorso sulla superiorità della donna", in: *Nuova dwf. donnawomanfemme* 25/26 (1985), 27-38.
Davis, Natalie Z., *Les cultures du peuple. Rituels, savoirs et résistances au 16e siècle*, Paris 1979.
dies., *Frauen und Gesellschaft am Beginn der Neuzeit*, Frankfurt/Main 1989.
dies., "Gender and Genre: Women as Historical Writers 1400-1820", in: Labalme, S.153-182.
de Benedetto, Arnaldo (Hrsg.), *Prose di Giovanni della Casa e altri trattatisti cinquecenteschi del comportamento*, Torino ²1974.
Debus, Allen G., *Man and Nature in the Renaissance*, Cambridge 1978.
Dedekind, Friedrich, *Grobianus: de morum simplicitate. Grobianus. Von groben Sitten und unhöflichen Gebärden*, deutsche Fassung von Caspar Scheidt, Darmstadt 1979.
de las Casas, Bartolomé, *Brevísima relación de la destrucción de las Indias*, ed. de André Saint-Lu, Madrid 1991.
della Casa, Giovanni, "Galateo", in: de Benedetto, S.191-263.
de Lauretis, Teresa, *Alice Doesn't. Feminism, Semiotics, Cinema*, Bloomington 1984.
Delumeau, Jean, *La Civilisation de la Renaissance*, Paris 1967.
ders., *Le péché et la peur. La culpabilisation en Occident (XIIIe-XVIIIe siècles)*, Paris 1983.
ders., *Angst im Abendland. Die Geschichte kollektiver Ängste im Europa des 14. bis 18.Jahrhunderts*, Reinbek 1989.
De Maio, Romeo, *Donna e Rinascimento*, Milano 1987.
de Mello e Souza, Laura, "Die Neue Welt zwischen Gott und Teufel", in: *Lettre International* 11 (1990), 31/2.
Der utopische Staat. Morus: Utopia, Campanella: Sonnenstaat, Bacon: Neu-Atlantis, hrsg. v. Klaus J. Heinisch, Reinbek 1987.
Didier, Béatrice, *L'Ecriture-Femme*, Paris 1981.
Döbele, Isolde, "Die Künstler und die Seeschlacht von Lepanto im 16. und 17.Jahrhundert", in: *Europa und der Orient 800-1900. LeseBuch*, S.68-75.
Dülmen, Richard van, *Entstehung des frühneuzeitlichen Europa 1550-1648*, Frankfurt/Main 1982.
Eggebrecht, Eva, "...'Ich und meine Gefährten leiden an einer Krankheit des Herzens, die nur mit Gold geheilt werden kann...'", in: *Glanz und Untergang des alten Mexiko. Katalog-Handbuch*, S.162-184.
Elias, Norbert, *Über den Prozeß der Zivilisation*, 2 Bde., Frankfurt/Main 1976.
ders., *Die höfische Gesellschaft*, Frankfurt/Main 1983.
Enderlein, Volkmar, "Eine Bemerkung zu Busbecqs 'Türkischen Briefen'", in: *Europa und der Orient 800-1900. LeseBuch*, S.64-67.
Engelmann, Peter, "Einführung. Postmoderne und Dekonstruktion. Zwei Stichwörter zur zeitgenössischen Philosophie", in: ders. (Hrsg.), *Postmoderne und Dekonstruktion. Texte französischer Philosophen der Gegenwart*, Stuttgart 1990, S.5-32.
Engels, Friedrich, "Der Ursprung der Familie, des Privateigentums und des Staats", in: K. Marx und F. Engels, *Ausgewählte Werke*, Moskau 1981, S.473-609.
Erdheim, Mario, "Anthropologische Modelle des 16.Jahrhunderts. Über Las Casas, Oviedo und Sahagún", in: Kohl (1982), S.57-67.
Europa und der Orient 800-1900, hrsg. v. Gereon Sievernich und Hendrik Budde, Gütersloh/München 1989.
Europa und der Orient 800-1900. LeseBuch, hrsg. v. Gereon Sievernich und Hendrik Budde, Berlin 1989.
Evard, Jean-Luc, "Das Paradoxon der Liebe", in: Kamper/Wulf (1988), S.254-267.

Favret, Jeanne, "Hexenwesen und Aufklärung", in: Honegger, S.336-366.
Febvre, Lucien, *Der neugierige Blick. Leben in der französischen Renaissance*, Berlin 1989.
Feest, Christian F., "Das Erbe der Kunst- und Wunderkammern. Mexicana des 16.Jahrhunderts in europäischen Museen", in: *Glanz und Untergang des Alten Mexiko. Katalog-Handbuch*, S.185-188.
Ferguson, Margaret W./Quilligan, Maureen/Vickers, Nancy J. (Hrsg.), *Rewriting the Renaissance. The Discourses of Sexual Difference in Early Modern Europe*, Chicago and London 1986.
Ferrante, Joan M., "The Education of Women in the Middle Ages in Theory, Fact, and Fantasy", in: Labalme, S.9-42.
Ferroni, Giulio (Hrsg.), *Poesia italiana del Cinquecento*, Milano 1978.
Ficino, Marsilio, *El libro dell'amore*, a cura di Sandra Niccoli, Firenze 1987.
Fine, Agnès, "Die Aussteuer - Teil einer weiblichen Kultur?", in: Corbin/Farge/Perrot, S.161- 198.
Flandrin, Jean-Louis, "Das Geschlechtsleben der Eheleute in der alten Gesellschaft: Von der kirchlichen Lehre zum realen Verhalten", in: Ariès/Béjin/Foucault, S.147-164.
Flora, Francesco, *Storia della letteratura italiana*, Bd. 3, Milano 1972.
Flore, Jeanne, *Contes Amoureux*, par le Centre Lyonnais de l'Humanisme (CLEH), sous la diréction de Gabriel-A. Pérouse, Lyon 1980.
Förster, Renate, *Liebe, Poesie, Emanzipation. Petrarca und die Dichterinnen der italienischen Renaissance*, Frankfurt/Main 1985.
Forster, Leonard, *The Icy Fire*, Cambridge 1969.
Foucault, Michel, *Die Ordnung der Dinge*, Frankfurt/Main [7]1988.
ders., *Der Wille zum Wissen. Sexualität und Wahrheit 1*, Frankfurt/Main 1983.
ders., *Der Gebrauch der Lüste. Sexualität und Wahrheit 2*, Frankfurt/Main 1989.
ders., *Die Sorge um sich. Sexualität und Wahrheit 3*, Frankfurt/Main 1989.
ders., *Wahnsinn und Gesellschaft. Eine Geschichte des Wahns im Zeitalter der Vernunft*, Frankfurt/Main [8]1989.
Fouquet, Cathérine/Knibiehler, Yvonne, *La beauté, pour quoi faire? Essai sur l'histoire de la beauté féminine*, Paris 1982.
dies., *La Femme et les Médecins. Analyse Historique*, Paris 1983.
Fouquet, Cathérine, "Führt der Weg der Frauengeschichte über die Geschichte des weiblichen Körpers?", in: Corbin/Farge/Perrot, S.47-61.
Frenzel, Herbert A. und Elisabeth, *Daten deutscher Dichtung*, Bd. 1, München [18]1981.
Freytag, Wiebke, "Geistliches Leben und christliche Bildung. Hrotsvit und andere Autorinnen des frühen Mittelalters", in: Brinker-Gabler (1988), S.65-76.
Fricke, Dietmar, "Wiedergeburt in Lieben und Schreiben - Weibliche erzählende Prosa der Renaissance: Jeanne Flore - Hélisenne de Crenne - Marguerite de Navarre", in: Baader/Fricke, S.63-75.
Friedrich, Hugo, *Epochen der italienischen Lyrik*, Frankfurt/Main 1964.
Frigo, Daniela, "Dal caos all'ordine: sulla questione del 'prender moglie' nella trattatistica del sedicesimo secolo", in: Baradel/Borsetto/Chemello/Frigo/Zancan, S.57-93.
Fürstenwald, Maria/Woods, Jean M., *Schriftstellerinnen, Künstlerinnen und gelehrte Frauen des deutschen Barock. Ein Lexikon*, Stuttgart 1984.
Garin, Eugenio, *L'umanesimo italiano. Filosofia e vita civile nel Rinascimento*, Roma/Bari [9]1984.
Gebauer, Gunter, "Ausdruck und Einbildung. Zur symbolischen Funktion des Körpers", in: Kamper/Wulf (1982), S.313-329.
Giesenfeld, Günter, "Von Jean Hougron zu Scholl-Latour", in: Koebner/Pickerodt, S.307-344.

Ginzburg, Carlo, *Die Benandanti. Feldkulte und Hexenwesen im 16. und 17.Jahrhundert*, Frankfurt/Main 1980.
ders., *Hexensabbat. Entzifferung einer nächtlichen Geschichte*, Berlin 1990.
Giudici, Enzo, *Louise Labé*, Paris 1981.
Glanz und Untergang des alten Mexiko. Katalog-Handbuch, Mainz 1986.
Gnüg, Hiltrud/Möhrmann, Renate (Hrsg.), *Frauen - Literatur - Geschichte*, Stuttgart 1985.
Gössmann, Elisabeth, "Für und wider die Frauengelehrsamkeit. Eine europäische Diskussion im 17.Jahrhundert", in: Brinker-Gabler (1988), S.185-196.
Goodman, Kay, "Weibliche Autobiographien", in: Gnüg/Möhrmann, S.289-299.
Greenblatt, Stephen, *Schmutzige Riten. Betrachtungen zwischen Weltbildern*, Berlin 1991.
Grotzfeld, Heinz und Sophia, "Die Erzählungen aus Tausendundeiner Nacht. Geschichte und Herkunft", in: *Europa und der Orient 800-1900. LeseBuch*, S.86-95.
Guidi, José, "De l'amour courteois à l'amour sacré: La condition de la femme dans l'oeuvre de B. Castiglione", in: *Images de la Femme dans la Littérature Italienne de la Renaissance*, hrsg. v. André Rochon, Paris 1980, S.9-80.
Guillet, Pernette du, *Rymes*, ed. crit. Victor E. Graham, Genève 1968.
Guillot, Gérard, *Louise Labé*, Paris 1962.
Gumbrecht, Hans Ulrich, "Wenig Neues in der Neuen Welt. Über Typen der Erfahrungsbildung in spanischen Kolonialchroniken des XVI.Jahrhunderts", in: Stempel/Stierle, S.227-249.
Habermas, Jürgen, *Der philosophische Diskurs der Moderne*, Frankfurt/Main 1988.
Hammer-Tugendhat, Daniela, "Venus und Luxuria. Zum Verhältnis von Kunst und Ideologie im Hochmittelalter", in: Barta, Ilsebill u.a. (Hrsg.), *Frauen. Bilder. Männer. Mythen. Kunsthistorische Beiträge*, Berlin 1987, S.13-34.
Hansen, Joseph, "Zur Entstehung der großen Hexenverfolgung", in: Honegger, S.152-158.
Harvey, Lawrence E., *The Aestethics of the Renaissance Love Sonnet. An Essay on the Art of the Sonnet in the Poetry of Louise Labé*, Genève 1962.
Heikamp, Detlef, "Mexiko und die Medici-Herzöge", in: Kohl(1982), S.126-146.
Heinsohn, Gunnar/Steiger, Otto, *Die Vernichtung der weisen Frauen. Beiträge zur Theorie und Geschichte von Bevölkerung und Kindheit*, Herbstein 1985.
Held, Jutta, "Marienbild und Volksfrömmigkeit. Zur Funktion der Marienverehrung im Hoch- und Spätmittelalter", in: Barta, Ilsebill u.a. (Hrsg.), *Frauen. Bilder. Männer. Mythen. Kunsthistorische Beiträge*, Berlin 1987, S.35-68.
Heller, Agnes, *Der Mensch der Renaissance*, Köln-Lövenich 1982.
Hempfer, Klaus W., "Probleme der Bestimmung des Petrarkismus. Überlegungen zum Forschungsstand", in: Stempel/Stierle, S.253-277.
Herlihy, David, "Did Women Have a Renaissance?: A Reconsideration", in: *Medievalia et Humanistica* 13 (1985), 1-22.
Hess, Ursula, "Oratrix humilis. Die Frau als Briefpartnerin von Humanisten, am Beispiel der Caritas Pirckheimer", in: Worstbrock, Franz Josef (Hrsg.), *Der Brief im Zeitalter der Renaissance*, Weinheim 1983, S.173-203.
dies., "Lateinischer Dialog und gelehrte Partnerschaft. Frauen als humanistische Leitbilder in Deutschland (1500-1550)", in: Brinker-Gabler (1988), S.113-148.
Hoffmeister, Gerhard, *Petrarkistische Lyrik*, Stuttgart 1973.
Honegger, Claudia (Hrsg.), *Die Hexen der Neuzeit. Studien zur Sozialgeschichte eines kulturellen Deutungsmusters*, Frankfurt/Main 1978.
dies., "Die Hexen der Neuzeit. Analysen zur Anderen Seite der okzidentalen Rationalisierung", in: dies., S.21-151.

dies., "Michel Foucault und die serielle Geschichte. Über die 'Archäologie des Wissens'", in: *Merkur* 36 (1982), 500-523.
Honour, Hugh, "Wissenschaft und Exotismus. Die europäischen Künstler und die außereuropäische Welt", in: Kohl(1982), S.22-47.
Howarth, William L., "Some Principles of Autobiography", in: Olney, James (Hrsg.), *Autobiography. Essays Theoretical and Critical*, Princeton 1980, S.84-114.
Huarte, Juan, *Prüfung der Köpfe zu den Wissenschaften*, übersetzt von G.E. Lessing. Nachdruck der Ausgabe Zerbst 1752 mit einer kritischen Einleitung und Bibliographie von Martin Franzbach, München 1968.
Irigaray, Luce, *Speculum. Spiegel des anderen Geschlechts*, Frankfurt/Main 1980.
Janiszewska-Kozlowska, Ewa, "Le destin féminin dans les ANGOISSES DOULOUREUSES et la PRINCESSE DE CLEVES", in: *La Femme et la Renaissance*, S.81-87.
Jelinek, Estelle C., "Introduction: Women's Autobiography and the Male Tradition", in: dies. (Hrsg.), *Women's Autobiography. Essays in Critizism*, Bloomington 1980, S.1-20.
Jones, Ann Rosalind, "City Women and Their Audiences: Louise Labé and Veronica Franco", in: Ferguson/Quilligan/Vickers, S.299-316.
dies., "Surprising Fame: Renaissance Gender Ideologies and Women's Lyric", in: Miller, Nancy K. (Hrsg.), *The Poetics of Gender*, New York 1986, S.74-95.
Jordan, Constance, "Feminism and the Humanists: The Case of Sir Thomas Elyots *Defense of Good Women*", in: Ferguson/Quilligan/Vickers, S.242-258.
dies., "Boccaccio's In-Famous Women: Gender and Civic Virtue in the *De mulieribus claris*", in: Levin/Watson, S.25-47.
dies., *Renaissance Feminism. Literary texts and political models*, Ithaca and London 1990.
Jouanna, Arlette, *Ordre Social. Mythes et Hiérarchies dans la France du XVIe Siècle*, Paris 1977.
Jung, Thomas, "Die Versprechungen der Liebe", in: Kamper/Wulf (1988), S.37-51.
Kamper, Dietmar, *Zur Geschichte der Einbildungskraft*, Reinbek 1990.
Kamper, Dietmar/Wulf, Christoph (Hrsg.), *Die Wiederkehr des Körpers*, Frankfurt/Main 1982.
dies., "Die Parabel der Wiederkehr. Zur Einführung", in: dies. (1982), S.9-21.
dies. (Hrsg.), *Das Schwinden der Sinne*, Frankfurt/Main 1984.
dies. (Hrsg.), *Das Schicksal der Liebe*, Weinheim/Berlin 1988.
Kasprzyk, Krystyna, "La souffrance de femmes dans l'HEPTAMERON", in: *La Femme et la Renaissance*, S.71-79.
Kelly-Gadol, Joan, "Did Women Have a Renaissance?", in: Bridenthal/Koonz, S.137-164.
Kelso, Ruth, *Doctrine for the Lady of the Renaissance*, Urbana 1956.
King, Margaret L., "Book-Lined Cells: Women and Humanism in Early Italian Renaissance", in: Labalme, S.66-90.
dies., "Die Frau", in: Garin, Eugenio (Hrsg.), *Der Mensch der Renaissance*, Frankfurt/New York 1990, S.282-340.
Klapisch-Zuber, Christiane, *Women, Family, and Ritual in Renaissance Italy*, Chicago and London 1985.
Kleinspehn, Thomas, *Der flüchtige Blick. Sehen und Identität in der Kultur der Neuzeit*, Reinbek 1988.
Klockow, Reinhard, "Georg von Ungarn und die verführerische Vorbildlichkeit der Türken", in: *Europa und der Orient 800-1900. LeseBuch*, S.43-46.
Koebner, Thomas/Pickerodt, Gerhart (Hrsg.), *Die andere Welt. Studien zum Exotismus*, Frankfurt/Main 1987.

Kohl, Karl-Heinz (Hrsg.), *Mythen der Neuen Welt. Zur Entdeckungsgeschichte Lateinamerikas*, Berlin 1982.
ders., "Einleitung", in: ders. (1982), S.13-21.
ders., "Cherchez la femme d'Orient", in: *Europa und der Orient 800-1900*, S.356-367.
Kraus, Claudia, *Der religiöse Lyrismus Margaretes von Navarra*, München 1981.
Kristeller, Paul O., *Humanismus und Renaissance I*, München 1974.
ders., "Learned Women of Early Modern Italy: Humanists and University Scholars", in: Labalme, S.91-116.
Kurras, Lotte/Machilek, Franz (Hrsg.), *Caritas Pirckheimer 1467-1532*, München 1982.
Labalme, Patricia H. (Hrsg.), *Beyond Their Sex. Learned Women of the European Past*, New York and London 1980.
dies., "Introduction", in: dies., S.1-8.
dies., "Women's Roles in Early Modern Venice: An Exceptional Case", in: dies., S.129-152.
Labé, Louise, *Œuvres Complètes*, ed. crit. Enzo Giudici, Genève 1981.
La Femme et la Renaissance, Lódz 1985.
Landa, Diego de, *Relación de las cosas de Yucatán*, ed. de Miguel Rivera, Madrid 1985.
Lange, Wolf-Dieter, "Louise Labé. Sonett XXIII", in: Hinterhäuser, Hans (Hrsg.), *Die französische Lyrik*, Düsseldorf 1975, S.119-126.
Laqueur, Thomas, *Auf den Leib geschrieben. Die Inszenierung der Geschlechter von der Antike bis Freud*, Frankfurt/New York 1992.
Larivaille, Paul, *La vita quotidiana delle cortigiane nell'Italia del Rinascimento*, Milano 1983.
Laurencich-Minelli, Laura, "Bologna und Amerika vom 16. bis zum 18.Jahrhundert", in: Kohl (1982), S.147-154.
Lawner, Lynne, *Lives of the Courtesans. Portraits of the Renaissance*, New York 1987.
Lazard, Madeleine, *Images Littéraires de la Femme à la Renaissance*, Paris 1985.
Lenk, Leonhard, *Augsburger Bürgertum im Späthumanismus und Frühbarock (1580-1700)*, Augsburg 1968.
Levack, Brian P., *The witch-hunt in early modern Europe*, London and New York 1987.
Levin, Carole/Watson, Jeanie (Hrsg.), *Ambiguous Realities. Women in the Middle Ages and the Renaissance*, Detroit 1987.
Ley, Klaus, "Weibliche Lyrik der Renaissance: Pernette du Guillet und Louise Labé", in: Baader/Fricke, S.49-61.
Lieberich, Heinz/Mitteis, Heinrich, *Deutsche Rechtsgeschichte*, München [15]1978.
Liebertz-Grün, Ursula, "Autorinnen im Umkreis der Höfe", in: Gnüg/Möhrmann, S.16-34.
dies., "Höfische Autorinnen von der karolingischen Kulturreform bis zum Humanismus", in: Brinker-Gabler(1988), S.39-64.
Luchesi, Elisabeth, "'Von den Wilden / Nacketen / Grimmigen Menschenfresser Leuthen / in der Newenwelt America gelegen'. Hans Staden und die Popularität der 'Kannibalen' im 16.Jahrhundert", in: Kohl (1982), S.71-74.
Luther, Martin, *Werke*, Weimarer Ausgabe, Bd. 42, Weimar 1911; "Tischreden", Bd. 1, Weimar 1912, Bd. 4, Weimar 1916, Bd. 6, Weimar 1921.
ders., *Vom ehelichen Leben und andere Schriften über die Ehe*, hrsg. v. Dagmar C. G. Lorenz, Stuttgart 1978.
Macfarlane, Alan D. J., "Anthropologische Interpretation des Hexenwesens", in: Honegger, S.235-255.
Machiavelli, Niccolò, *Opere*, a cura di Ezio Raimondi, Milano [8]1983.
ders., *Der Fürst*, Stuttgart 1986.
Maclean, Ian, *Woman Triumphant. Feminism in French Literature 1610-1652*, Oxford 1977.

ders., *The Renaissance Notion of Woman. A Study in the Fortunes of Scholasticism and Medical Science in European Intellectual Life*, Cambridge 1980.
Mandrou, Robert, *Magistrats et Sorciers en France au XVIIe Siècle*, Paris 1980.
ders., "Die französischen Richter und die Hexenprozesse im 17.Jahrhundert", in: Honegger, S.309-334.
Marshall Wyntjes, Sherrin, "Women in the Reformation Era", in: Bridenthal/Koonz, S.165- 191.
Martin, Alfred v., *Soziologie der Renaissance*, München ^{3}1974.
Marx, Barbara, "Zwischen Frauenideal und Autorenstatus. Zur Präsentation der Frauenliteratur in der Renaissance", in: Gnüg/Möhrmann, S.35-57.
Masson, Georgina, *Courtesans of the Italian Renaissance*, London 1975.
Mattenklott, Gert, "Das gefräßige Auge", in: Kamper/Wulf (1982), S.224-240.
Mayr, Otto, *Uhrwerk und Waage. Autorität, Freiheit und technische Systeme in der frühen Neuzeit*, München 1987.
McNamara, JoAnn/Wemple, Suzanne F., "Sanctity and Power: The Dual Pursuit of Medieval Women", in: Bridenthal/Koonz, S.90-118.
Mehnert, Henning, "Weibliche Inspiration zwischen Ekstase und Uterogenese", in: Baader/Fricke, S.13-18.
Meier, Christel, "Prophetentum als literarische Existenz: Hildegard von Bingen (1098-1179). Ein Portrait", in: Brinker-Gabler (1988), S.76-87.
Meyer, Eva, "Schreiben aus Liebeswut. Mystik und Hysterie", in: Schöne, Albrecht (Hrsg.), *Kontroversen, alte und neue. Akten des Siebten Kongresses der IVG*, Bd. 6, Tübingen 1986, S.11-17.
Mönch, Walter, *Das Sonett*, Heidelberg 1955.
Montaigne, Michel de, *Œuvres complètes*, ed. Maurice Rat, Paris 1962.
Monter, William E., "The Pedestal and the Stake: Courtly Love and Witchcraft", in: Bridenthal/Koonz, S.119-136.
Moore, Cornelia Niekus, *The Maiden's Mirror. Reading Material for German Girls in the Sixteenth and Seventeenth Centuries*, Wiesbaden 1987.
dies., "Biblische Weisheiten für die Jugend. Die Schulmeisterin Magdalena Heymair", in: Brinker-Gabler (1988), S.172-184.
Morus, Thomas, *Utopia*, Stuttgart ^{3}1987.
Muchembled, Robert, *Die Erfindung des modernen Menschen. Gefühlsdifferenzierung und kollektive Verhaltensweisen im Zeitalter des Absolutismus*, Reinbek 1990.
Muir, Edward, *Civic Ritual in Renaissance Venice*, Princeton 1981.
Navarre, Marguerite de, *Les Marguerites de la Marguerite des Princesses*, Texte de l'Edition de 1547. Publié avec Introduction, Notes et Glossaire par Félix Frank, 4 Bde., Paris 1873, Slatkine Reprints, Genève 1970.
dies., *La Coche*, ed. crit. Robert Marichal, Genève 1971.
dies., *Les Prisons*, ed. crit. Simone Glasson, Genève 1978.
dies., *Heptaméron*, ed. Simone de Reyff, Paris 1982.
Neubert, Fritz, "Antike und Christentum bei den ersten französischen Epistoliers der Renaissance, Hélisenne de Crenne und Estienne du Tronchet (1539 und 1569)", in: *Romanische Forschungen* 77 (1965), 1-41.
ders., "Hélisenne de Crenne (ca. 1500-1560) und ihr Werk. Nach den neuesten Forschungen", in: ZFSL 80 (1970), 291-322.
Neumann, Bernd, *Identität und Rollenzwang. Zur Theorie der Autobiographie*, Frankfurt/Main 1970.
Niccoli, Ottavia, "'Menstruum quasi monstruum': parti mostruosi e tabù mestruale nel '500", in: *Quaderni storici* 44 (1980), 402-428.
Nicholson, Henry B., "Zur Entdeckungsgeschichte aztekischer Kunst", in: *Glanz und Untergang des alten Mexiko. Katalog-Handbuch*, S.189-195.

O'Connor, Dorothy, *Louise Labé. Sa Vie et Son Œuvre*, Paris 1926.
Olivieri, Achillo, "Erotik und gesellschaftliche Gruppen im Venedig des 16.Jahrhunderts: die Kurtisane", in: Ariès/Béjin/Foucault, S.121-129.
ders., "Il 'corpo' sociale: La donna e la cosmesi nel '500", in: *Studi veneziani* 10 (1985), 183-194.
Otto, Stephan (Hrsg.), *Geschichte der Philosophie. Renaissance und frühe Neuzeit*, Stuttgart 1984.
Owens, Craig, "Der Diskurs der Anderen - Feministinnen und Postmoderne", in: Huyssen, Andreas/Scherpe, Klaus R. (Hrsg.), *Postmoderne. Zeichen eines kulturellen Wandels*, Reinbek 1986, S.172-195.
Paracelsus, Theophrastus, *Werke*, Bd. II, besorgt von Will-Erich Peuckert, Darmstadt 1965.
Paré, Ambroise,*Œuvres Complètes*, ed. J.-F. Malgaigne, 3 Bde., Paris 1840-1841, Slatkine Reprints: Genève 1970.
ders., *Des Monstres et Prodiges*, ed. crit. et commentée par Jean Céard, Genève 1971.
Peinliche Gerichtsordnung Kaiser Karls V. von 1532, hrsg. und erläutert von Gustav Radbruch, 6., durchgesehene Auflage hrsg. von Arthur Kaufmann, Stuttgart 1984.
Perrig, Alexander, "Erdrandsiedler oder die schrecklichen Nachkommen Chams. Aspekte der mittelalterlichen Völkerkunde", in: Koebner/Pickerodt, S.31-87.
Perrot, Michelle, "Vorwort", in: Corbin/Farge/Perrot, S.15-27.
dies., "Die Frauen, die Macht und die Geschichte", in: Corbin/Farge/Perrot, S.225-248.
Peters, Ursula, "Frauenmystik und frauenmystische Literatur im 13. und 14.Jahrhundert", in: Brinker-Gabler (1988), S.88-109.
Petrarca, Francesco, *Canzoniere*, testo critico e introduzione Gianfranco Contini, annotazioni di Daniele Ponchiroli, Torino 1964.
ders., *Canzoniere. Zweisprachige Auswahl*, ausgewählt, eingeleitet und mit Anmerkungen versehen von Gerhard Regn, Mainz 1987.
Peuckert, Will-Erich, "Gog und Magog", in: *Europa und der Orient 800-1900. LeseBuch*, S.47- 50.
Piccolomini, Alessandro, "Dialogo de la bella creanza de le donne de lo stordito intronato", in: de Benedetto, S.431-506.
Piper, Ernst, *Savonarola. Umtriebe eines Politikers und Puritaners im Florenz der Medici*, Berlin 1979.
Platon, *Sämtliche Werke*, Bd. 5: Politikos, Philebos, Timaios, Kritias, Reinbek 1991.
Platter, Thomas, *Hirtenknabe, Handwerker und Humanist. Die Selbstbiographie 1499 bis 1582*, bearb. v. Heinrich Boos, m. einem Nachwort v. Ralph-Rainer Wuthenow, Nördlingen 1989.
Ponchiroli, Daniele (Hrsg.), *Lirici del Cinquecento*, Torino 1958.
Rabelais, François, *Œuvres complètes*, ed. Jacques Boulanger et Lucien Scheler, Paris 1955.
Radbruch, Gustav, "Zur Einführung in die Carolina", in: *Die Peinliche Gerichtsordnung Kaiser Karls V. von 1532*, S.5-23.
Ravoux-Rallo, Elisabeth/Roche, Anne, "Körper, Rest, Text", in: Corbin/Farge/Perrot, S.221- 233.
Regn, Gerhard, *Torquato Tassos zyklische Liebeslyrik und die petrarkistische Tradition*, Tübingen 1987.
Reitinger, Franz, "Muslim oder Christ. Anmerkungen zum Streit der Religionen", In: *Europa und der Orient 800-1900. LeseBuch*, S.56-63.
Rieger, Dietmar, "Die französische Dichterin im Mittelalter: Marie de France - die 'trobairitz' - Christine de Pisan", In: Baader/Fricke, S.29-48.
Rigolot, François, "Gender vs. Sex Difference in Louise Labé's Grammar of Love", in: Ferguson/Quilligan/Vickers, S.287-298.

Rilke, Rainer Maria/Gide, André, *Briefwechsel*, Wiesbaden/Stuttgart 1957.
Romano, Ruggiero/Tenenti, Alberto, *Die Grundlegung der modernen Welt. Spätmittelalter, Renaissance, Reformation*, Frankfurt/Main 1967.
Romieu, Marie de, *Les Premières Œuvres Poétiques*, ed. André Winandy, Genève 1972.
Ronsard, Pierre de, *Les Amours*, ed. H. et C. Weber, Paris 1963.
Rose, Mary Beth (Hrsg.), *Women in the Middle Ages and the Renaissance. Literary and Historical Perspectives*, Syracuse 1986.
Rossi, Rosa, "La scrittura delle donne intorno a Teresa de Jesùs", in: *Nuova dwf. donnawomanfemme* 25/26 (1985), 19-25.
Rossiaud, Jacques, "Prostitution, Sexualität und Gesellschaft in den französischen Städten des 15.Jahrhunderts", in: Ariès/Béjin/Foucault, S.97-120.
Russel, Jeffrey Burton, "Hexerei und Geist des Mittelalters", in: Honegger, S.159-187.
Ruwet, Nicolas, "Strukturale Analyse eines Sonetts von Louise Labé", in: Blumensath, Heinz (Hrsg.), *Strukturalismus in der Literaturwissenschaft*, Köln 1972, S.148-168.
Sankovitch, Tilde, "Inventing Authority of Origin. The Difficult Enterprise", in: Rose, S.227-243.
Sasu, Voichita, "Idéologie amoureuse dans le lyrisme féminin français du XVIe siècle", in: *La Femme et la Renaissance*, S.151-173.
Scheidt, Caspar, *Grobianus. Von groben sitten vnd vnhoeflichen geberden*, hrsg. v. Rolf D. Fay, Stuttgart 1985.
Schenk, Herrad, *Freie Liebe - Wilde Ehe. Über die allmähliche Auflösung der Ehe durch die Liebe*, München 1987.
Schmidt, Josef (Hrsg.), *Renaissance, Humanismus, Reformation*, Stuttgart 1976.
Schneller, Klaus, "Paracelsus: Von den Hexen und ihren Werken", in: Becker/Bovenschen/Brackert, S.240-258.
Scholz-Williams, Gerhild, "DIE DRITTE KREATUR: Das Frauenbild in den Schriften von Paracelsus (1491-1543)", in: Bennewitz, Ingrid (Hrsg.), *Der frauwen buoch. Versuche zu einer feministischen Mediävistik*, Göppingen 1989, S.353-371.
Schröter, Michael, "Wildheit und Zähmung des erotischen Blicks. Zum Zivilisationsprozeß von deutschen Adelsgruppen im 13.Jahrhundert", in: *Merkur* 41 (1987), 468-481.
Schuller, Marianne, "'Weibliche Neurose' und Identität. Zur Diskussion der Hysterie um die Jahrhundertwende", in: Kamper/Wulf (1982), S.180-192.
Schulze, Winfried, *Deutsche Geschichte im 16.Jahrhundert*, Frankfurt/Main 1987.
Schulze-Witzenrath, Elisabeth, *Die Originalität der Louise Labé*, München 1974.
Schwarz, Klaus, "Vom Krieg zum Frieden. Berlin, das Kurfürstentum Brandenburg, das Reich und die Türken", in: *Europa und der Orient 800-1900*, S.245-278.
ders., "Die Türken als Hoffnung der deutschen Protestanten zur Zeit des Interims", in: *Europa und der Orient 800-1900. LeseBuch*, S.51-55.
Screech, L., "Quelques Aspects du Mariage au XVIeme Siècle (Misogynie et Misogamie - Droit romain et droit canon)", in: *Les Églises et Leurs Institutions au XVIeme Siècle*. Actes du Veme Colloque du Centre d'Histoire de la Réforme et du Protestantisme, recueillis par Michel Péronnet, Montpellier 1978, S.81-93.
Seiler, Soeur Mary Hilarine, *Anne de Marquets. Poétesse Religieuse du XVIe Siècle*, Washington 1931 (Reprint 1969).
Sepúlveda, Juan Ginés de, *Tratado sobre las justas causas de la guerra contra los Indios*, México ²1979.
Simmel, Georg, *Schriften zur Philosophie und Soziologie der Geschlechter*, hrsg. v. Heinz-Jürgen Dahmke und Klaus Christian Köhnke, Frankfurt/Main 1985.
Soeur Jeanne, *Memoiren einer Besessenen*, hrsg. v. Michel Farin, Nördlingen 1989.
Sombart, Werner, *Liebe, Luxus und Kapitalismus. Über die Entstehung der modernen Welt aus dem Geist der Verschwendung*, Berlin 1983.

Sprenger, Jakob/Institoris, Heinrich, *Der Hexenhammer*, München ⁶1987.
Stampa, Gaspara, *Rime*, Milano ²1976.
Stampa, Gaspara/Franco Veronica, *Rime*, a cura di Abdelkader Salza, Bari 1913.
Stempel, Wolf-Dieter/Stierle, Karlheinz (Hrsg.), *Die Pluralität der Welten. Aspekte der Renaissance in der Romania*, München 1987.
Störig, Hans Joachim, *Kleine Weltgeschichte der Philosophie*, Frankfurt/Main ¹³1987.
Sullerot, Evelyne, *Histoire et Mythologie de l'Amour. Huit siècles d'écrits féminins*, Paris 1974.
Tacussel, Patrick, "Die Liebe und ihre soziale Kontrolle", in: Kamper/Wulf (1988), S.52-85.
Tassini, Giuseppe, *Veronica Franco*, Venezia 1969.
Thomas, Keith, "Die Hexen und ihre soziale Umwelt", in: Honegger, S.256-308.
Todorov, Tzvetan, *Die Eroberung Amerikas. Das Problem des Anderen*, Frankfurt/Main 1985.
Toffanin, Giuseppe, *Le più belle pagine di Gaspara Stampa, Vittoria Colonna, Veronica Gambara, Isabella Morra*, Milano 1935.
Travitsky, Betty, *The Paradise of Women. Writings by Englishwomen of the Renaissance*, Westport/London 1981.
Trevor-Roper, Hugh R., *Religion, the Reformation and Social Change*, London 1967.
ders., "Der europäische Hexenwahn des 16. und 17.Jahrhunderts", in: Honegger, S.188-234.
Uitz, Erika, *Die Frau in der mittelalterlichen Stadt*, Leipzig 1988.
Vatsella, Katerina, "'Schwarzes Wasser'. Zur Geschichte des Kaffees in Europa", in: *Europa und der Orient 800-1900. LeseBuch*, S.82-85.
Vercruysse, Jérôme, "Hélisenne de Crenne: notes biographiques", in: *Studi francesi* (1967), 77-81.
Vinci, Leonardo da, *Der Nußbaum im Campanile. Bestiarium, Fabeln, Schöne Schwänke, Prophezeiungen*, hrsg. v. Isolde Rieger, München 1989.
Vorländer, Karl, *Geschichte der Philosophie, Bd. II: Mittelalter und Renaissance*, neu hrsg. v. Herbert Schnädelbach unter Mitarbeit v. Anke Thyen, Reinbek 1990.
Warning, Rainer, "Petrarkistische Dialogizität am Beispiel Ronsards", in: Stempel/Stierle, S.327-358.
Wartmann, Brigitte, "Warum ist 'Amerika' eine Frau? Zur Kolonisierung eines Wunsch(t)raumes", in: Dinnebier, Antonia/Pechan, Berthold (Hrsg.), *Ökologie und alternative Wissenschaft*, Berlin 1985, S.105-139.
Watzlawick, Paul, *Wie wirklich ist die Wirklichkeit?*, München ¹⁵1987.
Wayne, Valerie, "Zenobia in Medieval and Renaissance Literature", in: Levin/Watson, S.48-65.
Weaver, Elissa, "Spiritual Fun: A Study of Sixteenth-Century Tuscan Convent Theatre", in: Rose, S.173-205.
Weigel, Sigrid, "Die nahe Fremde - das Territorium des 'Weiblichen'. Zum Verhältnis von 'Wilden' und 'Frauen' im Diskurs der Aufklärung", in: Koebner/Pickerodt, S.171-199 (überarbeitet in: Weigel (1990), S.118-148).
dies., "'Die Städte sind weiblich und nur dem Sieger hold'. Zur Funktion des Weiblichen in Gründungsmythen und Städtedarstellungen", in: Anselm, Sigrun/Beck, Barbara (Hrsg.), *Triumph und Scheitern in der Metropole. Zur Rolle der Weiblichkeit in der Geschichte Berlins*, Berlin 1987, S.207-227 (überarbeitet in: Weigel (1990), S.149-179).
dies., "Traum - Stadt - Frau. Zur Weiblichkeit der Städte in der Schrift. Calvino, Benjamin, Paul Nizon, Ginka Steinwachs", in: Scherpe, Klaus R. (Hrsg.), *Die Unwirklichkeit der Städte. Großstadtdarstellungen zwischen Moderne und Postmoderne*, Reinbek 1988, S.173-196 (dann in: Weigel (1990), S.204-229).

dies., *Topographien der Geschlechter. Kulturgeschichtliche Studien zur Literatur*, Reinbek 1990.
Welsch, Wolfgang, *Unsere postmoderne Moderne*, Weinheim ²1988.
Wiesner, Merry E., "Women's Defense of Their Public Role", in: Rose, S.1-27.
dies., "Spinsters an Seamstresses: Women in Cloth an Clothing Production", in: Ferguson/Quilligan/Vickers, S.191-205.
Wiley, Karen F., "Communication Short-Circuited: Ambiguity and Motivation in the *Heptaméron*", in: Levin/Watson, S.133-144.
Winau, Rolf, "Krankheitskonzept und Körperkonzept", in: Kamper/Wulf (1982), S.285-298.
Wittkop-Ménardeau, Gabrielle, *Unsere Kleidung. Aus der Geschichte der Moden bis zum Jahr 1939*, Frankfurt/Main 1985.
Wojtynek, Krystyna, "Nommer les sentiments à la manière de Louise Labé", in: *La Femme et la Renaissance*, S.175-183.
Wolf, Christa, *Voraussetzungen einer Erzählung: Kassandra*, Darmstadt/Neuwied 1983.
Woodbridge, Linda, *Women and the English Renaissance. Literature and the Nature of Womankind, 1540-1620*, Brighton 1984.
Woolf, Virginia, *A Room of One's Own*, London ¹⁴1987.
Wulf, Christoph, "Körper und Tod", in: Kamper/Wulf (1982), S.259-273.
ders., "Das gefährdete Auge. Ein Kaleidoskop der Geschichte des Sehens", in: Kamper/Wulf (1984), S.21-45.
ders., "Der Andere in der Liebe", in: Kamper/Wulf (1988), S.21-36.
Zamaron, Fernand, *Louise Labé. Dame de Franchise*, Paris 1968.
Zancan, Marina, "La donna e il cerchio nel 'Cortegiano' di B. Castiglione. Le funzioni del femminile nell'immagine di corte", in: Baradel/Borsetto/Chemello/Frigo/Zancan, S.13-56.
dies.,"Figure di donna. Testi letterari del XVI secolo: fonti, scritture, percorsi critici", in: *Nuova dwf. donnawomanfemme* 25/26 (1985), 7-18.
Zimmermann, Margarete, "Boccaccios 'Decameron' - ein frühes 'Frauenbuch'?", in: Bennewitz, Ingrid (Hrsg.), *Der frauwen buoch. Versuche zu einer feministischen Mediävistik*, Göppingen 1989, S.227-263.

MEDIAEVISTIK

Internationale Zeitschrift für interdisziplinäre Mittelalterforschung

Herausgegeben von Peter Dinzelbacher

Beratergremium:
Régis Boyer, Sorbonne, Paris - Jean-Marie Cauchies, Facultés Universitaires Saint-Louis, Bruxelles - Aaron Gurjewitsch, Akademie der Wissenschaften, Moskau - Bernhard Haage, Universität Mannheim - Joachim Herrmann, Akademie der Wissenschaften der DDR, Berlin - Gundolf Keil, Universität Würzburg - Ulrich Köpf, Universität Tübingen - Harry Kühnel, Institut für mittelalterliche Realienkunde Österreichs, Krems - Jacques Le Goff, École des Hautes Études en Sciences Sociales, Paris - Claudio Leonardi, Società internazionale per lo studio del medioevo latino - Janet Nelson, King's College, London - Peter Nissen, Katholieke Theologische Hogeschool, Amsterdam - Else Roesdahl, Universität Aarhus - Bob Scribner, Clare College, Cambridge - Yoshio Terasawa, Universität Tokyo - Bernd Thum, Universität Karlsruhe - Pierre Toubert, Membre de l'Institut, Paris - Franz Wöhrer, Universität Wien.

Redaktion:
Olivier Gouchet - Franz Wöhrer - A. Classen

Bis vor kurzem erschien in deutschsprachigen Ländern weder ein Periodikum, in dem vornehmlich interdisziplinäre Forschungen zum gesamten Mittelalter vorgelegt wurden, noch eines, in dem Publikationen von anderssprachlichen Kollegen öfter vertreten wären.
Die Zeitschrift MEDIAEVISTIK verfolgt daher insbesondere zwei Ziele: Studien zu publizieren, die auf der kombinierten Auswertung von Quellen bzw. Anwendung von Methoden basieren, welche in die Arbeitsbereiche verschiedener mediävistischer Fachrichtungen fallen, und Studien nicht nur in Deutsch, sondern auch in den wichtigsten anderen europäischen Sprachen Raum zu geben, um die Internationalität der Forschung zu betonen und zu fördern. Als Grenzen werden zeitlich in etwa das 5. bis 16. Jahrhundert angesehen, räumlich in etwa die der lateinischen Christenheit im Hochmittelalter.

Inhalt: Aufsätze, Rezensionen, aktuelle Informationen. Einzelne Bände können vorrangig einem bestimmten Themenkomplex gewidmet sein.
Erscheinungsweise: Einmal jährlich. Umfang: ca. 500 Seiten
Der Abonnentenpreis beträgt DM 128.--*
der Einzelverkaufspreis DM 148.--*
Die Preise verstehen sich zuzüglich Porto und Verpackung.
Preisänderungen sind ausdrücklich vorbehalten.

Peter Lang · Europäischer Verlag der Wissenschaften
Frankfurt a.M. • Berlin • Bern • New York • Paris • Wien
Auslieferung: Verlag Peter Lang AG, Jupiterstr. 15, CH-3000 Bern 15
Telefon (004131) 9402121, Telefax (004131) 9402131

- Preisänderungen vorbehalten - *inklusive Mehrwertsteuer